※国名略称表記一覧

(米)＝アメリカ合衆国，(英)＝イギリス，(エク)＝エクアドル，(豪)＝オーストラリア，(西)＝スペイン，(デン)＝デンマーク，(南ア)＝南アフリカ，(仏)＝フランス，(ポ)＝ポルトガル，(ノル)＝ノルウェー

南北アメリカ
アメリカ合衆国
アルゼンチン
エクアドル
カナダ
コスタリカ
ジャマイカ
チリ
パナマ
ブラジル
ベネズエラ
ペルー
メキシコ

オセアニア
オーストラリア
ニュージーランド

その他
国際連合
EU

スラエル
イラク
イラン
インド
フスタン
カンボジア
サウジアラビア
シンガポール
韓民国
中華人民共和国
トルコ
日 本
ィリピン
ベトナム
マレーシア
レバノン

大学受験　一問一答シリーズ

地理B一問一答【完全版】

2nd edition

東進ハイスクール・東進衛星予備校　講師
山岡信幸（やまおかのぶゆき）

東進ブックス

はしがき

この『地理B一問一答【完全版】2nd edition』は，長年受験生に愛用されてきた旧版をもとに，さらに新しい出題傾向を加味して問題を取捨し，すべてのデータを更新したものです。

私は地理講師として,「地理は暗記科目ではない」をモットーとしています。講義でも，参考書の執筆でも，模試の作成でも，「地理なんて覚えてしまえば終わり」という考え方と戦ってきました。

地理学は，自然科学（理系）と人文科学・社会科学（文系）にまたがる学問です。地理的現象には必ず理由があります。例えば「① ○○砂漠, ② △△砂漠，……」とコトガラを丸暗記するより，「大気の循環を考えると，このあたりは高圧帯だから……」とリクツを知った方が覚えやすい。「雨が少ないところ」にはそうなる共通の理由があるのです。

地理の成績を上げる方法は,

（1）リクツを理解する
（2）リクツと結び付けて具体的なコトガラを覚える

これだけです。ためしに石炭の産地を例にとってみましょう。

【リクツ】

古期造山帯にある低くてなだらかな山脈の周辺に，石炭資源が豊富に埋蔵される

【コトガラ】

古期造山帯にある山脈：アパラチア山脈・ウラル山脈・グレートディヴァイディング山脈・ドラケンスバーグ山脈などの周辺に大炭田が分布

古生代の地表を覆っていた大森林が，地殻変動で古期造山帯の地層に閉じ込められ，３億年経って化石になったものが石炭です。長い間に山地が侵食されると，この石炭層が地表に近くなって掘り出しやすくなりますね。このリクツを知ったうえで，具体的な山脈名やその位置といったコトガラを覚えれば，地図上で炭田の分布を選ばせるような入試問題にすんなり解答できるのです。

もちろん，場合によってはコトガラ→リクツの順に学ぶこともあります。具体的なコトガラを手がかりに，リクツをもち出して問題を解いていく。特

にセンター試験では，その傾向が強くみられました。共通テストになってもこれは変わらないでしょう。一方，難関私大では詳細でたくさんのコトガラが求められます。

(共通テスト型)　　　　　いくつかのコトガラを手助けにしてリクツを理解する
(難関私大型)　　　　　　リクツを応用して数多くのコトガラを覚えていく
(国公立大二次試験型) 共通テスト型と難関私大型の中間 (両方とも必要)

それでは，リクツをどう理解し，リクツと結び付けた具体的なコトガラをどこまで覚えればいいのか。それを皆さんに伝授するのがこの本の役目です。この『一問一答』は，大学受験で地理を選択するすべての受験生に向けて書きました。共通テスト必出の正誤問題から，難関私大でみかける重箱の隅っこをほじくったような地名問題まで，入試地理のすべてを網羅し，かつ，一人ひとりの必要に応じた使い方が可能な一冊です。各問題の答えとして単語を並べるだけでなく，スペースの許す限り「リクツ」の説明や考え方のヒントを加えています。今回，旧版を徹底的に見直してブラッシュアップしましたが，担当の中島亜佐子さん，東進ブックスの皆様に多大なるご尽力を頂きました。深く感謝をいたします。

こんな文字ギッシリの問題集を手にとったあなた，その勇気とチャレンジ精神で，すでにほかの受験生を何歩もリードしています。受験の必勝法は，まず得意科目をつくって攻撃力を磨き，次に弱点科目の補強という守備力を育てること。どちらにとっても，この『一問一答』は役に立ちます。空き時間を使うなど，自分なりのスタイルで継続的に学習する習慣をつけましょう。面倒な暗記や一見退屈な作業にも，全力で取り組むこと。一流アスリートは練習も本気でやるから，本番で実力が発揮できるのです。

始めよう！　そうすれば，その仕事は成し遂げられる！

2020 年 3 月

山岡信幸

※都市に関する統計，各国の民族構成や貿易額などについて，出典によりさまざまなデータが存在しますが，本書ではおもに『世界国勢図会』『日本国勢図会』(矢野恒太記念会)，『データブック オブ・ザ・ワールド』(二宮書店) の数値に依拠し，さらにできるだけ原資料の更新を確認しています。しかし，あくまで学習上の目安の数値と考えてください。
※統計データや地域統合の加盟国数などは重版の際に更新する場合があります。

本書の使い方

本書は，下図のような一問一答式の問題集です。大学入試に必要な地理Bの知識を，全5部（24章）に分けて，あますことなく収録しています。

それぞれの章は，「空所補充問題」と「正誤問題（○×印の問題）」で構成されています。第1〜4部は系統地理編，第5部は地誌編となっており，第5部には章ごとに「まとめの白地図」問題があります。さまざまな角度から出題される問題を解くことで，地理Bに必要な知識を身につけることができます。また，各章の最後には「ステップアップ問題」がついています。難関私大志望者を中心に，さらに得点アップさせたい人はこのステップアップ問題にも取り組むことをおススメします。

本書の使い方は以下の1・2を一例として，自分に合った形で自由に学習してください。

1 通常の一問一答集として使用する

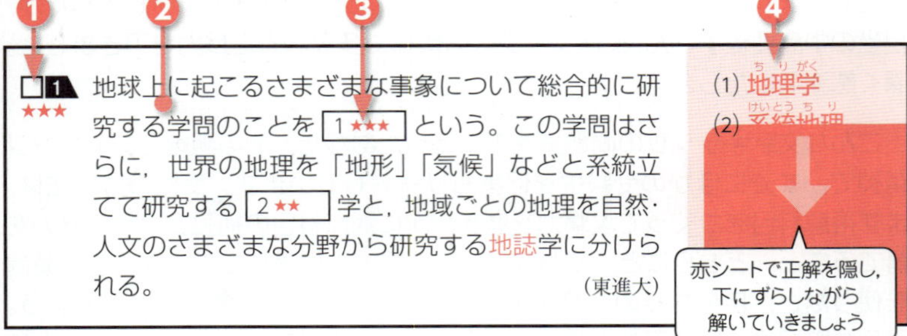

2 1つの問題を効果的に利用する

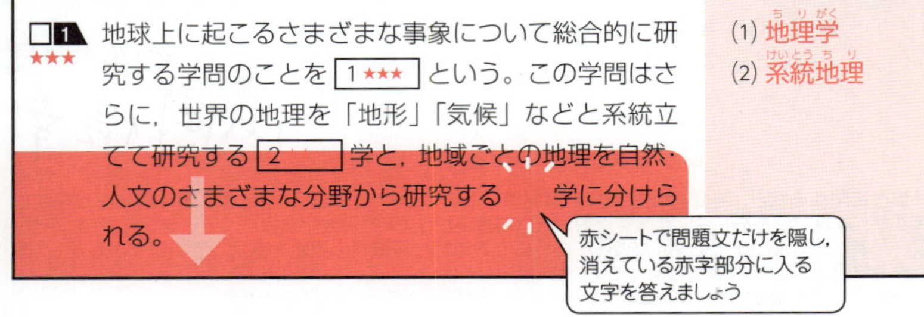

❶…**チェックボックス**。間違った問題にチェック✔を入れ，あとで集中的に攻略する際などに使ってください。右側にある**1**は問題番号です。正誤問題には，チェックボックスの左に正誤マーク（〇×）がついています。

❷…**問題文**。膨大な量の大学入試問題をデータベース化し，各テーマごとに一問一答式に適した問題を厳選して収録。問題文はできる限りそのままの形※で収録しています。問題文のあとには出題された大学名，あるいは「予想問題」の表示があります。

※抜粋時の都合で改編した問題は，大学名に続けて〈改〉マークを入れています。また，問題中の古い統計は新しい情報に更新している場合があります。

❸…**空欄（＋頻出度）**。重要な用語や知識が空欄になっています。空欄内の★印は，大学入試における頻出度を３段階で示したものです。★印が多いものほど頻出で重要な用語となります。なお，同じ用語で★印の数が異なる場合は，その用語の問われ方の頻出度の違いによるものです。

頻出度【低】 ［★］＜［★★］＜［★★★］**【高】**

［★★★］…**最頻出用語**：受験生は全員必修の超重要頻出用語。［目標］共通テスト得点率 70 ～ 89％

［★★］…**頻出用語**：多くの入試で頻出する用語。［目標］共通テスト得点率 90％以上，国公立大二次・中堅私大合格

［★］…**難関用語**：難関私大で高得点をとるために不可欠な用語。［目標］難関私大合格

※１つの問題の中で同じ答えが入る空欄は，基本的に同じ番号で表示されています。

❹…**正解**。問題の正解です。正解は赤シートやしおりで隠し，１つ１つずらしながら解き進めることができます。

（注）気候を問う問題において特に指定がない場合は，気候名とケッペン記号の両方を併記し，どちらで問われても対応できるようにしました。また，問題や正解に対して補足がある場合は，正解の下に※印でコメントを入れています。

【正解の表記について】

（　　）…複数の表記が考えられる場合。例 プトレマイオス（トレミー），カール（圏谷）

［　　］…その語があってもなくてもよい場合。例［古代］ローマ（古代ローマ，ローマどちらでも可）

［㊊　］…別解マーク。直前にある正解の「別解」として考えられる解答。

「系統地理」と「地誌」を完全収録

本書では，実際の大学入試や共通テスト試行調査の問題から，頻出用語や基礎知識が問われている良問を抜粋し，一問一答形式の短文問題として各テーマごとに再編しました。

大学入試の地理Ｂに必要な基礎知識を完全網羅するため，「**系統地理**」だけでなく，「**地誌**」に関する用語・知識も完全収録。これによって，共通テストはもちろん，私大や国公立大二次にも通用する基礎知識をすべて身につけることができます。

短期間で最大限の効果

！星印で「覚える用語」を選べる！

頻出度を３段階の★印で表示。自分の目標に合わせて，どれを重点的に，どこまで覚えればよいかが一目でわかるようにしました。

頻出度【低】 ★ ＜ ★★ ＜ ★★★ **【高】**

！「空所補充問題」「正誤問題」に両対応！

文章中の空所に適した語句を解答する「**空所補充問題**」はもちろん，共通テスト等に頻出の，その文章が正しいか否かを解答する「**正誤問題**」についても頻出パターンを完全収録。用語や基礎知識が多角的に身につくよう工夫しました。

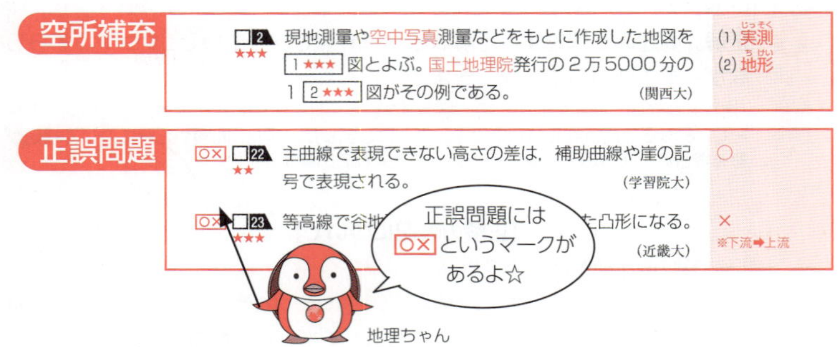

空所補充
□2 ★★★
現地測量や空中写真測量などをもとに作成した地図を 1★★★ 図とよぶ。国土地理院発行の２万5000分の１ 2★★★ 図がその例である。
(関西大)
(1) 実測
(2) 地形
正誤問題
○× □22 ★★
主曲線で表現できない高さの差は，補助曲線や崖の記号で表現される。
(学習院大)
○
○× □23 ★★★
等高線で谷地
た凸形になる。
(近畿大)
×
※下流➡上流
正誤問題には
○×というマークがあるよ☆
地理ちゃん

3 試験に出る「図版」「地図」を徹底再現

！入試問題で出題された地図を完全再現！

実際の大学入試における問われ方がわかり，本物の「実戦力」がつくよう，地図は入試問題のものを極力そのまま再現しました。

問３　破線 A-B は，１月の平均気温 10℃の等温線に等しい。　×
※この付近の１月の平均気温は 0℃程度

問４　破線 A-B は，チンリン（秦嶺）山脈とホワイ川（淮河）を結ぶ線である。　○

▶頻繁に出題される地図を「入試問題そのまま」の形で再現。何がどのように問われるのかがわかる。

入試で問われる
地図問題も
これでバッチリ☆

！「まとめの白地図」で地誌の知識も完璧！

地誌編（第５部：14 ～ 24 章）では，章ごとに「まとめの白地図 Q&A」を掲載。各地域の地形・国家・地域・都市をすべて繰り返し確認・演習できるようにしました。

▶地誌の「基礎知識」となる各国の地形・国などの位置や名称を，赤シートで隠しながら確認・学習できる。

これで
白地図をキッチリ
まとめよう☆

基礎から難関レベルまで完全カバー

本書は，共通テストはもちろんのこと，私大入試や国公立大二次試験に必要な基礎知識も身につけられるよう，あらゆるレベル・形式の問題を掲載しています。

そして，「共通テストで6割とれればよい」という人や「共通テストで満点近くとりたい」という人，「国公立大二次・私大入試までにらんで地理の実戦力を高めたい」という人がそれぞれ自分の必要とするレベルに合わせて問題を取捨選択できるよう，用語（知識）のレベルを3段階に分けました（P.5参照）。

大学入試に出題された地理用語（基礎知識）を，本書に収録されている用語がどのくらいカバーしているのかを表したのが「カバー率」です。

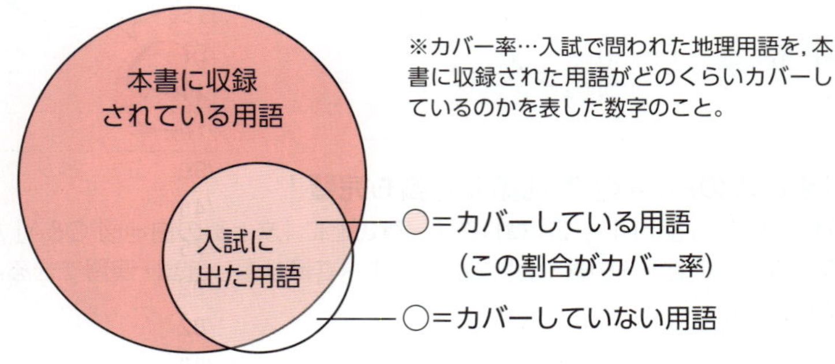

例えば，大学入試で「モンスーン」「新期造山帯」「リアス海岸」など，地理用語が合計100語出題されたとします。その100語のうち98語が本書に収録されてあった（残りの2語は収録されていなかった）場合，カバー率は98%となります。つまり，入試に出た用語の98%を本書はカバーしているという意味です。

◆カバー率の集計方法

カバー率の集計作業は次のとおりに行いました。そして，各入試問題についてこの方法で用語のカバー率を算出した結果を，一覧にしたのが右の表です。

❶ センター試験，主要国公立・私立大の入試問題から，カバー率の対象となる地理用語（基礎知識）を抜き出す。

・選択肢にあるすべての用語（正解含む）
・設問文で問われている用語
・問題文中の下線が引かれてある用語
・その他，正解のキーワードとなる用語

→ これらの用語（＝対象用語）を抜き出す

※つまり，「その用語の知識があれば正解がわかる（絞り込める）」という用語を抜き出す。

❷ 対象用語と本書の用語データをコンピュータで照合する。

対象用語が
- 本書の用語データにある→◎（カバーしている）
- 本書の用語データにない→×（カバーしていない）

❸「◎の数÷対象用語の数＝カバー率」という計算でカバー率を出す。
例：「対象用語＝65語　◎＝60語　×＝5語」のとき，60÷65＝92.3％ ←カバー率

▼大学入試カバー率一覧表

※総語数…上記「対象用語」の総語数のこと

算出対象			年度/学部	カバー語数/総語数※	カバー率
1	センター	センター試験	2020年度	99/99	100.0%
2	センター	センター試験	2019年度	188/188	100.0%
3	センター	センター試験	2018年度	97/97	100.0%
4	センター	センター試験	2017年度	116/116	100.0%
5	センター	センター試験	2016年度	122/122	100.0%
6	国公立	北海道大	文系	99/99	100.0%
7	国公立	東京大	文科一～三類	46/46	100.0%
8	国公立	一橋大	全学部	75/75	100.0%
9	国公立	名古屋大	文学部ほか	92/92	100.0%
10	国公立	京都大	文系学部	82/82	100.0%
11	国公立	大阪大	文学部	38/38	100.0%
12	国公立	九州大	文学部	29/29	100.0%
13	国公立	東京都立大	人文社会学部ほか	47/47	100.0%
14	私立	学習院大	経済学部ほか	66/66	100.0%
15	私立	慶應義塾大	商学部	84/84	100.0%
16	私立	法政大	法学部ほか	79/79	100.0%
17	私立	明治大	文学部ほか	140/140	100.0%
18	私立	立教大	観光学部	121/121	100.0%
19	私立	早稲田大	教育学部	145/145	100.0%
20	私立	立命館大	法学部ほか	152/152	100.0%
21	私立	関西大	文学部ほか	135/135	100.0%
22	私立	関西学院大	法学部ほか	132/132	100.0%

目次

第1部 地図と自然環境

01 地理情報と地図

02 地形環境

03 気候環境

第2部 資源と産業

04 農牧業・水産業・林業

05 資源・エネルギーと工業

第3部 生活と文化

06 民族（言語と宗教）

07 人口と人口問題

08 村落と都市

09 生活文化，消費と余暇活動

第4部 グローバル化する現代世界

第5部 現代世界の諸地域

地図と自然環境

MAPS & NATURAL ENVIRONMENTS

地理情報と地図

☑ 経緯線のしくみ・時差問題はリクツをマスターしよう。
☑ 統計地図の使い分けはセンターでも繰り返し出題された。
☑ 地図記号は読図の基本，後回しにせず一気に覚えよう。

1 地図の発達

□1 ★ 地球が円いことに最初に気づいたのは紀元前の [1★] 人であった。（福井大）

(1) ギリシャ

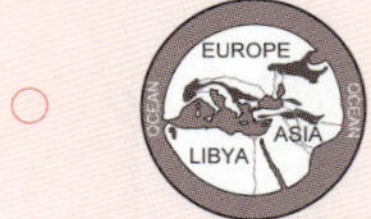

○× □2 ★ ヘカタイオスの世界図（紀元前500年頃）には古代ギリシャの世界観が反映されている。（関西学院大）

○

□3 ★★ ギリシャの地理学・天文学者 [1★★] は，エジプトのアレクサンドリア～シエネ間の子午線の長さを計測することによって，ほぼ正確な地球の円周を推定したといわれている。（関西大）

(1) エラトステネス
※素数の判定法でも有名

□4 ★★ [1★] 時代の西暦150年頃には，天文学者 [2★★] が円錐図法の原理を用いて [3★★] 線の入った地球の半球図を描いていた。（福井大）

(1) [古代(こだい)] ローマ
(2) プトレマイオス（トレミー）
(3) 経緯(けいい)

□5 ★★ 中世ヨーロッパではキリスト教的世界観が重んじられ，世界地図でも [1★★] と総称される単純で画一的な描き方の円形の地図が多く描かれた。（福井大）

(1) TO（OT）マップ
※Oが世界をとりまく大洋，Tが水域，上が東（エデン），中央がエルサレム

□6 ★★★ ヨーロッパ人の地理的世界観が大きく変化して世界各地に関する知識が拡大したのは，15世紀から17世紀前半頃までのいわゆる [1★★★] 時代である。（福井大）

(1) 大航海(だいこうかい)

□7 ★★★ 現存する最古の [1★★] は15世紀末にマルティン＝ベハイムによってつくられたもので，[2★★★] による新大陸「発見」や [3★★★] 一行による世界周航とともに，当時のヨーロッパ人の地理的世界観を変貌させることとなった。（福井大）

(1) 地球儀(ちきゅうぎ)
(2) コロンブス
(3) マゼラン
※ベハイム地球儀は，1492年コロンブスのアメリカ大陸到達直前に作成

□8 ★★★ 16世紀に，現ベルギーの地図学者 [1★★★] によって，正角図法にもとづく世界全図が作成された。（関西大）

(1) メルカトル

□9 ★ 古代ギリシャ・ローマの科学がヨーロッパに伝えられるまでの長い間，その知識を継承して中継役を果たしたのは，[1★] 世界であった。（福井大〈改〉）

(1) イスラーム
※イブン＝バットゥータの旅行記など

□10 ★★ 日本を描いた最古の地図は，奈良時代の僧 [1★★] が作成したとされる [1★★] 図である。（関西大）

(1) 行基（ぎょうき）

□11 ★★★ 江戸時代後期に [1★★★] が，幕府の命により日本全国の沿岸を測量し，「大日本沿海輿地全図」を作成した。（関西大）

(1) 伊能忠敬（いのうただたか）
※忠敬が測量を始めたのは55歳，中年の星！

2 地図の種類と地図情報

□1 ★★★ 既存の地図を [1★★★] したものを [1★★★] 図とよぶ。国土地理院発行の5万分の1 [2★★★] 図がその例である。（関西大）

(1) 編集（へんしゅう）
(2) 地形（ちけい）
※地図のデジタル化により編集図と実測図の区別は意義を失いつつある

□2 ★★★ 現地測量や空中写真測量などをもとに作成した地図を [1★★★] 図とよぶ。国土地理院発行の2万5000分の1 [2★★★] 図がその例である。（関西大）

(1) 実測（じっそく）
(2) 地形（ちけい）

□3 ★★★ 地形図は，土地利用・建造物・道路・境界線などが描かれていることから [1★★★] 図という。（成城大）

(1) 一般（いっぱん）

□4 ★ 地形などがおおまかに描かれた編集図を [1★] 図という。（成城大）

(1) 地勢（ちせい）
※国土地理院の発行する20万分の1地勢図は1枚で府県程度の範囲を表す

□5 ★★★ 地質図・天気図・土地利用図などは，それぞれ1つの目的を表すために作成された地図であることから，[1★★★] 図という。（成城大）

(1) 主題（しゅだい）

〇× □6 ★★★ 5万分の1地形図は，2万5000分の1地形図よりも縮尺が大きい。（学習院大）

×
※大きい➡小さい

□7 ★★★ 同じ大きさ，同じ地図投影法では，世界地図は，新宿の高層ビル街の地図よりも [1★★★] な縮尺となる。（慶應義塾大〈改〉）

(1) 小さ（ちい）

□8 ★★★ 行政区画にこだわらず，人口の絶対的な分布状況を表現する地図の種類は [1★★★] である。（福井大）

(1) ドットマップ
※ドット(点)の粗密で表す

□9 ★★★ 単位地域間を線で結び，その間の移動量を線の太さによって示す主題図を [1★★★] とよぶ。（日本女子大）

(1) 流線図(りゅうせんず)
※貿易量や交通量(航空路線ごとの便数など)などを表す

□10 ★★★ 桜の開花日(観測地点は不規則に分布)にみられる地域差を表現する地図の種類を [1★★★] という。（福井大）

(1) 等値線図(とうちせんず)
※桜前線や紅葉前線のほか，等高線や等温線・等降水量線など

□11 ★★★ 一般に等値線を用いて表現するのが不適切なものは [1★★★] である。（関西学院大〈改〉）

①気圧配置　②海流の分布　③年間降水量の傾向
④海底の水深

(1) ②

□12 ★★★ 地形図上に切られた方眼ごとの最高地点における高度値の分布状況を表現する地図の種類を [1★★★] という。（福井大）

(1) メッシュマップ
※メッシュ(mesh)＝網目

□13 ★★ 単位地域の主題図上での面積が表現したい統計量と比例するように，地図を変形させて描かれた主題図を [1★★] という。（日本女子大）

(1) カルトグラム(変形地図(へんけいちず))

□14 ★★★ 統計数値を図形の面積や体積に比例させて地図上に表現したものを [1★★★] という。（予想問題）

(1) 図形表現図(ずけいひょうげんず)

□15 ★★★ 市町村別の老齢人口率の違いを表現する場合，地図は [1★★★] が用いられる。（福井大）

(1) 階級区分図(かいきゅうくぶんず)(コロプレスマップ)

□16 ★★ 地域気象観測システム(略称 [1★★])の降雨量データは，[2★★] という地図形式で提供されることが多い。（西南学院大）

(1) アメダス
(2) メッシュマップ

〇× □17 ★★★ 海図とは，海域における生物の種類と分布を示した地図である。（センター）

×
※海図は航海に用いられるため，水深や海流，灯台の位置などを示す

□18 ★★★ 災害時の危険地域や危険度の大小を階級区分図で図示した災害被害の予測図は，[1★★★] とよばれる。（國學院大）

(1) ハザードマップ
※自分の住む街のハザードマップをみておこう

○× □19 ★★★ 鉄道の路線図は，駅の順番や路線の接続などを示した地図である。 (センター)

○
※実際の距離や方位は必ずしも正確ではない

□20 ★★ 斜め上空から見下ろすように描いた地図は [1★★] 図とよばれる。 (西南学院大)

(1) 鳥瞰(ちょうかん)

○× □21 ★ メンタルマップは，視覚障害者にとって緊急時の避難経路の把握に役立つ。 (予想問題)

○
※メンタルマップとは各人の主観的な地理的空間のイメージ(頭の中の地図)

□22 ★★★ 位置や空間に関するさまざまな情報を，[1★★★] を用いて地図上で重ね合わせ，情報の分析や解析を行う技術を [2★★★] という。 (学習院大)

(1) コンピュータ
(2) GIS (地理情報(ちりじょうほう)システム)

○× □23 ★★★ GIS を使うと地形断面図が作成できる。 (名古屋大〈改〉)

○
※地表面の標高データから地形の立体図や鳥瞰図も作成できる。また面積の計算が可能なので，土地利用の変化に関する計量的な分析もできる

○× □24 ★★★ GIS では，歩行者通行量のデータから 2 地点間の最短距離を容易に計算できる。 (センター)

×
※通行量と最短距離は無関係。GIS はデータの加工･結合･表示を行う

○× □25 ★★★ 産業の分布を GIS で分析するためには，数値地図と統計資料が必要である。 (センター)

○
※消費者の購買行動データを用いた商店の来客数の予測も可能である

○× □26 ★★★ 人工衛星からの電波を利用した GIS による測量の導入により，測量の精度が高まっている。 (学習院大)

×
※ GIS ➡ GNSS (全球測位衛星システム) または GPS(米国の GNSS) など

3 地球儀と時差

□1 ★★ 大航海時代以降も，航海に耐える正確な時計が開発されるまでは海上での正確な [1★★]〈緯度･経度〉の測定は困難だった。 (センター〈改〉)

(1) 経度(けいど)
※基準点との時差と天体の位置から割り出せる。緯度は北極星の高度に一致

□2 ★★★ 東京から東西の方位は東京を通る緯線の方向と一致 [1★★★]，南北は東京を通る経線の方向と一致 [2★★★]。 (慶應義塾大〈改〉)

(1) せず
(2) する
※赤道以外の緯線は，経線(南北方向)と直交せず，東西を示さない

□3 ★★
地球上で東京（北緯35度41分，東経139度46分）の対蹠点（真裏にあたる位置）の経緯度は 1★★ である。（慶應義塾大〈改〉）

(1) 南緯35度41分，西経40度14分
※1度＝60分

□4 ★★★
地球の陸と海の面積比は約 1★★★ だが，陸半球と水半球に分けた場合，水半球における面積比は1:9。なお，陸半球の中心は 2★★ 付近，水半球の中心は 3★★ 付近。（青山学院大〈改〉）

(1) 3：7
(2) ナント（フランス）
(3) アンティポディーズ諸島（ニュージーランド）
※(1)陸半球では約5：5，(2)ロアール川河口付近

□5 ★★
回帰線は，南緯・北緯それぞれ 1★★ 度26分を通る。（慶應義塾大〈改〉）

(1) 23
※60進法（1度＝60分）なので，23°26′≒23.4°

□6 ★★
1★★ 度34分の緯線より高緯度の地域を，北極圏・南極圏とよぶ。（慶應義塾大〈改〉）

(1) 66
※同様に66°34′≒66.6°。回帰線の23.4°と足して90°になる

□7 ★★★
日付変更線は，多少の屈曲を伴いながらほぼ東経及び西経 1★★★ 度線に沿って引かれており，この線を越えて 2★★★〈四方位〉に行くときは次の日の日付とする。（慶應義塾大〈改〉）

(1) 180
(2) 西

□8 ★★★
世界の標準時 1★★★ は，イギリスの 2★★★ を通る経線である。（成城大）

(1) 子午線
(2) 旧グリニッジ天文台

□9 ★★★
各地の標準時は経度 1★★★ 度ごとに1時間ずつずれがあり，これを時差という。（成城大）

(1) 15

□10 ★
各国は標準時を中心にして定められた 1★ をもつ。（成城大）

(1) 等時帯
※例えばロシアは11，中国は1つの等時帯をもつ

□11 ★★★
日本標準時子午線は， 1★★★ 県 2★★★ 市を通る 3★★★ 経 4★★★ 度線である。（成城大）

(1) 兵庫
(2) 明石
(3) 東
(4) 135

□12 ★★★
高緯度にある国の中には， 1★★★ 季に標準時間を1時間早める 2★★ を実施している国がある。（成城大）

(1) 夏
(2) サマータイム

□13 ★★★ 2月12日の日本とイギリスの時差は［1★★★］時間。（成城大）

(1) 9
※ 135 ÷ 15 = 9（時間）2月だからサマータイムは考えなくてよい

□14 ★★ 新千歳空港を2月5日午後8時離陸，7時間40分後ハワイのホノルル空港に到着。到着現地時刻が2月5日午前8時40分。ホノルル標準時を決める経度は［1★★］度。〈東経・西経を付ける。サマータイムは考えない〉（札幌大）

(1) 西経 150 度
※ 20時＋7時40分－8時40分＝19時間の時差。15 × 19 = 285度の経度差。日本は東経135度。285 － 135 = 150度

□15 ★★★ 西経45度の地点で1月1日午後1時に開催されるサッカーの試合の生中継を東京で視聴する場合，試合開始時刻は1月［1★★★］日［2★★★］時となる。〈［2★★★］は午前・午後を付ける。サマータイムは考えない〉（センター）

(1) 2
(2) 午前 1
※（45+135）÷15=12（時間の時差）。13+12=25（時）＝翌日の1時

□16 ★★★ サンフランシスコの経度を［1★★★］経120度とすると，2月の日本との時差は［2★★★］時間。（成城大）

(1) 西
(2) 17
※（120+135）÷15=17（時間）

□17 ★★ 東経140度の地域における日の出時間は，兵庫県明石市と比べると約［1★★］分［2★★］い。（國學院大）

(1) 20
(2) 早
※（140－135）÷15=$\frac{1}{3}$（時間）＝20（分）

□18 ★★ 日本の東端・南鳥島と西端・与那国島の経度差は31度である。南鳥島の日の出の時刻が午前5時27分ならば，与那国島の日の出の時刻は［1★★］。〈同一緯度と仮定〉（成城大）

(1) 午前7時31分
※ 31÷15=2$\frac{1}{15}$時間＝2時間4分

□19 ★★★ 東京発 20：10 →ホノルル着 7：40（同日，現地時間）のフライトで，時差が19時間とすると，所要時間は［1★★★］。（センター）

(1) 6時間30分
※出発時刻はホノルル時間で 20:10－19:00=1:10

□20 ★★★ 東京発 11：20 →バンコク着 16：50（同日，現地時間）のフライトで，時差が2時間とすると，所要時間は［1★★★］。（センター）

(1) 7時間30分
※出発時刻はバンコク時間で 11:20－2:00=9:20

□21 ★★★ 東京を2月12日正午に離陸した飛行機が，12時間30分の飛行時間ののち，現地時間の［1★★★］頃にロンドンに到着した。（成城大）

(1) 2月12日15時30分
※東京の正午はロンドンの 12 － 9 =（午前）3時

□22 ★★★ 成田空港を午前 11 時 30 分に出発した飛行機が，12 時間の飛行時間ののち，同日の午前 9 時 30 分（現地時間）に，ある都市に直行で到着した。到着地の都市は，[1★★★] 経 [2★★★] 度を標準時にしている。〈サマータイムは考えない〉 （慶應義塾大〈改〉）

(1) 西（せい）
(2) 75
※ 11:30 + 12:00 − 9:30 = 14 時間の差。15°/h × 14 = 210° の差→西経。210° − 135° = 75°（米国東岸）

□23 ★★★ 東京を 2 月 12 日午後 10 時に離陸した飛行機が，6 時間 40 分の飛行時間ののち，現地時間の 2 月 12 日午前 9 時 40 分にハワイのホノルルに到着した。ホノルルの標準時の経度は [1★★★]。 （成城大）

(1) 西経（せいけい） 150 度（ど）
※ 22:00 + 6:40 − 9:40 = 19:00
時差 19 時間は 15 度 × 19 = 285（度）の経度差
285 − 135 = 150（度）

□24 ★★ ニューヨークを現地時間で 8 月 1 日 16 時に出発すると，飛行時間が 14 時間ならば，東京の現地時間で 8 月 [1★★] 日 [2★★] 時に到着する。ただし，ニューヨークでは標準時を 1 時間進める [3★★] が採用されている。 （西南学院大）

(1) 2
(2) 19
(3) サマータイム
※米国東岸 75°W → (135° + 75°) ÷ 15°/h=14h の時差。
出発の日本時間 16 − 1+14 = 29 時（翌 5 時）

4 小縮尺地図

□1 ★★★ 地球上の 2 地点を結ぶ最短航路を [1★★★] 航路（コース）という。 （西南学院大）

(1) 大圏（たいけん）（大円（だいえん））

□2 ★★★ 舵角（だかく）（進行方向と経線のなす角）を一定にした航路を [1★★★] という。 （予想問題）

(1) 等角航路（とうかくこうろ）

□3 ★★★ 15 世紀末から始まる大航海時代に航海用に作成された世界地図は，製作者の名を冠して，[1★★★] 図法と称される。また，遠洋航路では欠かすことのできない，任意の大圏航路を直線で示す [2★] 図法も重宝された。 （明治大〈改〉）

(1) メルカトル
(2) 心射（しんしゃ）
※正距方位図法では，任意ではなく「中心から」の大圏航路が直線で示される

□4 ★★★ 船舶の等角航路を示す地図に適した投影法は [1★★★] 図法である。[1★★★] 図法では，等角航路が任意の 2 地点間の直線で表される。 （日本女子大〈改〉）

(1) メルカトル
※スクロール可能なインターネット地図への活用で再評価されている

□5 ★★★ メルカトル図法は 1★★★ 図法の一種で，航海図としてよく利用されるが，海上の任意の2点間を結ぶ直線は常に大圏航路を表して 2★★★ 。〈下記①②より選択〉
① いる　② いるわけではない　(慶應義塾大〈改〉)

(1) 正角
(2) ②

□6 ★★★ メルカトル図法では， 1★★★ 線は等間隔で， 2★★★ 線は 2★★★ 度により間隔が異なる。(慶應義塾大〈改〉)

(1) 経
(2) 緯

□7 ★★★ 国際連合のマークに使われている地図は 1★★★ 図法で描かれた地図が図案化されたものであり，その地図の中心は 2★★ である。 1★★★ 図法は，ある都市からの航空路線図を作成するのに適した地図投影法である。(慶應義塾大〈改〉)

(1) 正距方位
(2) 北極

○× □8 ★★★ 正距方位図法では，大圏航路が任意の2地点間の直線で表される。(センター)

×
※図の中心と，任意の地点を結ぶ直線が大圏航路

□9 ★★★ 1★★★ 図法とは，地図上の面積が正しく表わされている図法の総称で，分布図や階級区分図を作成する場合に多く用いられる。(西南学院大〈改〉)

(1) 正積
※人口分布など，面積と地理的情報の関係を表現しやすい

□10 ★★ 正積図法のうち， 1★★ 図法は 2★★ 図法に比べて高緯度地方のひずみが比較的大きく， 3★★ 図法はこれら2つの図法のよい点をつなぎ合わせてつくられている。(慶應義塾大〈改〉)

(1) サンソン
(2) モルワイデ
(3) グード（ホモロサイン）

5 地形図

○× □1 ★★★ 地形図とは，地表の基本的な情報が表現された一般図である。(関西学院大)

○

□2 ★★★ 日本において地形図は 1★★★ が発行する。(専修大)

(1) 国土地理院
※国土交通省に属する

□3 ★★ 地形図の作成には，かつては多面体図法が用いられていたが，現在は 1★★ 図法の一つである 2★★ 図法が用いられている。(成城大)

(1) 円筒
(2) ユニバーサル横メルカトル(UTM)

□4 ★★★ 三角点は 1★★★ を測定する際の基準となる。(獨協大)

(1) 位置

□5 ★★★ 地形図作成において，現地の正しい位置は［1★★★］測量で行ってきたが，その基準点（日本経緯度原点）は東京都［2★］区にある。（成城大）

(1) 三角（さんかく）
(2) 港（みなと）
※現在は空中写真測量で製図されるため，三角点の実質的な役目は終わっている（登山者などの目印にはなっている）

②
①角度を測る
②新しい地点が決まる
①
距離のわかっている2地点

□6 ★★★ 水準点は地点の［1★★★］を示す基準点である。（近畿大）

(1) 標高（ひょうこう）

□7 ★★ 日本の水準原点の基準は［1★★］である。（成城大）

(1) 東京湾の平均海水面（とうきょうわんのへいきんかいすいめん）

□8 ★ 地形図作成において，現地の正しい高さは［1★］測量で行う。その基準点（日本水準原点）は東京都［2★］区にある。（成城大）

(1) 水準（すいじゅん）
(2) 千代田（ちよだ）
※標高 24.3900m（もとは 24.5000m だったが，関東大震災・東日本大震災で変化した）

□9 ★★★ 人工衛星から発射される電波をもとに位置を知るシステムで，電子基準点の位置の精密測定などにも用いられるものを［1★★★］という。（北海道大）

(1) GNSS（全球測位衛星システム）（ぜんきゅうそくいえいせい）
※ GPS は米国が運用する GNSS の固有名詞

□10 ★★ 地形図には5万分の1，2万5000分の1のほか，［1★★］分の1の縮尺がある。（立命館大）

(1) 1万（まん）

□11 ★★ 国土地理院から発行される20万分の1の地図は［1★★］図である。（西南学院大）

(1) 地勢（ちせい）

○× □12 ★ 1万分の1地形図は，国土基本図をもとにつくられた編集図である。（学習院大）

○
※大都市圏・主要都市のみ作成

□13 ★ 国土地理院から発行されている国土基本図の縮尺は［1★］分の1・［2★］分の1（順不同）である。（慶應義塾大〈改〉）

(1) 2500
(2) 5000

□14 ★★★ 地形図では，土地の起伏を［1★★★］・［2★★★］・［3★★］（順不同）の3種類の［4★★★］で表す。（成城大〈改〉）

(1) 計曲線（けいきょくせん）
(2) 主曲線（しゅきょくせん）
(3) 補助曲線（ほじょきょくせん）
(4) 等高線（とうこうせん）

□15 ★★★ 2万5000分の1地形図では，主曲線は [1★★★] mごとに引かれる。（立命館大）

(1) 10
※細い実線で描く

○× □16 ★★★ 5万分の1地形図では主曲線は20m間隔である。（関西学院大）

○

□17 ★★★ 「150m」の等高線が太い実線ならば，この等高線の種類は [1★★] で，地形図の縮尺は [2★★★] 。（関西大）

(1) 計曲線（けいきょくせん）
(2) 2万5000分の1
※2万5000分の1地形図では50m間隔

□18 ★★★ 計曲線が100mごとに引かれる地形図の縮尺は [1★★★] 分の1である。（成城大〈改〉）

(1) 5万

□19 ★★ 10mの等高線が破線ならば，縮尺 [1★★] の地形図である。（関西大）

(1) 5万分の1
※破線(---)は補助曲線

○× □20 ★★★ 等高線は，同じ高さの地点を結んだ線であり，閉曲線になる。（学習院大）

○

○× □21 ★★★ 段丘崖などの急斜面では，等高線の間隔が狭く密となる。（近畿大）

○

○× □22 ★★ 主曲線で表現できない高さの差は，補助曲線や崖の記号で表現される。（学習院大）

○

○× □23 ★★★ 等高線で谷地形を表すと，下流に向かった凸形になる。（近畿大）

×
※下流➡上流

○× □24 ★★★ 地形図の縮尺が大きければ，その分地図記号の省略が多くなる。（学習院大）

×
※大きければ➡小さければ

6 縮尺の計算

□1 ★★★ 2万5000分の1地形図上での約5cmは，実際の距離は [1★★★] kmである。（明治学院大〈改〉）

(1) 1.25
※5cm × 2.5万 =125000cm

□2 ★★★ 5万分の1地形図上での約12cmの距離は，実際には約 [1★★★] kmである。（東海大）

(1) 6
※12cm × 5万 =600000cm

□3 ★★★ 地図上で約 15cm ある 2 地点間の実際の距離は約 3,750m であった。つまり，この地図の縮尺は [1 ★★★] 分の 1 である。（獨協大）

(1) 2万(まん)5000
※ $\frac{15cm}{375000cm} = \frac{1}{25000}$

□4 ★★★ 計曲線が 100m ごとに引かれた地形図上で 10cm の距離を時速 4km で歩くと，[1 ★★★] 分かかる。（立命館大）

(1) 75
※縮尺は 5 万分の 1（主曲線は 20m ごと）。10cm×5万=5km，5km÷4km/時=1.25 時間＝75 分

□5 ★★ 世界の地中海性気候地域で柑橘類の生産が多いことを縦 11cm × 横 16cm の用紙に示すには，縮尺が [1 ★★] 程度の地図を用いるとよい。（日本女子大〈改〉）

① 5000 万分の 1　② 1 億 5000 万分の 1
③ 2 億 5000 万分の 1　④ 5 億分の 1

(1) ③
※ 16cm÷4万km = $\frac{16}{40億}$

□6 ★★★ 2 万 5000 分の 1 地形図上で 4cm 四方の正方形の実際の面積は [1 ★★★] km^2 である。（専修大）

(1) 1
※ 4cm × 2.5 万 =100000cm＝1 km

□7 ★★ 2 万 5000 分の 1 地形図上で約 $3.2cm^2$ の土地の実際の面積は約 [1 ★★] ha である。（獨協大）

(1) 20
※1ha=100a=$10000m^2$，$1m^2=10000cm^2$
面積比は縮尺の 2 乗
→ $3.2cm^2 \times 25000^2$ を単位換算

□8 ★★ 2 万 5000 分の 1 地形図上における 10cm 四方の実際の面積は [1 ★★] ha であるが，5 万分の 1 地形図上での 10cm 四方には，その [2 ★★] 倍の面積が描かれている。（立命館大）

(1) 625
(2) 4
※10cm×25000=2500m=2.5km
2.5km×2.5km=$6.25km^2$=625ha

□9 ★★ 標高差が 50m で，水平距離が 1,250m である 2 地点間の勾配は千分率で [1 ★★] である。（名古屋大〈改〉）

(1) 40‰
※50÷1250=0.04＝4%＝40‰（‰はパーミル）

7 地図記号

以下の地図記号が何を表しているか答えよ。 1 ～ 88

※◆は 2013 年以前の旧図式，◉は新図式（名称変更含む），無印は新旧共通

※ 1 ～ 13 は 3 個セットというわけではなく，当該範囲に応じて適宜描かれる

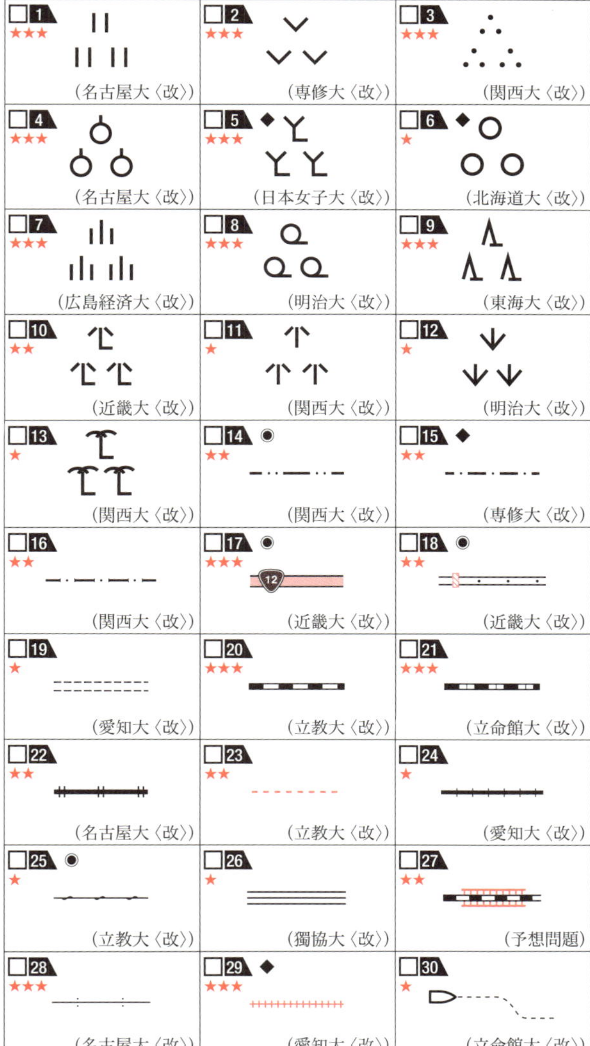

(1) 田（水田を指す）
(2) 畑（陸稲，牧草を含む）
(3) 茶畑
(4) 果樹園
(5) 桑畑
(6) その他の樹木畑
(7) 荒地
(8) 広葉樹林
(9) 針葉樹林
(10) 竹林
(11) 笹地
(12) ハイマツ地
(13) ヤシ科樹林
(14) 市区町村界
(15) 町・村界
※政令市の区界でもある
(16) 都府県界
(17) 国道・国道番号
※旧図式の国道番号は国道 n 号線ならば(n) のように示す
(18) 有料道路及び料金所
(19) 庭園路
(20) JR 線（単線）
(21) JR 線（複線以上）
(22) JR 線以外（複線以上）
(23) 地下鉄及び地下式鉄道
(24) 特殊鉄道
※工場内の鉄道，採石場と工場を結ぶ鉄道など
(25) 索道（リフト等）
※ロープウェイなど
(26) 路面の鉄道
(27) 土崖（切取部）
(28) 送電線
(29) 土堤
(30) 水上・海上交通

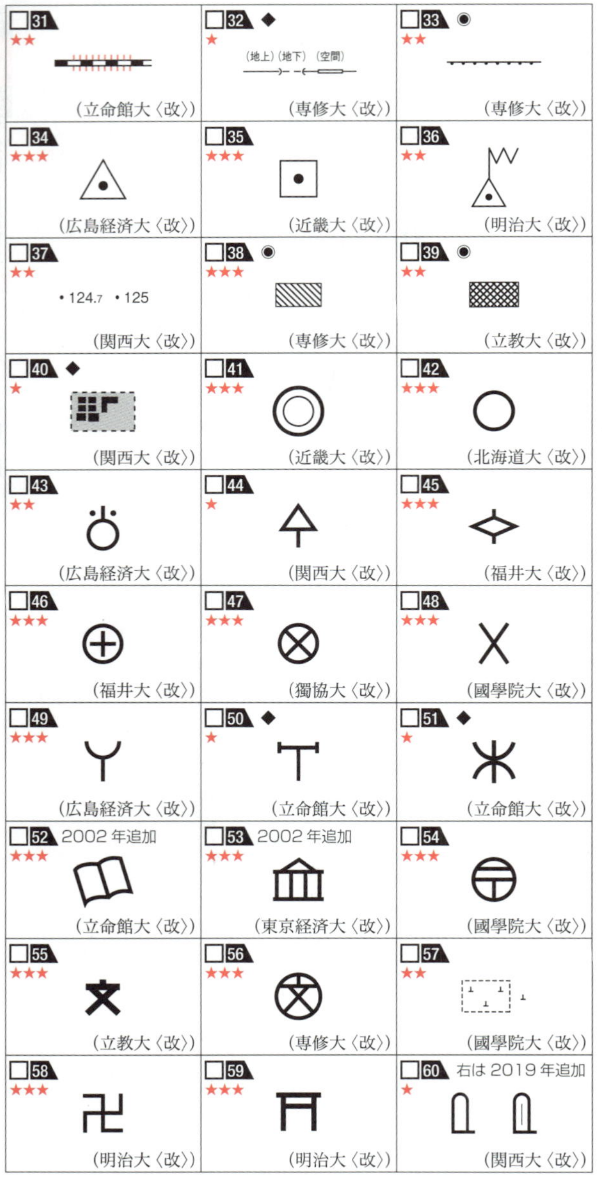

(31) 土崖（盛土部）
(32) 輸送管
※新図式では「空間」のみ
(33) 防波堤等
※埠頭や突堤，河川の護岸など
(34) 三角点・地殻変動観測点
(35) 水準点
(36) 電子基準点
(37) 標高点
※左：現地測量，右：写真測量
(38) 堅ろう建物
※中層の非木造建築。旧図式では「総描建物」
(39) 高層建物
※旧図式では中高層建物（街）
(40) 樹木に囲まれた居住地
(41) 市役所・特別区の区役所
(42) 町村役場・政令指定都市の区役所
(43) 官公署
(44) 裁判所
(45) 税務署
(46) 保健所
(47) 警察署
(48) 交番
※派出所・駐在所を含む
(49) 消防署
(50) 気象台
(51) 森林管理署
(52) 図書館
(53) 博物館
(54) 郵便局
(55) 小・中学校
(56) 高等学校
(57) 墓地
(58) 寺院
(59) 神社
(60) (左) 記念碑
(右) 自然災害伝承碑

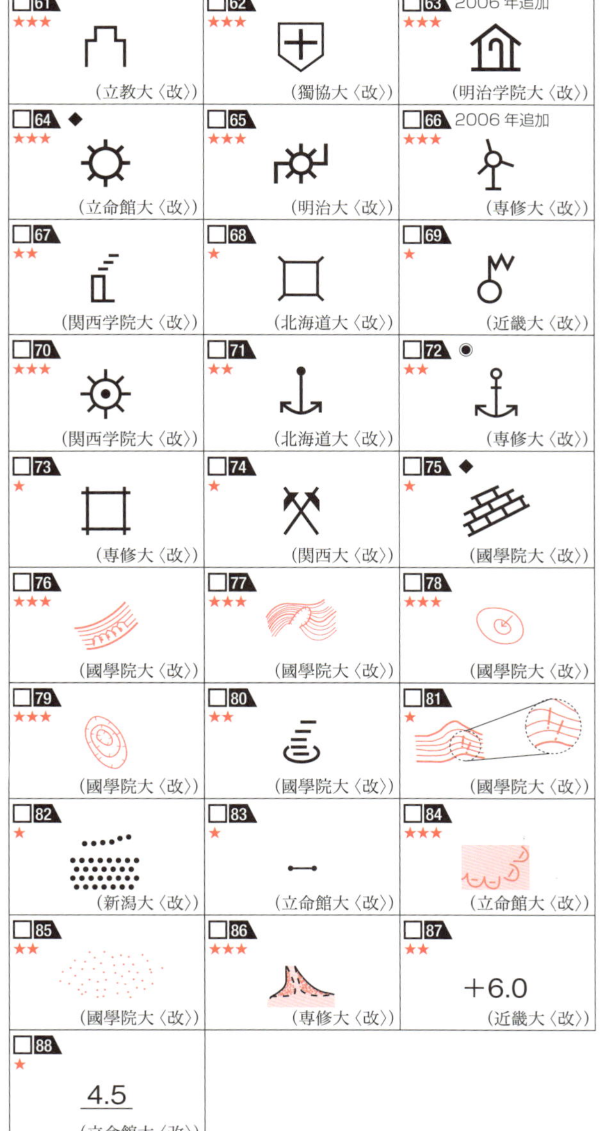

(61) 城跡
(62) 病院
(63) 老人ホーム
(64) 工場
(65) 発電所等
※変電所などを含む
(66) 風車
※風力発電所用
(67) 煙突
(68) 高塔
(69) 電波塔
(70) 灯台
(71) 漁港
(72) 港湾
(73) 油井・ガス井
(74) 採鉱地
(75) 採石地
(76) がけ（岩）
(77) がけ（土）
(78) おう地（小）
(79) おう地（大）
(80) 噴火口・噴気口
(81) 雨裂
※雨水の流れがつくる谷状地形
(82) 水制
(83) 水門
(84) 隠顕岩
(85) 砂れき地
(86) 干潟
(87) 比高
(88) 岸高
※水面から岸の最高部までの高さ

□89 ★★★ 「史跡・[1★★]・天然記念物」の記号は，「[2★★★]」の記号と同形だがそれらよりも大きく，必ず名称が付されている。 (國學院大〈改〉)

(1) 名勝(めいしょう)
(2) 茶畑(ちゃばたけ)
※(地図）記号は「∴」

□90 ★ 旧地形図の地図記号では，水田は[1★]，乾田は[2★]で表されていた。 (立命館大〈改〉)

(1) ш ш ш
(2) ıı ıı ıı
※なお，沼田は「ш」

□91 ★★★ 地図記号[1★★★]の減少は，養蚕業の衰退を表す。 (立命館大)

(1) Y Y Y

8 地域調査

OX □1 ★★★ 同じ地域における新旧の地形図の比較から，地域の変容を読み取ることができる。 (学習院大)

○

□2 ★★★ 河川の左岸とは，河川の[1★★★]から[2★★★]方向をみたときに左手側にあたる岸である。 (予想問題)

(1) 上流(じょうりゅう)
(2) 下流(かりゅう)

OX □3 ★★★ 観光施設の客数が増加傾向にある背景については，観光道路を歩いて特徴ある設備・施設や店の種類を調べる。 (センター)

○

OX □4 ★★★ 観光施設の客数が増加した背景については，施設における取り組みを聞き取り調査する。 (センター)

○

OX □5 ★★★ 観光施設の客数の減少に伴う売上高の変化については，施設各店舗で売上高に関する情報を収集する。 (センター)

○

OX □6 ★★★ 企業の概要を調べるためには，インターネットでその会社のウェブサイトを閲覧する方法もある。(センター)

○

OX □7 ★★★ 市町村の人口構成や少子高齢化の状況を調べる場合は，住宅地図を利用する。 (センター)

×
※住宅地図にはふつうは数値情報はない

OX □8 ★★★ 市の人口密度の状況を示すために，各町単位の階級区分図を作成する。 (センター)

○

OX □9 ★★★ 商業地区・業務地区の現地調査における事前準備として，各種統計資料を用いて，店舗や企業のオフィスの業務構成を調べる。 (センター)

○

OX □10 ★★★ 地形や住宅地化の状況を調べるために，新旧の空中写真を比較する。（センター）

○

OX □11 ★★★ 観光施設の訪問者と交通手段との関係については，公園内で訪問者数を調べる。（センター）

×
※訪問者数だけでは交通手段まではわからない

OX □12 ★★★ 商業地区・業務地区の現地調査における事前準備として，空中写真から，店舗や企業のオフィスに勤める従業員の通勤流動を読み取る。（センター）

×
※空中写真で人の動きはわからない

OX □13 ★★★ 商業地区・業務地区の現地調査における事前準備として，市役所や商工会議所で，新規に進出した店舗や企業のオフィスの立地傾向に関する聞き取り調査を行う。（センター）

○

STEP UP 一 さらに得点アップさせたい人のための ステップアップ問題

OX □1 ★ ヘカタイオスの世界図（紀元前500年頃）をみると，地中海についてかなり詳しい知識をもっていたことがわかる。（関西学院大）

○

□2 ★ 日本標準時子午線は，かつて日本標準時の基準時計が設置されていた都市のほか，その都市の北～東に隣接する［1★　］市上にも通過。（慶應義塾大〈改〉）

(1) 神戸（こうべ）
※前者は明石市

□3 ★★ ユニバーサル横メルカトル図法は，地球全体を経度［1★★　］度ごとの座標帯に分け，地球を投影している。（明治大）

(1) 6
※日本は東経120～156度の6つの座標帯でカバー

□4 ★★ 2002年，日本の測量上の基準座標が［1★　］測地系から［2★　］測地系に転換された。（予想問題）

(1) 日本（にほん）
(2) 世界（せかい）

□5 ★ 都市の通勤圏の地域区分図は，等質地域区分と機能地域区分のうち，［1★　］地域区分にあたる。（日本女子大）

(1) 機能（きのう）
※機能地域：「首都圏」のように中心と周辺が結節
等質地域：「綿花地帯」のような空間的まとまり

地形環境

POINT
- ☑ プレート境界の分布や用語，大地形と資源との関連は頻出。
- ☑ 私大では細かい地名も出るが，頻出地名からおさえよう。
- ☑ 小地形は，用語だけでなく成因を説明できるように。

1 地形の成り立ち

□1 ★★ 地形を形成する力である［1★★］のうち，地球内部にエネルギー源がある力を［2★★］，地球外部から作用して地形を変形させる力を［3★★］という。 (青山学院大)

(1) 営力(えいりょく)
(2) 内的営力(ないてきえいりょく)
(3) 外的営力(がいてきえいりょく)
※(2)は地殻変動や火山活動，(3)は流水·氷河·海波·風による風化·侵食·運搬·堆積作用

□2 ★★★ 造山運動とは，地層の［1★★★］作用や［2★★］運動，地下深部での深成岩や変成岩の形成，火山の噴火などを伴って山脈を形成する［3★★］である。 (成城大)

(1) 褶曲(しゅうきょく)
(2) 断層(だんそう)
(3) 地殻変動(ちかくへんどう)
※広範囲での緩やかな昇降は造陸運動

□3 ★ アメリカ合衆国の地形学者［1★］は，地殻変動でできた山地が河川などの作用によって侵食され，最後には海面とほぼ同じ高さの平面になると考えた。この一連の変化の過程を地形の［2★］という。 (福岡大)

(1) デービス
(2) ［侵食(しんしょく)］輪廻(りんね)
※幼年期→壮年期→老年期→準平原と変化

□4 ★★ 20世紀はじめ，大陸が過去に移動したことをドイツの気象学者［1★★］が主張した。 (東京経済大〈改〉)

(1) ウェゲナー
※大陸移動説という

□5 ★★ ［1★★］理論では，プレート境界での衝突やずれがさまざまな地殻変動を生むと説明される。 (中央大)

(1) プレートテクトニクス

□6 ★★ 地球の表面は厚さ数十～200kmの岩石質のプレートで覆われており，プレートの下にある［1★★］の動きによって地殻変動が生じる。 (高崎経済大〈改〉)

(1) マントル
※火山や地震などの地殻変動が多い変動帯は，プレート境界に沿って分布

□7 ★★★ 広がるプレート境界の周辺は大量の溶岩を噴出し，海底火山が並んだ［1★★★］とよばれる海底の大山脈を形成するところが多い。 (西南学院大〈改〉)

(1) 海嶺(かいれい)
※海洋プレートが生産されている

□8 ★★★
海洋プレートが大陸プレートの下に沈み込む境界には [1★★★] という特徴的な地形が認められる。（慶應義塾大）

(1) 海溝（かいこう）
※浅いものはトラフという（南海トラフなど）

□9 ★★★
大洋底の拡大をもたらす大規模な海嶺は，[1★★★] 海嶺とよばれる。（青山学院大）

(1) 中央（ちゅうおう）

□10 ★★★
アイスランドは [1★★★] 海嶺の一部が海上に現れて島となったものであるが，割れ目噴火によっておもに [2★] 質の溶岩が噴出している。（青山学院大）

(1) 大西洋中央（たいせいようちゅうおう）
(2) 玄武岩（げんぶがん）
※海洋地殻と大陸地殻下部は玄武岩質，大陸地殻上部は花崗岩質

□11 ★★★
大陸プレート上には，プレートの拡大境界ともみなされる [1★★★] に沿って分布するキリマンジャロなどの火山群もある。（慶應義塾大）

(1) グレートリフトヴァレー（アフリカ大地溝帯（だいちこうたい））
※タンガニーカ湖などの地溝湖も分布

□12 ★★★
[1★★★] プレートは，マリアナ海溝において [2★★★] プレートの下に潜り込んでいる。（青山学院大）

(1) 太平洋（たいへいよう）
(2) フィリピン海（かい）

□13 ★★
インド＝オーストラリアプレートがユーラシアプレートの下に沈み込む大 [1★★] 列島，小 [1★★] 列島では，世界最大級の噴火がみられる。（西南学院大）

(1) スンダ
※インド洋唯一の海溝であるスンダ(ジャワ)海溝が形成される

□14 ★★★
海洋プレートに沈み込まれている大陸プレート側では，日本列島のような [1★★★] や，[2★★]〈下記①～⑤より選択〉のような大陸縁辺部の山脈が形成されている。（慶應義塾大）

① アトラス　② アパラチア　③ アルタイ
④ アルプス　⑤ アンデス

(1) 弧状列島（こじょうれっとう）（島弧（とうこ））
(2) ⑤
※弧状列島を花綵（はなづな）（花飾り）に例えることがある

□15 ★★
ヒマラヤ山脈は，[1★★] プレートがユーラシアプレートに衝突し，その下に潜り込むところで隆起した。（青山学院大〈改〉）

(1) インド＝オーストラリア
※狭まる境界(衝突帯)

□16 ★★★
アメリカ合衆国の [1★★★] 断層は，プレートの境界に位置する横ずれ断層である。（高崎経済大）

(1) サンアンドレアス
※プレート境界付近の横ずれ断層をトランスフォーム断層ともいう

2 大地形

□1 ★★★ 内的営力による地殻変動で形成された大陸や海洋底，大山系や楯状地・卓状地，大陸棚，海溝などの大規模な地表の形態を [1★★★] という。（予想問題）

(1) 大地形（だいちけい）
※大地形⇔小地形（外的営力による小規模な地形）

□2 ★★★ 先カンブリア時代に造山運動を受けたが，その後現在までの間には，緩やかな隆起・沈降があっただけで激しい地殻変動がなかった地域が，[1★★★] である。（成城大）

(1) 安定陸塊（あんていりくかい）
［㊗安定大陸（あんていたいりく）］

□3 ★★★ 安定陸塊のうち，基盤岩が地表に露出している地域を [1★★★] といい，カナダ，バルト海周辺，インドなどにみられる。（専修大〈改〉）

(1) 楯状地（たてじょうち）
※楯状地には大規模な鉄山が多い

□4 ★★★ ローレンタイド氷床は，[1★★★] の分布域に一致しており，[2★★] 湾を中心とする範囲で最も厚かった。（関西大〈改〉）

(1) カナダ（ローレンシア）楯状地（たてじょうち）
(2) ハドソン
※バルト楯状地にも氷床があった

□5 ★★★ [1★★★] は長期にわたる侵食の結果平地化した地形であり，緩やかな起伏の平原を形成している。[1★★★] の上で侵食されずに取り残された部分を一般に [2★★] とよぶ。（青山学院大〈改〉）

(1) 準平原（じゅんへいげん）
(2) 残丘（ざんきゅう）

□6 ★★ [1★★] とは，先カンブリア時代の岩盤の上に古生代以降の地層が堆積したのちに，長期間の侵食を受けた地形で，多くは [2★★] 平野となっている。（予想問題）

(1) 卓状地（たくじょうち）
(2) 構造（こうぞう）
※構造平野は古期造山帯に形成される場合もある

□7 ★★★ パリ盆地には，おもに石灰岩から構成される硬層と頁岩を主体とする軟層との互層が選択的に侵食され，階段状となった [1★★★] 地形が広がっている。（高崎経済大〈改〉）

(1) ケスタ
※硬層＝侵食されにくい，軟層＝侵食されやすい

□8 ★★★ パリ東方に位置する [1★★] 地方では，[2★★★] 地形の斜面を利用したぶどう栽培が行われ，発泡ワインの代表的産地として知られている。（高崎経済大）

(1) シャンパーニュ
(2) ケスタ
※発泡ワイン＝シャンパン

〇✕ □9 ★★ メサは，硬さの異なる古い地層が侵食によって階段状崖を形成し，峡谷となった地形である。（関西学院大）

✕
※硬層が平らに残ったテーブル状の地形

□10 ★★ メサがさらに侵食されて頂部が狭くなったものを［1★★］という。（予想問題）

(1) ビュート

□11 ★★★ 古生代に造山運動を受けた地域を［1★★★］といい，長い間の侵食により，現在は低くなだらかな山地や，新しい地層に覆われた平野になっている。（成城大）

(1) 古期造山帯（こきぞうざんたい）

□12 ★★★ 古期造山帯の地層には，古生代後期の大森林からできた［1★★★］が含まれるため，アメリカのアパラチアやドイツのルールなどの［2★★★］が分布している。（成城大〈改〉）

(1) 石炭（せきたん）
(2) 炭田（たんでん）

□13 ★★★ ［1★★★］山脈は，ヨーロッパとロシアを分ける山脈である。（西南学院大）

(1) ウラル
※古期造山帯

□14 ★★★ ［1★★★］山脈は，カナダからアメリカ合衆国のアラバマ州まで続く北アメリカ東部の山脈である。（西南学院大）

(1) アパラチア
※古期造山帯

□15 ★★★ ［1★★★］山脈は，ノルウェーとスウェーデンの国境を走る山脈で，緩やかな起伏を特徴とする［2★★★］に属する。（西南学院大）

(1) スカンディナヴィア
(2) 古期造山帯（こきぞうざんたい）

□16 ★★★ オーストラリアの大鑽井盆地では，東部の数百 km 離れた古期造山帯の［1★★★］山脈などから流れる地下水が，家畜の飲用水として利用される。（高崎経済大）

(1) グレートディヴァイディング
※大鑽井盆地は地層の曲降運動により形成

□17 ★★★ 中国西部のクンルン（崑崙）山脈や［1★★★］山脈は古期造山帯の山脈だが，新しい造山運動を受けて再び隆起した［2★］山脈である。（予想問題）

(1) テンシャン（天山）［㊞アルタイ］
(2) 復活（ふっかつ）

□18 ★★★ 中生代以降，造山運動が現在まで続いている地域は［1★★★］とよばれ，大山脈や列島が連なる［2★★★］・［3★★★］（順不同）の二大造山帯を形づくっている。（成城大〈改〉）

(1) 新期造山帯（しんきぞうざんたい）
(2) アルプス＝ヒマラヤ造山帯（ぞうざんたい）
(3) 環太平洋造山帯（かんたいへいようぞうざんたい）

□19 ★★ ［1★★］山脈は，黒海からカスピ海にかけて 5,000m 級の山々が連なったもので，ロシア・アゼルバイジャン・［2★★］との国境をなす。（西南学院大）

(1) カフカス（コーカサス）
(2) ジョージア
※新期造山帯

□20 ★★★ [1 ★★★]山脈は，カナダからアメリカ合衆国のニューメキシコ州に至る大山脈で，高原や盆地，横谷，氷河地形などの複雑な地形が存在する。 （西南学院大）

(1) ロッキー
※新期造山帯

□21 ★★★ 地球上で最も標高の高い山は[1 ★★★]山脈のエヴェレスト山で，チベット語では[2 ★]とよばれる。 （青山学院大〈改〉）

(1) ヒマラヤ
(2) チョモランマ
※新期造山帯，8,848m

□22 ★★★ 日本列島は，新期造山帯の一つである[1 ★★★]造山帯の一部である。 （東海大）

(1) 環太平洋（かんたいへいよう）

□23 ★★★ 日本列島は，地体構造的に日本海側の[1 ★]と駿河湾に面した[2 ★]を結ぶ構造線で2つに分けられ，この構造線を西縁として[3 ★★★]とよばれる大地溝帯が走る。 （東海大）

(1) 糸魚川（いといがわ）
(2) 静岡（しずおか）
(3) フォッサマグナ
※命名は御雇（おやとい）外国人ナウマン（ナウマンゾウの名の由来にも。ドイツ帰国後に森鷗外と口げんかした）

□24 ★★ 西南日本は[1 ★★]によって南側の外帯と北側の内帯に分けられる。 （東海大）

(1) 中央構造線（ちゅうおうこうぞうせん）（メディアンライン）

□25 ★★★ 北海道の東方沖合は，海洋プレートである[1 ★★★]と大陸プレートである北アメリカプレートとの[2 ★★★]プレート境界にあたる。 （駒澤大）

(1) 太平洋（たいへいよう）プレート
(2) 狭（せば）まる（沈（しず）み込（こ）み型（がた））

□26 ★★★ 南西諸島と同じように海溝とほぼ並行に連なった島々として適当でないものは[1 ★★★]である。 （センター）

①アリューシャン列島　②千島列島　③ハワイ諸島
④フィリピン諸島　⑤マリアナ諸島

(1) ③
※ホットスポット上の火山。ほかは狭まる境界の島弧（弧状列島）

□27 ★★★ 日本周辺には，日本海溝，伊豆小笠原海溝，千島（カムチャツカ）海溝のほか，奄美大島の東側から台湾の東側まで伸び，[1 ★★★]プレートの西縁に位置する[2 ★]海溝がある。 （青山学院大）

(1) フィリピン海（かい）
(2) 南西諸島（なんせいしょとう）（琉球（りゅうきゅう））

□28 ★★ 太平洋プレートの北西端部は，千島海溝付近から北米プレート下に沈み込んでおり，北海道中部から[1 ★★]半島にかけて火山帯を形成する。 （西南学院大）

(1) カムチャツカ

3 火山地形

□1 ★ 日本列島の火山が列状に配列し，火山活動が盛んな所を連ねた線を 1★ という。（松山大〈改〉）

(1) 火山前線（火山フロント）

□2 ★★ プレート境界上にない場所に分布する火山としては，1★★ 真上のハワイ諸島が典型的な例である。（慶應義塾大）

(1) ホットスポット

□3 ★ 富士山や開聞岳（鹿児島県）のような円錐形の火山を，その内部構造から 1★ という。（予想問題）

(1) 成層火山
※形状をコニーデという

□4 ★ マグマの粘性が小さいと，インドの 1★ にみられる溶岩台地や，マウナロア山（ハワイ島）にみられる楯状火山などが形成される。（予想問題）

(1) デカン高原
※マグマの粘性が小さい＝SiO_2（二酸化ケイ素）が少ない

□5 ★★★ 北海道の屈斜路湖・摩周湖・阿寒湖などの湖は，火山活動の結果生じた 1★★★ 湖である。（駒澤大）

(1) カルデラ
※カルデラとは火山噴火による凹地

□6 ★★ 鹿児島湾周辺に位置する姶良カルデラは，約 2.7 万年前に火砕流を噴出し，1★★ 台地とよばれる火砕流台地を形成した。（西南学院大）

(1) シラス
※「シラス」は白い砂のような火山灰の堆積物（イワシの稚魚ではない）

○× □7 ★★★ 火山の周辺では，卓越風の風下側よりも風上側の方が火山灰による被害を受けやすい。（慶應義塾大）

×
※風上とは風が吹いてくる方向のこと

○× □8 ★★★ 火山山麓の谷底は火山噴出物の流下ルートになる場合が多いため，そこに立地する集落は火砕流や火山泥流の被害を受けやすい。（慶應義塾大）

○

○× □9 ★★★ 火山からの恩恵として，地下の豊富なエネルギーを利用した地熱発電がある。（共通テスト［試］）

○
※火山からの恩恵としては，ほかに温泉も

4 堆積地形

○× □1 ★★★ 河川の堆積作用によってつくられた平野を構造平野という。（学習院大）

×
※構造平野➡沖積平野

□2 ★★ 準平原や構造平野など，大陸の大規模な平坦面の大半は 1★★ であるが，沖積平野や台地など，日本の平野はすべて 2★★ である。（予想問題）

(1) 侵食平野
(2) 堆積平野

□3 ★★★ 沖積平野は，上流から 1★★★ · 2★★★ · 3★★★ に区分される。（松山大〈改〉）

(1) 扇状地（せんじょうち）
(2) 氾濫原（はんらんげん）
(3) 三角州（さんかくす）

□4 ★★★ 山地から出た河川は運搬力が衰え，砂礫を堆積させて，谷口を頂点とした半円錐状の 1★★★ を形成する。（東海大）

(1) 扇状地（せんじょうち）
※広ければ谷口（たにぐち）集落が形成されることも

□5 ★★★ 扇状地の最上部である 1★★★ は，斜面が急であり，堆積物の粒も大きいため，土地利用が遅れることが多い。（松山大）

(1) 扇頂（せんちょう）
※交易の盛んな谷口集落が形成されることもある

□6 ★★★ 扇状地の中ほどの地域である 1★★★ は，砂礫の堆積層が厚いため，河川の水が地下にしみ込んで伏流となる 2★★★ ができることが多い。（松山大）

(1) 扇央（せんおう）
(2) 水無川（みずなしがわ）
※桑畑・果樹園などに利用

□7 ★★★ 扇状地の下部の地域である 1★★★ では，地下水が湧き出すため水に恵まれ，早くから集落が立地した。（松山大）

(1) 扇端（せんたん）
※扇端に沿って集落が列状に連なる

□8 ★★★ 河川が蛇行し，洪水時に流域に土砂を堆積させた場所には，1★★★ とよばれる低平な土地ができる。ここでは河岸に周囲の低地よりわずかに高い 2★★★ ができ，その背後には泥が堆積した 3★★★ (バック = マーシュ) ができる。（東海大）

(1) 氾濫原（はんらんげん）
(2) 自然堤防（しぜんていぼう）
(3) 後背湿地（こうはいしっち）

□9 ★★★ 1★★★ は，蛇行する河川の一部が切り取られた河跡湖である。（予想問題）

(1) 三日月湖（みかづきこ）

〇× □10 ★★ 自然堤防は，河川の下刻作用によって形成される。（学習院大）

×
※下刻作用➡堆積作用

〇× □11 ★★★ 堤防が決壊した場合，自然堤防に比べて後背湿地の方が浸水被害を受けやすい。（慶應義塾大）

○

□12 ★★★ 河川の最下流の河口付近には，泥や砂が堆積して 1★★★ が形成される。（東海大）

(1) 三角州（さんかくす）(デルタ)

〇× □13 ★★★ 一般に，扇状地の方が三角州よりも透水性が高い。（学習院大）

○
※扇状地は砂礫，三角州は砂～粘土・泥

〇× □14 ★★ ナイル川の河口部は，カスプ状三角州である。（学習院大）

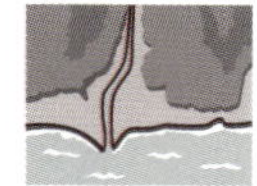

×
※カスプ状➡円弧状。カスプ状三角州（左図）はイタリアのテヴェレ川など

□15 ★★ ミシシッピ川河口部では沿岸流が弱く，自然堤防が海側に伸びて 1★★ ができた。（関西学院大〈改〉）

(1) 鳥趾状三角州（ちょうしじょうさんかくす）
※ニューオーリンズ付近

□16 ★★★ 谷底平野の一部分が再度，河川による侵食を受けると 1★★★ ができる。（東海大）

(1) 河岸段丘（かがんだんきゅう）
※片品川沿いの沼田（群馬）などが好例

□17 ★★★ 河岸段丘の 1★★★ 上は水利が悪く畑となることが多いが，2★★★ が設けられて水田となることもある。3★★★ 下には湧水がみられやすい。（予想問題）

(1) 段丘面（だんきゅうめん）
(2) 溜め池（たいけ）
(3) 段丘崖（だんきゅうがい）

□18 ★★★ 海底が隆起して形成される 1★★★ や河岸段丘などの地形を 2★★★ という。（松山大）

(1) 海岸段丘（かいがんだんきゅう）
(2) ［洪積］台地（こうせき だいち）

5 海岸地形

□1 ★ 海面が上がり海岸線が陸側に移動するのが 1★，逆に陸域が広がるのが 2★ である。（予想問題）

(1) 海進（かいしん）
(2) 海退（かいたい）
※縄文時代に大きな海進があった（縄文海進）

□2 ★★ 海岸地形のうち，土地の沈降や海進によるものを 1★★，土地の隆起や海退によるものを 2★★ という。（予想問題）

(1) 沈水海岸（ちんすいかいがん）
(2) 離水海岸（りすいかいがん）

〇× □3 ★★★ 離水海岸は複雑な海岸線となることが多く，海岸段丘やエスチュアリーを形成する。（関西学院大）

×
※複雑になりやすいのは沈水海岸。エスチュアリーは沈水海岸

□4 ★★ 海岸地形は，海岸をつくる物質によって大きく 1★★ と 2★★（順不同）に分けられる。（成城大）

(1) 磯浜海岸（いそはまかいがん）
(2) 砂浜海岸（すなはまかいがん）

□5 ★★ 1★★（千葉県）は，離水により生じた 2★★ 平野の砂浜で，平野内陸には海岸と並行する数列の 3★ と，その間の低湿地をもつ。（予想問題）

(1) 九十九里浜（くじゅうくりはま）
(2) 海岸（かいがん）
(3) 浜堤（ひんてい）

□6 ★★★ 氷河期の海面低下により谷が刻まれ，その後の海面上昇によっておぼれ谷となった海岸線は，複雑に入り組んだ 1★★★ となる。（東北学院大）

(1) リアス［式］海岸（しき かいがん）
※河川の侵食によるV字谷が沈水

OX □7 ★★★ リアス海岸の地域では，入り江の奥に港や集落が立地することが多いが，このような場所は津波が集中しやすいため，その被害を受けやすい。（慶應義塾大）

○
※リアス海岸の語源は，リア（入り江）の続くスペイン北西部リアスバハス海岸

OX □8 ★★★ エスチュアリーは三角江ともいい，沈水海岸の一種である。（学習院大）

○
※エルベ川，セントローレンス川，ラプラタ川など

OX □9 ★★ 海岸段丘は，海食台の隆起または海面の低下により海底が陸化してできたものである。（学習院大）

○

□10 ★★★ 知床半島の海岸部分は垂直の［1 ★★］になっており，その背後にはなだらかな［2 ★★★］とよばれる地形が広がる。（駒澤大）

(1) 海食崖（かいしょくがい）
(2) 海岸段丘（かいがんだんきゅう）
※ほかに屏風ヶ浦（千葉），足摺岬（高知）など

□11 ★★ ［1 ★★］は海食崖の基部で潮間帯に形成される平滑な地形で，ベンチともよばれる。（青山学院大）

(1) 波食棚（はしょくだな）

□12 ★★★ 沿岸流によって運ばれた砂が，くちばし状に堆積した地形を［1 ★★★］という。（予想問題）

(1) 砂嘴（さし）
※野付崎（北海道），三保松原（静岡）など

□13 ★★★ サロマ湖は，潮流によって発達した［1 ★★★］が湾を締め切ってつくった海跡湖である。（駒澤大）

(1) 砂州（さす）
※砂嘴が対岸近くまで発達

□14 ★★ 京都府北部の［1 ★★］は，宮津湾と阿蘇海とを区切る砂州で，日本三景の一つである。（駒澤大〈改〉）

(1) 天橋立（あまのはしだて）
※ほかの２つは松島（宮城），宮島（広島）

□15 ★★★ 砂州によって陸地とつながった島を［1 ★★★］，この場合の砂州を［2 ★★★］という。（予想問題）

(1) 陸繋島（りくけいとう）
(2) 陸繋砂州（りくけいさす）（トンボロ）

6 氷河地形

OX □1 ★★ 第四紀更新世には，寒冷な氷期と温暖な間氷期が交互に繰り返された。（関西学院大）

○
※最終氷期のあとが現在の完新世

OX □2 ★★★ 氷河は，大陸氷河と山岳氷河に大別される。（明治大）

○
※大陸氷河を氷床という

OX □3 ★★ 全世界の氷河の約 90%は，南極氷床が占めている。（明治大）

○

□4 ★★★ 世界最大の島 [1 ★★★] には，[2 ★★] が分布する。（関西大）

(1) グリーンランド
(2) 大陸氷河（氷床）

□5 ★★★ 北欧の [1 ★★★] 半島を含む地域や北アメリカ大陸北部には，かつて 3,000m を超えるような厚い氷床（大陸氷河）が広がっていた。（東北学院大）

(1) スカンディナヴィア

○× □6 ★★ 氷河による侵食作用のことを氷食作用という。（明治大）

○

○× □7 ★★ 氷食作用によって山頂付近にできた馬蹄形の凹地をホルンという。（学習院大）

×
※ホルン➡カール（圏谷）。ホルン(尖峰)は角のようにとがった山頂

□8 ★★ 日高山脈の山頂付近には，氷河によって削られた，お椀を半分に割ったような形をした特徴的な凹地形 [1 ★★] が分布する。（駒澤大）

(1) カール（圏谷）
※日本アルプスにもみられる

○× □9 ★★★ 氷河は山地をスプーンでえぐるように削り，V 字谷などの地形をつくる。（大東文化大〈改〉）

×
※ V 字谷(河川の侵食による) ➡ U 字谷

○× □10 ★★ 氷河の末端部や側面に堆積した砂礫や岩屑をモレーンという。（学習院大）

○

□11 ★★★ 氷河の侵食を受けてできた谷地形は，その特徴的な横断面形から [1 ★★★] とよばれる。（東京大）

(1) U 字谷

□12 ★★★ スカンディナヴィア半島西岸では，氷河の侵食谷に海水が侵入してできた [1 ★★★] を天然の良港として利用してきた。（東京大）

(1) フィヨルド

7 その他の地形

□1 ★★★ 石灰岩が [1 ★★★] を含んだ水に溶けて侵食されることを [2 ★★] という。（札幌大）

(1) 二酸化炭素（CO_2）
(2) 溶食

□2 ★★★ 石灰岩地域には溶食作用の影響で，[1 ★★] とよばれるすり鉢状の凹地や，[1 ★★] がつながった [2 ★★] などの [3 ★★★] 地形が形成される。（札幌大）

(1) ドリーネ
(2) ウバーレ
(3) カルスト
※(1)(2)が大きな盆地状の凹地に発達するとポリエ

OX □3 ★ カルスト地形の語源となった地方は，スロバキアにある。（学習院大）

×
※スロバキア➡スロベニア。地方名が語源

□4 ★★★ 日本の最も有名なカルスト地形の一つは［1★★★］県の秋吉台で，その地下には［2★★］の秋芳洞（あきよしどう）があり，観光地となっている。（札幌大）

(1) 山口（やまぐち）
(2) 鍾乳洞（しょうにゅうどう）

□5 ★★★ 中国南部の［1★★★］には，溶食作用によって岩塔が林立する奇観がみられる。（札幌大）

(1) コイリン（桂林）
※多雨による溶食でタワーカルストを形成

OX □6 ★★ サンゴ礁海岸は，サンゴ虫の遺骸や分泌物からできた石灰質の岩礁である。（関西学院大）

○
※熱帯・亜熱帯の浅くきれいな海に生育

OX □7 ★★★ サンゴ礁は，その形態からおもに裾礁・堡礁（ほしょう）・環礁に分けられる。（明治大）

○
※ダーウィンはこの順に発達すると考えた

□8 ★★★ 中央に陸地がなく標高の低いサンゴ礁だけがリング状に連なるものを［1★★★］という。（駒澤大）

(1) 環礁（かんしょう）

OX □9 ★★★ 環礁の代表的なものとして，オーストラリア北東岸のグレートバリアリーフがあげられる。（明治大）

×
※環礁➡堡礁（島や大陸のまわりを防波堤状にとり巻くサンゴ礁）

□10 ★★★ 堡礁では，陸地との間に［1★★★］とよばれる水域が広がる。（駒澤大）

(1) ラグーン（礁湖（しょうこ））
※ラグーンは「潟湖（せきこ）」の意味でも使う用語

□11 ★ 陸域での大規模な土地改変に伴って大量の［1★］が流入し，サンゴ礁の干潟化や水質汚染が進んでいる地域がある。（駒澤大）

(1) 赤土（あかつち）

□12 ★ 海水温の上昇や気候変動などによって，サンゴと共生している褐虫藻（かっちゅうそう）が抜け出し，サンゴ礁の［1★］とよばれる現象が発生している。（駒澤大）

(1) 白化（はっか）

OX □13 ★★★ 砂漠には岩石砂漠・礫砂漠・砂砂漠があり，その中では砂砂漠の面積が最も大きい。（大東文化大）

×
※岩石砂漠や礫砂漠が大部分（両者の区別は困難）

OX □14 ★★★ タクラマカン砂漠などの砂砂漠が，世界の砂漠の面積全体の約90%を占めている。（関西学院大）

×
※岩石砂漠が砂漠全体の約90%

□15 ★★ ［1★★］（涸れ川）は砂漠にできる水無川だが，降水時に水流がみられることがある。（予想問題）

(1) ワジ
※乾季には交通路になる

8 水文・海洋

□1 ★ 地球上の水の総量に占める海水の割合は約 [1★] %である。（明治学院大）

(1) 97

□2 ★ 地球上の面積の約 70%を占める海洋は，3大洋と [1★] とに分けられ，[1★] は大陸に囲まれた地中海と，大陸に沿った [2★] とに分けられる。（法政大）

(1) 付属海（ふぞくかい）
(2) 縁海（えんかい）（沿海（えんかい））

□3 ★★★ 地球上の淡水のうち，約 70%を占めるのが [1★★★]・[2★★★]（順不同），次に多いのが [3★★★] の約 30%で，湖沼や河川の水は 0.5%程度にすぎない。（東北学院大）

(1) 氷雪水（ひょうせつすい）
(2) 氷河（ひょうが）
(3) 地下水（ちかすい）

□4 ★★★ 地下水には，粘土層などの不透水層にサンドイッチ状にはさまれた透水層（帯水層）に滞留した [1★★★] と，地表面に近い透水層（帯水層）に滞留する [2★★★] がある。（広島修道大）

(1) 被圧地下水（ひあつちかすい）
(2) 自由地下水（じゆうちかすい）

〇× □5 ★★ 日本の湖沼のうち，琵琶湖は断層湖，諏訪湖はカルデラ湖である。（関西学院大）

×
※諏訪湖も断層湖

〇× □6 ★★ 世界の各地域で流域面積が最も大きい河川は，ヨーロッパではライン川，北アメリカではセントローレンス川である。（関西学院大）

×
※ヨーロッパはヴォルガ川，北アメリカはミシシッピ川

〇× □7 ★ ナイル川の河況係数は，利根川の河況係数よりも大きい。（関西学院大）

×
※河況係数＝最大流量÷最小流量

□8 ★★★ 地球上の陸地と海洋の面積比は [1★★★] であり，海洋の平均水深は 3,700m，陸地の平均高度は [2★] m である。（獨協大）

(1) 3：7
(2) 875

□9 ★★★ 海洋底は，大陸縁辺と [1★★] の2つに大別され，大陸縁辺は，陸側から海に向かって [2★★★] と [3★] からなっている。（青山学院大）

(1) 大洋底（たいようてい）
(2) 大陸棚（たいりくだな）
(3) 大陸斜面（たいりくしゃめん）

□10 ★★★ 大陸棚のうち，特に浅い部分は浅堆（せんたい）（[1★★★]）とよばれ，プランクトンが豊富で好漁場となる。（青山学院大）

(1) バンク
※北海のドッガーバンクなど

□11 ★★ 北西太平洋に位置する [1★★] 海溝は世界で最も深い海溝であり，地球上の最深地点は，[2★] とよばれている。（青山学院大）

(1) マリアナ
(2) チャレンジャー海淵（かいえん）
※－10,920m

9 自然災害

□1 ★★★ 埋立地は，地下の浅いところに水を含んだ砂の層が堆積していることが多く，地震時に 1★★★ 現象による被害を受けやすい。（慶應義塾大〈改〉）

(1) 液状化（えきじょうか）

□2 ★★★ 日本では，梅雨前線や台風のもたらす集中豪雨が，大量の土砂を山地の急な斜面に一気に流し出して 1★★★ を引き起こす。（松山大）

(1) 土石流（どせきりゅう）
※砂防ダム(砂防堰堤（えんてい）)などの対策が必要

○× □3 ★★★ 火砕流は，高温のガスと固体粒子が一体となって高速度で流下する現象である。（共通テスト［試］）

○
※固体粒子＝火山灰や岩くずなど

□4 ★★★ 日本には，プレート境界付近に 1★★★ が密集している。 1★★★ は過去数十万年の間に活動した証拠があり，将来も活動する可能性がある。（高崎経済大）

(1) 活断層（かつだんそう）

□5 ★★ 淡路島付近から北東方向へ 1★★ ＝静岡構造線に至るほぼ100kmの幅の帯状部分では，高い密度で 2★★ が分布する。（関西大）

(1) 糸魚川（いといがわ）
(2) 活断層（かつだんそう）

□6 ★★★ 1995年の大震災を招いた 1★★★ 地震は，都市 2★★ に震源がある 2★★ 型地震であるが，震源の一つは 3★★ 島の野島断層である。（予想問題）

(1) 兵庫県南部（ひょうごけんなんぶ）
(2) 直下（ちょっか）
(3) 淡路（あわじ）

□7 ★★ 2004年の新潟県中越地震は， 1★★ プレート・ 2★★ プレート（順不同）の境界で生じた。（中央大）

(1) ユーラシア
(2) 北（きた）アメリカ

□8 ★★ 2011年の東北地方太平洋沖地震は，陸側の 1★★ プレートと海側の 2★★ プレートの相互の動きで生じた 3★ 型地震である。（関西大）

(1) 北（きた）アメリカ
(2) 太平洋（たいへいよう）
(3) 海溝（かいこう）

□9 ★★ 日本で将来の発生確率が高い 1★★ 地震は， 2★ トラフ沿いに想定される地震の一つである。（関西大〈改〉）

(1) 東海（とうかい）
(2) 南海（なんかい）

□10 ★★ 1914年の桜島火山の大正噴火では，溶岩流などが噴出し，桜島と 1★★ 半島の間が陸続きとなった。（西南学院大）

(1) 大隅（おおすみ）

□11 ★★★ 長崎県南部·島原半島の［1★★★］では1792年の噴火で，対岸の肥後国（熊本県）にも大規模な［2★★★］を引き起こした。1990～96年には溶岩ドームを形成し，91年にはその崩壊で高温·高速の［3★★★］が流下，死者・行方不明43名の犠牲者を出した。（駒澤大〈改〉）

(1) 雲仙岳（うんぜんだけ）
(2) 津波（つなみ）
(3) 火砕流（かさいりゅう）
※1792年の災害は「島原大変·肥後迷惑」とよばれる

□12 ★★ 伊豆諸島の一つ［1★★］の雄山において，2000年に始まった噴火では，有毒な［2★★］が放出されて，全住民が島外へ避難した。（駒澤大〈改〉）

(1) 三宅島（みやけじま）
(2) 火山ガス（かざん）
※伊豆大島の三原山（1986年の噴火で全島民避難）と混同しないこと

□13 ★ 2019年に新設された［1★］の地図記号は，過去の自然災害の教訓を伝え，的確な防災行動により被害を軽減することを目的としている。（予想問題）

(1) 自然災害伝承碑（しぜんさいがいでんしょうひ）

STEP UP 二 さらに得点アップさせたい人のための ステップアップ問題

□1 ★ 地殻とその下にあるマントルの最上部を合わせて［1★］とよぶ。それはプレートとよばれる十数枚の硬い層に分かれている。（中央大）

(1) リソスフェア
※その下はアセノスフェア（リソ＝岩石の，アセノ＝弱い）

□2 ★ 海食崖基部の波に弱い部分が選択的に侵食されると，［1★］とよばれる洞窟ができる。（青山学院大）

(1) 海食洞（かいしょくどう）

□3 ★ 日本列島は，海溝に対応する5つの島弧，［1★］弧·［2★］弧·［3★］弧·［4★］弧·［5★］弧（順不同）からなる。（成城大）

(1) 千島（ちしま）
(2) 東北日本（とうほくにほん）
(3) 西南日本（せいなんにほん）
(4) 伊豆小笠原（いずおがさわら）
(5) 琉球（南西諸島）（りゅうきゅう　なんせいしょとう）

□4 ★★ マグマの粘性が大きいドーム状の［1★］は，［2★★］やその東麓の昭和新山，［3★★］のすぐ東隣に形成された平成新山などにみられる。（予想問題）

(1) 溶岩円頂丘（ようがんえんちょうきゅう）（溶岩ドーム）
(2) 有珠山（うすざん）
(3) 雲仙普賢岳（うんぜんふげんだけ）

□5 ★ 日本のリアス海岸は，三陸海岸，若狭湾，四国・九州間の［1★］沿岸などにある。（東北学院大）

(1) 豊後水道（ぶんごすいどう）
※四国側:宇和海，九州側:日豊海岸

〇✕ □6 ★ 風下側が三日月状に削られた砂丘をマンハ，風上側に急傾斜をつくる砂丘をバルハンという。（予想問題）

✕
※マンハ⇔バルハン

第1部 ▼地図と自然環境 02 地形環境 9／二

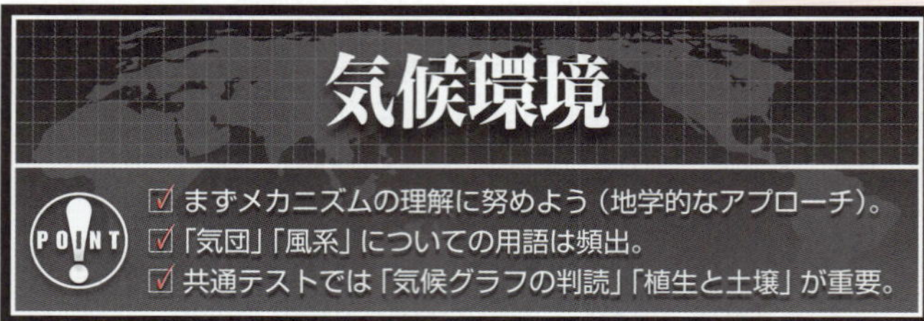

1 気候の成り立ち

□1 ★ 毎年繰り返される大気の［1★］な状態を気候という。（愛知大）
(1) 平均的（へいきんてき）

□2 ★★★ 気候は気温・降水・風のほか，日照時間・気圧・湿度などの［1★★★］によって構成される。（東海大）
(1) 気候要素（きこうようそ）

□3 ★★★ 地域的な特色をもつ気候環境は緯度・海抜高度・水陸分布・地形・海流などの［1★★★］の影響を受ける。（中央大）
(1) 気候因子（きこういんし）

〇× □4 ★★ 気温の年較差（ねんかくさ）は，年間の最高気温と最低気温の差である。（関西学院大）
×
※最も暖かい月の月平均気温と，最も寒い月の月平均気温の差である

〇× □5 ★★★ 中緯度の西岸気候は東岸気候に比べて気温の年較差が大きい。（関西学院大）
×
※暖流や偏西風の影響で海洋性(気温の年較差も，降水量の季節変化も小さい)

〇× □6 ★★★ 一般に，高緯度地方は低緯度地方に比べて気温の年較差が大きい。（関西学院大）
○

□7 ★★★ 気候の変動を決定する自然の要因の中でも，地球表面の約［1★★★］割〈数値〉を占める海洋の活動の影響が大きい。（成城大）
(1) 7

□8 ★★ 海洋では，海流の水温ばかりではなく，水の物理的特性である［1★★］の大きさが気温に関係する。（愛知大）
(1) 比熱（ひねつ）
※物質1gの温度を1℃上げるのに必要な熱量

□9 ★★ 海から離れている内陸部の気温特性は年変化や日変化が大きいことから，［1★★］性気候とよばれている。（愛知大）
(1) 大陸（たいりく）

OX □10 ★★★ 気温の日較差(にちかくさ)は大陸性気候地域で大きく，海洋性気候地域では小さい。（関西学院大）

○
※砂漠や高地も日較差が大きい

OX □11 ★ 中緯度の冬季には大陸上で低気圧が形成されるので，北半球の東岸では南風が吹くことが多い。（駒澤大）

×
※冬季の大陸上では高気圧が形成され，東岸には内陸から北風が吹く

□12 ★★ 高度や海洋などの影響を受けるため，年平均気温の [1 ★★] 線は必ずしも緯線と平行にならない。（愛知大）

(1) 等温(とうおん)

□13 ★★ 海洋から湿った空気が大陸や島に入って山の斜面を上昇すると，雲が発生して風上側の斜面に雨を降らす。これを [1 ★★] という。（松山大〈改〉）

(1) 地形性降雨(ちけいせいこうう)

OX □14 ★★ 高度 100m ごとの気温の低下量，いわゆる気温の逓減率(ていげんりつ)は，平均 1.0℃である。（関西学院大）

×
※平均，0.5～0.6℃

□15 ★★★ 湿った大気より乾燥した大気の方が気温の逓減率が大きいために，山地を越えて吹き下ろす風は高温で乾燥する [1 ★★★] 現象を引き起こしやすい。（西南学院大）

(1) フェーン
※ 2 18 (P.47) 参照

2 大気の大循環と風系

□1 ★★★ 太陽から受ける熱の緯度による不均衡をならす働きをしているのが，地球上の大規模な大気の運動である [1 ★★] と海流である。[1 ★★] によって４つの [2 ★★★] が形成され，風系が生じる。（東北福祉大〈改〉）

(1) 大気(たいき) [の] 大循環(だいじゅんかん)
(2) 気圧帯(きあつたい)

□2 ★★ 気候に関わる大気圏は，上空ほぼ 11km までの [1 ★★] 圏と考えてよい。（関西大）

(1) 対流(たいりゅう)

□3 ★★★ 赤道付近の熱帯地域では，日射をたくさん受けるために空気が暖められ，上昇気流が生じ，[1 ★★★] となっている。（駒澤大）

(1) 赤道低圧帯(せきどうていあつたい)
（熱帯収束帯(ねったいしゅうそくたい)）

OX □4 ★★★ 赤道付近で上昇した大気が緯度 20～30 度付近で下降することで形成される高圧部を，中緯度高圧帯という。（関西学院大）

○
※亜熱帯高圧帯ともよぶ

□5 ★★ 赤道の周辺では，地表面の大気が暖められて起こる上昇気流で [1 ★★] とよばれる対流性降雨が降る。（東海大）

(1) スコール

□6 ★★★ サハラ砂漠から赤道方向に進むと，[1★★★]の影響で次第に降水が増える。（駒澤大）

(1) 赤道低圧帯（熱帯収束帯）

□7 ★★★ 赤道付近で発生した上昇気流は，緯度が20～30度付近の[1★★★]で下降する。（中央大）

(1) 中緯度（亜熱帯）高圧帯

○× □8 ★★★ 一般に，中緯度高圧帯の降水量は高緯度低圧帯の降水量を上回る。（関西学院大）

×
※中緯度高圧帯は大気が下降，雲ができず砂漠をつくる

□9 ★★★ アフリカ大陸北部の[1★★★]砂漠や[2★★]大陸のグレートサンディー砂漠などの広大な砂漠は，南北の[3★★★]付近に分布している。（東北学院大）

(1) サハラ
(2) オーストラリア
(3) 回帰線

□10 ★★★ 中緯度高圧帯から赤道低圧帯方向に吹く偏東風は，帆船時代に航海に利用されたため[1★★★]とよばれる。（中央大）

(1) 貿易風

□11 ★★★ 熱帯収束帯で収束する南北からの卓越風の風向は，八方位では[1★★★]と[2★★★]（順不同）である。（共通テスト［試］）

(1) 北東
(2) 南東
※貿易風のこと

□12 ★★★ 中緯度高圧帯から極方向へ吹く風を[1★★★]という。（成城大）

(1) 偏西風

□13 ★★ 偏西風帯の上部にあって，風速の特に速い部分は[1★★]とよばれている。（福岡大）

(1) ジェット気流

○× □14 ★★ 極圏にできる高気圧からは寒帯前線帯へ極偏東風が吹く。（関西学院大）

○

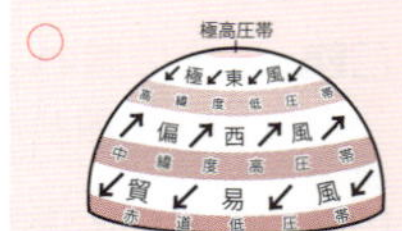

□15 ★★★ 海と陸との間の暖まりやすさ，冷えやすさの違いから，冬は陸から海へ，夏は海から陸へと風向きを変える[1★★★]が現れる。（成城大）

(1) モンスーン（季節風）
※海洋は比熱が大きく，大陸は比熱が小さい

○× □16 ★★ 亜寒帯（高緯度）低圧帯ではモンスーンが発達しやすい。（関西学院大）

×
※亜寒帯低圧帯➡大陸東岸の熱帯～温帯

□17 ★ 特定の地方の地形的な要因などによって吹く風を[1★]という。（予想問題）

(1) 局地風

□18 ★★★ [1★★★]とは，春に地中海方面からアルプス山脈を越え，その北麓を吹き下りる南風を指す。（関西学院大〈改〉）

(1) フェーン
※一般に山越えの風が乾燥高温になることをフェーン現象という

□19 ★★ サハラ砂漠から地中海をわたって南欧に吹く高温多湿の南風を[1★★]という。（予想問題）

(1) シロッコ

□20 ★★ フランス南部のローヌ川沿いに吹く寒冷な北風を[1★★]という。（予想問題）

(1) ミストラル

□21 ★ [1★]とは，ロッキー山脈東麓に吹く高温乾燥の西風である。（予想問題）

(1) チヌーク
※雪を溶かすので「スノーイーター」という

□22 ★ [1★]は，アメリカ合衆国北部・カナダ・極地方に吹く地吹雪を伴う寒冷な強風である。（関西学院大〈改〉）

(1) ブリザード

□23 ★★ [1★★]とは，ディナルアルプス山脈からアドリア海へ吹く寒冷な乾燥した風である。（関西学院大〈改〉）

(1) ボラ
※Boreas（北風）に由来（カラスミの親魚ではない）

□24 ★★★ アラビア海またはベンガル湾で発生する熱帯低気圧を[1★★★]という。（明治学院大）

(1) サイクロン
※南西太平洋からオーストラリア，インド洋南部からマダガスカルを襲うものを含む

□25 ★★★ カリブ海で発生する熱帯低気圧を[1★★★]という。（明治学院大）

(1) ハリケーン

□26 ★ 日本にやってくる台風は，フィリピン近海や[1★]付近で発生する。（西南学院大）

(1) ミクロネシア
※台風の発生に影響する転向力（コリオリの力）を受けにくいため，赤道上では発生しない

□27 ★★ 台風は[1★]の影響で，はじめは[2★★]〈四方位〉に進むが，その後は地球の自転の影響を受けて[3★★]〈四方位〉に進路を変え，さらに[4★★]の影響もあり，[5★★]〈四方位〉へと方向を変える。（西南学院大）

(1) 貿易風（ぼうえきふう）
(2) 西（にし）
(3) 北（きた）
(4) 偏西風（へんせいふう）
(5) 東（ひがし）
※進路の東で強風

○× □28 ★★★ 台風や低気圧によって海水面が上昇する現象を高潮という。（関西学院大）

○
※気圧による吸い上げと風による吹き寄せの相乗。大潮が重なれば被害大

3 ケッペンの気候区分

□1 ★★★ ケッペンは [1★★★] に着目して，世界を5つの気候帯と12の気候区に分けた。（明治大）

(1) 植生（しょくせい）

□2 ★★★ ケッペンは世界を樹木気候と無樹木気候とに分け，前者は熱帯・温帯・[1★★★] に区分し，後者は乾燥を原因とする乾燥帯と，低温を原因とする [2★★★] に区分した。（日本女子大〈改〉）

(1) 亜寒帯（あかんたい）（冷帯（れいたい））
(2) 寒帯（かんたい）

○× □3 ★★ 低緯度の高山気候では，気温の年較差が小さく，日較差も小さくなる。（日本大）

×
※年較差は小さいが，日較差は大きい。高山気候（H）はケッペンによる区分のあとにトレワーサらが追加

○× □4 ★ ケッペンの仮想大陸では現実とは逆に北半球の面積を南半球の面積より少なく設定している。（関西学院大）

×
※現実を反映した海陸比で表される

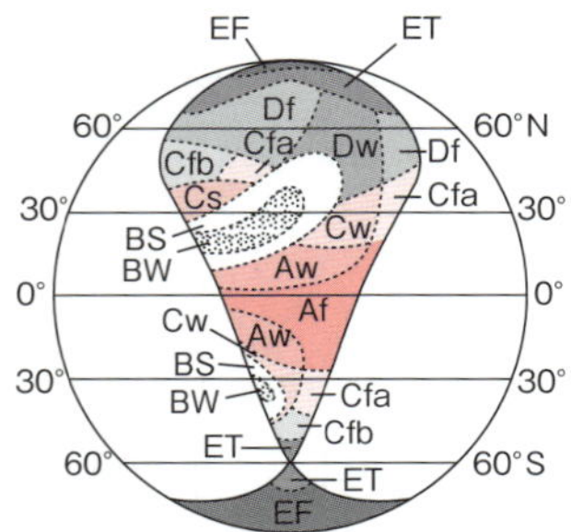

□5 ★★★ 1年中，赤道低圧帯の影響下にある地域の気候区は [1★★★] となる。（駒澤大）

(1) 熱帯雨林気候（ねったいうりんきこう） Af
※おもに赤道上に分布

□6 ★★★ サバナの季節は雨季と [1★★★] に大別される。（法政大）

(1) 乾季（かんき）
※サバナ気候を表すAwのwは「冬乾燥」

□7 ★★★ 夏に南西から吹く [1★★★] に直面するインドとインドシナ半島の海岸付近では，[2★★★] 気候〈ケッペン記号〉が発達する。（関西大〈改〉）

(1) 季節風（きせつふう）（モンスーン）
(2) Am
※熱帯モンスーン

□8 ★★ 年降水量が年 [1★★] 量より少ない気候帯は，さらに砂漠とステップに区分される。（中央大）

(1) 蒸発（じょうはつ）
※厳密には降水型などから「乾燥限界」とよばれる値を求めて，基準とする

□9 ★★★ 1年中，中緯度高圧帯の影響下にあり，赤道低圧帯の到達しない地域の気候区は [1★★★] となる。（駒澤大）

(1) 砂漠気候 BW
※おもに回帰線上に分布

○× □10 ★★★ オーストラリアでは，乾燥気候の地域が最大の面積を占める。（関西学院大）

○
※B気候区が大陸面積の約57%

□11 ★★ 砂漠気候区では植生はほとんどみられないが，湧水地や湿潤な地域から流れてくる [1★★] の周辺では緑地がみられる。（中央大）

(1) 外来河川

□12 ★ 雨季のときだけ一時的に水の流れる涸れ川を [1★] という。（法政大）

(1) ワジ

□13 ★★★ 乾燥地域の中でも年降水量が250～500mm程度で，蒸発散量に近い降水量がある場合を [1★★★] 気候という。（東北福祉大）

(1) ステップ
※短い雨季があり草原が広がる。雨量が多いと肥沃な土壌も分布

○× □14 ★★ ステップ気候は砂漠気候の分布域のもっぱら高緯度側に分布している。（関西学院大）

×
※高・低緯度の両側に分布する

□15 ★★★ 季節的に赤道低圧帯の影響下にある地域は，降水の季節変化が認められ，[1★★★] から [2★★★] へとより乾燥度の高い気候区となる。（駒澤大）

(1) サバナ気候 Aw
(2) ステップ気候 BS
※(2)は低緯度側のもの

□16 ★★★ ナミビア～アンゴラの海岸や，チリ～ペルーの海岸など低緯度の乾燥地域では，[1★★★] によって大気下層が冷やされ，上昇気流が発生しにくい。（青山学院大）

(1) 寒流
※前者はナミブ砂漠，後者はアタカマ砂漠などの海岸砂漠を形成

□17 ★★ ゴビ砂漠や [1★★] 砂漠は，[2★★] 砂漠といい，大気がチベット高原のような高い山を越えるときに乾燥して形成された。（西南学院大）

(1) タクラマカン
(2) 内陸
※ほかにカラクーム砂漠など

□18 ★★★ 地中海性気候は [1★] 気候ともよばれ，ケッペンの気候分類では [2★★★] である。（成城大）

(1) 温暖夏季少雨（温帯冬雨）
(2) Cs

□19 ★★★ 地中海性気候の特徴は，降水量の年変化に注目すると，[1★★★] にやや乾燥し [2★★★] に雨が多いという点である。（明治大）

(1) 夏
(2) 冬

〇× □20 ★ 地中海性気候の分布域は，サバナ気候の分布域に匹敵する面積をもつ。 (関西学院大)

× ※地中海性 1.7，サバナ 10.5（参考：冷帯湿潤 16.5，ステップ 14.3，砂漠 12.0 など(%)）

□21 ★★★ 地中海性気候の分布域は，北半球では地中海沿岸のほか，[1★] 海南部，北アメリカの [2★★★] 地方などである。 (成城大〈改〉)

(1) 黒(こく)
(2) カリフォルニア

□22 ★★★ 地中海性気候の分布域は，南半球では [1★★★] の南部及び南西部，南アメリカの [2★★] 中部，アフリカの [3★★] 周辺などである。 (成城大〈改〉)

(1) オーストラリア
(2) チリ
(3) ケープタウン

〇× □23 ★★★ スカンディナヴィア半島の大西洋岸では，海流の影響で西岸海洋性気候区の分布域が北極圏に達している。 (関西学院大)

〇

□24 ★★★ 温帯の [1★★★] 気候は，偏西風と暖流の影響を受けるため，気温の [2★★★] が小さく，降水量の季節変動も小さい。別名 [3★] 気候。 (予想問題)

(1) 西岸海洋性(せいがんかいようせい) Cfb
(2) 年較差(ねんかくさ)
(3) ぶな

□25 ★★★ 西岸海洋性気候は，南半球では南アメリカの [1★★] 南部，オーストラリアの東南部や [2★★★] 全島，アフリカ東南部に分布している。 (予想問題)

(1) チリ
(2) ニュージーランド

□26 ★★★ 大陸東岸の内陸部や，[1★★] 気候の高緯度側には，温帯の [2★★★] 気候が分布する。夏の降水が冬の降水の [3★] 倍以上になる。 (予想問題)

(1) サバナ Aw
(2) 温暖冬季少雨(おんだんとうきしょうう)（温帯夏雨(おんたいかう)）Cw
(3) 10

□27 ★★★ 温帯の [1★★★] 気候は，季節風の影響などで年中湿潤，夏に高温となる。 (予想問題)

(1) 温暖湿潤(おんだんしつじゅん) Cfa
※中緯度の大陸東岸に分布。年較差が比較的大きく，四季が明瞭

□28 ★★★ 温暖湿潤気候は，北半球では中国の [1★★★] 下流域・北海道を除く日本・[2★★★] 東部，南半球ではアルゼンチンや [3★★★] 東岸に分布。 (予想問題)

(1) 長江(ちょうこう)
(2) アメリカ合衆国(がっしゅうこく)
(3) オーストラリア

〇× □29 ★★ 降水が年中安定するウルグアイ付近は，寒気と暖気の境界に生じる前線などの影響を受ける。 (共通テスト［試］)

〇
※温暖湿潤気候が分布

□30 ★★★ 亜寒帯（冷帯）は，年中湿潤の 1★★★ 気候と，冬の乾燥が著しい 2★★★ 気候に分かれる。（予想問題）

(1) 亜寒（冷）帯湿潤 Df
(2) 亜寒（冷）帯冬季少雨（夏雨）Dw

○× □31 ★★ 冷帯冬季少雨（夏雨）気候が広範に分布するのは，ユーラシア大陸の北東部だけである。（関西学院大）

○

□32 ★★ 1★★ 沿岸などでは，降水量は少ないが 2★★ が少ないため，乾燥気候には分類されないことが多い。（青山学院大）

(1) 北極海
(2) 蒸発量

○× □33 ★★★ 北半球の寒極は，ケッペンの気候区分では EF 気候区にある。（関西学院大）

×
※ユーラシア大陸東部の Dw 気候区

○× □34 ★★ グリーンランドは沿岸，内陸とも氷雪気候の分布域である。（関西学院大）

×
※沿岸はツンドラ気候

□35 ★★ 下の 1★★ ～ 6★★ のハイサーグラフに該当する都市名を次の選択肢の中から選びなさい。

①ランチョウ（蘭州）　②パリ　③ラパス
④モントリオール　⑤ケープタウン　⑥チェンナイ

（センター〈改〉）

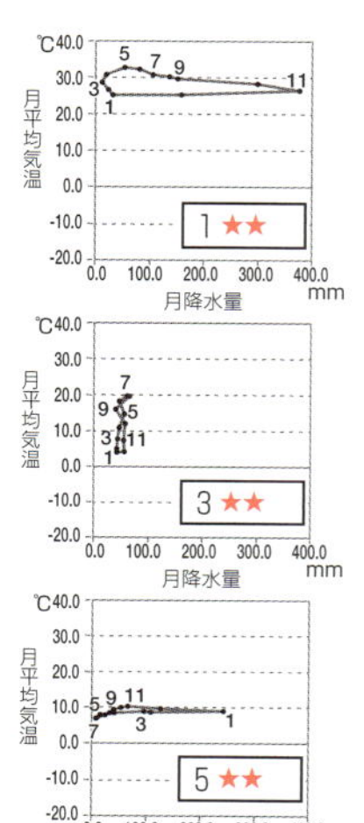

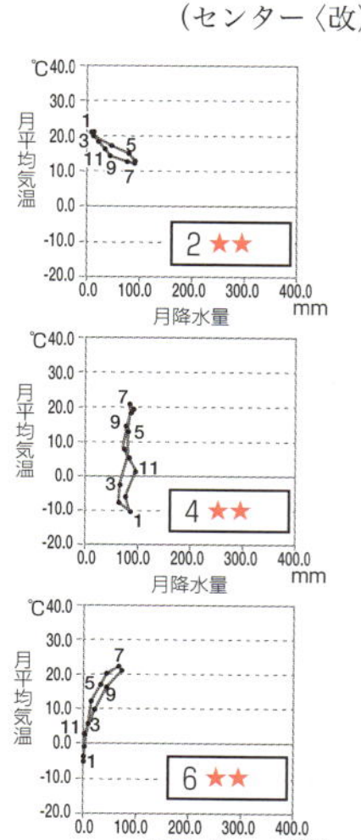

(1) ⑥
※サバナ Aw。乾季（左端）と雨季（右端）が明瞭。Aw の都市としては，ほかにダーウィン・アクラなど

(2) ⑤
※地中海性 Cs。夏乾燥・冬湿潤で右下がり。サンフランシスコ・パースなど

(3) ②
※西岸海洋性 Cfb。季節変化が小さく，こぢんまり。ロンドン・ウェリントン・ストックホルム・ベルリンなど

(4) ④
※亜寒帯（冷帯）湿潤 Df。最寒月－3℃未満で年中湿潤。モスクワ・ウィニペグなど

(5) ③
※高山 H（形式的には温暖冬季少雨 Cw）。形は A 気候だが，気温が下がる（常春）。キト・メキシコシティ・アディスアベバなど

(6) ①
※ステップ BS。左寄り（乾燥）だが，弱い雨季あり。ウランバートル・ダカールなど

4 植生と土壌，海流

□1 ★★★ 地球上の樹木は，葉の形から広葉樹と 1 ★★★ の2つに分けられ，また，落葉の季節があるかないかによって 2 ★★★ と落葉樹に分けられる。（東京経済大〈改〉）

(1) 針葉樹（しんようじゅ）
(2) 常緑樹（じょうりょくじゅ）

○× □2 ★★★ 温帯林はおもに針葉樹からなる純林が多く，地球上の森林面積の割合では，熱帯林や冷帯林をしのいで最も多くを占めている。（産業能率大）

×
※温帯林は広葉樹林や混合林。「針葉樹からなる純林」は冷帯林。面積では熱帯林が最大

○× □3 ★ セルバは，アマゾン盆地に広く分布する熱帯雨林地域である。（関西学院大）

○

○× □4 ★ グランチャコは，ブラジル高原に広く分布する疎林地域である。（関西学院大）

×
※グランチャコは，パラグアイ川西方の熱帯草原

□5 ★★ セルバをはさんで南に位置する熱帯草原カンポセラードと北に位置する熱帯草原 1 ★★ は，低日季にはほぼ降水量 50mm 以下の領域にある。（関西大）

(1) リャノ
※熱帯草原は，乾季をもつサバナ気候に分布

○× □6 ★ リャノは，オリノコ川流域に広がるサバナ型草原地域である。（関西学院大）

○

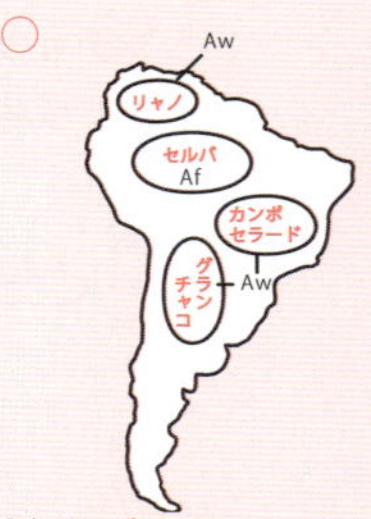

□7 ★★★ サハラ砂漠から赤道方向に進むと，灌木がまばらに生える 1 ★★★ から，常緑広葉樹が林を形成する 2 ★★★ へと植生が変化する。（駒澤大）

(1) サバナ
(2) 熱帯雨林（ねったいうりん）

□8 ★★★ 草原の代表的なものに，中央ユーラシアの 1 ★★ ，北アメリカのプレーリー，南アメリカの 2 ★★★ がある。（首都大学東京）

(1) ステップ
(2) パンパ

□9 ★★★ サハラ砂漠から中緯度地域に進むと，植生は地中海沿岸では 1 ★★★ とよばれる常緑広葉樹林へと変化する。（駒澤大）

(1) 硬葉樹林（こうようじゅりん）

□10 ★★★ 地中海性気候区の植生は耐乾性の 1★★★ ・ 2★★★ (順不同)・月桂樹などの硬葉樹や灌木林が中心である。 (成城大)

(1) オリーブ
(2) コルクがし

□11 ★★★ 温暖湿潤気候地域に分布する常緑広葉樹林は 1★★★ ともよばれ，代表的な樹木はかしや 2★★ である。 (皇学館大)

(1) 照葉樹林(しょうようじゅりん)
(2) しい[例 くすのき・たぶのき・つばき・さざんかなど]
※葉の表面に光沢がある

○× □12 ★★★ ニュージーランドの南島の高山地域では，東岸の沖合を暖流が流れ，硬葉樹林が広くみられる。 (センター)

×
※乾燥に強い硬葉樹林は地中海性気候の植生。NZは西岸海洋性気候だが高山の植生は独特

○× □13 ★ 低緯度の乾燥気候帯では，とげの多い落葉性の樹木や有刺灌木林がみられる。 (関西学院大)

○
※ブラジル北東部のカーチンガなど

○× □14 ★★★ イタリアの北東部では，アルプス山脈を越えて乾いた暖かい風が吹き，常緑広葉樹林が広くみられる。 (センター)

×
※フェーンはアルプスを南(イタリア側)から北(スイス・オーストリア側)に越える高温乾燥風

○× □15 ★★★ カナダの北極海沿岸には，針葉樹林(タイガ)が広く分布する。 (センター)

×
※北極海沿岸はコケ類などの植生がみられるツンドラ気候であり，森林は生育しない

○× □16 ★★★ 日本の北海道地方では，オホーツク海高気圧の影響が大きく夏季も冷涼であり，針葉樹と広葉樹の混合林が広くみられる。 (センター)

○
※北海道は冷帯湿潤気候。針葉樹と落葉広葉樹の混合林となる

□17 ★ 亜高山帯の針葉樹によくみられる，卓越風などの強風にさらされて異常な形になった樹木を 1★ という。 1★ はその形から，風向や風速などを推定することができる。 (青山学院大)

(1) 偏形樹(へんけいじゅ)

□18 ★★ 寒帯地方の森林限界は，最暖月の月平均気温が 1★★ ℃の等温線にほぼ一致している。 (青山学院大)

(1) 10

□19 ★★★ 非森林の植生のうち，乾燥の極に [1★★★]，寒冷の極に [2★★★] があり，それらよりやや気候条件のよい地域には草原がある。 （首都大学東京）

(1) 砂漠（さばく）
(2) ツンドラ

□20 ★★ 気候や植生の影響を受けて帯状の分布を示す土壌は [1★★] 土壌とよばれる。 （中央大）

(1) 成帯（せいたい）

□21 ★★★ 日本の本州よりも低緯度に位置するルソン島には，[1★★★] とよばれる土壌が広く分布している。 （センター〈改〉）

(1) ラトソル

□22 ★★ ラトソルは熱帯に分布し，鉄分やアルミニウム分を多く含む [1★★] 性の土壌である。 （中央大）

(1) 酸（さん）
※酸化鉄の影響で赤色を呈する。栄養分や腐植に乏しくやせた土壌

□23 ★ 風化によってラトソル土壌中のアルミニウム分や鉄分が富化する過程を [1★] 化作用という。 （関西大〈改〉）

(1) ラテライト

○× □24 ★ マングローブ林を伐採したあとの土地は，アルカリ性を示し，耕地化に適している。 （関西学院大）

×
※マングローブは熱帯の潮間帯に生育する森林。土壌は酸性で，耕地化に不適

○× □25 ★★★ ステップ気候の中の比較的雨量の多い地域では，草の密度が増し，乾季に枯れた草の腐植によって肥沃な黒土が形成される。 （関西学院大）

○

□26 ★★★ 中央ユーラシア草原の中でも植生密度の高い北部には [1★★★] とよばれる土壌が分布している。 （首都大学東京）

(1) チェルノーゼム
※大陸氷河末端から偏西風に運ばれたレスが母材

○× □27 ★★★ パンパ土，プレーリー土，チェルノーゼムはすべて黒色土である。 （関西学院大）

○

□28 ★★ ステップ気候区には [1★★] とよばれる土壌もあるが，チェルノーゼムに比較して腐植が少ない。 （中央大）

(1) 栗色土（くりいろど）

□29 ★★★ 温帯の [1★★★] は主として落葉広葉樹林の地域に分布する土壌である。 （中央大）

(1) 褐色森林土（かっしょくしんりんど）

□30 ★★★ タイガの地域には [1★★] 作用により灰白色になった [2★★★] とよばれる土壌がみられるが，養分に乏しく生産力は低い。 （中央大）

(1) 溶脱（ようだつ）
(2) ポドゾル

□31 ★★★ 湿潤土は高緯度から低緯度へ，おもに気温の差によってツンドラ土→［1★★★］→褐色森林土→赤黄色土→［2★★★］と変わり，乾燥土は内陸への降水の減少を反映して黒色土→栗色土→砂漠土に変わる。（駒澤大）

(1) ポドゾル
(2) ラトソル

○× □32 ★★ 北半球の永久凍土は北緯 50 度以北にのみみられる。（関西学院大）

×
※ヒマラヤなどの山岳地帯にもみられる

□33 ★★★ 氷河の末端や砂漠から風によって運ばれた細粒が堆積した土壌を［1★★★］（風積土・黄土）といい，黄土高原やプスタなどに分布する。（予想問題）

(1) レス
※プスタはハンガリーの温帯草原

○× □34 ★★★ 黄河中流域のホワンツー（黄土）高原には，砂と粘土の粒子が堆積したレスが厚く堆積する。（関西学院大）

○
※内陸の砂漠から運ばれた風積土である

○× □35 ★★★ レグール土はインドのデカン高原に分布する黒色土壌で，オリーブ栽培が盛んである。（センター）

×
※オリーブではなく綿花栽培

□36 ★★★ 地中海沿岸に分布する［1★★★］は，石灰岩が風化した赤色の間帯土壌で，［2★★★］栽培が盛んである。（予想問題）

(1) テラロッサ
(2) オリーブ

○× □37 ★★★ ブラジル高原の南部に分布するテラロッサは石灰岩が風化してできた間帯土壌であり，肥沃でコーヒー栽培に適している。（関西学院大）

×
※テラロッサ➡テラローシャ。石灰岩➡玄武岩

□38 ★★ 大陸［1★★］岸では低緯度から高緯度へ向かう暖流，大陸［2★★］岸では高緯度から低緯度へ向かう寒流で構成されている。（中央大）

(1) 東（とう）
(2) 西（せい）

○× □39 ★★★ 三大洋の海流は，北半球では時計回り，南半球では反時計回りの循環となっている。（学習院大）

○

○× □40 ★★★ 世界最大の流量をもつメキシコ湾流の影響によって，ヨーロッパは冷涼な気候となっている。（関西学院大）

×
※メキシコ湾流（及び，その延長である北大西洋海流）は暖流

□41 ★★★ 大西洋の南半球で熱帯低気圧がほとんど発生しないのは，アフリカ大陸西岸を流れる［1★★★］海流の影響が強く，大気が暖められにくいからである。（西南学院大）

(1) ベンゲラ
※海岸砂漠であるナミブ砂漠の成因でもある

□42 ★ 海流の下方には大規模な流れである 1★ があり，地球環境の長期的な変動に与える影響が分析されている。（中央大）

(1) 深層流［㊀潜流］

5 小気候，日本の気候

□1 ★★★ 都市の気温分布を等温線図で表すと，都心を中心とした高温域が閉曲線で囲まれることから，1★★★ とよばれている。（札幌大）

(1) ヒートアイランド

□2 ★ ヒートアイランドのような都市特有の人工的な気候を 1★ という。（札幌大）

(1) 都市気候

□3 ★★★ 日付変更線付近から南アメリカのペルー沿岸にかけての赤道沿いの海域において，海面水温が平年より高い場合を 1★★★ 現象，反対に平年より低い場合を 2★★ 現象という。（成城大）

(1) エルニーニョ
(2) ラニーニャ
※貿易風が弱まるとエルニーニョ，強まるとラニーニャが起こる

□4 ★★ 日本の冬は，1★★ の気圧配置のもと，日本列島の 2★ をはさみ，日本海側では多雪，太平洋側では乾燥・晴天という対照的な気候がみられる。（成城大）

(1) 西高東低
(2) 脊梁山脈

□5 ★★★ 1★★★ からの北西 2★★★ が日本海の対馬海流（暖流）上を吹くと，海面から大量の 3★★★ が供給され，雪雲が発達して日本海側は大雪にみまわれる。（成城大〈改〉）

(1) シベリア気団
(2) 季節風
(3) 水蒸気

□6 ★★★ 初夏の６～７月には 1★★★ が日本列島付近に停滞し，曇りや雨の日が多い。（成城大）

(1) 梅雨前線

□7 ★★ 日本の初秋には 1★★ が停滞し，長雨になりやすい。（成城大）

(1) 秋雨前線
※秋の長雨を秋霖という

□8 ★★★ 夏，北日本の太平洋側に 1★★★ とよばれる冷たい湿った気流が 2★★★〈八方位〉から吹くと日照不足となり，稲などに冷害を招く。（成城大）

(1) やませ
(2) 北東

○× □9 ★★★ 日本の東北地方では，冬に寒冷な季節風が吹くと，日本海側に雪害，太平洋側に冷害が生じる。（センター）

×
※太平洋側の冷害は，初夏の「やませ」（寒冷湿潤な北東風）の影響で発生する

〇× □10 ★★★ 日本列島では，前線が停滞しているときに台風が接近すると集中豪雨が発生することがあり，地すべりなどの土砂災害が生じる。（センター）

〇
※日本に停滞する梅雨前線が，台風の刺激を受けると集中豪雨が発生しやすい

さらに得点アップさせたい人のための

ステップアップ問題

□1 ★★ 岩石に含まれる鉱物が水分に溶けて流れ出たり，粘土となって集積することもある。これは［1★★］とよばれる作用である。（中央大）

(1) 溶脱（ようだつ）

□2 ★ 熱帯において肥沃な土壌としては，ジャワ島やデカン高原などに分布する［1★］，沖積平野に堆積する沖積土が知られている。（中央大）

(1) 熱帯黒色土（ねったいこくしょくど）

□3 ★ ある一定期間にわたって高い頻度で吹く卓越風によって引き起こされる海流を，［1★］という。（西南学院大）

(1) 吹送流（すいそうりゅう）
［別 表層流（ひょうそうりゅう）］

□4 ★ 次々と発生する発達した積乱雲が数時間にわたってほぼ同じ場所を通過または停滞することでつくり出される，強い降水を伴う雨域を［1★］という。（早稲田大）

(1) 線状降水帯（せんじょうこうすいたい）

日付変更線が動くのは国の都合？

ポリネシアの島国・サモアの領域は，2011 年の終わりに日付変更線の東側から西側に移され（というか日付変更線が動いたんだね），同国の標準時はGMT −11 から GMT+13 に変わりました。GMT とはイギリスの旧グリニッジ天文台を通る子午線で刻まれる世界の標準時のこと（厳密には UTC〔原子時計で刻む協定世界時〕に置きかえられているが）。9 月から始まる南半球でのサマータイムではサモアの標準時は GMT+14 となり，キリバスのライン諸島とともに「**最も早く日付の変わる国**」になったわけです。さしたる産業もなく，温暖化による海面上昇に怯え，人口流出に悩む国にとって，何にせよ「**世界一**」の称号は重要な観光資源です（「最も早く 20XX 年の初日の出を拝むツアー」みたいなやつね）。

地図でみると，日付変更線は赤道付近で東に大きく突き出していますが，これはキリバス政府による日付変更線変更の結果（1995 年）。2000 年のミレニアム，2001 年の新世紀をビジネスチャンスととらえ，観光客の増加を当て込んだのです。この調子で太平洋諸国は「世界一早く明日を迎える国」を競い続け，日付変更線はさらに歪んで，近い将来にアメリカ大陸に到達するでしょう。

……なーんて冗談はさておき，サモアによる「日付変更線の変更」の主目的は別のところにあるようです。**主要貿易相手国がオーストラリアや旧宗主国ニュージーランド**なので，これらの国に近い標準時を選んだらしいのです。また，ニュージーランドに住む太平洋系移民のうち，最も多いのはサモア人（15.7 万人〔2018 年・米領サモアを含む〕）。サモアの人口は 19.8 万人ですから，出稼ぎ労働者の送金がサモア経済を支えているわけです。

実は，サモアは 130 年前の **1892 年**にも日付変更線を動かしています。ただし，動かす向きは今回とは逆でした。当時は米・英・独の共同保護領だったため，**アメリカ合衆国との貿易の都合で変えた**ようなのです。さもありなん……。

日付変更線
サモア
地図帳を確認すれば
さらにバッチリ！！

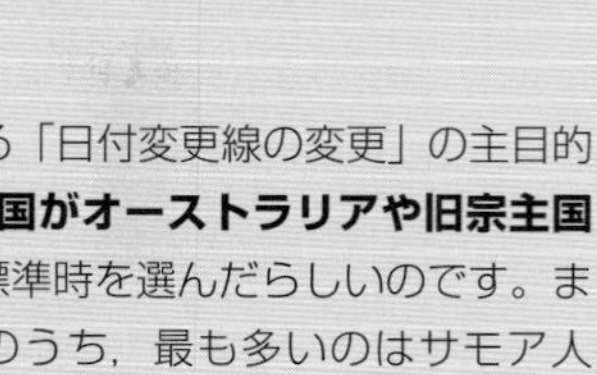

資源と産業

RESOURCES AND INDUSTRY

農牧業・水産業・林業

☑「生産性」「集約・粗放」などの基礎用語を理解しよう。
☑ 農業地域は地図で確認しながら整理していこう。
☑ 主要な農畜産物の統計は，センターでもよく問われた。

1 農牧業の起源と条件

□1 ★★ 南極大陸とグリーンランドを除いた全陸地面積約 [1★★] 億 ha のうち，およそ [2★] %を農地（耕地と牧場・牧草地）が占めている。（國學院大）

問 次の中から空所に入る言葉を選べ。

[1★★] = ① 13　② 130　③ 1,300

[2★] = ① 20　② 30　③ 40

(1) ②
※地球の全陸地は1.5億 km²。1km² = 100ha
(2) ③

○× □2 ★★★ じゃがいもやとうもろこしは，新大陸農耕文化の代表的な作物である。（関西学院大）

○

○× □3 ★★ 小麦やえんどうは，地中海農耕文化の代表的な作物である。（関西学院大）

○

○× □4 ★★ タロいもやバナナは，根栽農耕文化の代表的な作物である。（関西学院大）

○

□5 ★★★ 農業生産に必要な用水を耕地に人工的に供給することを [1★★★] という。（予想問題）

(1) 灌漑（かんがい）

□6 ★★★ 傾斜地では，等高線耕作や畑地での [1★★★]，あるいは稲作における [2★★★] など，[3★] 耕作とよばれる耕作方法の工夫がみられる。（東北学院大）

(1) 段々畑（だんだんばたけ）
(2) 棚田（たなだ）
(3) 階段（かいだん）

□7 ★★ 同じ耕地で同じ農作物を毎年続けて栽培することを [1★★] という。（法政大）

(1) 連作（れんさく）

〇× □8 ★ 湿潤地域では，耕地を高く築いて水はけをよくし，耐乾性の作物を栽培する乾燥農法がみられる。（関西学院大）

×
※乾燥農法とは，乾燥地域において灌漑せずに作物を栽培する耕作方法

□9 ★★★ 一般に，労働力や肥料の投下量を増やすと 1★★★ が高くなる。（予想問題）

(1) 土地生産性（とちせいさんせい）
※単位面積当たりの生産量≒単収(反収)。東アジアや西ヨーロッパで高い

□10 ★★★ 栽培技術の進歩や機械化によって，1★★★ が高くなる。（予想問題）

(1) 労働生産性（ろうどうせいさんせい）
※新大陸では高いが，アジアでは低い

□11 ★★★ 単位面積当たりの労働力や肥料の投下が多く，土地の利用度が高い農業を 1★★★ 的農業，その逆を 2★★★ 的農業という。（予想問題）

(1) 集約（しゅうやく）
(2) 粗放（そほう）
※東アジアの稲作や西ヨーロッパの商業的農牧業は前者

〇× □12 ★★★ 耕地 1ha 当たりの農業生産額は，アメリカ合衆国よりも日本の方が大きい。（明治学院大）

〇

〇× □13 ★★★ 日本の農業は粗放的であるが，アメリカ合衆国の農業は集約的である。（明治学院大）

×
※粗放的と集約的が逆

2 おもな農畜産物

□1 ★★★ 三大穀物とは 1★★★ ・ 2★★★ ・ 3★★★ （順不同）である。（國學院大）

(1) 米（こめ）
(2) 小麦（こむぎ）
(3) とうもろこし

□2 ★★★ 米には，東アジアなどの水田で栽培される 1★★ 稲，東南アジアの大河川の下流域で栽培される 2★★★ 稲，畑で栽培される 3★ 稲がある。（法政大）

(1) 水（すい）
(2) 浮（うき）
(3) 陸（りく）

□3 ★★ アジア地域でおもに生産されている米は，長粒種の 1★★ 種である。（慶應義塾大）

(1) インディカ
※日本では短粒種のジャポニカ種を栽培

□4 ★★ 小麦の原産地は，西アジアまたは 1★★ 地方である。（明治学院大）

(1) カフカス
(コーカサス)

第2部 ▼資源と産業 04 農牧業・水産業・林業 1～2

□5 ★★★ 世界の農作物に関する図をみて，次の問いに答えよ。

（立命館大）

問1 図のAは 1★★★ で，モンスーンアジアが原産地。生育期に高温・ 2★★★ の気候が適する。

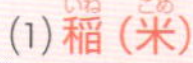

(1) 稲（米）
(2) 多雨

問2 図のBは 1★★★ で，西アジアが原産地。生育期に冷涼・湿潤，収穫期に温暖・ 2★★★ の気候が適する。

(1) 小麦
(2) 乾燥

問3 図のCは 1★★★ で，アジア東部が原産地。気候への適応力が強く，短期間で収穫できるため，寒冷地から熱帯まで広く栽培される。

(1) 大豆
※食用のほか，搾油用。しぼりかすは飼料

問4 図のDは 1★ で，生育には排水良好の土地が適する。現在は，菓子・アルコールの原料・小鳥の飼料などに用いられる。

(1) あわ（粟）

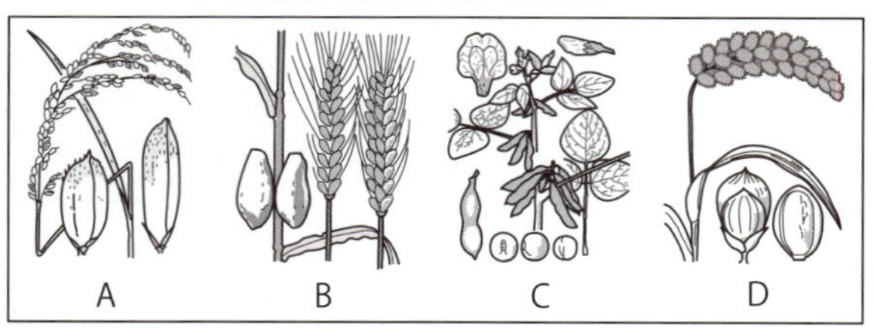

□6 ★★ 小麦を使った料理には，ヨーロッパのパンやパスタ，南アジアや西アジアで好まれる発酵させずに石板や鉄板で焼き上げた 1★ ，北アフリカ諸国の主食となっている粒状にして蒸した 2★ ，メキシコで食べられる小麦やとうもろこしの粉を練って薄く伸ばして平焼きにした 3★★ などがある。

（明治学院大）

(1) チャパティ
(2) クスクス
(3) トルティーヤ
※トルティーヤに肉・野菜をはさんでソースをかけるとタコス

□7 ★★★ 黒パンに使用される 1★★★ はおもにロシア・北ヨーロッパ・東ヨーロッパで栽培され，オートミールなどの材料である 2★★ はロシアやカナダで多く栽培されている。

（慶應義塾大）

(1) ライ麦
(2) えん麦（燕麦）

□8 ★★★ 1★★★ はイネ科の一年草で，食用・飼料とするため，世界各地で栽培される。生産国第1位のアメリカ合衆国では，五大湖南岸地帯からアイオワ州にかけて栽培される。

（高崎経済大）

(1) とうもろこし
※ corn は米語。イギリス英語では maize

□9 ★★ [1★★]科の作物を栽培すると，根粒菌の働きにより空気中の[2★★]が固定され，地力の維持に役立つ。（予想問題）

(1) マメ
(2) 窒素（ちっそ）

□10 ★★★ [1★★★]は東アジア原産で，さまざまな伝統的食品に利用される。タンパク質含有量が多く，日本でも[2★★]・[3★★]（順不同）などの加工品の原料として大量に輸入される。しかし生産国第1位の[4★★★]などでは飼料としての生産が大部分を占める。（法政大）

(1) 大豆（だいず）
(2) 味噌（みそ）
(3) 豆腐（とうふ）［別 醤油（しょうゆ），食用油（しょくようあぶら）］
(4) アメリカ合衆国（がっしゅうこく）
※第2位ブラジル，第3位アルゼンチン（2016年）

□11 ★★★ 新大陸原産の[1★★★]は，[2★★]に伝えられたのち，ヨーロッパ全域に広まり，今では世界で最も広範に栽培されている。（法政大）

(1) じゃがいも
(2) スペイン

□12 ★★★ 新大陸原産の[1★★★]は[2★]人によって世界中の熱帯に伝えられた。すりおろし，水で洗ったでんぷんは[3★★]とよばれ，菓子などに用いられる。（法政大）

(1) キャッサバ
(2) ポルトガル
(3) タピオカ

□13 ★★★ コーヒー豆の原産地は[1★★★]のカッファ地方といわれている。（立命館大）

(1) エチオピア

□14 ★ 地域のシンボルや積出港の名称をブランド名にしたコーヒー豆として，[1★]〈国名〉のブルーマウンテンや，[2★]〈国名〉のキリマンジャロ，エチオピアやイエメンのモカがある。（立命館大〈改〉）

(1) ジャマイカ
(2) タンザニア

□15 ★★★ コーヒー豆の世界第2位の生産国[1★★★]では，社会主義市場経済を目指す[2★★★]政策が本格化する1990年代から生産が伸びた。他国の豆種が[3★]種であるのに対し，同国のそれはインスタントコーヒーなどに多用されるロブスタ種である。（立命館大）

(1) ベトナム
(2) ドイモイ
(3) アラビカ

□16 ★★★ [1★★★]はニューギニア原産ともいわれる。新大陸でプランテーション作物として大量に栽培され，[2★★★]に加工されるが，寒冷地ではこの加工品を製造するために，[3★]や[4★★★]を用いる。[3★]はカナダ，[4★★★]はロシアやフランスが生産上位国である。（法政大）

(1) さとうきび
(2) 砂糖（さとう）
(3) さとうかえで
(4) てんさい（甜菜（てんさい））
※(3)は，その葉がカナダ国旗に描かれたメープルのこと

□17 ★★★ 世界の農作物に関する図をみて，次の問いに答えよ。（立命館大）

問1 図のAは［1★★★］で，根を搾った汁を煮詰めて［2★★★］が精製され，搾りかすや葉は［3★★★］となる。

(1) てんさい（甜菜）
(2) 砂糖
(3) 飼料

問2 図のBは［1★★★］で，西アジアや北［2★★★］での栽培が盛ん。その果実は栄養に富み，生で食用とされるほか，油やジャムの原料となる。

(1) なつめやし
(2) アフリカ

問3 図のCの［1★★★］は，熱帯アジアが原産。生産国第1位は［2★★］，第2位は中国，以下インドネシア，ブラジル，エクアドルである（2017年）。

(1) バナナ
(2) インド

問4 図のDは［1★★］で，生育には高温・湿潤な熱帯低地に適する。種子は加工され，菓子などの原料に用いられる。

(1) カカオ

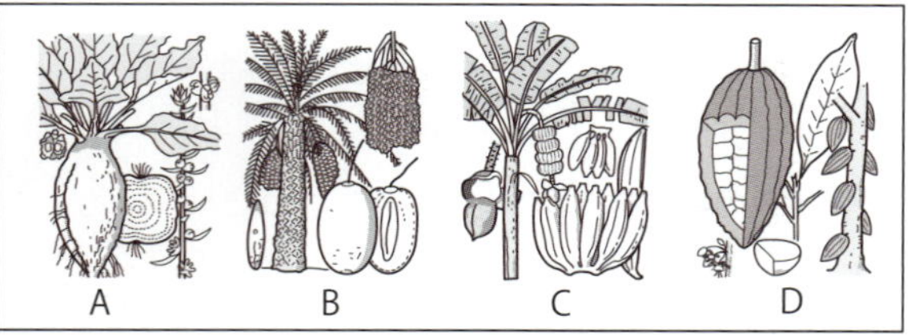

□18 ★★★ パーム油をとる［1★★★］や，青色の染料の主原料となる［2★★］など，工業原料にする作物は［3★★★］とよばれる。（西南学院大〈改〉）

(1) 油やし
(2) 藍
(3) 工芸作物

□19 ★★ 油やしは熱帯アフリカ原産で，果皮に油分が多く，［1★★］油がとれる。（高崎経済大）

(1) パーム

○× □20 ★★ オーストラリアでは，毛用種であるメリノ種の羊がおもに飼養されている。（関西学院大）

○
※スペイン原産

□21 ★★★ 世界全体で飼育頭数が一番多い家畜は［1★★★］である（2017年，家禽＝鳥類を除く）。（國學院大）

(1) 牛
※約15億頭（5人に1頭の割合），鶏は230億羽

3 自給的農牧業

□1 ★★★ 農業者が自家消費用に生産する伝統的営農形態を 1★★★ 農業という。 (札幌大)

(1) 自給的

□2 ★★★ 熱帯地方の森林を焼いてイモ類・バナナなどを栽培するのは 1★★★ 農業である。 (札幌大)

(1) 焼畑

□3 ★★★ 自給的農業のうち，乾燥・半乾燥地帯やツンドラ地帯で営まれるのは 1★★★ である。 (札幌大)

(1) 遊牧

□4 ★★★ 遊牧では，モンゴルでは馬，北極海沿岸では 1★★★，2★★★ 山脈の高地では 3★★★ やリャマが，それぞれ代表的な家畜となっている。 (立命館大〈改〉)

(1) トナカイ（カリブー）
(2) アンデス
(3) アルパカ

□5 ★★★ 遊牧民は一般に 1★ 〈血縁的・地縁的〉な集団によって構成されており，2★★★ を求めて一定の地域を移動することが多い。 (立命館大〈改〉)

(1) 血縁的
(2) 家畜のエサ［の草］や水

□6 ★★★ 砂漠やステップの湧水地周辺や灌漑によって 1★★★ やし・綿花・小麦などを栽培するのは 2★★★ 農業である。 (札幌大〈改〉)

(1) なつめ
(2) オアシス

○× □7 ★★★ イランの伝統的工法による地下式水路カナートは，乾燥地における農業灌漑施設として重要な役割を果たす。 (関西学院大)

○
※アフガニスタンのカレーズ，北アフリカのフォガラも同様

□8 ★★★ 米は輸出量が少ないだけでなく，生産量に占める輸出量の割合も小さいから，1★★★ 的に生産している国や地域が多い。 (共通テスト［試］)

(1) 自給

□9 ★★★ 稲作による米の生産は，1★★★ の影響を受けて降水量が多いアジア地域でおもに行われている。 (慶應義塾大)

(1) 季節風（モンスーン）

□10 ★★★ モンスーンアジアで行われる 1★★ 農業は，2★★★ 集約的で 3★★★ 生産性が高く，4★ 力が高い（＝多くの人々を養うことができる）自給的な農業である。 (九州産業大〈改〉)

(1) 集約的稲作
(2) 労働
(3) 土地
(4) 人口支持

第2部 ▼資源と産業 04 農牧業・水産業・林業 2～3

OX □11 ★★★ 集約的稲作農業は，アジアの降水量に恵まれた地域と灌漑ができる平地で行われ，熱帯地域では二毛作が，温帯地域では二期作がみられる。 (大東文化大〈改〉)

×
※熱帯〜亜熱帯➡二期作(同じ田で年に2回米をつくること)，温帯➡二毛作(同一耕地で米と麦など年間に2種類の作物をつくること)

4 商業的農牧業

□1 ★★★ 産業革命以降，工業が発達して都市に人口が集中すると，農産物の販売をおもな目的とする [1 ★★★] 的農業が拡大した。 (立命館大)

(1) 商業

□2 ★★★ 混合農業の前身となった，農地を三分して，夏作地・冬作地・休閑地を毎年交換させる農法を [1 ★★★] とよぶ。 (京都大)

(1) 三圃式農業
※地中海世界の二圃式農業(冬作→休閑)から発達

□3 ★★★ アルプス以北では，伝統的に穀物栽培と牧畜を組み合わせた [1 ★★★] が盛んであるが，近年は農業生産の専門化が進んでいる。 (獨協大)

(1) 混合農業

□4 ★★ 混合農業には，食用作物の栽培の比率が高い [1 ★★] 的混合農業と，飼料用作物の栽培の比率が高い [2 ★★] 的混合農業がある。 (法政大)

(1) 自給
(2) 商業

□5 ★★★ 混合農業から家畜が切り離され，牛乳やバター・チーズ生産に特化した農業が [1 ★★★] である。 (札幌大)

(1) 酪農
※欧州では北海やバルト海周辺，大西洋の沿岸地域，内陸の山間地域で発達

□6 ★★★ 野菜や花卉を栽培し，かつて近郊農業の代表だった [1 ★★★] 農業も，生産技術と輸送手段の高度化によって都市の遠隔地でも行われるようになった。 (札幌大)

(1) 園芸
※遠隔地で行うのは輸送園芸(トラックファーミング)

□7 ★★★ ヨーロッパの大都市周辺や，ライン川下流の都市近郊地域では，[1 ★★★] がみられる。 (獨協大〈改〉)

(1) 園芸農業

□8 ★★★ アルプス以南では，夏に乾燥する気候のもと，伝統的に [1 ★★★] 農業が行われ，[2 ★★★] や [3 ★★★] (順不同) などの樹木作物の栽培と家畜の飼育を特徴とする。 (獨協大〈改〉)

(1) 地中海式
(2) ぶどう
(3) オリーブ [㊞コルクがし・オレンジ(柑橘類)]

5 企業的農牧業

□1 ★★★ 商業的農業が大規模化，かつ専門化したものが［1★★★］農業である。（札幌大）

(1) 企業的(きぎょうてき)
※農産物の国際価格の変動が生産に及ぼす影響が大きい

□2 ★★ ヨーロッパから白人が移住した新大陸では［1★★］生産性の高い企業的穀物農業が発達し，ヨーロッパへの輸出を目的として成立した。（慶應義塾大）

(1) 労働(ろうどう)

□3 ★★★ 人口希薄で大きな農地が確保できるアメリカ合衆国・カナダ・［1★★★］・アルゼンチンでは，収穫される小麦やとうもろこしなどが，世界各国へ販売されている。（広島経済大）

(1) オーストラリア
※小麦は年中世界のどこかで収穫期を迎える（小麦カレンダーに示される）

□4 ★★★ 360 度回転するアームで散水・施肥・農薬散布などを行う［1★★★］方式とよばれる灌漑農法は，グレートプレーンズを中心にみられる。（関西大）

(1) センターピボット

□5 ★★★ 高カロリーな飼料を肉牛に与える企業的な肥育場を［1★★★］という。（立命館大）

(1) フィードロット

□6 ★ アグリビジネスに携わる穀物メジャーは，農産物の生産から加工，流通にわたる食料供給体系である［1★］全体に大きな影響力をもっている。（予想問題）

(1) フードシステム

□7 ★★★ アルゼンチンの牧畜業は 19 世紀後半に［1★★★］の導入により，生肉の長距離輸出が可能になって以来，特に発達した。（慶應義塾大）

(1) 冷凍船(れいとうせん)

○× □8 ★★ アルゼンチンのエスタンシアでは，フィードロット方式が開発された。（関西学院大）

×
※フィードロット（肥育場）の開発は米国

6 プランテーション農業

□1 ★★★ プランテーション農業では，欧米の［1★★★］や技術と現地・移民の［2★★★］を結び付けて，おもに［3★★］品や工業原料などの輸出向け［4★★★］を，大農園で［5★★★］耕作する。（予想問題）

(1) 資本(しほん)
(2) 労働力(ろうどうりょく)
(3) 嗜好(しこう)
(4) 商品作物(しょうひんさくもつ)
(5) 単一(たんいつ)

□2 ★★★ 輸出向けの特定の農産物の生産に特化する偏った経済を [1★★★] という。(立命館大)

(1) モノカルチャー経済(けいざい)

□3 ★★ 熱帯地方のコーヒーベルトとよばれる地域は，南北の [1★★] をほぼ境界としている。(立命館大)

(1) 回帰線(かいきせん)

□4 ★★★ コーヒー豆の世界最大の生産国 [1★★★] では，[2★★★] とよばれる赤色土壌が広がる地域で生産されてきた。(立命館大)

(1) ブラジル
(2) テラローシャ

□5 ★★★ [1★★★]〈国名〉におけるコーヒー豆生産は，[2★★★] を宗主国とする植民地期に始まり，現在でもマンデリンやジャワ，スラウェシ島のトラジャなどをブランド名としている。(立命館大)

(1) インドネシア
(2) オランダ

7 現代の農業と食料問題

□1 ★★★ 東南アジアの稲作は単位面積当たりの収穫量が少なかったが，[1★★★] における灌漑施設や新品種の導入などによって生産性が上昇した。(慶應義塾大)

(1) 緑(みどり)の革命(かくめい)

○× □2 ★★★ 「緑の革命」では，高価な機械や資材を必要とするため，裕福な農民がおもにその恩恵を受け，貧富の差が広がった地域が多くあった。(センター)

○

○× □3 ★★ マレーシアでは，米の国内需要をまかなうために隣国のタイから米を輸入している。(関西学院大)

○

○× □4 ★★★ 日本は米の主要輸入国であるが，同時に主要輸出国の一つである。(関西学院大)

×
※国の政策で輸出は伸びているが，その量はわずか

○× □5 ★★ 米の主要産出国であるインドは，国内需要をまかなうために輸出量は少ない。(関西学院大)

×
※1970年代に食料自給を達成。2018年の輸出量は世界第1位

○× □6 ★★★ アメリカ合衆国は，農産物関税の大幅引き下げを主張している。(関西学院大)

○
※2019年締結の日米貿易協定で農産物関税引き下げへ

○× □7 ★★★ アメリカ合衆国はバイオテクノロジーの導入に対して，安全性が確認できないとして消極的な立場をとっている。(関西学院大)

×
※米国は遺伝子組換え作物などを積極的に導入

〇× □8 ★★ EUの共通農業政策は，ウルグアイ＝ラウンドの農業交渉妥結によって大幅に進展した。（関西学院大）

×
※共通農業政策は保護貿易的，ウルグアイ＝ラウンドは自由貿易指向。EUは大幅な転換を求められた

□9 ★★★ とうもろこしや小麦などを扱う多国籍企業を［1★★★］という。（立命館大）

(1) 穀物メジャー

〇× □10 ★★★ アグリビジネスとよばれる農業関連産業では，グローバルな規模で活動する穀物メジャーの影響力が強まっている。（関西学院大）

〇

〇× □11 ★★★ アメリカ合衆国では小麦を原料としたバイオ燃料の生産が盛んとなり，世界の穀物価格高騰の一因となった。（明治大〈改〉）

×
※小麦➡とうもろこし

□12 ★★★ 近年では世界的な規模の［1★★★］が農産物の生産から加工・貯蔵・運搬・販売までの［2★］的統合を通じて，世界の農業生産の分布にも大きな影響を与えている。（日本女子大）

(1) 穀物メジャー
(2) 垂直

□13 ★★★ アメリカ合衆国における遺伝子組換え作物は，種子メーカーなど［1★★★］とよばれる巨大な農業関連企業によって開発され，少数の巨大穀物商社である穀物［2★★★］によって支配されている。（高崎経済大）

(1) アグリビジネス
(2) メジャー

□14 ★★★ 種子メーカーなど［1★★★］ビジネスとよばれる巨大な農業関連企業によって開発され，近年急速に栽培面積を増やしている［2★★★］作物（GMO）の安全性に対する不安も生じている。（西南学院大）

(1) アグリ
(2) 遺伝子組換え

□15 ★★ 発展途上国の生産者と先進工業国の消費者との関係を改善し，公正な賃金を支払うことで，生産者や地域の自立と，貧困問題の克服を目指した［1★★］運動が世界各地で行われている。（立命館大）

(1) フェアトレード

□16 ★★★ 食料の重量と生産地から消費地までの距離を掛けたものを［1★］という。日本は［2★★★］が低いので，この数値が極端に高い。この数値を下げることは，その地域でつくられた農産物などを，その地域で消費するという［3★］の考え方に一致する。（学習院大〈改〉）

(1) フード＝マイレージ
(2) 食料自給率
(3) 地産地消

□17 ★★ 農産物の流通経路を，生産段階から消費段階まで追跡可能にするシステムを 1★★ とよぶ。（駒澤大〈改〉）

(1) トレーサビリティ

□18 ★★★ 小麦の五大輸出国のうち，新大陸以外の国は 1★★★ である。（慶應義塾大）

(1) ロシア［別 フランス］
※ほかの五大輸出国は米国・カナダ・豪州

□19 ★★ アルゼンチンで生産される小麦の最大の輸出先は 1★★ である。（慶應義塾大）

(1) ブラジル

□20 ★★ 近年，日本が最も大量に米を輸入している相手国は 1★★ である。（中央大）

(1) アメリカ合衆国（がっしゅうこく）
※第 2 位はタイ

□21 ★★★ GATT の多角的貿易交渉 1★★★ ＝ラウンドは，1986 年に始まり，1993 年に合意された。（明治学院大）

(1) ウルグアイ
※自由貿易を推進する GATT のもと，「農産物の例外なき関税化（数量制限の撤廃）」を原則とした

□22 ★★ 第二次世界大戦が終わると，世界の食料及び農産物の増産と分配の改善などを目的として，国連の専門機関 1★★ が設立された。（立命館大）

(1) 国連食糧農業機関（こくれんしょくりょうのうぎょうきかん）（FAO）

□23 ★★★ 単一の商品作物に依存する発展途上国では，主食などの増産による農業の 1★★★ 化が政策課題となっている。（立命館大）

(1) 多角（たかく）

〇× □24 ★★★ 化学肥料や農薬の過剰使用による生態系の破壊が心配されており，無農薬で安全性の高い有機農業もかえりみられている。（大東文化大）

〇
※有機農業＝化学肥料・農薬を使わない農業

〇× □25 ★★★ 多くの先進国では，国内消費を上回る量の食料品を輸入し，大量の食料が廃棄されるフードロスの問題が生じている。（共通テスト［試］）

〇
※処分対象の食品を生活困窮者に提供するフードバンク活動が注目される

8 水産業・林業

□1 ★★ 海洋で行われる 1★★ 漁業と，河川・湖沼などで行われる 2★★ 漁業を比べると，生産量は 1★★ 漁業が圧倒的に多いが，インドや中国では 2★★ 漁業のウエートも相対的に高い。（関西大〈改〉）

(1) 海面（かいめん）
(2) 内水面（ないすいめん）

〇✕ □2 ★★★ 暖流域は寒流域よりもプランクトン量が多く，好漁場が多い。（近畿大）

✕
※寒流の湧昇が海底の有機物を巻き上げ，プランクトンを育てる

〇✕ □3 ★★★ 暖流と寒流が出合う所をバンクとよび，好漁場となる。（近畿大〈改〉）

✕
※バンク→潮目（潮境）。バンクは浅堆（第2章 8 10〔P.41〕）のこと

□4 ★★★ [1 ★★]条約では，漁業資源の保護などを目的に，沿岸から200海里までの[2 ★★★]を設け，他国の入漁を制限することを認めた。（予想問題）

(1) 国連海洋法（こくれんかいようほう）
(2) 排他的経済水域（はいたてきけいざいすいいき）
※正式名称は「海洋法に関する国際連合条約」

□5 ★★★ 北西太平洋漁場では[1 ★★]，南東太平洋漁場では[2 ★★★]，北東大西洋漁場では[3 ★★]の漁獲が多い。
〈すべて下記①②③より選択〉（関西学院大〈改〉）
①アンチョビー　②さけ・ます　③にしん・たら

(1) ②
(2) ①
(3) ③
※北西太平洋＝日本周辺，南東太平洋＝ペルー・チリ沖，北東大西洋＝ヨーロッパ周辺

□6 ★★★ 木材は，先進国ではおもに[1 ★★★]として，開発途上国ではおもに[2 ★★★]として消費される。（成城大〈改〉）

(1) 用材（ようざい）
(2) 薪炭材（しんたんざい）
※用材とは製材・パルプなど。薪炭材とは燃料用の薪（たきぎ）や木炭。前者は亜寒帯の針葉樹，後者は熱帯の広葉樹の割合が高い

□7 ★ 木材チップの原料として針葉樹が主流であったが，パルプ生産量世界第2位（2017年）の[1 ★]では成長が早い広葉樹のユーカリを植林し原料にしている。（中央大〈改〉）

(1) ブラジル
※ユーカリはオーストラリア原産。パルプ生産世界一はアメリカ合衆国

9 農畜産物に関する統計

□1 ★ なたねは種子から油を搾り，搾りかすを肥料とする。生産国第1～3位はカナダ・[1 ★]・インド。第6位の[2 ★]ではディーゼル・エンジンの燃料としても用いられている（2017年）。（高崎経済大）

(1) 中国（ちゅうごく）
(2) ドイツ

□2 ★ 落花生の生産国第1位は中国，第2位は[1 ★]となっている（2017年）。（高崎経済大）

(1) インド

□3 ★★ [1★★]は，未熟果は塩漬けにして食用，熟果からは油をとる。枝葉は平和の象徴として国連旗にデザインされている。生産国第1～3位は[2★★]・ギリシャ・[3★★]で，日本では香川県の[4★]島での生産が知られている(2016年)。（高崎経済大）

(1) オリーブ
(2) スペイン
(3) イタリア
(4) 小豆(しょうど)

□4 ★★ [1★]はキク科の一年草で，夏に20cmほどの花をつける。種子は食用で，油も採取できる。生産国第1・2位はウクライナ・ロシア。オランダ出身の画家が，[2★★]のプロヴァンス地方で描いた名画の題材である。（高崎経済大）

(1) ひまわり
(2) フランス
※画家はゴッホ

□5 ★★★ [1★★★]は熱帯アメリカ原産で，種子から搾った脂肪は，食用加工品（菓子など）や化粧品・石けんなどに使用される。生産国第1位であるアフリカの[2★★★]は第2位の隣国[3★★★]とともに輸出国第1・2位となっている。輸入国第1位はオランダである(2016年)。（高崎経済大〈改〉）

(1) カカオ
(2) コートジボワール
(3) ガーナ

□6 ★★ パーム油の生産量はインドネシアと[1★★]の2国で世界の約85%以上を占める(2017年)。（高崎経済大）

(1) マレーシア
※ほかの主要生産国にタイ，コロンビア，ナイジェリア

□7 ★★ ココやしの胚乳を乾燥させて得る[1★]は，東南アジアの[2★★]が最大の生産国で，そのほかインドネシアやインドでの生産が多い。（高崎経済大〈改〉）

(1) コプラ
(2) フィリピン
※いわゆるやしの木

□8 ★★★ 米の生産量を国別にみると，多い順に[1★★★]→インド→インドネシア→[2★★★](2016年)。（広島経済大）

(1) 中国(ちゅうごく)
(2) バングラデシュ

□9 ★★★ 世界の小麦生産量の多い順に，中国→[1★★★]→ロシア→アメリカ合衆国→カナダ→フランスである(2016年)。（中央大〈改〉）

(1) インド

□10 ★★★ 日本の小麦輸入相手国は，輸入量の順にアメリカ合衆国→[1★★★]→[2★★★](2017年)であるが，[2★★★]は2006，07年には[3★★]にみまわれたため，生産量が激減した。（中央大）

(1) カナダ
(2) オーストラリア
(3) 干(かん)ばつ

□11 ★★★ 世界で最も大豆輸入量の多い国は[1★★★]である(2016年)。（日本女子大）

(1) 中国(ちゅうごく)
※世界全体の約63%

□12 ★★ 日本の大豆輸入量の7割以上は [1★★] からの輸入で占められる(2018年)。(東京経済大〈改〉)

(1) アメリカ合衆国(がっしゅうこく)
※ほかにブラジル，カナダ

さらに得点アップさせたい人のための
ステップアップ問題

□1 ★★ 日本は [1★★] による農牧業地域の区分において，その大部分が米が支配的な作物である集約的自給的耕作の地域に区分されていた。(日本女子大)

(1) ホイットルセー

□2 ★ 「緑の革命」の一例としては，国際稲研究所(IRRI)が開発した [1★] ライス(IR-8)とよばれる高収量米の導入が知られる。(西南学院大)

(1) ミラクル

□3 ★ 適度な酸味と苦味をもったブラジルの代表的なコーヒー豆のブランド名は，積出港 [1★] の名前に由来する。(立命館大)

(1) サントス
※サンパウロの外港

□4 ★ 貧困と飢餓の撲滅を目指して活動を続ける，国連で唯一の食糧援助機関は [1★]。(立命館大)

(1) 国連世界食糧計画(こくれんせかいしょくりょうけいかく) (WFP)
※国連食糧農業機関(FAO)は生産・流通の改善で飢餓撲滅を図る

□5 ★ 河川上流部の森林は水源涵養の役割を担っており，比喩的に「[1★]」とよぶ。(早稲田大)

(1) 緑(みどり)のダム

☞ 各地域の農牧業・水産業・林業については第14章以降も参照

これで農牧業・水産業・林業はバッチリ☆

資源・エネルギーと工業

☑ 主要資源や発電の統計は，自然環境と対応させて覚えよう。
☑「輸入代替型」「輸出指向型」などの用語の理解は必須。
☑ 工業都市名はきりがないから，過去問と相談しながら。

1 エネルギー

〇✕ □1 ★★ 化石燃料は二次エネルギーとよばれる。（関西学院大）

✕
※二次➡一次。一次～は天然の形で利用，二次～はそれを加工して利用する電力・コークスなど

□2 ★★ 一度使用しても天然のプロセスで復元して繰り返し使用できるエネルギーを［1★★］とよぶ。（青山学院大）

(1) 再生可能(さいせいかのう)エネルギー

□3 ★★ 一般に，環境汚染を発生させないエネルギーを総称して［1★★］とよんでいる。（青山学院大）

(1) クリーンエネルギー

□4 ★★★ 先進諸国では，産業・生活・社会活動の全般にわたってエネルギーの消費量を節減すること，すなわち［1★★★］が進められている。（青山学院大）

(1) 省(しょう)エネルギー

□5 ★★★ 1960年代に起こった石炭から石油・天然ガスへの需要上の大きな変化を［1★★★］とよぶ。（立命館大）

(1) エネルギー革命(かくめい)

□6 ★★★ 地質時代の［1★★］が地中で変成してできた石炭・石油・天然ガスなどの［2★★★］は，再生が不可能で有限な資源であるばかりか，燃焼によって大気中に排出される二酸化炭素などによる［3★★★］を招くとされる。（東海大〈改〉）

(1) 動植物(どうしょくぶつ)の死骸(しがい)
(2) 化石燃料(かせきねんりょう)
(3) 地球温暖化(ちきゅうおんだんか)

□7 ★ 現在主力として使われているエネルギー資源に対し，これに代わるエネルギー源を総称して［1★］または新エネルギーとよんでいる。（青山学院大）

(1) 代替(だいたい)（非化石(ひかせき)）エネルギー
※再生可能エネルギー＋原子力

□8 ★★★ バイオマスエネルギーのうち，糖分やでんぷん質の多い [1★★★] などを発酵させて得られるアルコール燃料のことを [2★★★] といい，1970年代の石油危機後，[1★★★] 生産量が世界一のブラジルではその普及を図ってきた。1990年代以降のアメリカでも，同国が生産量世界一の [3★★★] を原料とする [2★★★] の生産が急速に拡大している。（明治学院大〈改〉）

(1) さとうきび
(2) バイオエタノール
(3) とうもろこし

□9 ★ [1★] やマレーシアの熱帯雨林では，バイオディーゼルの原料をつくる [2★] 畑の開拓が進む。（近畿大）

(1) インドネシア
(2) 油(あぶら)やし

□10 ★★ わが国のエネルギー自給率（原子力含む）は [1★★] %程度である（2017年）。（愛知大〈改〉）

(1) 10
※正確には，9.6%。2010年は約20%だったが，事故による原発停止で低下

□11 ★★★ 日本における一次エネルギーの供給源は，1960年度では石炭が41.2%，石油が37.6%，[1★★★] が15.7%を占めていた。（東海大）

(1) 水力(すいりょく)
※2017年度：石炭25.1%，石油39.0%，LNG 23.4%，水力3.5%，再エネ等7.6%。エネルギー革命で一旦低下した石炭の割合が原発事故後に上昇

2 石炭

□1 ★★★ 18世紀後半～19世紀の産業革命において，[1★★★] の大量消費が始まった。（関西学院大〈改〉）

(1) 石炭(せきたん)

○× □2 ★★ 石炭の埋蔵量（トン）は石油より多いと考えられている。（関西学院大）

○
※石炭は約7,000億t，石油は（比重0.9として）約2,400億t

□3 ★★★ 古生代の石炭紀に，森林が地殻変動によって地中に封じ込められて形成されたため，世界の大炭田の分布は [1★★★] の分布地域に似ており，アメリカ合衆国の [2★★★] 炭田，オーストラリアの [3★★] 炭田などがある。（成城大）

(1) 古期造山帯(こきぞうざんたい)
(2) アパラチア
(3) モウラ

□4 ★★★ 世界的に著名な炭田としては，イギリスのランカシャー，[1★★★] のルール，[2★★] のシロンスク，アメリカ合衆国のアパラチア，中国のフーシュン（撫順）などがある。（関西大〈改〉）

(1) ドイツ
(2) ポーランド
※リヤオニン（遼寧）省のフーシュン炭田はアンシャン（鞍山）鉄鋼コンビナートへの供給地

〇✕ □5 ★★★ アフリカの熱帯地域では，植民地期の乱開発の結果，重要な地下資源である石炭がほぼ底をついた。（センター）

✕
※アフリカの石炭資源は古期造山帯がある南アフリカ共和国に集中

□6 ★★ 2000年代中頃まで日本は世界最大の石炭輸入国だったが，その後は石炭生産国でもある［1★★］・［2★★］（順不同）の輸入が急増した。（予想問題）

(1) 中国（ちゅうごく）
(2) インド

〇✕ □7 ★★★ 中国は世界最大の石炭産出国である（2016年）。（関西学院大）

○
※世界産出量の54.4%を占める

□8 ★ 石炭の品質は炭素含有量により分類することができるが，製鉄用としてはおもに［1★］が利用されている。（法政大）

(1) 瀝青炭（れきせいたん）
※低質品から順に泥炭（ピート）・亜炭・褐炭・亜瀝青炭・瀝青炭・無煙炭

3 石油

□1 ★★★ 石油は，石炭と同様，枯死した地質時代の動植物に地圧と地熱が作用して生じる［1★★★］燃料である。（明治学院大）

(1) 化石（かせき）
※褶曲した堆積岩の地層の背斜部に分布（新生代の地層からの採取が多いが，新期造山帯にあるとは限らない）

□2 ★★★ 20世紀の初頭以降，半世紀近く世界の石油の生産から販売は［1★★★］が独占していた。（成城大）

(1) メジャー（国際石油資本）（こくさいせきゆしほん）
※アメリカ・イギリス・オランダ・フランスに存在。OPECの登場以降は地位を落とす

□3 ★★★ 石油の埋蔵量の半分近くは［1★★★］地域に偏在しており，このことと，資源の保有国が資源に対する恒久的主権をもつという［2★★★］とよばれる考え方の普及は，二度の石油危機の背景要因になった。（新潟大）

(1) 中東（ちゅうとう）
(2) 資源ナショナリズム（しげん）

□4 ★★★ 第1次石油危機での原油価格変動には，1960年に結成された［1★★★］（日本語名称［2★★★］）の影響力が大きいといわれている。（明治大）

(1) OPEC
(2) 石油輸出国機構（せきゆゆしゅつこくきこう）
※第1次石油危機は第4次中東戦争がきっかけ

〇✕ □5 ★★ 第1次石油危機は，イラン革命の勃発に伴ってイランでの石油生産が中断したために生じた。（近畿大）

✕
※第1次➡第2次

□6 ★★★ 石油輸出国の多くは，輸出量第１位の［1★★★］をはじめ，アジア，アフリカ，ラテンアメリカの諸国である。（東海大）

(1) サウジアラビア
※ロシア・イラク・カナダ・UAE のほか，北海油田を抱えるノルウェーも輸出上位

□7 ★★★ 国別の原油の埋蔵量は［1★★］が最も多いが，これにはオリノコタールとよばれる超重質油を含む。（予想問題）

(1) ベネズエラ
※第２位サウジアラビア，第３位カナダ(2019 年)

□8 ★★ タール状の原油を含む砂層である［1★★］が石油代替資源として注目されており，特にカナダの［2★★］州で多く産出する。（西南学院大〈改〉）

(1) オイルサンド
(2) アルバータ

4 天然ガス・電力

□1 ★ 天然ガス田や油田から採取される［1★］とエタンを主成分とする可燃性天然ガスの液化物である液化天然ガス（LNG）は，硫黄を含まない無公害のエネルギーとされ，発電用の燃料や都市ガスとして利用されている。（関西大）

(1) メタン
※液化工程で硫黄分を除去。燃焼による CO_2 の排出も少ない

〇× □2 ★ 天然ガスが世界的なエネルギー資源として利用されるようになった背景には，高温液化と輸送・貯蔵システムがある。（日本女子大）

×
※液化は－162℃の低温で行う

〇× □3 ★★ 欧米諸国における天然ガスの輸出入の大半は，気体のままパイプラインで行われている。（日本女子大〈改〉）

〇

〇× □4 ★★ 日本は輸入天然ガスの全量を液化天然ガスとして海上輸送している。（日本女子大）

〇
※ LNG タンカー

□5 ★★ ボルネオ島の北西部に位置する［1★★］は，［2★★］や［3★★］などの天然資源に恵まれている。後者の輸出の約 65%は日本向けである（2018 年)。（松山大）

(1) ブルネイ
(2) 原油（げんゆ）
(3) 天然ガス（てんねん）

□6 ★★ アメリカやカナダでは，今世紀に入って地下の頁岩（けつがん）層中の［1★★］オイルや［1★★］ガスなどの非在来型資源の開発が加速し［1★★］革命とよばれる。（予想問題）

(1) シェール
※シェール＝頁岩

〇× □7 ★★★ 日本ではここ 30 年あまりの間に電力発電に占める水力の比率が低下した。（関西学院大）

〇

〇× □8 ★★★ 中国では，電力発電のうち水力の占める割合が最も大きい。（関西学院大）

×
※石炭火力の比率が大きい

□9 ★★★ 原子力発電の占める割合が高い国は，[1 ★★★]・スウェーデン・ウクライナなどである。（松山大）

(1) フランス
※それぞれ約73%,40%,49%（2016年）

□10 ★★★ 1979年に[1 ★★★]原子力発電所で事故が発生するなど，原子力発電は安全面が不安視されている。（明治大）

(1) スリーマイル島
※アメリカ合衆国。メルトダウン（炉心溶融）が発生

□11 ★★★ 1986年に事故を起こし，周辺に多量の放射性物質を放出することにより，国境を越えた放射能汚染被害を発生させた，ウクライナの首都キエフの北方約100kmに位置する原子力発電所の所在地は[1 ★★★]である。（日本女子大）

(1) チェルノブイリ
※福島第一原発事故(2011年)と並ぶレベル7(最も深刻な事故)，隣国ベラルーシまで健康被害が及ぶ

□12 ★★ 原子力発電は高レベル[1 ★★]の処理技術が確立していない。（明治学院大）

(1) 放射性廃棄物

○× □13 ★★★ 原子力発電への依存を減らしたり，長期的に廃止を決めた国々もある。（関西学院大）

○
※ドイツやベルギー，スイスなど（日本も脱原発依存の方針）

○× □14 ★★ 風力発電用の風車は，海岸近くなど，一定方向に強い風が吹きやすい所に建造される。（専修大）

○

○× □15 ★★ 世界の全発電量に対する風力発電の割合は４%程度である（2016年）。（専修大〈改〉）

○
※日本では約0.5%と開発が遅れている

○× □16 ★★★ 風力発電は偏西風が卓越するカリフォルニア州及びデンマークやスペインなどで高い割合で導入されている。（日本女子大〈改〉）

○
※デンマーク42%など。設備容量世界一は内モンゴルなどで開発の進む中国(2017年)

□17 ★★★ [1 ★★★]とは，地下の熱水や高温岩体により発生した蒸気を利用した発電方式である。（青山学院大）

(1) 地熱発電

□18 ★ 日本では地熱を利用できそうな適地の多くが[1 ★]内にあり，その周囲では掘削コストがかかりすぎることが開発の障害になっている。（西南学院大）

(1) 国立公園
※多くが温泉観光地でもあり，湧出量への影響を懸念

□19 ★★ [1 ★★]は，海洋などで，波による水面の上下動を利用する発電方式である。（青山学院大）

(1) 波力発電

□20 ★★ [1 ★★]は，多数の反射板を敷地に並べて，陽光を集中させて高温状態をつくり，その熱で発生させた蒸気で発電を行う方式である。（青山学院大）

(1) 太陽熱発電

□21 ★★★ [1 ★★★]は，シリコンなど半導体でできたパネルを用い，パネルで受けた陽光のエネルギーを直接電気に変える発電方式である。（青山学院大）

(1) 太陽光発電（たいようこうはつでん）
※大規模な太陽光発電所をメガソーラーという

□22 ★★★ [1 ★★]発電は，動植物などの生物資源を直接燃焼させたり，ガス化させたりして用いるものであり，具体的には人間や動物のふんを発酵させて発生した[2 ★★★]ガスや，さとうきびや木材チップなどを発酵させて得たアルコールなどを用いる。（愛知大）

(1) バイオマス
(2) メタン

□23 ★ 発電の際に生ずる熱を冷暖房や給湯などに使い，総合的なエネルギー効率を高めるしくみとして，[1 ★]システムが実用化されている。（青山学院大）

(1) コージェネレーション

□24 ★★★ 自動車の分野では，ガソリンエンジンとバッテリー・モーターを組み合わせた[1 ★★★]カーが実用化されている。（青山学院大）

(1) ハイブリッド
※トヨタのプリウス（世界初の量産型）が有名

5 金属資源・その他

□1 ★★ 鉱産資源は一般に金属資源・[1 ★]・エネルギー資源に分けられ，さらに金属資源は鉄と[2 ★★]に区分される。（青山学院大）

(1) 非金属資源（ひきんぞくしげん）
(2) 非鉄金属（ひてつきんぞく）

□2 ★★★ 坑道を掘らず，直接地表から鉱産物を削りとる採掘方法は[1 ★★★]とよばれ，[2 ★★]のビンガム鉱山，[3 ★★]のキルナ鉱山がその代表例である。（青山学院大）

(1) 露天掘り（ろてんぼ）
(2) アメリカ合衆国（がっしゅうこく）
(3) スウェーデン

○× □3 ★★ 中国は鉄鉱石の輸入において世界最大である。（日本女子大）

○
※生産も多い（第3位）が需要も高く，世界貿易量の3分の2を輸入(2016年)

○× □4 ★★★ ボーキサイト資源は，冷帯の国々を中心に分布している。（関西学院大）

×
※熱帯～亜熱帯のラトソル土壌を中心に分布

○× □5 ★★★ ボーキサイトの精錬には多量の電力を必要とする。（関西学院大）

○
※アルミニウムは「電気の缶詰」

○× □6 ★★ 銅鉱は，東南アジアではインドネシアで多く産出される。（関西学院大）

○

OX □7 ★★★ カッパーベルトはコンゴ民主共和国からザンビアにかけて広がる銅鉱床地帯である。（関西学院大）

○
※港湾までタンザン鉄道などで輸送

OX □8 ★★★ チリでは，金が重要な輸出品である。（センター）

×
※チリは銅生産量世界一。金産出国は上から順に，中国→豪州→ロシア→米国（2017年）

OX □9 ★★ ニューカレドニアはフランス領の島であり，タングステンの産地である。（関西学院大）

×
※タングステン➡ニッケル

□10 ★★ 太平洋などの深海底には各種の重要鉱物を含んだ球状の小塊が無数に存在しており，[1 ★★]とよばれる。（青山学院大）

(1) マンガン団塊（だんかい）

□11 ★★ 大陸斜面の海底に分布する[1 ★★]は，氷に似た可燃ガスの塊で，今後の実用化が模索されている。（予想問題）

(1) メタンハイドレート

□12 ★★★ 先端技術産業での需要は高いものの，天然の存在量が少ない，あるいは抽出が難しい金属は，総称して希少金属または[1 ★★★]とよばれる。（青山学院大）

(1) レアメタル
※「産業のビタミン」とよばれる

□13 ★★ レアメタルをめぐっては，[1 ★★]とよばれる使用済みとなったパソコンや携帯電話などの大量の家電廃棄物から回収される地上資源に関心が寄せられている。（獨協大〈改〉）

(1) 都市鉱山（としこうざん）
[㊐アーバンマイン（urban mine）]

OX □14 ★★ レアメタルは埋蔵地域の偏在が著しく，中でもレアアース（希土類）はロシアが世界の生産の大部分を占める。（中村学園大）

×
※レアアース生産の大部分は中国

□15 ★★ [1 ★★]は塩湖の蒸発によって生じた塩の鉱床のことである。世界の塩生産の3分の2を占め，食塩や化学工業の原料となる。（青山学院大）

(1) 岩塩（がんえん）
※日本の食塩の大部分は海水を原料とするが，かつての塩田における揚浜・入浜式～流下式に代わり，イオン交換膜法を用いる

6 工業の分類

□1 ★★ 工業とは，主として農林水産業や鉱業で生産される[1 ★★]産品を加工し，有用な製品を製造する分野である。（福岡大）

(1) 一次（いちじ）

□2 ★★ 工業は，製品の需要先によって企業向けの［1★★］工業と消費者向けの［2★★］工業に分類される。（予想問題）

(1) 生産財（せいさんざい）
(2) 消費財（しょうひざい）

□3 ★★★ 重工業は生産工程の違いから，［1★★★］型工業または基礎［1★★★］型工業と，加工［2★★★］型工業に分類される。（中央大）

(1) 素材（そざい）
(2) 組立（くみたて）

□4 ★ 鉄鋼業には，鉄鉱石から鉄分を取り出して銑鉄（せんてつ）を造る［1★］，銑鉄を熱して不純物を除去する［2★］，さらにそうしてできた鋼を鋼板や鋼管などにする［3★］の三部門がある。（関東学院大）

(1) 製鉄（せいてつ）
(2) 製鋼（せいこう）
(3) 圧延（あつえん）

□5 ★ 化学工業のうち，石油・［1★］を原料として用いるのが石油化学工業である。（青山学院大）

(1) 天然ガス（てんねん）

□6 ★ 原油に熱や圧力を加えて，揮発油・ガソリン・灯油・軽油・重油・ナフサなどに分ける工業を，石油［1★］工業という。（青山学院大）

(1) 精製（せいせい）
※ナフサはエチレンなどの原料。エチレンからプラスチックなどの石油化学製品がつくられる

□7 ★★ 石油化学工業は，工場設備の生産コストに占める割合が大きい典型的な［1★★］集約型工業である。（青山学院大）

(1) 資本（しほん）

□8 ★ 電子工業の中でも，集積回路の利用・応用を研究するものを［1★］エレクトロニクス（ME）という。（西南学院大）

(1) マイクロ
※エレクトロニクス＝電子工学

□9 ★★ ［1★］産業とは，地域性の強い資本や労働力を中心として形成される産業全般を指し，伝統工業もそこに含まれる。例えば［2★★］工業では，日本の関（岐阜県）や［3★★］〈国名〉のシェフィールドが代表的な産地となっている。（西南学院大）

(1) 地場（じば）
(2) 刃物（はもの）
(3) イギリス
※ほかに三条（新潟）・ゾーリンゲン（ドイツ）

7 工業の発達

□1 ★★ 17世紀に至って，ヨーロッパでは［1★★］段階ながら工場に労働者を集め分業によって生産を高める，いわゆる［2★★］的生産が行われるようになった。（関西大）

(1) 手工業（しゅこうぎょう）
(2) マニュファクチュア（工場制手工業（こうじょうせいしゅこうぎょう））

□2 ★★ 18世紀後半には多くの資本を投入して機械と動力を導入し，多くの労働者を集め，分業によって大量に生産する［1★★］工業が盛んとなり，産業革命が進行した。（関西大）

(1) 工場制機械（こうじょうせいきかい）

□3 ★★★ 1960年代には鉄鋼が，70年代後半以降は［1★★★］が「産業のコメ」とよばれ，産業全体の基盤となった。（予想問題）

(1) 半導体（はんどうたい）

□4 ★★ 第二次世界大戦後は，先進資本主義国を中心に自動化を意味する［1★★］化や産業用ロボットの導入など，各種の［2★★］が進んで，工業生産は飛躍的な発展をとげた。（高崎経済大〈改〉）

(1) オートメーション
(2) 技術革新（ぎじゅつかくしん）（イノベーション）

□5 ★★★ 第二次世界大戦の後，政治的に独立した発展途上国では，経済的にも独立するため，それまで輸入していた製品を国内で生産する［1★★★］型工業を興隆させる政策がしばしば進められてきた。1970年代以降，安い労働力などの利点を生かす［2★★★］型工業へ政策を転換した。（中央大）

(1) 輸入代替（ゆにゅうだいたい）
(2) 輸出指向（ゆしゅつしこう）

□6 ★★★ 1970年代に入ると，東南アジア諸国の安い労働力と先進国からの資本や技術の導入を結び付けた［1★★］型の工業化が急速に進展し，各地で工業団地の造成や［2★★★］区の設置が進められた。（学習院大）

(1) 輸出指向（ゆしゅつしこう）
(2) 輸出加工（ゆしゅつかこう）

□7 ★ 先進国では，付加価値の大きなものを生産する［1★］集約型工業を促進する必要に迫られるようになった。（中央大）

(1) 知識（ちしき）（技術（ぎじゅつ））

□8 ★ 社会学者のダニエル＝ベルは，工業社会の後にくる情報社会を［1★］社会とよんだ。（西南学院大）

(1) 脱工業（だつこうぎょう）
※アルビン＝トフラーはこの変革を「第3の波」とよんだ

□9 ★★ 先端技術産業では，市場情報の収集･活用により，ニーズの多様化に対応した［1★★］生産の傾向が強まっている。（予想問題）

(1) 多品種少量（たひんしゅしょうりょう）
※情報化の進展で自社工場をもたないファブレス企業も増加

8 工業の立地条件

□1 ★★ ドイツの経済学者［1★］は，生産費に大きな影響をもつと考えられる［2★★］･［3★★］（順不同）の立地因子を考慮した工業立地論を展開した。（法政大）

(1) ウェーバー
(2) 輸送費（ゆそうひ）
(3) 労働費（ろうどうひ）

□2 ★★★ [1★★★]，木材・パルプ，石油化学など，製品に比べて重い原料を使って生産する工業は，[2★★★]指向型工業と分類される。（法政大）

(1) 鉄鋼（てっこう）
(2) 原料（産地）

○× □3 ★★★ 産業革命時には，石炭や鉄鉱石の産地に鉄鋼業が立地することが多かった。（関西学院大）

○

○× □4 ★★★ 鉄鋼業は技術革新によって必要な石炭の使用量が減少したため，市場立地の傾向が強まった。（関西学院大）

×
※前半は正しい

○× □5 ★★★ 鉄鋼業は，現在では資源の輸入に便利な臨海部に立地することが多い。（関西学院大）

○

□6 ★★★ [1★★★]指向型工業は，[2★★★]の動向や情報を重視する出版・印刷業や，[2★★★]への製品供給の利便性などを優先させ製品重量が大きいビール醸造業などがその代表例である。（関西大）

(1) 市場（しじょう）（消費地）
(2) 市場（しじょう）
※ビールの主原料の水はどこでも手に入る普遍原料だが，瓶詰された製品は重くなるため，消費地に近い方が有利だった。東京のJR山手線・恵比寿の駅名はかつてのビール工場に由来

□7 ★★★ アパレル産業のうち高級品の生産は[1★★★]指向型に，ファストファッションとよばれる安価品の製造は[2★★★]指向型になりやすい。（予想問題）

(1) 市場（しじょう）
(2) 労働力（ろうどうりょく）
※前者は流行を重視

□8 ★★★ [1★★★]，電気機械工業などの加工組立型工業や繊維工業は，[2★★★]が大量に得やすい場所に立地するため，[2★★★]指向型に分類される。（法政大〈改〉）

(1) 自動車工業（じどうしゃこうぎょう）
(2) 労働力（ろうどうりょく）

□9 ★★ 繊維製品や電気器具の部品の生産など，生産コストの中で人件費の占める割合が大きい[1★★]集約型工業は，おもに発展途上国が担うようになった。（中央大）

(1) 労働（ろうどう）
※このような途上国が新興工業国に成長した

□10 ★★★ 輸送費を問題とせず，輸送の速度や利便性を求めて立地する産業としては，半導体産業などの[1★★★]指向型産業が代表例である。（関西大）

(1) 臨空港（りんくうこう）
※「臨海指向型」とともに交通指向型産業の一種である

○× □11 ★★★ 窯業（ようぎょう）では，原料の重量が大きいため，原料指向型の立地傾向がみられる。（関西学院大）

○
※瀬戸（愛知）は陶土（粘土），有田（佐賀）は陶石の産地

第2部 ▼資源と産業 05 資源・エネルギーと工業 7～8

9 工業立地の様子

□1 ★★
石炭の産地に立地する 1★★ 指向型の工業地域には，ドイツのルール工業地域， 2★★ のドニエプル工業地域などがある。（立命館大）

(1) 原料（産地）
(2) ウクライナ
※ほかに北九州（筑豊炭田）など

□2 ★★★
日本企業が東南アジア諸国に投資し現地生産を行う工業は， 1★★★ 指向型の業種が中心。（日本女子大）

(1) 労働力

OX □3 ★★★
シリコンヴァレーは交通の利便性と原料の得やすさによって立地した。（関西学院大）

×
※大学・研究機関と，莫大な国防予算による

□4 ★★
1★★ の利益を求めて多くの関連・同種工場が集まる 1★★ 指向型工業の典型は自動車工業である。（大東文化大〈改〉）

(1) 集積

□5 ★★
時計などの精密機械工業の立地としては，スイス北部の商業・金融都市 1★ のほか，日本では 2★★ 湖周辺が古くからの集積地である。（青山学院大）

(1) チューリヒ
(2) 諏訪
※冷涼低湿，豊富な雪解け水，清浄な空気

□6 ★★★
アルミニウム工業は，ロシアの 1★★ ， 2★ 〈国名〉のアルヴィーダのように， 3★★★ 発電を通じて安価な電力を得やすい地域に立地する。（西南学院大）

(1) クラスノヤルスク（ブラーツク）
(2) カナダ
(3) 水力

□7 ★★★
石油化学工業は，原油からさまざまな油種を分離する 1★★ 工業と結び付くことで，石油化学 2★★★ を形成する。これは日本の四日市や 3★★★ 〈国名〉のユーロポートなどにみられる。（西南学院大）

(1) 石油精製
(2) コンビナート
(3) オランダ

OX □8 ★★★
日本の内陸地域で高速道路網が整備された地域では，輸送の便が向上し，エレクトロニクス産業や機械工業などの工場が多く立地している。（センター）

○
※特に諏訪湖周辺では製糸業から精密機械工業，さらには電子工業の立地へと転換している

□9 ★★★
鉄鋼業立地の原料産地から港湾への変化の例として， 1★★★ 〈国名〉では，ナンシーから 2★★ やフォスへの立地の移動がみられた。（西南学院大）

(1) フランス
(2) ダンケルク
※ナンシーのあるロレーヌ地方は鉄鉱石（ミネット鉱）産地

□10 ★★★ 近年は鉄鋼業の立地が変化し，消費地に近く設備の整った港湾のある 1★★★ 指向型になった。アメリカ合衆国のフィラデルフィア，イタリアの 2★★ ，日本の君津（千葉県）などがこの型である。（成城大）

(1) 臨海（りんかい）
(2) タラント

□11 ★★★ 近年，電子工業の発達による工業立地の地方分散や変化が進んでいる。アメリカ合衆国のシリコンヴァレーをはじめとする北緯 37 度以南の温暖な地域に広がる 1★★★ ベルトや，イギリスのスコットランド最大の工業都市 2★★ 周辺のシリコングレンなどがその例である。（西南学院大）

(1) サン
(2) グラスゴー

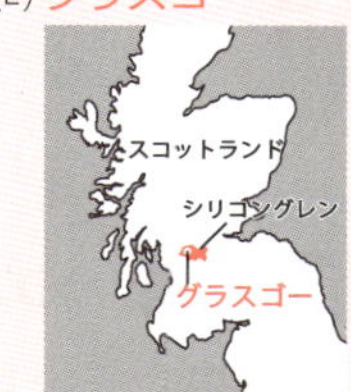

10 新興工業地域

□1 ★★ バタアン半島（フィリピン）・ペナン（マレーシア）・カオシュン（台湾）・マキラドーラ（メキシコ）に共通する貿易や工業の振興策は 1★★ の設置。（日本女子大）

(1) 輸出加工区（ゆしゅつかこうく）
※マキラドーラは制度名，ほかは加工区の地名

□2 ★★★ 韓国・台湾・シンガポール・ 1★★★ は，1980 年代になると，国外の資本や技術を積極的に取り入れて急速な工業発展を遂げ，一般にアジア 2★★★ とよばれた。（立命館大〈改〉）

(1) ホンコン（香港）
(2) NIEs（新興工業経済地域）（しんこうこうぎょうけいざいちいき）

□3 ★★★ 日本企業の場合，自国では主として研究開発を担当し，標準的な製品は 1★★★ 諸国に，労働集約的な部品や低価格製品は 2★★★ やベトナムに工場を立地する傾向が顕著である。（國學院大）

(1) ASEAN
(2) 中国（ちゅうごく）

□4 ★★★ 21世紀に入り経済成長の著しい 1★★★ ・ 2★★★ ・ 3★★★ ・ 4★★★ （順不同）の４ヵ国を “BRICs” と総称するが，これに 5★★ を加えて “BRICS” と表記することもある。（広島国際大〈改〉）

(1) ブラジル
(2) ロシア
(3) インド
(4) 中国（ちゅうごく）
(5) 南アフリカ（みなみ）

□5 ★★★ アメリカ合衆国や日本が経験した，生産拠点の海外進出や製品の輸入依存の高まりによって，国内の基幹産業としての製造業が衰退する現象を 1★★★ という。（福岡大）

(1) 産業の空洞化（さんぎょうのくうどうか）

□6 ★★★ [1 ★★★] という国際的な問題の解消のために国家がとった貿易制限という措置への対策として，企業の中には生産の拠点を他国に移し，[2 ★★★] の形態をとるものも現れたが，生産の拠点が国外に移ると，国内では産業の [3 ★★★] 化が起こる。（中央大）

(1) 貿易摩擦(ぼうえきまさつ)
(2) 多国籍企業(たこくせききぎょう)
(3) 空洞(くうどう)

〇× □7 ★★★ 世界の自動車産業は，国境を越えた企業の合併が行われ，先進国への生産活動の集中が進んでいる。（センター）

×
※前半は正しいが，生産拠点の多くが中国や東南アジアなどの発展途上地域に移転されている

11 資源・エネルギーに関する統計

上位国順に並べた以下の問いに答えよ。（　）内は統計年次。

□1 ★★ 一次エネルギー消費量（2018）→ [1 ★★]，[2 ★★]，インド，ロシア，日本

(1) 中国(ちゅうごく)
(2) アメリカ合衆国(がっしゅうこく)

□2 ★★★ 石炭産出量（2016）→ [1 ★★★]，インド，[2 ★★]，[3 ★★★]，ロシア
石炭輸出量（2016）→ [3 ★★★]，[2 ★★]，ロシア，コロンビア，南アフリカ

(1) 中国(ちゅうごく)
(2) インドネシア
(3) オーストラリア
※中国は産出の5割以上を占めるが，最大の輸入国

□3 ★★★ 原油産出量（2018）→ [1 ★★★]，アメリカ合衆国，[2 ★★★]，イラク，カナダ

(1) ロシア
(2) サウジアラビア
※上位3国は僅差

□4 ★★★ 日本の原油輸入先（2018）→ [1 ★★★]，[2 ★★]，カタール，クウェート，ロシア

(1) サウジアラビア
(2) アラブ首長国連邦(しゅちょうこくれんぽう)
※上位2国で6割以上

□5 ★★★ 天然ガス [1 ★★★] 量（2017）→アメリカ合衆国，ロシア，イラン
天然ガス [2 ★★★] 量（2017）→ロシア，ノルウェー，カタール

(1) 産出(さんしゅつ)
(2) 輸出(ゆしゅつ)
※米国のシェール革命で2008年に米ロの順位逆転。輸入量(2017)は①ドイツ，②日本，③中国

□6 ★★★ 鉄鉱石産出量（2015）→ [1 ★★★]，ブラジル，中国

(1) オーストラリア
※安定陸塊のピルバラ地区

□7 ★★★ ボーキサイト産出量（2016）→ [1 ★★★]，中国，ブラジル，[2 ★★]，インド

(1) オーストラリア
(2) ギニア
※おもに熱帯（ラトソル土壌）

STEP UP 五

さらに得点アップさせたい人のための

ステップアップ問題

□1 ★★ 石炭を蒸し焼きにした 1★★ は二次エネルギーの一種である。（予想問題）

(1) コークス
※鉄鋼業における鉄鉱石（の中の酸化鉄）の還元材としても重要

□2 ★ インドネシアの 1★ 島のパレンバン油田やミナス油田は日本とも関係が深い。（関西大）

(1) スマトラ

□3 ★★★ 2004年から2008年上期にかけて，1★★★〈国名〉で発生した 2★★★ の被害が原因となって原油価格が高騰した。（明治大）

(1) アメリカ合衆国（がっしゅうこく）
(2) ハリケーン

□4 ★ 鉱産資源の現在の埋蔵量を年間生産量で割った値を 1★ という。（青山学院大）

(1) 可採年数（かさいねんすう）

□5 ★ 鉱産資源のうち，現在の技術と経済的コストで採掘可能な，発見済みの埋蔵量を特に 1★ とよんでいる。（青山学院大）

(1) 確認埋蔵量（かくにんまいぞうりょう）

□6 ★★★ 1★★★ は比重1.74の軽金属で，構造材として用いられる金属の中では最も軽く，アルミニウムとの合金ジュラルミンは航空機などに利用されている。（青山学院大）

(1) マグネシウム

□7 ★★ チェコの 1★★ や，2★★ のミルウォーキーなどがビール産地として有名である。（西南学院大）

(1) プルゼニュ
(2) アメリカ合衆国（がっしゅうこく）
※ほかにミュンヘン（ドイツ），札幌

□8 ★★★ 造船業の立地としては，日本では九州の県庁所在地の一つである 1★★★，ドイツではエルベ川河口付近の 2★★，ポーランドではバルト海沿岸のシュチェチン・3★ などが知られている。（青山学院大）

(1) 長崎（ながさき）
(2) ハンブルク
(3) グダンスク（グダニスク）

□9 ★★★ 国際金融センターのシンガポールを中心にして，1★★★ 海峡をはさんで，マレーシアのジョホール州，インドネシアのバタム島に囲まれた地域は 2★ とよばれ，高付加価値工業が発達している。（専修大）

(1) マラッカ
(2) 成長のトライアングル（三角地帯）（せいちょう／さんかくちたい）

☞ 各地域の鉱工業については第14章以降も参照

COLUMN-2

レアアースにまつわるエトセトラ

近年注目されるレアメタル（希少金属）の一種に**レアアース**（RE）があります。RE は希土類といって，17 種類の元素の総称です。18 世紀末にスウェーデンのイッテルビー村で初めて RE 鉱石が見つかりました。日本語の語感からするとユニークな地名です。一度行ってみたい。そして「**イッテルビーに行ってるよー**」とかつぶやいてみたい。17 元素のうち，イットリウム・イッテルビウムなどの 4 種は，この村に由来する名前。命名した科学者にとってもインパクトのある地名だったのかも？

さて，現代の先端技術産業において，RE は不可欠の資源です。例えば，ハイブリッドカーのモーター用磁石。ほかにもミサイルからスマホまで，さまざまな製品に使われます。しかし，RE の産出は**中国**だけに偏っています。以前は米国での産出も多かったのですが，人件費が安く環境対策も後回しの中国の RE 採掘は**コストがきわめて安く**，米国は価格面で太刀打ちできません。独占状態のもと，中国が 2010 年に RE の輸出を厳しく制限すると，国際価格は急騰しました。これは尖閣諸島の領有権問題で対立する日本への圧力とするための外交上の駆け引きでした。政治的な要素がからむと話はややこしい。中国国内での需要増で輸出に回らなくなる可能性もあり，当時は RE 供給の不安定が叫ばれました。

その後，日本ではオーストラリア・マレーシアなど新しい輸入先を開拓したり，RE を使わない技術を開発したりして中国への依存度引き下げに努めました。実際，中国が世界の RE 産出に占める割合は，2009 年の 97.6％から，2017 年には 80.8％ に低下しています。そもそも，中国にとって日本や米国は RE 輸出のお得意様。中国の資源が日本の技術で部品になり，それが再び中国の工場に送られて製品化されるのです。だから，日本を困らせれば中国も困るのです。逆もまた然り。

領土がからむと世論はヒートアップしがちですが，歴史上ナショナリズムが加熱して国民生活が Happy になったためしはありません。Be cool!

第3部

生活と文化

LIFE AND CULTURE

民族（言語と宗教）

☑ 国際社会の理解に欠かせない単元。大学以降でも役に立つ。
☑ センターでもやや細かい知識事項が問われている。
☑ 地誌学習と連携させて，じっくりと学習しておこう。

1 人種と民族

□1 ★★★ [1★★★] 特徴による人類の分類は「人種」ともよばれ，[2★★★]（白色人種），ネグロイド（黒色人種），[3★★★]（黄色人種）のほかに [4★★]（オーストラリアの先住民である [5★★★] など）などがあげられるが、その区分は厳密ではない。（慶應義塾大〈改〉）

(1) 身体的（しんたいてき）
(2) コーカソイド
(3) モンゴロイド
(4) オーストラロイド
(5) アボリジニー（アボリジニ）
※遺伝子上の差異は小さく，歴史的には外見の違いが人種差別（racism）の口実にされた

□2 ★ 民族とは，共通の言語や宗教，生活様式などに加え，同一の集団にいるという [1★] 意識をもつ人々の集団である。（近畿大）

(1) 帰属（きぞく）
※いわゆるアイデンティティー

□3 ★★★ ほかの民族による政治的・経済的・文化的な支配を排除し，民族の自立や独立を目指す考えをナショナリズムという。（神奈川大）

○

□4 ★★ 民族紛争の要因となる根本的矛盾は，近代国家が「一民族一国家」の原則から成り立つ [1★★] として成立したことにある。（東海大）

(1) 国民国家（こくみんこっか）（民族国家（みんぞくこっか））

□5 ★★ 正確な意味で，すべての国民が一民族で構成されている [1★★] は存在しない。（東海大）

(1) 単一民族国家（たんいつみんぞくこっか）（単族国（たんぞくこく））

□6 ★ 少数民族とは，[1★] の中で特定民族が比較的多数を占めている場合ほかの少数派を指していう。（中京大）

(1) 多民族国家（たみんぞくこっか）

□7 ★★★ 国内の民族集団間の文化の違いを認めようという [1★★★] の政策を掲げる国も多い。（東海大）

(1) 多文化主義（たぶんかしゅぎ）
※カナダ，豪州など

□8 ★★ 国連は，移民の流入などの結果，もともとその土地に住んでいたのに少数派に追いやられた [1★★] の権利と地位の向上を目指している。（東海大）

(1) 先住民（せんじゅうみん）

□9 ★★★ 東西両陣営による [1★★★] 体制終結後，民族意識の高揚もあり，各地で民族問題が深刻化した。（高崎経済大）

(1) 冷戦（れいせん）

2 言語と民族

□1 ★★ 複数の民族が別々の言語を用いている国などでは，どの民族にとっても，[1★] 語が [2★★] 語であった方が有利であるため，言語紛争が起こることがある。（慶應義塾大）

(1) 母（ぼ）
(2) 公用（こうよう）
※母語とは，生まれたときから自然に身につけた言語

□2 ★★★ インド＝ヨーロッパ語族には，英語・ドイツ語・オランダ語などの [1★★★] 語派，イタリア語・スペイン語などの [2★★★] 語派，ロシア語・ポーランド語などの [3★★★] 語派などがある。（慶應義塾大〈改〉）

(1) ゲルマン
(2) ラテン
(3) スラブ

□3 ★★★ インドの公用語 [1★★★] 語やイランの公用語 [2★★★] 語も，インド＝ヨーロッパ語族に含まれる。（予想問題）

(1) ヒンディー
(2) ペルシア

□4 ★★ ハンガリーの [1★★] 語やフィンランドの [2★★] 語，サーミランドのサーミ語などは，アジア系の [3★★] 語族に含まれる。（予想問題）

(1) マジャール
(2) フィン（スオミ）
(3) ウラル
※サーミランドは，スカンディナヴィア半島北部のサーミ居住地

□5 ★★ 中国語のほか，ビルマ語やチベット語は [1★★] 諸語に属する。（予想問題）

(1) シナ（中国（ちゅうごく））＝チベット
※ビルマ＝ミャンマー

□6 ★★★ [1★★★] から中央アジア・中国西部まで広がるテュルク諸語は，[2★★] 語族に含まれる。（予想問題）

(1) トルコ
(2) アルタイ

□7 ★★ アフロ＝アジア（セム＝ハム）語族には，アラビア語のほか，ユダヤ人の [1★★] 語が含まれる。（予想問題）

(1) ヘブライ

□8 ★★★ ニジェール＝コルドファン語族には，ケニアやタンザニアの公用語である [1★★★] 語が含まれる。（予想問題）

(1) スワヒリ
※スワヒリ語で「ありがとう」は asante（アサンテ）

OX □9 ★★★ コートジボワールでは，植民地時代から普及した英語を公用語としている。（関西学院大）

×
※英語➡フランス語。旧宗主国はフランス

□10 ★★★ マレーシアの公用語 1★★★ 語や，フィリピンの国語 2★★ （フィリピノ）語などはオーストロネシア（マレー＝ポリネシア）語族に含まれる。（予想問題）

(1) マレー
(2) タガログ

3 宗教と民族

□1 ★★★ 世界の宗教別の人口は第1位がキリスト教，第2位が 1★★★，第3位が 2★★★ となっている（2019年）。（慶應義塾大）

(1) イスラーム（イスラム）
(2) ヒンドゥー教

□2 ★★★ 1948年に 1★★★ を建国した民族であるユダヤ人が信仰するユダヤ教のように，特定の地域や民族と結び付いている宗教を 2★ という。（慶應義塾大）

(1) イスラエル
(2) 民族宗教
※ほかにヒンドゥー教（インド），道教・儒教（中国），神道（日本）など

□3 ★★★ 世界各地に信者をもつ宗教を世界宗教といい，そのうち，キリスト教，イスラーム，1★★★ の3つの世界宗教を三大宗教という。（慶應義塾大）

(1) 仏教

□4 ★★★ 仏教は，中国・朝鮮・日本などの 1★★★ 仏教（北伝仏教）と，スリランカ・ミャンマー・タイなどの 2★★★ 仏教（南伝仏教）に大別される。（関西大）

(1) 大乗
(2) 上座（上座部）
※ベトナムは大乗仏教

OX □5 ★★★ 仏教は，中国を経由して東アジアへ伝わった経路のほか，南アジアから東南アジアへ伝わった経路がある。（共通テスト［試］）

○
※前者が大乗仏教（北伝仏教），後者が上座部仏教（南伝仏教）

□6 ★★ キリスト教は 1★★ 教を母体としてイエス＝キリストの教えを奉じる宗教である。（関西大）

(1) ユダヤ

OX □7 ★★★ キリスト教はヨーロッパの人々がほかの大陸へ入植したり，植民地支配を進めたりしたことで広まった。（共通テスト［試］）

○
※カトリックの宣教師が好例

OX □8 ★★★ 東方正教はゲルマン語派の言語を話す国々を中心に伝わっていった。（共通テスト［試］）

×
※おもにスラブ語派

□9 ★★★ イスラームは，唯一神 1★★ の信仰を説き，聖典 2★★★ を尊重する。（関西大）

(1) アッラー
(2) クルアーン（コーラン）
※ムハンマドの教え

○× □10 ★★ イスラームの創始はユダヤ教やキリスト教よりも古い。（國學院大〈改〉）

×
※ユダヤ教は紀元前（不明確），キリスト教は紀元30年頃，イスラームは7世紀

□11 ★★★ イスラームの聖典は 1★★★ 語で書かれているため，1★★★ 文字は西アジア，北アフリカ，中央アジアなどに普及した。（立命館大〈改〉）

(1) アラビア
※中央アジアでは旧ソ連時代にキリル文字，ソ連解体後にラテン文字導入

○× □12 ★★★ イスラームは交易や領土の拡大によってアラビア半島から北アフリカに伝わった。（共通テスト［試］）

○
※イスラーム帝国の拡大など

□13 ★★★ ムスリムやユダヤ教徒は 1★★★ の肉を食べず，ヒンドゥー教徒は 2★★★ の肉を食べない。（駒澤大）

(1) 豚（ぶた）
(2) 牛（うし）
※理由は(1)不浄，(2)神聖

□14 ★★★ モンゴルやブータンで信仰されている仏教の一派を 1★★★ という。（日本女子大）

(1) チベット仏教（ぶっきょう）（ラマ教（きょう））

□15 ★★★ 1★ 教に仏教とインドの古代宗教を取り入れて成立したのが 2★★★ 教で，多くのインド人にとって生活の規範となってきた。（関西大）

(1) バラモン
(2) ヒンドゥー

□16 ★ 神仙思想や民間信仰を取り入れた中国の 1★ 教は，不老長寿や現世利益を追求した。（関西大）

(1) 道（どう）

□17 ★★ 儒教は紀元前，1★★ によって始められ，孟子や荀子によって発展した倫理・政治思想である。（関西大）

(1) 孔子（こうし）

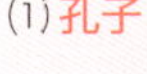

4 ムスリムの生活

□1 ★★ イスラームは多数の宗派に分かれるが，最も多数を占める 1★★ 派とシーア派が二大宗派とされる。（関西大）

(1) スンナ（スンニ）

○× □2 ★★ イランではイスラームのスンナ派が多数を占めている。（日本女子大〈改〉）

×
※イランやイラクなどではシーア派が多数派

○× □3 ★ 東南アジアではイスラームのスンナ派が多数を占めている。（日本女子大〈改〉）

○

第3部 ▼生活と文化 06 民族（言語と宗教）2～4

□4 ★ イスラームの暦で９番目の月「 1★ 」が断食月になる。（駒澤大）
(1) ラマダーン
※断食はムスリム五行の一つ

〇× □5 ★★ ラマダーン月の断食は日の出から日没までである。（國學院大）
〇
※日没後はご馳走を食べる

〇× □6 ★ イスラームの国では，断食はムスリム以外の人々も行わなければならない。（國學院大）
×

〇× □7 ★ 妊娠中でもラマダーン月の断食は守らなくてはならない。（國學院大）
×
※合理的な事情のある場合は免除される

□8 ★★★ イスラームの五行には， 1★★★ への巡礼が含まれる。（駒澤大）
(1) メッカ（マッカ）

〇× □9 ★★ ムスリムには，毎日一度の礼拝が義務づけられている。（國學院大）
×
※毎日５度の礼拝が五行の一つ。ほかにアッラーへの信仰告白や喜捨がある

〇× □10 ★★ イスラームでは，許可された飲食物をハラールとよんでいる。（日本女子大）
〇
※禁止されたものはハラーム。豚肉食やアルコールが該当する

〇× □11 ★ イスラームにおける安息日は金曜日である。（國學院大）
〇

□12 ★ イスラームの礼拝堂を 1★ という。（関西学院大〈改〉）
(1) モスク
※イランのイマームモスクなど，世界遺産も多い

STEP UP 六 さらに得点アップさせたい人のための
ステップアップ問題

□1 ★ 紀元前５世紀頃インドで発生した仏教は，従来の 1★ 教における階級制を否定し，無常や無我について説いた。（関西大）
(1) バラモン

□2 ★★ ムスリムの五行とは，１日５回の 1★★ ，唯一神アッラーへの 2★ ，聖地メッカへの 3★★ ，恵まれない人への施しを意味する 4★ ，イスラム暦のラマダーン月に行う 5★★ である。（西南学院大〈改〉）
(1) 礼拝（れいはい）
(2) 信仰告白（しんこうこくはく）
(3) 巡礼（じゅんれい）
(4) 喜捨（きしゃ）
(5) 断食（だんじき）

☞ 各地域の民族については第14章以降も参照

人口と人口問題

☑ 人口転換モデルと人口ピラミッドの理解が第一歩。
☑ 人口上位国を覚えておくと，ほかの単元でも応用できる。
☑ 先進国・途上国の基本パターンをおさえたうえで例外も。

1 人口分布

□1 ★★ 人類は居住可能な限界に挑戦して [1 ★★] の拡大に努めてきた。（関西大）

(1) エクメーネ
※全陸地面積の 90%⇔アネクメーネ（居住不能地域）

□2 ★★ 国連によると，2000 年 10 月の世界の人口は [1 ★★] 億人〈10 の倍数〉に達した。（成城大）

(1) 60
※ 1900 年当時の約 4 倍に増加

□3 ★★ 2019 年の世界総人口は [1 ★★] 億人，うち [2 ★] 割以上が発展途上国に居住する。（予想問題）

(1) 77
(2) 8
※北半球に約 9 割が集中

〇✕ □4 ★★★ 世界最大の人口密集地域は中国西部やインドや日本などのモンスーンアジア地域などにみられる。（関西大）

✕
※中国西部➡中国東部

〇✕ □5 ★★ 先進国全体の人口密度は発展途上国全体の人口密度より高い。（関西学院大）

✕
※前者 24，後者 82。アジアが 147 と極端に高い（人/km^2，2018 年）

〇✕ □6 ★ 主要国首脳会議（G7）参加国の中で人口密度が最も高いのは日本である。（関西学院大）

〇
※ G7 ＝日米英仏独伊加。日本より高いのはシンガポール・バングラデシュ・韓国・インド・イスラエル・オランダ・ベルギーなど

〇✕ □7 ★★ 多くの先進国では，都市人口の割合が 90%を超えている。（関西学院大）

✕
※世界全体 53.9%，先進地域約 78.1%（2018 年）

2 人口増減

□1 ★★★ 人口増加には，[1 ★★★] と自然増加の 2 つのタイプが存在する。（慶應義塾大）

(1) 社会増加（しゃかいぞうか）

OX □2 ★★ 社会増減は地域間の人口移動によって，自然増減は出生と婚姻によって生ずる。（関西大〈改〉）

×
※婚姻➡死亡。結婚しただけでは人数は変わらず

□3 ★★ 出生率から死亡率を引いた数値を［1★★］という。（関西大）

(1) 自然増加率（しぜんぞうかりつ）

OX □4 ★★ 社会増加率は国単位でいえば，移民などの入国率から出国率を差し引いたものである。（関西大）

○

□5 ★★ 合計特殊出生率の値が［1★★］〈小数点第1位まで〉を下回ると将来人口は減り始める。（慶應義塾大）

(1) 2.1
※1人の女性が生涯に産む子どもの数の平均

OX □6 ★★★ 世界人口は，19世紀に増加の速度が徐々に速まり，20世紀に入り，特に第二次世界大戦後に急増した。（センター）

○
※発展途上国での医療の発達や衛生環境の改善により，乳幼児死亡率が低下

□7 ★★★ ローマで世界人口会議が開かれた1954年では，世界の人口は約［1★］億人であったが，2019年には約［2★］億人になっており，このような急増は［3★★★］とよばれている。〈［1★］［2★］は下一桁が7の整数〉（慶應義塾大〈改〉）

(1) 27
(2) 77
(3) 人口爆発（じんこうばくはつ）
※第1次人口爆発は産業革命期の先進国，第2次人口爆発は第二次世界大戦後の途上国

OX □8 ★★★ 発展途上国では，乳幼児死亡率の低下が一因となり，人口増加が著しい。（センター）

○
※出生率は高いままで死亡率が低下。多産多死から多産少死へ転換

OX □9 ★ 国別人口増加率（2010～15年）をみると，年3.0%以上を示す世界13ヵ国のうち半数を南アフリカ共和国などのアフリカ諸国が占めている。（関西大）

×
※南アフリカ共和国の人口増加率は1%程度

OX □10 ★★ アフリカ大陸の人口増加率の変化をみると，ここ20年は低下傾向にある。（関西大）

○
※それでも，ほかの大陸に比べれば高い

OX □11 ★★★ 1980年代以降における世界人口の増加は，主として経済発展の著しい新興工業国の人口増加によるものである。（センター）

×
※発展途上国での増加による。新興工業国のうち中国は一人っ子政策で増加率をおさえてきた

OX □12 ★★★ 先進国の中では，カナダやオーストラリアの人口増加率が比較的高い。（関西学院大〈改〉）

○
※移民が多く高齢化が遅い

3 人口移動

□1 ★ イギリスの植民地時代に，インドからインド洋周辺諸国や東南アジアなどに移住したインド人のことを 1★ という。 (慶應義塾大)

(1) 印僑（いんきょう）
※インド人＝ターバンの印象が強いが，ターバンを巻くのは少数派のシク教徒

□2 ★ 17 世紀から 19 世紀末までにアメリカ合衆国が受け入れた移民は，イギリスや 1★ ，ドイツからの移民が中心である。 (明治大)

(1) アイルランド
※じゃがいも飢饉で大量移住。ケネディ元大統領もアイルランド系

□3 ★★★ アメリカ合衆国では 19 世紀末以降，イタリアや 1★★★ からの移民が増加し，また， 2★★★ や日本からのアジア系移民も増加した。 (明治大)

(1) ロシア［㊥ポーランド］
(2) 中国（ちゅうごく）

OX □4 ★★ アメリカ合衆国では，イギリスからの独立以前にフランス人の入植も行われ，地名や食文化にその名残をとどめている。 (明治大)

○
※ルイジアナはルイ 14 世にちなむ

OX □5 ★★★ かつて日本はハワイやブラジルなどに多くの移民を輩出した。 (関西学院大)

○
※ハワイのさとうきび農園，ブラジルのコーヒー農園で働く

OX □6 ★★ 第二次世界大戦以前に，アメリカ合衆国本土へ移住した日本人は，おもに鉱業に従事した。 (センター)

×
※農場労働を中心に，鉄道敷設・道路建設などの労働に従事

OX □7 ★★ 16 ～ 20 世紀半ばには，ヨーロッパから新大陸へ，アフリカから奴隷として北米へ，インドからおもに南米へ，中国から東南アジアへ，などの人口移動があった。 (関西大)

×
※インドからは東アフリカ・東南アジア

OX □8 ★★★ 発展途上国では，20 世紀後半以降の急激な人口増加により，仕事を求めて農村から都市へ，さらに先進国などへ移動する人々が増えた。 (センター)

○
※発展途上国の都市では人口の急増による都市問題を抱えている

OX □9 ★★★ 労働力不足が深刻な中国の南部では，東南アジアからの移民を受け入れている。 (関西学院大)

×

OX □10 ★★★ ペルシア湾岸の産油国には，石油開発事業や都市建設に従事するためにエジプト・パキスタンなどから労働者が流入している。（センター）

○
※石油収入は多いが，労働力が不足するので，同じイスラームの国を中心に移民労働力を受け入れている。カタールやUAE，バーレーン

□11 ★★★ 欧州諸国は旧 1★★★ からの移民を受け入れている。フランスであれば北アフリカの 2★★★ ・チュニジア，イギリスであれば南アジアの 3★★★ ・パキスタンなどからの移民が多い。（高崎経済大〈改〉）

(1) 植民地（しょくみんち）
(2) アルジェリア［㊊モロッコ］
(3) インド［㊊バングラデシュ］

□12 ★★★ ドイツでは1960年代に 1★★★ からの出稼ぎ者を多数受け入れたが，近年では 2★ からの 3★ 系移民が増え，両者の間で就業先の競合が生じている。（東北学院大）

(1) トルコ
(2) 東欧（とうおう）
(3) ドイツ

OX □13 ★★★ ドイツでは，EU加盟国出身の外国人労働者とトルコなどEU非加盟国出身の外国人労働者とでは，認められている市民権が異なる。（明治大）

○
※EU市民には地方参政権が認められる，など

OX □14 ★★ フランスでは，イスラーム系移民の女子生徒によるスカーフ着用が問題視されている。（関西学院大）

○

□15 ★ アメリカ合衆国では，20世紀になってアジア系移民は一時排斥されたが，第二次世界大戦後再び増加し，1970年代には東南アジアの 1★ やフィリピンからの移民が増加した。（明治大）

(1) ベトナム
※ベトナム戦争の終結（1975年サイゴン陥落）により多くの難民（ボートピープル）が移住

□16 ★★ アメリカ合衆国のラテンアメリカ諸国からの移民は特に 1★★ とよばれ，人口比率が高まっている。（高崎経済大〈改〉）

(1) ヒスパニック（ラティーノ）
※厳しい移民政策で新規移民は減ったが出生率が高い

OX □17 ★★★ アメリカ合衆国では，夏に高温多湿となるサンベルトの住民は，老後の住まいを求めて冷涼なスノーベルトに移住する傾向が強い。（明治大）

×
※サンベルトには高温乾燥の地域も多い。人口移動の方向が逆

OX □18 ★★★ オーストラリアでは，1970年以降アジアからの移民を多数受け入れてきたが，アジア系移民を締め出す政策をとっていた時期もある。（明治大）

○
※白豪主義

□19 ★★★ 日本は，かつて移民を送り出した 1★★★ などの国から日系２世・３世などを多く受け入れている。 (高崎経済大)

(1) ブラジル
[㊀ペルー]

○× □20 ★★ 一度に大量の難民が発生したときには，テントなどで一時的に避難者を収容する難民キャンプが設置されることがある。 (明治学院大)

○

○× □21 ★★ アフリカで発生した難民は，その多くが旧宗主国に保護されている。 (明治大)

×
※近隣国への移動が多い

○× □22 ★★★ スーダンでは，アラブ系住民と黒人系住民の対立によって多数の難民が発生した。 (明治大)

○
※黒人系は南スーダンとして 2011 年独立

○× □23 ★★★ 東南アジアでは，1990 年代に起こった連邦国家の解体に伴って難民が発生した。 (明治大)

×
※東南アジア➡旧ユーゴスラビア

○× □24 ★★ 西アジアでは，鉱産資源の価格低迷によって発生した失業者が難民となっている。 (明治大)

×
※原油価格は近年高騰してきた。また，労働者の多くは他国からの出稼ぎ労働者

□25 ★★ 難民を扱う国際連合の機関の英字略称は 1★★ である。 (関西学院大)

(1) UNHCR
※国連難民高等弁務官事務所

□26 ★★ 2017 年夏頃からの掃討作戦によりミャンマーの少数民族である 1★★ はおもに隣国バングラデシュへ避難し，2011 年頃から内戦が激化した 2★★ では多くの難民がヨーロッパを目指した。 (関西大)

(1) ロヒンギャ
(2) シリア
※ロヒンギャはイスラーム信者

4 人口構成

□1 ★★ 年齢別人口構成において，15 歳未満は 1★★ 人口，15 歳以上 65 歳未満は 2★★ 人口，65 歳以上は 3★★ 人口（高齢人口）という。 (立命館大)

(1) 年少(ねんしょう)
(2) 生産年齢(せいさんねんれい)
(3) 老年(ろうねん)

□2 ★★ 全人口に占める 65 歳以上の老年人口の割合が 1★★ %以上の社会を高齢社会，2★★ %以上の社会を高齢化社会という。 (慶應義塾大)

(1) 14
(2) 7
※ 21%以上で超高齢社会という

OX □3 ★★★ ドイツ，アメリカ合衆国，ブラジルのうち老年人口の割合が最も低いのはブラジルである。（関西学院大）

○

□4 ★★★ 2019年時点における老年人口の割合を日本・韓国・中国で比較すると，［1 ★★★］が最も高い。（関西大〈改〉）

(1) 日本（にほん）
※日本 28%，韓国 15%，中国 12%

□5 ★★ 性別・年齢別人口構成をグラフ化したものを［1 ★★］という。（成城大）

(1) 人口ピラミッド（じんこう）

□6 ★★★ 発展途上国の人口ピラミッドは［1 ★★★］型を示すことが多い。（関西大）

(1) 富士山（ふじさん）（ピラミッド）

OX □7 ★★★ 人口ピラミッドでみると，先進国の人口構成は釣鐘型からつぼ型になる。（関西学院大）

○

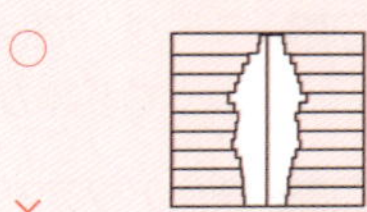

OX □8 ★★★ ヨーロッパ先進地域では，産業革命以前は人口ピラミッドが多産少死の富士山型であった。（関西大）

×
※多産少死➡多産多死

□9 ★★★ 農業・林業・水産業・畜産業などは第［1 ★★★］次産業人口に含まれる。（関西大）

(1) 一（いち）
※第二次は鉱工業，第三次は商・サービス業など

OX □10 ★★★ 一般に大都市圏は商工業が発達しており，国の産業経済の一大中心であるので，第二次産業就業者の比率が最も高い。（神奈川大〈改〉）

×
※第三次産業就業者が圧倒的に多い

□11 ★★★ 国の工業化が進展すると，産業別人口構成比は三角グラフ上ではアルファベットの［1 ★★★］字型の軌跡を表す。（学習院大）

(1) J
※第一次産業人口割合が低下し，第三次産業人口割合が高まる

100% 0
第一次産業
第二次産業
0 100%
100% ← 第三次産業 0

5 人口転換

□1 ★★ 国の発展に従って，多産多死の状態から多産少死を経て少産少死の状態に変化する過程は［1 ★★］とよばれる。（東北学院大）

(1) 人口転換（じんこうてんかん）（人口革命（じんこうかくめい））

OX □2 ★★★ 発展途上国では多産多死型から少産少死型に転じたため，人口が急激に増加した。（関西学院大）

×
※少産少死➡多産少死

〇✕ □3 ★ 人口動態が多産多死から多産少死を経て少産少死に至るにつれて，生産年齢人口割合は一貫して低下する傾向にある。（明治大）

✕
※多産少死の状態では増加する

〇✕ □4 ★★ 少産少死で静止人口になった後に，人口置換水準よりもさらに出生率が低下し，人口が減少する段階を第二の人口転換とよぶ。（大東文化大）

〇
※人口置換水準＝人口が増えも減りもしない出生率。日本は2.07とされる

〇✕ □5 ★★ 多産多死の段階では，感染症の流行などにより，死亡率の年変動は大きい。（明治大）

〇

〇✕ □6 ★★★ 韓国では出生率が依然として高水準であり，高齢化の進行は緩やかである。（関西学院大）

✕
※日本以上に少子高齢化が進んでいる

〇✕ □7 ★★★ 先進国の中では，フランスの合計特殊出生率が著しく低い。（関西学院大）

✕
※1.96(2016年)で先進国の中ではきわめて高い

6 人口問題

□1 ★★ 18世紀末，イギリスの経済学者 [1★★] は，著書『人口論』を発表し，その中で「人口は [2★★] 的に増加するが，食糧生産は [3★★] 的にしか増加しないため，過剰人口による食料不足が発生する」と警告を発した。（慶應義塾大）

(1) マルサス
(2) 等比級数（とうひきゅうすう）
(3) 等差級数（とうさきゅうすう）

□2 ★ 子どもをいつ・どう産むか（産まないか）などについて，女性が自ら決定するという，性と生殖に関する健康・権利を [1★] という。（予想問題）

(1) リプロダクティブ＝ヘルス／ライツ
※国際人口開発会議(1994年)で承認された

〇✕ □3 ★★★ 家族計画は宗教的な理由や家族観によって普及しないことがある。（関西学院大）

〇
※カトリックでは避妊・堕胎を認めない，など

〇✕ □4 ★★★ 仕事と生活の充実をともに追い求めるワークライフバランスという考え方が少子化を促進している。（日本大）

✕
※女性の社会進出を前提にワークライフバランス(WLB)を実現することは，少子化対策に有効

□5 ★★ 1人の女性が生涯に産む子どもの数が最も少ない国は，アジアでは [1★★] である。（青山学院大）

(1) 韓国（かんこく）
※1.05。シンガポール(1.16)も低い(2017年)

OX □6 ★★★ 中国では，出生率抑制のため一人っ子政策がとられてきた。（東北学院大）

○

OX □7 ★★★ 中国は一人っ子政策を進めてきたが，大きな効果は得られなかった。（関西学院大）

×
※人口増加率が年3%から1%台に低下。現在は年0.5%程度

OX □8 ★★★ 中国では近年，年齢構成のアンバランスの是正に向けて，一人っ子政策の見直しが進められている。（センター）

○
※急激な少子化により2016年より一人っ子政策を廃止

OX □9 ★★★ インドネシアでは，都市の発達した島から周辺の島の熱帯林地域への移住計画が進められている。（センター）

○
※ジャワ島からスラウェシ島やカリマンタン島へ人口を移すトランスミグラシ政策

OX □10 ★★★ インドでは医療サービスの普及と並行して死亡率が低下し，日本を上回る高齢化が進行した。（センター）

×
※乳幼児死亡率は低下したが，高齢化は進んでいない

OX □11 ★★★ インドでは，工業化の進展により国民の所得水準が向上したことで，農村を中心に出生率が低下している。（センター）

×
※工業化の恩恵は農村には及ばず，人口は増加し続けている

OX □12 ★★★ 西ヨーロッパでは，20世紀後半に少子高齢化が進行し，労働力人口の確保が社会的な課題となってきた。（センター）

○
※少産少死型となったため，人口は停滞・減少となり，外国人労働者の受け入れが進んでいる

□13 ★★★ 少子高齢化の進む先進諸国では，老人医療や福祉制度，年金制度を含む［1 ★★★］制度の維持が課題となっている。（予想問題）

(1) 社会保障（しゃかいほしょう）

OX □14 ★★★ スウェーデンでは，保育施設や育児休業制度など女性が働きながら育児に取り組むための環境が整えられてきている。（センター）

○
※比較的高い合計特殊出生率1.85(2016年)を維持している

□15 ★ オランダでは，出産や育児がしやすい環境をつくり出す目的で，［1 ★］の導入による労働時間の短縮を推進している。（慶應義塾大）

(1) ワークシェアリング
※仕事（雇用）を分け合うこと

7 日本の人口

□1 ★★★ 終戦直後の1947年から49年にかけては毎年260万人に達する大量の出生があり，人口が急増した。このような現象を［1★★★］とよぶ。（東北学院大）

(1)［第1次］ベビーブーム

〇✕ □2 ★★★ 1960年代の日本の大都市では過密によって，ゴミ問題や通勤ラッシュなどの問題が発生した。（東洋大）

〇

〇✕ □3 ★★★ 日本は今後一貫して死亡率が低下していくと予想される。（関西学院大）

✕
※高齢者割合が増えると，死亡率は上がる

□4 ★ 一家全員が村を離れ，転出することを［1★］という。（慶應義塾大）

(1) 挙家離村

□5 ★★★ 日本で2000年当時の54・55歳人口が特に少なくなっているのは［1★★★］の影響である。（立命館大）

(1) 太平洋戦争
※戦争末期の出生率低下

□6 ★★ 日本で2000年当時の34歳人口が特に少なくなっているのは［1★★］の影響である。（立命館大）

(1) ひのえうま（丙午）の迷信

□7 ★★ 日本の65歳以上人口の割合は，1970年に7%を超え［1★★］社会に，1994年に14%を超え［2★★］社会に，2007年には21%を超えて［3★★］社会となった。（予想問題）

(1) 高齢化
(2) 高齢
(3) 超高齢

□8 ★★★ 日本の人口動態をみると，19世紀末までは［1★★★］型であったが，20世紀になると［2★★★］型を示し，第二次世界大戦後は出生率の低下で［3★★★］型となり，21世紀前半には［4★★］型の傾向を示して，増加率がマイナスになると予測されていたが，すでに2007年以降は自然減が続いている。（東北学院大）

(1) 多産多死
(2) 多産少死
(3) 少産少死
(4) 少産多死

〇✕ □9 ★★★ 現在の日本における合計特殊出生率は1.00を割っている。（関西学院大）

✕
※1.43(2017年)

□10 ★★ 出生率の低下に対して，日本政府は保育施設拡充，児童手当導入のほか，仕事と子育ての両立を支援するための［1★★］制度を導入した。（青山学院大）

(1) 育児休業

□11 ★ 戦後の世帯構造の特徴は核家族の増加である。しかし少子高齢化の進行などにより，[1★] 世帯が増加するとともに高齢者世帯も増えている。（東北学院大）

(1) 単独（たんどく）

□12 ★ 駅・歩道などの公共スペース，ならびに住宅内の段差をなくすなど，高齢化に向けた社会全体の [1★] 化が迫られている。（青山学院大）

(1) バリアフリー

○× □13 ★★★ 過疎化が進んだ日本の山村では，村おこしなどの地域振興策で人口が増加に転じている。（センター）

×
※村おこしの効果は限定的で，人口の増加している山村はほとんどない

□14 ★★ 人口の半数以上が高齢者となって，農作業や冠婚葬祭など日常生活や共同体としての機能を維持することが困難になった過疎村落を [1★★] という。（佛教大〈改〉）

(1) 限界集落（げんかいしゅうらく）

○× □15 ★★ 第一次産業の人口割合が大きい都道府県では，人口減少の程度が大きい傾向にある。（東北学院大）

○

○× □16 ★ 政令指定都市がある都道府県では，すべて 2005 ～ 10 年に人口が増加している。（東北学院大）

×
※北海道(札幌市)･宮城(仙台市)･新潟･静岡(静岡市･浜松市)･京都･岡山･広島などは減少

□17 ★ 65 歳以上の人口割合が全国で最も低い都道府県は [1★] である (2018 年)。（東北学院大）

(1) 沖縄県（おきなわけん）
※ 20.8%。2 番目に低いのは東京都 23.3%

○× □18 ★★ 人口増加の程度が大きい都道府県では，合計特殊出生率が大きい傾向がある。（東北学院大）

×
※東京などは出生率は低いが人口流入は多い

○× □19 ★★★ 日本では，東京などにおいて，ドーナツ化現象に歯止めがかかり，都心部の人口が増加に転じる現象がみられるようになった。（明治大）

○
※人口の都心回帰現象 (怪奇現象と書かないように)

8 人口に関する統計

□1 ★★★ アジアの人口は，世界人口の約 [1★★★] %を占めている (2019 年)。（関西学院大）

(1) 60

○× □2 ★★ アフリカ大陸の人口は約 13 億人で，これは世界人口のおよそ 17%にあたる (2019 年)。（関西大〈改〉）

○

□3 ★★★ 中国の総人口は2019年時点で約 1★★★ 人である。 （青山学院大〈改〉）

(1) 14.3億（おく）

○× □4 ★★ 中国とインドの人口だけで世界人口の4割近くを占める。 （関西大）

○
※中国18.6%，インド17.7%(2019年)

□5 ★★★ 日本の人口は世界の総人口の 1★★★ %〈整数〉を下回っている。 （立命館大〈改〉）

(1) 2
※1.27億÷77億＝約1.6%(2019年)

□6 ★★★ 人口1億人以上3億人未満の国は，多い方から順にインドネシア→パキスタン→ 1★★★ → 2★★★ →バングラデシュ→ロシア→ 3★★★ →日本→エチオピア→フィリピン→エジプトである（2019年）。 （関西学院大〈改〉）

(1) ブラジル
(2) ナイジェリア
(3) メキシコ
※(1) 2.1億，(2) 2億，(3) 1.3億

□7 ★★ 2018年の世界の人口密度は1km^{2}当たり約 1★★ 人〈整数〉といわれる。 （関西大〈改〉）

(1) 56
※76.3億人÷1.36億km^2（極地を除く）≒56.1人/km^2

□8 ★★ 日本の人口密度は 1★★ 人/km^{2}である（2018年）。〈北方領土を除き算出すること〉 （関西学院大）

(1) 331 (331.3)
※1.25億人÷37万km^2（北方領土を除く）で概数がわかればよい

STEP UP 七

さらに得点アップさせたい人のための
ステップアップ問題

□1 ★★ 1994年に，国際人口開発会議が 1★★ で開催された。 （青山学院大〈改〉）

(1) カイロ

□2 ★ 日本の人口の実態は，1920年以降，ほぼ5年ごとに実施され，現在は 1★ 省が実施している 2★ 調査によってあきらかにされる。 （立命館大）

(1) 総務（そうむ）
(2) 国勢（こくせい）

□3 ★ 日本の合計特殊出生率は，2005年に 1★ 〈小数点第2位まで〉まで低下，その後やや回復した。 （予想問題）

(1) 1.26
※1989年の1.57ショックになぞらえ1.26ショックといわれた

第3部 ▼生活と文化 07 人口と人口問題 7～8／七

村落と都市

POINT
- ☑ 村落の立地・形態は地形図で試される→ここで基礎固め。
- ☑ 都市の機能・構造は，実例を確認しながら学習しよう。
- ☑ 都市問題に関連した「カタカナ言葉」は入試によく出る。

1 村落の立地

〇× □1 ★★★ 日本の扇状地では，扇央よりも扇端に村落が立地することが多い。（センター）

〇
※扇端は湧水帯であり，集落が立地するが，扇央は伏流し水を得にくい

〇× □2 ★★★ 日本の三角州（デルタ）では，旧河道に村落が立地することが多い。（センター）

×
※旧河道は周辺よりも低い土地なので，洪水時に浸水し水害が起きやすい

〇× □3 ★★★ 日本の河岸段丘では，段丘面上よりも段丘崖に村落が立地することが多い。（センター）

×
※村落は傾斜が急な崖にではなく，崖下の水の得やすい場所に立地

〇× □4 ★★★ 日本の氾濫原では，自然堤防上よりも水を得やすい後背湿地に村落が立地することが多い。（センター）

×
※後背湿地は河川の氾濫により浸水しやすい。集落は水害を避けて自然堤防上に立地

□5 ★★★ 台地では，水の得やすい所を求めて，湧水のある［1 ★★★］や宙水（局部的な地下水）の上に古い集落が成立している。（予想問題）

(1) 崖下（がいか）

□6 ★★★ 乾燥地域では，地下水の湧出地や［1 ★★★］のほとりなどのオアシスに集落の立地が限定されている。（福岡大）

(1) 外来河川（がいらいかせん）

□7 ★★ 平野と山地の境界付近は，交易の場となったり，船の遡行（そこう）の終点となるため，［1 ★★］集落が形成されやすい。関東山地東麓に多くみられる。（福岡大〈改〉）

(1) 谷口（たにぐち）
※例：青梅・飯能・八王子・桐生

□8 ★★ ［1 ★★］川・長良（ながら）川・揖斐（いび）川の下流域には，洪水禍を避けるため堤防に囲まれた地域に形成された［2 ★★］集落がみられる。（関西大）

(1) 木曽（きそ）
(2) 輪中（わじゅう）
※盛り土の上に水屋（貯蔵庫）を設けて水害に備えた

□9 ★★ 千葉県の九十九里浜の沿岸地域では，海岸沿いには漁具を納めておくための 1★★ が設けられていた。やがて，そうした地区が定住集落として成長したものが 1★★ 集落である。（関西大）

(1) 納屋（なや）
※おもに海沿いの浜堤（波が砂礫を堆積させた微高地）上に立地，内陸の岡集落と「親村〜子村」の関係

□10 ★★ 中国の華北・東北地方にみられる囲郭村落，日本の奈良盆地に多い環濠集落などに共通する機能は 1★★ である。（北海道大）

(1) 外敵からの防御（がいてき／ぼうぎょ）

□11 ★★★ 防御のための集落としては，東南アジアやオセアニアなどにみられる水上集落や，地中海沿岸地域にみられる 1★★★ 集落などが知られる。（関西大）

(1) 丘上（きゅうじょう）

□12 ★★ アパラチア山脈から流れ出た諸河川が山麓のピードモント台地から海岸平野に流れ出る地点には，かつて多くの水車が設置され，動力を利用した工場が立地した。このような街を 1★★ という。（中央大）

(1) 滝線都市（たきせんとし）
※ボルティモア・リッチモンド・フィラデルフィアなど

2 村落の形態

□1 ★★★ 多くの家屋が１ヵ所に集まっている村落を 1★★★ といい，家屋が１戸ずつ分散している村落を 2★★★ という。（東北福祉大）

(1) 集村（しゅうそん）
(2) 散村（さんそん）

〇✕ □2 ★★★ 西ヨーロッパの平野部では，かつて農業における共同作業や外敵に対する防御が必要であったことから，集村の形態をとる村落が多い。（センター）

〇

〇✕ □3 ★★★ ヨーロッパやアジアなどの古い村落では，多くの家屋が不規則に塊状に密集する村落形態がみられる。（関西学院大）

〇

□4 ★★★ 家屋が不規則に団塊状に密集して形成される村落を 1★★★ という。（東北福祉大）

(1) 塊村（かいそん）

□5 ★★★ 水害を避けるため周囲より少しでも高い自然堤防の上（微高地）に成立した集落では， 1★★★ の形態が最もよくみられる。（福岡大）

(1) 列村（れつそん）

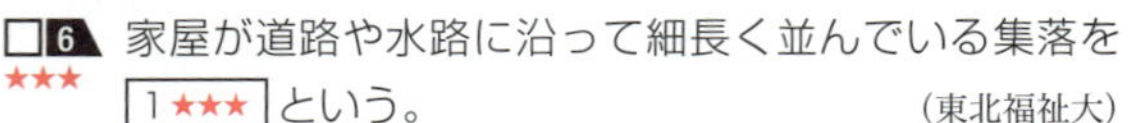

□6 ★★★ 家屋が道路や水路に沿って細長く並んでいる集落を［1★★★］という。（東北福祉大）

(1) 路村

□7 ★★★ 家屋が道路に沿って細長く密集し，商業的機能が多く，宿場町や門前町にみられる集落を［1★★★］という。（東北福祉大）

(1) 街村

□8 ★★ 一般的に散村は，防御の必要性が少なく，かつ家々の自立性が相対的に高く，それぞれの家が［1★★］を手近に得られる条件のもとで成立しやすい。（関西大）

(1) 飲料水［㊀用水］

○× □9 ★★★ アルプス山脈では単独で建っている家屋が多く，散村の形態をとる村落が多い。（センター）

○
※一般には平坦地に多い散村だが，ヨーロッパでは北海沿岸やアルプス地方などの酪農地域に分布

○× □10 ★★★ 日本の山間部では，第二次世界大戦後に農地の整理統合が進んだことから，散村の形態をとる村落が多い。（センター）

×
※そのような事実はない

□11 ★★★ 日本では［1★★★］県の砺波平野や静岡県の［2★★］川扇状地などに散村が分布する。（関西大）

(1) 富山
(2) 大井
※ほかに黒部川扇状地・出雲平野・讃岐平野・屯田兵村（後期）など

□12 ★★★ 庄川の扇状地である平野に面した［1★★★］市は，家屋が1軒ずつ分布する形態をもつ集落である［2★★★］で有名である。家屋にはそれを取り囲むように［3★★］がある。（明治大〈改〉）

(1) 砺波
(2) 散村（散居村）
(3) 屋敷林
※砺波の屋敷林はカイニョとよばれている

□13 ★★★ 散村は，アメリカ合衆国やカナダにおいて［1★★★］制とよばれる土地区画制度が施行された地域や，日本の北海道の開拓地のように計画的な農地区画が広がる地域に多くみられる。（関西大）

(1) タウンシップ
※1つのタウンシップは6マイル（約10km）四方，その36分割がセクション。これを開拓農民に払い下げる

○× □14 ★ アメリカ合衆国の北部から中西部では，1862年のホームステッド法によって，5年間定住して農業開拓に従事した者に土地を無償で交付したために，中央平原の開拓が促進された。（北海道大）

○
※1セクションの4分の1（クォーター）を1世帯に無償交付

□15 ★★★ 近代日本における 1★★★ 制にもとづいて北海道に建設された 1★★★ 村は，土地区画制度に起源をもつ集落に該当する。（関西大）

(1) 屯田兵（とんでんへい）

〇× □16 ★★ 北海道の石狩平野や富山県の砺波平野では，アメリカ合衆国のタウンシップ制をもとにした地割が計画され，全国から多数の開拓者が入植した。（北海道大）

×
※砺波平野の散村は江戸時代に成立

□17 ★★ 古代の 1★★ 制によって施行された 2★★ 状の地割や区画が今日でも残され，奈良盆地などの集落形態や道路，溜め池などの形態はそれに規定されているといわれる。（関西大）

(1) 条里（じょうり）
(2) 碁盤目（ごばんめ）

□18 ★★ 伝統民家とともに世界遺産に登録された日本の集落地名は岐阜県 1★★ 富山県 2★ である。（東北学院大）

(1) 白川郷（しらかわごう）
(2) 五箇山（ごかやま）
※合掌造り集落

□19 ★★ ドイツのエルベ川以東のスラブ民族の居住地域などでは，広場を取り囲むように家々が集まっている 1★★ がみられる。（関西大）

(1) 円村（えんそん）
※フランスなどヨーロッパ各地にも分布

□20 ★★ 中世のドイツやポーランドでは，森林地域の開拓を目的として 1★★ とよばれる村落が成立した。これらの集落では，共同で効率的な森林伐採を行えるように 2★★ 形態をとるものが多かった。（北海道大〈改〉）

(1) 林地村（りんちそん）
(2) 路村（ろそん）
※ドイツ・ポーランドには円村も多いが「森林開拓」目的の「路村」は林地村

□21 ★★★ 日本において 1★★★ 時代に形成された武蔵野などの 2★★★ 集落の中には，林地村とよく似た形態のものが認められる。（関西大）

(1) 江戸（えど）
(2) 新田（しんでん）
※三富（さんとめ）新田（埼玉）など

3 都市と都市圏

〇× □1 ★★★ 都市圏は，中心都市及びそれと密接に結び付いた周辺地域により構成され，その面的な広がりは，通勤・通学・買い物など人々の行動によってとらえられる。（センター）

○
※抽象的な文章だが，都市圏は通勤・通学圏や買い物圏といった指標によって規定されるということ

□2 ★★ 通勤圏は，ある都市の影響が及ぶ範囲，すなわち 1★★ を設定する指標として用いられる。大規模な都市は小規模な都市を 1★★ 内部に組み込む。（駒澤大）

(1) 都市圏（としけん）

□3 ★ 大都市の都市圏が広域に広がると，［1★］とよばれる。（慶應義塾大）

(1) メトロポリタンエリア

〇× □4 ★★★ 現代の先進国では大都市圏が形成され，都心に隣接して衛星都市が建設されている。（センター）

×
※衛星都市は，都心から離れた都市周辺に位置する

〇× □5 ★★★ 大都市周辺に立地し，その機能の一部を分担する衛星都市では，昼間人口は著しく少なくなる。（関西学院大）

○
※いわゆるベッドタウン。住民は大都市に通勤・通学

□6 ★ 階層的に位置づけられる大都市と中小都市，機能の異なるさまざまなタイプの都市の間で，財やサービス，情報などがやりとりされる。このような都市相互間の階層的な関係を総称して［1★］という。（明治学院大〈改〉）

(1) 都市(とし)システム

4 都市の形態

〇× □1 ★★★ 古代中国の都は平坦な土地に計画的に建設され，王宮を中心とした放射・環状の街路網をもっていた。（センター）

×
※碁盤目状の直交路型の街路網。長安（現シーアン〔西安〕）など

〇× □2 ★★ アテネは，防御のしやすい丘の上に発達した古代都市に起源をもつ都市である。（関西学院大）

○
※ギリシャ古代都市ポリスのシンボルとなる小高い丘をアクロポリスという

□3 ★★★ ヨーロッパでは，市街地を城壁に囲まれた古代の［1★★★］都市に起源をもつ都市が多い。（徳島文理大〈改〉）

(1) 城塞(じょうさい)（囲郭(いかく)）
※ドイツのネルトリンゲンなど

〇× □4 ★★★ テヘランには新市街とともに，ペルシア時代に成立した袋小路の多い旧市街が残っている。（関西学院大）

○
※迷路型街路，日本の城下町もこれに近い

〇× □5 ★★★ 日本の近世の城下町では身分による住み分けがみられ，防御のために都市全体が城壁で囲われていた。（センター）

×
※後半の「都市全体が～」以降が誤り。城塞(囲郭)都市は古代中国や中世ヨーロッパなど

□6 ★★ ワシントンD.C.は，独立戦争の中心地［1★］から1800年に遷都した首都で，［2★★］状と碁盤目状の街路を組み合わせた市街をもつ。（予想問題）

(1) フィラデルフィア
(2) 放射(ほうしゃ)
※放射直交路型街路網，ほかにベロオリゾンテ（ブラジル）

□7 ★★★ 計画的に建設された首都としては，シドニーと［1★★★］の間に位置するキャンベラや，［2★★］から遷都したブラジリアなどがある。（明治大）

(1) メルボルン
(2) リオデジャネイロ
※キャンベラは放射環状路型街路網

□8 ★★★ 東京，ロンドン，ニューヨークのような，経済·政治·文化などの中心をなす大都市は，[1★★★]ポリスとよばれている。 (慶應義塾大〈改〉)

(1) メトロ

5 都市の機能と発展

□1 ★★ 日本の京浜地方のように，市街地の拡大を通じ，複数の都市がつながって１つの都市域を形成する場合があり，これを[1★★]とよんでいる。 (慶應義塾大)

(1) コナーベーション（連接都市）

□2 ★★★ 18～19世紀に金属工業都市に発展し，産業革命の象徴となった[1★★★]西方の炭田のまわりには多くの溶鉱炉が建設され，この地域はその光景から[2★★]とよばれた。この都市を中心とする市街地は拡大し，近接の都市と連結していったが，この状況を称して[3★★]という用語が生まれた。 (早稲田大〈改〉)

(1) バーミンガム
(2) ブラックカントリー（黒郷）
(3) コナーベーション（連接都市）

□3 ★★★ アメリカ合衆国のニューヨークを中心にボストンからフィラデルフィア・ボルティモア・ワシントンにかけて，複数の大都市圏が連鎖状につながり，それらが密接な相互関係をもちながら活動する巨大都市地帯が生まれている。これをフランスの地理学者[1★★]は，[2★★★]とよんだ。 (慶應義塾大〈改〉)

(1) ゴットマン
(2) メガロポリス
※ほかに東海道メガロポリス（日本），青いバナナ（ヨーロッパ）など

□4 ★★ 国際金融や情報の中心機能が集まり，外国籍・多国籍企業のオフィスなどが集中している先進国の大都市のことを[1★★]都市といい，ロンドンやニューヨークがその好例である。 (青山学院大)

(1) 世界

〇× □5 ★★★ イギリスやフランスでは中枢管理機能の首都への集中度が高い。一方，ドイツではその機能が多くの都市に分散している。 (関西学院大)

〇

□6 ★★★ [1★★]川の支流が合流する標高50mの地点にある[2★★★]は，第二次世界大戦後に米英仏ソの共同管理の後，1948年に東西に分断されたが，[3★]年に再統一され，翌年に首都復帰が決定した。議会や首相府などは移転したが，公正取引委員会などの経済関連機関は[4★]に振り分けられた。 (明治大〈改〉)

(1) エルベ
(2) ベルリン
(3) 1990
(4) ボン
※(4)は旧西ドイツ首都

□7 ★★★ アフリカ最大の産油国であり，OPEC 加盟国であるこの国のほぼ中央部に位置する首都 [1★★★] は，民族分布のバランスなどを考慮して，[2★] 湾（ギニア湾の一部）岸に位置する人口最大都市の [3★★] から遷都した。（明治大〈改〉）

(1) アブジャ
(2) ベニン
(3) ラゴス
※国名はナイジェリア

□8 ★★ アフリカのサハラ以南のメガシティ（郊外を含む人口が 1 千万人を上回る都市）は [1★★]・[2★★]（順不同）である（2015 年）。（日本女子大〈改〉）

(1) ラゴス
(2) キンシャサ
※北アフリカではカイロ

□9 ★★ 都市は経済的機能から，生産都市，[1★★]，消費都市に分類することができる。（成城大）

(1) 交易都市（こうえきとし）

〇× □10 ★★★ 産業革命期のヨーロッパでは，政治・商業機能を中心とした都市に加え，工業都市が発達した。（センター）

〇

□11 ★★ ポートサイドやパナマのように湾や運河の出入り口の港を中心に発達した都市を [1★★] 都市という。（慶應義塾大）

(1) 港湾（こうわん）
※前者はスエズ運河，後者はパナマ運河

〇× □12 ★★★ ヴェネツィアは中世から活発な交易で栄えた都市で，多くの水路がめぐる「水の都」である。（関西学院大）

〇
※砂州で仕切られた潟湖内に発達，地盤沈下と地球温暖化で水没の危機

□13 ★★ 宗教都市の例としては，チベット自治区の [1★★]，インドのヴァラナシ（ベナレス），[2★★] の聖地であるフランス南西部のルルドがある。（慶應義塾大）

(1) ラサ（拉薩）
(2) カトリック

〇× □14 ★★★ スペイン南端の大西洋と地中海の出入り口に位置する港湾都市には，イギリスの軍事基地が置かれている。（センター）

〇
※都市名はジブラルタル。対岸のアフリカ側にはスペイン領のセウタがある

□15 ★ 保養都市の例としては，ヨーロッパ有数の温泉地として知られるドイツの [1★]，アメリカ合衆国のフロリダ半島南端に位置するマイアミがある。（慶應義塾大）

(1) バーデンバーデン
※ほかに日本の軽井沢やフランスのニースなど

□16 ★★★ 低緯度地方の高原に暑さを避けて立地する [1★★★] の一つである [2★★★] は，アンデス山中の赤道付近に位置し，グアヤキルを [3★★] としている。（青山学院大〈改〉）

(1) 高山都市（こうざんとし）
(2) キト
(3) 外港（がいこう）

□17 ★★★ ニューヨークも東京も 1★★ であり，世界都市である。1★★ には，2★★★ とよばれる商・工・金融業関連の本社などが集まった地域があり，また娯楽施設なども集中しているため地価が高い。（慶應義塾大）

(1) メトロポリス
(2) C.B.D.（中心業務地区）

○× □18 ★★★ 企業の本社・本店や営業拠点が集中しているところはC.B.D.（中心業務地区）とよばれ，その面的広がりは市街地の範囲と一致する。（センター）

×
※C.B.D.は都心部にあって，市街地の一部のみである

□19 ★★ ニューヨークでは，ウォール街を擁する 1★★ 区が，またロンドンでは，世界的金融センターである 2★★ が，それぞれ中心業務地区であるとされる。（西南学院大）

(1) マンハッタン
(2) シティ

□20 ★★★ 都市機能の分散化のため，渋谷，新宿，池袋などには 1★★★ が形成され，これらは都心の周辺に位置し，交通の結節点にもなっている。（福岡大〈改〉）

(1) 副都心
※大阪では天王寺・新大阪・京橋など。東京郊外のさいたま・幕張・横浜みなとみらいは新都心

□21 ★★ アメリカ合衆国の都市郊外でもオフィスビルや商業施設の集中する地区が形成されているが，このように都市周辺部において成長著しい郊外核を 1★★ とよんでいる。（中央大）

(1) エッジシティ

□22 ★ アメリカ合衆国などの先進国では，先進的な情報機器を使って住宅居住地に近い小さなオフィスで営業を行う 1★ が発達している。（中央大）

(1) SOHO
※ Small Office/Home Officeの略

□23 ★ 中心業務地区（C.B.D.）のまわりには，小売業・卸売業地区，住宅地区，工業地区などが形成され，それらの地区はC.B.D.と密接に結び付いている。これらは都心の 1★ といわれるが，2★ 構造モデル・3★ 構造モデル・4★ 構造モデル（順不同）で説明される。（中央大）

(1) 内部構造（都市構造）
(2) 同心円
(3) 扇形
(4) 多核心（多核）

☞ 日本の政令指定都市などについては第24章 7 を参照（P.427）

6 先進国の都市問題と都市開発

□1 ★★★ 先進国では，都心の人口が郊外に流出する [1 ★★★] 現象など不均衡な人口分布が生じている。（西南学院大）

(1) ドーナツ化

○× □2 ★★★ 先進国では，都市の快適な環境の維持や創出を目指して，ウォーターフロント開発や老朽化した商工業地区の再開発への取り組みが各地でみられる。（センター）

○
※P.116 28 を参照

○× □3 ★★★ 先進国の大都市では，短期の外国人居住者や移民の増加に対応して，従来からの住民との混住を図る施策が実施され，多民族共生社会が実現された。（センター）

×
※欧米の大都市では，人種・民族ごとに居住区が形成される傾向にある

□4 ★★★ 都市の既成市街地を計画的に再整備し，都市問題の解決を図ることを [1 ★★★] という。（専修大）

(1) 都市再開発

□5 ★★★ 都市内部の空洞化によって取り残された地区の中には，貧困層が滞留し，居住環境や治安が悪化して，[1 ★★★] 問題が発生する。（駒澤大）

(1) インナーシティ

□6 ★★★ インナーシティ問題への対応の一つとして，こうした地区に比較的若く所得水準の高い人々が居住するように職住近接を図り，文化活動が盛んで買い物が便利な魅力ある住宅開発を行う [1 ★★★] が実施されることもある。（青山学院大）

(1) ジェントリフィケーション
※地価の高騰で既存住民は追い出される

□7 ★★★ 郊外化によって，農地や森林などの緑地が無秩序に虫食いのようにつぶされることを [1 ★★★] とよぶ。（中央大）

(1) スプロール現象
※ sprawl＝不規則に（ぶざまに）広がる

□8 ★★ 郊外化の進んだ都市の中心に居住・商業・行政などの機能を集約させて，都市機能の維持を図る政策を [1 ★★] 化という。（予想問題）

(1) コンパクトシティ（都市のコンパクト）
※人口密度が低いとインフラ整備や行政サービス費がかさむ

OX □9 ★★★ 大都市郊外の住宅地では，夜間人口が少ないため，夜間に災害が発生した場合は，住民自身による緊急の救助活動などが困難になるおそれがある。 (センター)

×
※都心への通勤者が多く昼間人口は少ないが，夜間人口は多い

□10 ★★ 住環境の悪化や人口減少が進む都市周辺部の古い市街地に，外国人労働者が地元の低所得層とともに民族集団ごとに集住する現象を [1★★] という。 (立命館大)

(1) セグリゲーション
※「ウエストサイド物語」に描かれた NY ダウンタウンのイタリア系とプエルトリコ系の棲み分けは好例

□11 ★★★ 都市には不良住宅街である [1★★★] が多く形成され，そこにさえ居住できない人はホームレスになることもある。 (西南学院大)

(1) スラム
※ slum ≠ slam(叩きつける)

□12 ★★★ エアコンの使用など多量のエネルギー消費による人工熱の発生で周辺より高温域が形成される [1★★★] 現象が多くの都市で顕著になっている。 (青山学院大)

(1) ヒートアイランド

□13 ★★ 日本では，1993年に建設省（現国土交通省）が，横浜市や北九州市などをモデル都市として指定し，環境との共生に配慮した都市整備を目的とする [1★★] づくりを提唱した。 (西南学院大)

(1) エコシティ［㊀環境共生(かんきょうきょうせい)モデル都市(とし)］
※2008年には政府が水俣市などを環境モデル都市に指定

□14 ★★ ある都市では，かつての市電に郊外路線を結び付け，バリアフリー化も図った，次世代型路面電車システム [1★★] を導入する計画がある。 (駒澤大)

(1) LRT (Light Rail Transit)
※日本では富山市や広島市などで導入

□15 ★★ 2003年からロンドン市内の交通渋滞を解消する目的で，市内中心部に乗り入れる自動車に混雑対策課徴金（混雑税）を課す [1★★] 制度が導入された。(中央大)

(1) ロードプライシング

□16 ★★★ 都市の環境問題を解消するために，一般車両の進入を禁止して，町の外にある駐車場に自動車を止めて，そこからバスなどの公共交通機関で入ることを定めた規制は [1★★★] とよばれる。 (中央大)

(1) パークアンドライド
※フライブルク（ドイツ），ストラスブール（フランス）など

OX □17 ★★★ 東京では，都心部のごく限られた範囲で突発的に集中して降る豪雨が近年増加しており，新しいタイプの都市型水害が発生している。 (センター)

○
※局地的大雨，ゲリラ豪雨などとよばれる

第3部▼生活と文化 08 村落と都市 6

□18 ★★ 大ロンドン計画の基本的な考え方は，[1★★]によって提唱された[2★★]構想にもとづいている。（駒澤大）

(1) ハワード
(2) 田園都市（でんえんとし）
※労働者に健康的な生活と労働の場を提供するために，小規模な衛星都市を計画的に建設する構想

□19 ★★ 田園都市構想を受け，ロンドン北方の[1★★]などの再開発都市の建設がなされた。（慶應義塾大）

(1) レッチワース

□20 ★★★ 大ロンドン計画では，既成市街地の外郭に[1★★★]が設けられ，そのさらに外側に[2★★★]が建設された。（慶應義塾大〈改〉）

(1) グリーンベルト
(2) ニュータウン

OX □21 ★★★ ロンドンのニュータウンでは，周囲が田園地帯であるという立地を生かして農業の振興を図り，住民は「自給自足」の生活を行っている。（専修大）

×
※あくまで「都市生活者」に田園的環境を提供することが目的

OX □22 ★★★ 大都市周辺の計画的に建設されたベッドタウンでは，住宅地に隣接して大規模な工業団地が造成され，職住近接が実現された。（センター）

×
※工業団地が隣接すると良好な住環境は保てない

□23 ★★★ ロンドン周辺のニュータウンと東京周辺のニュータウンを比較した場合，相違点となっているそれぞれの特徴を漢字4文字で表すと，前者は[1★★★]，後者は[2★★★]である。（慶應義塾大）

(1) 職住近接（しょくじゅうきんせつ）
(2) 職住分離（しょくじゅうぶんり）

OX □24 ★★★ 日本のニュータウンでは，住民の高齢化が進み，地域のコミュニティ活動の維持が困難になった。（駒澤大）

○

□25 ★★ 全国に先駆けて大阪府内に建設されたニュータウンは[1★★]である。（専修大）

(1) 千里（せんり）ニュータウン

OX □26 ★★★ ロンドンでは，旧市街地におけるインナーシティ問題が深刻となり，この問題の解決のために再開発計画が進められてきた。（センター）

○

□27 ★★★ ロンドン東部の[1★★★]や東京湾岸などの[2★★★]では，高層オフィス，ショッピングセンター，高級住宅街などの建設が進んでいる。（西南学院大）

(1) ドックランズ
(2) ウォーターフロント

OX □28 ★★★ ロンドンでは，衰退した港湾地区が再開発され，オフィスビルや商業施設が建設されている。（センター）

○
※東部のドックランズで古い港湾の再開発

○× □29 ★★★ パリでは，中・低層の古い建物が多かった都心部で再開発が行われ，高層化が進んでいる。（センター）

×
※歴史的建築物の多い都心のマレ地区では，古い建築物を修復・保存する再開発が行われた

□30 ★★★ パリ西郊のド＝ゴール広場の西約4.5kmに位置する［1 ★★★］地区では，パリ再開発事業の一環として，古い住宅を壊し，新しい公共施設・オフィス・高層住宅群を建設している。（青山学院大）

(1)ラ＝デファンス
※一掃(クリアランス)型の再開発，街の象徴はグランダルシュ(新凱旋門)

○× □31 ★★★ ドイツのフライブルク市は，酸性雨によるシュヴァルツヴァルトの樹木の立ち枯れなどをきっかけに，自動車の排気ガス削減に向けた交通政策を実施した。（センター）

○
※エコシティの政策をとる「ドイツの環境首都」

○× □32 ★★★ ドイツのフライブルク市では，旧市街地の住民による郊外の緑地・農園での余暇活動を促すために，パークアンドライド用駐車場を設置した。（センター）

×
※パークアンドライドは都心部への自家用車の流入を制限する政策(→P.115 16)，都心部では徒歩，路面電車，バスなど

○× □33 ★★★ アメリカ合衆国のインナーシティには，大規模なショッピングセンターなどが集中し，週末にはレジャーを楽しむ人々で賑わい，周辺では交通渋滞が起こる。（センター）

×
※ショッピングセンター，ロードサイドショップは人口の郊外化に伴い郊外の主要道路沿いに立地

○× □34 ★★★ アメリカ合衆国のインナーシティでは，老朽化したビルなどを取り壊し，オフィスビルや高級住宅を建設する再開発が活発で，郊外からの高所得者の再流入もみられる。（センター）

○
※東京の都心部でも地価低下に伴う再開発の進行により人口回帰がみられる

○× □35 ★★★ アメリカ合衆国のインナーシティでは，流入した移民が出身地域ごとに集住する地区が形成され，低賃金労働者が多い。（センター）

○
※ニューヨークには黒人街やヒスパニック地区などがみられる。チャイナタウンも同様の例である

○× □36 ★★★ シドニーでは，白人に次いで黒人の居住割合が高く，市街中心地に黒人居住区が形成されている。（センター）

×
※移民は多いが，アジア系・ヨーロッパ系が中心

7 発展途上国の都市問題

○× □1 ★★★ 発展途上国では，スラムなど不良住宅街や住宅難の問題は，雇用機会の多い首都では存在せず，主として地方都市でみられる。（センター）

×
※首都でも流入人口に対する雇用機会は不十分で，失業問題が深刻。都市問題は首都の方が重大

□2 ★ 東南アジアの農村部では，農業生産性の向上などから［1★］〈漢字5文字〉が発生し，雇用機会や利便性の高い生活を求めて都市部に移動した。（慶應義塾大）

(1) 余剰労働力（よじょうろうどうりょく）
※東南アジアに限らず，ほかの途上地域や先進国でも生じた現象

〇× □3 ★★★ 発展途上国の大都市では住民の所得水準が低く，高級住宅街は形成されない。（センター）

×
※途上国では貧富の差が激しく，少数の富裕層が高級住宅街をつくり，スラム街と対照をなしている

〇× □4 ★★★ 発展途上国の大都市では，水道や電気が引かれていない土地に簡単な住宅を建てて不法占拠し，不衛生な環境の中で生活する人々がみられる。（センター）

〇
※不法占拠者をスクオッターという

〇× □5 ★★★ 発展途上国の大都市では，急激な都市化に対応した道路や公共交通機関の整備が不十分で，交通渋滞や排気ガスによる大気汚染が発生している。（センター）

〇

□6 ★★ アフリカの急速に都市化が進んだ地域においては，道路，住宅，上下水道などのいわゆる都市の［1★★］の整備が追いつかず，生活環境の悪化が感染症の拡大や犯罪の増加にもつながっていることが指摘されている。（日本女子大）

(1) インフラストラクチャー(インフラ)

□7 ★★★ 発展途上国の大都市にはスラムが形成されることが多く，靴みがきや物売りなどの労働を余儀なくされている［1★★★］チルドレンも少なくない。（専修大）

(1) ストリート

□8 ★★★ 農村からの人口移動先となる大都市が限定されているメキシコ・タイ・ペルーなどの国では，［1★★★］とよばれる当該国の人口第1位都市に，国の人口と都市産業が圧倒的に集中している。（関西大）

(1) 首位都市（しゅいとし）（プライメートシティ）
※都市名はそれぞれメキシコシティ・バンコク・リマ

〇× □9 ★★★ 発展途上国の大都市では，生活費や地価の高騰により，人口と事業所の多くが大都市から離れた地方都市に移動し，都心部が空洞化している。（センター）

×
※発展途上国では人口や事業所が首位都市に集中するため，都心部の空洞化は生じない

〇× □10 ★★★ コルカタは1960年代以降の工業化に伴い人口が急増，都市計画にもとづいた住宅地の整備が進み，南岸を中心に高層アパート群が出現した。（センター）

×
※コルカタ(インド)ではなく，ハン川(漢江)に面する韓国のソウル

〇× □11 ★★★ ソウルは自然堤防上に市街地が形成されたが，後背湿地に無秩序に拡大した住宅地は衛生環境が悪く，社会基盤の整備が課題である。 （センター）

×
※ソウル（韓国）ではなく，インドのガンジス川の河口部に位置するコルカタ

〇× □12 ★★★ メキシコシティの不良住宅地区は，継続的改良事業により国際的な先端産業地区に変わっている。（センター）

×
※途上国の都市問題は経済的に解決が困難である。先端産業の立地は先進国中心

〇× □13 ★★ インドネシアやフィリピンの都市内には，インフォーマルセクターとよばれる職種が多数存在している。 （関西学院大）

〇
※インフォーマルセクター＝路上の物売りのような非正規部門

〇× □14 ★★★ メキシコシティでは所得による住み分けがみられ，市街地を取りまく山地の斜面には高級住宅地が広範囲に形成されている。 （センター）

×
※不便な山地斜面にはスラムが立地

〇× □15 ★★★ リオデジャネイロには農村部から流入する人々が多く，十分な収入を得ることができない人々もいるため，不良住宅地区が形成されている。 （センター）

〇
※ブラジル（ポルトガル語）では不良住宅地区（スラム）をファベーラという

STEP UP 八

さらに得点アップさせたい人のための
ステップアップ問題

□1 ★ わが国の国勢調査において，実際上の都市の広がりをとらえるための概念として用いられる DID の日本語の正式名称は [1★] であり，[2★] が一定の基準以上の地区として定義される。 (獨協大)

(1) 人口集中地区
(2) 人口密度及び人口数

□2 ★★ ドイツの地理学者 [1★★] は，地域の中心地としての都市は階層性をもち，その配置には規則性があるとする中心地理論を唱えた。 (獨協大)

(1) クリスタラー

○× □3 ★ 中心地理論によると，階層が高く大きい都市の相互の距離は，より階層が低く小さい都市の相互距離より大きい。 (獨協大)

○

○× □4 ★ 中心地理論によると，都市の勢力圏は理想的には円になるが，周辺部で競合するので六角形になる。 (獨協大)

○

□5 ★ アメリカ合衆国の首都ワシントン D.C. は [1★] 州とバージニア州にはさまれ，ポトマック川東岸に位置する連邦議会直轄の政治都市である。 (明治大)

(1) メリーランド

□6 ★ 大都市への人口集中という伝統的な潮流とは逆に，大都市での人口が減少し，中小都市で人口が増加する [1★] 現象も進んでいる。 (中央大)

(1) 反都市化（カウンターアーバナイゼーション）

□7 ★ [1★] による同心円モデルでは，中心業務地区のまわりを，漸移帯（卸売・軽工業），労働者住宅地帯，住宅地帯，[2★] 地帯の順に，4つの地帯が取り囲む，と都市構造を説明している。 (慶應義塾大)

(1) バージェス
(2) 通勤者

□8 ★★ 都市構造を説明するモデルには，都市地区，卸売・軽工業地区，下級住宅地区，中級住宅地区，高級住宅地区が，鉄道などの交通路や地形に従って扇形に配置されるという [1★] が提唱したモデルや，ハリスやウルマンが提唱した [2★★] モデルがある。 (慶應義塾大)

(1) ホイト
(2) 多核心（多核）

生活文化，消費と余暇活動

☑ 生活文化は他分野の学習を反映させながら覚えていこう。
☑ 通学・買い物・遊び……日常生活にも学習のヒントが満載。
☑ ツーリズムのあり方について，近年よく狙われる。

1 生活文化（衣類）

□1 ★★ アオザイは [1★★]〈国名〉の女性用の民族衣装である。（西南学院大）

(1) ベトナム
※チャイナドレスの影響

□2 ★★★ 一枚布の [1★★★] はインド・スリランカのヒンドゥー教徒の女性用衣服である。（西南学院大）

(1) サリー

□3 ★★ アンデス高地などで広くみられる [1★★] は，気温の変化に応じて着脱が容易な貫頭衣である。（西南学院大）

(1) ポンチョ

□4 ★ ムスリムの女性が着用する伝統的な黒い外衣である [1★] は，顔または目のまわりだけを残し，頭から手首・足首までをゆったりと覆う。（大東文化大）

(1) チャドル

□5 ★★★ 韓国の伝統衣装として，女性には [1★★★] ＝チョゴリ，男性にはパジ＝チョゴリとよばれる衣服がある。（西南学院大）

(1) チマ

2 生活文化（食生活）

□1 ★★★ 主食によって世界を４つの地域に分けると，[1★★★] を主食とする東アジアから東南アジア，[2★★★] を主食とするヨーロッパ・北アフリカから南アジア，[3★★★] を主食とする南北アメリカ大陸・アフリカ大陸，[4★★★] を主食とする東南アジアからオセアニアの島々，及び南アメリカ大陸，となる。（駒澤大）

(1) 米（こめ）
(2) 麦類（むぎるい）
(3) 雑穀（ざっこく）（とうもろこしなど）
(4) イモ類（るい）

○× □2 ★★★ 主食となる作物は大量生産ができ，貯蔵が簡単で，カロリーが高いものが利用される。（松山大）

○

□3 ★★ 世界各地では，主食とその栄養を補うタンパク質である 1★★ の組み合わせが多くみられるが，西アジアなどでは 2★★ との組み合わせが中心となっている。（成城大）

(1) 肉
(2) 乳

□4 ★★★ 雑穀を主食とする地域は，きび・ 1★★ 類を粒のまま食べるアフリカ大陸とアジア北部，及び 2★★★ を粉にして食べるアメリカ大陸をはじめとして幅広い。（成城大）

(1) あわ [別もろこし（ソルガム・こうりゃん）]
(2) とうもろこし
※きび・あわ類をミレットともいう

□5 ★★★ イモを主食とする地域は，タロいもや 1★★★ を食べる東南アジアからオセアニアの島々にかけてと， 2★★★ を食べる南アメリカ大陸に分布している。（成城大）

(1) ヤムいも
(2) じゃがいも [別キャッサバ]

□6 ★★★ 麦は粉にして， 1★★★ の国々ではパンやパスタにして，インドでは小麦粉を溶いて発酵させて直火で焼いた 2★★ や，発酵させずに焼いたチャパティにして食べられる。（成城大）

(1) ヨーロッパ
(2) ナン
※「インドのパンは何だ？」「ナンだ」

□7 ★★ 東アジアや東南アジアで乳製品がほとんど利用されないのは， 1★★ ・ 2★★ （順不同）をタンパク源にしていることや，乳糖を分解する酵素が 3★★ 系人種に比べて少ないことなどによる。（成城大）

(1) 大豆
(2) 魚 [別卵]
(3) ヨーロッパ

□8 ★★ インドネシア，ナイジェリア，タンザニア，ブラジルのいずれの国においても，その国のイモ類供給量の半分以上を占めているのは 1★★ である。（東京大）

(1) キャッサバ（マニオク）
※タピオカの原料

□9 ★★★ 中国，ドイツ，スペインのいずれの国においても，その国の肉類供給量の半分以上を占めているのは 1★★★ 肉である。（東京大）

(1) 豚
※酢豚・ソーセージ・イベリコ豚を想起せよ

□10 ★★ イスラームの戒律に則って，厳密な方法で処理した食品を 1★★ フードという。（福岡大）

(1) ハラール
※豚肉などの禁止されたものはハラーム（「男子禁制」のハーレムと同語源）

OX □11 ★★★ ファストフードチェーンの中には，世界的に店舗網を拡大するものもあり，各国の食文化に大きな影響を与えている。（センター〈改〉）

○
※伝統的なスローフードを守る動きや食物禁忌への配慮も（インド「マクドナルド」の肉なしハンバーガー）

□12 ★★★ 世界中の大都市に民族料理を意味する［1★★］料理のレストランが登場するなど，現代社会における［2★★★］化は世界の食文化の状況をも変化させた。（流通経済大〈改〉）

(1) エスニック
(2) グローバル

3 生活文化（住居）

□1 ★★★ 東南アジアに広く分布する［1★★★］式の住居は，湿度の高い地表面から床面を離し，床下からの通風を得ている。（西南学院大）

(1) 高床（たかゆか）
※害獣・害虫を避ける目的も

□2 ★★★ 高温乾燥地域の住居は，強い日射や外気を遮断することが必要で，［1★★★］・［2★★★］・［3★★★］（順不同）を材料につくられている。（駒澤大）

(1) 石（いし）
(2) 土（つち）
(3) レンガ

□3 ★ アメリカ合衆国の先住民プエブロの集落では，アドベとよばれる［1★］を使い，窓を小さくして外気を遮断する住居がみられる。（西南学院大）

(1) 日干し（ひぼ）レンガ

○× □4 ★★★ 沖縄県竹富町の伝統的住宅は，台風対策のため家屋を低くし，周囲に石垣を設けている。（センター）

○
※屋根の赤瓦は白い漆喰で塗り固められている

□5 ★★ カナダ北東部やグリーンランドなどイヌイットの居住地域では，氷やかたい雪のブロックを切り出してつくる［1★★］という住居が知られる。（西南学院大）

(1) イグルー

□6 ★★★ 韓国の伝統的家屋では，床下から部屋全体を暖める構造の［1★★★］とよばれる暖房装置が知られる。（西南学院大）

(1) オンドル

□7 ★ 東南アジアの島嶼部やニューギニアなどでは，長屋形式の住宅である［1★］がみられ，1つの住居がそのまま集落をなす場合もある。（西南学院大）

(1) ロングハウス

○× □8 ★★★ 富山県砺波市の伝統的住宅は，冬の季節風や春のフェーンに対処するため，防風林を設けている。（センター）

○
※屋敷林のこと。防風のほかにも多様な機能をもつ

○× □9 ★★★ 岩手県遠野市の伝統的住宅は，冬の季節風を避けて前庭で作業するために，L字型となっている。（センター）

×
※「曲り屋」とよばれる家屋で，人の住む母屋と馬を飼う厩がL字型につながる。季節風を避けるためではない

OX □10 ★★★ 岐阜県白川村の伝統的住宅は，積もった雪が落ちやすいように屋根が急傾斜になっている。（センター）

○
※白川郷・五箇山の合掌造りの集落は世界文化遺産となっている

□11 ★★★ ユーラシア大陸北東～南西の遊牧社会では移動性を重視した住居がみられ，［1★★★］〈国名〉のゲル（中国の［2★★★］）が知られる。（西南学院大）

(1) モンゴル
(2) パオ（包）
※中央アジアのトルコ系民族はユルトとよぶ

4 消費活動と商業

□1 ★★★ 生産者や卸売業者から仕入れた商品を最終消費者に販売する業務を，［1★★★］業という。（西南学院大）

(1) 小売（こうり）

□2 ★★ 一般に各々の商業店舗は，消費者との相互作用（店舗での売買）が成立する一定の空間的範囲をもつが，その範囲を［1★★］という。（慶應義塾大）

(1) 商圏（しょうけん）

□3 ★★★ 鉄道のターミナル駅などに立地し，衣料品や家庭用品を中心に，商品事業ごとに部門別管理をしている小売業は［1★★★］である。（西南学院大）

(1) デパート（百貨店（ひゃっかてん））
※高島屋や大丸松坂屋など

□4 ★★★ 日本では高度経済成長期に急増し，主として食料品を扱い，セルフサービス，大量仕入れ，大量販売，チェーン展開を特徴とする商業施設を［1★★★］という。（東北学院大）

(1) スーパーマーケット
※イオンやイトーヨーカ堂など

□5 ★★★ モータリゼーションによって発達した，郊外に立地するさまざまな業種の店舗が集まった商業施設を［1★★★］という。（西南学院大）

(1) ショッピングセンター（ショッピングモール）

OX □6 ★★★ ショッピングモールは，多種の店舗を1ヵ所に集めた商業施設で，車で来店する客を見込み，土地に余裕のある郊外に開設される場合が多い。（東京経済大）

○

OX □7 ★★ アウトレットモールは，季節外れ品や売れ残り品などを扱う商業施設で，日本では1990年代以降に広くみられるようになった。（東京経済大）

○

OX □8 ★★★ コンビニエンスストアは，多様な品揃えで深夜営業などの長時間営業を行う小売店であり，多様な消費者のニーズに対応している。（センター）

○

□9 ★★★ チェーンストア形態をとる小売業が増えているが，これらの店舗には［1 ★★★］システムとよばれる情報管理システムが配備されており，売れ筋情報の分析や迅速な受発注に活用されている。（中央大）

(1) POS（販売時点情報管理）

〇× □10 ★★ ディスカウントストアは，所得水準の低い発展途上国で低価格商品を提供する商業施設として発達し，のちに先進国にも普及するようになった。（東京経済大）

×
※ディスカウントストアは消費活動の盛んな先進国で発達

□11 ★★★ パソコンを利用して Web サイトで品物を購入することを［1 ★★★］ショッピングという。（西南学院大）

(1) インターネット（オンライン）

□12 ★★ 食料品，日用品など住居の近くで毎日のように購入する商品を［1 ★★］品という。（慶應義塾大〈改〉）

(1) 最寄り

□13 ★★ 家具・家電などの耐久消費財や高級品など，複数の店で価格や品質を比較し，計画的に購入する商品を［1 ★★］品という。（慶應義塾大）

(1) 買い回り

□14 ★ 自動車を利用した，1つの商業施設でのまとめ買いを［1 ★］ショッピングという。（西南学院大）

(1) ワンストップ

5 余暇と観光

□1 ★★★ いち早く経済成長を遂げたヨーロッパの先進国では，［1 ★★★］の短縮によって生まれた余暇をいかに過ごすかが大きな関心事となっている。（西南学院大〈改〉）

(1) 労働時間

〇× □2 ★ 年間労働時間を比較すると，日本は EU に属するどの国よりもはるかに高い数値を示している。（松山大）

×
※ギリシャ，イタリアなどと同程度

□3 ★★★ 1980 年代以降，企業や学校などで［1 ★★★］が普及すると，日本人の余暇時間は確実に増加し，労働時間や休日日数にみるほかの先進国との差異は徐々に縮小してきた。（東京学芸大）

(1) 週休二日制

□4 ★★ 日本の休日日数をみると，欧米諸国より祝日がやや多いが，［1 ★★］の利用が少なく，これを消化させることを使用者に義務づける法改正が行われた。（名城大〈改〉）

(1) ［年次］有給休暇
※ 2019 年 4 月から改正労働基準法が施行

□5 ★★★ フランスでは，夏季に 1★★★ とよばれる長期休暇をとるのが一般的である。(西南学院大)

(1) バカンス

□6 ★★ スペインでは昼寝のことを 1★★ とよび，午後ゆったりと休憩をとる習慣があるが，現代ではこの習慣は薄れている。(西南学院大)

(1) シエスタ

□7 ★★★ 1★★★ はアジア最大の国際観光客受け入れ国であるが，1970 年代末からの対外開放政策により，世界有数の国際観光客送り出し国にもなった。(立命館大)

(1) 中国(ちゅうごく)

OX □8 ★★★ 1970 年代以降，旅行などで海外に出国する日本人より，海外から日本に入国する外国人の方が多い状態が続いた。(センター〈改〉)

×
※ 1971 年以来，出国日本人が入国外国人を上回っていたが，外国人観光客の増加で 2015 年以降逆転している

□9 ★ 1★ 年に初めて年間 1,000 万人を突破した日本人海外旅行者数は，2002 年には約 1,652 万人に達した。(西南学院大)

(1) 1990
※1980 年には約 391 万人，2000 年頃以降は 1,600 ～ 1,800 万人台で停滞

□10 ★★ 地中海に面したフランス南東部のコートダジュールには，1★★，カンヌやモナコのモンテカルロなど有名なリゾート地があり，カンヌの 2★★ 祭，モンテカルロの自動車レースのようなイベントが多くの観光客を引きつけている。(札幌大)

(1) ニース
(2) 映画(えいが)
※(2)の最高賞パルムドールを２回とったのは今村昌平「楢山節考」と「うなぎ」

□11 ★★ 1★★ は，15 世紀末まで西方イスラーム文化の中心として栄えたコルドバの歴史地区をはじめとして，観光資源に富んだ国である。(立命館大)

(1) スペイン
※グラナダにあるアルハンブラ宮殿もイスラーム文化

□12 ★★ スペインのカタルーニャ地方の中心都市 1★★ にある建築家アントニオ ＝ ガウディの代表作 2★ (聖家族) 教会は多くの観光客を集めている。(札幌大)

(1) バルセロナ
(2) サグラダ ＝ ファミリア

□13 ★★★ 1★★★ 〈国名〉の世界文化遺産の数は，国別で最多であるうえ，北部の山岳地帯やリヴィエラ海岸など数多くのリゾート地がある。(立命館大〈改〉)

(1) イタリア
※松本隆・大瀧詠一コンビの名曲に「冬のリヴィエラ」

□14 ★★★ 世界遺産に関わる国連の専門機関の英字略称は 1★★★ で，その本部は 2★★ にある。(立命館大)

(1) UNESCO
(2) パリ
※正式名称は国連教育科学文化機関

□15 ★★ 世界遺産条約には，日本からは，北海道の [1★★]，鹿児島県の [2★★]，[3★★]・[4★★]（順不同）にまたがる白神山地，東京都の [5★★] が自然遺産として登録されている。（松山大〈改〉）

(1) 知床（しれとこ）
(2) 屋久島（やくしま）
(3) 秋田県（あきたけん）
(4) 青森県（あおもりけん）
(5) 小笠原諸島（おがさわらしょとう）

□16 ★★ 日本では観光資源の活用として，1987 年の [1★★] 法の制定をきっかけに，農山村で大規模なリゾート開発が進められてきた。（松山大）

(1) 総合保養地域整備（そうごうほようちいきせいび）
※略してリゾート法ともいう。国土の乱開発や地価高騰を招いた

〇× □17 ★★★ 日本では，大規模なリゾート開発を実施するために財政支出を行った地元自治体に，膨大な財政赤字が残された例がある。（松山大）

〇

〇× □18 ★★★ 日本では，リゾート法に伴う大規模なリゾート開発の結果，国内旅行客が増加したため，海外への旅行客が減少した。（松山大）

×
※1980 年代後半から 90 年代にかけて海外旅行客は急増(2000 年代は停滞，2003 年に SARS 流行とイラク戦争の影響で落ち込む)

□19 ★ 日本政府は，外国人観光者を増やすため 2003 年から「[1★]キャンペーン」を展開，2008 年には [2★] を創設した。（松山大〈改〉）

(1) ビジット・ジャパン
(2) 観光庁（かんこうちょう）

□20 ★★ アジア諸国民に対する [1★★] 発給要件の緩和や円安傾向により，2012 年以降に訪日客が急増した。（予想問題）

(1) ［観光］ビザ（かんこう）
※訪日外国人数は，2013 年に 1 千万人，16 年に 2 千万人，18 年に 3 千万人を突破

□21 ★★ 交通機関の発達は，英語で [1★★] とよばれる観光形態を生み出した。それは観光の大衆化を促す一方で，パッケージ・ツアーのような画一的な観光になりがちであるという欠点ももつ。（西南学院大）

(1) マスツーリズム

□22 ★★ 大規模開発による観光資源の活用に対し，近年では自然資源や地域社会を保護しながら経済振興を図ろうとする [1★★] とよばれる観光が展開されるようになっている。（松山大）

(1) エコツーリズム

□23 ★★★ 都市部に生活する人々が，自然と人間との関わりを求めて自然の豊かな農山漁村に滞在し，地域住民との交流を楽しむ余暇活動を 1★★★ ツーリズムとよぶ。（札幌大〈改〉）

(1) グリーン
※特に農業体験に限定してアグリツーリズムともいう。エコツーリズムとの混同禁止！

□24 ★★ 映画やアニメーションなどの世界を疑似体験できる施設として 1★★ が世界中で人気を博している。（西南学院大）

(1) テーマパーク
※これについては君たちの方が詳しいだろう

□25 ★★★ 最近若者の間では，仕事をしながら現地の生活が体験できる 1★★★ 制度の利用が人気となっている。（西南学院大）

(1) ワーキングホリデー
※日本からは豪州･NZ･カナダが多い

6 余暇と観光に関する統計

□1 ★★★ 1★★★ は 2017 年現在，世界第 1 位の国際観光客を得ている国である。（立命館大）

(1) フランス
※観光収入ではアメリカ合衆国が上

□2 ★ 訪日外国人（短期滞在）の出身国･地域のうち最も多いのは 1★ である（2018 年）。（予想問題）

(1) 韓国（かんこく）
※おもに観光客。入国者全体では中国が上回る

○× □3 ★★★ 日本人の海外旅行先は，フランスが第 1 位だったが，近年は韓国がフランスを抜いて第 1 位になった。（センター）

×

□4 ★★ 2017 年の日本人の海外旅行先上位 4 ヵ国の順位は，1★★ → 2★★ →タイ→アメリカ合衆国である。
〈香港・マカオ・台湾・ハワイ・グアム・北マリアナ諸島を除く〉
（西南学院大〈改〉）

(1) 中国（ちゅうごく）
(2) 韓国（かんこく）
※ 1990 年代までは米国本土･ハワイなどが上位だった

STEP UP 九 さらに得点アップさせたい人のための ステップアップ問題

□1 ★ スペイン [1★] 地方では，米と具材を鍋で炊き込む [2★] が有名。（西南学院大〈改〉）

(1) バレンシア
(2) パエリア
※アラブ人が米作を移入

□2 ★ アラブ圏を中心に食される羊肉などを利用した串焼き料理は [1★] という。（西南学院大〈改〉）

(1) シシカバブ（シシュケバブ）
※豚肉は用いない

□3 ★★★ ロシアの民家 [1★★★] は，外気を遮断し，防寒・保温できるような特徴をもつ。（駒澤大）

(1) イズバ

□4 ★★ [1★★] 川河口の西方の沿岸部ラングドック＝ルシヨンはリゾート地として開発された。（西南学院大〈改〉）

(1) ローヌ

□5 ★ 只見川源流の高層湿原地帯として有名な [1★] では，植生保全などが行われている。（西南学院大〈改〉）

(1) 尾瀬（おぜ）
※(忘れても) 夏がくれば思い出す

□6 ★ ジャマイカはボブ＝マーリーらが広めた [1★] 音楽の発祥地である。（西南学院大〈改〉）

(1) レゲエ
※アフリカ音楽と米国のR&Bなどが源流

□7 ★ スペイン [1★] 地方の舞踏 [2★] は，手拍子に合わせたステップが特徴。（西南学院大）

(1) アンダルシア
(2) フラメンコ

□8 ★ 中国の黄土高原で，横穴を掘り，石やレンガなどを使用した住居を [1★] という。（西南学院大）

(1) ヤオトン

□9 ★ 少数民族が伝統的に行ってきた小規模な捕鯨を [1★] 捕鯨という。（福岡大）

(1) 先住民生存（せんじゅうみんせいぞん）

□10 ★ ネイティブ＝アメリカンの [1★] は，狩猟生活に適応したテント型住居。（西南学院大〈改〉）

(1) ティピ
※バッファローなどを追う

□11 ★ 北アフリカでは，練った小麦粉を蒸して，鶏・羊肉，野菜をのせた [1★] を食する。（西南学院大〈改〉）

(1) クスクス

ライオン VS トラ

スリランカでは, 民族間の対立が内戦となって長く続きました。2009 年にシンハラ人の政府軍が, タミル人側の反政府武装勢力「タミル・イーラム解放の虎（LTTE)」を鎮圧し, 内戦は終結しました。対立感情はすぐには消えませんが, 洗脳を受けた少年兵まで動員したテロと弾圧の応酬には一応の終止符が打たれたのです。**受験地理でもスリランカの民族対立は頻出!**（首都名スリジャヤワルダナプラコッテは入試には出ないからご安心を。)

シンハラ人 =（上座）仏教徒 = 多数派（政府側） = 南部（先住民族）
タミル人 = ヒンドゥー教徒 = 少数派（LTTE側） = 北部（インドから移住）

ところで, タミル人勢力はなぜ「トラ」を名乗ったのでしょうか。虎が古代タミル王朝（南インド）のシンボルだったことも影響していますが, それ以上に**ライオンへの対抗**という意味が強いのではないでしょうか。というのは, シンハラはサンスクリット語の「シンハ」, つまりライオンに由来するからです。スリランカの旧国名セイロンもシンハラ＝ドウィーパ（ライオンの島）の英語訛りだそうです。訛りすぎて, 原型が残っていないけど……（参考：『最新世界各国要覧』東京書籍)。

そういえば, **スリランカの国旗にもライオン**がいます。

この絵はライオンというよりも神社の狛犬みたいですね。それもそのはず, 狛犬の向かって右の阿形（あぎょう）は, 本当は「獅子（しし）」なのです（左の吽形（うんぎょう）が本来の「狛犬」)。

この「獅子」も, シンハを仏典経由で漢訳した語のようです。タイの「シンハービール」のラベルにもライオンが描かれています。シンガポールの「シンガ」も, シンハラと同語源。そういえば「マーライオン」がいますね。さらに,『ライオンキング』の主人公シンバの名は, スワヒリ語でライオンを意味します。スワヒリ語は, さまざまな言語が混ざってできた東アフリカの商用語です。

というわけで, **LTTE はライオンと戦うトラ**だったわけです。この戦い, 日本でもプロ野球のセ・パ交流戦でみることができます。

第4部 グローバル化する現代世界

GLOBALIZING TODAY'S WORLD

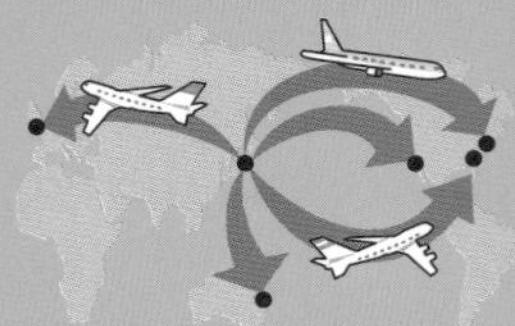

交通と通信

- まず，交通機関ごとの利点と欠点を整理しておこう。
- 貨物輸送では船舶が重要，私大では航路や内陸水路まで。
- インターネットは情報社会のあり方を大きく変えた。

1 原始交通と交通機関の発達

□1 ★★ 乾燥地域や高山地帯などの交通機関が整備されていない地域で，らくだなどの［1★］（荷をのせて運搬する使役動物）を利用する商人の集団を［2★★］という。（予想問題）

(1) 駄獣（だじゅう）
(2) 隊商（たいしょう）（キャラバン）
※駄獣はほかに牛・馬・ラバ・ヤク・リャマなど

□2 ★★★ 中国とヨーロッパを結んだ古代の隊商路［1★★★］は，洛陽や長安を出発し西域に入ると，［2★★］山脈や［3★★］砂漠を迂回するルートを通った。（慶應義塾大〈改〉）

(1) シルクロード
(2) テンシャン（天山）
(3) タクラマカン
※長安は現在のシーアン（西安）

□3 ★★ 旅客輸送において，近年では絶対距離ではなく［1★★］距離が重視されている。（中央大）

(1) 時間（じかん）
※所要時間で示す距離（高速化で短縮）

2 鉄道交通

□1 ★★★ ［1★★★］は産業革命以降に陸上交通の主役となったが，20世紀半ば頃から［2★★★］・［3★★★］（順不同）による交通が発達し，その相対的地位は低下した。（専修大）

(1) 鉄道（てつどう）
(2) 自動車（じどうしゃ）
(3) 航空機（こうくうき）

□2 ★ 日本で初めて鉄道が開通したのは，1872年の新橋～［1★］間である。（駒澤大）

(1) 横浜（よこはま）
※♪汽笛一声新橋を～（鉄道唱歌）

〇× □3 ★★★ アメリカ合衆国では単位重量当たりの輸送費が安いため，農産物の輸送を中心として，貨物輸送では鉄道が最も利用されている。（センター）

〇

〇× □4 ★ アメリカ合衆国では，主要な大陸横断鉄道は20世紀前半までに建設された。（関西学院大）

〇

	問題	解答
OX □5 ★★★	アメリカ合衆国では，大陸横断鉄道が国土の政治的・経済的統一に大きな役割を果たした。（関西学院大）	○
OX □6 ★★	北アメリカ大陸の大陸横断鉄道は，アメリカ合衆国の1路線，カナダの1路線の計2路線である。（関西学院大）	× ※ユニオン＝パシフィック鉄道など，19世紀の米国だけで5路線，カナダは20世紀にかけ4路線
□7 ★★	[1★★]〈国名〉の最初の鉄道（1836年開業）は，セントローレンス海路の起点に位置する商工業都市[2★★]を隣国の水系と結び，大西洋岸へ至るルートを形成した。（青山学院大〈改〉）	(1) カナダ (2) モントリオール
OX □8 ★★	ロシアのシベリア鉄道はモスクワとウラジオストク（ウラジヴォストーク）を結ぶ大陸横断鉄道である。（関西学院大）	○ ※狭義のシベリア鉄道は，モスクワではなくウラル地方のチェリャビンスクが始点
□9 ★★	バイカル湖付近でシベリア鉄道から分かれ，日本海岸に至る路線を[1★★]鉄道という。（予想問題）	(1) バイカル＝アムール（バム〔BAM〕）［別 第2シベリア］
□10 ★★	ザンビアの銅鉱石を輸出するため，カピリムポシをタンザニアの[1★★]と結ぶ[2★★]鉄道は，[3★]〈国名〉の援助により建設された。（予想問題）	(1) ダルエスサラーム (2) タンザン (3) 中国
□11 ★★★	[1★★★]〈国名〉の東南部の主要都市とインド洋に面する[2★★]を結ぶ東西横断鉄道は，世界最長の直線区間をもつ。2004年，北部準州の港湾都市[3★]までの南北縦断鉄道も全通した。（青山学院大〈改〉）	(1) オーストラリア (2) パース (3) ダーウィン
□12 ★★	東京・大阪間の鉄道所要時間は，1964年に[1★★]によって大幅に短縮された。（駒澤大）	(1) 東海道新幹線の開通
OX □13 ★★★	東アジアでは，日本以外の国・地域でも，高速交通網の基幹となる新幹線の建設が相次いだ。（センター）	○ ※台湾・中国など
OX □14 ★★	日本やフランスの高速鉄道の技術水準は世界的に評価されており，その技術は他国でも使われている。（関西学院大）	○ ※台湾・中国など

□15 ★★ 鉄道交通は，日本の新幹線や［1★★］〈国名〉のHST，［2★★］〈国名〉のTGVなど，都市間を高速で結ぶ手段として重要な役割を果たしている。（西南学院大）

(1) イギリス
(2) フランス
※ HSTはHigh Speed Trainの略

□16 ★★★ パリとロンドンの間は，［1★★★］トンネル（海底トンネル）の開通により片道約3時間に短縮された。（高崎経済大）

(1) ユーロ（ドーヴァー海峡（かいきょう）・英仏海峡（えいふつかいきょう））
※現在の所要時間は高速化により2時間15分

□17 ★★★ ［1★★★］海峡下を通過するユーロトンネルが建設され，水上交通を代替する鉄道国際輸送が可能になった。（西南学院大）

(1) ドーヴァー
※列車名はユーロスター

□18 ★★★ ［1★★★］〈国名〉では日本より早い1835年に鉄道が開業し，1991年には高速鉄道（英字略称［2★★］）が開業したが，その新線区間の1ヵ所は，ライン川とネッカー川の合流点にある商工業都市［3★］を起終点の一つとする約100kmである。（青山学院大）

(1) ドイツ
(2) ICE
(3) マンハイム

□19 ★★ フランスのTGVは，本国はもとより隣国［1★★］の国際赤十字本部のある都市［2★★］や，国際オリンピック委員会本部の位置するローザンヌを結んでいる。（高崎経済大）

(1) スイス
(2) ジュネーヴ

〇✕ □20 ★ 高速鉄道はすべて専用軌道をもっており，在来線に乗り入れるものはみられない。（関西学院大）

✕
※ミニ新幹線（秋田・山形）やKTX（韓国）など

〇✕ □21 ★ モノレールは初期建設費用が地上・地下の鉄道軌道よりも高額なため，あまり普及していない。（関西学院大）

✕
※占有面積が小さいうえ，高架化する場合の構造物が小規模で建設費は安い

〇✕ □22 ★★ 地下鉄が最初に建設された都市はニューヨークであり，地元ではこれをチューブとよんでいる。（関西学院大）

✕
※ニューヨーク➡ロンドン（1863），米国ではSubwayとよぶ

〇✕ □23 ★★ LRTはLong Rail Transitの略語であり，路面電車の路線を延長して都心と郊外を接続する旅客鉄道のことである。（関西学院大）

✕
※Long ➡ Light

□24 ★★ 紅茶の産地として有名なインド東部の避暑地［1★★］へ向かう［1★★］＝ヒマラヤ鉄道は，山岳鉄道の例である。（青山学院大）

(1) ダージリン
※インドの山岳鉄道群として世界遺産に登録

□25 ★★ アルプス山脈を越える鉄道路線としては，スイスと [1★★] の国境にあるシンプロン峠，[1★★] と [2★★] の国境にあるブレンナー峠を通るものが特に有名である。（青山学院大）

(1) イタリア
(2) オーストリア

□26 ★★ ペルーの鉱山鉄道は，銀・銅鉱山であるセロデパスコと，首都リマの外港でもある [1★★] を結んでいる。（青山学院大）

(1) カヤオ

□27 ★★ 世界最高地点を走る鉄道としては，2006年に開業した中国の [1★★] 省の省都シーニン（西寧）から [2★★] 高原を越えてチベット（西蔵）自治区のラサ（拉薩）を結ぶ [2★★] 鉄道があげられる。（青山学院大）

(1) チンハイ（青海）
(2) チンツァン（青蔵）

3 自動車交通

□1 ★★★ 自動車の大量生産は道路整備の進展とともに [1★★★] をおし進め，人々の行動範囲と機動性に大きな変化を与えた。（慶應義塾大）

(1) モータリゼーション

□2 ★★★ 高速道路の [1★★★] 付近には工業団地や流通センターの立地がみられる。（西南学院大）

(1) インターチェンジ

〇× □3 ★★★ 高速道路の建設により，大都市への生乳や生鮮野菜の供給圏は外に大きく拡大した。（國學院大）

〇

□4 ★ アメリカ合衆国で自動車の大量生産に初めて成功したメーカーは [1★] である。（慶應義塾大〈改〉）

(1) フォード
※フォードシステム＝①製品単一化と作業標準化，②分業化とベルトコンベアによる流れ作業

□5 ★★★ アメリカ合衆国では，交差点や信号のない [1★★] とよばれる高速道路網の整備が [2★★★] を進行させた。（和歌山大〈改〉）

(1) フリーウェイ
(2) モータリゼーション

〇× □6 ★ パンアメリカンハイウェイは総延長2万5千km以上である。（関西学院大）

〇
※南北アメリカ大陸をアラスカからアルゼンチン南端まで縦断する

〇× □7 ★ ヨーロッパの主要都市を結ぶ自動車専用道路はインターステートハイウェイとよばれる。（関西学院大）

×
※インターステートハイウェイは米国の高速道路

OX □8 ★★ アジアハイウェイはかつてのシルクロードに並行して建設されている。（関西学院大）

×
※南～西アジア間を中心に企画され，現在はアジア全域に及ぶ計画

□9 ★★ ドイツの高速道路網 1 ★★ は，一般道から料金所やゲートを通過することなく進入でき，隣国と結ばれている。（高崎経済大）

(1) アウトバーン
※1995年から大型トラックは有料

OX □10 ★★ ドイツのアウトバーンは，ヒトラーの経済政策によって建設が進められた。（國學院大）

○

OX □11 ★★★ アメリカ合衆国ではモータリゼーションに対応した店舗立地や生活行動が進んでいるため，旅客輸送では自動車が最も利用されている。（センター）

○

□12 ★★★ 1 ★★★ 〈国名〉では，経済格差の著しい南北を縦断する高速道路を「太陽の道」とよんでいる。（明治大）

(1) イタリア
※アウトストラーダ＝デル＝ソーレ

OX □13 ★★★ アフリカの熱帯地域には，ぬかるみやすい未舗装道路が多く，幹線道路網の整備が不十分である。（センター）

○
※熱帯雨林の密林（ジャングル）が広がっている地域の開発は困難である

□14 ★★ 日本の道路総延長は約128万kmで，アジアでは 1 ★★ ， 2 ★★ に次ぐ第3位である。ヨーロッパ（ロシアを除く）では 3 ★★ が約107万kmで第1位である（2015年）。（中央大）

(1) インド
(2) 中国（ちゅうごく）
(3) フランス
※インド約547万km，中国約458万km，世界一は米国約664万km

OX □15 ★ 日本の都道府県の中には，高速道路が通過していない県がまだある。（國學院大）

×
※1990年代までに全都道府県に開通

OX □16 ★★★ 日本の高速道路では，停車させずに通行料金を徴収できるETCシステムの導入が進んでいる。（國學院大）

○

OX □17 ★★★ ヨーロッパでは交通渋滞や環境問題に対応して，自動車の利用を抑制したり，路面電車の利用を促進する都市が現れた。（センター）

○
※ロンドンのロードプライシング制度など

□18 ★★★ 1 ★★★ 方式とは，自動車を郊外の駐車場に止め，鉄道・バスなどに乗りかえて都心部に向かうことをいう。（専修大）

(1) パークアンドライド

〇× □19 ★★★ ドイツでは，自動車部品のリサイクルや市内への自動車乗り入れ制限などが行われている。（センター）

〇
※フライブルクのパークアンドライドなど（8章 6 16 P.115 参照）

□20 ★ 貨物輸送は，次第にトラックを中心とした陸上輸送から海上輸送へ，あるいは軌道系交通システムへ転換する［1★］を推進していく必要がある。（専修大）

(1) モーダルシフト
※省エネルギーと二酸化炭素排出削減のため

4 船舶交通

□1 ★★★ スイス，フランス，ドイツ，オランダを貫流する国際河川［1★★★］はヨーロッパの重要な水上交通路である。（予想問題）

(1) ライン川（がわ）

□2 ★★★ ライン川はフランス最長の［1★★］川や黒海に注ぐ［2★★★］川などと，ほかの河川や運河によって結ばれている。（高崎経済大）

(1) ロアール
(2) ドナウ

□3 ★★ ドイツ国内で東から合流するライン川の大きな支流と，ドナウ川の支流が［1★★］運河によって結ばれている。（早稲田大）

(1) マイン＝ドナウ

□4 ★★★ ［1★★］運河は，［2★★］半島のドイツ領を横断し，［3★★★］海と北海を短絡する運河である。（福岡大）

(1) 北海（ほっかい）バルト海（かい）（キール）
(2) ユーラン（ユトランド）
(3) バルト

□5 ★★★ ヨーロッパ最長の［1★★★］川がドン川などと運河で結ばれたことにより，黒海から白海・バルト海までの航行が可能となった。（予想問題）

(1) ヴォルガ
※ヴォルガ＝ドン運河

〇× □6 ★★★ 五大湖の湖岸に立地する都市は，太平洋まで内陸水路で結ばれている。（センター）

×
※セントローレンス海路とセントローレンス川を通って大西洋と連絡している

□7 ★★★ ［1★★★］運河は，地中海と紅海，インド洋を結ぶ航路であり，1869 年にフランス人レセップスにより開削された。（福岡大）

(1) スエズ

問題	解答
□8 ★★ スエズ運河は完成後，[1★★]〈国名〉に管理されていたが，1956年からは[2★★]〈国名〉の管理下に置かれている。 (明治大)	(1) イギリス (2) エジプト ※ナセル大統領の国有化宣言が第二次中東戦争（スエズ戦争）を招く
□9 ★★★ [1★★★]運河は，南北アメリカ大陸の中央で太平洋と[2★★]海を連絡する重要な航路である。 (福岡大)	(1) パナマ (2) カリブ
□10 ★★★ レセップスは[1★★★]海と太平洋をつなぐパナマ運河の開削に着手したが，技術不足や資金難のため中断した。 (明治大)	(1) カリブ
□11 ★★★ パナマ運河は長い間，1914年に運河を完成させ永久租借権を得た[1★★★]〈国名〉の管理下にあったが，現在はパナマに返還されている。 (明治大)	(1) アメリカ合衆国（がっしゅうこく） ※1999年返還
○× □12 ★★★ 地球温暖化が進むことで北極海航路の利用が拡大する。 (国士館大)	○ ※季節により結氷域が縮小するため
□13 ★★★ 内陸の主要都市に対し，玄関口となる港湾を[1★★★]といい，代表的なものにサンパウロの[2★★]，キトの[3★]，リマの[4★★]，サンティアゴの[5★]，北京の[6★★]，ソウルの[7★★]などがある。 (明治大)	(1) 外港（がいこう） (2) サントス (3) グアヤキル (4) カヤオ (5) バルパライソ (6) テンチン（天津） (7) インチョン（仁川）
□14 ★★★ 2国間の貿易の際に，別の第三国の貿易業者が仲立ちをして経由する貨物が取り扱われる港湾を，[1★★★]貿易港という。 (中央大)	(1) 中継（ちゅうけい） ※ホンコン（香港）やシンガポール。両港のコンテナ取り扱い量は世界有数
□15 ★★ 港湾での荷役作業を合理化し高速化するためにコンテナ船が普及するとともに，広大な[1★★]が世界各地の港湾に建設された。 (福岡大〈改〉)	(1) コンテナ埠頭（ふとう）（コンテナターミナル）
□16 ★★★ オランダ西部に建設されたユーロポートが位置する都市は[1★★★]である。 (松山大)	(1) ロッテルダム

〇✕ □17 ★★★ ユーロポートはヨーロッパ最大の港であり，多くの観光客の玄関口となっている。（センター）

✕
※オランダのロッテルダム港の一部。貨物や資源の輸入港で，化学工業地域でもある

□18 ★ ロシアの［1★］港は，ノルウェーのナルヴィク港と並ぶ北極圏の不凍港として有名である。（関西大）

(1) ムルマンスク
※最北の不凍港はノルウェーのハンメルフェスト

〇✕ □19 ★★ 名古屋港は，自動車輸出が盛んであり，貿易港として日本で最も輸出入合計額が大きい。（日本大）

〇

〇✕ □20 ★★ 神戸港と横浜港は，港湾別コンテナ取り扱い量においていずれも世界の上位5位以内に入る。（関西学院大）

✕
※上位はシャンハイ（上海）・シンガポール・ニンポー（寧波）・シェンチェン（深圳）・プサン（釜山）（2018年）。日本は東京港の27位が最高

□21 ★★★ マレーシア・インドネシア間の［1★★★］海峡や，［2★★］北方沖のアデン湾ではタンカーへの海賊行為が頻発したが，近年は沈静化した。（予想問題）

(1) マラッカ
(2) ソマリア
※後者では自衛隊がジブチを拠点に監視活動

□22 ★★★ 国際海峡である［1★★★］海峡は，アジアとヨーロッパの間に位置し，［2★］海と黒海を結ぶ海上交通の要地である。黒海は，この［1★★★］海峡から［3★］海峡を経て，エーゲ海と結ばれている。（東京農業大〈改〉）

(1) ボスポラス
(2) マルマラ
(3) ダーダネルス

□23 ★★★ 世界の貨物品目は，トン数で表される海上荷動量の多い順に［1★★★］→鉄鉱石→石炭となる。（中央大）

(1) 原油（げんゆ）

□24 ★★ 石油などの液体物資には［1★★］，鉱石や穀物などの粒状物資には［2★★］など，用途に応じた輸送機材が用いられる。（西南学院大〈改〉）

(1) タンカー
(2) ばら積み船（づみせん）（バルクキャリア）

□25 ★★★ 一定の大きさに規格化された輸送容器の一つである［1★★★］は，ほかの輸送機関への貨物の積みかえを容易にした。（西南学院大）

(1) コンテナ

□26 ★★ コンテナ船の［1★★］化とともに，運航形態も従来の2国間直行型から，［2★★］港と称される特定の大型港湾を中心とするものに変化している。（中央大）

(1) 大型（おおがた）
(2) ハブ

□27 ★★ 世界の海運国の主要船主の多くが，規制が緩く，船舶に対する課税率が低い国に船籍を置き経費を節減しているため，1★★ は船舶保有数でトップである。これらの国に船籍を置く船を 2★★ 船という。(中央大〈改〉)

(1) パナマ
(2) 便宜置籍（べんぎちせき）
※第2位はリベリア，第3位はマーシャル諸島（2018年）

OX □28 ★★★ 日本では，船舶の運用コストを下げるために外国人船員の数を減らし，日本人船員だけで航海している船が増えている。(國學院大)

×
※外国人船員の方が人件費は安い

OX □29 ★ 日本国内では，旅客船による旅客数は年々減少し，航空旅客数の10分の1程度である。(予想問題)

×
※航空機：約1億人，旅客船：約9000万人程度。離島の生活を支える航路の旅客数は安定（ただし，人数に距離を乗じた輸送量〔人キロ〕では航空機が圧倒）

5 航空交通・その他の交通機関

OX □1 ★★★ 人々の国際的な移動・交流は，航空交通網が地球規模で拡大してきたことにより，船舶よりも航空機に大きく依存するようになった。(センター)

○

□2 ★★★ 航空路線の発達は，われわれの 1★★★ 距離の縮小をもたらした。(東海大)

(1) 時間（じかん）

□3 ★★★ 航空交通は高速であり，かつ，2地点間を最短距離で結ぶ 1★★★ 航路を飛行することができる。(西南学院大)

(1) 大圏（たいけん）（大円（だいえん））
※地球の中心を通る切り口（大円）に沿う

□4 ★★ 大型旅客機の機体やエンジン製造には巨額の投資が必要で高度に 1★★ 的であるが，国際 2★★ によって機材の技術的発展が可能となった。(慶應義塾大〈改〉)

(1) 知識集約（ちしきしゅうやく）（技術集約（ぎじゅつしゅうやく））
(2) 分業（ぶんぎょう）

□5 ★★★ 航空機産業ではアメリカ合衆国の 1★ 社と世界の市場を二分する 2★ の本社と最終組み立て工場がフランスの 3★★★ に立地する。(大阪産業大)

(1) ボーイング
(2) エアバス
(3) トゥールーズ

OX □6 ★★★ 世界の貨物輸送量に占める航空輸送貨物量の割合は，貨物専用航空機の大型化と便数の増加により，水上交通を上回るようになった。(センター)

×
※世界貿易の大部分は今日も船舶輸送

□7 ★★★ 貨物輸送では，航空機が [1★★★] 化し，航空輸送に適する [2★★★] 価値の高い貨物の割合が高くなることにより，航空機による輸送量が急速に伸びている。 (中央大)

(1) 大型（おおがた）
(2) 付加（ふか）

□8 ★★★ 日本の航空機による輸出額でトップを占めている品目は，[1★★★] などの電子部品である (2018 年)。 (中央大〈改〉)

(1) 半導体（はんどうたい）
※輸出は第 2 位科学光学機器・第 3 位電気計測機器。輸入は第 1 位医薬品・第2位半導体等電子部品・第 3 位事務用機器

□9 ★★★ ニューヨークからロンドンへ向かう航空便では，逆方向の便と比べて 1 便当たりの燃料費が低いが，これは [1★★★] の影響を受けるためである。 (慶應義塾大〈改〉)

(1) 偏西風（へんせいふう）(ジェット気流（きりゅう）)

□10 ★★★ 航空交通では，輸送機材を有効に利用するために，[1★★★] 空港に路線を集中させ，その周辺に行く際にはそこから乗りかえるシステムがとられる。 (西南学院大)

(1) ハブ

□11 ★★ 成田空港を発着する国際線の路線数を国別にみると，[1★★]・[2★★] (順不同) が圧倒的に多く，この両国と日本の結び付きの強さがうかがえる。 (青山学院大)

(1) 韓国（かんこく）
(2) 中国（ちゅうごく）

□12 ★★ アメリカ合衆国では，1970 年代に規制緩和が進んで [1★★] 〈英字略称〉が登場し低価格の航空運賃が普及した。 (東洋大〈改〉)

(1) LCC
※ Low Cost Carrier (格安航空会社)

□13 ★★★ 航空路線の結節点となる [1★★★] 空港の地位を得ようと，韓国では [2★★] に，[3★] ではランタオ島の北に大規模な空港が建設された。 (東海大)

(1) ハブ
(2) インチョン (仁川)
(3) ホンコン (香港)
※ホンコン(香港)はチェクラップコック空港。ほかにシンガポールのチャンギ空港など

□14 ★★ リゾート地は，空港の後背地人口が少なくても発着便数は多くなるが，そのような例としては，[1★★] 〈国名〉のデンパサルや [2★★] 〈国名〉のケアンズがあげられる。 (青山学院大〈改〉)

(1) インドネシア
(2) オーストラリア
※デンパサルはバリ島，ケアンズはグレートバリアリーフへの観光客が用いる空港

☐15 ★★★ ロンドン・パリ・[1★★★]・[2★★★]（順不同）はヨーロッパの4大国際ハブ空港都市として航空交通の拠点となっている。 （関西大〈改〉）

(1) アムステルダム
(2) フランクフルト
※ロンドンはヒースロー空港，パリはシャルル＝ド＝ゴール空港，アムステルダムはスキポール空港

☐16 ★★ 冷戦時代，日本からヨーロッパに向かう航空路線は旧ソ連上空を通過できないため，アラスカ州の交通都市[1★★]を経由していた。 （予想問題）

(1) アンカレジ
※日本人旅行者向けに立ち食いうどん店があった

☐17 ★★★ 石油やガスは陸上に敷設された[1★★★]で送る方法もとられ，大量輸送を可能にしている。 （東海大）

(1) パイプライン

6 情報通信技術

○× ☐1 ★★★ 光海底ケーブルの利用により大量の情報を送受信できるので，コンピュータ通信の発展に役立つ。（センター）

○
※大西洋・太平洋を何本ものルートで横断している。ほかに静止通信衛星も重要

○× ☐2 ★★★ 大陸間の海底ケーブル網の敷設密度は，経済活動の活発な国が多く存在する北半球の方が，南半球より高い。 （センター）

○

☐3 ★★ 大陸を越えた高速の情報伝達を可能とする手段のうち，海洋を経由するものは[1★★]，宇宙を経由するものは[2★★]である。 （慶應義塾大）

(1) 海底（かいてい）ケーブル
(2) 通信衛星（つうしんえいせい）

☐4 ★★★ 大陸をまたがってはりめぐらされた[1★★★]ケーブルや通信衛星によって，情報通信ネットワークの恩恵を受ける時代になった。 （慶應義塾大）

(1) 光（ひかり）ファイバー（海底（かいてい））

☐5 ★★ [1★★]通信などの技術によりブロードバンドの通信が可能となり，動画も配信できるようになった。（東海大）

(1) 光（ひかり）

☐6 ★ 地球の自転とは無関係に地球上空を周回するのが[1★]衛星，地球のまわりを自転と同じスピードで回るのが[2★]衛星である。後者は赤道上空の高度約[3★]kmの軌道上にあり，秒速3.1kmほどで飛行している。 （青山学院大〈改〉）

(1) 移動（いどう）
(2) 静止（せいし）
(3) 36,000
※地球の半径≒6,400kmより，$2\pi(6400+x)=3\times(3600\times24)$

〇✕ □7 ★ 衛星放送では，地上波の届きづらい山間部や離島などにも電波を届けることができる。（青山学院大）

〇
※衛星放送は1つの衛星でほぼ全国をカバーする。地上波は多くの中継局が必要

□8 ★★ アメリカ合衆国の科学衛星「 1★★ 」は，1972年に1号が打ち上げられ，これが世界最初の本格的な地球観測衛星となった。（青山学院大）

(1) ランドサット

□9 ★★ テレビの天気予報で目にする雲の動きは，日本の気象衛星「 1★★ 」が撮影した画像である。（青山学院大）

(1) ひまわり
※2019年現在，8号と9号を運用中

〇✕ □10 ★ 放送衛星の送信電力は，一般に通信衛星よりもはるかに小さい。（青山学院大）

✕
※放送衛星には，放送用に設計された高出力な衛星を用いる

□11 ★★ アメリカ合衆国の国家航空宇宙局の英字略称は 1★★ である。（青山学院大）

(1) NASA

□12 ★★★ 最近，世界各国のコンピュータ通信網をさまざまな回線を利用して相互に接続した巨大なコンピュータ通信網である 1★★★ 上の通信を超高速化する，新たな通信衛星の開発が進められている。（青山学院大）

(1) インターネット

□13 ★★ インターネットはもともと 1★★ 〈国名〉で 2★★ 上の必要性から開発されたものであるが，その後，学問研究に開放された。（専修大）

(1) アメリカ合衆国（がっしゅうこく）
(2) 国防（こくぼう）（軍事（ぐんじ））
※インターネットは1960年代に開発。1990年代に一般化

□14 ★★★ ITにより社会が大きく変化する動きを 1★★★ とよぶ。（中央大）

(1) IT（情報技術（じょうほうぎじゅつ））革命（かくめい）
※近年はCommunicationを加えたICT（情報通信技術）という表現が普及

□15 ★ ヨーロッパのCERNという研究所がWWW（ 1★ の略語）の技術を公開したことは，インターネット利用の爆発的な拡大の一因である。（慶應義塾大）

(1) World Wide Web（ワールドワイドウェブ）

□16 ★★★ 人口密度が低く，冬が長い 1★★★ 地域では，早くから携帯電話のような情報通信技術が普及した。（東海大〈改〉）

(1) 北（きた）ヨーロッパ
※2011年まで携帯電話シェア世界一だったノキア社はフィンランド企業

□17 ★★★ インターネット上の仕入れ注文システムや小売店での 1★★★ システムなどで，生産・販売者もコストの低下による便益を得る。（慶應義塾大）

(1) POS（販売時点情報管理）

□18 ★★ インターネットを使った 1★★ ショッピングや，衛星を使ったGNSSによる 2★★ システムにみられるように，欲しいときに欲しいだけ，モノや情報・サービスを手にすることが可能となる時代に入った。（慶應義塾大〈改〉）

(1) オンライン
(2) カーナビゲーション
※GNSS＝全球測位衛星システム

□19 ★★ 1★★ はGNSS（Global Navigation Satellite System）の一つで，主としてアメリカが運用しているものである。（北海学園大）

(1) GPS

□20 ★★★ 人工衛星や航空機を用いて地球を遠隔探査することを 1★★★ とよんでいる。（青山学院大）

(1) リモートセンシング

〇✕ □21 ★★★ 通信技術と時差を利用し，遠隔地間で連携しながら効率的に開発業務を行うソフトウェア産業が出現した。（センター）

〇
※インドのバンガロールなど

□22 ★★★ 現在の情報通信技術の世界標準をリードする 1★★★ 〈国名〉は，世界で最も早く高速通信回線のネットワークを構築してきた。（東海大）

(1) アメリカ合衆国

□23 ★★ 1★★ 〈国名〉は電話回線網も不十分で，ネーピードーへの首都移転でも通信インフラの遅れが問題となっていた。（東海大）

(1) ミャンマー
※民政移管後は通信環境が改善された

□24 ★★ インドでは私企業がつくる情報ネットワークは集積しているものの，生活関連 1★★ の整備が遅れている。（慶應義塾大）

(1) インフラ（インフラストラクチャー）

□25 ★★★ 情報技術を使う者と使わない者との間の情報格差と，そこから派生する社会的・経済的格差を 1★★★ といい，個人間や国家・地域間で生じる。（専修大）

(1) デジタルデバイド

〇✕ □26 ★★★ インターネットの普及に伴い，不正アクセスなどによる不法行為やコンピュータウイルスによる被害が国境を越えた問題となってきた。（センター）

〇

STEP UP 十

さらに得点アップさせたい人のための

ステップアップ問題

□1 ★ シルクロードの天山南路沿いにあるオアシス都市［1★］は，北方の「草原の道」との結節点ともなり，中華世界と遊牧世界の接点であった。（慶應義塾大〈改〉）

(1) トゥルファン
※現シンチヤンウイグル（新疆維吾爾）自治区

□2 ★ 天山南路と天山北路は，かつてティムール帝国の都でもあった世界遺産都市［1★］のあたりで合流する。（慶應義塾大）

(1) サマルカンド
※現ウズベキスタン

□3 ★ 貨物の輸送や工業の立地を考える場合は，時間距離のほかに［1★］距離も考慮する必要がある。（駒澤大）

(1) 費用（経済）

□4 ★★ ［1★★］県・［2★★］県（順不同）の県境にある碓氷峠を越える区間は，JR で最も急勾配の区間として知られていた。（青山学院大）

(1) 群馬
(2) 長野
※ 1997 年，長野新幹線（現北陸新幹線）開通により廃止

□5 ★ ライン川は，セーヌ川の支流の［1★］川との間に開削された運河によって，パリとも結ばれている。（早稲田大）

(1) マルヌ
※マルヌ＝ライン運河

□6 ★ 航空交通に関する規制緩和が進み，需要に応じて航空会社が路線・便数・運賃などを自由に判断できる［1★］協定を結ぶ国が増加している。（駒澤大）

(1) オープンスカイ

□7 ★ 航空交通では，1 つの定期便を複数の会社が運行する［1★］などにより，経営の効率化が図られている。（西南学院大）

(1) コードシェア

□8 ★★ 通信衛星を活用する目的で 1964 年に発足した機関は［1★★］（国際電気通信衛星機構）である。（慶應義塾大）

(1) インテルサット
※現在は事業部門の民間企業インテルサット社と，監督機関 ITSO に再編

□9 ★★ 日本における衛星放送には，放送衛星を利用する［1★］放送と，通信衛星を利用する［2★★］放送がある。（青山学院大）

(1) BS
(2) CS

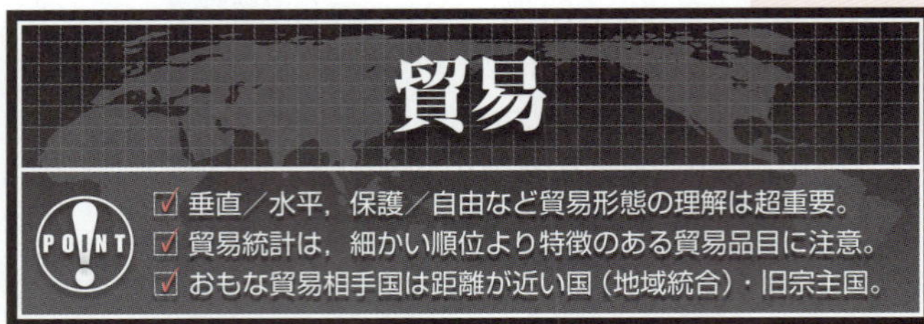

1 世界貿易の発達

□1 ★★ 中世ヨーロッパにおいて，北海・バルト海沿岸の商業・貿易都市による［1★★］が結成された。（予想問題）

(1) ハンザ同盟（どうめい）
※リューベク（ドイツ）など

□2 ★★ 大航海時代，ヨーロッパ人はおもに［1★★］の貿易を求めて東南アジアに進出した。（予想問題）

(1) 香辛料（こうしんりょう）
※香料貿易という

□3 ★ ラテンアメリカ・アフリカ大陸・ヨーロッパの3地域を結ぶ「大西洋の三角貿易」を通してラテンアメリカからヨーロッパに運ばれたのは砂糖・たばこ・綿花・［1★］などである。（東洋大〈改〉）

①コーヒー　②茶　③鉄鋼　④乳製品　⑤武器・衣類

(1) ①
※ヨーロッパからアフリカへ⑤，アフリカからラテンアメリカへ黒人奴隷が運ばれた

□4 ★★ 貿易は，自国に有利な生産物を重点的に生産し，それらを相互に補完し合う［1★★］によって成り立っている。（福岡大）

(1) 国際分業（こくさいぶんぎょう）

□5 ★★★ 国際分業には，ある工業製品の生産活動を分担する［1★］間分業や，互いに特色のある工業製品を輸出し合う［2★★★］（的）分業などがある。（北海学園大〈改〉）

(1) 工程（こうてい）
(2) 水平（すいへい）

□6 ★★★ ［1★★★］貿易に対し，自国の産業を育成する貿易を［2★★★］貿易という。（立命館大〈改〉）

(1) 自由（じゆう）
(2) 保護（ほご）

□7 ★★ 1945年に設立された［1★★］は，為替の安定化を通して，第二次世界大戦後の世界貿易の拡大と均衡に大きな役割を果たしている。（東海大）

(1) IMF（国際通貨基金）（こくさいつうかききん）

□8 ★★ 発展途上国の一次産品に対する貿易障壁の除去などを目的とした国連の常設機関の名称は［1★★］である。（中央大）

(1) UNCTAD（国連貿易開発会議）（こくれんぼうえきかいはつかいぎ）

OX □9 ★ GATT(関税と貿易に関する一般協定)は，加盟国が関税や輸入制限などの障壁を取り除いて貿易の拡大を図るために設けられた，国連の関連機関である。(獨協大)

×
※GATTは国連の下部機構であったが，関連機関ではない

□10 ★★★ 保護貿易による摩擦を防止し，貿易自由化のルールづくりを進める国際機関の名称は［1 ★★★］である。(中央大)

(1) WTO(世界貿易機関)

□11 ★★ 世界貿易機関は，その前身である［1 ★★］における［2 ★★］=ラウンドの終結を受けて，1995年に発足した。(立命館大)

(1) GATT(関税と貿易に関する一般協定)
(2) ウルグアイ

□12 ★ 世界貿易機関には約［1 ★］の国や地域が加盟している(2019年)。(立命館大)
① 10　② 30　③ 50　④ 100　⑤ 160

(1) ⑤
※164(2016年7月〜)

□13 ★★ 2001年，世界貿易機関(本部［1 ★］)は，カタールの首都［2 ★★］で，新しい多角的貿易交渉の開始について合意した。(立命館大)

(1) ジュネーヴ
(2) ドーハ

OX □14 ★★ WTOでは，モノだけでなくサービスの貿易や，知的財産権に関する国際ルールも扱われている。(明治学院大〈改〉)

○

OX □15 ★★ WTOがもつ国際貿易ルールとしての拘束力は，GATTに比べて強まったとはいえない。(明治学院大)

×
※強まった

OX □16 ★★ WTOでは，多くの発展途上国が加盟して交渉に参加するようになったため，関税引き下げをめぐって特に先進国と途上国の利害が対立し，交渉妥結が困難になっている。(獨協大)

○

OX □17 ★★ WTOでは農業分野での交渉が難航しており，各国の農業補助金の削減や上限関税率の設定の可否などにおける対立が解消されていない。(獨協大)

○

OX □18 ★ WTOでは，紛争処理手続きに向けたパネルの設置の決定とパネル報告の採択に加盟国の全会一致が必要とされるため，提訴は行われるものの紛争解決処理が進まない。(獨協大)

×
※パネル(紛争処理機関)の提訴に対し，全加盟国による反対がなければ採択されるというネガティブ=コンセンサス方式を採用

□19 ★★
［1★★］は2国間で自由貿易上の障壁を除去し経済的な結び付きを強める協定であり，［2★★］はそれに人材養成，情報通信技術，労働力移動などを含めた広範な経済協力である。（明治大）

(1) FTA（自由貿易協定）
(2) EPA（経済連携協定）

□20 ★★★
日本は限られた国との間だけに有効な自由貿易協定（日本では一般的に貿易以外にも対象を広げた［1★★］という用語を用いる）を締結することを避けていたが，ついに2002年に［2★★★］との間で2国間協定を締結した。（獨協大）

(1) EPA（経済連携協定）
(2) シンガポール
※シンガポールは農産物を輸出しないので交渉しやすい

□21 ★★★
日本はシンガポールに次いで2005年に［1★★★］とのEPAを発効。その後も東南アジア諸国，チリ，スイス，インドなどとのEPAを発効した。さらに2015年には［2★★］，2019年には［3★★］とのEPAを発効した。（予想問題）

(1) メキシコ
(2) オーストラリア
(3) EU（欧州連合）
※東南アジアとは国別EPAのほか，ASEANとの包括EPAも締結・発効

□22 ★★
TPP（環太平洋経済連携協定）は，2006年に発効したシンガポール・ブルネイ・ニュージーランド・［1★］によるEPAを基礎として，2010年に［2★★］・オーストラリア・ベトナム・ペルー・マレーシア，2012年にカナダ・メキシコ，2013年に［3★★］が参加した。しかし2017年には［2★★］が不参加を表明した。（松山大〈改〉）

(1) チリ
(2) アメリカ合衆国
(3) 日本

2 世界貿易の形態

□1 ★★★
発展途上国の輸出貿易は，農畜産物・鉱産物などのほとんど加工されていない商品である［1★★★］に依存することが多い。（予想問題）

(1) 一次産品

□2 ★★★
発展途上国が原材料や食料を輸出し，先進国が工業製品を輸出する貿易形態を［1★★★］，先進国の間で工業製品の輸出入をする貿易形態を［2★★★］という。（慶應義塾大）

(1) 垂直貿易
(2) 水平貿易

□3 ★★★ 先進国が工業製品を，発展途上国が一次産品を輸出する [1★★★] 分業は，アジア諸国の工業化によって互いに工業製品を輸出し合う [2★★★] 分業に移行した。 (予想問題)

(1) 垂直(すいちょく)
(2) 水平(すいへい)

□4 ★★★ 中南アフリカでは，輸出用の特定の一次産品に依存する [1★★★] 経済が形成されている。 (西南学院大)

(1) モノカルチャー

□5 ★★★ 国際分業が発達する中で，先進国と発展途上国との経済格差を意味する [1★★★] と，発展途上国のうち，資源国や新興工業国と，非資源国や貧困問題が深刻な国との格差を意味する [2★★★] などもみられる。(東洋大)

(1) 南北問題(なんぼくもんだい)
(2) 南南問題(なんなんもんだい)

□6 ★ 鉄鉱の開発や採掘にあたって，主要な鉄鋼生産国が，資本投下して鉄鉱の開発や採掘を支援し，長期契約で輸入する [1★] の傾向が強まっている。 (慶應義塾大)

(1) 開発輸入(かいはつゆにゅう)

□7 ★★ 発展途上国の輸出品を公正な価格で購入し生産者の生活や人権を守ろうとする [1★★] 運動が，先進国で広がりつつある。 (予想問題)

(1) フェアトレード

□8 ★★★ 原料・燃料などの乏しい日本では，原料などを輸入して製品を輸出する [1★★★] 貿易を発展させてきた。 (福岡大)

(1) 加工(かこう)

□9 ★★ 近年，おもにアジアにおいて同一産業内の工程が各国に分散し，素材・中間財（部品など）・完成品が行き交う，多国籍企業を担い手とした新しい [1★★] が進んでいる。 (予想問題)

(1) 国際分業(こくさいぶんぎょう)

○× □10 ★★★ 東南アジアの自動車工業は，原材料から最終製品までの生産において，国境を越えた工程間の分業によって発展した。 (共通テスト［試］)

○

□11 ★★ 完成品を輸出せず，各々の部品を輸出し，現地の企業に生産や販売を委託する形態を [1★★] 輸出という。 (北海学園大〈改〉)

(1) ノックダウン

3 貿易問題

□1 ★★★ 貿易を含むさまざまな活動が国境を越え，地球規模で行われるようになることを 1★★★ という。（予想問題）

(1) グローバリゼーション（グローバル化）

□2 ★★★ 貿易収支の不均衡が生んだ深刻な状況が引き起こす，貿易に関する関係国間の利害対立を 1★★★ とよぶ。（慶應義塾大）

(1) 貿易摩擦

□3 ★★★ 生産拠点の海外進出などによって国内生産拠点が衰退する現象を 1★★★ という。（慶應義塾大）

(1) 産業の空洞化

〇✕ □4 ★★ セーフガードとは，国内産業を保護するために輸入を制限する緊急措置である。（関西学院大）

〇

□5 ★★★ 複数の国に子会社や工場・事業所などを展開し，国際的な戦略のもとに生産・販売を行う大企業を 1★★★ という。（予想問題）

(1) 多国籍企業

〇✕ □6 ★★ ヨーロッパや日本の自動車会社は早くから国外に生産拠点を拡大し，その結果現地では多くの雇用が生み出された。（関西学院大）

〇

□7 ★★ 1985年以降の 1★★ により，日本の輸出競争力は低下した。（慶應義塾大）

(1) 円高
※同年（1985年）のプラザ合意がきっかけ

〇✕ □8 ★★ 1990年代以降は，自動車会社が国境を越えて提携する例が増加し，世界的な規模での企業の系列化や合併，資本参加が繰り返された。（関西学院大）

〇

□9 ★ 日本企業による 1★ を通じた中国での生産活動の拡大などにより，日中貿易は急速に拡大している。（西南学院大）

(1) 直接投資

□10 ★★★ アジアNIEsの一つ 1★★★ は，1997年にタイで始まった 2★★ により深刻な影響を受け，IMFの支援のもと，経済の開放，財閥の解体などの改革に取り組んだ。（西南学院大）

(1) 韓国
(2) アジア通貨危機

4 世界と日本の貿易

□1 ★★ [1★★] は輸出入とも電子機器が主力で，日本の集積回路輸入先として最大であるが，近年は [2★★]〈国名〉，特に沿岸部への投資額が増しており，経済的関係が密接になってきた。（西南学院大）

(1) 台湾（たいわん）
(2) 中国（ちゅうごく）

□2 ★★ 台湾や韓国は第二次世界大戦後，それまで輸入していた製品を国内で生産できるよう輸入 [1★★] 型の工業化を目標にしたが，国内での販売が伸びず，輸出 [2★★] 型の工業化へと方向を変えた。（西南学院大）

(1) 代替（だいたい）
(2) 指向（しこう）

□3 ★★★ イスラエルの輸出金額第2位の品目は [1★★] で，輸入金額の第2位でもあるが，これは [2★★★] という貿易形態の一例である（2017年）。（慶應義塾大）

(1) ダイヤモンド
(2) 加工貿易（かこうぼうえき）
※原石を輸入し，研磨・加工して宝飾品として輸出。インドやベルギーもダイヤモンド加工で有名

○× □4 ★★ トルコは，経済的結束を強めるため，ヨーロッパ連合（EU）と関税同盟を結んでいる。（関西学院大）

○

□5 ★★★ 日本の貿易相手国は，2007年の貿易総額において [1★★★] が [2★★★] を抜いて第1位となった。（慶應義塾大）

(1) 中国（ちゅうごく）
(2) アメリカ合衆国（がっしゅうこく）

□6 ★★★ 日本の貿易収支は2010年まで貿易 [1★★★] が続いていた。（成城大）

(1) 黒字（くろじ）
※2011年は，東日本大震災などの影響で1980年以来の貿易赤字となった

□7 ★★★ 中国に対する日本の貿易収支は [1★★★] 超過である（2017年）。（慶應義塾大）

(1) 輸入（ゆにゅう）

□8 ★★ 日本の対中貿易収支（ホンコン〔香港〕を除く）は，[1★★] になることが多い。（西南学院大）

(1) 赤字（あかじ）

□9 ★★★ 日本は，鉱産資源の鉄鉱石や [1★★★] の50%以上をオーストラリアに依存している。（福岡大）

(1) 石炭（せきたん）
※鉄鉱石58.2%，石炭61.3%（2018年）

5 世界と日本の貿易に関する統計

□1 ★★★ 2017年の輸出入額を合わせた貿易総額の第1位は [1★★★] で，その貿易収支は [2★★★] 超過であった。また，第2～4位は順に [3★★] → [4★★] →日本である。 (慶應義塾大)

(1) 中国（ちゅうごく）
(2) 輸出（ゆしゅつ）
(3) アメリカ合衆国（がっしゅうこく）
(4) ドイツ
※中・独は輸出超過，米・日は輸入超過

□2 ★★★ 貿易総額の国別順位をみると，輸出は第1位 [1★★★] →第2位 [2★★★] →第3位ドイツで，輸入は第1位 [2★★★] →第2位 [1★★★] →第3位ドイツである(2017年)。 (福岡大)

(1) 中国（ちゅうごく）
(2) アメリカ合衆国（がっしゅうこく）

□3 ★ マレーシアの最大貿易相手国は [1★] である(2017年)。 (法政大〈改〉)

(1) 中国（ちゅうごく）
※第2位シンガポール・第3位アメリカ

□4 ★★★ 日本の輸入品目の第1位は [1★★★] であり，貿易形態は [2★★] 貿易の傾向が強まっている(2018年)。 (慶應義塾大)

(1) 機械類（きかいるい）
(2) 水平（すいへい）
※ただし，2011～13年は石油(原油＋石油製品)が機械類を上回った

□5 ★★★ 日本の貿易港のうち，輸入額が最も多いのは [1★★★]，第2位は [2★★]，輸出額が最も多いのは [3★★] である(2018年)。 (予想問題)

(1) 成田国際空港（なりたこくさいくうこう）
(2) 東京港（とうきょうこう）
(3) 名古屋港（なごやこう）

□6 ★ 関西国際空港で貿易額が最も多い輸入品目は [1★] である(2018年)。 (明治大)

(1) 医薬品（いやくひん）
※以下，通信機，集積回路など

□7 ★★★ 日本のおもな魚介類輸入相手国はBRICsの [1★★★]，たら類の多い [2★★]，養殖さけ・ます類の多い [3★★★] などである(2018年)。 (法政大〈改〉)

(1) 中国（ちゅうごく）
(2) アメリカ合衆国（がっしゅうこく）
(3) チリ

□8 ★★★ 日本の木材輸入相手国第3位は，BRICsの [1★★★] である(2017年)。 (法政大〈改〉)

(1) ロシア
※第1位カナダ・第2位米国

□9 ★★★ 日本の液化天然ガス輸入相手国はオーストラリア・ [1★★★]・カタールが第1～3位を占める(2018年)。 (福岡大〈改〉)

(1) マレーシア
※以下ロシア・インドネシア

□10 ★★★ 日本の鉄鉱石の最大の輸入相手国は 1★★★ , 第2位は 2★★★ で, 1★★★ はその埋蔵量が世界第1位である。第5位の 3★★★ は, 1947年に独立を果たした(2017年)。(中央大)

(1) オーストラリア
(2) ブラジル
(3) インド
※第3位カナダ・第4位南アフリカ共和国

□11 ★★★ 日本の石炭の輸入相手国第1位の 1★★★ , 第5位の 2★ は, いずれも首都が国内最大の人口をもつ都市ではない。第2位は 3★ である(2018年)。(中央大〈改〉)

(1) オーストラリア
(2) カナダ
(3) インドネシア
※第3位ロシア・第4位米国。日本は中国・インドと並ぶ石炭輸入大国

□12 ★★ 日本のダイヤモンドの輸入相手国第1位は, BRICsの 1★★ である(2018年)。(法政大〈改〉)

(1) インド
※第2位以下は, ベルギー・ホンコン(香港)・イスラエル

□13 ★★★ 日本のコンピュータの輸出先は 1★★★ が約34%, 輸入先は 2★★★ が約75%を占めている(2017年)。(西南学院大)

(1) アメリカ合衆国(がっしゅうこく)
(2) 中国(ちゅうごく)

□14 ★★ 日本の中国からの輸入品目は, 金額ベースで第1位が 1★★ , 第2位が 2★★ となっている(2017年)。(慶應義塾大)

(1) 機械類(きかいるい)
(2) 衣類(いるい)
※機械類＝電気機械＋一般機械(『世界国勢図会』による)

☞ 日本の貿易については第24章 5 も参照(P.424)

STEP UP 十一 さらに得点アップさせたい人のための
ステップアップ問題

□1 ★ FTAの効果として, 域内の貿易自由化が進み貿易が拡大する 1★ 効果と, 域外からの輸入が抑制され経済が非効率化する 2★ 効果がある。(早稲田大)

(1) 貿易創出(ぼうえきそうしゅつ)
(2) 貿易転換(ぼうえきてんかん)

□2 ★ グローバル化のもとでは, 市場競争の結果として形成された事実上の標準 1★ が国際的な規格となることが多い。(予想問題)

(1) デファクトスタンダード

□3 ★ 2002年に内戦が終結し, 近年では原油の産出量と輸出量が増加したため, 2007年にOPECに加盟した南西アフリカの国は 1★ である。(日本女子大)

(1) アンゴラ

国家と国家群

☑ 世界の国境線は，面倒でも常に地図で確認しながら。
☑ 最近話題の多い日本関連の領土紛争をマークしておこう。
☑ EUは必ず出る！　私大では細かい事項まで研究せよ。

1 国家と領域

□1 ★ 国家の三要素とは［1★］・［2★］・［3★］（順不同）である。（近畿大）

(1) 国民（こくみん）
(2) 主権（しゅけん）
(3) 領域（りょういき）

□2 ★ ［1★］とは，他国の干渉を受けることなく国家を統治するための最高の権力であり，これをもつ国を［2★］という。（福井大）

(1) 主権（しゅけん）
(2) 主権国家（しゅけんこっか）（独立国（どくりつこく））

□3 ★★★ 国家は中央政府と地方政府との間の力関係により，［1★★★］国家と［2★★★］国家とに分類できる。ドイツ・スイス・カナダなどは［2★★★］国家である。（中央大〈改〉）

(1) 中央集権（ちゅうおうしゅうけん）
(2) 連邦（れんぽう）

□4 ★★ 植民地・従属国を領有・支配する本国を［1★★］とよぶ。（福井大）

(1) 宗主国（そうしゅこく）

□5 ★★★ 1997年に中国に返還された植民地は［1★★★］であるが，［2★★★］がこの植民地を獲得した契機は［3★］戦争である。（福井大）

(1) ホンコン（香港）
(2) イギリス
(3) アヘン

OX □6 ★★★ シンガポールはかつてイギリスの植民地であった。（関西学院大）

○
※マレーシア連邦の一員として独立，のち分離

OX □7 ★★★ 東ティモールはかつてスペインの植民地であった。（関西学院大）

×
※旧ポルトガル領

OX □8 ★★★ カンボジアとモロッコはかつてフランスの植民地であった。（関西学院大）

○

OX □9 ★★★ インドとミャンマーはかつてイギリスの植民地であった。（関西学院大）

○

OX □10 ★★★ アフリカにはかつてイタリアの植民地があった。（関西学院大）

○
※リビア・エリトリア・ソマリア（一部）は旧イタリア領

OX □11 ★★ イベリア半島南端に位置するジブラルタルは，フランス領である。（関西学院大）

×
※イギリス領

OX □12 ★★★ 南アメリカにはかつてドイツの植民地があった。（関西学院大）

×
※南米の旧植民地は，大部分がスペインまたはポルトガル領

OX □13 ★★★ ミクロネシアでは，現在でもアメリカ合衆国に防衛や外交を委ねて財政援助を受けている国・地域がみられる。（センター）

○
※パラオ・ミクロネシア連邦・マーシャル諸島など

OX □14 ★★ グアムはアメリカ合衆国領である。（関西学院大）

○

□15 ★★ 自治領として北大西洋のフェロー諸島，国土としてグリーンランドをもつ国は［1★★］である。（松山大）

(1) デンマーク

□16 ★★★ 国家の主権が及ぶ範囲を［1★★★］といい，［2★★★］・［3★★★］（順不同）と，その上空にあたる［4★★★］に区分される。（専修大）

(1) 領域（りょういき）
(2) 領土（りょうど）
(3) 領海（りょうかい）
(4) 領空（りょうくう）

OX □17 ★★★ 領空には宇宙空間も含まれるので，スペースシャトルのような宇宙空間を飛行する物体についても，通過には領空所有国の許可が必要である。（近畿大）

×
※領空は大気圏内までとされる。ゆえに航空機は許可が必要

□18 ★★★ 自国の水産資源や海底の鉱物資源を保護する目的で，沿岸国は［1★★★］の幅を広げたり，沿岸から200海里の範囲に［2★★★］を設定するなどの動きが強まった。そのため，1994年には［3★★］が発効し，［1★★★］の範囲は［4★★］海里が原則とされた。（成城大）

(1) 領海（りょうかい）
(2) 排他的経済水域（はいたてきけいざいすいいき）(EEZ)
(3) 国連海洋法条約（こくれんかいようほうじょうやく）
(4) 12

OX □19 ★★★ 国連海洋法条約では，深海底の資源開発や沿岸国の資源利用の原則について定められている。（センター）

○
※排他的経済水域(EEZ)，200海里や大陸棚の範囲について定めている

□20 ★★ 船舶の航行や漁業が自由にできる海域を［1★★］という。（成城大）

(1) 公海（こうかい）
※公海を自由に航海しないと後悔する

□21 ★★★ ヨーロッパで国土面積の小さい国は，小さい順に，世界最小国 [1★★★]，観光地のモナコ，イタリア領に囲まれた [2★]，アルプス山脈の [3★]，島国マルタ，ピレネー山脈のアンドラなど。 （近畿大〈改〉）

(1) バチカン市国
(2) サンマリノ
(3) リヒテンシュタイン
※バチカン市国は0.44km²（東京ディズニーランドは0.51km²）

2 国境の形態

□1 ★★ 国境には，海洋・山脈・河川などに沿って設定される [1★★] と，経線・緯線などに沿って設定される [2★★] がある。 （成城大）

(1) 自然的国境
(2) 人為的国境

○× □2 ★★★ 中国とネパールの間には山岳による自然的国境がある。 （関西学院大）

○
※ヒマラヤ山脈

□3 ★★★ [1★★★] 川はミャンマーとラオス，[2★★] とラオスとの [3★★★] 的国境となっており，外国船舶の自由航行が認められる [4★★★] 河川である。 （立命館大）

(1) メコン
(2) タイ
(3) 自然
(4) 国際
※地形上，大船航行は困難

□4 ★★★ マレー半島と [1★★★] 島の間の [2★★★] 海峡は，[3★★★] 的国境として機能している。 （立命館大）

(1) スマトラ
(2) マラッカ
(3) 自然

○× □5 ★★★ ベトナムはかつて北緯38度線を国境として南北に分断されたが，現在は統一国家になっている。 （近畿大）

×
※38➡17。北緯38度線は朝鮮半島の休戦ライン

○× □6 ★ サウジアラビアとイエメンの国境にはルブアルハリ砂漠が広がっている。 （近畿大）

○

□7 ★★★ アラビア半島の南西岸とアフリカ大陸の北東岸との間に細長く伸びる [1★★] 海は，両岸の国々にとっての [2★★★] 的国境となっている。 （立命館大〈改〉）

(1) 紅
(2) 自然

□8 ★★ ウズベキスタンとカザフスタンの国境となる湖沼は [1★★] である。 （高崎経済大）

(1) アラル海

カザフスタン
アラル海
ウズベキスタン

○× □9 ★★ 黒海はウクライナとトルコの国境をなしている。 （近畿大）

○

□10 ★★ イスラエルとヨルダンの国境となる湖沼は 1★★ である。（高崎経済大）
(1) 死海（しかい）

□11 ★★ 人為的国境の例として，1★★ と 2★★ の間の北緯 22 度線，1★★ と 3★★ の間の東経 25 度線があげられる。（名古屋大）
(1) エジプト
(2) スーダン
(3) リビア

□12 ★★ ケニアとタンザニアの国境となる湖沼は 1★★ である。（高崎経済大）
(1) ヴィクトリア湖（こ）

○× □13 ★★ フランスとドイツの国境の一部にはセーヌ川が流れている。（近畿大）
×
※セーヌ➡ライン

□14 ★★ 自然的国境の一例である 1★★ は，ブルガリアとルーマニアの国境をなしている。（西南学院大）
(1) ドナウ川（がわ）

○× □15 ★★★ ドイツとポーランドの国境のほとんどが経線に沿う数理的国境である。（関西学院大）
×
※オーデル川・ナイセ川

○× □16 ★★ 湖沼国境の例として，スイス・ドイツ間があげられる。（近畿大）
○
※ボーデン湖

□17 ★★★ 自然的国境のうち，1★★★ と 2★★★ の間は 3★★★ 山脈，1★★★ とモロッコの間は 4★★ 海峡である。（名古屋大）
(1) スペイン
(2) フランス
(3) ピレネー
(4) ジブラルタル

□18 ★★★ 1★★★・2★★★（順不同）の間の自然的国境はドーヴァー海峡である。（名古屋大）
(1) イギリス
(2) フランス

○× □19 ★★★ スイスとイタリアの国境の一部にはアルプス山脈がそびえている。（近畿大）
○

○× □20 ★ 山脈国境の例としてチェコとポーランド間があげられる。（近畿大）
○
※スデーティ（ズデーテン）山脈

□21 ★★ アメリカ合衆国とメキシコの東部国境を設定する河川は 1★★ 川である。（成城大）
(1) リオグランデ

□22 ★★ アメリカ合衆国（ウィスコンシン州・ミシガン州）とカナダ（オンタリオ州）の国境となる湖沼は 1★★・2★★（順不同）である。（高崎経済大）
(1) スペリオル湖（こ）
(2) ヒューロン湖（こ）

□23 ★★★ 国境に関する図をみて，次の問いに答えよ。(関西大〈改〉)

問1 図Aのa国とb国の国境の大部分は [1★★★] 山脈の分水嶺であり，一方でc国とd国の国境の一部は [2★★] 湖上を通る。

(1) アンデス
(2) チチカカ

問2 図Bに示された大きな島は，東経141度線が基本となって東西の2ヵ国に分かれているが，このうち西側は [1★★★]〈国名〉の一部である。

(1) インドネシア
※ニューギニア島。西側はメラネシア系パプア人による反政府運動が続く

問3 図Cのe国とf国の国境は自然的国境で，大部分が [1★★★] 山脈である。しかし，その山脈中にある [2★] 公国は，両国により古くから領有権争いの対象となってきた。

(1) ピレネー
(2) アンドラ

問4 図Dのg国は東経25度線によって [1★★] と接しており，一方で南の国境は北緯 [2★★] 度線で設定されている。

(1) リビア
(2) 22
※南はスーダン

問5 図Eのh国とi国の国境は，ともにペクト（白頭）山に発するトマン（ツーメン）川と [1★★] にほぼ合致している。

(1) ヤールー川（鴨緑江・アムノック川）

問6 図Fのj国とk国の国境は，人為的国境である北緯 [1★★] 度線と自然的国境である五大湖によって設定されている。ただし，五大湖のうちで [2★★] 湖上のみは両国の国境線が通っていない。

(1) 49
(2) ミシガン
※西経141度線も人為的国境になっている

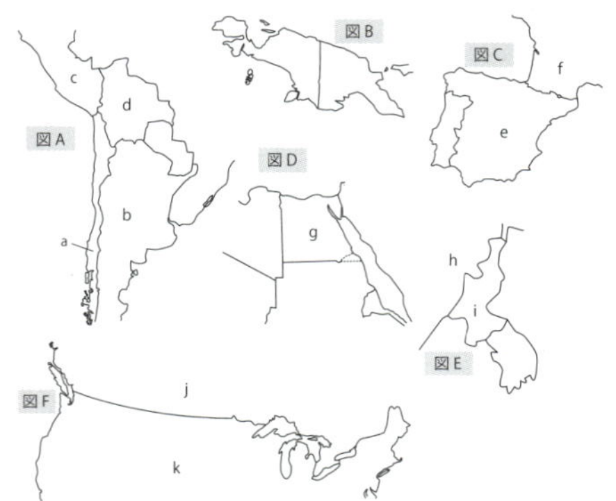

3 国境紛争

□1 ★★★ [1★★★] は水産資源や海底の資源の確保をめぐり，現在，中国・ベトナム・フィリピン・マレーシア，ブルネイなどの間で領有が争われている。（西南学院大）

(1) 南沙群島（スプラトリ諸島）
※海底に石油や天然ガスが豊富

□2 ★★★ カシミール地方は，[1★★★] とパキスタンが旧宗主国から分離独立した際，同地域を支配していた [2★★★] 教徒である藩王が，[3★★★] 教徒の多い同地域を [1★★★] に帰属させると決めたため，紛争が勃発した。（広島経済大）

(1) インド
(2) ヒンドゥー
(3) イスラーム

〇✕ □3 ★★ イラン・イラク戦争の原因の一つとして，シャトルアラブ川の領有をめぐる問題がある。（関西学院大）

〇

〇✕ □4 ★★★ アルゼンチンとイギリスは，フォークランド諸島の領有をめぐって争った。（関西学院大）

〇

4 日本の領域

□1 ★★★ 日本の領土面積はおよそ [1★★★] 万km² に及ぶ。（専修大）

(1) 38

〇✕ □2 ★ 日本の排他的経済水域の面積は，日本の領土の面積とほぼ等しい。（関西学院大）

✕
※排他的経済水域（領海を含む）は約 447 万 km²。領土は約 38 万 km²

〇✕ □3 ★★★ 日本は現在，いずれの隣国とも地続きの国境線を有していない。（近畿大）

〇
※すべて海洋国境

□4 ★★★ 日本の国土の最北端は [1★★★] 島（北緯 45 度 33 分），最南端は [2★★★] 島（北緯 20 度 25 分），最東端は [3★★] 島（東経 153 度 59 分），最西端は [4★★] 島（東経 122 度 56 分）である。（立命館大）

(1) 択捉（えとろふ）
(2) 沖ノ鳥（おきのとり）
(3) 南鳥（みなみとり）
(4) 与那国（よなぐに）
※(1)北海道，(2)・(3)東京都，(4)沖縄県に属する。中国は(2)を日本の領土と認めていない

□5 ★★★ 日本の抱える領土問題は [1★★★]・[2★★★]・[3★★★]（順不同）である。〈相手国も含めて答える〉（成城大）

(1) 北方領土（対ロシア）
(2) 竹島（対韓国）
(3) 尖閣諸島（対中国）

□6 ★★★ 日本はロシアに対して，最北端の［1★★★］島のほか，［2★★★］島・色丹島・歯舞諸島を日本固有の領土として返還するよう求めている。（立命館大）

(1) 択捉（えとろふ）
(2) 国後（くなしり）

□7 ★ 日本は1951年の［1★］平和条約で，千島（クリル）列島と［2★］の領有権を放棄しているが，これに北方4島は含まれない。（広島経済大）

(1) サンフランシスコ
(2) 南樺太（みなみからふと）

○× □8 ★★ 日本海西部に浮かぶ竹島は，周辺海域が海底油田の宝庫とされている。（近畿大）

×
※周辺海域は漁場として重要視されている

□9 ★★★ ［1★★★］（韓国では「独島（トクト）」と呼称）は島根県［2★★］諸島の北西約160km，韓国キョンサンブク（慶尚北）道［3★］島から東南東約90kmに位置する。（東海大）

(1) 竹島（たけしま）
(2) 隠岐（おき）
(3) ウルルン（鬱陵）

□10 ★★★ ［1★★★］は，八重山列島の［2★］島の北北西約150kmの東シナ海に位置する魚釣島を中心とする島嶼群で，［3★★★］上に位置する豊かな漁場であるほか，地下資源の埋蔵も確認されている。（東海大）

(1) 尖閣諸島（せんかくしょとう）
(2) 石垣（いしがき）
(3) 大陸棚（たいりくだな）

5 政治・軍事的結合

□1 ★★ 冷戦期にチャーチルが指摘した「鉄のカーテン」は，バルト海に面するシュチェチン（ポーランド）と［1★★］海に面するトリエステ（［2★★］）を結ぶラインである。（立命館大）

(1) アドリア
(2) イタリア

□2 ★★★ ［1★★★］は，アメリカ合衆国を中心とする欧米の資本主義諸国によって1949年に結成された集団防衛機構である。（東海大）

(1) NATO（北大西洋条約機構）（きたたいせいようじょうやくきこう）
※本部はベルギーのブリュッセル

□3 ★ 1999年，チェコ・ハンガリーとともにNATO（北大西洋条約機構）に加盟したのは旧東欧諸国の［1★］である。（立命館大）

(1) ポーランド

□4 ★★ 旧ソ連・東欧諸国が中心となった軍事同盟を，［1★★］条約機構（WTO）という。（西南学院大）

(1) ワルシャワ

□5 ★ 1949 年に旧ソ連と東ヨーロッパ諸国との間で経済協力を目的に結成された 1★ は，1991 年に活動を停止した。（東海大）

(1) COMECON（経済相互援助会議）

□6 ★★★ 1991 年のソ連解体後，連邦構成国のうち 1★★★ 3 国（エストニア・ラトビア・リトアニア）を除いた 12 の共和国によって 2★★★ が組織された。（西南学院大〈改〉）

(1) バルト
(2) 独立国家共同体（CIS）

□7 ★★ 1964 年，パレスチナをイスラエルから奪還する目的で結成された 1★★ は，現自治政府の母体である。（松山大）

(1) PLO（パレスチナ解放機構）

6 EU の成立と発展

□1 ★★ 1947 年，のちのヨーロッパ統合のモデルとなった関税同盟が 1★★ 3 国によって結成された。（予想問題）

(1) ベネルクス
※ベルギー・オランダ・ルクセンブルク

□2 ★ 2 度の世界大戦を経験したヨーロッパは，1948 年 1★ プランによって OEEC を発足させた。（札幌大）

(1) マーシャル
※ OEEC ＝ヨーロッパ経済協力機構（のちの OECD）

□3 ★★ 今日の EU の起源となる 1★★ （正式名称 2★ ）は 3★★ 年，紛争の原因となっていた資源 4★★ · 5★★ （順不同）を共同管理下に置くことを目的に結成された。（獨協大〈改〉）

(1) ECSC
(2) ヨーロッパ石炭鉄鋼共同体
(3) 1952
(4) 石炭
(5) 鉄鉱石

□4 ★★ ECSC の設立は，フランスの外務大臣による 1950 年の 1★★ 宣言（ 1★★ プラン）にもとづいている。（予想問題）

(1) シューマン
※さらにその構想は「ヨーロッパ統合の父」ジャン＝モネ（フランスの実業家・政治家）にさかのぼる

□5 ★★★ ECSC 発足時には，1★★★ · 2★★★ · 3★★★ （順不同），及び 4★★ 3 国が参加した。（明治大〈改〉）

(1) フランス
(2) 西ドイツ
(3) イタリア
(4) ベネルクス

□6 ★★ 1958 年，1★★ と EURATOM が発足した。（名古屋大）

(1) EEC（ヨーロッパ経済共同体）
※ 1957 年のローマ条約

□7 ★★ EURATOMの日本語名称は 1★★ である。(札幌大)

(1) ヨーロッパ原子(げんし)力共同体(りょくきょうどうたい)

□8 ★★★ 1★ 年にECSC，EEC，EURATOMの3機関が統合し，2★★★ が発足した。(札幌大〈改〉)

(1) 1967
(2) EC(ヨーロッパ共同体(きょうどうたい))

□9 ★★★ 1★★★ 年に，2★★ · 3★★ (順不同)とともにEC(現EU)に最も早く加盟した北欧の国は 4★★ である。(明治大〈改〉)

(1) 1973
(2) イギリス
(3) アイルランド
(4) デンマーク

□10 ★★ ECには，1981年に 1★★ が加盟した。(名古屋大)

(1) ギリシャ

□11 ★★ 1970年代中期まで独裁政治や軍政が続いていた 1★★ · 2★★ (順不同)2ヵ国で議会制民主主義が確立されると，1986年にEC加盟が認められた。(明治大)

(1) スペイン
(2) ポルトガル

□12 ★★★ 1967年以降はECとして活動していたが，1★★ の発効に伴い，1993年から 2★★★ に改組·発展し，経済分野のみならず，共通外交や政治面での統合も目指している。(慶應義塾大)

(1) マーストリヒト条約(じょうやく)
(2) EU(ヨーロッパ連合(れんごう))
※マーストリヒトはオランダの町

□13 ★ マーストリヒト条約発効時(1993年)のEU加盟国12ヵ国のうち，国王を元首とする国は 1★ · 2★ · 3★ · 4★ · 5★ (順不同)の5ヵ国である。(成城大)

(1) イギリス
(2) オランダ
(3) スペイン
(4) デンマーク
(5) ルクセンブルク
※1995年加盟のスウェーデンも王国

□14 ★★ 1995年に，オーストリアとともに 1★★ · 2★★ (順不同)の2ヵ国がEUに加盟した。(明治大)

(1) フィンランド
(2) スウェーデン

□15 ★ EUの東方拡大を盛り込んだ2001年の 1★ 条約にもとづいて，2004年には新たに10ヵ国が加わった。(明治大)

(1) ニース

□16 ★★ EU には 1★ 年に 2★★ 3 国，東欧諸国（北から 3★★ ・チェコ・スロバキア・ 4★★ ・スロベニア），2 つの島国（ 5★★ ・ 6★★ (順不同)）が加わり，加盟国は 7★★ ヵ国に拡大した。（予想問題）

(1) 2004
(2) バルト
(3) ポーランド
(4) ハンガリー
(5) マルタ
(6) キプロス
(7) 25

□17 ★★ 2007 年 1★★ ・ 2★★ (順不同) の 2 国が加わって EU 加盟国は 27 ヵ国となり，その東端は 3★★ 海に達した。（慶應義塾大〈改〉）

(1) ルーマニア
(2) ブルガリア
(3) 黒（こく）
※ 2013 年クロアチア加盟

□18 ★ 2009 年には 1★ 条約が発効し，EU の権限が強化された。（慶應義塾大）

(1) リスボン

○× □19 ★★★ 域内で流通する工業製品や農産物に関税をかけて自国の産業を保護する必要があったため，1993 ～ 2013 年に EU 統合が進んだ。（共通テスト［試］）

×
※東欧革命による冷戦終結で東欧諸国が統合を望んだため（東方拡大）。実際は関税撤廃を進める

○× □20 ★★★ 21 世紀に EU 加盟を果たした国々の多くでは，1990 年前後まで社会主義体制が採用されていた。（センター）

○
※東欧諸国

○× □21 ★★★ 旧ユーゴスラビア諸国のうち 1 人当たり GNI（国民総所得）が低位である国々は，紛争や政治的に不安定な状態が続いてきたことも影響して，EU 未加盟のままである。（センター）

○
※旧ユーゴ 7 ヵ国のうち，EU 加盟国は北部のスロベニア・クロアチア（2019 年末現在）

○× □22 ★★★ ヨーロッパで 1 人当たり GNI（国民総所得）が高位の国々には，EU 加盟国と未加盟国が混在している。（センター）

○
※スイス・ノルウェー・アイスランドなどが未加盟

□23 ★★ EU に加盟していないヨーロッパの国のうち最も西に位置するのは 1★★ である。（学習院大）

(1) アイスランド

○× □24 ★★★ 2018 年 4 月現在の EU 加盟国は 28 だが，同年内にトルコの加盟が正式に決まった。（近畿大〈改〉）

×
※トルコ加盟問題は難航

□25 ★★★ トルコはNATOやOECDに属し，共通通貨をもつ巨大経済共同体 1★★★ への加盟を求めているが，国民の大半が 2★★★ 教徒で，イラン・パキスタンや中央アジア諸国と 3★ をつくるなど，アジア志向も強い。（首都大学東京〈改〉）

(1) EU（ヨーロッパ連合(れんごう)）
(2) イスラーム
(3) ECO（経済協力(けいざいきょうりょく)機構(きこう)）

□26 ★★ EUを1つの国とみなすと，総人口5億1100万人は世界第 1★★ 位，GDPの総計17兆3065億ドルは世界第 2★ 位を占める（2017年）。（学習院大）

(1) 3
(2) 2
※人口は中国・インド，GDPはアメリカに次ぐ

□27 ★★ ヨーロッパ連合（EU）の本部は 1★★ 〈都市名〉に置かれている。（西南学院大）

(1) ブリュッセル
※ベルギー

□28 ★★ ブリュッセルにはEUの執行機関である 1★★ の本部がある。（西南学院大〈改〉）

(1) ヨーロッパ委員会(いいんかい)
※ほかに政策決定機関のEU理事会など

□29 ★★ ヨーロッパ議会（本会議）が置かれた都市は 1★★ である。（慶應義塾大）

(1) ストラスブール
※フランス

□30 ★★ ヨーロッパ司法裁判所が置かれた都市は 1★★ である。（慶應義塾大）

(1) ルクセンブルク
※国名と同じ首都名

〇× □31 ★★ ドイツにはヨーロッパ中央銀行が置かれている。（関西学院大）

○
※フランクフルト

□32 ★★★ ECでは，関税同盟が完成した1968年に共通 1★★ 政策が策定されたが，数年後には「 2★ の山， 3★ の湖」と形容された余剰問題も生じた。また，域外からの輸入品に対する課徴金は 4★★★ の一因となった。（明治大）

(1) 農業(のうぎょう)
(2) バター
(3) ミルク
(4) 貿易摩擦(ぼうえきまさつ)

〇× □33 ★★ EUの共通農業政策では，域内の農家を保護するため，農産物価格が最も高い加盟国の生産価格に合わせて輸出価格が設定される。（近畿大）

×
※国際価格に合わせて設定

〇× □34 ★★★ EU域内では，共同市場などの経済統合だけでなく政治的統合も進められている。（センター）

○
※ヨーロッパ議会などの立法機関や行政機関も存在する

□35 ★★★ EUでは単一通貨 1★★★ が導入され，通貨統合が進められている。（成城大）

(1) ユーロ
※28ヵ国中19ヵ国が導入（2019年），経済の活性化を図る

〇✕ □36 ★★★ EU 域内では単一通貨が導入され，市場統合が進められた結果，加盟国間の所得格差も解消された。（センター）

✕
※解消できない南北格差がユーロ危機を，東西格差が大量の移民を生んだ

〇✕ □37 ★★ EU 内での通貨統合を目標と定めたのはマーストリヒト条約である。（國學院大）

〇

〇✕ □38 ★★ 単一通貨ユーロの流通が始まったのは 1990 年からである。（國學院大）

✕
※現金の流通は 2002 年から

□39 ★★★ 2001 年ギリシャがユーロを導入した時点の EU 加盟国 15 ヵ国中，ユーロ未導入だった国は［1★★★］・［2★★★］・［3★★★］（順不同）。（成城大〈改〉）

(1) イギリス
(2) スウェーデン
(3) デンマーク

〇✕ □40 ★★ ユーロ硬貨の片面のデザインは国によって異なる。（國學院大）

〇
※紙幣は欧州中央銀行が，硬貨は各国が発行

□41 ★★ ［1★★］協定とは，協定国間でパスポートの点検を廃止し自由な往来を可能にした取り決めであるが，一部の EU 加盟国は参加していない。（明治大〈改〉）

(1) シェンゲン
※キプロス・ブルガリア・ルーマニア・クロアチアは将来シェンゲン圏に入る予定。2015 年のパリ同時多発テロを受け，2021 年より欧州渡航情報認証制度（ETIAS）を実施

□42 ★★★ 2016 年 6 月に［1★★★］は EU から離脱すべきかどうかについて国民投票を実施した結果，EU 離脱支持が残留支持を上回った。（中央大）

(1) イギリス
※ 2020 年 1 月 31 日正式離脱，EU 加盟国は 27 に

7 その他の経済的結合

□1 ★★★ 1967 年，ベトナム戦争が激化する中でインドシナ半島の社会主義勢力に対抗するため，［1★★］・［2★★］・［3★★］・［4★★］・［5★★］（順不同）の 5 ヵ国によって［6★★★］が結成された。（西南学院大〈改〉）

(1) インドネシア
(2) マレーシア
(3) シンガポール
(4) タイ
(5) フィリピン
(6) ASEAN（東南(とうなん)アジア諸国連合(しょこくれんごう)）

□2 ★★★ 冷戦体制の崩壊後，1995 年に加盟した［1★★★］など社会主義体制をとってきたインドシナ諸国の参加で ASEAN は拡大した。（立命館大）

(1) ベトナム

□3 ★★ 1999年の [1 ★★] の加盟により，ASEANの加盟国は10ヵ国になった。（西南学院大）

(1) カンボジア

OX □4 ★★★ オーストラリアやニュージーランドもASEANに加盟し，政治や経済の面で東南アジア地域との連携を深めている。（センター）

×
※ASEANは東南アジア地域の国のみ

□5 ★★★ ASEAN内部では，いち早く工業化に成功してアジアNIEsの一員となった [1 ★★★] などと，内戦や軍事政権による政情不安から経済の混乱が続いた [2 ★★]（1999年加盟）などとの間の経済格差が大きい。（西南学院大）

(1) シンガポール
(2) カンボジア
※それぞれの1人当たりGNIは5万4,719ドルと1,297ドル（2017年）

□6 ★★ 1992年のASEAN首脳会議では，関税引き下げや域内貿易拡大と投資促進を目的とする [1 ★★] が合意された。（成城大）

(1) AFTA（ASEAN自由貿易地域）

□7 ★★ 2003年のASEAN首脳会議では，3つの柱からなるASEAN共同体の実現を目指すことが採択された。その3つの柱は2015年末に発足したASEAN [1 ★★] 共同体のほか，ASEAN [2 ★] 共同体・ASEAN [3 ★] 共同体（順不同）である。（慶應義塾大〈改〉）

(1) 経済
(2) 安全保障
(3) 社会・文化
※それぞれAEC，ASC，ASCC。ASCはのちに政治・安全保障共同体（APSC）に改称された

□8 ★★ アフリカでは2002年にアフリカ統一機構が発展的に解消され，新たに [1 ★★] が結成された。（東海大）

(1) AU（アフリカ連合）

□9 ★★★ 1989年に [1 ★★★] とアメリカ合衆国が自由貿易協定を結び，1994年には [2 ★★★] も加わって北米自由貿易協定（英字略称 [3 ★★★]）が成立した。（立命館大）

(1) カナダ
(2) メキシコ
(3) NAFTA

□10 ★ NAFTA加盟国の国民総所得の合計は，世界全体の国民総所得の約 [1 ★] %を占める（2017年）。（早稲田大）

(1) 28
※EUは約22%

□11 ★★★ [1 ★★★] は，1995年にアルゼンチン・ブラジル・ウルグアイ・パラグアイの南米4ヵ国によって設立され，域内自由貿易を推進している。（明治大〈改〉）

(1) MERCOSUR（南米南部共同市場）
※2012年ベネズエラ加盟，17年資格停止

□12 ★★★ 日本やアメリカ合衆国，オーストラリア，ロシアなども含むアジア太平洋地域の国々で構成されている［1★★★］は，地域内の自由貿易体制の維持・強化を目的として1989年に結成された。（東海大）

(1) APEC（アジア太平洋経済協力会議）
※オーストラリア（ホーク首相）の提唱

□13 ★ APECの掲げた［1★］という理念には，地域ブロックに分断される世界への懸念が反映されている。（予想問題）

(1) 開かれた地域主義

□14 ★ 2015年現在，ASEAN加盟10ヵ国のうち，APECに加盟していない国は［1★］・［2★］・［3★］（順不同）である。（青山学院大）

(1) カンボジア
(2) ミャンマー
(3) ラオス

□15 ★★ APEC，OAS両方の加盟国は，1人当たり国民総所得順にアメリカ合衆国→カナダ→［1★★］→［2★★］→［3★★］である（2016年）。（青山学院大）

(1) チリ
(2) メキシコ
(3) ペルー
※ OAS＝米州機構

8 資源における結合

□1 ★★★ 1960年，西アジア・アフリカ・南アメリカなどの石油輸出国が国際石油資本（メジャー）に対抗して［1★★★］を設立した。（関西大）

(1) OPEC（石油輸出国機構）

□2 ★★ 西アジアと北アフリカの産油国の間では1968年に加盟国の石油産業の発展を目指す［1★★］が結成された。（東海大）

(1) OAPEC（アラブ石油輸出国機構）
※ OPECは1960年結成。中米のベネズエラなどを含む

□3 ★★ OPECとOAPEC両方に加盟している国は，西アジアのアラブ首長国連邦・［1★★］・クウェート・サウジアラビア，北アフリカの［2★★］・リビアの6ヵ国である。（予想問題）

(1) イラク
(2) アルジェリア

□4 ★★★ OPEC加盟国のうち，OAPECに加盟していないのは西アジアの［1★★★］，中南アフリカの［2★★★］・アンゴラ・ガボン・赤道ギニア・コンゴ共和国，南アメリカの［3★★］・エクアドルの8ヵ国である（東南アジアの［4★★］は輸入が輸出を上回り，2009年にOPEC脱退。15年に再加盟したが16年再脱退）。（予想問題）

(1) イラン
(2) ナイジェリア
(3) ベネズエラ
(4) インドネシア
※イランはペルシア民族の国で非アラブ国

第4部 ▼グローバル化する現代世界 12 国家と国家群 7～8

□5 ★★ OAPEC 加盟国のうち OPEC に加盟していないのは，[1★★]・シリア・バーレーンの3ヵ国である。（予想問題）

(1) エジプト
※チュニジアは1982年脱退

9 国際協力

□1 ★★ [1★★]年，原加盟国[2★]ヵ国で設立された国際連合だが，2019年現在，加盟国は[3★★]ヵ国を数える。（獨協大）

(1) 1945
(2) 51
(3) 193

□2 ★★★ 国際連合において，地域紛争や軍事的な問題については，[1★★★]ヵ国の常任理事国を中心に構成される[2★★★]で討議される。（松山大）

(1) 5
(2) 安全保障理事会（あんぜんほしょうりじかい）
※常任理事国は米国・イギリス・フランス・ロシア・中国

〇× □3 ★★ 国際司法裁判所の本部はオランダのハーグにある。（関西学院大）

〇

〇× □4 ★★★ 国際連合の本部はアメリカ合衆国のニューヨークにある。（関西学院大）

〇

〇× □5 ★★ スイスは永世中立国であるため，国際連合には未加盟である。（関西学院大）

×
※国民投票の結果，2002年に加盟

□6 ★★★ 1961年には，世界の貿易拡大や低開発諸国の援助などを目的として先進国の間で[1★★★]が結成された。（東海大）

(1) OECD（経済協力開発機構）（けいざいきょうりょくかいはつきこう）
※通称「金持ちクラブ」

□7 ★★ 経済協力開発機構（OECD）は[1★]ヵ国で構成されており，本部は[2★★]〈都市名〉にある（2019年現在）。（西南学院大）

(1) 36
(2) パリ
※ほかにコロンビアが批准手続き中

□8 ★★ OECD の下部機構として第1次石油危機を契機に設立された[1★★]は，中長期的に安定的なエネルギー需給構造を確立させることを目的とする。（関西大）

(1) IEA（国際エネルギー機関）（こくさい・きかん）

□9 ★ OECD 加盟国のうち，APEC・NATO・EU のいずれにも未加盟の国は[1★]・[2★]（順不同）である（2019年現在）。（青山学院大）

(1) スイス
(2) イスラエル

□10 ★★ 通称世界銀行とよばれる 1★★ は，発展途上国の経済発展に対する支援を通して世界の貿易の発展と安定に貢献した。（東海大）

(1) IBRD（国際復興開発銀行）

□11 ★★★ 世界遺産条約を採択している国連機関は 1★★★ で，その本部は 2★★ 〈都市名〉に置かれている。（立命館大）

(1) ユネスコ（国連教育科学文化機関）
(2) パリ

□12 ★★★ 国際連合（UN）の本部は 1★★★ にあるが，専門機関の国連食糧農業機関（FAO）の本部は 2★ にある。〈いずれも都市名〉（西南学院大）

(1) ニューヨーク
(2) ローマ

○× □13 ★★ 世界保健機関（WHO）の本部はドイツのフランクフルトにある。（関西学院大）

×
※スイスのジュネーヴ

□14 ★★ EU 加盟国でサミット（主要国首脳会議）に参加しているのは 1★★ · 2★★ · 3★★ · 4★★ （順不同）である。（立命館大）

(1) イギリス
(2) フランス
(3) ドイツ
(4) イタリア
※ほかは日・米・加。近年は G 7（or 参加国が拡大した G20）の呼称が一般的

□15 ★ 第 1 回サミットは，1975 年 1★ 〈国名〉で開かれた。（予想問題）

(1) フランス
※ランブイエ。石油危機への対応が主要議題

□16 ★★★ 発展途上国と先進国との間の国際的な経済格差によって生じる問題を 1★★★ とよぶ。（中央大）

(1) 南北問題

□17 ★★★ 政府間ベースによる経済協力を 1★★★ といい，民間ベースでの経済協力には非営利団体＝ 2★★ などによる援助活動がある。（中央大〈改〉）

(1) ODA（政府開発援助）
(2) NPO

○× □18 ★★★ ODA は，発展途上国に投資するなどといった，政府が行う開発援助のことである。（関西学院大）

○
※ ODA ＝ Official Development Assistance

□19 ★★★ ODA 支出額の最も多い国は 1★★★ で，日本は第 2★ 位である（2017 年）。（予想問題）

(1) アメリカ合衆国
(2) 4
※第 2 位ドイツ，第 3 位イギリス（年次による順位変動に注意）

□20 ★ 国連はODAの対GNI比0.7%という目標を掲げているが，達成しているのは北ヨーロッパを中心とする7ヵ国のみで，日本の実績は約 1★ %である(2017年)。 (予想問題)

(1) 0.2
※GNI＝国民総所得

□21 ★★ 1★ は，外務省の下に置かれた日本のODA実施機関の一つで，技術・技能を有する若者をボランティア派遣する 2★★ などの事業を行う。 (予想問題)

(1) JICA(国際協力機構)
(2) 青年海外協力隊

○× □22 ★★★ 日本は西アジアや南アジアで起きた紛争の解決を図り，難民を積極的に受け入れ職業訓練を行っている。 (センター)

×
※日本は，ほかの先進国に比べ難民の受け入れに消極的である

○× □23 ★★★ 日本は多くの国と漁業協定を結び，太平洋での漁獲量管理と水産資源保護に取り組んでいる。(センター〈改〉)

○

STEP UP 十二 さらに得点アップさせたい人のための ステップアップ問題

□1 ★★ 複節国のうち，他国領土で分断された 1★★ の例は，カナダに分断された米国，コンゴ民主共和国に分断された 2★ ，アラブ首長国連邦に分断された 3★ など。 (近畿大〈改〉)

(1) 飛地国
(2) アンゴラ
(3) オマーン
※飛地をエクスクラーフェンという

□2 ★ 中央アジア一帯の安全保障確立を目指して2001年に結成されたSCO(上海協力機構)の主要な構成国は 1★ ・ 2★ (順不同)である。 (一橋大〈改〉)

(1) 中国
(2) ロシア
※ほかにカザフスタン・キルギス・タジキスタン・ウズベキスタン・インド・パキスタン

□3 ★ 1★ 計画により，EU内の大学生は域内の留学先大学での単位取得が可能になった。 (慶應義塾大)

(1) エラスムス

□4 ★ ラテンアメリカ諸国間で1981年に，域内の経済関係の強化を目指して 1★ が結成された。 (東海大)

(1) ALADI(ラテンアメリカ統合連合)

□5 ★ アメリカ合衆国は南北アメリカ大陸の自由貿易圏を包括する 1★ の創設を提唱している。 (立命館大)

(1) FTAA(米州自由貿易地域)

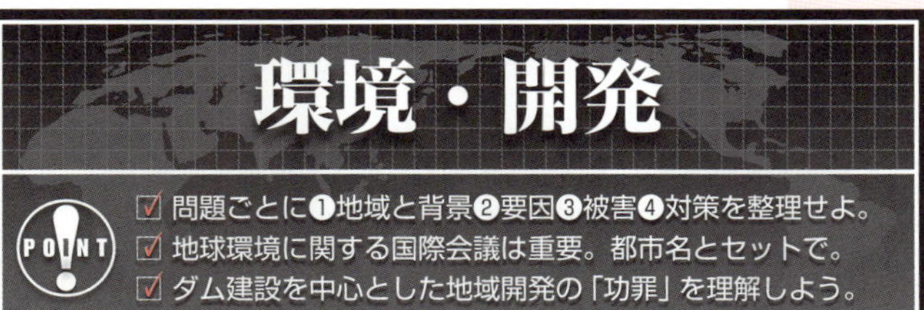

環境・開発
POINT
問題ごとに❶地域と背景❷要因❸被害❹対策を整理せよ。
地球環境に関する国際会議は重要。都市名とセットで。
ダム建設を中心とした地域開発の「功罪」を理解しよう。

1 地球温暖化

□1 ★★★ 地球から宇宙空間に放出されるエネルギーの一部を地球大気が吸収・反射する作用のことを［1★★★］とよぶ。（法政大）

(1) 温室効果（おんしつこうか）

□2 ★★★ 地表からは［1★★★］が大気中に放射され，大半は宇宙に放出されるが，一部は温室効果ガスに吸収されるため，地球の年平均地上気温は約［2★］℃に保たれてきた。（駒澤大）

(1) 赤外線（せきがいせん）
(2) 15

○× □3 ★ 温室効果が作用しなければ，地球表面の平均気温は氷点下になる。（法政大）

○

□4 ★★★ 温暖化に最も影響している［1★★★］をはじめ，赤外線吸収の割合を高める働きをしている気体を［2★★★］ガスといい，ほかにも［3★★★］，フロンなどが含まれる。（中央大〈改〉）

(1) 二酸化炭素（にさんかたんそ）(CO_2)
(2) 温室効果（おんしつこうか）
(3) メタン
※メタンの温室効果は二酸化炭素の約20倍あるが，排出量に差がある

○× □5 ★ サンゴ礁は，温室効果ガスの一つであるCO_2の固定化した姿でもある。（法政大）

○
※サンゴの骨格は炭酸カルシウム

□6 ★★★ 石炭や石油は［1★★★］燃料とよばれ，燃焼すると水だけでなく地球温暖化の原因となる［2★★★］も排出する。（中央大）

(1) 化石（かせき）
(2) 二酸化炭素（にさんかたんそ）(CO_2)

□7 ★★★ バイオエタノールは原料の生育過程で［1★★★］を吸収するため，燃焼させても結果的に大気中の［1★★★］濃度を高めない［2★］の性質をもつ。（明治学院大〈改〉）

(1) 二酸化炭素（にさんかたんそ）(CO_2)
(2) カーボンニュートラル

□8 ★ 20世紀の100年間で年平均気温は [1★] ℃上昇した。（関西大）

(1) 0.6
※最悪シナリオでは21世紀中に4.8℃上昇（IPCC第5次評価報告書）

□9 ★ 温暖化に伴う気温上昇によって大気中の [1★] が増えることになり，さらに温暖化を助長させる。（法政大）

(1) 水蒸気（すいじょうき）

○× □10 ★★★ 温暖化による海面上昇で海の蒸発量が増え，塩分濃度が上昇している。（センター）

×
※氷河が溶けると，塩分濃度はむしろ低下する

□11 ★★★ シベリアでは温暖化によって [1★★★] が融解し，地中に留まっていた温室効果ガスの [2★★] や CO_2 が放出され，それが温暖化を加速させる。（法政大）

(1) 永久凍土（えいきゅうとうど）
(2) メタン

□12 ★★★ 地球温暖化による [1★★★] は深刻な問題で，特に海抜の低いモルディブや [2★★] ではすでに国家存亡の危機が現実のものとなり始めている。（慶應義塾大）

(1) 海面上昇（かいめんじょうしょう）
(2) ツバル
※ツバルでは地下水層への海水流入により被害が生じており，国民の組織的移住を計画

□13 ★★★ 地球温暖化による海面の上昇で，ベンガル湾に面したガンジス川下流の広大な低地帯を抱える [1★★★] や，インド洋上の [2★★★] では国土の水没が心配されている。（東海大）

(1) バングラデシュ
(2) モルディブ

□14 ★ 日本では20世紀中に平均気温が約1℃上昇し，一部の [1★] 植物の分布地域が減少した。（広島経済大）

(1) 高山（こうざん）

○× □15 ★★★ 温暖化による降水量の変動で地震や火山活動が活発化している。（センター）

×
※温暖化は地球外部，地震・火山活動は地球内部で起こるので関連性はない

○× □16 ★★★ 温暖化により熱帯雨林が拡大し，硬葉樹林の一部が熱帯雨林化している。（センター）

×
※硬葉樹林は地中海性気候Csの植生。熱帯とは隣接しない

○× □17 ★★★ 地球温暖化に関連して，カリブ海ではハリケーンの発生頻度が増加し，規模が大型化する傾向にある。（関西学院大）

○
※2005年のハリケーン＝カトリーナなど

〇× □18 ★★ 地球温暖化に関連して，オーストラリアのグレートバリアリーフではサンゴの白化現象が観察される。 （関西学院大）

〇
※光合成でサンゴと共生する褐虫藻が水温上昇で逃げ出すと白化，戻らないとサンゴは死滅

〇× □19 ★★ 長江中流では，地球温暖化の影響による大幅な水位低下により船舶の航行に支障をきたしている。（関西学院大）

×
※干ばつの影響

□20 ★★ 地球温暖化により，熱射病の増加やハマダラカが媒介する［1 ★★］の流行なども危惧されている。 （立教大）

(1) マラリア

□21 ★★ 2007年に温室効果ガスによる気候変動の見通し，自然，社会経済への影響評価及び対策に関する第四次評価報告書を作成した機関は［1 ★★］〈英字略称〉である。 （慶應義塾大）

(1) IPCC
※気候変動に関する政府間パネル＝Intergovernmental Panel on Climate Change

〇× □22 ★★ IPCCは各国の研究者が政府の資格で参加し，地球温暖化問題について討議を行う公式の場である。（明治大）

〇

〇× □23 ★ IPCCは国連環境計画（UNEP）と世界気象機関（WMO）の共催により設置された機関である。 （明治大）

〇

〇× □24 ★★ IPCCは地球サミットの後に発足し，科学的評価によって地球サミット及び以降の活動を支えている。 （愛知大〈改〉）

×
※地球サミット（1992年）前の1988年に発足

□25 ★★★ 地球サミットでは多くの非政府組織（［1 ★★★］）との協力が大きく取り上げられた。 （広島修道大〈改〉）

(1) NGO
※ Non-Governmental Organization

□26 ★★★ 1992年に［1 ★★★］で開かれた地球サミットで［2 ★★］が採択され，1997年には［3 ★★★］で同条約の第3回締約国会議（COP3）が開催された。 （東京経済大）

(1) リオデジャネイロ
(2) 気候変動枠組条約（きこうへんどうわくぐみじょうやく）
(3) 京都（きょうと）

□27 ★★★ モルディブやセーシェルなどは，［1 ★★★］による［2 ★★★］の影響を受けて国土が失われる危険にさらされているといわれている。そのため［3 ★★］の締約国会議では，そのような国々が小島嶼国連合（AOSIS）を結成し，2005年に発効した［4 ★★★］にもとづいて先進国政府に取り組みの強化を求めている。 （法政大）

(1) 地球温暖化（ちきゅうおんだんか）
(2) 海面上昇（かいめんじょうしょう）
(3) 気候変動枠組条約（きこうへんどうわくぐみじょうやく）
(4) 京都議定書（きょうとぎていしょ）
※京都議定書は気候変動枠組条約の第3回締約国会議（COP3）で採択

□28 ★★★ 1997年には京都で [1★★] が開かれ，先進国の間で温室効果ガス排出量の削減目標が設定され，日本は2012年までに1990年の排出量に対し [2★★★] %の削減を義務づけられた。 (駒澤大)

(1) 気候変動枠組条約第3回締約国会議(COP3)
(2) 6
※ EU 8%，米国 7%

○× □29 ★★★ 京都議定書は日米などの先進国だけでなく，発展途上国の二酸化炭素削減の数値目標も設定した。(センター)

×
※先進国だけに設定

□30 ★★ 京都議定書は2005年の [1★★] の批准により，「[2★] ヵ国以上が批准し，批准国全体の温室効果ガス排出量が世界の排出量の [3★] %に達したとき」という要件が満たされ発効した。 (日本女子大)

(1) ロシア
(2) 55
(3) 55

□31 ★★★ 1997年には [1★★★] が採択され，温室効果ガスの削減目標が定められたが， [2★★★] は署名しながら批准を拒んだ。 (東海大〈改〉)

(1) 京都議定書
(2) アメリカ合衆国
※ブッシュ政権下で離脱を表明

□32 ★★ 2015年には [1★★] で開催された会議(COP21)において，気温上昇を抑えるための世界共通の長期目標を定めた [1★★] 協定が採択された。 (関西学院大)

(1) パリ
※アメリカ合衆国のトランプ大統領は2017年にパリ協定離脱を表明

□33 ★ OECD加盟国だが京都議定書の温室効果ガス削減義務国ではなかった [1★] は，パリ協定提出の自主目標として排出量37%削減(2030年)を設定，鉄鋼・石油化学・造船などの業界再編を迫られている。

(中央大)

(1) 韓国
※中国・インドも削減義務国でなかったがOECD未加盟(パリ協定の目標は設定した)

○× □34 ★★ ヨーロッパで環境税(炭素税)をいち早く導入したのは，地中海沿岸諸国であった。 (関西学院大)

×
※地中海沿岸諸国➡北欧諸国・オランダ

□35 ★ 日本では屋上 [1★] 化などの試みで地球温暖化に対応しようとしているが，目立った効果は現れていない。

(立命館大)

(1) 緑

□36 ★ 日本では，地球温暖化に対応した夏の服装の軽装化を [1★] とよんでいる。 (立命館大)

(1) クールビズ
※2005年，小池百合子環境大臣による造語

2 オゾン層の破壊

□1 ★★
フロンは［1★★］の噴射剤，［2★★］の洗浄，冷蔵庫・［3★★］の冷媒などに大量に使用されてきた。（駒澤大）

(1) スプレー
(2) 半導体［㊟電気・電子部品など］
(3) エアコン

□2 ★★★
［1★★★］を多く含む高度15～35km付近の大気の層がフロンガスによって破壊されると，有害な［2★★★］線の地上への到達量が増え，皮膚がんなどのリスクが高まる。（関西大）

(1) オゾン
(2) 紫外
※温暖化に関わるのは赤外線，混同注意

□3 ★★★
南緯60度以南の領域には人がほとんど居住していないが，産業活動によって放出された物質［1★★★］が原因となってできた［2★★★］の出現が，深刻な環境問題となっている。（明治大）

(1) フロン
(2) オゾンホール

□4 ★★
オゾン層の破壊への対策として1985年に［1★★］条約が［2★★］（英字略称UNEP）を中心に採択され，1987年の［3★★］議定書では国際的なフロンの規制が定められた。（駒澤大）

(1) ウィーン
(2) 国連環境計画
(3) モントリオール

○× □5 ★★
モントリオール議定書が規制対象としたのはフロンやハロンなどの物質である。（関西学院大）

○
※何度も議定書を改定して規制を強化

3 酸性雨

○× □1 ★★
中性の蒸留水のpHは7であり，それ以下になると酸性であるが，一般的には1.0以下を酸性雨という。（日本女子大）

×
※1.0 ➡ 5.6（自然の大気は，CO_2が溶けているため，通常の雨はやや酸性）

□2 ★★★
石炭・石油・天然ガスなどの［1★★★］の燃焼は二酸化炭素の発生を伴うが，同時に硫黄酸化物（SO_x）や窒素酸化物（NO_x）なども生じ，大気中で水分と反応して［2★★★］の原因となる。（中央大）

(1) 化石燃料
(2) 酸性雨
※大気中で水分と反応するとSO_xは硫酸，NO_xは硝酸になる

□3 ★★
化石燃料を燃やしたときに生じる［1★★］酸化物は大気中の水蒸気と反応して硫酸になり，［2★★］酸化物は硝酸になって雨や霧などとともに降ってくる。（駒澤大）

(1) 硫黄
(2) 窒素
※硫黄酸化物はSO_x，窒素酸化物はNO_xと表す

□4 ★★ [1 ★★]酸化物が主として火力発電所から排出される一方で，[2 ★★]酸化物はおもに自動車を排出源とし，光化学スモッグの原因物質でもある。（成城大）

(1) 硫黄（いおう）
(2) 窒素（ちっそ）

□5 ★★★ 大気汚染物質の一部は，EU 諸国にみられるように，[1 ★★★]に乗って周辺の国に酸性雨を降らせ，越境汚染問題を発生させる。（慶應義塾大）

(1) 偏西風（へんせいふう）
※西欧から東欧やスカンディナヴィア半島に越境

□6 ★★★ 1960 年代以降，工業化の進展したヨーロッパや北アメリカ北東部の[1 ★★★]周辺で，広く酸性雨が観測された。（駒澤大）

(1) 五大湖（ごだいこ）

□7 ★★★ 中国では石炭消費が急増し，その結果生じた酸性雨の原因物質は季節風や[1 ★★★]風に乗って日本や韓国にも降下している。（成城大）

(1) 偏西（へんせい）
※季節風は，冬の北西季節風のこと

○× □8 ★★★ スウェーデンやノルウェーなどでは海が酸性化し，沿岸の魚類が絶滅に近い状態になった。（國學院大）

×
※海➡湖沼。石灰の散布による中和が試みられた

□9 ★★ ドイツ南部にある人工の針葉樹林，[1 ★★]での酸性雨による森林被害はよく知られている。（成城大）

(1) シュヴァルツヴァルト（黒森（くろもり））

□10 ★★★ アテネの[1 ★★★]神殿やドイツの[2 ★]大聖堂などの歴史的文化遺産も酸性雨の被害を受けている。（成城大〈改〉）

(1) パルテノン
(2) ケルン
※大理石（炭酸カルシウム）が溶ける

○× □11 ★★ 日本での酸性雨調査結果によれば，これまでに森林・湖沼などの被害が報告されている欧米とほぼ同程度の酸性雨が観測されている。（日本女子大）

○

○× □12 ★★ 酸性雨はヨーロッパでは「緑のペスト」，中国では「空中鬼」とよばれている。（日本女子大）

○

□13 ★★★ スカンディナヴィア半島におけるヘリコプターによる湖への石灰の散布は，[1 ★★★]の大量消費を原因とした環境破壊への対応策である。（センター〈改〉）

(1) 化石燃料（かせきねんりょう）
※酸性雨の中和

□14 ★★ 1979 年には酸性雨について「[1 ★★]大気汚染に関する[2 ★★]条約」が締結されたが，効果は上がっていない。（専修大〈改〉）

(1) 長距離越境（ちょうきょりえっきょう）
(2) ジュネーヴ
※ヨーロッパを中心に米国・カナダなど 49 ヵ国が加盟

4 熱帯林の破壊

□1 ★★★ 熱帯での森林面積減少のおもな原因としては，先進国向け木材の採取・燃料用の［1 ★★］材の過剰な採取・農地開発・［2 ★★★］などがあげられる。（北海道大〈改〉）

(1) 薪炭（しんたん）
(2) 鉱産資源開発（こうさんしげんかいはつ）
［例 ダムや道路の建設・えび養殖池の建設］

○× □2 ★★★ 熱帯林が伐採される原因の一つは，1つの樹種で構成されていることが多いため，伐採し利用しやすいからである。（駒澤大）

×
※熱帯林は樹種が多様

○× □3 ★★★ 熱帯林の土壌はやせていて薄いため，熱帯林を伐採すると，森林の再生が難しい。（駒澤大）

○

○× □4 ★★★ 熱帯林の破壊の大きな原因は，先住民による伝統的な焼畑である。（駒澤大）

×
※本来は適切な休閑期を設けることで持続可能

□5 ★★★ 熱帯林の伐採に伴う森林の減少と土地荒廃は，温室効果ガスの一種である［1 ★★★］濃度の上昇につながる。（専修大）

(1) 二酸化炭素（CO_2）

○× □6 ★★★ 熱帯林は多様な動植物の宝庫なので，伐採すると貴重な生物種の絶滅につながる。（駒澤大）

○

○× □7 ★★★ 熱帯林の伐採のピークは1940年代以前であり，1950年代以降は保護されてきたため，再生が進んでいる。（駒澤大）

×
※むしろ破壊が深刻化している

□8 ★★★ 熱帯林の破壊は，南アメリカの［1 ★★★］川流域やアフリカのコンゴ川流域，及び東南アジアのインドネシアなどで特に顕著である。（福岡大）

(1) アマゾン

□9 ★★★ ブラジルのアマゾン川流域では［1 ★★★］とよばれる熱帯雨林が，伐採や農業開発の結果，次第に縮小している。（東海大）

(1) セルバ

○× □10 ★★★ アマゾン地域では農地開発のほか，道路建設も森林破壊をもたらしている。（関西学院大）

○

OX □11 ★★★ 1992年，リオデジャネイロで国連環境開発会議（地球サミット）を開いた国では，牧場開発を目的にした森林伐採や入植地造成により熱帯林の破壊が深刻である。（センター）

○ ※ブラジル

□12 ★★ 東南アジアの熱帯雨林では，第二次世界大戦後に合板の原料や建築材に使われる［1 ★★］材やラワン材の伐採が活発化し，森林減少の原因となった。（東海大）

(1) チーク

□13 ★★ 日本では，高度経済成長期に合板材・建築用材・パルプ用材などの需要が急速に高まり，時期順にフィリピン→［1 ★★］→［2 ★★］→パプアニューギニアなどから大量の木材を輸入した。（成城大）

(1) インドネシア
(2) マレーシア

OX □14 ★★★ マレーシアでは原木の輸出拡大を図るため，保全林とは別に，木材の生産を目的とする生産林を定めている。（センター）

× ※マレーシアは丸太輸出を規制

OX □15 ★★ 熱帯林で伐採された木材の主要な輸入国であった日本で，安価な国産の杉の生産が増えたため，東南アジア諸国は熱帯材の輸出先を日本からヨーロッパ諸国へ切りかえた。（駒澤大）

× ※国産材はコストが高い

□16 ★★ ［1 ★★］島は，インドネシアの中で最も急激に熱帯林が消滅している地域であり，［2 ★★］を栽培するための大規模プランテーション開発が1つの原因である。（法政大）

(1) スマトラ
(2) 油（あぶら）やし

OX □17 ★★★ カリマンタン島では木材利用や農地開発のために森林が大きく減少した。（関西学院大）

○

□18 ★★★ 1970年以降，［1 ★★★］・タイ・ベトナムなどの海岸部では輸出用［2 ★★★］の養殖池が造成され，マングローブの伐採と破壊が進んでいる。（成城大）

(1) インドネシア
(2) えび

□19 ★★ ハイチでは，［1 ★］と急激な都市化が原因で，2004年9月，［2 ★★］による豪雨が大規模な土石流と洪水をもたらし，4000人以上が死亡した。（慶應義塾大）

(1) 森林伐採（しんりんばっさい）
(2) ハリケーン

〇× □20 ★★★ 農地拡大を目的とした過剰な森林伐採が進んだ地域では，アグロフォレストリーによる食料生産と森林育成の両立などが必要とされる。（センター）

〇
※植栽木の間に作物を栽培し，環境保全に留意しつつ行われる農法

5 砂漠化

□1 ★★★ 砂漠化の人為的要因のうち，主要なものは 1★★★ ・ 2★★★ （順不同）である。（慶應義塾大）

(1) 過耕作（かこうさく）
(2) 過放牧（かほうぼく）［別 薪炭材（しんたんざい）の過剰伐採（かじょうばっさい）］

□2 ★★★ 乾燥地域では砂漠周辺の 1★★★ 地帯を中心に砂漠化が進んでいる。（慶應義塾大）

(1) ステップ

□3 ★★★ 砂漠化は， 1★★★ の侵食や塩性化から始まる。（立命館大）

(1) 土壌（どじょう）

〇× □4 ★★★ 過度の放牧で草地が裸地化すると，風で土壌が侵食される。（明治大）

〇

□5 ★★★ サハラ砂漠の南に続く 1★★★ 地方では，農地の過開発や過放牧によって砂漠化が進行しつつある。（東海大）

(1) サヘル

□6 ★★★ アフリカのサハラ砂漠の南縁に沿って，スーダンから大西洋岸の 1★ にかけて東西に細長く伸びる 2★★★ 地域では，砂漠化によって生じた難民が，西アフリカの商工業の中心として栄えた 3★★★ の大都市ラゴスの爆発的人口増加の一因となった。（慶應義塾大〈改〉）

(1) セネガル［別 モーリタニア］
(2) サヘル
(3) ナイジェリア

〇× □7 ★★★ アフリカのチャド湖では降水量が継続的に減少し，湖への水の流入量が減少，水位が低下した。（センター）

〇
※気候変動や砂漠化により降水量減少

〇× □8 ★★★ アマゾン盆地では熱帯林の過伐採によって砂漠化が進行している。（関西学院大）

×
※降水量が多く，砂漠化はみられない

□9 ★★★ 砂漠化は，サヘル地域だけでなく，北アメリカ大陸の 1★★★ 川流域（下流の 2★ 砂漠周辺など）や中国のタクラマカン砂漠及び 3★★ 砂漠周辺などでも確認されている。（福岡大〈改〉）

(1) コロラド
(2) モハーヴェ
(3) ゴビ

□10 ★★ インドの北西部には 1★★ 砂漠が分布し，その周辺でも砂漠化が進んでいる。 (慶應義塾大〈改〉)

(1) 大インド(タール)

○× □11 ★★★ 土壌の塩類化(塩性化)により穀物の栽培が困難になった地域では，大規模な灌漑施設の導入が必要とされる。 (センター)

×
※大規模な灌漑により土壌への塩類集積が進む

○× □12 ★★★ 先進国の森林を伐採して開拓した広大な畑では，降雨と流水により土壌侵食が進む。 (明治大)

○

□13 ★★★ オーストラリアの 1★★ 盆地では，スノーウィーマウンテンズ計画によって大規模な小麦生産が可能になったが，農地の半分は過剰な灌漑で起こる 2★★★ 化の被害にあっている。 (慶應義塾大)

(1) マリー(マーレー)ダーリング
(2) 塩性(塩類土)

○× □14 ★ 1992年にリオデジャネイロの「環境と開発に関する国連会議」で砂漠化防止のための議論が行われた。そして1994年に砂漠化防止条約が採択された。 (大東文化大)

○

6 その他の環境問題

□1 ★★★ 産業革命が始まった国の首都 1★★★ では，1952年にスモッグにより呼吸困難などの健康被害が多発した。 (東京経済大)

(1) ロンドン
※ smoke 煙 + fog 霧 = smog

□2 ★★ ポリ塩化ビニルを燃やしたときに発生する 1★★ には発がん性があるとされる。 (専修大)

(1) ダイオキシン

□3 ★★ 生態系の中に過剰に蓄積された 1★ などは，土壌・地下水・河川などを経て海へと流出するが，その過程で湖沼や海域の 2★★ 化や低層の貧酸素化をもたらし，生物多様性に重大な影響を与える。 (慶應義塾大)

(1) 窒素
(2) 富栄養

□4 ★★★ タクラマカン砂漠，ゴビ砂漠，ホワンツー（黄土）高原などの乾燥・半乾燥地域で，強風によって数千メートルの上空にまで巻き上げられた砂塵を 1★★★ という。 (神奈川大〈改〉)

(1) 黄砂

□5 ★ 黄砂の被害は甚大で，内蒙古やシンチャンウイグル自治区では特別に強い［1★］で多くの被害が出ることもある。（駒澤大）

(1) ダストストーム（砂塵嵐）

□6 ★★ 中国北部で大量に発生した自動車や暖房用ボイラーの排出ガスに由来する微小粒子状物質の略称は［1★★］である。（神奈川大〈改〉）

(1) PM2.5
※(1)には自然起源の黄砂なども含み近隣国に飛来

□7 ★★ 日本では，拡大造林政策によって天然林を大量伐採し，その跡地へ［1★★］して人工林を形成した。（法政大）

(1) 植林

□8 ★★ 世界遺産に指定された［1★★］島では，希少シダ類の群落が鹿の食害によってほとんど消滅した。（法政大）

(1) 屋久

□9 ★ 集落に近接し，人間が繰り返し利用することによって維持され，1つの生態系としても成り立ってきた［1★］の利用度の低下は，人間の居住地や農地への野生生物の近接をもたらしている。（法政大）

(1) 里山

7 日本の開発と環境問題

□1 ★★ ［1★★］海沿岸地域の洪水対策と干拓事業のため，1997年に潮受け堤防が閉じられ，水質悪化などの問題で沿岸漁民と国が争った。（駒澤大〈改〉）

(1) 有明

□2 ★ 千葉県の［1★］干潟では，埋め立てて高速道路を建設する計画があったが，住民などの反対運動により撤回された。（駒澤大〈改〉）

(1) 谷津
※ 9 12 (P.185) 参照

□3 ★ 沖縄県の［1★］島では，白保地区の新空港建設計画が自然保護の観点から撤回されたが，計画を変更したうえで着工，完成した。（駒澤大〈改〉）

(1) 石垣
※アオサンゴなどの生態への影響が注目された

□4 ★ 香川県の［1★］島には，大量の産業廃棄物が運び込まれ，それに対して島側が裁判を起こしたが，2000年に調停が成立し，現在は県による廃棄物処理が進められている。（駒澤大〈改〉）

(1) 豊

□5 河口部で揖斐川と合流する [1★] 川では治水・利水のために [2★] が建設され，1990年代半ばから運用されている。（明治大）
★

(1) 長良（ながら）
(2) 河口堰（かこうぜき）

□6 群馬・福島・新潟にまたがる [1★★] は，本州では最大規模の高層湿原であるが，この開発反対運動は日本の自然保護運動の原点といわれている。（東京経済大）
★★

(1) 尾瀬（おぜ）（尾瀬ケ原（おぜがはら）・尾瀬沼（おぜぬま））
※鹿による踏み荒らしや食害も問題となった

8 日本の公害問題

□1 1960年代を中心とする [1★★★] 期に，全国の多くの場所で公害が激化し，社会問題となった。（駒澤大）
★★★

(1) 高度経済成長（こうどけいざいせいちょう）

□2 1967年に制定された [1★★] に定められた公害の種類は，典型七公害（大気汚染・水質汚濁・騒音・[2★★]・[3★★]・[4★★]（順不同）・土壌汚染）とよばれる。（駒澤大〈改〉）
★★

(1) 公害対策基本法（こうがいたいさくきほんほう）
(2) 振動（しんどう）
(3) 悪臭（あくしゅう）
(4) 地盤沈下（じばんちんか）

□3 公害対策基本法は，1993年の [1★★] 制定に伴い廃止された。（予想問題）
★★

(1) 環境基本法（かんきょうきほんほう）

□4 1971年に設置された [1★★★] は，2001年に省に昇格した。（予想問題）
★★★

(1) 環境庁（かんきょうちょう）

□5 日本では20世紀後半より，[1★★]・[2★★]（順不同）などの現象により地下水の利用が制約される事態が生じた。（京都大）
★★

(1) 地盤沈下（じばんちんか）
(2) 水質汚濁（すいしつおだく）

〇× □6 東京など沖積平野の大都市域では，工業用水としての地下水揚水によって地盤沈下が生じた。（センター）
★★★

〇
※ゼロメートル地帯とよばれ，浸水の被害が多い

□ **7** ★★★ 次の地図をみて，図中ア〜キいずれかで発生した日本の公害病・公害事件について答えよ。 (法政大)

問1 [1★★★]〈地図中の記号〉で発生した[2★★★]病の原因は工場排水に含まれていた[3★★★]で，これが付近海域に流入して広く魚介類を汚染した。

(1) カ
(2) 水俣(みなまた)
(3) 有機水銀(ゆうきすいぎん)

問2 [1★★★]〈地図中の記号〉，[2★★★]川下流域で発生した[3★★★]病は[4★★]中毒症で，その病名は全身を襲う疼痛に由来する。

(1) キ
(2) 神通(じんづう)
(3) イタイイタイ
(4) カドミウム

問3 [1★★★]〈地図中の記号〉で発生した公害病[2★★★]は，石油化学コンビナートの排煙に含まれる[3★★]ガスが原因で発生した。

(1) エ
(2) 四日市(よっかいち)ぜんそく
(3) 亜硫酸(ありゅうさん)
※亜硫酸ガス＝二酸化硫黄

問4 [1★★]〈地図中の記号〉，[2★★]川流域で発生した[3★★★]病の原因は，上流の化学工場排水中の[4★★★]であった。1967年に患者は原因企業を相手取って提訴し，その後に続く公害訴訟の先駆けとなった。

(1) ア
(2) 阿賀野(あがの)
(3) 新潟水俣(にいがたみなまた)
[㊊第二水俣病(だいにみなまたびょう)]
(4) 有機水銀(ゆうきすいぎん)

問5 [1★★]〈地図中の記号〉で発生した[2★★]事件は「公害の原点」ともよばれる。[3★★]川上流の製錬所から排出された有害物質と[4★]ガスによる公害事件で，[5★★]は代議士の身分を捨てて，問題解決に尽力した。

(1) イ
(2) 足尾銅山鉱毒(あしおどうざんこうどく)
(3) 渡良瀬(わたらせ)
(4) 亜硫酸(ありゅうさん)
(5) 田中正造(たなかしょうぞう)
※明治初期に発生

日本のおもな公害病・公害事件の発生地分布を示す略図

9 環境保全の動き

□1 ★★ 1972年にストックホルムで開催された国連 1★★ では，26項目の原則からなる 2★★ が採択された。(明治大)

(1) 人間環境会議
(2) 人間環境宣言

□2 ★★ 国連人間環境会議のキャッチフレーズは 1★★ であった。(明治学院大)

(1) かけがえのない地球 (Only One Earth)

□3 ★★ 人間環境宣言を実施に移すための機関として 1★★ (英字略称 2★★) が設置された。(駒澤大)

(1) 国連環境計画
(2) UNEP

□4 ★★ 地球環境をめぐって，1982年に国連 1★ が開催され，1987年には国連の「環境と開発に関する世界委員会」が，2★★ の理念を提唱した。(明治大)

(1) ナイロビ会議
(2) 持続可能な開発

○× □5 ★★★ モントリオール議定書で提唱された「持続可能な開発」には，NGO (非政府組織) も貢献している。(センター)

×
※モントリオール議定書の内容は特定フロンの全廃，「持続可能な開発」は地球サミットのテーマ

□6 ★★★ 1992年にブラジルの 1★★★ で開催された 2★★★ で，生物多様性条約が締結された。(法政大)

(1) リオデジャネイロ
(2) 環境と開発に関する国連会議 (国連環境開発会議) [別 地球サミット]

□7 ★★ 1992年の地球サミットでは，「環境と開発に関するリオ宣言」と，その行動計画である 1★★ が採択された。(明治大)

(1) アジェンダ21

○× □8 ★ 生物多様性条約では，生物の多様性を「生態系」と「遺伝子」の2つのレベルでとらえている。(明治大)

×
※「生態系」「種」「遺伝子」の3つのレベル

○× □9 ★★ 生物多様性条約は，締約国に対し，生物資源の提供国と利用国間における利益の公正かつ公平な配分を求めている。(明治大)

○

□10 ★★ 2002年の環境・開発サミットは南アフリカ共和国の都市 1★★ で開催された。(明治学院大)

(1) ヨハネスバーグ

□11 ★★★ 1971年には「特に水鳥の生育地として国際的に重要な湿地に関する条約」，通称［1★★★］条約が採択された。加盟国数は［2★］（2018年2月）。（法政大〈改〉）

(1) ラムサール
(2) 170
※(1)はイランのカスピ海沿岸の地名である

□12 ★★★ 日本のラムサール条約登録地には，北海道東部の［1★★★］湿原，勇払平野にある［2★］湖，千葉県東京湾岸の［3★★］干潟などがある。（法政大〈改〉）

(1) 釧路（くしろ）
(2) ウトナイ
(3) 谷津（やつ）
※ほかにゴミ処理施設建設が撤回された藤前干潟（愛知）など

□13 ★★ 1972年に［1★★］総会では世界遺産条約，つまり「世界の［2★★］遺産及び［3★★］遺産の保護に関する条約」が採択されたが，保護の対象としてはほかに［4★］遺産という類型も設定されている。（法政大〈改〉）

(1) ユネスコ（国連教育科学文化機関）（こくれんきょういくかがくぶんかきかん）
(2) 文化（ぶんか）
(3) 自然（しぜん）
(4) 複合（ふくごう）

□14 ★★★ 世界遺産には，記念物や建造物，遺跡などの文化財や文化的景観を対象とした［1★★★］と，地形や地質，生態系や景観が評価された［2★★★］，その双方の要素を併せもつ［3★★］とがある。（成城大）

(1) 文化遺産（ぶんかいさん）
(2) 自然遺産（しぜんいさん）
(3) 複合遺産（ふくごういさん）

□15 ★★ 世界最大のサンゴ礁で，世界遺産になっているのはオーストラリアの［1★★］である。（成城大）

(1) グレートバリアリーフ（大堡礁）（だいほしょう）

□16 ★★ ［1★★］の［2★］国立公園は，火山と先住民マオリの聖地として世界複合遺産に登録された。（成城大〈改〉）

(1) ニュージーランド
(2) トンガリロ

□17 ★★★ 日本では，2013年に信仰の対象と芸術の源泉として活火山の［1★★★］が世界文化遺産に登録された。（慶應義塾大）

(1) 富士山（ふじさん）

□18 ★★ 2019年現在，世界文化遺産に登録されていない鉱工業施設（遺構）を1つ選べ。（駒澤大）

① 富岡製糸場　② 足尾銅山　③ 長崎造船所
④ 端島炭坑（軍艦島）

②
※ほかに島根県の石見銀山。③・④は「明治日本の産業革命遺産」として登録

□19 ★★ 世界自然遺産に登録された地域として，北海道の［1★★］，青森県と秋田県にまたがる［2★★］，東京都の［3★★］，鹿児島県の［4★★］がある。（広島修道大〈改〉）

(1) 知床（しれとこ）
(2) 白神山地（しらかみさんち）
(3) 小笠原諸島（おがさわらしょとう）
(4) 屋久島（やくしま）

□20 ★★★ 1973年には，絶滅するおそれのある野生動植物の国際取り引きを規制する［1★★★］条約が締結された。（東京経済大）

(1) ワシントン

○× □21 ★★★ 自然環境や歴史的環境を守るため，19世紀のイギリスでナショナルトラスト運動が生まれた。（関西学院大）

○
※ナショナルトラストは国民環境基金ともいう

○× □22 ★ ナショナルトラスト運動は19世紀にイギリスで始まったが，政府がこの運動に関与することはなかった。（明治大）

×
※免税などの援助

○× □23 ★★ 日本のナショナルトラスト運動は，1964年に神奈川県鎌倉市の御谷地区を乱開発から守るため，住民らの行った活動が始まりであるとされる。（明治大）

○
※ほかに北海道斜里町（知床）や和歌山県天神崎が有名

○× □24 ★★ 有害廃棄物の不正輸出を禁止するためにバーゼル条約が採択された。（関西学院大）

○

□25 ★★ 日本では資源利用効率を高めるため，廃棄物の発生抑制・再使用・再生利用からなる［1★★］の推進を通じて［2★★］の構築に取り組んでいる。（慶應義塾大〈改〉）

(1) 3R
(2) 循環型社会（じゅんかんがたしゃかい）
※発生抑制＝reduce，再使用＝reuse，再生利用＝recycle。環境基本法第4条など

○× □26 ★★★ ドイツでは，色別に種分けしたリサイクルボックスを用いて空きビンを回収し，資源化している。（センター）

○
※ドイツは環境保全の意識が高い

○× □27 ★★★ 生態系の保全･再生やその教育のために，学校や公園･緑地内でビオトープの整備が進んでいる。（センター）

○
※ビオトープ＝生物生息空間

□28 ★★★ エネルギー節減や大気汚染の抑制などの観点から行われる，［1★★★］による貨物輸送を［2★★★］・［3★★★］（順不同）に転換する取り組みを［4★★］という。（専修大〈改〉）

(1) 自動車（じどうしゃ）
(2) 鉄道（てつどう）
(3) 船舶（せんぱく）
(4) モーダルシフト

□29 ★★★ ヨーロッパで始まり，自然や人文環境を損なわない範囲で自然開発を行ったり，先住民の生活や歴史を学ぶことを主眼に置いた観光形態を［1★★★］とよぶ。（明治大）

(1) エコツーリズム

□30 ★★ 世界で最も早く国立公園を制定した国は［1★★］である。（明治大）

(1) アメリカ合衆国（がっしゅうこく）
※イエローストーン国立公園（1872年指定）

10 エネルギーと環境

□1 ★★★ 太陽光発電や [1 ★★★] 発電は気象条件に左右されやすいが，地熱はその点で安定している。（法政大）

(1) 風力

□2 ★★★ 潮力・波力・風力・[1 ★★★]・太陽熱・バイオマスなどの代替エネルギーの開発が重要である。（中央大）

(1) 太陽光［㊥ 地熱］
※代替エネルギー＝化石燃料に代わるエネルギー

□3 ★★★ いち早くバイオ燃料が普及した [1 ★★★] では余分な [2 ★★★] を原料に活用しているが，一方でアメリカ合衆国では [3 ★★★] からバイオ燃料を生産する方法が一般的である。（中央大）

(1) ブラジル
(2) さとうきび
(3) とうもろこし

□4 ★★ 先進的な環境政策を展開している [1 ★★] では，バイオ燃料の原料にライ麦や小麦を利用している。（中央大）

(1) ドイツ

□5 ★★★ バイオ燃料需要の高まりを受けて，[1 ★★★] の価格は2006～07年にかけてミシガン湖南西岸の [2 ★★] 市場で高騰した。（中央大）

(1) とうもろこし
(2) シカゴ

□6 ★★★ ハイブリッド車は，従来のガソリンや [1 ★] を燃料とするエンジンと [2 ★★] を組み合わせて走行するため，[3 ★★★] の排出量を削減できる。（専修大）

(1) 水素
［㊥ エタノール］
(2) 電動モーター
(3) 二酸化炭素
(CO_2)

○× □7 ★★★ ウクライナでは，北部のチェルノブイリ原子力発電所で発生した事故により，現在でも放射性物質による環境汚染がみられる。（センター）

○
※1986年に大事故が発生し，広い地域を汚染

□8 ★★★ [1 ★★★] のメルケル政権は，福島第一原発の事故を受けて原発全廃を決定し，風力・太陽光などの [2 ★★] エネルギーへの転換を急速に進めている。（予想問題）

(1) ドイツ
(2) 再生可能

□9 ★★ 青森県の [1 ★★] 村には核燃料サイクル関連施設が集中的に立地し，住民との紛争が起きている。（東京経済大）

(1) 六ヶ所

□10 ★★★ 原油の消費量が世界最大の国は [1 ★★★]（2016年）。（専修大）

(1) アメリカ合衆国

11 世界の地域開発

□1 ★★ 各国が行ったダム建設による総合開発の模範となったのは，1930年代からアメリカ合衆国で進められた［1★★］〈英字略称〉である。（松山大）

(1) TVA
※テネシー川流域（テネシー河谷）開発公社。ニューディール政策の一環

○× □2 ★★★ 巨大ダムの建設により，化学肥料・アルミニウムの生産をはじめ，さまざまな工業が発達した。（松山大）

○
※いずれも大量の電力を用いる

○× □3 ★★★ 巨大ダムの建設により，川を遡上する漁業資源が保護されるようになった。（松山大）

×
※魚類の遡上は阻害される

○× □4 ★★★ 巨大ダムの建設により，一定期間は水害がおさえられるようになった。（松山大）

○
※土砂が堆積すると貯水容量が減る

□5 ★★★ 巨大な多目的ダムとしては，アメリカ合衆国の［1★★］総合開発計画によるフーヴァーダム，中国長江の［2★★★］ダム，エジプトの［3★★★］ダム，ガーナの［4★★］ダムなどが有名である。（福岡大〈改〉）

(1) コロラド川（がわ）
(2) サンシヤ（三峡）
(3) アスワンハイ
(4) アコソンボ

○× □6 ★★★ ナイル川河口部ではアスワンハイダムの建設により肥沃な農耕地が拡大した。（関西学院大）

×
※土砂・栄養分の供給減少で海岸侵食や沿岸漁業衰退

○× □7 ★★★ アスワンハイダムの建設により，不適切な灌漑で農地に塩類が集積して耕地が荒れるなどの被害が生じた。（松山大）

○
※肥沃土の供給がなくなり化学肥料の使用も増加

○× □8 ★ アスワンハイダムの建設により，住民の間にデング熱が蔓延するようになった。（松山大）

×
※デング熱➡住血吸虫症

□9 ★★★ 中央アジアのアラル海では，流入する川の水が［1★★★］の栽培に使われて水量が大幅に減少した結果，海域面積が縮小した。（松山大）

(1) 綿花（めんか）

□10 ★★★ [1★★★] は [2★★] 気候区にあり，流出する河川をもたない [3★] 湖であり，その水量は，[4★] に源流をもつシル川や [5★] に源流をもつアム川から流入する水と，湖面からの [6★★] によって失われる水とのバランスによって維持されてきた。（首都大学東京）

(1) アラル海
(2) 砂漠 BW
(3) 内陸
(4) テンシャン（天山）山脈
(5) パミール高原
(6) 蒸発

○× □11 ★★★ オランダやベルギーは，遠浅の海面を大規模に埋め立てて国土を広げた。（関西学院大）

×
※埋め立てではなく，干拓

○× □12 ★ ヴォルガ = ドン運河の建設では水位が異なるために閘門が設けられた。（関西学院大）

○

○× □13 ★★ オーストラリアのスノーウィーマウンテンズ計画ではトンネルに水を通してマリー（マーレー）川の水量を増やした。（関西学院大）

○

12 日本の地域開発

□1 ★★ 戦後日本の地域開発は，TVA に影響を受けて 1950 年に制定された [1★] 法にもとづく特定地域総合開発計画による [2★★] の建設が出発点であった。（予想問題）

(1) 国土総合開発
(2) 多目的ダム

□2 ★★ 1962 年の全国総合開発計画（全総）は，[1★★] 都市の建設などにより，三大工業地帯以外の地域における工業の振興を促進した。（専修大）

(1) 新産業

□3 ★ [1★] は，全総における新産業都市に含まれない。（日本女子大）

① 松本　② 諏訪　③ 日向
④ 延岡　⑤ 川崎　⑥ 八戸

(1) ⑤
※新産業都市は，おもに太平洋ベルト以外の地域から選定された

□4 ★★ 1969 年に策定された第二次全国総合開発計画（略称 [1★★]）では，北海道の [2★] 東部，鹿児島の [3★] 湾などの大規模開発プロジェクトが計画された。（明治大〈改〉）

(1) 新全総（二全総）
(2) 苫小牧
(3) 志布志

□5 ★ 1974年には地価高騰抑制を目的として 1★ が制定された。 (日本女子大)

(1) 国土利用計画法（こくどりようけいかくほう）

□6 ★★ 1977年の第三次全国総合開発計画（三全総）では，地方圏への人口分散を目指して 1★★ 圏の計画的整備がうたわれた。 (専修大)

(1) 定住（ていじゅう）

□7 ★★ 1983年には，高度技術工業集積地域開発促進法，いわゆる 1★★ 法が制定された。 (日本女子大)

(1) テクノポリス

□8 ★★ 1987年の第四次全国総合開発計画（四全総）では，多極分散型国土の前提となる 1★★ 構想が掲げられた。 (予想問題)

(1) 交流（こうりゅう）ネットワーク
※高速の交通・通信網の整備

□9 ★★ 1987年には総合保養地域整備法，いわゆる 1★★ 法が制定された。 (日本女子大)

(1) リゾート

□10 ★★ 1998年，第五次全国総合開発計画である 1★ が閣議決定された。東京一極集中の是正のために， 2★★ つの国土軸の形成を長期の目標としている。 (日本女子大)

(1) 21世紀（せいき）の国土（こくど）のグランドデザイン
(2) 4
※北東国土軸・日本海国土軸・太平洋新国土軸・西日本国土軸

□11 ★ 日本では高度経済成長期以降，大型ダムの建設が相次ぎ，1960年から現在までにおよそ 1★ ものダムがつくられた。 (松山大〈改〉)

① 500　② 1,000　③ 1,500

(1) ③
※総数では約3,000

□12 ★★ 2006年開港の 1★★ 空港は，近隣に関西国際空港や大阪国際空港（伊丹空港）があるため，採算性について疑問視される。2009年には 2★ 空港，2010年には 3★ 空港が開港したが，同様の問題を抱えている。 (明治大〈改〉)

(1) 神戸（こうべ）
(2) 静岡（しずおか）
(3) 茨城（いばらき）

さらに得点アップさせたい人のための

ステップアップ問題

□**1** ★★
[1★★] 計画は，ブラジル政府が鉄鉱山を中心に立案した総合開発計画である。（東京経済大）

(1) 大(だい)カラジャス

□**2** ★
[1★] は，熱帯林の持続可能な開発などを目的に，熱帯木材の生産国と消費国が結成。（専修大）

(1) ITTO（国際熱帯(こくさいねったい)木材機関(もくざいきかん)）
※本部は横浜

□**3** ★★
2005年末に中国の石油化学工場の爆発で生じた松花江の汚染が，下流の国 [1★] の [2★★] 川に及んだ。（慶應義塾大）

(1) ロシア
(2) アムール

□**4** ★
2010年 [1★] 湾で発生した石油掘削現場の原油流出事故は，深刻な環境破壊を招いた。（駒澤大）

(1) メキシコ
※ BP社の石油掘削施設

□**5** ★
1989年エクソン・バルディズ号による [1★] 沖の原油流出事故で，西海岸が広く汚染された。（駒澤大）

(1) アラスカ

□**6** ★
日本の森林に被害をもたらす野生生物としては，猪・鹿・猿・熊のほかに，特別天然記念物の [1★] があげられる。（法政大）

(1) ［ニホン］カモシカ
※鹿による被害（おもに食害）が全体の6割

□**7** ★
1972年，ローマクラブの『[1★]』が発表され，地球環境問題に関する議論に影響を与えた。（明治大）

(1) 成長(せいちょう)の限界(げんかい)
※1962年のレイチェル＝カーソン『沈黙の春』も影響が大きかった

〇✕ □**8** ★
カルタヘナ議定書は，生物多様性に悪影響を及ぼすおそれのあるバイオテクノロジーによる改変生物の移送，取り扱い，利用手続きなどを規定する。（明治大）

〇
※カルタヘナはコロンビアの地名

□**9** ★
国際自然保護連合や日本の環境省の [1★] ブックはワシントン条約に関連して参照される。（法政大〈改〉）

(1) レッドデータ
※絶滅危惧種のリストを掲載

□**10** ★
[1★] 川にはグランドクーリーダムが建設され，流域ではアルミニウム工業や航空機工業が発達した。（予想問題）

(1) コロンビア
※ CVA(コロンビア川流域総合開発）による開発

ゴーヤ栽培のススメ

近年，日本で行われた取り組みにおいて，省エネルギーを目的としていないものを，次の**ア**～**オ**の中から1つ選びなさい。

ア　ソーラー住宅の建設
イ　ハイブリッド車購入に対する税制の優遇
ウ　ゴーヤ（にがうり）などによる緑のカーテンの設置
エ　土曜・休日の高速道路料金を1000円にする制度の実施
オ　クールビズやウォームビズの普及

ちょっと古いのですが，実際に出題された入試問題です（國學院大）。

正解は**エ**。高速道路料金値下げは，利用者の負担軽減や観光地などの景気対策が目的でした。自家用車の通行量が増えれば，省エネどころかエネルギー消費は増えてしまいます。

この問題で注目したいのが**ウ**の「**ゴーヤ（にがうり）**」。2011年の原発事故のあと，**節電との関連**でゴーヤの栽培がブームになりました。正しくは「蔓茘枝」と書いてツルレイシと読むのだそうですが，ウリの仲間で蔓性の一年生草本です。蔓をネットなどに絡みつかせると，上へ上へと伸びて葉を生い茂らせます。窓辺では日光を遮って室内の温度上昇をおさえるので，エアコンの使用抑制につながるわけです。

ゴーヤといえば沖縄，のイメージがありますが，実際はどうでしょう？　インターネットでアクセスできる農林水産省の統計を覗いてみましょう（以下，年次は2016年）。2001年のTVドラマで知名度が上がり，その後も消費が拡大したとはいえ，まだまだマイナー作物。普通の統計資料集には載りません。収穫量は全国で約2.1万トン，都道府県別では，

1位：沖縄　8492　　2位：宮崎　3449　　3位：鹿児島　2476
4位：群馬　1563　　5位：長崎　1440　　（単位：トン，2016年産）

やはり沖縄の圧勝!　予想どおりですね。温暖な九州南部の県が上位を占める中，第4位の群馬が目立ちます。**群馬といえばきゅうりの主産県**（宮崎に次いで第2位）ですが，一時期のきゅうり価格低迷で，**所得補充のためにゴーヤ栽培の普及**による多角化を進めたのだそうです。

第5部 現代世界の諸地域

VARIOUS AREAS IN TODAY'S WORLD

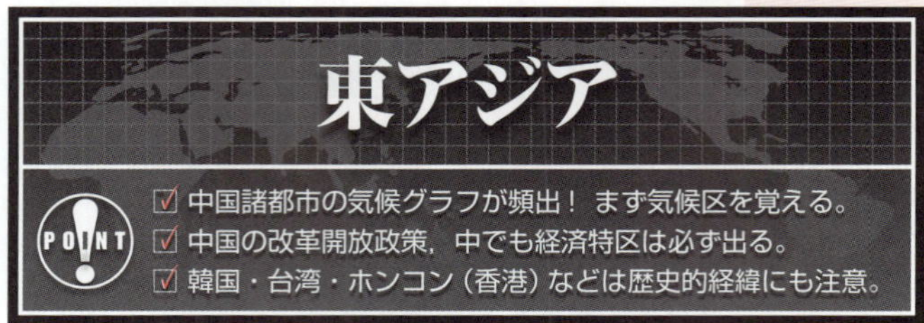

東アジア
POINT
中国諸都市の気候グラフが頻出！ まず気候区を覚える。
中国の改革開放政策，中でも経済特区は必ず出る。
韓国・台湾・ホンコン（香港）などは歴史的経緯にも注意。

1 中国の自然環境

□1 ★★ 中国大陸が概ね安定陸塊上にあるのに対して，[1★★]島は[2★]プレートと[3★]プレートの境界に位置し，島とその南側では[3★]プレートが[2★]プレートに乗り上げるように衝突しているため，逆断層運動で険しい地形になっている。（福岡大）

(1) 台湾（たいわん）
(2) ユーラシア
(3) フィリピン海（かい）

□2 ★★★ 中国の西部に位置する[1★★★]盆地は，北を[2★★★]山脈，西をパミール高原，南をクンルン山脈に囲まれ，中央部には中国最大の[3★★★]砂漠が広がっている。（関西大〈改〉）

(1) タリム
(2) テンシャン（天山）
(3) タクラマカン
※クンルン山脈の南にはチベット高原とヒマラヤ山脈。北から「テン・タ・ク・チ・ヒマ」

○× □3 ★★ テンシャン（天山）山脈は，モンゴル南西部と中国との自然的国境である。（関西大）

×
※テンシャン(天山)山脈はカザフスタン・キルギスと中国との国境地帯

□4 ★ 中国北部の古期造山帯[1★]山脈は，中国有数の森林地帯として林業が盛んであったが，近年は資源保護のため天然林伐採が禁止されている。（大東文化大〈改〉）

(1) 大（だい）シンアンリン（興安嶺）
※ユンコイ(雲貴)高原と結ばれる線≒500m等高線

□5 ★★★ 中国東部には華北の[1★★★]，華中の[2★★★]，華南の[3★★]などの大河川の作用によって広大な[4★★★]がつくられている。（明治大〈改〉）

(1) 黄河（こうが）（ホワンホー）
(2) 長江（ちょうこう）（チャンチヤン）
(3) チュー川（がわ）（珠江（しゅこう））
(4) 沖積平野（ちゅうせきへいや）

□6 ★★ 黄河は，青海省中部から[1★★]高原・華北平原を経由し，渤海に流入している。（中央大）

(1) 黄土（おうど）（ホワンツー）
※「こうど」とも読む

〇✕ □7 ★★★ 黄河の河口部には広大なデルタが広がる。（関西学院大〈改〉）

〇

□8 ★★★ 黄河が運搬する土砂のおもな供給源は中流域の［1 ★★］高原だが，耕地の拡大とともに土壌侵食が進み，大量の［1 ★★］が黄河に流出した結果，下流域では河床の高さが周囲よりも高い［2 ★★★］川になっている所が多い。（慶應義塾大）

(1) 黄土（おうど）
(2) 天井（てんじょう）
※黄河（こうが）の色は黄土色（おうどいろ）

□9 ★★ 揚子江は，［1 ★★］ともよばれる。（中央大）

(1) 長江（ちょうこう）（チャンチヤン）

□10 ★★ ゴビ砂漠や隣接する［1 ★★］砂漠の成因は，［2 ★★］にあるためである。（明治大）

(1) タクラマカン
(2) 内陸（ないりく）

〇✕ □11 ★★★ 図をみて，以下の文の正誤を判定せよ。（関西学院大）

問 1　破線 A-B 以北では年降水量が 1,000mm を下回る。

〇

問 2　破線 A-B 以南では Cfa 気候が卓越する。

〇

問 3　破線 A-B は，1 月の平均気温 10℃の等温線に等しい。

✕
※この付近の1月の平均気温は 0℃程度

問 4　破線 A-B は，チンリン（秦嶺）山脈とホワイ川（淮河）を結ぶ線である。

〇

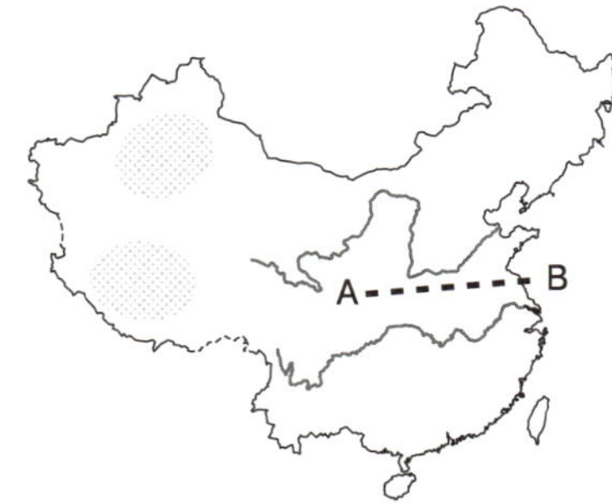

□12 ★★ 北緯［1 ★］度線付近の熱帯気候下にある［2 ★★］島は，［3 ★］湾をはさんでベトナムと相対する島である。（立命館大）

(1) 20
(2) ハイナン（海南）
(3) トンキン

第5部 ▼現代世界の諸地域 14 東アジア 1

OX □13 ★★★ 夏季は乾燥，冬季は降水量の多い地域として，中国北東部があげられる。（センター）

×
※これは地中海性気候 Cs の説明。中国北東部は亜寒(冷)帯冬季少雨気候 Dw

□14 ★★ 中国国土の面積は，日本のおよそ [1★★] 倍である。（早稲田大）

(1) 25
※日本 38 万 km^2，中国 960 万 km^2

□15 ★★ 中国国土の範囲は，北はロシアと接する [1★★] 省から，南は [2★] 省に属し周辺諸国と領有を係争中の南沙群島までである。（早稲田大）

(1) ヘイロンチヤン（黒竜江）
(2) ハイナン（海南）

2 中国の農牧業

□1 ★★★ 中国で平均所得が高い地域は，[1★★★] 政策によって急速に外資の導入が進んだ沿岸部である。（早稲田大）

(1) 改革開放

□2 ★★ 「四つの現代化（近代化）政策」は [1★★]・[2★★]・[3★★]・[4★★]（順不同）の４分野の近代化を目指した。（関西学院大〈改〉）

(1) 農業
(2) 工業
(3) 国防
(4) 科学技術

OX □3 ★★★ 中国では市場経済の行き詰まりによる穀物生産不足から，小麦中心の集団農場が復活した。（センター）

×
※集団的農業の行き詰まりから市場経済を導入

□4 ★★★ 中国では 1958 年に [1★★★] が誕生し，農業の集団化が行われてきたが，1980 年頃から，農民の生産意欲を高めるために [2★★★] が実施された。（慶應義塾大）

(1) 人民公社
(2) 生産責任制
[別 生産請負制]

□5 ★★ 中国北部の畑作地域と南部の稲作地域を分けるのは，[1★★] 山脈と [2★★] である。（京都大）

(1) チンリン（秦嶺）
(2) ホワイ川（淮河）

□6 ★★★ 中国大陸では，[1★★★] mm ほどの年降水量が，稲作地域と畑作地域とを区分する指標である。（専修大）

(1) 1,000
※この等降水量線≒チンリン＝ホワイ線

□7 ★★ 中国の東北平原では，[1★★] やこうりゃん，化石燃料の代替エネルギーとなる [2★★] の栽培が盛んだが，近年では耐寒性の [3★★] も栽培されている。（専修大〈改〉）

(1) 大豆
(2) とうもろこし
(3) 稲

OX □8 ★★★ 長江流域は稲作地帯である。（関西学院大〈改〉）

○

□9 ★★★ 中国で，1月の平均気温が 10℃の等温線より南東の稲作地域は，一期作が中心の地域から [1 ★★★] が卓越するようになる。（専修大）

(1) 二期作（にきさく）

〇× □10 ★★★ タクラマカン砂漠では，灌漑によるオアシス農業で，小麦やぶどうが栽培される。（センター）

〇
※地下用水路を用いた灌漑農業が盛ん

〇× □11 ★★ 中国の南部ではさとうきび，北部ではてんさいの生産が可能であり，両者を合わせた砂糖の生産量は世界最大である。（明治大）

×
※さとうきびはブラジル･インド･中国，てんさいはロシア･フランス･ドイツ，合計ではブラジル･インド･中国（2017年）。前半は正しい

〇× □12 ★★ 中国は人口も農地面積も世界の 20%を占めているが，土地生産性が低いので，国民を養うためには大量の食料の輸入が必要である。（明治大）

×
※農地面積は 10%程度。1 ha 当たり穀物収量は日本と同程度で，世界上位

〇× □13 ★★★ 中国は小麦の世界最大の生産国でありながら，輸入している状況で，人口増加にみあう食料の確保が課題である。（慶應義塾大）

〇

□14 ★★★ 中国では経済発展に伴って食生活が変化して，[1 ★★★] 用や搾油用（油脂原料）の大豆の需要が急激に高まった。（共通テスト［試］〈改〉）

(1) 飼料（しりょう）
※伝統的な輸出国だったが世界最大の輸入国に

〇× □15 ★★ 中国では畜産業の発展に伴い飼料穀物の需要が増大し，世界最大のとうもろこし輸入国となっている。（明治大）

×
※大豆は輸入に依存するが，とうもろこしはほぼ自給。とうもろこし輸入上位国はメキシコ･日本･韓国など（2017年）

□16 ★★ 中国料理のうち，小麦の生産が盛んで麺・饅頭・餃子などの料理が多く，子豚・鴨・鯉などの全形料理が発達しているのは [1 ★★] 料理である。（明治学院大）

(1) 北京（ペキン）
※山東料理が起源。家鴨（あひる）を丸焼きにした北京ダックも有名

□17 ★★ 中国料理のうち，農作物，海産物ともに豊富で，魚やかにを使った海鮮料理が多いのは [1 ★★] 料理である。（明治学院大）

(1) 上海（シャンハイ）
※上海蟹（シャンハイガニ）・小籠包（ショウロンポウ）など

□18 ★★ [1 ★★] 料理は，「飛ぶものは飛行機以外，4本足はテーブル以外ならなんでも食べる」といわれるほど豊富な食材を用いる。（青山学院大）

(1) 広東（コワントン／カントン）
※酢豚･鱶鰭（ふかひれ）スープなど

第5部 ▼現代世界の諸地域 14 東アジア 1～2

□19 ★★ [1★★]料理は，夏の蒸し暑い風土を反映して，マーボー豆腐など辛みの強い料理が多い。（青山学院大〈改〉）

(1) 四川（スーチョワン）
※エビチリ・酸辣湯麺など，花椒の麻と唐辛子の辣

3 中国の鉱工業

□1 ★★★ 中国では[1★★★]政策が推進され，外国企業を誘致するため，1979年以降国内に5ヵ所の[2★★★]が設置された。（東京学芸大〈改〉）

(1) 改革開放
かいかくかいほう
(2) 経済特区
けいざいとっく

□2 ★★★ 最初の経済特区に指定されたのは[1★★★]で，[2★]の輸出加工区をモデルにした。（慶應義塾大）

(1) シェンチェン（深圳）
(2) 台湾

□3 ★★ 「世界の工場」といわれた電気機械器具などの組み立て工場が，[1★★]の下流平野に立地し，シェンチェン（深圳），チューハイ（珠海）の経済特区や沿岸都市で生産されている。（関西大）

(1) チュー川（珠江）
※珠江デルタは世界最大の都市圏

□4 ★★ 1988年に広東省から分離して省となった[1★★]島は，同年に第5の経済特区に指定された。（中央大）

(1) ハイナン（海南）
※北から厦門・汕頭・深圳・珠海・海南島→「明日は深酒チューハイで」

□5 ★★ 1979年，中国政府は[1★★]とマカオ（澳門）に近い[2★★]省やフーチエン（福建）省の対外経済活動に対して特別な[3★]優遇措置を決定した。この2省は多くの[4★★]の出身地でもあった。（中京大）

(1) ホンコン（香港）
(2) コワントン（広東）
(3) 外資
がいし
(4) 華僑 [**10** 華人]
かきょう かじん

(4) 華僑［㊐華人］

□6 ★★ 1984年，中国政府は沿海地域にある14都市（北から[1★★]・テンチン（天津）・[2★★]・コワンチョウ（広州）など）に[3★★]を設置した。（中京大〈改〉）

(1) ターリエン（大連）
(2) シャンハイ（上海）
(3) 経済技術開発区
けいざいぎじゅつかいはつく

□7 ★★ 経済技術開発区の例としては，長江流域でターイエ（大冶）鉄山に近い[1★★]があげられる。（慶應義塾大）

(1) ウーハン（武漢）
※鉄鋼

□8 ★ 内陸のシンチヤンウイグル（新疆維吾爾）自治区では[1★]が経済技術開発区に指定されている。（北海道大）

(1) ウルムチ（烏魯木斉）
※石油化学・紡績

□9 ★★★ 農村地域では1992年以降に 1★★★ が大幅に認められ，軽工業部門で活動している。（慶應義塾大）

(1) 郷鎮企業
※地方行政単位の郷や鎮（日本の町･村）または個人が経営する企業

□10 ★★ 経済開放政策をとる中国では，沿海地域の工業化が進んでおり，コワンチョウ（広州）やシェンチェン（深圳）などを中心に， 1★★ 経済圏とよばれる経済地域が形成された。（立命館大）

(1) 華南（珠江デルタ）

□11 ★★★ 家電製品をはじめ多様な製品が生産され世界に輸出されているため，中国は 1★★★ と称される。しかし「 2★ を輸出している」と批判もされる。（慶應義塾大）

(1) 世界の工場
(2) デフレ（デフレーション）
※中国製の安価な工業製品→物価の抑制→デフレ

□12 ★★★ 2001 年に中国は，国際的な貿易の自由化を促進する国際機関である 1★★★ に加盟した。（東京学芸大）

(1) WTO（世界貿易機関）

○× □13 ★★★ 中国労働者の人件費は，都市部では周辺のアジア諸国とそれほど変わらなくなりつつあるが，都市部以外では基本的に低く，一般に労働集約型産業が盛んである。（慶應義塾大）

○
※近年は製造業の内陸移転が進む

□14 ★★ 中国の最大の輸出先はアメリカ合衆国であり，最大の輸入相手国は 1★★ である（2017 年）。（中央大）

(1) 韓国

□15 ★★★ 中国にとっての最大輸出品目は1985年の 1★★ から2017年の 2★★★ へと変化している。（慶應義塾大）

(1) 原油
(2) 機械類

○× □16 ★★★ 中国は世界最大の粗鋼生産国であるとともに，世界最大の粗鋼消費国でもある。（日本女子大）

○

○× □17 ★★ 中国のおもな製鉄所は臨海部に立地しており，内陸部には年間 500 万トン以上の粗鋼を生産している製鉄所は存在しない。（日本女子大）

×
※ウーハン（武漢）など内陸部にも大製鉄所がある

○× □18 ★★★ 中国はかつて国内で消費する鉄鋼の多くを輸入していたが，現在では世界最大の鉄鋼輸出国となっている（2017 年）。（日本女子大〈改〉）

○
※1999～2004, 09 年は日本が第1位なので注意

OX □19 ★★★ 中国は自動車をほとんど輸出していないが，国内需要が好調で，2010年には世界一の自動車生産国になった。（慶應義塾大）

○

OX □20 ★★ 中国は近年急速に自動車生産を増加させているが，その半分以上がトラックやバスなどの商用車，貨物車である（2018年）。（日本女子大）

×
※乗用車約2,400万台，トラック・バス約420万台

OX □21 ★★ 中国における近年の造船業の伸びは著しく，その生産量は韓国を抜いて世界第1位となった（2018年）。（関西学院大）

○
※2000年には韓国・日本の約8分の1だった

OX □22 ★ 東部沿岸経済地帯は，リヤオニン（遼寧）省からハイナン（海南）省に至る沿岸部の諸省からなる。（関西学院大）

○
※遼寧省は東北地方の南部

OX □23 ★★ 東部沿岸経済地帯には，シーアン（西安）のような第二次世界大戦前からの工業都市も含まれる。（関西学院大）

×
※シーアン（西安）は内陸の都市

□24 ★★★ ヘイロンチヤン（黒竜江）省南部の［1 ★★★］では，1960年代に国内最大級の油田が開発され，「工業は［1 ★★★］に学べ，農業はターチャイ（大寨）に学べ」と称された。（予想問題）

(1) ターチン（大慶）
※ペキン（北京）やターリエン（大連）までパイプラインが敷設されている

□25 ★★ 黄海に面する遼東半島南端の港湾都市［1 ★★］が石油化学工業のおもな生産拠点である。（青山学院大）

(1) ターリエン（大連）

□26 ★★★ ターイエ（大冶）鉄山に近く，中国三大鉄鋼コンビナートの一つとなっている都市は［1 ★★★］である。（成城大）

(1) ウーハン（武漢）
※ピンシャン（萍郷）の石炭と結合

□27 ★★ フーシュン（撫順）の石炭や付近の鉄鉱石と結び付いて，中国三大鉄鋼コンビナートの一つになっている都市は［1 ★★］である。（予想問題）

(1) アンシャン（鞍山）

□28 ★★ 内モンゴル（蒙古）自治区の［1 ★★］には，タートン（大同）の石炭などを利用した中国三大鉄鋼コンビナートの一つが立地している。（予想問題）

(1) パオトウ（包頭）

OX □29 ★★ 中国の半導体産業やIT産業は沿岸部に集中しており，内陸での立地はほとんどみられない。（予想問題）

×
※近年はスーチョワン（四川）盆地のチョントゥー（成都）などで物流コストの低いハイテク産業の立地が進んでいる

□30 ★★ シャンハイ（上海）は第二次世界大戦前には［1★★］・チンタオ（青島）とともに［2★］工業が盛んで，中心部には租界があった。 （慶應義塾大）

(1) テンチン（天津）
(2) 綿（めん）
※租界とは，特権的な治外法権が認められた外国人居住区

□31 ★ 日本の協力もあって，シャンハイ（上海）郊外では1985年から［1★］製鉄所が稼働した。 （中京大）

(1) パオシャン（宝山）

〇× □32 ★★ 華南経済圏は，東南アジアの華僑資本と結び付きを強めることで経済力の拡大を図っている。 （関西学院大）

〇
※華南は華僑（華人）のおもな出身地

〇× □33 ★★★ 電子産業が特に集中しているのは華南のコワントン（広東）省で，台湾の企業をはじめ，各国の企業が進出している。 （近畿大）

〇

〇× □34 ★★★ 中国の工業は，かつて沿岸部に立地する傾向が強かったが，革命後は各地で鉱産資源の開発が進み，内陸部にも工業地域が拡大した。 （慶應義塾大）

〇

〇× □35 ★ 2000年代に本格化した西部大開発は，内モンゴル（蒙古）自治区とコワンシーチョワン（広西壮）族自治区を結ぶラインの西側の地域が対象となった。 （関西学院大〈改〉）

〇

4 中国の民族と社会

□1 ★★★ 中国には，世界の人口のおよそ［1★★★］分の1にあたる約［2★★★］億人が住んでいる（2019年）。 （獨協大〈改〉）

(1) 5
(2) 14

□2 ★★★ 中国の全人口の約92％を占める［1★★★］族を対象とした人口抑制策は［2★★★］政策である。 （東京学芸大）

(1) 漢（かん）［民（みん）］
(2) 一人っ子（ひとりっこ）

〇× □3 ★★★ 中国では一人っ子政策がとられてきたが，今後の若年労働力の不足や高齢者の扶養問題が懸念されている。 （慶應義塾大〈改〉）

〇
※2016年一人っ子政策は廃止された

〇× □4 ★★★ 中国では一人っ子政策により少子化が進んだ結果，外国人労働力に大きく依存している。 （センター）

×
※現時点では労働力豊富

〇× □5 ★★ 中国政府が認めた少数民族の数は50以上を数える。 （関西大）

〇

OX □6 ★★ 中国では，少数民族ごとにまとまって居住しており，7つの自治区が設けられている。（学習院大）

×
※7つ➡5つ

□7 ★★ 中国の少数民族の人口順位のうち，第1位の 1★★ 族，第2位の 2★ 族，第4位の 3★ 族，第8位の 4★ 族，第9位の 5★★ 族は，5自治区に対応する民族である（2010年）。（青山学院大〈改〉）

(1) チョワン（壮）
(2) ホイ（回）
(3) ウイグル
(4) チベット
(5) モンゴル

□8 ★★ 中国南東部の，ベトナムとの国境付近をおもな居住地域とする 1★★ 族の人口は1,600万人を超える。（東海大）

(1) チョワン（壮）

□9 ★★★ ベトナムとの国境付近に居住する農耕民族が多い 1★★ 自治区（区都 2★ ）は 3★★ の本流であるシー川（西江）の中流に位置し，4★★★ 岩の岩塔が多数そびえる塔状カルストの景勝地 5★★ がある。（青山学院大〈改〉）

(1) コワンシーチョワン（広西壮）族（ぞく）
(2) ナンニン（南寧）
(3) チュー川（がわ）（珠江（しゅこう））
(4) 石灰（せっかい）
(5) コイリン（桂林）

□10 ★★★ ウルムチ（烏魯木斉）を中心都市とする自治区に暮らす 1★★★ 族には 2★★★ を信仰する人が多い。（東海大）

(1) ウイグル
(2) イスラーム

□11 ★★ シンチヤンウイグル（新疆維吾爾）自治区には 1★★ 系住民が多く住む。（明治大）

(1) トルコ

OX □12 ★★★ 中国北西部の自治区では，人々は日干しレンガの家に住み，隣国と同様にイスラームの信仰が盛ん。（センター）

○
※シンチヤンウイグル（新疆維吾爾）自治区。隣国＝同じトルコ系のカザフスタンやキルギスなど

OX □13 ★★★ 中国北西部の自治区には，隣国と共通する焼畑農業を営む山岳民族が居住する。（センター）

×
※後半の説明はユンナン（雲南）省の少数民族

□14 ★★★ 中国の5自治区の各主要民族のうち，人口が最も少ない 1★★★ 族の主要宗教は 2★★★ 教で，自治区の区都は 3★★ である。（青山学院大）

(1) チベット
(2) チベット仏（ぶっ）（ラマ）
(3) ラサ（拉薩）

〇✕ □15 ★★★ 中国には多くの少数民族がいるが，中でもチベット(西蔵)自治区では一部に自治権の拡大を求める動きがある。(センター)

〇
※ムスリムのウイグル族にも独立・自治拡大の動きがある

〇✕ □16 ★★★ 中国南西部の自治区には，市場経済へ移行した隣国と共通するチベット仏教を信仰する民族が居住する。(センター)

✕
※南西部はチベット族。後半の説明の一部は内モンゴル（蒙古）自治区のモンゴル族。隣国＝モンゴル

〇✕ □17 ★★★ 中国南西部の自治区には，固有の表音文字・独特の床暖房設備で知られる民族が居住する。(センター)

✕
※南西部はチベット族。後半の説明はチーリン(吉林)省の朝鮮族

□18 ★ 中国北東部を中心に暮らす［1★］族の人口は 1,000 万人を超えている。(東海大)

(1) 満［州］

□19 ★★ 省の中で少数民族が自治州を形成している例として，［1★］省のシーサンパンナ（西双版納）タイ族自治州や，［2★★］省のイエンピエン（延辺）朝鮮族自治州がある。(青山学院大)

(1) ユンナン（雲南）
(2) チーリン（吉林）
※省都はそれぞれクンミン（昆明），チャンチュン（長春）

□20 ★★★ アジアに古くからみられた中国人の移民［1★★★］の大半は，中国の中でも［2★★］地域の出身であり，移住先としては［3★★★］アジアが特に多かった。(東海大)

(1) 華僑
(2) 華南
(3) 東南

〇✕ □21 ★★★ 東部の沿海部での経済発展が著しく，それに対して内陸部の農業収入には限界があるので，多くの農民が沿海部の都市に出稼ぎに来るようになった。(近畿大)

〇

〇✕ □22 ★★★ 中国では戸籍制度が厳格に守られているため，農村と都市の間を人が移動することはできない。(北海道大)

✕
※制度はあるが守られず，緩和の方向

□23 ★★ 中国では，生活水準の向上を求めて農村から都市へ移動してきた人々を［1★★］とよんでいる。(専修大)

(1) 民工（農民工）

□24 ★★ 中国における，農村部から沿海の工業都市部への出稼ぎ労働者の大量移動のことを漢字３文字で［1★★］という。(慶應義塾大)

(1) 民工潮
※かつては盲流といった

□25 ★★ 中国語は［1★★］諸語(語族)に属する。(青山学院大〈改〉)

(1) シナ＝チベット

OX □26 ★★ 中国では，漢民族以外の民族は独自の文字をもたず，漢字を用いている。（学習院大）

×
※少数民族ごとにさまざまな文字がある

5 中国の都市・開発・環境問題

□1 ★★ 中国の中央直轄市は［1★★］・［2★★］・［3★★］（順不同）に，1997年には［4★★］を加え4市となった。（早稲田大〈改〉）

(1) ペキン（北京）
(2) テンチン（天津）
(3) シャンハイ（上海）
(4) チョンチン（重慶）
※中央直轄市は省級

□2 ★★ ヘイロンチヤン（黒竜江）省の省都［1★★］の市街地には，19世紀末にロシア人によってつくられた建造物が多く残る。（東京学芸大〈改〉）

(1) ハルビン（哈爾浜）
※伊藤博文が暗殺された都市

□3 ★★ リヤオニン（遼寧）省の省都［1★★］には，アメリカ合衆国やドイツの自動車工場が進出している。（予想問題）

(1) シェンヤン（瀋陽）
※旧称は奉天

□4 ★★ ターリエン（大連）は［1★★］省にある。（早稲田大）

(1) リヤオニン（遼寧）

OX □5 ★★ ペキン（北京）は黄河流域にある。（関西学院大〈改〉）

×
※北京は黄河より約400km北

□6 ★★ ［1★★］は中央直轄市の一つで経済技術開発区をもち，人口は1,044万人を数える（2017年）。渤海湾に面した港湾・商工業都市であり，華北最大の貿易港である。（東京経済大〈改〉）

(1) テンチン（天津）
※ハイ川（海河）沿岸。北京条約で開港して以来，列強侵略の基地化

□7 ★★ ［1★★］はシャントン（山東）半島南部の港湾・工業都市で，ドイツ統治時代の街並みが残る。（関西大）

(1) チンタオ（青島）

□8 ★★★ ［1★★★］は，近くのスーチョウ（蘇州）やハンチョウ（杭州）とともに［2★★★］デルタ地帯にある。市内を流れる川をはさんで，西側は歴史の古い市街地，東側の［3★★］地区は超高層ビルが林立する新しい開発地区である。（新潟大〈改〉）

(1) シャンハイ（上海）
(2) 長江（ちょうこう）（チャンチヤン）
(3) プートン（浦東）

□9 ★★ 長江下流に位置する 1★★ は，チヤンスー（江蘇）省の省都であり，かつては国民政府の首都が置かれていた。水陸交通の要地である。 （東京経済大）

(1) ナンキン（南京）
※1937年に日本軍による蛮行があった

□10 ★★ 沿岸部のコワントン（広東）省・チョーチヤン（浙江）省や台湾海峡に面する 1★★ 省などと，内陸部の格差が拡大している。 （早稲田大）

(1) フーチエン（福建）

□11 ★★ 1★★ はフーチエン（福建）省南部の港湾都市で，経済特区に指定されている。 （関西大）

(1) アモイ（厦門）

□12 ★★★ 中国の特別行政区は東から 1★★ ・ 2★★ の2ヵ所で，1990年代後半まで，前者は 3★★★，後者は 4★★ に統治されていた。 （福井大）

(1) ホンコン（香港）
(2) マカオ（澳門）
(3) イギリス
(4) ポルトガル
※省級である

□13 ★★ 特別行政区のマカオ（澳門）とホンコン（香港）には 1★★ が適用され，中国本土とは異なる体制が敷かれている。 （予想問題）

(1) 一国二制度（いっこくにせいど）
※自由と民主主義を維持したい市民と，統制下に置きたい政府が対立

□14 ★★★ 長江は中流域の 1★★★ 盆地で複数の支流と合流する。この盆地の北西部にはチョントゥー（成都），南東部には 2★★ といった重要都市がある。 （慶應義塾大〈改〉）

(1) スーチョワン（四川）
(2) チョンチン（重慶）

□15 ★★ 1★★ は水陸交通の拠点として栄えた直轄市で，水力や天然ガスなどのエネルギー資源に恵まれ，オートバイの生産は国内一を誇る。周辺では 2★★ の飼育や米・柑橘類の栽培が盛んである。 （東京学芸大〈改〉）

(1) チョンチン（重慶）
(2) 豚（ぶた）
※中国は豚肉消費が多い

□16 ★ 1★ はシルクロードが黄河を渡る古くからの交通の要地として栄えた都市であり，ユイメン（玉門）の原油を利用した石油精製工業などが盛ん。 （予想問題）

(1) ランチョウ（蘭州）

□17 ★★ シンチヤンウイグル（新疆維吾爾）自治区の首府 1★★ 市街地は盆地の底にあり，乾燥しているが，2★★ とよばれる灌漑用地下水路が発達している。 （新潟大）

(1) ウルムチ（烏魯木斉）
(2) カレーズ
※中国語でカンアルチン（坎児井）

□18 ★★ 1★★ は標高 3,660m に位置する少数民族自治区の首府で，市内には世界遺産の 2★ 宮など仏教寺院や旧跡が多い。独立問題でしばしば中央政府と対立する。（東京学芸大〈改〉）

(1) ラサ（拉薩）
(2) ポタラ
※チベット民族

□19 ★★ 中国においてはおもに石炭の燃焼によって生じた 1★★ を含んだ酸性雨が，住民の呼吸器疾患の一因となっている。（明治大）

(1) 硫黄酸化物（いおうさんかぶつ）

〇✕ □20 ★★★ 中国西部の標高 3,000m 以上の高原地帯では，人口増加に伴い，工場や自動車から排出される窒素酸化物の量が急増している。（センター）

×
※人口密度は低く，工業化·都市化は著しく遅れている

〇✕ □21 ★★★ 中国には南部のカルスト地形，内陸の峡谷や自然保護区，西部のオアシスなど観光資源が豊富で，文化遺産との融合も魅力である。（センター）

〇
※「南部のカルスト地形」はコイリン（桂林）

〇✕ □22 ★★ 砂漠化の深刻な内モンゴル自治区などでは，「緑の長城」とよばれる大規模な緑化計画が行われた。（予想問題）

〇

□23 ★ 中国ではかつての食糧増産政策で，森林を伐採し傾斜地にまで耕地を広げた反省から，土壌流出しやすい傾斜地や乾燥地域の耕地を放棄して植林を進める 1★ 政策によって，森林面積は増加している。（広島経済大）

(1) 退耕還林（たいこうかんりん）
※過放牧による砂漠化が進む地域で，牧畜を禁止する「退牧還草」も行われる

〇✕ □24 ★ 長江上流部にはター（大）運河が建設されている。（関西学院大〈改〉）

×
※ター（大）運河は黄河·長江の下流を南北に結ぶ

〇✕ □25 ★★★ 中国の黄河流域には上流と中流に治水・発電・灌漑を目的としたダムが建設されたが，流入土砂が多いため，ダムの効率はよくない。（センター）

〇
※サンメンシヤ（三門峡）ダムなど

□26 ★ 中国への外国人訪問者数（ホンコン（香港），マカオ（澳門），台湾からの訪問者を除く）では，2005 年に韓国が 1★ を抜いて最大となった。（中央大）

(1) 日本（にほん）
※①韓国②日本③ベトナム④ロシア⑤米国（2015 年）

□27 ★★★ 沿海部と内陸部の間の大きな経済格差を是正するために 2000 年頃に始められた計画が 1★★★ である。（慶應義塾大）

(1) 西部大開発（せいぶだいかいはつ）

□28 ★★★ 西部大開発では，インフラ政策としてパイプラインを用いた［1★★］，華北の水不足を解消する［2★★］，三峡ダム建設などによる［3★★］を行い，さらに［4★★★］鉄道を建設した。（松山大〈改〉）

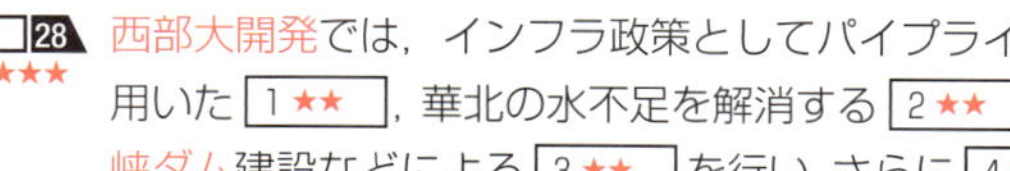

(1) 西気東輸（天然ガスの輸送）
(2) 南水北調（用水路の建設）
(3) 西電東送（沿岸部への電力供給）
(4) チンツァン（青蔵）
※(4)はチンハイ（青海）省シーニン（西寧）～チベット（西蔵）自治区ラサを結ぶ

□29 ★★ 1人当たりの国民総所得を比較すると，日本は中国の約［1★★］倍である（2017年）。（東京経済大〈改〉）

(1) 5
※原題（2006年）当時は約20倍で，年々差が縮まっている

□30 ★ 中国は［1★］とよばれる大陸をまたぐ広域の経済圏構想を進めている。（早稲田大）

(1) 一帯一路
※海陸の新シルクロードでユーラシア・アフリカを結ぶ

6 台湾

○× □1 ★★ 北回帰線は台湾を通過している。（学習院大）

○
※北緯23.4度

○× □2 ★★ 環太平洋造山帯に沿う台湾島は，狭まるプレート境界付近に位置している。（関西大）

○

□3 ★ 日本政府は「［1★］の中国」の原則にもとづき，台湾は中国の領土という中国政府の主張を認めている。（学習院大）

(1) 1つ
※台湾の中華民国政府を国家承認しているのはラテンアメリカを中心に世界15ヵ国

□4 ★★ 台湾で日常的に多く使われている「台湾語」は，対岸の［1★★］省で使われている［1★★］語と同じ言語である。（学習院大）

(1) フーチエン（福建）

□5 ★★ 台湾で「国語」とされているのは，中国では普通語といわれている［1★★］周辺で話されていた言語である。（学習院大）

(1) ペキン（北京）
※中国の官僚（マンダリン）が使っていた言語

□6 ★ エレクトロニクス工業は，台湾の［1★］やタイナン（台南）などに立地する。（西南学院大）

(1) シンジュー（新竹）

□7 ★★ 現在，台湾の電気・電子部品メーカーの工場が集中的に立地している中国本土の地域は 1★★ デルタ・2★★ デルタ（順不同）である。（新潟大〈改〉）

(1) 長江（ちょうこう）
(2) 珠江（しゅこう）

○× □8 ★★ 2017年の台湾の1人当たりGNIは2万アメリカドル以下である。（学習院大〈改〉）

×
※2万5,055ドルで先進国下位クラス

○× □9 ★★ タイペイ（台北）ーカオシュン（高雄）間の高速鉄道には，日本の新幹線の技術が用いられている。（学習院大）

○

□10 ★★ 1★★ は台湾南西部に位置する商工業都市で，貿易港・漁港としても繁栄している。（関西大）

(1) カオシュン（高雄）
※タイツォン（台中）などと並ぶ輸出加工区

7 韓国

□1 ★★ 朝鮮半島は，東側を日本海，西側を 1★★ にはさまれている。（北海道大）

(1) 黄海（こうかい）
※覚えておけば後悔しない

○× □2 ★★ 朝鮮半島はユーラシア大陸東縁にあり，冬から春に向かっては四寒三温とよばれる時期がある。（東洋大）

×
※正しくは三寒四温，四字熟語クイズみたいだ

□3 ★★ 韓国の国土面積は約 1★ 万 km^2 で，緯度ではおよそ北緯33～ 2★★ 度の範囲である。（早稲田大）

(1) 10
(2) 38

□4 ★★ 1950年には朝鮮戦争が勃発し，1953年に北緯 1★★ 度線の南約5kmに位置する 2★★ で休戦協定が調印されたが，韓国と北朝鮮の緊張関係は現在も軍事境界線をはさんで続いている。（西南学院大）

(1) 38
(2) パンムンジョム（板門店）
※軍事境界線と北緯38度線が一致しているわけではない

○× □5 ★★ ソウルの緯度はおよそ北緯38度である。（関西学院大）

○

□6 ★★★ 朝鮮半島は 1★★★ 時代以降，激しい変動を受けていない安定した陸地である。（北海道大）

(1) 先（せん）カンブリア
※安定陸塊

□7 ★★ 朝鮮半島東部に背骨のような 1★★ が走る。（関西大）

(1) テベク（太白）山脈（さんみゃく）

□8 ★★ 韓国国内の最高峰は 1★★ 島にある。（早稲田大）

(1) チェジュ（済州）
※ハルラ（漢拏）山 1,950m

OX □9 ★★★ 朝鮮半島全体の気候はモンスーンの影響を受ける。 (関西学院大)

○

OX □10 ★★ 朝鮮半島の気候は，温暖湿潤気候や冷帯湿潤気候などからなる。 (関西大)

×
※冷帯湿潤➡冷帯冬季少雨

OX □11 ★★ ソウルでは冬季の月別平均気温は10℃前後である。 (関西学院大)

×
※1月は−2.4℃

OX □12 ★★★ 韓国では1970年代に重化学工業化が進められ，鉄鋼・造船・自動車などの工業が発達した。 (センター)

○
※「ハンガン(漢江)の奇跡」とよばれる高度成長

□13 ★★ 韓国では1960年代後半には［1★★］型工業が，1970～80年代には［2★★］型の組立て工業が発達した。 (駒澤大〈改〉)

(1) 輸入代替
(2) 輸出指向

OX □14 ★★★ 韓国は1980年代以降，半導体産業の発展により世界有数のIC生産国となった。 (センター)

○
※半導体売上高世界一(2018年)は韓国三星(サムスン)電子

□15 ★★ 韓国は1996年に［1★★］に加盟したことで先進国入りを果たしたといわれる。 (慶應義塾大)

(1) OECD(経済協力開発機構)

□16 ★★★ 韓国の工業化と経済発展は現代グループや三星グループなどの［1★★★］を核としてもたらされたが，1997年に東南アジアで発生した［2★★］で大打撃を受けた。 (西南学院大〈改〉)

(1) 財閥
(2) [アジア] 通貨危機

□17 ★★ 財閥系企業の代表例として，［1★］に生産拠点があり，造船・［2★★］のメーカーとして有名な財閥系企業があげられる。 (関西大)

(1) ウルサン(蔚山)
(2) 自動車
※「現代(ヒュンダイ)」グループのこと

□18 ★★ ソウル大都市圏では，2001年に開港した新空港が立地する［1★★］と一体となった自動車・電気・電子・鉄鋼・繊維などの工業地域が形成されている。 (関西大)

(1) インチョン(仁川)
※ハブ空港として知られる

□19 ★★ ［1★］年のソウルオリンピックを経て，1990年代から首都ソウルやその周辺地域の［2★］〈道名〉，ソウルの外港で広域市の［3★★］において，半導体・電子などのハイテク産業の集積が形成された。 (西南学院大)

(1) 1988
(2) キョンギド(京畿道)
(3) インチョン(仁川)

OX □20 ★★★ 韓国の製鉄業は石炭の大部分を自給しているものの，原料の鉄鉱石の多くは輸入している。（日本女子大）

×
※石炭もほとんどを輸入に依存

OX □21 ★★★ 韓国の製鉄業の多くは臨海部に立地する。（日本女子大）

○

□22 ★★ 東南工業ベルトに含まれる［1★］〈道名〉は，ナクトン川(洛東江)の中流に位置し繊維工業が発達した広域市の［2★★］を囲み，日本企業の協力を得てつくられた製鉄所が立地する［3★★］を含む。（西南学院大）

(1) キョンサンブクド（慶尚北道）
(2) テグ（大邱）
(3) ポハン（浦項）

□23 ★★★ 東南工業ベルトに含まれる［1★］〈道名〉には，かつて韓国最大の港湾都市で造船業などが発達した広域市の［2★★★］が属していた。（西南学院大）

(1) キョンサンナムド（慶尚南道）
(2) プサン（釜山）

□24 ★★ 韓国の［1★★］や台湾のシンジュー（新竹）などでは，サイエンスシティの建設が進められた。（西南学院大）

(1) テジョン（大田）

□25 ★★★ 対馬海峡をはさんで日本に面する都市［1★★★］は，コンテナ取り扱い量で東京・横浜を上回るアジア有数の貿易港であり，東アジアの［2★★］港湾の一つとなっている。（西南学院大）

(1) プサン（釜山）
(2) ハブ

□26 ★★ 韓国最南端の［1★★］島は，モルディブと同じく［2★］であり，日本からの定期航空路線が開設されている。（駒澤大〈改〉）

(1) チェジュ（済州）
(2) 観光(かんこう)リゾート

□27 ★★ 韓国併合から第二次世界大戦終結までの［1★★］年間にわたり，日本は朝鮮半島を植民地支配した。（駒澤大）

(1) 35［㊊36］
※1910年８月(韓国併合条約)～1945年８月(ポツダム宣言受諾)だが，足かけ年数から「日帝三十六年」などと表現する場合がある

□28 ★★ 韓国の総人口約［1★★］万人のうち約［2★★］割は，首都圏に集中している（2018年）。（西南学院大〈改〉）

(1) 5,100
(2) 2

OX □29 ★★ 韓国では，黄海側と日本海側との地域格差が大きい。（駒澤大）

×
※ソウル・プサン(釜山)間の南北国土軸とそれ以外の地域との格差が大きい

OX □30 ★★★ 韓国の経済成長は，農村から都市への人口移動を引き起こし，地域格差を拡大させた。（センター）

○

□31 ★★ 韓国の農村の近代化を図り，地域格差を解消するために 1970 年代に [1 ★★] が始められた。 (慶應義塾大)

(1) セマウル運動(うんどう)
※「新しい村」の意味

□32 ★★★ 朝鮮王朝第４代の世宗の時代には [1 ★★★] とよばれる独自の文字が開発された。 (北海道大)

(1) ハングル
※「안녕하세요」(アニョハセヨ)

○× □33 ★★ 朝鮮半島で使用されるハングルは，母音と子音を組み合わせた表音文字である。 (学習院大)

○

□34 ★★★ 朝鮮半島の文化には [1 ★★★] の影響が強く，李朝では国家の支配原理となった。 (関西大)

(1) 儒教(じゅきょう)

○× □35 ★★ 現在，韓国ではキリスト教徒の割合が最も高い。 (学習院大)

○

○× □36 ★★ 韓国ではインターネットの普及が著しく，ネットに関連するさまざまな問題が生じている。 (関西大)

○
※若者のネット依存（オンラインゲーム中毒）

□37 ★★★ [1 ★★★] は天然の良港を擁して貿易や漁業の基地となっており，下関とフェリーで結ばれる。 (関西大)

(1) プサン（釜山）

○× □38 ★★ 韓国ではインチョン（仁川）港，台湾ではカオシュン（高雄）港が，それぞれの国・地域最大のコンテナ取り扱い量を誇る（2017 年）。 (関西大)

×
※インチョン(仁川) ➡プサン(釜山)

8 北朝鮮

□1 ★★ 北朝鮮は北部国境地帯の山地を除き，ユーラシア大陸東縁の [1 ★★] の一部をなすため，なだらかな侵食地形が卓越する。 (関西大)

(1) 安定陸塊(あんていりくかい)

□2 ★★ 北朝鮮は，北は黄海に注ぐ [1 ★★] と日本海に注ぐトマン川（豆満江・ツーメン川）で中国・ロシアに接する。 (関西大)

(1) アムノック川(がわ)（鴨緑江(おうりょくこう)・ヤールー川(がわ)）

□3 ★ [1 ★] は日本海に面する工業都市で，ケマ高原の鉄鉱石などを基礎とした金属工業や造船業が展開された。 (関西大)

(1) チョンジン（清津）

□4 ★★★ 環［1★★★］経済圏構想の中で，ロシア・中国・北朝鮮が接する［2★★］流域の開発が中核プロジェクトの一つとしてあげられた。（西南学院大）

(1) 日本海（にほんかい）
(2) トマン川（がわ）（豆満江（とまんこう）・ツーメン川（がわ））

OX □5 ★★ ピョンヤン（平壌）の人口はおよそ 1,000 万人である。（関西学院大）

×
※約260万人(韓国のソウルは約 1,000 万人)

9 モンゴル

□1 ★★★ モンゴル高原には［1★★★］〈植生〉が広がり，基幹産業として遊牧が行われている。（明治大）

(1) ステップ

□2 ★★★ モンゴル高原は，過放牧・過耕作などによる［1★★★］に直面している。（明治大）

(1) 砂漠化（さばくか）

OX □3 ★ モンゴルは第二次世界大戦前に東アジア最初の社会主義国となった。（関西大）

○

OX □4 ★ モンゴルは 1997 年に OECD に加盟することになった。（関西大）

×
※ OECD ➡ WTO

□5 ★ モンゴル語は，社会主義時代に導入された［1★］文字での表記が定着している。（予想問題）

(1) キリル
※(1)はロシア語でも用いる。伝統的な縦書きのモンゴル文字は普及せず

10 その他

OX □1 ★★★ 日中韓３国のうち，第一次産業人口比率が最も高いのは韓国である。（関西大）

×
※韓国➡中国

OX □2 ★★★ 日中韓３国のうち，第三次産業人口比率が最も高いのは中国である。（関西大）

×
※中国➡日本（韓国の数値は日本に近い）

□3 ★★ 日中韓３国での自動車生産台数の順位は，第１位が［1★★］，第２位が［2★★］である（2018 年）。（関西大）

(1) 中国（ちゅうごく）
(2) 日本（にほん）

OX □4 ★★ 日本は中国に対しては輸出超過，台湾に対しては輸入超過である（2018 年）。（関西大）

×
※中国⇔台湾

STEP UP 十四

さらに得点アップさせたい人のための

ステップアップ問題

□1 ★ 中国は1992年，1★ との国境近くのウルムチ(烏魯木斉)，ベトナム・ミャンマーとの国境近くの 2★ などを 3★ に指定，国境貿易が進められた。（慶應義塾大）

(1) カザフスタン
(2) クンミン（昆明）
(3) 国境（辺境）開放都市

□2 ★★ 中国に自治区（区都 1★ ）をもつ 2★★ 民族は，中世以降に中国に移住してきたアラブ人を母体とし，イスラームを信仰する。（青山学院大）

(1) インチョワン（銀川）
(2) ホイ（回）
※ニンシヤホイ(寧夏回)族自治区

□3 ★★★ 1★★★ 民族の自治区（区都 2★ ）の都市パオトウ（包頭）には，三大鉄鋼コンビナートの一つが立地する。（青山学院大）

(1) モンゴル
(2) フホホト（呼和浩特）

□4 ★ 1★ はチエンタン川（銭塘江）沿岸に位置する都市で，大運河の終点。南宋の都として繁栄した。（関西大）

(1) ハンチョウ（杭州）

○× □5 ★ プサン（釜山）は日本の本州と同じように梅雨がある。（関西学院大）

○

○× □6 ★ 台湾の最高峰は日本の富士山より高い。（学習院大）

○
※ユイ（玉）山3,950m。日本植民地時代に新高山とよばれた

□7 ★★★ 日本政府は 1★★★ の資金により，コイチョウ（貴州）省の 2★ 市などの都市を対象に，中国の環境保全事業への協力をしていた。（西南学院大）

(1) ODA（政府開発援助）
(2) コイヤン（貴陽）
※対中ODA案件の新規採択は2018年度，事業は2021年度末で終了

□8 ★★ 中国語には，標準語化した 1★★ 語，香港周辺の 2★ 語，台湾対岸の華僑出身地の 3★ 語，他郷から来た移住者を意味する民族の呼称に由来する 4★ 語などがある。（青山学院大〈改〉）

(1) ペキン（北京）
(2) コワントン（広東）
(3) フーチエン（福建）
(4) ハッカ（客家）

□9 ★ 中国の地方は，現在（大きい順に）[1★]・[2★]・[3★]・[4★]の４つのレベルに分けて統治されている。（慶應義塾大）

(1) 省級(しょうきゅう)
(2) 県級(けんきゅう)
(3) 地級(ちきゅう)
(4) 郷級(ごうきゅう)
※(1)には省・自治区・中央直轄市・特別行政区を含む

□10 ★ [1★]が発達し遠浅のために港湾建設が遅れていた韓国西海岸では，近年工業立地が進められている。（早稲田大）

(1) 干潟(ひがた)

□11 ★ 台湾島には1949年に大陸での内戦に敗れた[1★]政府が移った。（福岡大）

(1) 国民党(こくみんとう)

〇× □12 ★ 韓国では同本（祖先の出身地が同じ）同姓の者どうしの結婚が禁止されていた。（関西大）

〇
※2008年に改正民法の施行で解禁された

〇× □13 ★ 韓国の家族では族譜が重要で，現在も作成されている。（関西大）

〇

〇× □14 ★ 韓国では，食器をもち上げて食べることが礼儀正しい作法である。（学習院大）

×
※食器を置いたまま箸や匙で食べる

□15 ★★ 韓国南西部には，1980年に学生や市民が民主化を求めて軍と抗争した事件が起きた広域市[1★★]があり，[2★]〈道名〉に取り囲まれている。（西南学院大）

(1) クワンジュ（光州）
(2) チョルラナムド（全羅南道）

QUESTIONS　まとめの白地図 Q&A　ANSWERS

1 中国の地形

□1 ア〜カの河川名を答えなさい。

□2 A〜Fの山脈名，1〜10の地形（平原・砂漠名など）を答えなさい。

□3 ⓐ〜ⓖの半島・島・湖・海名を答えなさい。

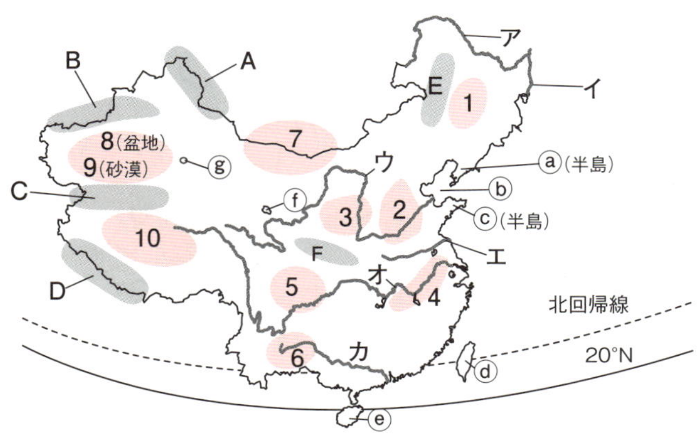

正解　最頻出の用語は下線で表示

1 ア アムール川（ヘイロン川〔黒竜江〕）
イ ウスリー川　※アの支流
ウ 黄河（ホワンホー）
エ ホワイ川（淮河）　※農業地域区分
オ 長江（チャンチヤン〔揚子江〕）
カ チュー川（珠江）
2 A アルタイ山脈
B テンシャン（天山）山脈
C クンルン（崑崙）山脈
D ヒマラヤ山脈
E 大シンアンリン（興安嶺）山脈
F チンリン（秦嶺）山脈　※農業地域区分
1 トンペイ（東北）平原
2 華北平原
3 ホワンツー（黄土）高原
4 長江中下流平原
5 スーチョワン（四川）盆地
6 ユンコイ（雲貴）高原
7 ゴビ砂漠
8 タリム盆地
9 タクラマカン砂漠
10 チベット高原
3 ⓐ リヤオトン（遼東）半島
※下関条約で日本に割譲
ⓑ 渤海（ボーハイ）　※東は黄海
ⓒ シャントン（山東）半島
ⓓ 台湾島
ⓔ ハイナン（海南）島
ⓕ チンハイ（青海）湖
ⓖ ロブ湖（ロプノール）

QUESTIONS　まとめの白地図 Q&A　ANSWERS

2 中国の省・都市

□1 ア～タの省名，A～Dの（中央）直轄市名，P～Tの自治区名，X・Yの特別行政区名を答えなさい。

□2 1～25の都市名を答えなさい。

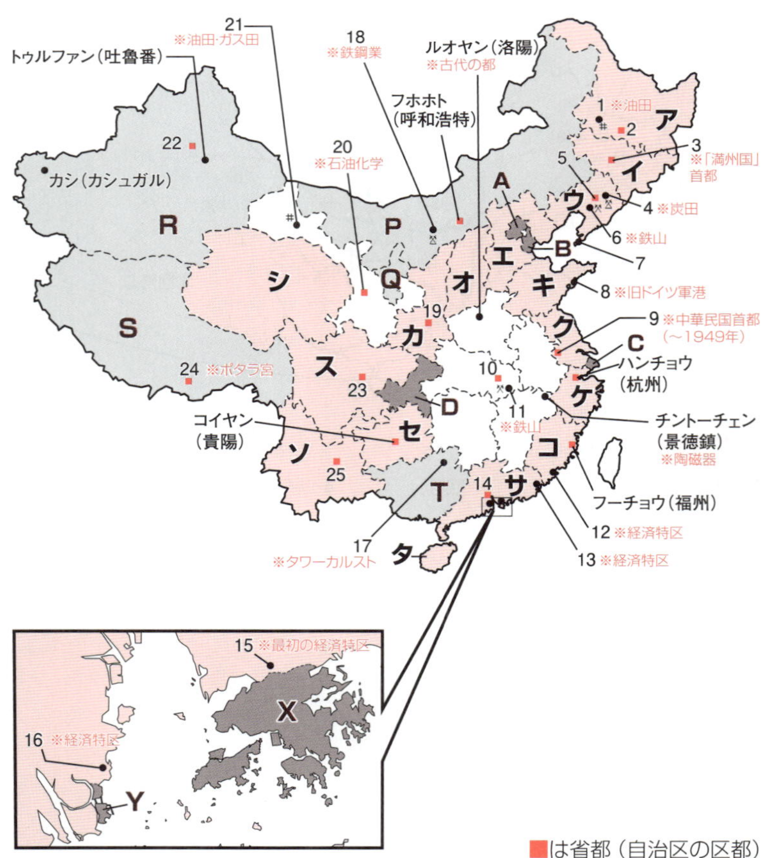

正解

最頻出の用語は下線で表示

1
ア ヘイロンチヤン（黒竜江）
イ チーリン（吉林）
ウ リヤオニン（遼寧）
エ ホーペイ（河北）
オ シャンシー（山西）
カ シャンシー（陝西）
キ シャントン（山東）
ク チャンスー（江蘇）
ケ チョーチヤン（浙江）
コ フーチエン（福建）
サ コワントン（広東）
シ チンハイ（青海）
ス スーチョワン（四川）
セ コイチョウ（貴州）
ソ ユンナン（雲南）
タ ハイナン（海南）
A ペキン（北京）
B テンチン（天津）
C シャンハイ（上海）
D チョンチン（重慶）
P 内（うち）モンゴル（蒙古）自治区
Q ニンシヤホイ（寧夏回）族自治区
R シンチヤンウイグル（新疆維吾爾）自治区
S チベット（西蔵（シーツァン））自治区
T コワンシーチョワン（広西壮）族自治区
X ホンコン（香港）
Y マカオ（澳門）

2
1 ターチン（大慶）
2 ハルビン（哈爾浜）
3 チャンチュン（長春）
4 フーシュン（撫順）
5 シェンヤン（瀋陽） ※旧称：奉天
6 アンシャン（鞍山）
7 ターリエン（大連）
8 チンタオ（青島）
9 ナンキン（南京）
10 ウーハン（武漢） ※鉄鋼業
11 ターイエ（大冶）
12 アモイ（シヤメン・厦門）
13 スワトウ（汕頭）
14 コワンチョウ（広州）
15 シェンチェン（深圳）
16 チューハイ（珠海）
17 コイリン（桂林）
18 パオトウ（包頭）
19 シーアン（西安） ※唐の都，長安
20 ランチョウ（蘭州）
21 ユイメン（玉門）
22 ウルムチ（烏魯木斉）
23 チョントゥー（成都）
24 ラサ（拉薩）
25 クンミン（昆明）

QUESTIONS　まとめの白地図 Q&A　ANSWERS

3 朝鮮半島の地形と都市，韓国の道名

□1 左下図の A ～ H の地形名，I の北緯を答えなさい。

□2 右下図のア～キの道名，1 ～ 12 の都市名を答えなさい。

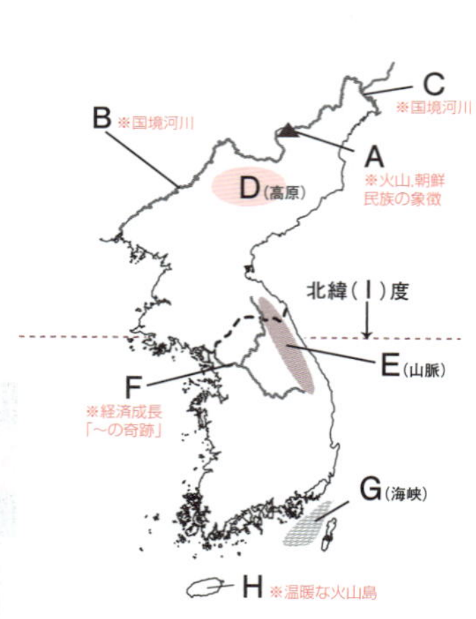

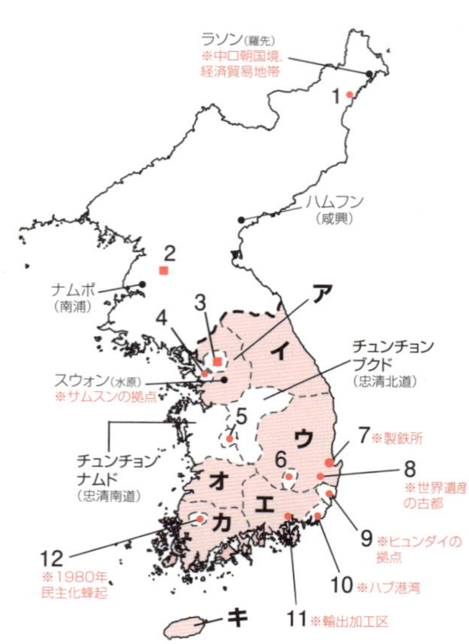

正解　最頻出の用語は下線で表示

1
- A ペクト（白頭）山
- B アムノック川
  ※中国名ヤール川（鴨緑江）
- C トマン川（豆満江）
  ※中国名ツーメン川（図們江）
- D ケマ（蓋馬）高原
- E テベク（太白）山脈
- F <u>ハン川（漢江）</u>
  ※北の支流イムジン河は歌で有名
- G 朝鮮海峡（西水道）
- H チェジュ（済州）島
- I 38

2
- ア キョンギド（京畿道）
- イ カンウォンド（江原道）
- ウ キョンサンブクド（慶尚北道）
- エ キョンサンナムド（慶尚南道）
- オ チョルラブクド（全羅北道）
- カ チョルラナムド（全羅南道）
- キ チェジュ特別自治道（旧チェジュド）

- 1 チョンジン（清津）
- 2 <u>ピョンヤン（平壌）</u>
- 3 ソウル
- 4 <u>インチョン（仁川）</u>
  ※ハブ空港
- 5 テジョン（大田）
- 6 テグ（大邱）
- 7 <u>ポハン（浦項）</u>
- 8 キョンジュ（慶州）
- 9 ウルサン（蔚山）
- 10 <u>プサン（釜山）</u>
- 11 マサン（馬山）
- 12 クワンジュ（光州）

東南アジア

☑ 旧宗主国や宗教分布は超頻出。先に覚えてしまうこと。
☑ 各国の経済の発展段階をおおまかに順位付けしておこう。
☑ 工業では輸入代替型から輸出指向型への転換を理解せよ。

1 東南アジアの自然環境

○× □1 ★★★ スマトラ島は環太平洋造山帯に属している。（立命館大）

×
※環太平洋造山帯➡アルプス＝ヒマラヤ造山帯

□2 ★★ 東南アジア諸国は，インドシナ半島・[1 ★★]半島の大陸部と大スンダ列島・小スンダ列島，カリマンタン島などの大小の島々からなる。（駒澤大）

(1) マレー
※マレー半島に東経100度線通過

□3 ★★★ 2004年12月に[1 ★★★]沖のスンダ海溝北部を震源地として発生した地震は，[2 ★★★]境界で，かつ海側の[3 ★★]プレートが陸側の[4 ★★]プレートに沈み込む現象に伴って発生した。（専修大〈改〉）

(1) スマトラ島（とう）
(2) 狭（せば）まる
(3) インド＝オーストラリア
(4) ユーラシア

○× □4 ★★★ スマトラ島の西海岸は広い低湿地である。（関西学院大）

×
※海岸沿いに火山活動の盛んな山脈が走る

□5 ★★ 中国のチベット（青蔵（チンツァン））高原を源流とし，ミャンマー・ラオス・タイ・カンボジア・ベトナムを経て海に注ぐのは[1 ★★]川である。（國學院大）

(1) メコン
※東南アジア最長の国際河川

□6 ★★ インドシナ半島の主要な3河川を河口が西に位置するものから順に並べると，[1 ★★]川→[2 ★★]川→[3 ★★]川となる。（明治大）

(1) エーヤワディー
(2) チャオプラヤ
(3) メコン

○× □7 ★★★ インドシナ半島では，一般に1月に南西季節風が，7月には北東季節風が吹く。（立命館大）

×
※1月⇔7月

○× □8 ★★★ メコン川は雨季と乾季で水量が異なる。（関西学院大）

○
※あたりまえ

〇✕ □9 ★★★ ニューギニア島は，ほぼ全域がB気候の支配下にある。（関西学院大）

✕
※B気候➡A気候（一部C気候またはH＝高山気候）

2 東南アジアの農牧業

□1 ★★★ 東南アジアの島嶼部では，標高が高く低温な山間部において伝統的な［1 ★★★］耕作がみられ，根菜類が栽培されている。（法政大）

(1) 焼畑（やきはた）
※キャッサバなど。インドシナ半島山岳部ではけし（アヘンの原料）の栽培も（タイでは減少）

〇✕ □2 ★★ 稲は連作が可能で，小麦と比べて単位面積当たりの収量が多いため，東南アジアの大多数の国では古くから米を自給していた。（國學院大）

✕
※島嶼国での自給は困難

□3 ★★★ タイの［1 ★★★］川流域の低地で水深が深くなる田では，直播き（じかまき）の［2 ★★★］を栽培する。（慶應義塾大〈改〉）

(1) チャオプラヤ
(2) 浮稲（うきいね）
※水位の上昇に合わせ茎が伸びる

□4 ★★★ タイ農業の中心は米作であり，輸出も盛んだが，最近は米の［1 ★★★］経済からの脱却が進んでいる。（専修大）

(1) モノカルチャー

□5 ★★★ 東南アジアでは，大陸部を流れる大河の中下流域でおもに［1 ★★］種の水田耕作が行われており，［2 ★★★］川の広大なデルタを有する［3 ★★★］は，米の輸出量で世界第3位である（2016年）。（西南学院大）

(1) インディカ
(2) メコン
(3) ベトナム
※直播きの浮稲も栽培される

□6 ★★ ミャンマーを流れる大河の下流域に広がる［1 ★★］デルタでは，米が多く栽培されている。（法政大）

(1) エーヤワディー
※旧称イラワジ川

□7 ★★★ 穀物を大量に輸出しているのは，農業の盛んな先進国と，2011年まで長く米の輸出量世界一だった［1 ★★★］など商品作物として穀物を栽培する発展途上国である。（西南学院大）

(1) タイ
※2012年以降，タイとインドで世界一を競う

□8 ★★★ フィリピンのルソン島やインドネシアのジャワ島・バリ島など平地の少ない島では［1 ★★★］での稲作もみられる。（慶應義塾大）

(1) 棚田（たなだ）

□9 ★★ 国際稲研究所(IRRI)は、[1★★]〈国名〉に設立された。(法政大)

(1) フィリピン
※米国のロックフェラー・フォード両財団の援助で設立

□10 ★★★ 東南アジアでは19世紀以降、欧米諸国による大資本のもとで、天然ゴムや油やし、バナナなどの作物が大規模に栽培される[1★★★]農業が行われてきた。(駒澤大)

(1) プランテーション

□11 ★★★ 東南アジアの[1★★★]は世界有数の[2★★★]の生産地であったが、この地域の農園は20世紀のはじめにイギリスの企業によって開かれた。(松山大〈改〉)

(1) マレーシア
(2) 天然(てんねん)ゴム

〇× □12 ★★★ マレーシアの天然ゴム農園は、今日ではマレー系や中国系の小規模農園が主流になった。(専修大〈改〉)

○

□13 ★★★ マレーシアやインドネシアのスマトラ島・カリマンタン島では、[1★★★]のプランテーションが急速に拡大している。(國學院大)

(1) 油(あぶら)やし
※油やしから搾るパーム油の生産は、第1位インドネシア→第2位マレーシア(2017年)

□14 ★★ [1★★]ではオランダの植民地時代に、商品作物を栽培するための農場が外国資本によって開発され、さとうきびなどの強制作付けが行われた。(西南学院大)

(1) インドネシア

□15 ★★★ フィリピンでは広大な[1★★★]農園がいくつも開かれている。これらは1960年代に[2★★★]や日本の資本によって開発されたもので、多国籍企業の子会社を通じて、生産から流通・販売まで行われる。(専修大)

(1) バナナ
(2) アメリカ合衆国(がっしゅうこく)

□16 ★★★ メコンデルタの前縁は、かつては幅広い[1★★★]林に覆われていたが、近年ではおもに輸出用のえび養殖池の造成のため、広く森林が伐採されている。(駒澤大)

(1) マングローブ

3 東南アジアの鉱工業

□1 ★★★ ASEAN 諸国のうちで天然ガス産出量が特に多い国は [1★★★] とマレーシアである。 (日本女子大〈改〉)

(1) インドネシア

〇× □2 ★★ ブルネイでは液化天然ガス(ＬＮＧ)や原油の輸出が盛んである。 (予想問題)

〇
※それぞれ輸出の4～5割を占める

〇× □3 ★★ ASEAN 諸国の中で, OPEC (石油輸出国機構) に加盟しているのは, 2ヵ国である。 (立命館大)

×
※インドネシアが OPEC を脱退し, 加盟国は 0

□4 ★ [1★] 〈国名〉では近年, パラワン島沖で海底油田が発見された。 (法政大〈改〉)

(1) フィリピン

□5 ★★ 第二次世界大戦後, 東南アジア諸国では国内向け消費財の生産を中心とした [1★★] 型の工業化が進められた。 (学習院大)

(1) 輸入代替(ゆにゅうだいたい)

□6 ★★★ 1970 年代に入ると, 東南アジア諸国の安い労働力と先進国からの資本や技術の導入を結び付けた [1★★] 型の工業化が急速に進展し, 各地で工業団地の造成や [2★★★] 区の設置が進められた。 (学習院大)

(1) 輸出指向(ゆしゅつしこう)
(2) 輸出加工(ゆしゅつかこう)

□7 ★★★ 東南アジア諸国のうち, [1★★★] はいち早く工業化に成功し, アジア NIEs の一員となった。次いで外国企業を誘致し工業化を果たしたのは [2★★★]・[3★★★] (順不同) であり, これらに [4★★★]・[5★★★] (順不同) が続いた。 (松山大)

(1) シンガポール
(2) タイ
(3) マレーシア
(4) インドネシア
(5) フィリピン

□8 ★★★ タイ・フィリピン・マレーシア・シンガポールに共通する輸出額第 1 位の品目は [1★★★] である。 (成城大)

(1) 機械類(きかいるい)
※インドネシアでは石炭やパーム油の方が上位

□9 ★★ 税の優遇策などにより海外からの企業誘致を進め, 工業化を図ってきたマレーシアでは [1★★] 機械工業の発達が著しく, その製品が主要輸出品となっている。 (松山大〈改〉)

(1) 電気(でんき)

□10 ★★★ ASEAN 諸国のうち [1★★★] は, 米を中心とした農産物, 天然ゴムなどが主要産品だが, 1980 年代後半からは [2★★] 産業が急成長した。 (学習院大〈改〉)

(1) タイ
(2) 自動車(じどうしゃ)

□11 ★★★ [1 ★★★]〈国名〉も輸出指向型工業化による経済成長路線に転換し，アメリカ合衆国が経済制裁を解除したのを受けて，外国企業の進出が急増した。（西南学院大）

(1) ベトナム
※米国の制裁解除は1994年，翌95年に国交回復

OX □12 ★★★ マレーシアのクアラルンプール近郊では，情報通信産業を誘致するための計画都市が建設されている。（センター）

○
※マルチメディア＝スーパーコリドー

OX □13 ★★★ フィリピンのマニラ近郊には輸出加工区が設けられ，付近で産出される原油を用いて石油化学工場が多数立地している。（センター）

×
※輸出加工区までは正しい。油田はなく，大資本が必要な石油化学工場も少ない

4 東南アジアの民族と社会

□1 ★★ ASEAN 諸国のうち [1 ★★] は歴史的に漢字文化圏に属していたが，今日では漢字は使わず [2 ★] を使う。（大阪大）

(1) ベトナム
(2) ラテン文字(もじ)
※宗教は中国と同じ大乗仏教

OX □2 ★★ カンボジアにはムスリム，ベトナムには仏教徒が多い。（関西学院大）

×
※カンボジアは仏教徒

□3 ★★ トンレサップ湖の北西岸には古代クメール王朝の都 [1 ★★] 遺跡があり，1992 年に世界文化遺産に登録された。（駒澤大）

(1) アンコール
※アンコール＝ワットはアンコール遺跡の一部で，ヒンドゥー寺院として建立。鎖国以前の日本人の落書きがある

OX □4 ★★ ASEAN 諸国の中には，華人文化への同化政策を進めている国がある。（立命館大）

×

□5 ★★ 東南アジア島嶼部の多くの国語は，[1 ★★] 語族であるマレー語をもとにしている。（西南学院大）

(1) オーストロネシア
※オーストラリアとは別

OX □6 ★★ ASEAN 諸国の中でイスラームを国教と定めているのは，1 ヵ国である。（立命館大）

×
※マレーシアとブルネイ。インドネシアはムスリムが多いが国教ではない

□7 ★★★ [1 ★★★] の住民は，62%を占めるマレー系を中心とした先住民以外に，中国系，[2 ★★] 系，そして山岳地域の少数民族などからなる。（西南学院大〈改〉）

(1) マレーシア
(2) タミル（インド）

OX □8 ★★★ マレーシアでは経済格差是正のため，多数派のマレー系住民への優遇措置がとられているが，経済の実権を握る中国系住民の中に反発がある。（センター〈改〉）

○
※ブミプトラ政策。中国系のほかインド系からの反発もある

□9 ★★★ ASEANの先頭を走る経済状況のもとにある［1★★★］の民族の4分の3は［2★★★］系である。（学習院大）

(1) シンガポール
(2) 中国（ちゅうごく）

□10 ★★ シンガポールは複数の言語を公用語と定めているが，国語である［1★★］語の話者が少数派で，各民族に中立的な［2★★］語が広く通用している。（大阪大〈改〉）

(1) マレー
(2) 英（えい）
※公用語はほかに中国語・タミル語

□11 ★★★ ASEAN諸国のうち，［1★★★］は石油・天然ガス・錫（すず）などの地下資源が豊富である。しかし，産油国でありながら，石油産業への投資不足で生産量が伸び悩んでいる。また，この国では［2★★★］教徒が8割を超える。（学習院大）

(1) インドネシア
(2) イスラーム
※国内需要の伸びもあって原油の純輸入国となりOPEC脱退

□12 ★★ 紀元前後に東南アジアに伝播した［1★★］教は，現在では少数派だが，ジャワ島の［2★］寺院群に足跡が残る。［3★★］島ではアニミズムと融合し独特の文化を生んでいる。（西南学院大〈改〉）

(1) ヒンドゥー
(2) プランバナン
(3) バリ

□13 ★ ASEAN諸国では，ジャワ島の仏教寺院［1★］遺跡などいくつかの歴史的建造物が世界文化遺産に登録されている。（立命館大〈改〉）

(1) ボロブドゥール
※世界最大級の仏教寺院。8Cの王朝が大乗仏教を受容した

□14 ★★★ 東南アジアでは，民族と宗教の対立により，2002年に［1★★★］がインドネシアから独立した。（愛知大）

(1) 東（ひがし）ティモール

□15 ★★ ASEAN諸国のうち［1★★］は島国で，主要産業は農林水産業。石油のほとんどを輸入し，財政赤字解消や不良債権処理が課題。（学習院大）

(1) フィリピン
※出稼ぎ労働者の送金が重要な外貨獲得源。女性の出稼ぎも多い(家政婦・看護・介護など)

□16 ★★★ フィリピンは複数国による植民地支配後に独立し，［1★★］語をもとに国語（フィリピーノ）を定めたが，実際は公用語の［2★★★］語が普及している。（大阪大〈改〉）

(1) タガログ
(2) 英（えい）
※複数国＝スペインと米国

OX □17 ★★★ フィリピン南部のミンダナオ島では，一部のキリスト教原理主義者と政府軍が武力衝突している。（センター）

×
※キリスト教➡イスラーム

□18 ★★★ 東南アジアの赤道に近い地域では，高温多湿な気候に適応した伝統的住居様式として［1 ★★★］式が知られる。（法政大）

(1) 高床（たかゆか）
※防湿のほか，害獣・害虫の侵入を防ぐ

5 東南アジアの都市・開発・環境問題

○× □1 ★★ メコン川流域の地域開発は，国際河川の共同開発・利用計画の代表例である。（立命館大）

○
※大メコン圏として経済回廊を整備している

□2 ★★ メコン川は，カンボジアの首都［1 ★★］を経て，ベトナム南部で南シナ海に注ぐ大河川である。（駒澤大）

(1) プノンペン

○× □3 ★★ メコン川河口部には首都が立地している。（関西学院大）

×
※河口部はベトナム南部だが，その首都は国北部のハノイ

□4 ★★ ASEAN 諸国のうち［1 ★★］は，軍事政権に対する経済制裁や非現実的な為替レートなどの影響で経済活動の停滞が続いた。最大都市は［2 ★★］。（学習院大）

(1) ミャンマー
(2) ヤンゴン
※ 2011 年の民政移管後は経済改革を推進

□5 ★★★ チャオプラヤ川河口から約 20 ～ 35km 上流に位置する国の首都は［1 ★★★］である。（駒澤大）

(1) バンコク
※タイ

□6 ★★★ 南北に細長い国［1 ★★★］の北部には首都［2 ★★］，中部には世界遺産の古都［3 ★］，南部にはかつてサイゴンとよばれた［4 ★★］が位置する。（帝京大〈改〉）

(1) ベトナム
(2) ハノイ
(3) フエ
(4) ホーチミン

○× □7 ★★★ ASEAN 諸国の首都で南半球に位置するのは，クアラルンプールとジャカルタの 2 都市である。（立命館大）

×
※ジャカルタのみ

○× □8 ★ ジャワ島内では鉄道が発達している。（関西学院大）

○
※オランダが建設開始し，日本が整備。独立後国有化

□9 ★★★ 日本市場で［1 ★］とよばれるウシエビの養殖は，ベトナム・インドネシア・タイなどの沿岸部では，［2 ★★★］林を伐採して行われる。（早稲田大〈改〉）

(1) ブラックタイガー
(2) マングローブ
※(2)の機能は生態系，薪炭材供給，高波の緩和

□10 ★ 個体数を減らす［1 ★］の保護のために，スマトラ島の熱帯林を保全する運動が起こった。（予想問題）

(1) オランウータン
※伐採，農園開発，森林火災による破壊が進行

6 東南アジアの国家とASEAN

□1 ★★★ 東南アジアは16世紀以降，[1 ★★★]を除いて欧米諸国の植民地となった。（國學院大）
(1) タイ
※タイは英仏の緩衝国

□2 ★★★ 第二次世界大戦前，カンボジアやベトナムの宗主国は[1 ★★★]，ミャンマーの宗主国は[2 ★★★]であった。（日本女子大）
(1) フランス
(2) イギリス

□3 ★ ASEAN本部がある都市は[1 ★]である。（成城大）
(1) ジャカルタ

□4 ★ ASEAN 10ヵ国の人口は、合計でおよそ[1 ★]億5,000万人である（2017年）。（成城大）
(1) 6
※EU5.1億，NAFTA4.8億を上回る

□5 ★★ 東南アジア諸国連合が発足させたASEAN自由貿易地域の英字略称は[1 ★★]である。（立命館大）
(1) AFTA

□6 ★★ ASEANの原加盟国のうち，最も国土面積が大きい国は[1 ★★]である。（日本女子大）
(1) インドネシア

□7 ★ [1 ★]は，一時イギリスの保護国になったが1984年に独立，同年ASEANに加盟した。（駒澤大）
(1) ブルネイ

□8 ★★ 冷戦終結後，1995年には[1 ★★]がASEANに加盟した。（予想問題）
(1) ベトナム

□9 ★★ 1997年には民主化運動の指導者スー＝チー氏が軟禁されてきた軍事政権の国[1 ★★]と，中国・ベトナムとの関係が深い[2 ★★]がASEANに加盟した。（駒澤大）
(1) ミャンマー
(2) ラオス

□10 ★★ ASEANに最後に加盟した[1 ★★]では，世界遺産の[2 ★★]遺跡群を対象とした観光も主要産業の一つである。（学習院大）
(1) カンボジア
(2) アンコール

□11 ★★★ 1999年には当時の東南アジア[1 ★★]ヵ国すべてがASEANに加盟した。その後[2 ★★★]が独立を果たしたが，2019年現在まで加盟していない。（立命館大）
(1) 10
(2) 東(ひがし)ティモール

□12 ★★★ ASEAN諸国のうち，領土内を赤道が通過しているのは[1 ★★★]である。（学習院大）
(1) インドネシア

□13 ★ ASEAN諸国の中で，国土北端の緯度が最も高いのは［1★］である。（日本女子大）

(1) ミャンマー

OX □14 ★★★ 南シナ海では，海底資源や漁業資源をめぐって領有権問題が生じている。（関西学院大）

○

□15 ★★★ フィリピン・ベトナム・マレーシア・ブルネイ・中国・台湾などが領有権を主張している［1★★★］群島では海底油田が確認されている。（法政大）

(1) 南沙(スプラトリ)
※関係国名も頻出

□16 ★★ カリマンタン（ボルネオ）島は［1★★］ヵ国の領土となっている。（國學院大）

(1) 3
※マレーシア・インドネシア・ブルネイ

☞ ASEANについては第12章7も参照（P.165〜167）

7 マレーシア

□1 ★★ 日本の南洋材輸入先としては，マレーシアの［1★★］島が大きな割合を占めている。（東北学院大）

(1) ボルネオ
※インドネシアではカリマンタン島とよぶ

OX □2 ★★★ マレーシアは，世界有数の天然ゴムの生産国であり，18世紀にフランスの企業によって大規模に開発された。（日本女子大）

×
※フランス➡イギリス

□3 ★★★ マレー半島には石鹸などの原料となる［1★★★］のプランテーションが広がっている。（早稲田大）

(1) 油やし

□4 ★★★ マレーシアは1980年代以降，日本やアジアNIEs諸国を手本にする［1★★★］政策を掲げた。（東北学院大）

(1) ルックイースト

□5 ★★ マレーシアは，再輸出を条件に輸入原料や輸出製品を免税にする［1★★］をペナンなどに設置した。（法政大）

(1) 輸出加工区

OX □6 ★★★ マレーシアは急速な経済成長を遂げ，アジアNIEsを構成する四小龍の一つに数えられた。（関西学院大）

×
※マレーシア➡シンガポール（韓国・台湾・ホンコン〔香港〕）

□7 ★ マレーシアの最大輸入相手国は［1★］，最大輸出相手国はシンガポールである（2017年）。（法政大）

(1) 中国

□8 ★ マレー半島の旧イギリス領は，16 世紀はじめに [1★] が占領して植民地とし，その後 16 世紀半ばにオランダが植民地としている。（早稲田大）

(1) ポルトガル

□9 ★★★ マレーシアの公用語はマレー語だが，旧宗主国 [1★★★] の影響から英語も使用されている。（法政大）

(1) イギリス
※今もイギリス連邦の構成国

□10 ★★ マレーシアの中国系の人々は，おもに [1★★] の労働に従事させるため，中国の海南島，その近くの [2★★] 省，台湾対岸の [3★★] 省などから移住させられてきた。（早稲田大）

(1) 錫鉱山（すずこうざん）
(2) コワントン（広東）
(3) フーチエン（福建）

□11 ★★★ マレーシアにおける民族間の経済的格差は大きく，政府は [1★★★] 政策とよばれるマレー人優遇政策を採用してきた。（早稲田大）

(1) ブミプトラ

〇✕ □12 ★★ マレーシアの首都は半島側に位置する。（関西学院大）

○
※クアラルンプール

8 シンガポール

□1 ★★ シンガポール南西部にある [1★★] 地区には，東南アジア最大の工業団地がある。（法政大）

(1) ジュロン

□2 ★★ シンガポールでは，国語のマレー語，中国語・英語に加え，テレビやラジオは [1★★] 語でも放送されている。（西南学院大）

(1) タミル
※４つとも公用語

〇✕ □3 ★★★ シンガポールは立憲君主制をとる王制国家である。（関西学院大）

×
※シンガポールは共和制国家（ただし事実上の一党独裁制）

□4 ★★★ シンガポールはイギリス植民地の島として開発され，中国系移民が多数流入した。独立後 [1★★★] 海峡の中継貿易地として工業団地が整備され，近年は国際金融センターとして発展している。（早稲田大）

(1) マラッカ

9 インドネシア

〇✕ □1 ★★★ インドネシアは 1 万以上の島々からなる世界最大の島嶼国家である。（関西学院大）
〇

□2 ★★ インドネシアとマレーシアの国境が走る島は [1★★] である。（成城大）
(1) カリマンタン（ボルネオ）島

〇✕ □3 ★★ ジャワ島には火山が多い。（関西学院大）
〇
※アルプス = ヒマラヤ造山帯

□4 ★ インドネシアの面積は日本の約 [1★] 倍である。（日本女子大）
(1) 5
※約 191 万 km²

□5 ★★★ インドネシアの山間部では自給的な [1★★★] 耕作がみられるが，煙害が問題となっている。（成城大）
(1) 焼畑

□6 ★★★ インドネシアの [1★★★] 島やバリ島では，山腹の傾斜地の森林を階段状にひらいた [2★★★] とよばれる水田がみられる。（成城大）
(1) ジャワ
(2) 棚田

□7 ★★ インドネシアにおいて，旧宗主国は [1★★] 制度のもとで住民を使い，コーヒーやゴムなどの農園をひらいた。（成城大〈改〉）
(1) 強制栽培
※旧宗主国はオランダ

〇✕ □8 ★★ インドネシアでは，ゴム園とともになつめやしのプランテーションも急速に拡大している。（日本女子大）
✕
※なつめやし（オアシス農業の作物）➡油やし

〇✕ □9 ★ インドネシアは東南アジア最大の漁業生産国である。（関西学院大）
〇

〇✕ □10 ★★★ インドネシアは東南アジアで唯一の産油国であり，ASEAN 各国に石油を供給している。（関西学院大）
✕
※ベトナム・マレーシアも産油国。インドネシアは国内需要が増えて輸入国となっている

□11 ★★ インドネシアでは，カリマンタン島や [1★★] 島の北部と南部などに油田があるが，産出量は低下している。（法政大）
(1) スマトラ

〇✕ □12 ★★ インドネシアの錫は，バンカ島とビリトン島で生産されている。（日本女子大）
〇

□13 ★★★ インドネシアは15世紀までは仏教や [1 ★★] 教の影響下にあったが，16世紀に [2 ★★★] 教の王朝がおこり，現在では国民の約9割がその宗教を信仰している。（日本女子大）

(1) ヒンドゥー
(2) イスラーム
※国別信者数は世界一

□14 ★★ 1602年には [1 ★★] がインドネシアに東インド会社を設立し，長年の植民地支配を続けた。（日本女子大）

(1) オランダ

○× □15 ★★ インドネシアではオランダ語が公用語の一つである。（関西学院大）

×
※唯一の公用語はインドネシア語（マレー語の一種）

□16 ★ インドネシアの民族のうち，最大の人口を有するのは [1 ★] 族である。（日本女子大）

(1) ジャワ

□17 ★★ インドネシアの人口は約 [1 ★★] 億 [2 ★] 千万人である（2019年）。（日本女子大）

(1) 2
(2) 7

□18 ★★★ インドネシアにおける人口最大の島は [1 ★★★] である。（明治大）

(1) ジャワ島（とう）

○× □19 ★★ インドネシアの首都は人口1,000万人以上の大都市である。（関西学院大〈改〉）

○
※ジャカルタ

○× □20 ★★★ 東南アジア有数の大都市ジャカルタは，多くのスラム人口を有している。（関西学院大）

○

□21 ★★★ ポルトガルの植民地として統治されたのち，1976年にインドネシアに併合され，独立運動を経て2002年に独立した国は [1 ★★★] である。（成城大）

(1) 東（ひがし）ティモール

○× □22 ★★★ 東ティモールではポルトガル語が公用語の一つとなっている。（関西学院大）

○
※旧ポルトガル植民地。宗教はカトリック

10 フィリピン

□1 ★★ 1991年にフィリピンで発生した［1 ★★］山噴火は近年まれにみる巨大なもので，1993年夏に日本で起きた［2 ★］・［3 ★］（順不同）などの異常気象はその影響であったともいわれる。（東北学院大）

(1) ピナトゥボ
(2) 冷害（れいがい）
(3) 長雨（ながあめ）

○× □2 ★★ フィリピンは東南アジア最大のバナナ輸出国である。（関西学院大〈改〉）

○

○× □3 ★★★ フィリピンでは首都ですず（錫）鉱が産出され，ゴムや油やしのプランテーションも盛んである。（関西学院大）

×
※フィリピン➡マレーシア

○× □4 ★★ フィリピン東方沖は，オーストラリアから日本への鉱産資源の輸送路となっている。（関西学院大）

○

□5 ★★★ フィリピンの旧宗主国は［1 ★★★］と米国。（予想問題）

(1) スペイン
※19C末の米西戦争後に米領化

○× □6 ★★★ フィリピンで最大の宗教人口はキリスト教のカトリック人口である。（関西学院大）

○

□7 ★ 南部ミンダナオ島のムスリムは，［1 ★］という蔑称（べっしょう）で差別され，自治を求めている。（予想問題）

モロ
※イスラーム教徒のこと

○× □8 ★★ フィリピンの首都は南部の島に位置する。（関西学院大）

×
※首都マニラは北部のルソン島

11 タイ

□1 ★★ 1980年代までのタイの経済基盤は［1 ★★］川流域の稲作であった。（東北学院大）

(1) チャオプラヤ

○× □2 ★★★ タイは米の輸出が盛んで，世界最大級の輸出量を誇る。（日本女子大）

○
※2011年までは連続世界一，その後はインドに次ぐ第2位となる年が多い

○× □3 ★★ タイでは1930年代後半から，「緑の革命」とよばれる農業改革が始められた。（日本女子大）

×
※緑の革命は1960年代以降

□4 ★★ 日本の 1★★ 輸入先は2004年の 2★ 発生以降タイからブラジルにシフトし，タイからは加熱加工品の輸入が中心となった。(予想問題)

(1) 鶏肉(とりにく)
(2) [高病原性(こうびょうげんせい)] 鳥(とり)インフルエンザ
※コンビニのレジ横の焼き鳥など

OX □5 ★★★ タイは1970年代末からアジアNIEsの一つとされている。(専修大)

×
※アジアNIEsは韓国・台湾・ホンコン(香港)・シンガポール

OX □6 ★★ 高度経済成長を遂げたタイは，バーツ経済圏を形成して周辺諸国へ影響を及ぼしたが，1997年にバーツが大暴落しアジア通貨危機を引き起こした。(関西学院大〈改〉)

○

OX □7 ★★★ タイ最大の宗教人口は仏教人口である。(関西学院大)

○
※上座部仏教。若い男性の大半が一度は出家し，黄色の袈裟をまとう

□8 ★★ タイの首都から北へ約75kmの町 1★ は，14～18世紀の王朝の首都及び国際貿易都市として繁栄し，17世紀初頭には日本人町(日本町)もあった。この町にはラートブルナ寺やマハータート寺などの 2★★ 教寺院遺跡が多い。(駒澤大)

(1) アユタヤ
(2) 仏(ぶつ)

□9 ★★★ バンコクは典型的な 1★★★ であり，国内の他都市を圧倒する中心機能を有している。(関西学院大〈改〉)

(1) 首位都市(しゅいとし)(プライメートシティ)

OX □10 ★★★ タイの都市人口割合は約70%である。(予想問題)

×
※約50%(2018年)

OX □11 ★★★ タイは社会主義体制の国家である。(関西学院大)

×
※タイは資本主義国(政体は立憲君主制)

□12 ★★★ 2011年，タイでは首都を中心に 1★★ によって，深刻な人的・経済的被害が発生した。(予想問題)

(1) 洪水(こうずい) [㊗水害(すいがい)]
※長期間の冠水で，工場の操業停止などが相次いだ

12 ベトナム

□1 ★★★ ベトナム最大の都市ホーチミン付近の気候は，雨季にインド洋から吹く［1★★★］〈八方位〉の季節風の影響を受け，ケッペンの気候区分では［2★★］気候である。（駒澤大）

(1) 南西（なんせい）
(2) サバナ Aw

□2 ★★ ベトナムの首都では平均気温が 1 月に 16.7℃，雨季の 7 月には 28.9℃を示し，ケッペンの気候区分によれば［1★★］気候である。（東北学院大）

(1) 温暖冬季少雨（おんだんとうきしょうう）（温帯夏雨（おんたいかう））Cw
※首都はハノイ

□3 ★★ 北部の紅河デルタは［1★★］，中部は Am，南部のメコンデルタは［2★★］と，ベトナムは 3 つの気候区分に分かれる。〈いずれもケッペン記号〉（一橋大）

(1) Cw
(2) Aw
※ Am＝熱帯モンスーン。Aw＝サバナ

□4 ★★★ ベトナム南部の中央高原を中心に栽培されている［1★★★］は，生産量が 100 万 t を超え世界第 2 位である（2017 年）。（駒澤大）

(1) コーヒー豆（まめ）
※インスタントや缶コーヒーに使われるロブスタ種が主（cf. アラビカ種は高級）

〇✕ □5 ★★ ベトナムは東南アジア最大の水産物輸出国である。（関西学院大）

〇

□6 ★★★ ベトナム北部には［1★］炭田があり，近年，盛んに輸出されるようになった背景には［2★★★］（刷新）政策がある。（法政大〈改〉）

(1) ホンゲイ
(2) ドイモイ
※(2)は社会主義下の市場経済導入と対外開放

〇✕ □7 ★★ ベトナムはドイモイ政策の推進で高度成長を実現し，2007 年に WTO への加盟を果たした。（関西学院大）

〇
※ 1995 年には ASEAN に加盟

□8 ★★ ベトナムでは，首都［1★★］周辺のほか，南部にある同国最大の都市［2★★］の周辺などに工業団地がある。（法政大）

(1) ハノイ
(2) ホーチミン

〇✕ □9 ★★ ベトナムでは，長い内戦の間にポル＝ポト政権による大量虐殺が起きた。（関西学院大）

✕
※ベトナム➡カンボジア

〇✕ □10 ★★★ ベトナムは 1990 年代に社会主義体制から共和制に移行した。（関西学院大）

✕
※今も社会主義体制

□11 ★ ホーチミンはかつての南ベトナムの首都［1★］だが，統一後に改称した。（予想問題）

(1) サイゴン
※ベトナム戦争末期の1975年，サイゴンは北ベトナムによって陥落し多くの難民を生む

13 ラオス，ミャンマー

□1 ★★ ラオスでは，隣国［1★★］との国境を流れる［2★★］川に政府開発援助（ODA）によって複数の国際橋がかけられ，東西の交通路が確保された。（法政大）

(1) タイ
(2) メコン
※大メコン圏の経済回廊

○× □2 ★★ 軍政下のラオスでは，民主化運動の指導者スー＝チー氏を自宅軟禁するなどの圧政が続いた。（関西学院大）

×
※ラオス➡ミャンマー。スー＝チー氏は2010年に軟禁を解除された

□3 ★★ ラオスの首都［1★★］と古都のルアンパバーンは，ともに［2★★］川に面している。（帝京大）

(1) ビエンチャン
(2) メコン

○× □4 ★★ ミャンマーはかつてイギリスの植民地であった。（関西学院大）

○

○× □5 ★★ ミャンマーでは2011年頃まで軍事政権が続いた。（予想問題）

○
※2010年民主運動家スー＝チー氏を釈放。翌年，民政に移管。民主化プロセスが進んでいる

□6 ★ ミャンマーでは国土の西部に多いムスリム［1★］人への迫害が国際的な批判を招いた。（早稲田大）

(1) ロヒンギャ
※隣国バングラデシュへ流出，難民化

STEP UP 十五

さらに得点アップさせたい人のための
ステップアップ問題

□1 ★★ 税制を優遇した自由貿易地域や工業団地の代表例として，マレーシアの［1★★］輸出加工区，フィリピンのルソン島にある［2★］半島工業団地などがあげられる。（専修大〈改〉）

(1) ペナン
(2) バタアン

□2 ★ 東南アジアの国々での米を主とする食生活では，味噌・漬物・塩辛・［1★］などの［2★］食品が副食や調味料として発達した。（法政大）

(1) 魚醤（ぎょしょう）
(2) 発酵（はっこう）
※(1)は塩漬けの魚を発酵させた調味料。タイのナンプラー，ベトナムのニョクマム，秋田のしょっつる，石川のいしる

□3 ★ マレーシアで栽培されるゴムの木は，アマゾン原産の［1★］といわれる種類の木である。（早稲田大）

(1) パラゴム

□4 ★ マレーシアではボルネオ（カリマンタン）島に位置するサバ州と［1★］州に油田がある。（法政大）

(1) サラワク

□5 ★★ イギリスはマレー半島に，北から［1★］（現在リゾート地として人気），［2★★］（対岸のスマトラ島などとの交易で栄えた），シンガポールなどの［3★］植民地とよばれた植民地を建設した。（早稲田大）

(1) ペナン
(2) マラッカ
(3) 海峡（かいきょう）

□6 ★ マレーシアの首都から約50kmに位置する大学や研究機関のある［1★］地区では，先端産業育成を目指している。（法政大）

(1) サイバージャヤ
※マルチメディア＝スーパーコリドーに含まれる

□7 ★ シンガポールからマレー鉄道に乗って狭い水道を越えると，マレーシアの［1★］州に入る。（早稲田大）

(1) ジョホール

□8 ★ インドネシアには，シンガポールまで約20kmと近い位置にある［1★］島に工業団地がある。（法政大）

(1) バタム

□9 ★ ベトナム北部の［1★］湾は，石灰岩地形が沈水した独特の地形で，観光地となっている。（早稲田大）

(1) ハロン

QUESTIONS　まとめの白地図 Q&A　ANSWERS

1 東南アジアの地形

□1 ⓐ～ⓒの河川，ⓓの湖の名を答えなさい。

□2 A～Gの列島・諸島・群島や半島の名を答えなさい。

□3 ア～サの島の名を答えなさい。

□4 1～6の海域（海・湾・海峡など）の名を答えなさい。

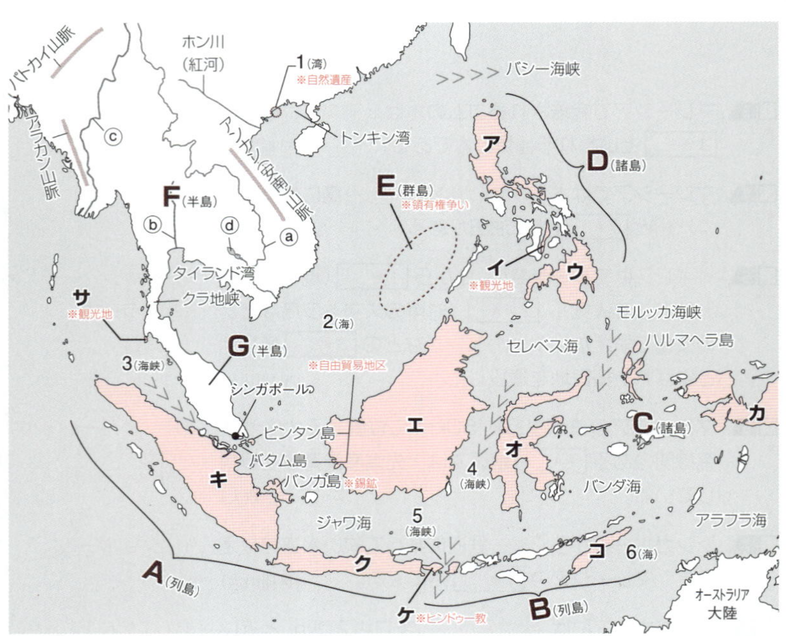

正解　最頻出の用語は下線で表示

1
ⓐ メコン川
ⓑ チャオプラヤ川
ⓒ エーヤワディー川　※旧イラワジ川
ⓓ トンレサップ湖

2
A 大(だい)スンダ列島
B 小(しょう)スンダ列島
C マルク（モルッカ）諸島
D フィリピン諸島
E 南沙(なんさ)群島（スプラトリ諸島）
F インドシナ半島
G マレー半島

3
ア ルソン島
イ セブ島
ウ ミンダナオ島
エ カリマンタン島〔インドネシア〕
（ボルネオ島〔マレーシア〕）
オ スラウェシ島　※2つの造山帯の会合部
カ ニューギニア島
キ スマトラ島
ク ジャワ島
ケ バリ島
コ ティモール島
サ プーケット島

4
1 ハロン湾　※石灰岩台地の沈降
2 南(みなみ)シナ海
3 マラッカ海峡
※中東→日本のタンカー航路だが，浅く狭いため大型船は 5 を通る
4 マカッサル海峡
※ 5 とともにウォレス線（生物相の境界）を形成
5 ロンボク海峡
6 ティモール海　※海底油田・ガス田の開発

QUESTIONS　まとめの白地図 Q&A　ANSWERS

2 東南アジアの国家と都市

□1 A～K の国名を答えなさい。

□2 1～20 の都市名を答えなさい。

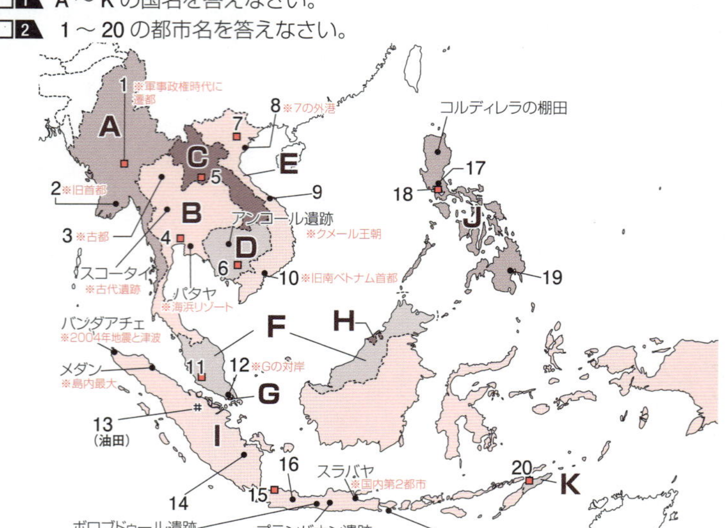

正解　最頻出の用語は下線で表示

1
- A ミャンマー（ビルマ）
- B タイ　※王国（立憲君主制）
- C ラオス　※社会主義
- D カンボジア　※王国（立憲君主制）
- E ベトナム　※社会主義
- F マレーシア
- G シンガポール
- H ブルネイ　※立憲君主制
- I インドネシア
- J フィリピン
- K 東ティモール

2
- 1 ネーピードー
- 2 ヤンゴン（旧ラングーン）
- 3 チェンマイ
- 4 バンコク　※首位都市の典型
- 5 ビエンチャン
- 6 プノンペン
- 7 ハノイ
- 8 ハイフォン
- 9 フエ
- 10 ホーチミン（旧サイゴン）
- 11 クアラルンプール
- 12 ジョホールバール　※「～の歓喜」（サッカーファンに聞こう）
- 13 ミナス
- 14 パレンバン　※太平洋戦争で日本が占領
- 15 ジャカルタ
- 16 バンドン　※アジア=アフリカ会議（1955年）
- 17 ケソンシティ
- 18 マニラ
- 19 ダヴァオ
- 20 ディリ

南アジア

☑ 地形の３区分や気候の特徴を農業地域分布と結び付ける。
☑ 都市ごとの気候・産業の特徴に注意して整理しよう。
☑ 宗教の違いによって分裂して独立した歴史を理解しよう。

1 南アジアの自然環境

□1 ★★★ 南アジア北部には，[1 ★★]プレートとインド＝オーストラリアプレートとの境界部を形成する[2 ★★]高原が広がり，カラコルム山脈，[3 ★★★]山脈が連なっている。 （日本女子大〈改〉）

(1) ユーラシア
(2) パミール
(3) ヒマラヤ

□2 ★★★ インド亜大陸は，新期造山帯に属する山岳部，玄武岩が覆う広大な溶岩台地の[1 ★★★]高原を中心とした安定陸塊に属する半島部，その中間に位置する[2 ★★★]川の沖積平野が広がる[3 ★★]平原に3分される。 （学習院大〈改〉）

(1) デカン
(2) ガンジス
(3) ヒンドスタン
※(1)は平均 600m，(3)は 200m 以下の標高

□3 ★★ ヒマラヤ山脈はプレートの境界で形成された[1 ★★]山脈である。 （福岡大）

(1) 褶曲（しゅうきょく）
※狭まる境界

□4 ★★ インド亜大陸北東部を占める[1 ★★]地方は，南部の丘陵を除くと，全域がほぼ低平な沖積平野であり，[2 ★★]川とガンジス川の両水系がつくり出した世界最大級の規模をもつ三角州地域である。 （早稲田大）

(1) ベンガル
(2) ブラマプトラ
※バングラデシュに広がる三角州（デルタ）では水害が頻発

〇× □5 ★★★ ヒマラヤ山脈には火山が多数分布し，噴火が多発している。 （センター）

×
※分厚い大陸プレートどうしの衝突で形成，火山はない

〇× □6 ★★★ ヒマラヤ山脈では地殻変動が活発で，地震が頻繁に起きている。 （センター）

〇
※2015年ネパール大地震など

〇× □7 ★★★ ヒマラヤ山脈には，U字谷やカール（圏谷）が多数分布している。 （センター）

〇
※山岳氷河が発達

○× □8 ★★★ チベット・ヒマラヤ山塊に源流をもつ河川は，流域の侵食速度が大きい。（センター）

○

○× □9 ★★★ ガンジス川河口部では広大なデルタが形成されている。（関西学院大）

○
※水源はヒマラヤ山脈

□10 ★★ チベット高原を源流としてガンジス川に合流する [1 ★★] 川は，アッサム地方を流れ，巨大な包蔵水力をもっている。（日本女子大）

(1) ブラマプトラ

○× □11 ★★ カラコルム山脈はインダス川の最上流部である。（関西学院大）

○

○× □12 ★★★ モルディブの島々の多くはサンゴ礁に覆われている。（関西学院大）

○

□13 ★★★ インド洋中央海嶺は，プレートの [1 ★★★] 境界にあたる。（関西大）

(1) 広(ひろ)がる

□14 ★★ インド洋の範囲は，南は南極大陸沿岸まで，北はインド亜大陸西側のアラビア海と，東側の [1 ★★] を含む。（早稲田大）

(1) ベンガル湾(わん)

□15 ★★★ 南アジアの気候は，[1 ★★★] の風向きによって雨季と乾季の違いが明確である。（獨協大）

(1) モンスーン（季節風(きせつふう)）

□16 ★★★ インドでは，夏季は [1 ★★★] モンスーンが海洋から湿った空気をもたらし雨季となる。（福岡大）

(1) 南西(なんせい)

□17 ★★★ インド洋の赤道の南側では年間を通じて [1 ★★] 風が卓越するのに対し，北側では冬の [2 ★★★] 風と夏の [3 ★★★] 風が顕著である。（早稲田大）

(1) 南東貿易(なんとうぼうえき)
(2) 北東季節(ほくとうきせつ)
(3) 南西季節(なんせいきせつ)
※(1)はアフリカ南東部に，(2)(3)は南アジアに影響

○× □18 ★★★ スリランカ西岸部は海流の影響で乾燥しがちである。（関西学院大）

×
※モンスーンの影響で多雨

○× □19 ★★★ 7月にヒマラヤ山脈南斜面は多雨地域となるが，北斜面ではモンスーンが遮られ少雨地域となる。（センター）

○
※南アジアのモンスーンは夏は南西風，冬は北東風

□20 ★★ 南西モンスーンは [1 ★★] 山脈にぶつかってインド半島西海岸に大量の雨を降らせる。（福岡大〈改〉）

(1) 西(にし)ガーツ

□21 ★★★ インドでは，北回帰線を境に南側は熱帯の［1★★★］気候，北側は温帯の［2★★］気候が広がる。（学習院大〈改〉）

(1) サバナ Aw
(2) 温暖冬季少雨（温帯夏雨）Cw

OX □22 ★★ デカン高原は砂漠とステップが広がる乾燥した土地である。（関西学院大）

×
※サバナとステップ

OX □23 ★★★ 南アジアでは，雨季の終わりにベンガル湾で発生するサイクロンによって大洪水が頻繁に起こる。（センター）

○
※高潮の被害をもたらす熱帯低気圧

OX □24 ★★★ カシミール地方は年間降水量 5,000mm を超える多雨地帯である。（関西学院大）

×
※インド・パキスタン北部国境付近は，おもにステップ気候

□25 ★★★ デカン高原西部には玄武岩が風化してできた黒色の肥沃な土壌がみられ，綿花栽培に適した［1★★★］が分布する。（福岡大）

(1) レグール［土］
※間帯土壌の一種

2 南アジアの農牧業

□1 ★★★ デカン高原の綿花は，内陸から鉄道によって［1★★★］などの都市を経由し，宗主国イギリスに向けて積み出された。この都市は，民族資本による綿工業の中心となった。（関西大）

(1) ムンバイ（ボンベイ）

□2 ★★★ 1880 年代に入ると，イギリスはスリランカの中央高地に作物を植えかえて［1★★★］農園をつくり上げた。20 世紀になると湿潤低地帯の丘陵地に［2★］農園を，海岸平野には［3★］農園をひらいた。（早稲田大）

(1) 茶
(2) ゴム
(3) ココやし
※紅茶として出荷。このようなイギリス人による大農園をエステートという

OX □3 ★★★ インドは 1980 年代に生産責任制を導入した。（近畿大）

×
※インド➡中国

OX □4 ★★★ インドの第一次産業人口は約 80%である。（近畿大）

×
※ 43.3%(2018 年)

□5 ★★ インドの農業地域は，概ね年降水量［1★★］mm を境に稲作と畑作に分かれる。（福岡大）

(1) 1,000

□6 ★★★ インド東部の湿潤地域では，モンスーンの影響を受けて世界有数の［1★★★］の栽培地帯が広がる。（学習院大）

(1) 米（こめ）

□7 ★★ ガンジスデルタの中でも洪水が浅く期間が短い耕地では水稲の［1★］作が行われ，湛水が深く，その期間が長い耕地ではこの地方が世界最大の生産量を誇る［2★★］や浮稲が栽培される。（早稲田大〈改〉）

(1) 一期（いっき）
(2) ジュート
※(2)は丈夫な繊維原料，穀物袋などの素材

○× □8 ★★★ バングラデシュでは，ガンジス・ブラマプトラ両河川の三角州（デルタ）で稲作が行われ，米は古くから輸出農産物の首位を占めてきた。（センター）

×
※繊維原料のジュートが首位。人口が多く米を輸入

○× □9 ★★★ ヒマラヤ山脈では稲の品種改良により，人間の常住限界高度まで稲作が行われる。（センター）

×
※寒帯同様の高山地帯では稲作は不可能

□10 ★★★ パキスタンとインドの国境をまたいで広がる［1★★★］地方では灌漑施設を使った農業が盛んであり，小麦が多く栽培されている。（法政大）

(1) パンジャブ
※緑の革命を実施

○× □11 ★★★ パキスタンでは，インダス川流域で灌漑施設が整うにつれ野菜栽培が盛んとなり，小麦生産量を上回った。（センター）

×
※降水量が少なく，野菜生産は盛んでない

□12 ★★★ インド半島部のおよそ東経 75 度以西の乾燥・半乾燥地帯では，［1★★★］・［2★★★］（順不同）の栽培が盛んである。（学習院大）

(1) 小麦（こむぎ）
(2) 綿花（めんか）

○× □13 ★★★ ガンジス川中流域はインド最大の綿花地帯である。（関西学院大）

×
※米，さとうきびなど

□14 ★★★ インド半島の［1★★★］高原は，肥沃で綿花栽培に適した［2★★★］という土壌に恵まれ，［3★］やソルガム（もろこし）などの雑穀も栽培されている。（立命館大）

(1) デカン
(2) レグール［土（ど）］
(3) ミレット
※(3)はあわ・きび・ひえ

○× □15 ★★ インドの綿花生産量は 2000 年代に入り急増し，アメリカ合衆国を追い抜いて中国と並ぶ最大級の生産国である。（専修大〈改〉）

○

□16 ★★★ ヒマラヤ山脈の中腹～山麓では，イギリス人の食卓に欠かせない［1★★★］の栽培が盛んである。（学習院大）

(1) 茶（ちゃ）
※アッサム州やダージリンなどヒマラヤ東麓

〇× □17 ★★★ カシミール地方は南アジア有数の茶の栽培地である。（関西学院大）

×
※カシミール地方はヒマラヤ西麓

〇× □18 ★★★ スリランカは世界有数の茶の輸出国である。（近畿大）

○
※セイロンティー

□19 ★★★ ヒンドスタン平原東部を中心に栽培される米や 1★★★ ，ヒマラヤ山脈の麓での茶，デカン高原の 2★★★ などは，米を除いて20世紀中頃までインドの輸出品目の上位を占めた。（西南学院大〈改〉）

(1) ジュート
(2) 綿花（めんか）

〇× □20 ★★★ ヒマラヤ山脈付近では，おもに針葉樹林（タイガ）を利用した林業と馬の遊牧が行われる。（センター）

×
※高山地域は寒帯同様の気候で森林はみられず，ヤクの遊牧が行われる

〇× □21 ★★★ ヒマラヤ低地では豊富な降水量と朝晩の低温を生かし，とうもろこしなど商品作物の栽培が盛んである。（センター）

×
※とうもろこしは高温多湿を好み，途上国では自給的に栽培

〇× □22 ★★★ インドは，たび重なる5ヵ年計画で農業生産の拡大を図った。（近畿大）

×
※5ヵ年計画は旧ソ連

□23 ★★ インドでは，「白い革命」とよばれる 1★★ の生産と消費の飛躍的な伸びが注目されている。（福岡大）

(1) 牛乳（ぎゅうにゅう）
※鶏肉の生産・消費の拡大は「ピンクの革命」という

3 南アジアの鉱工業

□1 ★★★ デカン高原の西側に位置するグジャラート州の 1★ や，かつてボンベイとよばれた 2★★★ では，綿工業が発達した。（立命館大）

(1) アーメダーバード
(2) ムンバイ

〇× □2 ★★ パキスタンのカラチはジュート工業の中心地である。（近畿大）

×
※パキスタンのカラチ➡バングラデシュのダッカ

〇× □3 ★★ バングラデシュは衣類が輸出の大半を占める。（近畿大）

○
※GAP，H&M，ZARA，ユニクロなど，ファストファッションとよばれる安売り衣料企業の縫製工場が並ぶが，劣悪な労働環境が問題化

□4 ★ バングラデシュでは，貧困層向けのマイクロファイナンスが発達，ムハマド＝ユヌスが創始した 1★ 銀行は彼とともにノーベル賞を受賞した。（早稲田大）

(1) グラミン
※小口融資で貧困女性の起業などを支援

□5 ★★ インド東部では，独立後まもなく始められた［1★★］川の総合開発による工業地域の発展が顕著である。流域には製鉄に必要な鉄・石炭・［2★］などの鉱産資源が豊富であった。（早稲田大）

(1) ダモダル
(2) 石灰石（せっかいせき）
※多目的ダムを建設

○× □6 ★★ インドのジャムシェドプルの鉄鋼業は鉄鉱石，石炭の産地に近接して立地する。（関西学院大）

○
※イギリス植民地時代に民族資本（タタ財閥）が創業

□7 ★★★ ダモダル川の水力資源やダモダル炭田を利用して［1★★★］業が発達した。（明治大）

(1) 製鉄（せいてつ）
※民間資本（タタ財閥）のジャムシェドプルや，国営のラーウルケーラに立地。シングブームの鉄鉱石と結び付く

○× □8 ★★ インドは国内で消費する鉄鋼の大部分を自給している。（日本女子大）

○

□9 ★★ ダモダル川流域では，独立前から工業都市として知られていた［1★★］で多種の工業の集積が進み，この工業地域の拠点都市に成長した。（早稲田大）

(1) アサンソル

□10 ★★★ ダイヤモンドは，古くから首都［1★★★］を中心にした地域の工業地帯で研磨されてきた。この地域は［2★★］や家電製品の生産も盛んである。（西南学院大）

(1) デリー
(2) 自動車（じどうしゃ）

○× □11 ★★ インドの自動車産業では，財閥系企業が大きな役割を果たしている。（日本女子大）

○
※タタ財閥のこと。日系のマルチスズキも高いシェア

○× □12 ★★★ インドでは，低コストで高度な情報通信技術を身につけた労働者を利用できることからIT産業の発達が著しい。（専修大）

○
※英語の普及や進んだ理数系教育も要因

○× □13 ★★★ インドのIT産業では，アメリカ合衆国やヨーロッパの夜間に時差を利用して仕事ができる。（近畿大）

○
※米国西岸との時差は13.5時間

○× □14 ★★★ インドのコンピュータ産業では，ほとんどすべてのものが公営企業を中心に生産されている。（近畿大）

×
※1990年代から経済自由化が進む。3 16（P.245）を参照

□15 ★★★ ITパークで有名なインドの［1★★★］では，特に英語圏先進国企業の［2★★★］を開発する企業や［3★★］センターの立地が急激に増加した。（慶應義塾大〈改〉）

(1) バンガロール
(2) ソフトウェア
(3) コール
※バンガロールは，カルナータカ州（インド南部）

□16 ★★★ 独立後のインドは公営企業中心の [1★★★] 体制で [2★★★] 型工業化を進めたが，1990 年代から自由化が本格化し，開放経済体制に移行した。（予想問題）

(1) 混合経済（こんごうけいざい）
(2) 輸入代替（ゆにゅうだいたい）
※(1)計画経済と市場経済の混合，(2)背景にスワデシ（国産品愛用）の理念

□17 ★ インドの輸出相手国のうち最も金額が多いのはアメリカ合衆国であり，それに続くのは [1★] ，ホンコン（香港），中国，シンガポールなどである（2017 年）。（明治大〈改〉）

(1) アラブ首長国連邦（しゅちょうこくれんぽう）（UAE）

□18 ★★★ インドで輸出金額が多い品目は石油製品や機械類，[1★★★] である（2017 年）。（明治大〈改〉）

(1) ダイヤモンド
※加工貿易

□19 ★★ インドの最大の輸入相手国は [1★] ，最大の輸入品目は [2★★] である（2017 年）。（明治大）

(1) 中国（ちゅうごく）
(2) 原油（げんゆ）
※(2)は機械類とほぼ同額

□20 ★ 20 世紀後半，インドから日本への 3 大輸出品は，ダイヤモンド・鉄鉱・[1★] であった。（西南学院大）

(1) えび［別 魚介類（ぎょかいるい）］
※現在は石油製品・有機化合物など（2018 年）

4 南アジアの民族と社会

□1 ★★ インドは，インド＝アーリア系民族が約 70%を占めるが，南部には [1★★] 系住民が多い。（西南学院大）

(1) ドラヴィダ

□2 ★★ インドの憲法では連邦公用語を [1★★] 語に定めているが，各州では州公用語を制定している。（日本女子大）

(1) ヒンディー

□3 ★★★ インドの公用語はヒンディー語だが，準公用語として [1★★★] が使われている。（近畿大）

(1) 英語（えいご）
※イギリス支配の影響

○× □4 ★★★ インドではヒンディー語を話す人が最も多く，その大部分は仏教徒である。（センター）

×
※仏教徒➡ヒンドゥー教徒（8 割）

□5 ★★★ ヒンドゥー教は身分制度である [1★★★] 制度との結び付きが強い。（予想問題）

(1) カースト

□6 ★★ カースト制度は [1★★] （四姓）と世襲的職業身分集団の [2★★] によって社会を細かく分けている。（広島修道大）

(1) ヴァルナ
(2) ジャーティ
※(1)＝バラモン，クシャトリア，ヴァイシャ，シュードラ（ヴァルナ外に被差別民ダリット）

□7 ★★★ 南アジアは18～19世紀にイギリスの植民地支配を受けたが，1947年に［1★★★］の多いインドと［2★★★］の多い［3★★★］に分離独立した。（獨協大）

(1) ヒンドゥー教徒
(2) ムスリム
(3) パキスタン
※さらにパキスタンからバングラデシュが分離独立

□8 ★★ デリー北西部のパンジャブ州では［1★★］教徒が過半数を占め，その一部の宗派の人々は髪の毛を切らないため，男性はターバンを着用する。（日本女子大）

(1) シク
※ヒンドゥー教とイスラームが融合した宗教。聖地は北西部アムリットサル

□9 ★★★ ［1★★★］地方では，圧倒的多数の［2★★★］教徒がパキスタンへの帰属を望むことにより，国境紛争が起きた。（明治大〈改〉）

(1) カシミール
(2) イスラーム
※藩王はヒンドゥー教徒だった

□10 ★★★ カシミール問題は，イギリスが自国の植民地であった［1★★★］の西部を［2★★★］として独立させたときの国境線画定の混乱が発端だが，以前からこの地方北部に進出していた［3★★］も巻き込み，複雑な対立になっている。（愛知大）

(1) インド
(2) パキスタン
(3) 中国

○× □11 ★★★ バングラデシュではムスリムが人口の90%弱を占める。（近畿大）

○

□12 ★★★ スリランカでは，おもに［1★★★］を信仰し多数を占める民族と，おもに［2★★★］を信仰する少数民族の間の対立が続いている。（専修大）

(1) 仏教
(2) ヒンドゥー教
※多数派政府軍と少数派武装組織との内戦は2009年終結

□13 ★★★ スリランカの住民の75%は［1★★★］語を話す［2★★★］教徒の［1★★★］人であり，15%はドラヴィダ系言語の［3★★★］語を話す［4★★★］教徒の［3★★★］人である。（早稲田大〈改〉）

(1) シンハラ
(2) 仏
(3) タミル
(4) ヒンドゥー

□14 ★★ ブータンでは［1★★］教徒が過半数を占めている。（日本女子大）

(1) チベット仏

□15 ★★ ネパール人口のうち，81%は南部の［1★★］教徒，9%は北部の［2★★］教徒である。（予想問題）

(1) ヒンドゥー
(2) チベット仏

○× □16 ★★★ ガンジス川はヒンドゥー教の聖なる川とされている。（関西学院大）

○
※現地ではガンガーとよばれ，信者が沐浴に集う

□17 ★★ インド人の外国移住者は 1★★ とよばれる。(明治大)

(1) 印僑(いんきょう)

○× □18 ★★★ インドでは総人口が増加しているが，外国からの大規模な人口流入によるものである。(センター)

×
※インドの人口増加は自然増加。インドからは出稼ぎ労働者が流出

5 南アジアの都市・開発・環境問題

□1 ★ インドなどアジア新興国の都市部では，安定した職に就いて多くの収入を得ている 1★ とよばれる階層が増えている。(中部大〈改〉)

(1) 中間層(ちゅうかんそう)（新中間層(しんちゅうかんそう)）
※専門職・管理職・事務職などのホワイトカラー

○× □2 ★★★ インドは経済の発展により中間所得層も増加してきたが，全体的には依然として貧富の差が大きく，スラムに居住する人も多い。(専修大)

○

○× □3 ★★★ インダス川流域には古代都市の遺跡がみられる。(関西学院大)

○
※モヘンジョダロ，ハラッパーなど

□4 ★★★ 市域人口が約 1,200 万人にもなるインド最大の都市で，綿工業が発達し，かつてはイギリスによるインド支配の根拠地ともなったのは 1★★★ である。(中央大)

(1) ムンバイ（ボンベイ）
※映画産業が盛んで，ハリウッドになぞらえ「ボリウッド」とよばれる

□5 ★★★ かつてはイギリス領インドの首都であり，現在はウェストベンガル州の州都である大都市で，米・ジュートなどの集散地でもあるのは 1★★★ である。(中央大)

(1) コルカタ（カルカッタ）

□6 ★★★ ムガール帝国時代の首都として発展した地区と，20世紀はじめにイギリスによって計画的につくられた地域からなる都市は 1★★★ である。(中央大)

(1) デリー
※前者がオールドデリー，後者がニューデリー。首都機能は後者にあるが，首都名はデリーでよい

□7 ★★ タミル人が多く居住するタミルナドゥ州の州都で，ヒンディー語の共通公用語化に反対する運動の拠点ともなった都市は 1★★ である。(中央大)

(1) チェンナイ（マドラス）

□8 ★★ ガンジス川中流部に位置する宗教都市で，ヒンドゥー教最大の聖地とされるのは 1★★ である。(中央大)

(1) ヴァラナシ（ベナレス）

□9 ★★★ カルナータカ州の州都で，避暑地としても知られる高原都市でもあり，経済自由化以降はハイテク産業の発展がめざましいのは 1★★★ である。(中央大)

(1) バンガロール
※「インドのシリコンヴァレー」

□10 ★★ [1★] 計画にもとづく先進国の援助を利用し，DVC（[2★★] 川流域開発公社）による開発が行われた。（予想問題）

(1) コロンボ
(2) ダモダル
※ダモダル川総合開発

□11 ★★ パキスタンの首都は [1★★] である。（近畿大〈改〉）

(1) イスラマバード
※旧首都カラチからラワルピンディを経て遷都

□12 ★★ バングラデシュの首都は [1★★] である。（近畿大〈改〉）

(1) ダッカ

○× □13 ★★ モルディブはしばしば原子爆弾の実験場となってきた。（関西学院大）

×
※太平洋のマーシャル諸島（米国），フランス領ポリネシアなど

○× □14 ★★★ ネパールの施設の整備された北部山岳地帯ではスキーなどが楽しめる。南部では火山噴出物に埋没した都市遺跡などの観光地が多い。（センター）

×
※ネパール➡イタリア（北部山岳＝アルプス，都市遺跡＝ポンペイ）

○× □15 ★★★ ヒマラヤの高山地域では，登山客の増加で経済的効果が上がる一方，環境問題が発生している。（センター）

○
※観光客や登山客がもたらすゴミ問題など

○× □16 ★★★ ヒマラヤ地方では交易の輸送手段として，高地ではらくだ，低地ではヤクが飼育される。（センター）

×
※ヤクは高地で放牧。らくだは乾燥地域の家畜

○× □17 ★★★ インドのパンジャブ地方では地下水による灌漑が行われ，土壌の塩害が起きている。（センター）

○
※インダス川支流の河川の水と地下水の利用で，小麦の生産が盛ん

6 南アジアの国家

□1 ★★ インドは約 [1★★] 億人〈小数点第一位〉の人口を擁し，世界第 [2★] 位の面積を有する（2019年）。（立命館大）

(1) 13.7
(2) 7
※ 2027年頃人口世界一と予測

□2 ★★ 南アジアは，インド・パキスタン・バングラデシュ・スリランカ・ネパール・ブータン及び島々からなる [1★★] の7ヵ国で構成されている。（北海道大）

(1) モルディブ

□3 ★★★ 南アジアで東西に分かれていた [1★★] は，1971年に東側が [2★★★] として分離独立した。（獨協大）

(1) パキスタン
(2) バングラデシュ

○× □4 ★★ インダス川下流域は国境線となっている。（関西学院大〈改〉）

×
※中下流部はパキスタン領内

□5 ★★ 南アジアの 1★★ は1948年にイギリスから独立し，1972年に国名を現在の 1★★ に改称した。2★★ がおもに信仰される。（獨協大）

(1) スリランカ
(2) 仏教（ぶっきょう）
※旧国名はセイロン

□6 ★ ヒマラヤ山脈に近い地域には， 1★ 王国と，近年に王制を廃止した 2★ 連邦民主共和国が位置する。（立命館大）

(1) ブータン
(2) ネパール

〇× □7 ★★ モルディブはかつてフランスの植民地であった。（関西学院大）

×
※フランス➡イギリス

STEP UP 十六 さらに得点アップさせたい人のための ステップアップ問題

□1 ★ インド最大の人口をもつ 2★ 州はヒンドスタン平原に位置する。（日本女子大〈改〉）

(1) ウッタル＝プラデシュ

□2 ★ ガンガー河口から1,500km離れたデリーの標高は約 1★ m〈100の倍数〉にすぎない。（福岡大）

(1) 200
※ガンガー＝ガンジス川

□3 ★ インドとミャンマーとの国境を形成しているのは 1★ 山脈，アラカン山脈である。（日本女子大〈改〉）

(1) パトカイ

□4 ★ インドでは，独立後も大土地所有制の 1★ 制が残り，土地改革が進まなかった。（西南学院大）

(1) ザミンダーリー
※地主をザミンダールという

□5 ★ 南インドの西ガーツ山脈南部では， 1★ とよばれる紅茶がつくられる。（予想問題）

(1) ニルギリ

□6 ★ ダモダル川流域の純農村地区であった 1★ は，大製鉄所や肥料工場のある新興の工業都市に変容した。（早稲田大）

(1) ドゥルガプル
※(1)は英国，ラーウルケーラは旧西ドイツの援助で製鉄所建設

□7 ★ 第2のバンガロールを目指して、西ガーツ山脈の麓の 1★ やハイデラバード，チェンナイは，都市のインフラ整備に力を注いでいる。（西南学院大）

(1) プネ

□8 ★ ブッダガヤのあるガンジス川中流域の 1★ 州は，貧困層が多く識字率も低い。（西南学院大）

(1) ビハール

QUESTIONS　まとめの白地図 Q&A　ANSWERS

1 南アジアの地形

□1 ア～エの河川の名を答えなさい。

□2 A～Hの山脈・高原・半島・諸島の名を答えなさい。

□3 ⓐ～ⓔの砂漠・山・平原・島の名を答えなさい。

□4 ①～④の海域（海・湾・海峡など）の名を答えなさい。

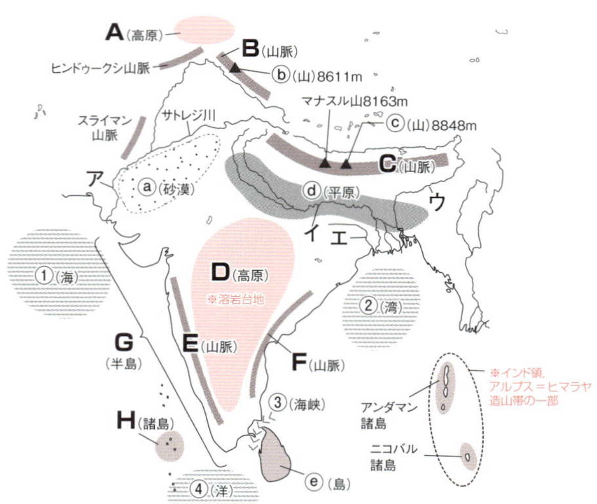

正解　最頻出の用語は下線で表示

1
- ア インダス川
- イ ガンジス川
- ウ ブラマプトラ川
- エ ダモダル川　※DVCによる総合開発

2
- A パミール高原
- B カラコルム山脈
- C ヒマラヤ山脈
- D デカン高原　※玄武岩が風化したレグール土
- E 西（にし）ガーツ山脈
- F 東（ひがし）ガーツ山脈
- G インド半島（インド地塊・インド亜大陸）
- H モルディブ諸島

3
- ⓐ 大（だい）インド（タール）砂漠
- ⓑ K2（ゴッドウィンオースティン山・チョゴリ山）
- ⓒ エヴェレスト山（チョモランマ・サガルマータ）
- ⓓ ヒンドスタン平原
- ⓔ セイロン島

4
- ① アラビア海
- ② ベンガル湾
- ③ ポーク海峡
- ④ インド洋　※①・②は④の付属海

2 南アジアの国家と都市

□1 A～Fの国家名を答えなさい。

□2 1～24の都市名を答えなさい。

□3 ア～コのインドの主要州名などを答えなさい。

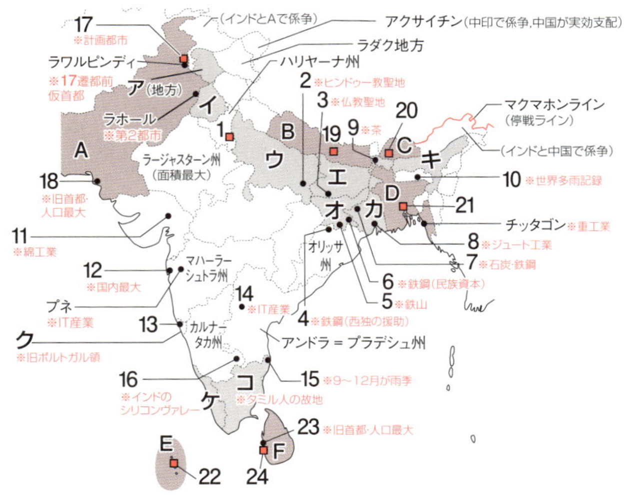

正解

最頻出の用語は下線で表示

1
- A パキスタン
- B ネパール
- C ブータン
- D バングラデシュ
- E モルディブ
- F スリランカ

2
- 1 デリー ※連邦直轄地
- 2 ヴァラナシ(ベナレス)
- 3 ガヤ
- 4 ラーウルケーラ
- 5 シングブーム
- 6 ジャムシェドプル
- 7 アサンソル
- 8 コルカタ(旧カルカッタ)
- 9 ダージリン
- 10 チェラプンジ
- 11 アーメダーバード
- 12 ムンバイ(旧ボンベイ)
- 13 パナジ
- 14 ハイデラバード
- 15 チェンナイ(旧マドラス)
- 16 バンガロール
- 17 イスラマバード
- 18 カラチ
- 19 カトマンズ
- 20 ティンプー
- 21 ダッカ
- 22 マレ
- 23 コロンボ
- 24 スリジャヤワルダナプラコッテ

3
- ア カシミール地方 ※旧ジャンム＝カシミール州西部
- イ パンジャブ
- ウ ウッタル＝プラデシュ
- エ ビハール
- オ ジャルカンド
- カ ウェストベンガル
- キ アッサム ※茶の生産地
- ク ゴア
- ケ ケーララ ※女性の識字率が高く，乳児死亡率低下
- コ タミルナドゥ

第17章

西アジア・中央アジア

- まず主要3民族の分布，ほかの民族との対立を整理せよ。
- 私大では半島・湾などの地形名称が意外とよく出る。
- 産業では原油・カナートなど出題ポイントをおさえよう。

1 西アジアと中央アジアの自然環境

□1 ★★ イラクは，トルコ東部に源を発する［1★★］川とその東を流れる［2★★］川によってつくられる沖積平野が国土の4分の1を占める。（青山学院大）

(1) ユーフラテス
(2) ティグリス
※2つにはさまれたメソポタミアは「肥沃な三日月地帯」の東部

□2 ★★ トルコの国土は，ヨーロッパのバルカン半島の一部と西アジアの一部である［1★★］からなっており，東西に細長い。（成城大）

(1) 小(しょう)アジア（アナトリア）
※ヨーロッパ部分は東トラキアという

□3 ★★ トルコは，アジアとダーダネルス海峡や［1★★］海峡を隔てたヨーロッパの2大陸にまたがっているため，東西の文明や文化が融合している。（関西大）

(1) ボスポラス

□4 ★★★ トルコには，地中海沿いにトロス山脈，北の［1★★★］海沿いにクゼイアナドール山脈がある。（成城大）

(1) 黒(こく)

□5 ★★★ トルコの国土には，北西に位置する［1★★］海北側のボスポラス海峡をはさんだイスタンブール周辺も含まれる。（國學院大）

(1) マルマラ
※黒海→ボスポラス海峡→マルマラ海→ダーダネルス海峡→エーゲ海と並ぶ

□6 ★★ アラビア半島にはネフド砂漠や［1★★］砂漠などの乾燥した地域が広がる。（明治学院大）

(1) ルブアルハリ
※前者が北西，後者が南東

□7 ★★ アラビア半島南西端に位置するイエメンは［1★★］とアデン湾に面し，古くから中継貿易港として栄えてきた。（明治学院大）

(1) 紅海(こうかい)
※これも覚えないと後悔する

□8 ★★ アラビア半島を航路で時計回りに一周すると，ペルシャ湾から［1★★］海峡を経て，アラビア海から［2★］湾に入り，［3★★］海峡を通ると細長い［4★★］海があり，南を頂点とした三角形の形状の［5★★］半島に至る。（法政大）

(1) ホルムズ
(2) アデン
(3) マンダブ
(4) 紅（こう）
(5) シナイ

〇× □9 ★★ カフカス山脈はロシアとジョージアとの自然国境をなす。（関西学院大）

〇
※ヨーロッパ最高峰エルブルース山 5,642m をもつ

□10 ★★★ 西アジアの気候は，砂漠気候や［1★★★］気候のように概して乾燥している。（立命館大）

(1) ステップ

□11 ★★ 西アジアの乾燥地域では，［1★★］河川の水や地下水などを利用して灌漑農業が行われている。（立命館大）

(1) 外来（がいらい）

□12 ★★★ 西アジアの乾燥地域では，河川水・地下水が限られ，湖沼も［1★★★］分を含むことが多いため利用が難しい。（立命館大）

(1) 塩（えん）
※死海では塩分濃度高く人が浮かぶ

〇× □13 ★ ジョージアの沿岸部は黒海の影響を受けて温暖湿潤気候 Cfa を呈する。（関西学院大）

〇

2 西アジアと中央アジアの農牧業

□1 ★★★ ティグリス，ユーフラテス川流域一帯で行われている灌漑によって，なつめやしや小麦･綿花などを集約的に栽培する農業様式は［1★★★］農業である。（明治学院大）

(1) オアシス

□2 ★★★ 西アジアの砂漠地帯では，山岳地帯を水源として乾燥地帯に流れ込む［1★★★］河川や，湧き水を利用した［2★★★］農業がみられる。（西南学院大〈改〉）

(1) 外来（がいらい）
(2) オアシス

□3 ★★★ アフガニスタンの［1★★］と同様の地下用水路を，イランでは［2★★★］とよんでいる。（青山学院大〈改〉）

(1) カレーズ
(2) カナート

□4 ★★ ［1★★］気候の広がるトルコ中央部の［2★★］高原では，冬の間の降水を利用した［3★★］の栽培が広くみられる。（成城大）

(1) ステップ BS
(2) アナトリア
(3) 小麦（こむぎ）

□5 ★★ 地中海から 1★★ 海にかけてのトルコ沿岸部は地中海性気候であり，野菜や柑橘類の栽培が盛んである。（成城大）

(1) エーゲ［㊑マルマラ］

□6 ★★ トルコの海岸部は， 1★★ や柑橘類・たばこを主産品とするが， 2★★ 海沿岸は夏季にも降水量が多く， 3★★ のほか，茶やヘーゼルナッツなどが栽培されている。（國學院大）

(1) 綿花（めんか）
(2) 黒（こっ）
(3) とうもろこし

□7 ★★★ 黒海沿岸の地中海式農業地域では，冬小麦・たばこ・ 1★★★ 〈果実〉などの栽培が行われている。（関西学院大）

(1) ぶどう［㊑オレンジ・いちじく］

□8 ★★ アムダリア川流域の 1★★ ・ 2★★ （順不同）では，広い乾燥地域に大規模な灌漑が施され，綿花栽培が盛んである。（関西学院大）

(1) ウズベキスタン
(2) トルクメニスタン

〇× □9 ★★★ 中央アジアのステップでは，焼畑農業とヤクの遊牧がおもな生業となっている。（センター）

×
※カザフステップでは遊牧と灌漑農業が行われる

□10 ★★ 中央アジア５ヵ国のうちで綿花生産量が最も多い国は 1★★ である。（明治大）

(1) ウズベキスタン
※アムダリア川の北岸（南岸はトルクメニスタン）

3 西アジアと中央アジアの鉱工業

□1 ★★★ 西アジアでは当初， 1★★★ とよばれる国際的で巨大な石油会社が，油田の開発と原油の生産を独占的に行い，大きな利益を上げていた。（東京経済大）

(1) メジャー
※主要７社はセブンシスターズとよばれた

□2 ★★ 西アジアの産油国は，OPEC・ 1★★ の両方またはいずれかに加盟し，国際石油資本（ 2★★ ）などに対抗している。（立命館大）

(1) OAPEC
(2) メジャー
※OPEC，OAPECについては12章 8 (P.167) を参照

〇× □3 ★★ クルド人の居住地クルディスタンには，豊かな水資源と石油などのエネルギー資源がある。（國學院大）

〇
※ 4 8 (P.256) 参照

□4 ★★ 1★★ では資源枯渇に備え，国土の大半を占める砂漠気候地域の日照を利用して太陽光発電を行い，再生可能エネルギーの割合の増大に取り組むEU地域へ送電する計画が進行している。（広島経済大）

(1) サウジアラビア
※アラブ首長国連邦でもメガソーラーの開発が進む

□5 ★★★ アゼルバイジャンには長い歴史をもつ 1★★★ 油田がある。（東京経済大）

(1) バクー

□6 ★★ 2006年に日米欧企業の出資によって，カスピ海沿岸のバクー油田からジェイハンに向かう（ロシアを通過しないルート） 1★ パイプラインが開通したが，その通過国は順に 2★★ → 3★ → 4★ 。（獨協大〈改〉）

(1) BTC
(2) アゼルバイジャン
(3) ジョージア
(4) トルコ
※B(バクー) T(トビリシ) C(ジェイハン)

□7 ★★ カザフスタン北東部には 1★★ 炭田がある。（法政大）

(1) カラガンダ

□8 ★★★ トルコの 1★★ 帝国時代の首都であった 2★★★ から東方のイズミットにかけては，主要な工業地帯である。（成城大）

(1) ビザンツ
(2) イスタンブール
※(2)帝都時代の都市名はコンスタンティノープル

□9 ★ トルコ西部にはヨーロッパと結ぶ貿易港 1★ があり，農産物加工中心の工業が盛ん。（成城大）

(1) イズミル

□10 ★★ トルコの首都 1★★ では，木材·木製品や金属製品·機械製品の生産が行われている。（成城大）

(1) アンカラ
※北緯40度線上の都市

○× □11 ★★ ドバイには金融取引が自由化された経済特区がつくられ，国際金融センターができている。（広島経済大）

○

□12 ★★★ トルコの最大の貿易相手国は 1★★★ である。（成城大）

(1) ドイツ

□13 ★★ カザフスタンにおけるエネルギー資源 1★★ の産出量は世界一，埋蔵量は第3位（2017年）。（明治大）

(1) ウラン
※埋蔵量は確認資源のみ（推定分を含まず）

○× □14 ★ ジョージアの輸出の中心は食料品と原油。（関西学院大）

×
※銅鉱やワインなど。原油は輸入依存

4 西アジアと中央アジアの民族と社会

□1 ★★ ティグリス，ユーフラテス川流域で栄えた世界最古といわれる古代文明は 1★★ 文明である。（明治学院大）

(1) メソポタミア
※最古の粘土板地図はメソポタミア文明

□2 ★★★ アラビア半島では，牧草を求めて羊や 1★★★ などの家畜とともに移動生活を送る遊牧民 2★★ が存在する。（西南学院大〈改〉）

(1) らくだ
(2) ベドウィン
※砂漠ではらくだ移動が楽だ

〇✕ □3 ★★★ アラブ系を主要民族とし，アラビア語が用いられている国は，西アジアのみにみられる。（センター）

✕
※北アフリカもアラブ系地域

〇✕ □4 ★★★ イランはアラブ系民族の国で，国民の大多数が母語とするアラビア語を公用語としている。（日本大）

✕
※アラブ系➡ペルシア系，アラビア語➡ペルシア語

□5 ★★★ 西アジアは主としてイラン・アラブ・トルコの３民族から形成されており，使用される言語はそれぞれ 1★★★ 語・アラビア語・トルコ語である。（西南学院大）

(1) ペルシア
※宗教はすべてイスラーム

□6 ★★ トルコでは，アラビア文字ではなく 1★★ を用いる改革を実施した。（西南学院大〈改〉）

(1) ラテン文字（ローマ字）

□7 ★★ イスラム社会では，政治にもイスラームの影響が強く現れる傾向があるが，トルコでは 1★★ の考え方を取り入れた。（西南学院大）

(1) 政教分離
※世俗主義ともいう

□8 ★★★ イラン・イラク・トルコ・シリアなどの国境地帯で農業や牧畜を営み，自治・独立を求めている民族は 1★★★ である。（明治学院大）

(1) クルド人
※居住地をクルディスタンという

〇✕ □9 ★ イラクに住むクルド人は，湾岸戦争時にはすでに民族自決権を獲得していた。（國學院大）

✕
※どの国でも迫害を受けてきた

□10 ★★★ ヨーロッパとアジアにまたがるイスラーム国家 1★★★ のEU加盟をめぐって，ギリシャとの間ではキプロスをめぐる紛争，国内では東部の 2★★★ 人の独立運動への対応など，種々の意見対立がある。（関西大〈改〉）

(1) トルコ
(2) クルド
※トルコ政府はクルドを「トルコ語を忘れた山岳トルコ人」として，民族の存在を否定してきた

〇✕ □11 ★ クルド語はインド＝ヨーロッパ語族に属すると考えられる。（國學院大）

〇

□12 ★★ アラビア語に加えヘブライ語も公用語になっている国は 1★★ である。（青山学院大）

(1) イスラエル
※どちらもアフロ＝アジア語族のセム語派

〇✕ □13 ★★★ 地中海東岸のユダヤ教徒が大半を占めている国では，トルコ語を公用語としている。（センター）

✕
※イスラエルのこと。ユダヤ人の言語はヘブライ語

〇✕ □14 ★★★ 地中海東岸のムスリムが大半を占めている国では，ペルシア語を公用語としている。（センター）

✕
※前半に該当するのはトルコで，言語はトルコ語

□15 ★★★ 西アジアとその周辺の地域では，[1★★★]教が社会生活に大きな影響を与えている。（立命館大）

(1) イスラーム

□16 ★★★ 西アジアでは，地中海に面し第二次世界大戦後まもなく建国された[1★★★]や，[2★★]を首都とするレバノンを例外として，多くの国でムスリムの割合が高い。（西南学院大）

(1) イスラエル
(2) ベイルート
※イスラエルはユダヤ教。レバノンはキリスト教徒約40%，ムスリム約55%

〇× □17 ★★★ イランでは，イスラームの中でもシーア派の信徒が多く，国民のおよそ90%を占めている。（日本大）

○
※世界のムスリムの多数派はスンニ派

□18 ★★★ エルサレムは，[1★★★]教・[2★★★]教・[3★★★]教（順不同）の聖地である。（立命館大）

(1) イスラーム
(2) キリスト
(3) ユダヤ

□19 ★★★ イスラームの聖地メッカは[1★★★]にあり，ムスリムが[2★]神殿を詣でる。（立命館大〈改〉）

(1) サウジアラビア
(2) カーバ

□20 ★★★ パレスチナでは[1★★★]教徒が建国したイスラエルと，その結果それまで住んでいた土地を追われた大部分が[2★★★]教徒のパレスチナ人が長く対立を続けている。（東海大）

(1) ユダヤ
(2) イスラーム

□21 ★★★ パレスチナ人のおもな居住国は[1★★★]・[2★]（順不同）などである。（東北学院大）

(1) イスラエル
(2) ヨルダン［㊊シリア・レバノン］

□22 ★★ ユダヤ人国家の建設を目指す[1★★]運動を背景に，19世紀末から[2★★]地方に移住するユダヤ人が増えた。（明治学院大）

(1) シオニズム
(2) パレスチナ

〇× □23 ★★★ イスラエルは1970年代まで，イスラエル建国に反対する欧米諸国と戦争をしてきた。（日本大）

×
※欧米諸国➡アラブ諸国。欧米(特に米国)はイスラエルを支援

□24 ★★ 1967年の第3次中東戦争では，イスラエルが[1★★]川西岸と東[2★]を占領した。（明治学院大）

(1) ヨルダン
(2) エルサレム

□25 ★★ 第1次石油危機の原因となった戦争は 1★★ である。 (東京経済大)

(1) 第4次中東戦争

□26 ★★ イスラエル建国で難民となったアラブ人抵抗運動の中心的組織を 1★★ という。 (高崎経済大)

(1) PLO(パレスチナ解放機構)
※アラファト議長(1929〜2004年)が指導

□27 ★★★ 1993年の暫定自治協定で, 1★★★ 川西岸地区と 2★★ 地区におけるPLOの暫定的な自治が認められた。 (明治学院大〈改〉)

(1) ヨルダン
(2) ガザ
※(2)は特産品だった綿織物ガーゼの語源とも

OX □28 ★★★ 2019年現在, ヨルダン川西岸地区などはアラブ人により完全に占領されている。 (日本大)

×
※パレスチナ自治区ではあるが, 大半の地域でイスラエル軍の統治が続いている

□29 ★★ 1★★ の世界貿易センタービルなどが攻撃された2001年9月11日の同時多発テロでは, その首謀者の引き渡しを求めてアメリカ軍が, イスラーム原理主義を掲げるアフガニスタンの 2★ 政権に対し激しい攻撃を行った。 (明治学院大)

(1) ニューヨーク
(2) タリバン
※紛争は今も続き, 2019年には支援活動中の日本人医師が殺害された

□30 ★★ NATO加盟を目指す 1★★ (旧国名 2★ より改称) は, 同国南オセチア自治州へのロシアによる軍事介入に反発して2008年にCIS(独立国家共同体)脱退を通告した。 (西南学院大〈改〉)

(1) ジョージア
(2) グルジア
※南オセチアは事実上(1)から分離, ロシア編入を目指す。(1)はロシア語国名(2)を嫌って改称

OX □31 ★★ ジョージアでは東方正教が信仰される。 (関西学院大)

○
※=ジョージア正教

□32 ★★ アゼルバイジャン内の 1★★ 自治州での紛争は, 東方正教会に属するキリスト教徒のアルメニア人とムスリムのアゼルバイジャン人の対立である。 (明治大)

(1) ナゴルノ=カラバフ
※アルメニアに囲まれたアゼルバイジャンの飛地もある

□33 ★★ 中央アジア5ヵ国中, 1★★ はイラン系民族が主体の国で, ほか4ヵ国はトルコ系民族が主体の国である。 (明治大)

(1) タジキスタン
※4ヵ国=カザフスタン・トルクメニスタン・ウズベキスタン・キルギス

☞ ムスリムの生活については第6章4(P.93〜94)も参照

5 西アジアと中央アジアの都市・開発・環境問題

□1 ★★ ドバイのある国の首都は [1 ★★] である。（明治学院大）
(1) アブダビ
※アラブ首長国連邦(UAE)

○× □2 ★ ドバイでは，2010 年に世界で最も高いビルが建設・開業し，観光名所となっている。（広島経済大）
○
※地上168階建て,全高828mのブルジュ＝ハリファ

○× □3 ★ ドバイにはやしの形をした人工島が造成され，邸宅を中心とした住宅地となっている。（広島経済大）
○
※パームアイランド

□4 ★★ シリアの首都 [1 ★★] は，いわゆるオアシス都市の一つで，古くから交易の中心として栄えてきた。（関西大）
(1) ダマスカス

□5 ★ アフガニスタンの首都は [1 ★] である。（青山学院大）
(1) カブール（カーブル）

□6 ★★ カタールの首都は [1 ★★] である。（青山学院大）
(1) ドーハ
※ 1993 年に悲劇が起きた (詳細はサッカーファンに聞こう)

□7 ★★ レバノンの首都は [1 ★★] である。（青山学院大）
(1) ベイルート

□8 ★★ トルコの首都 [1 ★★] は標高 800m を超えている。（法政大）
(1) アンカラ
※人口最大都市はイスタンブール

□9 ★ トルコの人口規模第 3 位の都市 [1 ★] は [2 ★] 海に面する港湾都市である。（青山学院大）
(1) イズミル
(2) エーゲ

□10 ★ ジョージアの首都は [1 ★]。（青山学院大）
(1) トビリシ

□11 ★ カザフスタンは，旧首都 [1 ★] が国境に近いなどの理由から，北部のアスタナ（2019 年にヌルスルタンに改称）へ首都を移した。（明治大）
(1) アルマティ（アルマトイ）
※新首都の設計者は黒川紀章氏

□12 ★★ [1 ★★] 川の上流にあるトルコと中・下流のシリア・イラクの間では，水資源をめぐって対立が起きている。（立命館大）
(1) ユーフラテス

□13 ★★★ 中央アジアでは，[1 ★★★] 運河の建設や [2 ★★★] 川とシルダリア川からの取水による灌漑施設の整備により綿花の生産が拡大したが，深刻な環境問題が生じている。（國學院大〈改〉）
(1) カラクーム
(2) アムダリア
※並行する2河川。アジア側のアムダリアとシベリア側のシルダリア

□14 ★★★ 旧ソ連時代に大規模な灌漑による農業開発が行われたが，灌漑の影響で面積が縮小して消滅の危機に瀕し，周辺で塩害も生じている水域は [1★★★] である。（東京経済大〈改〉）

(1) アラル海

6 西アジアと中央アジアの国家と国家機構

□1 ★★★ トルコは 20 世紀中頃に西ヨーロッパを中心とする安全保障体制である [1★★★] に加盟した。（西南学院大）

(1) NATO（北大西洋条約機構）

□2 ★★ トルコは NATO だけでなく [1★★] にも加盟し，ヨーロッパとの経済的なつながりを深めた。（國學院大）

(1) OECD（経済協力開発機構）

□3 ★ トルコは EU への加盟を目指し，すでに EU とは [1★] を結んでいる。（國學院大）

(1) 関税同盟

□4 ★ トルコは，テュルク語系の言語を用いるトルコ系民族の国家との友好協力関係を推進し，[1★] 加盟国に経済援助を行い，貿易関係も強化している。（國學院大〈改〉）

(1) ECO（経済協力機構）
※トルコのほか，中央アジア諸国・イラン・パキスタンなどが加盟

□5 ★★ CIS（独立国家共同体）に加盟する [1★★]・[2★★]（順不同）はカスピ海に面し，カザフスタンよりも面積が小さい。（明治学院大）

(1) アゼルバイジャン
(2) トルクメニスタン

□6 ★ イスラエルとシリアに囲まれている国で，両国からの侵攻を受け，2006 年にイスラエルによる軍事攻撃を受けたのは [1★] である。（明治学院大）

(1) レバノン

□7 ★★ 1979 年に起きた [1★★] 革命は，国有化された石油資源をバックに，国王が反イスラーム的な近代化を強行したことが原因である。（広島経済大）

(1) イラン
※ホメイニ師の指導の下，パフレヴィー2世を排除

□8 ★★★ [1★★★] の西に接する国である [2★★★] は，ティグリス・ユーフラテス川の流域を占めており，古代の [3★★★] 文明が栄えた地域である。首都の [4★★★] は，アッバース朝の首都として造営され，以後，イスラーム帝国の発展とともに繁栄した。（関西大）

(1) イラン
(2) イラク
(3) メソポタミア
(4) バグダッド

□9 ★★
1990年に湾岸戦争の発端となった 1★★ による 2★★ 侵攻は，地下でつながる油田採掘で競合する豊かな隣国への反抗も名目とされた。（広島経済大）

(1) イラク
(2) クウェート

□10 ★★★
ドバイが属する 1★★★ では，7つの首長国がそれぞれ独自に経済運営をしている。（広島経済大）

(1) アラブ首長国連邦（しゅちょうこくれんぽう）(UAE)

□11 ★★★
1★★★ はアラビア半島の80%を占めており，首都は 2★★ である。3★★★ やメディナ（マディーナ）などイスラームの有名な聖地がある。（札幌大）

(1) サウジアラビア
(2) リヤド
(3) メッカ（マッカ）
※ムハンマドの生誕地がメッカ，墓所がメディナ

□12 ★★
イスラエルの東に位置する 1★★ は，紅海北部の 2★ 湾で海洋への出口をもつ。（明治学院大〈改〉）

(1) ヨルダン
(2) アカバ

□13 ★★★
1★★★〈国名〉は，山地と高原が国土の大半を占め，現在の首都は内陸の高原上に位置する。かつての首都は 2★★ 海峡に臨む東西交通の要衝に立地していた。公用語は 1★★★ 語である。（近畿大）

(1) トルコ
(2) ボスポラス

□14 ★★★
1★★★ に面するアゼルバイジャンやその西隣のジョージア，2★ の3国は 3★★ 諸国とよばれる。（福岡大）

(1) カスピ海（かい）
(2) アルメニア
(3) カフカス
※カフカス（露語）＝コーカサス（英語）

□15 ★★★
1★★★〈国名〉は，2★ 年に建国された新しい国家であるが，その歴史は古く，首都は3宗教共通の聖地となっている。この街で，ムスリムが聖なるシンボルとして崇拝の対象とするのは 3★★ である。（近畿大）

(1) イスラエル
(2) 1948
(3) 岩（いわ）のドーム

□16 ★★★
1★★★〈国名〉はイスラームでは非主流派のシーア派教徒が多数を占め，言語的にもアラビア語ではなく 2★★★ 語を公用語としている。定住農村では伝統的に独自の地下水路 3★★★ が利用されてきた。（近畿大）

(1) イラン
(2) ペルシア
(3) カナート

□17 ★★★
1★★★〈国名〉では1979年にイスラームの 2★★ 派による革命が起き，その翌年から8年間，隣国 3★★★ との戦争が続いた。（新潟大）

(1) イラン
(2) シーア
(3) イラク

□18 ★★ [1★★]〈国名〉の中継貿易で栄えたアデンとその東の地域は1967年まで[2★]の植民地であった。アデン湾では対岸の[3★★]からの海賊が問題となっている。（新潟大）

(1) イエメン
(2) イギリス
(3) ソマリア
※ソマリア海賊は減少傾向だが，イエメン内戦（2015年～）は深刻

□19 ★★ [1★★]〈国名〉で1975年に始まった内戦では，かつて中東のパリとよばれた首都[2★★]が，ムスリムの多い西部と[3★★]教徒の多い東部に分断された。（新潟大）

(1) レバノン
(2) ベイルート
(3) キリスト

□20 ★★ 人口が8,000万人を超える西アジアの人口大国[1★★]の公用語は[2★★]語である。（法政大）

(1) イラン
(2) ペルシア

□21 ★★★ シリアでは，2011年に首都[1★★]など各地でアサド政権に抗議する運動が起こり，その後内戦状態に突入しているが，北部で自治を求める[2★★★]民族の存在により事態は複雑化している。（予想問題）

(1) ダマスカス
(2) クルド
※内戦により数十万人が犠牲となっている（2019年現在）

○× □22 ★★ アゼルバイジャンはウラル山脈の山あいに位置する。（関西大）

×
※ウラル➡カフカス

STEP UP 十七

さらに得点アップさせたい人のための

ステップアップ問題

□1 ★ パシュトゥー語と，ペルシア語に近いとされるダリー語を公用語とする国は 1★ である。（青山学院大）

(1) アフガニスタン

□2 ★★★ 1917 年 1★ 宣言を受けてパレスチナへの移住が増加し，1948 年 2★★★ が建国された。（明治学院大〈改〉）

(1) バルフォア
(2) イスラエル
※英国外相がユダヤ人国家を承認。アラブ人独立を認めた協定，英仏露による西アジア分割の密約と矛盾（イギリスの三枚舌外交）

□3 ★ 中央アジア５ヵ国の総人口は 1★ 千万人。〈整数〉（明治大）

(1) 7
※ 7,300 万人（2019 年）

□4 ★ 都市名と同名の湾に面するイエメンの港湾都市 1★ は古くから中継貿易港としての役割を果たしてきた。（青山学院大）

(1) アデン

□5 ★ パイプラインの終点である黒海沿岸のバトゥミは，1991 年に独立し 1★ の内部にあるアジャール自治共和国の中心都市である。（西南学院大）

(1) ジョージア

□6 ★ トルコの南東アナトリア開発計画では，東部山岳を水源とするティグリス，ユーフラテス川の水資源に注目して，1★ ダムを建設し，灌漑や電力開発に利用している。（國學院大）

(1) アタチュルク
※トルコ初代大統領ケマル＝アタチュルク（ケマル＝パシャ）から命名

□7 ★ シリアは，1958 年に 1★ とアラブ連合共和国を結成したが，1961 年に分離している。（青山学院大）

(1) エジプト

□8 ★ イスラエルは小国だが 1★ とよばれる集団農場の伝統の上に農業生産力は安定している。（早稲田大）

(1) キブツ

QUESTIONS　まとめの白地図 Q&A　ANSWERS

1 西アジア・中央アジアの地形

☐1 ア～オの河川，カ～クの湖，ケ・コの運河の名を答えなさい。
☐2 A～Jの山脈・高原・半島・山の名を答えなさい。
☐3 ⓐ～ⓒの砂漠の名を答えなさい。
☐4 ①～⑧の海域（海・湾・海峡など）の名を答えなさい。

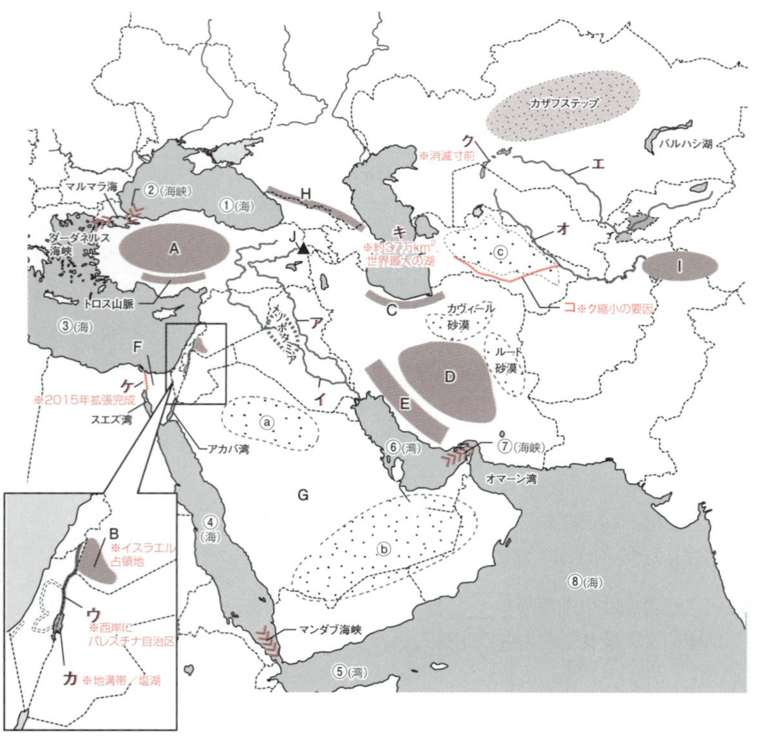

正解　最頻出の用語は下線で表示

1

ア ティグリス川

イ ユーフラテス川

※ア・イは下流で合流（シャトルアラブ川）

ウ ヨルダン川

エ シルダリア川

オ アムダリア川

カ 死海（しかい）

キ カスピ海

ク アラル海

ケ スエズ運河

コ カラクーム運河

2

A アナトリア高原（小（しょう）アジア）

B ゴラン高原

C エルブールズ山脈

D イラン高原

E ザグロス山脈

F シナイ半島

G アラビア半島

H カフカス山脈

I パミール高原

J アララト（ビュユックアール）山

※トルコ領だがアルメニア民族の象徴

3

ⓐ ネフド（ナフード）砂漠

ⓑ ルブアルハリ砂漠

ⓒ カラクーム砂漠

4

① 黒海（こっかい）

② ボスポラス海峡

③ 地中海（ちちゅうかい）

④ 紅海（こうかい）

⑤ アデン湾

⑥ ペルシア湾

⑦ ホルムズ海峡

⑧ アラビア海

QUESTIONS　まとめの白地図 Q&A　ANSWERS

2 西アジア・中央アジアの国家と都市

□1 A～Wの国家と，Y・Zの未独立地域，あ～えの地域の名を答えなさい。
□2 1～35の主要都市の名を答えなさい。
□3 ⓐ～ⓕの主要油田の名を答えなさい。

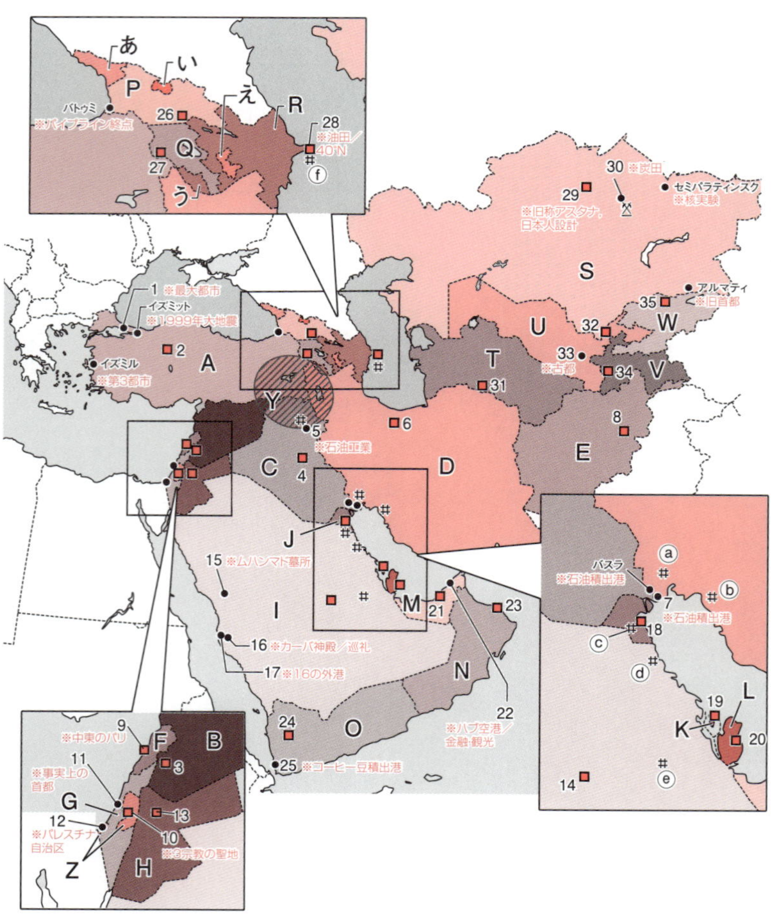

正解　最頻出の用語は下線で表示

1
A トルコ
B シリア
C イラク
D イラン
E アフガニスタン
F レバノン
G イスラエル
H ヨルダン
I サウジアラビア
J クウェート
K バーレーン
L カタール
M アラブ首長国連邦（UAE）
N オマーン
O イエメン
P ジョージア
Q アルメニア
R アゼルバイジャン
S カザフスタン
T トルクメニスタン
U ウズベキスタン
V タジキスタン
W キルギス
Y クルディスタン
※クルド人居住地
Z パレスチナ
※自治政府（一部で国家承認）
あ アブハジア自治共和国
い 南オセチア州
※あ・いともにロシアの軍事介入（2008年）で事実上ジョージアから独立
う ナヒチェヴァン自治共和国
※アゼルバイジャン飛地
え ナゴルノ=カラバフ自治州
※アゼルバイジャンからの独立を求めるアルメニア人が支配

2
1 イスタンブール
※旧コンスタンティノープル。ビザンティウム
2 アンカラ
3 ダマスカス
4 バグダッド
5 キルクーク
6 テヘラン
7 アバダン
8 カブール（カーブル）
9 ベイルート
10 エルサレム
※イスラエルは首都とするが，米国を除く国際社会は未承認
11 テルアヴィヴ
12 ガザ
13 アンマン
14 リヤド
15 メディナ（マディーナ）
16 メッカ（マッカ）
17 ジッダ
18 クウェート
19 マナーマ
20 ドーハ
21 アブダビ
22 ドバイ
23 マスカット
24 サヌア
25 モカ
26 トビリシ
27 エレバン
28 バクー
29 ヌルスルタン
30 カラガンダ
31 アシガバッド（アシハバード）
32 タシケント
33 サマルカンド
34 ドゥシャンベ
35 ビシュケク

3
ⓐ アフワーズ
ⓑ ガチサラーン
※カーグ島から輸出
ⓒ ブルガン
※世界第二の埋蔵量
ⓓ サファーニヤ
ⓔ ガワール
※世界最大の埋蔵量
ⓕ バクー

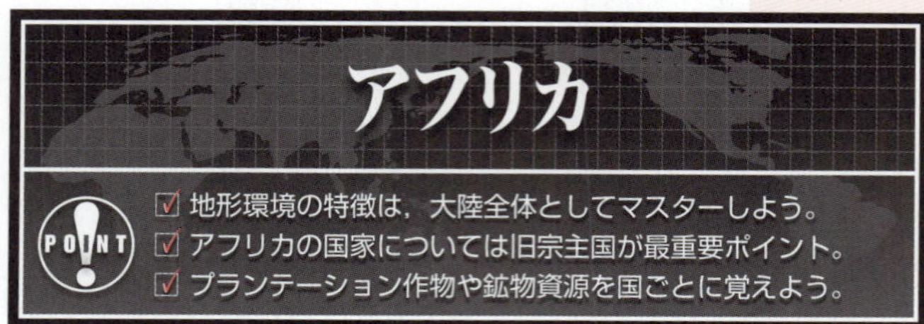

アフリカ
POINT
☑ 地形環境の特徴は，大陸全体としてマスターしよう。
☑ アフリカの国家については旧宗主国が最重要ポイント。
☑ プランテーション作物や鉱物資源を国ごとに覚えよう。

1 アフリカの自然環境

□1 ★
アフリカ大陸の面積（周辺の島を含む）は日本のおよそ［1★］倍に相当する約［2★］km^2で，世界の陸地面積のほぼ［3★］%を占める。（青山学院大）

(1) 80
(2) 3,000万（まん）
(3) 20
※南極を除くと22%

○× □2 ★★★
アフリカ大陸全体の平均高度は南極大陸よりも高い。（関西学院大）

×
※アフリカ750m，南極2,200m

○× □3 ★★★
アフリカ大陸はおもに安定陸塊からなるが，南部に新期造山帯の山脈が位置し，そこでは地震・火山活動が活発である。（センター）

×
※南部は古期造山帯。新期造山帯は北部

○× □4 ★★★
アフリカ大陸の大部分は台地状の安定陸塊である。（予想問題）

○
※サハラ砂漠やコンゴ盆地などに卓状地，ほかには楯状地が分布。高原大陸ともよばれる

□5 ★★
［1★★］高原はアフリカ卓状地の一部をなし，アビシニア高原ともよばれる。青ナイルの源流地域である。（青山学院大）

(1) エチオピア
※青ナイルの源はタナ湖

□6 ★★
アフリカ大陸の山地・山脈には，新期造山帯に属する北西部の［1★★］，古期造山帯に属する南部の［2★★］などがある。（青山学院大）

(1) アトラス山脈（さんみゃく）
(2) ドラケンスバーグ山脈（さんみゃく）

□7 ★★★
アフリカ大陸東部のグレートリフトヴァレーにおける地下からのマグマ供給は，大陸最高峰の［1★★★］山，第2の高峰［2★★］山やルウェンゾリ山といった［3★］m級の火山をつくり出した。（法政大）

(1) キリマンジャロ
(2) キリニャガ（ケニア）
(3) 5,000

□8 ★★★ アフリカ最高峰 1★★★ の山頂付近にみえる白い部分は 2★★★ である。（首都大学東京）

(1) キリマンジャロ山
(2) 氷河
※その縮小は地球温暖化の影響とされる

□9 ★★ アフリカプレートはその北側で 1★★ プレートと 2★★ 境界で接し，東側は紅海で 3★★ プレートと 4★★ 境界で接している。（青山学院大）

(1) ユーラシア
(2) 狭まる
(3) アラビア
(4) 広がる

□10 ★★ アフリカ大地溝帯に沿って， 1★★ 湖やマラウイ湖などの大きな 2★★ 湖がいくつかある。（専修大〈改〉）

(1) タンガニーカ
(2) 断層

□11 ★★ 東リフトヴァレーとよばれる，タンザニアから 1★★ 〈国名〉，さらにはエチオピア中央部を南北に走る地溝は， 2★ プレートとの境界をなす 3★★ へと伸び，その北端部では 4★★ 半島をはさんで東西に分岐し，スエズ湾と 5★ へＹ字状に伸びている。このうち東の地溝は， 6★ からヨルダン川を経てレバノンへと連なる低地帯を形成する。（法政大）

(1) ケニア
(2) アラビア
(3) 紅海
(4) シナイ
(5) アカバ湾
(6) 死海

□12 ★★★ アフリカ最大の湖 1★★★ の西側には，西リフトヴァレーとよばれる地溝帯があり，北から 2★ ・ルワンダ・ 3★ の西方国境付近を通り，南端では長大な 4★★ 湖へとつながっている。（法政大）

(1) ヴィクトリア湖
(2) ウガンダ
(3) ブルンジ
(4) マラウイ

□13 ★★ グレートリフトヴァレーの活動が今後とも継続すれば，将来的にはエチオピア，ならびに [1★★] の東部から [2★★] にかけての地域が大陸から分離することも予想される。（法政大）

(1) ケニア
(2) タンザニア
［別 モザンビーク］
※アフリカプレート本体（ヌビアプレート）からソマリアプレートが分離

□14 ★★ 東経30度線はアフリカ第2の [1★★] 湖を縦断する。（中央大）

(1) タンガニーカ
※第1はヴィクトリア湖

〇× □15 ★ マラウイ湖の水面標高は海抜より高い。（関西学院大）

〇
※475 m

〇× □16 ★★ ヴィクトリア湖とタンガニーカ湖は，ナイル川の水源である。（関西学院大）

×
※ナイル川の水源はヴィクトリア湖（白ナイル）と，タナ湖（青ナイル）

〇× □17 ★★★ エジプトの地中海沿岸では，河川の運搬した土砂が堆積してできた三角州（デルタ）がみられる。（センター）

〇
※ナイル川の河口に大規模な円弧状デルタ

□18 ★★ [1★★] 川はサハラ砂漠の本初子午線付近を通りギニア湾に注ぐ。（中央大）

(1) ニジェール

□19 ★★★ アフリカ大陸の中央部には [1★★★] 盆地があり，その盆地の水を集めた川は大西洋に注いでいる。（中央大）

(1) コンゴ
※この川は流域面積アフリカ最大のコンゴ川

□20 ★ ケニアの港湾都市モンバサは，過去の [1★] が隆起した段丘上にある。（首都大学東京）

(1) サンゴ礁（しょう）
※2004年に発生したスマトラ島沖地震による津波で，サンゴ礁が天然の防波堤となった

□21 ★★★ アフリカ大陸の気候区は，全体としては大陸中央部の [1★★★] 気候，そのまわりを囲む [2★★★] 気候，その南北の [3★★★] 気候，[3★★★] 気候にはさまれた [4★★★] 気候，大陸南北両端部の [5★★★] 気候というように，同心円状あるいは帯状の配列が明瞭である。（早稲田大）

(1) 熱帯雨林（ねったいうりん） Af
(2) サバナ Aw
(3) ステップ BS
(4) 砂漠（さばく） BW
(5) 地中海性（ちちゅうかいせい） Cs

□22 ★★★ 年間を通して [1★★★] の影響の強い地域は砂漠気候となっており，北半球ではサハラ砂漠，南半球では [2★★] 砂漠・カラハリ砂漠などがある。（専修大）

(1) 中緯度（ちゅういど）（亜熱帯（あねったい））高圧帯（こうあつたい）
(2) ナミブ
※ナミブ砂漠は海岸砂漠

□23 ★★★ アフリカ大陸の北回帰線直下に分布する気候はおもに [1★★★]，その南側には [2★★★]，さらにその南側には [3★★★] が，それぞれ東西方向に帯状に広がる。〈いずれもケッペン記号〉 （青山学院大）

(1) BW
(2) BS
(3) Aw
※(1)砂漠気候・(2)ステップ気候・(3)サバナ気候

□24 ★★ アフリカ大陸の東経 20 度の子午線沿いでは，南半球側のみサバナ気候とステップ気候の間に [1★★] 気候が分布する。 （早稲田大）

(1) 温暖冬季少雨（温帯夏雨）Cw

□25 ★★★ サハラ砂漠の南縁は [1★★★] とよばれる平均年間降水量 250 ～ 500mm の乾燥地域である。 （広島経済大）

(1) サヘル

□26 ★★ アフリカ南西部の BW（砂漠）地域では，沿岸部を寒流の [1★★] 海流が北上し，いわゆる海岸砂漠が卓越するが，[2★★] 砂漠はその典型例といえる。 （早稲田大）

(1) ベンゲラ
(2) ナミブ

□27 ★★★ アフリカ大陸南西端の都市 [1★★★] 周辺は，地中海性気候 Cs。 （予想問題）

(1) ケープタウン

□28 ★ アフリカ東岸の南部では，暖流のモザンビーク海流と [1★] 海流があり，砂漠気候はみられない。 （中央大）

(1) アガラス

□29 ★★ [1★★] 海流は，イベリア半島沖から西アフリカ沖に流れる湧昇性の寒流で，沿岸一帯は広大な砂漠地帯となっている。 （徳島文理大〈改〉）

(1) カナリア
※カナリア諸島（鳥のカナリアの原産地）周辺を流れる

□30 ★★★ [1★★★] の国土の大部分は大西洋に注ぐオレンジ川の流域内に位置し，[2★★★] 洋岸に沿って伸びる [3★★] 山脈が [4★★★] 貿易風の障壁となるため，降水量は大西洋岸に向かって減少する。 （法政大）

(1) 南アフリカ共和国
(2) インド
(3) ドラケンスバーグ
(4) 南東

□31 ★★ 南アフリカ共和国の南東側の沿岸は [1★★]〈ケッペン記号〉気候，南側沿岸と内陸側は北西ヨーロッパにみられるような [2★★]〈ケッペン記号〉気候，首都 [3★★] 周辺は Cw 気候から BS 気候への移行地域である。 （駒澤大〈改〉）

(1) Cfa
(2) Cfb
(3) プレトリア（ツワネ）

□32 ★
アフリカ大陸の気候区に対応する地帯名称としては，Afに対応する 1★ ，AfからAwにかけての湿潤な部分は 2★ ，Awの中でより乾燥した部分は 3★ ，BWに対応する 4★ ，BWの周辺部を意味する 5★ などの名称があり，それぞれ国名や地域名称として利用されている。（早稲田大）

(1) コンゴ
(2) ギニア
(3) スーダン
(4) サハラ
(5) サヘル

□33 ★★
マグレブ3国の伝統食の多様性は， 1★★ 山脈の南北における気候分布の多様性と関係する。（早稲田大）

(1) アトラス
※チュニジア・アルジェリア・モロッコ

○× □34 ★★★
サハラ砂漠の住居はレンガ造りで，雨水をためる工夫がされている。（センター）

×
※日干しレンガではあるが，雨はほとんど降らない

○× □35 ★★★
サハラ砂漠の住居は窓が少なく，砂や日差しを防いでいる。（センター）

○
※窓を小さくする工夫は寒冷地でもみられる

□36 ★★★
アフリカ大陸の北回帰線直下の土壌はおもに 1★★★ である。（青山学院大）

(1) 砂漠土（さばくど）

□37 ★★
赤道上の東経20度付近には，ハマダラカが媒介し，発熱を繰り返す風土病 1★★ が多い。（青山学院大）

(1) マラリア

□38 ★★
1★★ は，アフリカ大陸におけるサバナ気候地域の景観を特徴づける植物である。（青山学院大）

(1) バオバブ
※星の王子様がおそれた木

□39 ★★★
赤道上の東経20度付近の気候は 1★★★ で，付近はアフリカ大陸有数の 2★★★ 盆地が広がる。この地域のおもな土壌は 3★★★ である。（青山学院大）

(1) 熱帯雨林気候（ねったいうりんきこう） Af
(2) コンゴ
(3) ラトソル

2 アフリカの農牧業

○× □1 ★★★
アフリカの熱帯地域では，輸出農産物の価格が低迷しているため，十分な外貨を獲得できない。（センター）

○

□2 ★★★
アフリカでは， 1★★★ （AU本部所在国）のコーヒー，コートジボワールのカカオ，ザンビアの銅など，特定の一次産品の輸出に依存した 2★★★ 経済の構造がみられる。（明治大）

(1) エチオピア
(2) モノカルチャー

OX □3 ★★★ サハラ砂漠の集落では，まわりにゴムの木を植えて砂を防ぐ。(センター)

×
※ゴムは熱帯の湿潤地方(タイ・インドネシアなど)

□4 ★★ 北アフリカの乾燥地帯には，蒸発を防ぐため地下に設けられた水路 1★★ がみられる。(北海道大)

(1) フォガラ
※イランではカナート

□5 ★★★ ヨーロッパ諸国は，アフリカを原料供給地として位置づけ，大規模企業経営による 1★★★ 農業を展開した。(早稲田大)

(1) プランテーション
※先進国の資本・技術と現地の労働力を結合

□6 ★★★ エジプトのナイル川流域では， 1★★★ の建設により灌漑農業が盛んになり， 2★★★ や小麦・米の栽培がみられる。(予想問題)

(1) アスワンハイダム
(2) 綿花(めんか)

□7 ★★★ アフリカのプランテーション農業は 1★★★ 沿岸や熱帯高地にみられ，カカオやコーヒー，茶などを栽培する。(北海道大)

(1) ギニア湾(わん)

□8 ★★★ ガーナの主要農産物 1★★★ 豆は，生産・輸出ともアフリカでは 2★★★ に次いで多い(2016年)。(西南学院大)

(1) カカオ
(2) コートジボワール

□9 ★★ ナイジェリアでは，主食ともなりタピオカの原料ともなる 1★★ が生産量世界一，中国でこうりゃんとよばれる 2★ が生産量世界第2位である（2017年）。(西南学院大)

(1) キャッサバ
(2) もろこし（ソルガム）
※もろこし：第1位米国，第3位メキシコ

□10 ★★★ 1★★ は，キャッサバ・タロいも・ 2★★ の生産量が世界第1位（2017年）であり， 3★★★ (移動式耕作)や粗放的定住農業をおもに営んでいる。(西南学院大)

(1) ナイジェリア
(2) ヤムいも
(3) 焼畑農業(やきはたのうぎょう)

□11 ★★ スーダンでは，おもに 1★★ ・ 2★★ ・ 3★★ (順不同)などの家畜を飼育する。(西南学院大)

(1) 羊(ひつじ)
(2) やぎ
(3) 牛(うし)

□12 ★★ コンゴ民主共和国やナイジェリアに共通する重要なイモの種類は 1★★ である。(大阪大)

(1) キャッサバ
※ヤムいも・タロいもの生産はナイジェリアでは盛ん(世界一)だが，コンゴでは主要でない

□13 ★★★ アフリカ南部の農耕は，サバナ気候地域で草木灰を肥料に用いる 1★★★ 農業から，南西端の温帯における 2★★★ 式農業まで多様である。(中央大)

(1) 焼畑(やきはた)
(2) 地中海(ちちゅうかい)

□14 ★★ アフリカの焼畑農業では，[1★★]〈天水・灌漑〉を用いた[2★]〈単作・混作〉が一般的である。（予想問題）

(1) 天水（てんすい）
(2) 混作（こんさく）
※(1)雨水，(2)同一耕地で複数の作物を同時に栽培

OX □15 ★★★ 1960年代のアフリカで始まった「緑の革命」は，やがて南米，アジアへと拡大した。（関西学院大）

×
※メキシコや東南アジアから始まった

OX □16 ★★★ エチオピアは気象災害などで飢餓に直面したが，「緑の革命」によって食糧輸出国に変わった。（センター）

×
※エチオピアは経済援助に依存する最貧国

□17 ★★★ 外国産の穀物に依存しているのは，日本・オランダ・スペインなどの先進国，西アジア・北アフリカの産油国，そして[1★★★]以南の中南アフリカなどの発展途上国である。（西南学院大）

(1) サハラ［砂漠（さばく）］

□18 ★★★ ケニアの主要農産物は，輸出額の約25%を占める[1★★★]，ロープや袋に加工される[2★★]などである。（西南学院大）

(1) 茶（ちゃ）
(2) サイザル麻（あさ）
※(2)はタンザニアも栽培

□19 ★★ アフリカ南部では近年，樹木と農作物を混植する[1★★]といった環境に配慮し，伝統的技術を発展させて生産性を高める農業が期待されている。（中央大）

(1) アグロフォレストリー

□20 ★★★ 国連開発計画UNDPや，日本の国際協力機構[1★★★]などがアフリカ種の環境耐性と，アジア種の高い収量を併せもつ新品種[2★★★]の普及を推進している。（予想問題）

(1) JICA（ジャイカ）
(2) ネリカ米（まい）
※ New Rice for Africa から命名された新品種

3 アフリカの鉱工業

□1 ★★ アルジェリア北東部の[1★]油田（1956年発見）は，同国最大の油田であり，原油はエネルギー資源[2★★]とともに重要な輸出品である。（立命館大）

(1) ハシメサウド
(2) 天然ガス（てんねん）
※原油産出量アフリカ第3位，天然ガス第1位(2017年)

□2 ★★★ アフリカ最大の原油輸出国[1★★★]の積出港はニジェールデルタのポートハーコート。（早稲田大〈改〉）

(1) ナイジェリア
※輸出額の8割が原油(2017年)

□3 ★★ コンゴ民主共和国から[1★★]にまたがるカッパーベルトでは銅のほか，[2★★]などの希少金属や亜鉛・鉛が産出される。（中央大）

(1) ザンビア
(2) コバルト
※コンゴ民主共和国側のオーカタンガ州～(1)側のカッパーベルト州

□4 ★★ カッパーベルトの鉱石は，[1★] でアンゴラのロビトから大西洋へ，タンザン鉄道でタンザニアの [2★★] からインド洋へ搬出する。（早稲田大〈改〉）

(1) ベンゲラ鉄道
(2) ダルエスサラーム
※(1)は内戦で破壊，2014年に中国の援助で再建

□5 ★★ ダイヤモンドのアフリカ第２位の生産国は，南部アフリカの内陸国 [1★★] である（2016 年）。（中央大）

(1) ボツワナ
※主産地はオラパ。世界第３位

□6 ★★★ ロシアに次ぐ世界第２のダイヤモンド生産国 [1★★★] は，携帯電話やパソコンの電池に欠かせない [2★] の世界最大の生産・埋蔵国でもある（2016 年）。（中央大〈改〉）

(1) コンゴ民主共和国
(2) コバルト
※タンタルとともに内戦における武装勢力の資金源

□7 ★★★ 金鉱・バナジウムの生産量は [1★★★] がアフリカ第１位，同国は白金族・マンガン・クロムで世界最大の生産量を誇り，鉄鉱石・石炭の主要産出国でもある（2017 年）。（中央大）

(1) 南アフリカ共和国
※金鉱・バナジウム生産世界一は中国（2017 年）

〇✕ □8 ★★★ アフリカのチャド湖では付近のアルミニウム工業の発展により，湖水が工業用水に利用された。（センター）

✕
※アルミニウム工業の発展はガーナ。水力発電が用いられている

□9 ★ エジプトの４大外貨収入とは [1★]・[2★]・[3★]・[4★]（順不同）である。（一橋大〈改〉）

(1) 観光
(2) 原油輸出
(3) スエズ運河通航料
(4) 海外出稼ぎ労働

4 アフリカの民族と社会

□1 ★★ [1★★] 以南のアフリカはブラックアフリカとよばれる。（早稲田大）

(1) サハラ［砂漠］

□2 ★★★ 白人入植地が成立した [1★★★] は，[2★★★] とよばれる人種差別政策が長年行われてきた国である。（新潟大）

(1) 南アフリカ共和国
(2) アパルトヘイト
※ 1991 年廃止

〇✕ □3 ★ アパルトヘイトの時代，インドなどアジアの国々出身の外国人は白人として扱われたため，アジア各国は南アフリカ共和国との人々の往来を制限しなかった。（広島経済大）

✕
※経済的なつながりから，日本人は「名誉白人」という不名誉な呼称を得た

OX □4 ★ 南アフリカ共和国では 1984 年にインド系やカラードに参政権が与えられ，全国民参加の国民議会選挙が行われた。（広島経済大）

×
※黒人を除外した白人・カラード・インド系の 3 人種体制が確立

OX □5 ★★ 南アフリカ共和国では 1991 年の法律廃止まで，黒人は居住地の制限を受け，交通機関・公園・学校などでも，白人の生活圏とは分離されていた。（広島経済大）

○
※不毛の「ホームランド」に強制移住させた（バンツースタン政策）

□6 ★★★ 南アフリカ共和国で人種隔離政策に反対した［1★★★］は長い獄中生活ののちに大統領となった。（札幌大）

(1)［ネルソン＝］マンデラ

□7 ★★ 1995 年のラグビー W 杯南ア大会では，［1★★］（混血を指す）の 1 人を除くと全員が白人という代表チームがマンデラ大統領の激励を受け優勝した。（札幌大）

(1) カラード
※ 2010 年にはサッカー W 杯も南アで開催

OX □8 ★★★ 南アフリカ共和国には，アパルトヘイト廃止後の現在でも，黒人と白人との所得格差が存在している。（北海道大）

○
※そのため黒人の経済的権利拡大を図る BEE 政策が推進されている

□9 ★★ マグレブ 3 国とはモロッコ・［1★★］・チュニジアだが，広義のマグレブ地方はリビアから［2★］までを指す。マグレブとはアラビア語で［3★★］という意味である。（早稲田大）

(1) アルジェリア
(2) モーリタニア
(3) 日の没する地（西）

□10 ★★ 19～20 世紀初頭にかけてマグレブ 3 国を支配下においたのは［1★★］である。（早稲田大）

(1) フランス

□11 ★ ［1★］はマグレブ地方内陸部に居住する諸民族の総称で，古代ローマ人が付けた蔑称に由来する。（早稲田大）

(1) ベルベル人

□12 ★★★ ［1★★］海峡でアフリカ大陸と隔てられた島国の先住民は［2★★★］系人種である（島の面積は世界第 4 位）。この国の乾燥地域・高原を除く広い地域では，先住民に由来する穀物栽培（［3★★］）が営まれている。（早稲田大）

(1) モザンビーク
(2) マレー
(3) 水田稲作
※国名はマダガスカル

OX □13 ★★★ 北アフリカではおもにアラビア語が用いられている。（関西学院大）

○

□14 ★★★ ケニアでは 1★★★ 語で「ジャンボ（こんにちは）」と挨拶する。（首都大学東京）

(1) スワヒリ
※ケニア・タンザニアなど東アフリカの共通語

〇× □15 ★★★ 西アフリカではおもに英語とフランス語が用いられている。（関西学院大）

〇

〇× □16 ★★★ アフリカ中部ではおもにフランス語が用いられている。（関西学院大）

〇

□17 ★★★ 北アフリカでは 1★★★ 教が信仰され，オアシスでつくられる 2★★ は，神聖な果物として食される。（広島経済大〈改〉）

(1) イスラーム
(2) なつめやし
※なつめやしの果実をデーツという

〇× □18 ★★★ アフリカ大陸ではアニミズム（精霊信仰）はほとんどみられない。（関西学院大）

×
※中南アフリカに多い

〇× □19 ★★★ 赤道以南にはイスラームはほとんど普及しなかった。（関西学院大）

×
※タンザニアなどに多い

〇× □20 ★★★ ギニア湾岸には仏教徒が大半を占める国がある。（関西学院大）

×
※仏教徒はほとんどいない

〇× □21 ★★★ アフリカにはキリスト教徒が大半を占める国がある。（関西学院大）

〇
※ケニアなど中南アフリカに多い

〇× □22 ★★★ アフリカの熱帯地域には，民族対立に端を発する内戦により，政情不安定な国が多い。（センター）

〇
※民族分布を無視した境界線や，支配のために民族間対立をあおる政策が対立を生んだ

□23 ★★★ ニジェール川下流域を占める 1★★★ は人口約2億人の複合民族国家である（2019年）。ハウサ・ヨルバ・イボの三大民族グループ相互の対立が根深く，1960年代には悲惨な 2★★★ 戦争をもたらした。（関西大〈改〉）

(1) ナイジェリア
(2) ビアフラ
※南東部のイボ人が独立を目指した

□24 ★★ イボ人の多くが信仰している宗教は 1★★ である。（福岡大）

(1) キリスト教
※北部のハウサ人はイスラーム

□25 ★★★ 1★★★ 〈国名〉では，北部に住む多数派の 2★★★ 系民族（ムスリム）と南部に住む少数派のアフリカ系民族（キリスト教徒など）との内戦状態が20年あまり続いた。（福岡大〈改〉）

(1) スーダン
(2) アラブ
※石油資源の争奪が背景にある

問題	解答
□26 ★★★ 2011年，アフリカ系住民の地域は，アラブ系の国から分かれ，［1★★★］として独立，国連にも加盟した。（予想問題）	(1) 南スーダン
□27 ★★★ スーダン西部の［1★★★］地方では，2003年以来，アラブ系政府と非アラブ系住民との間で紛争が続いている（2019年現在）。（西南学院大）	(1) ダールフール ※AU(アフリカ連合)を中心とした国連PKO（平和維持活動）部隊が派遣されている
□28 ★★ ［1★★］から独立したルワンダでは，農耕を主とするフツ人と牧畜を中心とする［2★★］人との間で，1994年から国家の主導権をめぐる激しい内戦が起こった。（早稲田大）	(1) ベルギー (2) ツチ ※500万人超の難民が発生，コンゴ民主共和国など周辺国に紛争が拡大
○× □29 ★ シエラレオネのダイヤモンドをめぐる紛争は，旧ソ連・東欧からの武器流入により激化した。（広島経済大）	○
○× □30 ★ アンゴラでは，銅鉱の支配を狙う南アフリカ共和国の支援を受けた派閥と政府軍との間で，27年間も内戦が続いた。（広島経済大）	× ※銅鉱➡原油やダイヤモンド
○× □31 ★ コンゴ民主共和国の1998年の内戦は資源利権がからみ300万人以上が死亡したが，最近でも北東部の金鉱支配をめぐり民族紛争が起きている。（広島経済大）	○ ※ルワンダ難民が大量流入し，コンゴ戦争に
□32 ★★ アフリカ大陸の人口は，1950年には2.2億人で世界人口の1割以下であったが，2019年には［1★★］〈整数〉億人，世界人口の17%に達した。2050年には25億人を超え世界人口の約［2★］分の1を占めると予想される。（日本女子大〈改〉）	(1) 13 (2) 4 ※世界人口は77億人(2019年)，98億人(50年予測)
□33 ★ コンゴ民主共和国の面積はアフリカ第［1★］位である。（早稲田大〈改〉）	(1) 2 ※第1位はアルジェリア，第3位はスーダン（南スーダン分離前は第1位）
□34 ★★ 2010年から2011年にかけ，アラブ圏で発生した反政府運動を総称して「［1★★］」とよぶ。（予想問題）	(1) アラブの春 ※FacebookやTwitterなどSNS上での情報交換の役割が注目された
□35 ★★ 長期独裁政権下の［1★★］で2010年に始まった反政府運動はジャスミン革命といわれる。（予想問題）	(1) チュニジア ※ジャスミンはチュニジアを代表する花

□36 ★★ 2011年から始まった反政府運動が30年にわたるムバラク政権を打倒した国は 1★★ である。(予想問題)

(1) エジプト
※チュニジア・エジプトでは，政変後イスラーム系政権に移行

□37 ★★ 1★★ 大佐による42年の独裁政治が続いていた 2★★ では，2011年に東部のベンガジで発生した反政府デモが首都トリポリに飛び火し，内戦と 3★★ 軍の介入を経て，政権崩壊につながった。

(予想問題)

(1) カダフィ
(2) リビア
(3) NATO（北大西洋条約機構）
※カダフィは死亡し，反体制派が全土を解放

5 アフリカの都市・開発・環境問題

□1 ★★★ 1★★ は，世界最長の 2★★★ 川の三角州の突端に位置する都市で，3★★★〈国名〉最大の貿易港である。都市名はアレキサンダー大王に由来する。(札幌大)

(1) アレクサンドリア
(2) ナイル
(3) エジプト
※ほかにポートサイドが重要な港湾都市

□2 ★ 世界文化遺産である歴史地区は首都 1★ にある。この都市は，古くから大河のほとりに交通の要所として建設されたニューオーリンズと同緯度に位置し，東京の友好姉妹都市でもある。4～5月は砂嵐（ハムシン）が続く。(獨協大〈改〉)

(1) カイロ
※国名はエジプト，東部への遷都計画が進行中

○× □3 ★★★ チュニジアの地中海沿岸に位置し，りん鉱石などの輸出港である港湾都市は，古い町並みが残る旧市街とフランス植民地時代以降の新市街によって構成される。

(センター)

○
※首都チュニスではイスラーム風の旧市街と，フランス人による新市街の対比がみられる

□4 ★★ 1★★ はチュニジアの首都でオリーブやぶどう酒の輸出港がある。近くに古代国家 2★★ の遺跡がある。

(早稲田大〈改〉)

(1) チュニス
(2) カルタゴ

□5 ★ 1★ はヨーロッパ風の近代的市街地と，カスバというイスラーム風の旧市街が同居する都市である。地中海をはさんだ旧宗主国の港湾都市 2★ との交通が盛んである。(札幌大)

(1) アルジェ
(2) マルセイユ
※旧宗主国はフランスで，アルジェはアルジェリアの首都

□6 ★ 1★ は 2★ 〈国名〉最大の港湾都市で，航空交通の要地，工業都市でもある。都市名はスペイン語で「白い家」を意味する。（札幌大〈改〉）

(1) カサブランカ
(2) モロッコ
※ボギー（ハンフリー＝ボガート）の映画『カサブランカ』でも有名

□7 ★★★ 1★★★ 湾に面したコートジボワールの最大都市は 2★ であり，かつては首都であった。（西南学院大）

(1) ギニア
(2) アビジャン
※(2)は今も事実上の首都（法律上はヤムスクロ）

□8 ★★ 本初子午線はガーナ共和国の首都 1★★ 付近を通過する。（中央大）

(1) アクラ
※野口英世が黄熱病を研究した地

□9 ★★ ガーナ中央部に流れる 1★★ 川に，アコソンボダムが建設されることで生まれた 1★★ 湖は，世界最大級の人造湖である。（西南学院大）

(1) ヴォルタ
※最良の耕地が湖底に埋もれてしまった

□10 ★ アフリカ大陸のメガシティ（国連の定義による）は3つあるが，うちサハラ砂漠以南の都市は 1★ とキンシャサである（2019 年現在）。（日本女子大）

(1) ラゴス
※都市的集積地域の居住者が 1,000 万人以上，もう一つはカイロ（エジプト）

□11 ★★ ナイジェリアの首都は，民族間のバランスも考慮し，湾岸に位置するラゴスから中央部の 1★★ に移転した。（西南学院大）

(1) アブジャ
※ビアフラ戦争（1967～70 年）のあと遷都決定（76 年）。最大都市は今もラゴス

□12 ★★ ケニアは 19 世紀末にイギリス保護領となり，その後行政中心地が沿岸の 1★ から高地の 2★★ に移された。世界自然遺産の 3★★ 山国立公園はアフリカ第 2 の山一帯を保護するために設定された国立公園である。（西南学院大〈改〉）

(1) モンバサ
(2) ナイロビ
(3) ケニア
※ナイロビは標高 1,624m

□13 ★★ 1★★ の首都 2★★ には国連環境計画（UNEP）の本部がある。（成城大）

(1) ケニア
(2) ナイロビ

□14 ★ アフリカ南部にある 1★ の首都キガリは東経 30 度線上付近。（中央大）

(1) ルワンダ
※必見の映画『ホテル・ルワンダ』の舞台

□15 ★ 南アフリカ共和国の人口最大都市は 1★ である。（予想問題）

(1) ヨハネスバーグ

○× □16 ★★★ ヨハネスバーグの不良住宅街は，アパルトヘイトの撤廃により，中心業務地区に変わった。（センター）

×
※黒人の経済的困窮は解決されていない

○× □17 ★★ スエズ運河は，大航海時代にはフランスやイタリアによってインド航路として利用された。（関西学院大）

×
※19 世紀にフランス人レセップスが建設（大航海時代は 15 ～ 17 世紀）

○× □18 ★★ スエズ運河は長らくイギリスの支配下にあったが，現在ではエジプトに帰属している。（関西学院大）

○
※1956年ナセル大統領の国有化宣言が，第 2 次中東戦争（スエズ戦争）を招く

○× □19 ★★ スエズ運河はパナマ運河のような国際運河ではないため，航行は制限されている。（関西学院大）

×
※国際運河である

○× □20 ★★ スエズ運河には地中海と紅海の水位差を調整するための閘門（こうもん）が設けられている。（関西学院大）

×
※水平式運河である（パナマ運河は閘門式）

□21 ★★ 資本の蓄積が進まないアフリカ諸国では外国からの資本の借り入れが必須で，1980 年代にその [1 ★★] が急増し，世界銀行や [2 ★★] の構造調整計画を受け入れることになる国が相次いだ。（日本女子大）

(1) ［対外（たいがい）］債務（さいむ）
(2) IMF（国際通貨（こくさいつうか）基金（ききん））

□22 ★★★ サヘル地域の砂漠化を促進する重要な人為的要因としては [1 ★★★] があげられる。（中央大）

(1) 過耕作（かこうさく）（過放牧（かほうぼく）・薪炭材（しんたんざい）の過剰伐採（かじょうばっさい））
※自然的条件（干ばつ）と複合

○× □23 ★★★ リベリアでは，伝統的な生活様式を生かした砂漠化対策が進んでいる。（センター）

×
※リベリアは Am 気候で砂漠化は起きていない

○× □24 ★★★ アフリカのチャド湖では，大規模な灌漑用水路の建設により湖の水位が低下した。（センター）

×
※降水量減少による

□25 ★★ ケニア，ウガンダ，タンザニアによって囲まれている [1 ★★] 湖では，外来種ナイルパーチの放流による生態系の破壊が問題となった。（早稲田大）

(1) ヴィクトリア

○× □26 ★★★ 1982 年，ナイロビで国連環境計画特別会議を開いた国では，干ばつで植物が枯死し，植物を家畜が食べることでさらに植物が減ることにより，サバナが砂漠化している。（センター）

○
※ケニア。国連環境計画＝UNEP

○× □27 ★★★ 2002 年，ヨハネスバーグで国連環境開発サミットを開いた国では，人種隔離政策廃止後も，以前の黒人居住区での居住環境改善が予算不足により遅れている。（センター）

○
※南アフリカ共和国

6 アフリカの国家

□1 ★★ 第二次世界大戦前にアフリカで独立していたのは 1★★ ・ 2★★ ・ 3★★ ・ 4★★ (順不同) の4ヵ国である。 (中央大)

(1) エチオピア
(2) リベリア
(3) 南(みなみ)アフリカ共和国(きょうわこく)
(4) エジプト

□2 ★★ 多くの国が独立を果たした 1★★ 年は「アフリカの年」とよばれている。 (関西学院大〈改〉)

(1) 1960
※17ヵ国が独立

○× □3 ★★★ 植民地時代に引かれた境界線は民族や社会を分断する場合もあった。 (関西学院大)

○

□4 ★★ マグレブ西部は，ギリシャ神話にちなんで「ヘラクレスの柱」とよばれる 1★★ 海峡をはさみ，ヨーロッパと対峙している。両岸には現在でも 2★★ 領の 1★★ ，スペイン領の 3★ とメリリャなどの飛地領が残存する。 (早稲田大)

(1) ジブラルタル
(2) イギリス
(3) セウタ

□5 ★★ コンゴ民主共和国は1971年に国名を 1★★ に変更したが，1997年に政権が崩壊し，再び現国名に変更した。 (早稲田大〈改〉)

(1) ザイール
※旧ベルギー領

○× □6 ★★ ケニア・ジンバブエ・ザンビアはいずれもイギリスの植民地であった。 (関西学院大)

○

○× □7 ★★★ ナイジェリアはフランスから独立した。 (関西学院大)

×
※イギリスから独立

○× □8 ★★ モザンビークはアンゴラとともに長らくポルトガルの支配を受けていた。 (関西学院大)

○
※ともに公用語もポルトガル語

□9 ★★ 2002年に 1★ を発展改組した 2★★ には，当初 3★★ を除く全アフリカ諸国が加盟した。本部は 4★★ の首都アディスアベバに所在する。(明治大〈改〉)

(1) OAU (アフリカ統一機構(とういつきこう))
(2) AU (アフリカ連合(れんごう))
(3) モロッコ
(4) エチオピア
※(3)について 7 7 (P.283) 参照

7 アフリカの国名判定問題

□1 ★★★
[1★★★]ではムスリムが全国民の84.4%を占める。耕地はアフリカ最長の[2★★★]川流域に限られる。(学習院大)

(1) エジプト
(2) ナイル

□2 ★★
産油国としてアフリカ第4位(2018年)の生産量を誇る[1★★]は，地中海に臨むが国土の9割以上が砂漠である。2004年に[2★★]と国交を回復，06年にテロ支援国家の指定を解除され，石油関連の外国投資の流入が増加した。(中央大〈改〉)

(1) リビア
(2) アメリカ合衆国(がっしゅうこく)
※社会主義体制をとったカダフィ独裁政権はアラブの春で崩壊(2011年)

□3 ★★
[1★★]はエジュレやハシメサウドなどの油田で知られ，産油量はアフリカ第3位である(2018年)。国土は旧宗主国フランスの4倍以上ある。(札幌大〈改〉)

(1) アルジェリア

□4 ★★★
[1★★]ではムスリムが99.7%。大陸の北西部に位置し，国土の過半は[2★★★]砂漠。旧宗主国フランスは最大の援助国。[3★★★]沿岸で小麦・ぶどう・柑橘類を栽培している。(学習院大)

(1) アルジェリア
(2) サハラ
(3) 地中海(ちちゅうかい)

□5 ★★★
[1★★★]は，イスラームの聖地からみて「日の沈む方角([2★]〈アラビア語〉)」にある国で，首都アルジェは[3★★]気候区に属している。(近畿大)

(1) アルジェリア
(2) マグレブ
(3) 地中海性(ちちゅうかいせい) Cs

□6 ★★
旧[1★]領西サハラの大半は[2★★]が実効支配しているが，ポリサリオ戦線が独立を宣言した「サハラ＝アラブ民主共和国」(日本未承認)はAU加盟。(予想問題)

(1) スペイン
(2) モロッコ

□7 ★★
[1★★](旧宗主国[2★★])は[3★★]海峡を隔ててスペインと相対している。西サハラ問題で非加盟だったAUには2017年に加盟した。(学習院大)

(1) モロッコ
(2) フランス
(3) ジブラルタル

□8 ★★
[1★★]の国土の中央を走る[2★★]山脈の北側は，地中海性気候でオリーブ栽培が盛ん。また，りん鉱石の埋蔵量は世界最大級である。(成城大)

(1) モロッコ
(2) アトラス
※りん鉱石の可採埋蔵量世界一は中国

□9 ★★
[1★](旧宗主国[2★★])はアフリカ第3位の大河である[3★★]川上流部に位置する内陸国である。(学習院大)

(1) マリ
(2) フランス
(3) ニジェール

□10 ★★
1★ は中央アフリカ北部の内陸国であり，北部は砂漠，中部はサバナ，南部は湖周辺の沼沢地である。この湖は近年乾燥化し面積が減少している。産業は綿花生産・畜牛，石油やウランなどの資源も存在する。首都は 2★★ 。（専修大〈改〉）

(1) チャド
(2) ンジャメナ
※湖はチャド湖

□11 ★★★
1★★★ の国土の中央を白ナイルが南北に走り，首都の 2★★ で青ナイルと合流する。2007 年，国連安全保障理事会は 3★★★ 地方に平和維持部隊を派遣した。（成城大）

(1) スーダン
(2) ハルツーム
(3) ダールフール

□12 ★★
1★★ は 1847 年に独立したアフリカ最初の黒人国家。海岸は熱帯モンスーン気候，内陸はサバナ気候。独立以前は胡椒（穀物）海岸とよばれていた。（専修大）

(1) リベリア
※こしょうによく似たギニアしょうがが由来

□13 ★★
1★★ は便宜置籍船が多く，商船船腹量は 2★★ に次いで世界第 2 位である（2018 年）。（福岡大〈改〉）

(1) リベリア
(2) パナマ
※内戦で壊滅した鉄鉱石・天然ゴムの輸出は回復途上

□14 ★★★
1★★★ は世界最大のカカオ豆生産国である。15 世紀以降，大量の象牙がこの地で取引された。（専修大）

(1) コートジボワール
※国名はフランス語の「象牙海岸」

□15 ★★★
1★★★ 〈国名〉の海岸地帯は，ヨーロッパ人から 2★★ 海岸とよばれた。現在はカカオ豆の生産量が世界有数である。（福岡大〈改〉）

(1) ガーナ
(2) 黄金（おうごん）

□16 ★★★
ギニア湾に面する 1★★★ 〈国名〉はボーキサイトが豊富で 2★★ 川に建設されたアコソンボダムの電力を用いてアルミニウム精錬を行う。 3★★★ から独立した国である。（成城大）

(1) ガーナ
(2) ヴォルタ
(3) イギリス

□17 ★
1★ 〈国名〉の民族構成は，アフリカ最大人口の隣国同様，非常に複雑で，フランス語と英語が公用語であり，首都はヤウンデである。（駒澤大）

(1) カメルーン

□18 ★★★
1★★★ は人口が 2 億人を超える，アフリカで人口最大の国である（2019 年）。住民構成が複雑で 1960 年代後半の内戦で多くの餓死者を出す。落花生・ 2★ ・油やしの栽培が盛ん。（専修大〈改〉）

(1) ナイジェリア
(2) カカオ豆（まめ）

□19 ★★★ 1★★★ (旧宗主国 2★★★) は，1956年に 3★★ 川のデルタ地帯で油田を発見し，アフリカ最大の産油国で 4★★★ 国機構にも加盟。 (学習院大〈改〉)

(1) ナイジェリア
(2) イギリス
(3) ニジェール
(4) 石油輸出

□20 ★★★ 1★★★ は，ベルギーから1960年に独立。ダイヤモンドの産出量は世界第2位 (2016年)。 (駒澤大)

(1) コンゴ民主共和国
※首都キンシャサはコンゴ川沿い

□21 ★ 1★ は赤道上の産油国で，サハラ砂漠以南（島国を除く）では1人当たり国民総所得がトップレベルである。 (予想問題)

(1) ガボン
※経済格差は大きい

□22 ★★ 1★★ はコプト派のキリスト教徒が多い国である。北部には 2★★ 川の水源の一つであるタナ湖がある。 (専修大)

(1) エチオピア
(2) ナイル (青ナイル)
※エジプトのコプト正教からエチオピア正教が分離

□23 ★★★ 1★★★ はアフリカ最古の独立国で，2★★ の原産地として知られる。 (成城大)

(1) エチオピア
(2) コーヒー

□24 ★★ 「アフリカの角」に位置する 1★★ は内戦によって無政府状態になっており，この国の沖合海域では海賊行為が頻発，自衛隊が海上警備に派遣された。 (獨協大〈改〉)

(1) ソマリア
※北部ではソマリランドやプントランドが事実上分離独立している (未承認国家)

○× □25 ★★★ ケニアはナイロビを首都とする農業国であり，コーヒー・茶・サイザル麻を主要農産物とするが，外貨獲得には観光収入が貢献している。 (関西学院大)

○
※野生動物の生息する自然公園が有名

□26 ★★★ 1★★★ の国土は高原状をなし，ホワイトハイランドとしてイギリスの支配を受けた。2★★★ と英語を公用語とし，おもな宗教は 3★。 (札幌大〈改〉)

(1) ケニア
(2) スワヒリ語
(3) キリスト教
※(2)はタンザニアの国語でもある

□27 ★★ ケニアには5,199mの 1★★ 山がそびえる。 (学習院大〈改〉)

(1) キリニャガ (ケニア)

□28 ★★ 金鉱生産量がアフリカ第4位の国は，奴隷貿易・象牙貿易の拠点として栄え2000年に世界遺産に登録されたザンジバル島をもつ 1★★ である。 (中央大)

(1) タンザニア
※コーヒー生産も盛ん。ザンジバルはフレディ＝マーキュリーの生誕地

□29 ★★★
[1★★]はアフリカ大陸最高峰の[2★★★]山が位置する国である。西端の国境を画する[3★★]湖は南北に細長い断層湖。同国は本土とザンジバル島からなるが[3★★]は本土の呼称である。人口が最も多い都市は[4★★]である。（青山学院大）

(1) タンザニア
(2) キリマンジャロ
(3) タンガニーカ
(4) ダルエスサラーム
※法律上の首都はドドマ

□30 ★★★
[1★★★]はモザンビーク海峡に面する島国。核となる[2★★★]系住民の言語（国語）は[2★★★]語などと同じオーストロネシア語族。旧宗主国の[3★★★]語も使用される。（専修大〈改〉）

(1) マダガスカル
(2) マレー
(3) フランス

□31 ★
[1★]はアフリカでは数少ない島国であり，国土面積・人口規模ともにアフリカ最小，主産業は観光である。（福岡大）

(1) セーシェル
※1人当たりGNIは高い

□32 ★★★
[1★★]は北ローデシアとよばれた旧イギリス領。カッパーベルト産出の鉱物に依存した[2★★★]経済の国。ザンベジ川の[3★]ダムで発電した電力でこの鉱物を精錬する。首都は[4★]。（青山学院大〈改〉）

(1) ザンビア
(2) モノカルチャー
(3) カリバ
(4) ルサカ
※主要宗教はキリスト教

□33 ★★★
この内陸国の国土は大半が高原上にあり[1★★]気候が卓越。[2★★★]の産出が多く，隣国の首都[3★★]との間に中国の援助でタンザン鉄道を敷設した。（早稲田大〈改〉）

(1) 温帯冬季少雨（おんたいとうきしょうう）（温帯夏雨（おんたいかう））Cw
(2) 銅鉱（どうこう）
(3) ダルエスサラーム
※国名はザンビア

□34 ★★
南西アフリカの[1★★]は2002年の内戦終結とともに国内の政治・経済が安定し，原油の産出・輸出も増加，2007年にOPECに加盟した。（日本女子大）

(1) アンゴラ

□35 ★★★
[1★★★]はドイツの植民地，ベルギーの委任統治を経て1960年代に独立したが，少数派のツチ人の支配する多数派の[2★★★]人の不満が大きく，90年代に大きな内乱が起きた。同様の民族対立は隣国ブルンジでも発生した。（青山学院大）

(1) ルワンダ
(2) フツ
※その後ルワンダは経済復興が進み「アフリカの奇跡」といわれた

○× □36 ★
ジンバブエは豊富な鉱物資源をもち，社会経済基盤の整備された比較的恵まれた国で，首都はハラレである。（関西学院大）

×
※資源は豊富だが，独裁政権下で経済は破綻

□37 ★★ 1★★ はダイヤモンドの産出が多く，セーシェルなどの島嶼国を除き，サハラ以南では１人当たり国民総所得が高位だが，2★★ の影響で平均寿命が一時期大幅に短くなった。（明治大）

(1) ボツワナ
(2) エイズ
※今世紀初頭に約50歳まで低下，その後改善した

□38 ★★★ 1★★★ は国民総所得からみるとアフリカ最大の経済大国で，民族的にはバンツー系住民とアフリカーナなどからなる。（駒澤大）

(1) 南アフリカ共和国
※アフリカーナはオランダ系移民の子孫。アフリカーンス語を用いる

□39 ★★★ 1★★★ ではキリスト教徒が79.8%を占める。経済の柱は鉱業・農業・製造業で，特に 2★★★ は埋蔵量第２位，生産量第７位である（2017年）。3★★★ 時代の白人由来の地名表記は，地名評議会による変更が進んでいる。（学習院大〈改〉）

(1) 南アフリカ共和国
(2) 金鉱
(3) アパルトヘイト（人種隔離政策）

□40 ★★★ 1★★★ の行政府は 2★★ に，立法府は 3★★ に，司法府はブルームフォンテーン（マンガウン）にある。金鉱の生産は世界第７位，レアメタルのうちマンガン鉱，4★ 鉱（銀白色で硬く耐食性にすぐれ，ステンレス鋼やメッキ材に用いる）の生産量は世界一（2017年）。（青山学院大）

(1) 南アフリカ共和国
(2) プレトリア（ツワネ）
(3) ケープタウン
(4) クロム

□41 ★ 1★ は，2018年にスワジランドから現地語の国名に改称した。（予想問題）

(1) エスワティニ
※国土は南ア共和国とモザンビークに囲まれる

STEP UP 十八

さらに得点アップさせたい人のための
ステップアップ問題

□1 ★ [1★]のウィットウォーターズランド地方は，金と[2★]の産出で有名である。（中央大）

(1) 南アフリカ共和国（みなみ…きょうわこく）
(2) ウラン
※首都の南方

□2 ★ 南アフリカ共和国で金と石炭の産出が突出しているのは[1★]地方である。（早稲田大）

(1) トランスヴァール
※北東部

□3 ★ ケニアは人口の約 11%が[1★]教徒で，そのほとんどが海岸地帯に住む。（首都大学東京）

(1) イスラーム

□4 ★ ほぼ東経 20 度線上にある地中海沿岸に位置するリビアの主要都市は[1★]である。（早稲田大〈改〉）

(1) ベンガジ
※首都はトリポリ

□5 ★ アトラス山麓に位置しベルベル語で「神の国」を意味する[1★]旧市街は，世界文化遺産に指定された古都である。この市街が位置する国の首都[2★]も古い貿易都市である。（獨協大〈改〉）

(1) マラケシ
(2) ラバト
※国名はモロッコ。(1)は地中海とトンブクトゥを結ぶ交易路の中継点

□6 ★ [1★]遺跡は，首都[2★]（高原上のイギリス風街並み）から南方に位置する大規模な石造建築遺跡である。ドイツ人宣教師や旧ローデシア政府などがさまざまな由来を説いてきた。（獨協大〈改〉）

(1) グレートジンバブエ
(2) ハラレ

〇✕ □7 ★ リベリアはギニア湾岸の周辺諸国よりも 100 年以上早く独立した。（関西学院大）

〇
※米国の解放奴隷による

□8 ★ AU（アフリカ連合）と AL（アラブ連盟）の双方に加盟している国は，[1★]・[2★]・[3★]・[4★]・[5★]（順不同）・モロッコ・リビア・モーリタニア・ジブチ・コモロである。（明治大〈改〉）

(1) エジプト
(2) アルジェリア
(3) チュニジア
(4) ソマリア
(5) スーダン

□9 ★ タンザニアは建国当時に社会主義を目指し，農村に集団的な[1★]村を建設しようとした。（予想問題）

(1) ウジャマー
※スワヒリ語で友愛

QUESTIONS　まとめの白地図 Q&A　ANSWERS

1 アフリカの地形

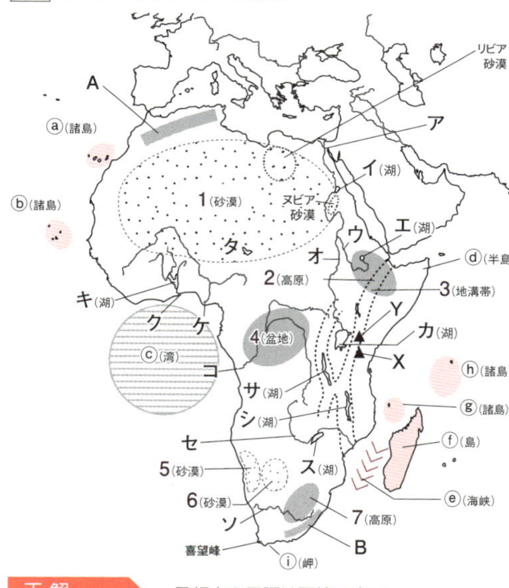

□1 ア～タの河川・湖の名を答えなさい。

□2 A・Bの山脈名，X・Yの山名を答えなさい。

□3 1～7の地形名を答えなさい。

□4 ⓐ～ⓘの島・湾・海峡名などを答えなさい。

正解　最頻出の用語は下線で表示

1
- ア <u>ナイル川</u>
- イ <u>ナセル湖</u>
  ※アスワンハイダムによる人造湖
- ウ 青(あお)ナイル川
- エ <u>タナ湖</u>
- オ 白(しろ)ナイル川
- カ <u>ヴィクトリア湖</u>
- キ ヴォルタ湖
  ※アコソンボダムによる人造湖
- ク ヴォルタ川
- ケ <u>ニジェール川</u>
- コ <u>コンゴ川</u>
- サ タンガニーカ湖
- シ マラウイ湖
- ス カリバ湖　※カリバダムによる人造湖
- セ ザンベジ川
- ソ オレンジ川
- タ <u>チャド湖</u>
  ※気候変動により縮小する内陸湖

2
- A <u>アトラス山脈</u>　※新期造山帯
- B <u>ドラケンスバーグ山脈</u>
  ※古期造山帯。A・B以外は安定陸塊（アフリカ楯状地・一部は卓状地）
- X <u>キリマンジャロ山</u>　※5,895m
- Y <u>キリニャガ（ケニア）山</u>　※5,199m

3
- 1 <u>サハラ砂漠</u>
- 2 <u>エチオピア高原（アビシニア高原）</u>
- 3 <u>グレートリフトヴァレー（アフリカ大地溝帯）</u>
- 4 <u>コンゴ盆地</u>
- 5 <u>ナミブ砂漠</u>
  ※ベンゲラ海流による海岸砂漠
- 6 カラハリ砂漠
- 7 ハイベルト

4
- ⓐ カナリア諸島　※スペイン領
- ⓑ ヴェルデ岬諸島
- ⓒ <u>ギニア湾</u>
- ⓓ ソマリア半島
- ⓔ モザンビーク海峡
- ⓕ <u>マダガスカル島</u>
- ⓖ コモロ諸島
- ⓗ セーシェル諸島
- ⓘ アガラス岬　※大陸最南端

QUESTIONS　まとめの白地図 Q&A　ANSWERS

2 アフリカの国家と都市

□1 図左下の凡例（①～⑧）に対応する旧宗主国（1914年時点）を答えなさい。ただし，一つは独立地域を表している。

□2 ア～モの国名と，X・Yの未独立地域の名を答えなさい。

□3 1～36の都市名を答えなさい。

□4 A～Dの植民地時代の呼称と，P～Sの地域名を答えなさい。

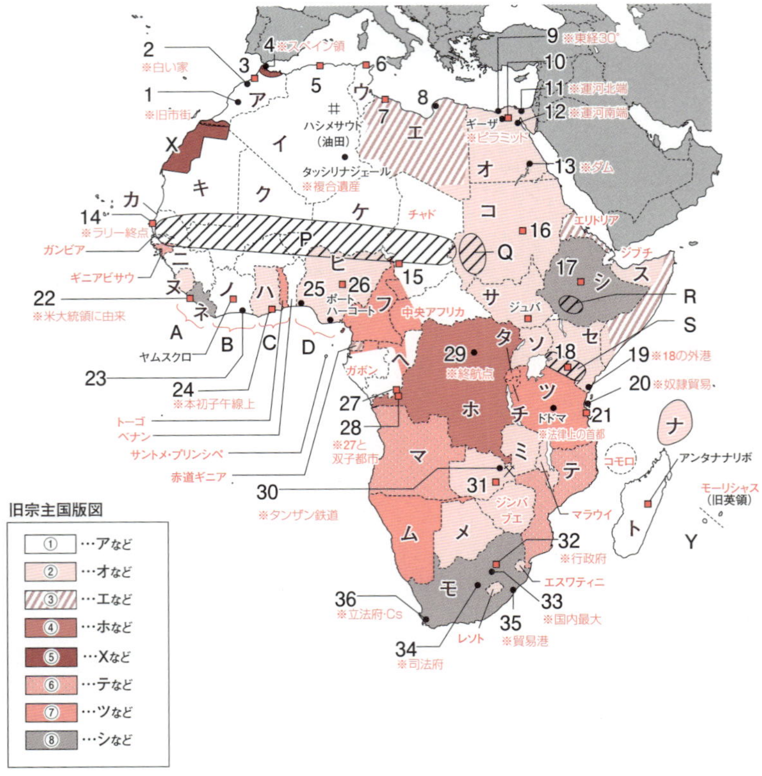

正解　最頻出の用語は下線で表示

1
① フランス
② イギリス
③ イタリア
④ ベルギー
⑤ スペイン
⑥ ポルトガル
⑦ ドイツ
⑧ 独立地域

2
ア モロッコ
イ アルジェリア
ウ チュニジア
エ リビア
オ エジプト
カ セネガル
キ モーリタニア
ク マリ
ケ ニジェール
コ スーダン
サ 南スーダン
シ エチオピア
ス ソマリア
セ ケニア
ソ ウガンダ
タ ルワンダ
※のちベルギー領
チ ブルンジ
※のちベルギー領
ツ タンザニア
テ モザンビーク
ト マダガスカル
ナ セーシェル
ニ ギニア
ヌ シエラレオネ
ネ リベリア
ノ コートジボワール
ハ ガーナ
ヒ ナイジェリア
フ カメルーン
※のちイギリス・フランス領
ヘ コンゴ
ホ コンゴ民主共和国
マ アンゴラ
ミ ザンビア
ム ナミビア
※のち南ア共和国領
メ ボツワナ
モ 南アフリカ共和国
X 西サハラ
※アを除くアフリカ諸国は独立を承認
Y レユニオン島
※フランスの海外県

3
1 マラケシ
2 カサブランカ
3 ラバト
4 セウタ
5 アルジェ
6 チュニス
7 トリポリ
8 ベンガジ
9 アレクサンドリア
10 カイロ
11 ポートサイド
12 スエズ
13 アスワン
14 ダカール
15 ンジャメナ
16 ハルツーム
17 アディスアベバ
18 ナイロビ
19 モンバサ
20 ザンジバル
21 ダルエスサラーム
22 モンロビア
23 アビジャン
24 アクラ
25 ラゴス
26 アブジャ
27 ブラザビル
28 キンシャサ
29 キサンガニ
30 カピリムポシ
31 ルサカ
32 プレトリア
33 ヨハネスバーグ
34 ブルームフォンテーン
35 ダーバン
36 ケープタウン

4
A 胡椒（穀物）海岸
B 象牙海岸
C 黄金海岸
D 奴隷海岸
P サヘル
※サハラ南縁。砂漠化
Q ダールフール
※民族紛争
R カッファ
※コーヒー原産地
S ホワイトハイランド
※かつての白人入植地

第19章

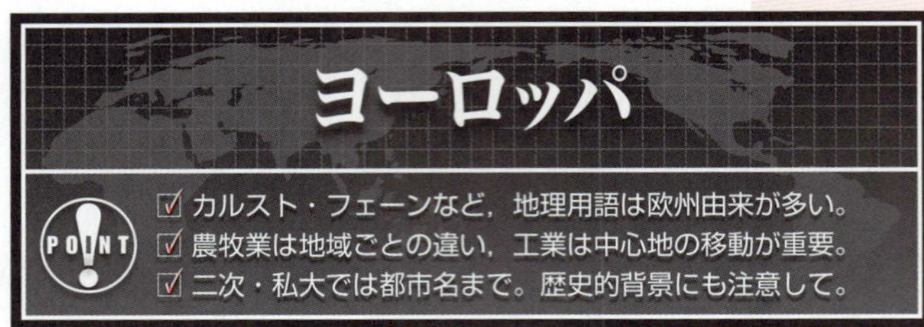

ヨーロッパ

POINT
- ☑ カルスト・フェーンなど，地理用語は欧州由来が多い。
- ☑ 農牧業は地域ごとの違い，工業は中心地の移動が重要。
- ☑ 二次・私大では都市名まで。歴史的背景にも注意して。

1 ヨーロッパの自然環境

□1 ★★★ ロンドン郊外の旧グリニッジ天文台を通る本初 [1★★★] を基準とした時刻がGMTである。(西南学院大)

(1) 子午線（しごせん）
※GMT＝グリニッジ標準時(世界標準時)

□2 ★★ イベリア半島中央，イタリア半島南端を通過する緯線は，日本の干拓地 [1★★] を通る。(近畿大〈改〉)

(1) 八郎潟（はちろうがた）
※北緯40度線

□3 ★★ 北緯50度線はチェコの首都 [1★★] やポーランド南部の大都市 [2★] 付近を通る。(中央大〈改〉)

(1) プラハ
(2) クラクフ

□4 ★★ アイスランド島に北緯 [1★★] 度線〈5の倍数〉が通る。(中央大)

(1) 65
※北極圏(北緯66.6度)のすぐ南側に位置

□5 ★ [1★] 〈国名〉が領有するスヴァールバル諸島は [2★] 海に位置するが，人間が居住している。(西南学院大)

(1) ノルウェー
(2) 北極（ほっきょく）
※スピッツベルゲン島は石炭の産出で知られた

□6 ★★★ [1★★★] 海流の影響は，北緯60度を超える [2★★★] 〈国名〉の海岸まで及び，ナルヴィクは不凍港として知られる。(西南学院大)

(1) 北大西洋（きたたいせいよう）
(2) ノルウェー
※北極圏付近の温帯Cfc

□7 ★★ 冬にフランス南東部の [1★★] 河谷を吹く，低温で乾燥した北風をミストラルという。(予想問題)

(1) ローヌ

□8 ★★ 地中海の南風で，おもに春に吹く砂塵も混じった熱風を [1★★] という。(近畿大〈改〉)

(1) シロッコ
※地中海を越える前の北アフリカではギブリという(スタジオジブリの由来)

□9 ★★ アルプス山脈や [1★★] 山脈から [2★★] 海に吹き下ろす冷たく乾燥した風をボラという。(日本大〈改〉)

(1) ディナルアルプス
(2) アドリア

□10 ★★★ アルプスから吹き下ろす南風で，著しい気温上昇を招く現象の語源となった地方風は［1★★★］。（近畿大〈改〉）

(1) フェーン
※漢字で「風炎」，見事な当て字

□11 ★★★ イギリスは高緯度だが，北大西洋海流の影響を受けるため，大部分が［1★★★］気候である。（西南学院大）

(1) 西岸海洋性（せいがんかいようせい） Cfb

□12 ★★ 欧州の西岸海洋性気候区における典型的な植生は［1★★］である。（福岡大）

(1) 落葉広葉樹（らくようこうようじゅ）
※ぶな・なら（オーク）・かしわなど（西岸海洋性気候を「ぶな気候」という）

□13 ★★★ スペインやフランスの南部では［1★★★］気候が卓越するが，北部では［2★★★］風の影響を受けて1年中降水があり，夏は比較的涼しく，冬は緯度の割に温暖な［3★★★］気候が分布している。（立命館大）

(1) 地中海性（ちちゅうかいせい） Cs
(2) 偏西（へんせい）
(3) 西岸海洋性（せいがんかいようせい） Cfb

〇✕ □14 ★★★ ノルウェーとスウェーデンの山岳地帯及び内陸部にはツンドラ気候がみられる。（関西学院大）

〇

〇✕ □15 ★★★ デンマークは海流の影響で一部は温帯気候に属するが，大部分は冷帯気候に含まれる。（関西学院大）

✕
※大部分が温帯（西岸海洋性 Cfb 気候），グリーンランドはデンマーク領だが寒帯

□16 ★★ イタリア北部のポー川付近は［1★★］気候で，流域の［2★★］平野は肥沃な農業地帯である。（立命館大）

(1) 温暖湿潤（おんだんしつじゅん） Cfa
(2) パダノ＝ヴェネタ

□17 ★★ 地中海は［1★★］とアフリカプレートが衝突する狭まる境界にあり，地震・火山活動がみられる。（中央大）

(1) ユーラシアプレート

□18 ★★★ パリ盆地周辺にみられる地形で，緩傾斜した硬軟互層の差別侵食により形成された急崖と緩斜面からなる丘陵を［1★★★］という。（東北福祉大）

(1) ケスタ
※侵食を受けやすい軟層だけが侵食される。成因は論述式で頻出

□19 ★★★ 古期造山帯のうち［1★］造山帯に属する［2★★★］山脈は，氷河の侵食作用により標高は低く，東部はなだらかである。周辺に良質で豊富な鉄山が数多い。（近畿大〈改〉）

(1) カレドニア
(2) スカンディナヴィア
※カレドニアは古生代前期，ヨーロッパ中部は後期のバリスカン造山帯

□20 ★★ 北欧は，地質的には［1★★］楯状地とよばれる安定陸塊を中心に広がっている。（日本女子大〈改〉）

(1) バルト
※氷期にはスカンディナヴィア半島など北欧全体が氷床に覆われていた

問題	解答
□21 ★★★ グレートブリテン島の北部にはグランピアン山脈，中部には［1★★★］山脈，西部には［2★］山脈が走り，［3★★★］造山帯の山地・山脈からなる。（西南学院大）	(1) ペニン (2) カンブリア (3) 古期（こき） ※島南端はバリスカン，ほかはカレドニア造山帯
□22 ★★★ ヨーロッパを大きく2つに分ける［1★★★］山脈は，［2★★★］造山帯の一角を占める。山頂付近・山腹にカールやU字谷など氷河地形がみられる。（近畿大〈改〉）	(1) アルプス (2) 新期（しんき）（アルプス＝ヒマラヤ）
□23 ★★★ 3,000m級の［1★★★］山脈は，フランスとスペインの国境をなす。南西側には乾燥する高原［2★★］が広がり，羊の移牧が行われてきた。（近畿大〈改〉）	(1) ピレネー (2) メセタ
○× □24 ★ ピレネー山脈からアルプス山脈，カルパティア山脈など，東西に連なる山脈列が北ヨーロッパと南ヨーロッパを分けているが，その最高峰はマッターホルンである。（広島修道大）	× ※アルプス最高峰はモンブラン（4,810m）。マッターホルン（4,478m）は山頂の氷河地形ホルンが有名
□25 ★★★ アドリア海沿いに走る［1★★］山脈はおもに石灰岩質の急峻な山脈。雨水の溶食によって形成された北部の地形名称は，地方名［2★★★］が語源。（近畿大〈改〉）	(1) ディナルアルプス (2) カルスト
□26 ★ スペイン地中海沿岸にあるアンダルシア地方の海岸線には［1★］山脈が迫っている。（関西大）	(1) ［シエラ］ネヴァダ ※「シエラ」はスペイン語で山脈
○× □27 ★★★ 旧ユーゴスラビアのスロベニアでは，石灰岩の溶食によって形成されたカルスト地形がみられる。（センター）	○ ※カルスト地方が地形名称の語源（前々問参照）
□28 ★★ フランスとスイスの国境をなすのは［1★★］湖。（東北福祉大）	(1) レマン ※ほかにジュラ山脈
□29 ★★ オランダからポーランドにかけて東西に広がる［1★］平原には，大陸氷河の縮小によって取り残された［2★★］の丘が散見される。（西南学院大）	(1) 北（きた）ドイツ (2) モレーン
○× □30 ★★ デンマークは氷食作用によって形成された低平な平野部からなる。（関西学院大）	○
○× □31 ★★★ フィンランドは大陸氷河に覆われていたため，南部を中心に湖沼が多くみられる。（センター）	○ ※氷河湖

□32 ★★★ [1★★★]川はアルプス山脈に発し，[2★★]湖，バーゼルを経て北流し，オランダを貫流して北海に注ぐ。 (松山大〈改〉)

(1) ライン
(2) ボーデン
※流れの一部は独仏国境

□33 ★★ [1★★]川はアルプス山脈に発し，[2★★]湖を経てリヨンでソーヌ川と合流し，南下して地中海へ注ぐ。 (松山大〈改〉)

(1) ローヌ
(2) レマン

□34 ★★ [1★★]川はピレネー山脈に発し，[2★]盆地を貫流し，ボルドーを経て[3★★]湾に注ぐ。 (松山大〈改〉)

(1) ガロンヌ
(2) アキテーヌ
(3) ビスケー

□35 ★ [1★]川はフランスの中央山塊に源を発し，北流を続けたあと，オルレアン地方に入ると西に転じ，ビスケー湾に注いでいる。 (慶應義塾大)

(1) ロアール
※ビスケー湾はフランス・スペインが囲む大西洋

□36 ★★★ フランスの国土を北流・西流する河川の河口部には[1★★★]の地形が発達するとともに，内陸水路網も発達している。 (東北福祉大)

(1) エスチュアリー(三角江(さんかくこう))

□37 ★★ [1★★]川はアルプス山脈に発し，パダノ＝ヴェネタ平野を東流し，ヴェネツィア南方で[2★★]海に注ぐ。 (松山大〈改〉)

(1) ポー
(2) アドリア

□38 ★★★ [1★★★]川は，[2★★]〈国名〉において，隣接するセルビアやブルガリアとの国境をなす。 (立命館大)

(1) ドナウ
(2) ルーマニア

□39 ★★★ [1★★★]に注ぐ河口部のドナウ川三角州は，世界[2★★★]遺産に登録されている。 (立命館大)

(1) 黒海(こっかい)
(2) 自然(しぜん)

□40 ★★ イギリスの北部海岸によくみられる氷河の侵食作用に由来する地形名称は[1★★]である。 (中央大)

(1) フィヨルド

□41 ★★ ノルウェー最大のフィヨルドは[1★★]フィヨルドである。 (日本大)

(1) ソグネ
※全長約200km

○× □42 ★★★ スペイン北西岸では，河川の刻む谷が沈水して形成されたリアス海岸がみられる。 (センター)

○
※「リアス」の語源は，入り江(リア)の連続

○× □43 ★ アドリア海の東岸にはダルマティア式とよばれる特徴的な沈降海岸がみられる。 (関西学院大)

○
※海岸と平行な山地の沈降

□44 ★★ 地中海のうち，ギリシャ・トルコ間に広がる海域 [1★★] 海は典型的な [2★★] 海(陸地の沈降や海面の上昇で陸地が分離)を形成。 (青山学院大)

(1) エーゲ
(2) 多島(たとう)
※島の大半はギリシャ領

○× □45 ★★ 北海を北に進むとボスニア湾に至る。 (関西学院大)

×
※北海➡バルト海

□46 ★★★ 地中海と大西洋を結ぶのは [1★★★] 海峡である。 (高崎経済大)

(1) ジブラルタル

□47 ★★★ イギリス海峡と [1★★★] 海峡で [2★★★]〈国名〉と隔てられる [3★★★] 島は，スコットランド・イングランド・[4★★] からなる。その西の [5★★★] 島には，イギリスの一部である [6★★★] とイギリスから独立した [5★★★] とがある。 (立命館大)

(1) ドーヴァー
(2) フランス
(3) グレートブリテン
(4) ウェールズ
(5) アイルランド
(6) 北(きた)アイルランド

□48 ★ イタリア半島西方に南北に並ぶ2島のうち，南の [1★] 島は地中海で2番目に大きい島でイタリア領。北の [2★] 島は [3★] 領でナポレオン生誕地。 (青山学院大〈改〉)

(1) サルデーニャ
(2) コルス(コルシカ)
(3) フランス
※ナポレオン流刑地は大西洋の孤島セントヘレナ

□49 ★★ [1★★] 島は古い社会習慣の残る比較的開発の遅れた島であったが，最近は石油化学工業の進出もみられる。活発な活動を続ける [2★] 火山がある。 (中央大〈改〉)

(1) シチリア
(2) エトナ
※古い社会習慣＝大地主制

2 ヨーロッパの農牧業

□1 ★★★ 欧州の農業地域では，1968年からのEU(当時のEC)の [1★★★] のもとで，特定部門への専門化が進んだ。 (福岡大)

(1) 共通農業政策(きょうつうのうぎょうせいさく)
※英字略称 CAP

○× □2 ★★ 共通農業政策の定める支持価格とは，域内農産物ごとの統一価格であり，市場価格がこれを上回ると，EU機関が買い支えなければならない。 (國學院大〈改〉)

×
※上回る➡下回る，価格支持がEU財政を圧迫

○× □3 ★★★ EU域内では共通農業政策により穀物生産量が増加したが，財政負担の膨張や受益の不平等が問題になった。 (センター)

○
※穀物以外も生産過剰に陥り「バターの山，ワインの海」と揶揄された

○× □4 ★★ 支持価格での買い支えには大量の資金が必要となるため，支持価格は引き下げられ，その代替として農家への直接支払いによる補填が導入された。（國學院大）

○
※あわせて生産調整（義務的休耕）も行った

□5 ★ イタリア・オランダ・ドイツを穀物自給率の高い順に並べると [1★] → [2★] → [3★] となる。（慶應義塾大）

(1) ドイツ
(2) イタリア
(3) オランダ

□6 ★★★ 西ヨーロッパの農業は [1★★★] 山脈を境に南北で大きく異なる。（立教大）

(1) アルプス

□7 ★★★ 欧州北西部では農業に十分な降水量がある反面，夏の気温は高くない [1★★★] 気候のもと，作物栽培に家畜飼養を組み合わせた [2★★★] 農業が普及。（立教大）

(1) 西岸海洋性（せいがんかいようせい） Cfb
(2) 混合（こんごう）

□8 ★★★ 18 世紀以降，三圃式農業の [1★★] をなくし，そこに [2★★★] 作物のクローバーやかぶ，てんさいなどを栽培する [3★] 式農業が発達して混合農業が成立した。（立教大）

(1) 休閑地（きゅうかんち）
(2) 飼料（しりょう）
(3) 輪作（りんさく）

□9 ★★★ 北海・バルト海沿岸の低湿地や，低木類が優先する荒れ地ヒースランドなど，地力が低く作物栽培に適さない冷涼な地域では，[1★★★] が発達した。（立教大）

(1) 酪農（らくのう）
※ヒースランドといえば『嵐が丘』。氷食の荒地をドイツではハイデという

○× □10 ★★ アルプス地方で行われる移牧では，乳牛が代表的な家畜である。（関西学院大）

○

□11 ★★★ 産業革命以降の欧州の都市周辺では野菜や果樹，花卉（かき）などを進んだ技術で集約的に栽培する [1★★★] 農業が発達した。（立教大）

(1) 園芸（えんげい）
※都市遠郊の地中海沿岸は温暖気候で輸送園芸

□12 ★★★ 地中海沿岸では，乾燥に強い羊や [1★★★] を飼育し，耕地ではぶどうやオリーブ，オレンジ，コルクがしなどの [2★★★] 作物と，冬の降雨を利用した小麦の栽培を行う地中海式農業がみられる。（立教大）

(1) やぎ
(2) 耐乾性（たいかんせい）［樹木（じゅもく）］

□13 ★★ オリーブの実は塩漬けにして食用とするほか，[1★★] が採取される。また，[2★★] の旗は地球がオリーブの枝で囲まれた図案がモチーフとなっている。（立命館大）

(1) オリーブ油（ゆ）
(2) 国際連合（こくさいれんごう）

□14 ★★★ 図は作物の栽培北限を表しているが，W は 1★★★，X は 2★★★，Y は 3★★★，Z はかんきつ類を示す。（センター〈改〉）

(1) 小麦（こむぎ）
(2) ぶどう
(3) オリーブ
※Y は石灰岩が風化した赤いテラロッサ土壌分布域
※オリーブは地中海地方原産，小麦・ぶどうは西アジア原産

〇× □15 ★★★ デンマークは気候が温和で土壌が肥沃なため，穀物などが栽培される。（センター）

×
※氷食のやせ地ヒースランドで酪農・畜産

〇× □16 ★★★ 牧畜の盛んなデンマークでは肉類は有力な輸出品である。（関西学院大）

〇

□17 ★★ 農林水産業就業人口の比率が高く，19 世紀にじゃがいもの不作で多くの移民をアメリカ大陸に送り出した北西ヨーロッパの国は 1★★ である。（日本女子大）

(1) アイルランド
※第一次産業人口 5.6%（2016 年。イギリスは 1.1%）

□18 ★★★ 旧ソ連諸国を除く欧州の小麦生産量上位国は，順に 1★★★ →ドイツ→ 2★★（2017 年）。（中央大）

(1) フランス
(2) イギリス

〇× □19 ★★ ドイツ南西部のバーデン＝ヴュルテンベルク州ではぶどう栽培が盛んで，ワインも生産される。（近畿大）

〇
※フランス国境のライン地溝帯が主産地

□20 ★★ 1★★〈国名〉では農業の経営規模の地域差が大きく，南部では零細な農場が多いが，北部では大規模な企業的農業が発達している。（西南学院大）

(1) イタリア

□21 ★★ ピレネー山脈やイタリアの 1★★ 山脈では，夏季に羊などの移牧がみられる。（立教大）

(1) アペニン
※季節による垂直移動

□22 ★★ スペインのオレンジ主要栽培地域 1★★ の地方名は，オレンジの一品種名ともなっている。（立命館大）

(1) バレンシア

OX □23 ★★★ スペインでは酪農が発達しており，山地では移牧もみられる。（センター）

×
※スペイン➡スイス

OX □24 ★★ ポーランドとドイツは世界有数のライ麦生産国である。（関西学院大）

○
※黒パンの原料。じゃがいもの生産も多い

OX □25 ★★★ ハンガリーではオリーブやぶどうの栽培が盛んである。（センター）

×
※ハンガリーは温帯草原で穀物生産

□26 ★★ 北海の中央付近には，グレートフィッシャーバンクや，［1 ★★］バンクなどの好漁場がある。（西南学院大）

(1) ドッガー
※バンク＝浅堆（せんたい）。たら・にしん漁が盛ん

□27 ★★ 国際捕鯨委員会（IWC）による商業捕鯨の一時的禁止にも関わらず，1993 年以降［1 ★★］〈国名〉は捕鯨を再開した。（明治大）

(1) ノルウェー
※日本は 2019 年に IWC を脱退し商業捕鯨再開

OX □28 ★★★ フィンランドには針葉樹林が広がっており，林業や木材加工業が盛んである。（センター）

○
※輸出品上位に紙類，木材など

3 ヨーロッパの鉱工業

□1 ★★★ 斜陽化したイギリス経済は，［1 ★★★］油田の開発や経済改革により 1980 年代後半に回復した。（松山大）

(1) 北海（ほっかい）
※経済改革＝規制緩和や民営化

□2 ★★★ 北海に存在する地下資源は［1 ★★★］・［2 ★★★］（順不同）で，産出量最大の［3 ★★★］のほか，［4 ★★★］・［5 ★★］（順不同）などが領有している。（首都大学東京）

(1) 原油（げんゆ）
(2) 天然ガス（てんねん）
(3) ノルウェー
(4) イギリス
(5) オランダ
※デンマーク，ドイツも可

OX □3 ★★★ 北海では，海底油田・ガス田が開発され，イギリスやノルウェーなどへのパイプラインが整備されている。（センター）

○
※欧州ではパイプライン利用率が高い

□4 ★★ ［1 ★★］〈国名〉の磁鉄鉱産地はキルナとマルムベリェト。（明治大）

(1) スウェーデン

□5 ★★ キルナの鉄鉱石は，暖流と［1 ★★］の影響で年間を通じて凍らない隣国の［2 ★★］港からも積み出している。（早稲田大）

(1) 偏西風（へんせいふう）
(2) ナルヴィク
※隣国＝ノルウェー

□6 ★★★ 北欧の 1★★★ 〈国名〉は水力発電割合が96.3%(2016年)。 (西南学院大)

(1) ノルウェー
※偏西風が山脈に吹きつけて多雨，高低差もある

○× □7 ★★★ ドイツでは，太陽光や風力などのクリーンエネルギーによる発電量が世界有数だが，石炭などによる火力発電が総発電量の過半を占める。 (センター)

○
※火力 64.6%，太陽光と風力の合計 18.0%(2016年)

□8 ★★★ 欧州における工業地域の形成は 1★★★ 世紀後半イギリスに始まる 2★★★ 以降のこと。 (別府大〈改〉)

(1) 18
(2) 産業革命(さんぎょうかくめい)

□9 ★★★ イギリスの 1★★★ 地方の 2★★★ は産業革命時代に新興の綿工業都市として発展した。 (西南学院大〈改〉)

(1) ランカシャー
(2) マンチェスター

□10 ★★★ 産業革命期のイギリスで，石炭産地に近接して成立した代表的な工業地域としては，中西部の 1★★★ ，中東部の 2★★★ ，中南部の 3★★★ がある。(新潟大〈改〉)

(1) ランカシャー
(2) ヨークシャー
(3) ミッドランド

□11 ★★★ 産業革命期，イギリスのミッドランド地方，ドイツの 1★★★ 地方，フランスの 2★★★ 地方など，鉄鉱や石炭の豊富な地域で重工業が発展した。 (西南学院大)

(1) ルール
(2) ロレーヌ

□12 ★★★ 1★ やニューカッスルを含む北東イングランドでは，鉄鋼業・造船業や，北海の 2★ 油田（ノルウェー）から 3★★★ で輸送される原油による石油化学工業も発達している。 (日本大〈改〉)

(1) ミドルズブラ
(2) エコフィスク
(3) パイプライン
※イギリスに属するフォーティーズ油田の原油はスコットランドのアバディーンに輸送される

□13 ★★ イギリスの輸出貿易相手国第1位は 1★★ (2017年)。 (早稲田大)

(1) アメリカ合衆国(がっしゅうこく)
※輸入相手国はドイツ

□14 ★★ 以前の北欧では， 1★★ ・鉄鋼業・水産加工業など原料産地指向型の工業が中心であった。 (日本女子大)

(1) 製紙業(せいしぎょう)
[別 木材加工業(もくざいかこうぎょう)]

□15 ★★ EU中心軸を形成する，欧州の大動脈ライン川を中心にロンドン付近から南ドイツ・北イタリアに至る地帯は，その形状から 1★★ とよばれる。 (慶應義塾大)

(1) ブルーバナナ (青(あお)いバナナ)
※青はEU旗の色

□16 ★★ 「重工業三角地帯」とよばれてきたのは，北フランスとルール炭田， 1★★ 鉄山を結ぶ地域である。(福岡大)

(1) ロレーヌ

□17 ★★ スペインのカタルーニャ地方から南フランスにかけての地中海沿岸地域は，航空機，電子などの技術集約型産業や研究機関の集積が進んでおり，「ヨーロッパの［1 ★★］」とよばれている。 (國學院大)

(1) サンベルト
※北イタリアを含める場合もある

〇× □18 ★★★ イギリス中南部には鉄鋼業などの発達した都市が集中。三角江（エスチュアリー）近くの首都は，世界の金融の中心地として発展，近年は郊外に先端産業が発展。 (センター)

〇
※中南部＝ミッドランド，鉄鋼業都市＝バーミンガム，三角江＝テムズ川，ロンドンの金融街＝シティ

〇× □19 ★★★ ロンドンでは，付近から産出する資源を背景に，鉄鋼・機械・金属・化学工業などの重工業が発達。 (日本大)

×
※大市場を背景にした総合工業地域，電子工業も発達

□20 ★★★ ランカシャー地方にある，最初に産業革命が起こった都市［1 ★★★］の外港は［2 ★★］である。 (新潟大)

(1) マンチェスター
(2) リヴァプール
※(2)はビートルズの故地

□21 ★★ ［1 ★★］は，ヨークシャー地方の毛織物工業都市である。 (西南学院大)

(1) リーズ
※百年戦争でフランドル地方を奪えず，国内産業が発達

□22 ★★ イギリス中東部に位置し，北海に臨む石油化学工業都市は［1 ★★］である。 (西南学院大)

(1) ミドルズブラ

□23 ★★ エディンバラはグラスゴーとともにエレクトロニクス産業が発展し，［1 ★★］とよばれている。 (西南学院大)

(1) シリコングレン
※「グレン」はゲール語で渓谷

□24 ★★★ ［1 ★★★］のロレーヌ地方には，鉄鉱石産地に立地する製鉄業都市［2 ★★］や，マルヌ＝ライン運河沿いに位置して付近の鉄鉱石を利用した鉄鋼・機械工業の発達する中心都市［3 ★★］がある。 (慶應義塾大〈改〉)

(1) フランス
(2) メス
(3) ナンシー
※ロレーヌ地方の東はライン川沿いのアルザス地方

□25 ★★ ［1 ★★］はアルザス地方の中心都市で，金属・機械・ビール・印刷工業が発達。ローヌ＝ライン運河やマルヌ＝ライン運河の起点でもある。 (東北福祉大)

(1) ストラスブール
※アルザスはライン中流の西岸

□26 ★★★ フランスの［1 ★★★］や英仏海峡に面した［2 ★★★］では鉄鋼業が発展し，工業の臨海立地的色彩が強まった。 (新潟大〈改〉)

(1) フォス
(2) ダンケルク
※フォスは石油化学も盛ん

□27 ★★ セーヌ川河口の[1★★]では機械・石油化学が発達。（立命館大）

(1) ルアーヴル
※セーヌ川エスチュアリーの湾口右岸

〇× □28 ★★★ フランスは広い盆地にある首都への一極集中が激しく，首都圏が最大の工業地域。北東部にかつての鉄鉱石を基礎にした重化学工業地域が発達した。（センター）

〇
※首都＝パリ（パリ盆地），北東部＝ロレーヌ地方（鉄鉱石は枯渇している）

□29 ★★★ EU主要国の分業で部品がつくられ，フランスの[1★★★]で最終的に組立てられるのは[2★★★]。（慶應義塾大）

(1) トゥールーズ
(2) 航空機（こうくうき）
※EU各国合弁のエアバス社

□30 ★★ ソーヌ川は，[1★★]業で知られるリヨンでローヌ川と合流する。（西南学院大）

(1) 絹織物（きぬおりもの）

□31 ★★ [1★★]はメドック地方の中心都市で鉄鋼・造船業が立地するが，ぶどう集散地，ワイン醸造地としても有名である。（東北福祉大）

(1) ボルドー
※アキテーヌ盆地に位置する

□32 ★★ 1960年代のエネルギー革命以降，南フランスのローヌ川河口の港湾都市[1★★]では造船業や石油化学工業が盛ん。（新潟大〈改〉）

(1) マルセイユ
※古くは中継ぎ貿易港として栄える

□33 ★★★ 新マース川河口に位置する港湾地区[1★★★]とともに発展してきた[2★★★]では，石油化学工業が発展している。（青山学院大〈改〉）

(1) ユーロポート
(2) ロッテルダム

〇× □34 ★★★ ドイツでは主要工業都市が各地に分散し，北西部に炭田を基礎にした最大の工業地域がある一方，南部の中心都市では先端産業の発展がめざましい。（センター）

〇
※北西部＝ルール，南部の中心＝ミュンヘン

〇× □35 ★★ ドイツやフランスなどのヨーロッパ諸国で生産された自動車の約半数が国内で販売されている。（日本女子大）

×
※輸出割合が高い

□36 ★★★ ルール地方は豊富な石炭と[1★★★]の水運に恵まれ，ヨーロッパ最大の工業地帯に発達した。（國學院大）

(1) ライン川（がわ）
※製鉄都市のエッセンやドルトムントが発達

□37 ★★★ ルール川沿いのドルトムントの鉄鋼業が，ライン川沿いの[1★★★]に生産の中心を移したのは，[2★★★]により[3★★★]に便利な河港都市が優位となったため。（松山大）

(1) デュースブルク
(2) ルール炭田の枯渇（たんでん／こかつ）
(3) 原料輸入（げんりょうゆにゅう）

問題	解答
□38 ★★ ライン川の支流ネッカー川の沿岸に位置する [1 ★★] では，自動車，光学機械，食品工業が発達。（法政大）	(1) シュツットガルト ※メルセデスベンツ（ダイムラー）やポルシェの本拠
□39 ★★ ドイツの刃物工業都市は [1 ★★]。（西南学院大）	(1) ゾーリンゲン ※シェフィールド（英）・関（日）と並ぶ「刃物の３Ｓ」
□40 ★★ ドイツ南東部に立地する [1 ★★] では，伝統的なビール醸造をはじめ，電気機械，精密機械，光学機械などの工業が発達している。（法政大）	(1) ミュンヘン ※ビールの祭典オクトーバーフェストが有名
□41 ★★★ ロンドンや，ドイツのエルベ川下流域の [1 ★★] などは，[2 ★★★] に位置するため河川交通の条件の優位性をもち，石炭資源に関係なく工業が発達した。（新潟大）	(1) ハンブルク (2) エスチュアリー（三角江）
○× □42 ★★ ロッテルダムでは，伝統的なダイヤモンド研磨業や，造船・機械・食品工業などが発達している。（日本大）	× ※ダイヤモンド研磨業はアムステルダム
□43 ★★ 国際的競争力をもつ欧州の伝統的な手工業として，フランスやイタリアの皮革･服飾，スイスの [1 ★★]，イギリスやイタリアの陶磁器などがある。（西南学院大）	(1) ［精密］時計
○× □44 ★★ イタリアではIRIやENIなどの国営企業が民営化された。（松山大）	○ ※IRI＝産業復興公社，ENI＝炭化水素公社
□45 ★★ イタリアの重工業の三角地帯はトリノ・[1 ★★]・[2 ★★]（順不同）を結んだ地域で，アルプスの [3 ★★] やパダノ＝ヴェネタ平野の [4 ★★] などのエネルギーを利用して形成された。（松山大）	(1) ミラノ (2) ジェノヴァ (3) 水力 (4) 天然ガス
□46 ★★ トリノには [1 ★★] 工業が発達する。（関西大）	(1) 自動車 ※フィアット社の本拠
□47 ★★★ イタリアでは，皮革・宝飾・衣服などの伝統工業から発達したボローニャなどの都市を中心とする [1 ★★★] が成長している。（慶應義塾大〈改〉）	(1) 第三のイタリア（サードイタリー） ※ほかにヴェネツィア･フィレンツェなど，ファッション関連などの高い技術をもつ中小企業群
○× □48 ★★★ イタリア南部には衣服や機械類を生産する中小企業が集積しており，新たな成長地域として注目されている。（センター）	× ※南部は工業化が遅れている。後半は北中部「第三のイタリア」の説明

OX □49 ★★★ イタリア南部では地域間格差の是正を目的に，政府の出資による大規模な製鉄所が建設された。（センター）

○
※タラント製鉄所など

OX □50 ★★★ 多くの西ヨーロッパの企業が，高い技能をもつ熟練労働力を求めて東ヨーロッパ諸国に生産拠点を移している。（國學院大）

×
※求めたのは低賃金労働力

OX □51 ★★ ヨーロッパ市場に進出する足がかりとして，自動車などの工場を東ヨーロッパ諸国に新設する日本企業が増加している。（國學院大）

○

□52 ★★ [1 ★★]〈国名〉の中心工業地帯はエルベ川上流の[2 ★★]盆地一帯で，旧市街は世界遺産の首都[3 ★★]を含む。この盆地名を冠した伝統的な[4 ★]工業が有名。（早稲田大〈改〉）

(1) チェコ
(2) ボヘミア
(3) プラハ
(4) ガラス

4 ヨーロッパの交通

□1 ★★ ユーロポートの建設により広大な後背地をもつに至った港湾都市は[1 ★★]である。（西南学院大）

(1) ロッテルダム

□2 ★★ ライン水系とドナウ水系を結ぶ運河は[1 ★★]である。（近畿大）

(1) マイン＝ドナウ運河（うんが）

□3 ★★ 北海と黒海を結ぶ内水路を構成する3つの河川は，[1 ★★]川・[2 ★★]川（順不同）・ドナウ川である。（近畿大）

(1) ライン
(2) マイン
※マインはラインの支流

OX □4 ★★★ フランスとスペインの国境線には地中海と大西洋を結ぶ運河がある。（関西学院大）

×
※ピレネー山脈

□5 ★★★ [1 ★★★]山脈のスペイン領から発する[2 ★★]川の転向点は，[2 ★★]川流域と地中海地方を結ぶ[3 ★]運河の開通により発展。（立命館大）

(1) ピレネー
(2) ガロンヌ
(3) ミディ

□6 ★★ 1994年，[1 ★★]海峡の海底に[2 ★★]トンネルが開通。ロンドン・パリ間を高速列車[3 ★★]が結ぶ。（慶應義塾大〈改〉）

(1) ドーヴァー
(2) ユーロ（ドーヴァー海峡（かいきょう）・英仏海峡（えいふつかいきょう））
(3) ユーロスター

□7 ★★ 欧州で最初に高速鉄道の本格的な営業を始めたのは 1★★ 〈国名〉で，この鉄道は一般に 2★★ とよばれる。(駒澤大)
(1) フランス
(2) TGV

○× □8 ★★★ オランダは隣接する国々と高速道路で結ばれており，自由な往来が可能である。(センター)
○
※シェンゲン協定により出入国審査廃止

○× □9 ★★★ アムステルダム国際空港は，旅客数・貨物輸送量ともにヨーロッパ有数の大規模空港である。(センター)
○
※国際ハブ空港。スキポール空港ともいう

5 ヨーロッパの民族と社会

□1 ★★★ 西欧北東部や北欧の国々の大半では 1★★★ 系の民族が中心で，宗教は 2★★★ 〈教派〉が多い。(成城大)
(1) ゲルマン
(2) プロテスタント

□2 ★★★ 西欧南西部や地中海沿岸部には，おもに 1★★★ 系の民族が居住し，宗教は 2★★★ 〈教派〉が多い。(成城大)
(1) ラテン
(2) カトリック

□3 ★★★ 東欧の国々では 1★★★ 系の民族が大半を占め，多くの人々が 2★★★ またはカトリック信者である。(成城大〈改〉)
(1) スラブ
(2) 東方正教（とうほうせいきょう）
※中欧(ポーランド，ハンガリーなど)はカトリック

○× □4 ★★★ ポーランド・デンマークにはスラブ系民族が多く，ドイツにはゲルマン系民族が多い。(関西学院大)
×
※デンマークはゲルマン系

□5 ★★★ ヨーロッパの言語の分布は，キリスト教の教派分布とある程度対応している。ゲルマン語派の地域には 1★★★ が多く，スラブ語派地域には 2★★★，ロマンス語派地域には 3★★★ が多い。(駒澤大)
(1) プロテスタント
(2) 正教会（せいきょうかい）
(3) カトリック
※ロマンス語とは，ラテン語起源の地方語の総称

○× □6 ★★ セルビアは正教，クロアチアはカトリックの人口が多い。(関西学院大)
○
※旧ユーゴ

○× □7 ★★★ ベルギーの道路標識が2言語表記するのは，歴史的地名の保護のため新旧地名を併記するから。(センター〈改〉)
×
※ラテン語派とゲルマン語派の多言語国家のため

□8 ★★★ ベルギーでは，オランダ系の 1★★★ 人とフランス系の 2★★★ 人との間で言語紛争が続き，また，一部では 3★ 語も用いられている。(慶應義塾大〈改〉)
(1) フラマン
(2) ワロン
(3) ドイツ

□9 ★★★ スイスの4つの公用語は，使用人口順にゲルマン系の 1★★★ ，ラテン系の 2★★ ・ 3★★ ・ 4★ である。（成城大）

(1) ドイツ語(ご)
(2) フランス語(ご)
(3) イタリア語(ご)
(4) ロマンシュ語(ご)

〇× □10 ★★★ フランス西部の半島では，ウラル系の言語を話す民族がトナカイの遊牧を営んでいる。（センター）

×
※後半はサーミランド（スカンディナヴィア半島北部）

□11 ★★★ ケルト人の子孫は主として 1★★★ 〈国名〉，ウェールズ， 2★★ 〈地方名〉， 3★★★ 〈国名〉西部の 4★★ 半島に分布している。（慶應義塾大）

(1) アイルランド
(2) スコットランド
(3) フランス
(4) ブルターニュ

□12 ★★ 1★★ の主要民族はケルト系で，ケルト語派の言語が第1公用語，英語が第2公用語。（駒澤大）

(1) アイルランド
※ケルト語派に属するゲール語の一つがアイルランド語

〇× □13 ★★★ アイルランドにはプロテスタント人口が，イギリスにはカトリック人口が多い。（関西学院大）

×
※アイルランド⇔イギリス

□14 ★★★ 1★ を中心都市とする 2★★★ においては，先住民のカトリックと移民のプロテスタントとが対立，カトリックのケルト系住民はこの地域の 3★★★ との統合を求め，過激派のテロによって多数の犠牲者が出たが，1998年に和平合意が成立した。（慶應義塾大）

(1) ベルファスト
(2) 北(きた)アイルランド
(3) アイルランド
※1998年ベルファスト合意でテロは停止したが民族融和は進まず

〇× □15 ★★★ ピレネー山脈付近では，周辺と異なるバスク語を話す人々の一部が独立国家建設を求めている。（センター）

〇
※フランス・スペインにまたがって分布

□16 ★★★ スペインでは， 1★★ 州に多い 1★★ 人や，フランスとの国境周辺に住む 2★★★ 人のうちスペイン側で自治州の 2★★★ 州を形成する人々が，スペイン人と異なるアイデンティティーをもつ。（成城大）

(1) カタルーニャ
(2) バスク
※それぞれの州都はバルセロナ，ビトリア

□17 ★★★ 「スペイン人」とは，より大きなスケールとしての 1★★★ 民族の一部に含まれる一方で，より小さなスケールで国内南部に居住するアンダルシア人や，北東部の 2★★ 人などを含む民族概念である。（近畿大）

(1) ラテン
(2) カタルーニャ
※中北部カスティリャ人の言語がスペイン語

OX □18 ★★★ 地中海北岸のラテン系民族が大半を占めている国では，カトリックが過半数を占めている。（センター）

○
※スペイン・フランス・イタリアなど

OX □19 ★★★ 地中海北岸のスラブ系民族が大半を占めている国では，プロテスタントが過半数を占めている。（センター）

×
※旧ユーゴのスロベニア・クロアチアはカトリック，ボスニア＝ヘルツェゴビナはイスラーム

□20 ★★ スカンディナヴィア半島西部の［1★★］はゲルマン系中心の国で，［1★★］語が公用語だが，フィン語・サーミ語を話す少数民族もいる。プロテスタントがほとんどを占める。（駒澤大）

(1) ノルウェー
※フィン語・サーミ語はウラル語族。サーミ人の住む北部はサーミランド（サーミの蔑称ラップよりラップランドとも）

□21 ★★★ ［1★★］〈国名〉のフィン（スオミ）語は，［2★★★］語派のスウェーデン語や，［3★★★］語派のロシア語とは違う［4★★］語族の言語で，［5★★］〈国名〉のマジャール語と同系統。（西南学院大）

(1) フィンランド
(2) ゲルマン
(3) スラブ
(4) ウラル
(5) ハンガリー

□22 ★★ ［1★★］の公用語は非インド＝ヨーロッパ語族の言語で宗教的にはカトリックが 51.9%，プロテスタントが 19.5%である。（駒澤大）

(1) ハンガリー
※言語はウラル語族のマジャール語

OX □23 ★★ バルト３国はいずれもロシア語を公用語としている。（関西学院大）

×
※それぞれエストニア語，ラトビア語，リトアニア語。エストニア語はウラル語族，ほかはインド＝ヨーロッパ語族（バルト語派）

OX □24 ★★ ルーマニアで多数を占めるのはスラブ系民族である。（関西学院大）

×
※スラブ系に囲まれたラテン系民族

OX □25 ★★ スロベニア語とクロアチア語はともにスラブ語系の言語である。（関西学院大）

○

OX □26 ★★ 激しい紛争を経て，コソボはボスニア＝ヘルツェゴビナからの独立を宣言した。（関西学院大）

×
※ボスニア＝ヘルツェゴビナ➡セルビア

□27 ★★ ユーゴスラビアの解体後，ボスニア＝ヘルツェゴビナではセルビア人とムスリム人，及び［1★★］人の衝突があった。（明治大）

(1) クロアチア
※ムスリム人＝旧ユーゴの構成民族とされたムスリムで，現在はボシュニャク人とよぶ

□28 ★★ 人道的な危機の例として，[1★]自治州でのセルビア人による[2★]系住民に対する民族浄化は凄惨を極めた。（西南学院大〈改〉）

(1) コソボ
(2) アルバニア
※民族浄化＝エスニッククレンジング

□29 ★★ コソボ自治州での[1★★]人とセルビア人の衝突は，多くの犠牲者を出して[2★★]の軍事行動でしか鎮圧できなかった。（明治大）

(1) アルバニア
(2) NATO（北大西洋条約機構）
※のちにアルバニア系国家としてコソボ独立（2008年），ロシア・中国などが未承認で国連非加盟

□30 ★ 1960年代に無宗教国家を宣言した[1★]は，現在では信教の自由が認められているが，ムスリムの割合が最も高い国である。（駒澤大）

(1) アルバニア
※上記コソボとは別の国

□31 ★★ スペイン，イギリス，スウェーデン，ポーランドを首都人口の多い方から順に並べると[1★★]→[2★★]→[3★★]→[4★★]となる。（近畿大）

(1) イギリス
(2) スペイン
(3) ポーランド
(4) スウェーデン
※ロンドン 918，マドリード 330，ワルシャワ 178，ストックホルム 94（万人，2019年）

□32 ★ 1974年，国際連合は人口爆発の問題に対処するためにブカレストで[1★]を開催した。（立命館大）

(1) 世界人口会議
※ルーマニアの首都

○× □33 ★★★ ドイツはEU加盟国の中で最も人口が多い。（関西学院大）

○
※第1位ドイツ 8.4，第2位イギリス 6.8，第3位フランス 6.5，第4位イタリア 6.1，第5位スペイン 4.7（千万人，2019年）

□34 ★★ 北欧で人口最大の国は[1★★]（2019年）。（明治大）

(1) スウェーデン
※約1,004万人

○× □35 ★★★ スウェーデンでは女性の社会進出を抑制し，出産を奨励したために出生率が上昇した。（センター）

×
※女性の社会進出は盛ん，育児休暇・保育施設など子育て支援策が充実

○× □36 ★★★ スウェーデンでは1950年代以降，医療制度や高齢者福祉が充実した。（センター）

○
※高齢化が早くから進行した

OX □37 ★★★	イギリスでは高齢者が急激に増加したが，年金制度やバリアフリー化は遅れている。（センター）	× ※イギリスや北欧諸国は福祉先進国
OX □38 ★★★	ドイツでは1960年代以降の経済成長期に外国人労働者が増加したが，その後の不況や失業率上昇を背景に，排斥運動などが起きている。（センター）	○ ※トルコや旧ユーゴなどからの移民
OX □39 ★★	ドイツでは第二次世界大戦後，積極的に外国人労働者を受け入れたが，東西ドイツ統一を契機に募集を中止した。（國學院大）	× ※受け入れ中止の契機は石油危機
□40 ★★	トルコからの出稼ぎ労働者はドイツで［1★★］とよばれる。（法政大）	(1) ガストアルバイター ※つまりゲスト労働者
OX □41 ★★	ドイツでは外国人労働者の家族招致を禁止しているため，二世の教育問題は存在しない。（國學院大）	× ※移民の受け入れ停止後も家族招致は続いた
OX □42 ★	ドイツでは近年，外国人の情報技術者を積極的に募集している。（國學院大）	○
□43 ★★	かつて，協定を結んでドイツに移民労働者を送り出していた［1★★］では，1980年代以降，モロッコなどEU域外からの外国人労働者が急増している。（福岡大）	(1) イタリア ※ラテン系民族のルーマニア移民も多い
□44 ★	フランス・ドイツなどではEU諸国出身の外国人労働者が働いており，フランスでは［1★］出身者，ドイツでは［2★］出身者が最も多い。（早稲田大）	(1) ポルトガル (2) イタリア
□45 ★★★	EU域外からの外国人労働者の出身国は，フランスではアルジェリアと［1★★］，ドイツでは［2★★★］が大多数を占める。いずれも大部分が［3★★★］教の信者である。（慶應義塾大）	(1) モロッコ (2) トルコ (3) イスラーム ※EU域内を含めても，ドイツではトルコ出身が最多
OX □46 ★★★	パリには，北アフリカやインドシナ半島など旧フランス植民地からの移住者が集住する地区がみられる。（センター）	○ ※北アフリカのアルジェリア・モロッコ，インドシナのベトナム・カンボジアなど

6 ヨーロッパの都市・開発・環境問題

〇× □1 ★★★ パリは川中島を中心に古い歴史を誇る市街地が発達し，多くの観光客が訪れている。（センター）

〇
※セーヌの川中島シテ島

□2 ★★ 欧州の海外旅行者受入数は第1位フランス，第2位 [1★★]，第3位イタリア（2017年）。（早稲田大〈改〉）

(1) スペイン
※世界全体でも1，2位は同じ。観光収入では米国・フランス・スペインの順（2017年）

〇× □3 ★★★ オーストリア・イタリア・スイスは，ともにアルプスを対象にした観光産業が盛んである。（関西学院大）

〇

□4 ★★ ニース・カンヌなどの保養都市で有名な [1★★]（紺碧の海岸）に代表される伝統的な高級リゾート以外にも，マラガを中心とする [2★★]（太陽の海岸）のような大衆的な海岸リゾートが多く開発された。（早稲田大）

(1) コートダジュール
(2) コスタデルソル
※前者はフランス，後者はスペイン

□5 ★★★ シュヴァルツヴァルトは [1★★] を意味し，もみなどの針葉樹が密生するが，[2★★★] が原因で針葉樹が枯れるなどの被害がもたらされている。（立命館大）

(1) 黒森（くろもり）
(2) 酸性雨（さんせいう）
※もみのほか，とうひなどからなる人工林

〇× □6 ★★★ 国連人間環境会議（1972年）の開催国では，火力発電による二酸化炭素排出量を削減するため，現在も原子力発電所建設が盛ん。（センター）

×
※スウェーデンは原子力・水力発電の割合が高いが，原子力発電は段階的廃止へ

□7 ★★★ 20世紀半ばに行われたイギリスの首都圏整備計画は [1★★★] とよばれる。（新潟大）

(1) 大（だい）ロンドン計画（けいかく）
※人口集中緩和と大戦からの戦災復興が目的

〇× □8 ★★★ ロンドンの不良住宅街は，大規模な再開発事業によりグリーンベルトに変わっている。（センター）

×
※グリーンベルトは市街地の拡大を防ぐ目的でつくられた郊外の緑地帯で，開発は規制されている

□9 ★★★ かつて世界的な港湾地区として機能したテムズ川沿岸の [1★★★] とよばれる下町地域は，スラム化の進んでいた1980年代に再開発が始まり，開発地区のうち [2★] には一大金融センターが建設された。（駒澤大）

(1) ドックランズ
(2) カナリーワーフ
※ロンドン東部

〇× □10 ★★★ パリでは，伝統的な建物が取り壊された都心の旧市街地に，高層ビルの林立する大規模なオフィス地区が新たに形成されている。（センター）

×
※パリ中心部は修復・保全型再開発。一掃型は郊外のラ＝デファンス

〇✕ □11 ★★★ パリでは，都市再開発により巨大な副都心が形成され，そこに中央官庁と主要企業の本社の大部分が移転した。（センター）
✕
※ラ＝デファンスに副都心が建設されたが，中央官庁などはパリ都心部

〇✕ □12 ★★★ パリの郊外にはニュータウンが建設され，多くの住民が鉄道などでパリ中心部に通勤している。（センター）
〇
※5つのニュータウンを建設

〇✕ □13 ★★ ノルウェーの首都オスロは西海岸にある。（関西学院大）
✕
※南東岸

〇✕ □14 ★★ スウェーデンの首都ストックホルムは海に出る水道に面している。（関西学院大）
〇

〇✕ □15 ★★ フィンランドの首都ヘルシンキは湾をはさんでエストニアの首都と向き合う。（関西学院大）
〇
※エストニアの首都はタリン

〇✕ □16 ★★ デンマークの首都コペンハーゲンは島嶼部にある。（関西学院大）
〇
※シェラン島

□17 ★★★ 可航河川の潮汐限界点付近に立地した［1★★★］の首都［2★★★］は，アフリカやアジア諸国からの移民や世界各地からの観光客も多く，民族色豊かな国際都市である。（近畿大）
(1) イギリス
(2) ロンドン
※可航河川＝テムズ川，エスチュアリーが発達

□18 ★★ ロンドンは国際的な金融や情報の中心機能が集まる［1★★］都市である。（西南学院大）
(1) 世界（せかい）

□19 ★★ イギリスの首都にある［1★★］は世界金融の中心地。（松山大）
(1) シティ

□20 ★★ ［1★★］はドナウ川をはさむ双子都市で，東岸は政治・文化，西岸は商工業の機能をもつ。（予想問題）
(1) ブダペスト
※ハンガリーの首都

□21 ★★ フランスで，旧市街地が世界遺産として登録され，EUの議会が置かれている都市は［1★★］。（慶應義塾大）
(1) ストラスブール
※アルザス地方の中心

□22 ★★★ セーヌ川の河口から約125km上流の河港都市［1★］は，付近まで潮汐が及び外洋船舶が来航できるため，［2★★★］の外港機能を担ってきた。（立命館大）
(1) ルアン
(2) パリ
※セーヌ川エスチュアリーの湾奥（湾口にはルアーヴル）

□23 ★★ ジロンド川のエスチュアリーに流れ込む［1★★］川下流部には，ワインの輸出港［2★★］がある。（立命館大）
(1) ガロンヌ
(2) ボルドー

○× □24 ★★★ アフリカ移民の主要上陸地でもある地中海沿岸のフランス最大の港湾都市では，石油精製業や化学工業が発達している。 （センター）

○
※都市名はマルセイユ

□25 ★★★ [1★★★]の首都[2★★★]は，第二次世界大戦前も首都だったが，戦後に国が東西に二分されると東側の首都となり，西側の首都は[3★★]に置かれた。当時，市内の[4★]門を通って，東西を分ける壁が築かれていた。 （駒澤大）

(1) ドイツ
(2) ベルリン
(3) ボン
(4) ブランデンブルク
※ベルリンの壁は西ベルリンを囲んでいた

□26 ★★ ドイツのバイエルン州の州都は[1★★]。 （近畿大）

(1) ミュンヘン

□27 ★★ ドイツの[1★★]には，欧州全域と世界を結ぶ結節点として重要な位置を占める国際空港がある。 （近畿大）

(1) フランクフルト
※ハブ空港の一つ

□28 ★★ ユーロを発行する欧州中央銀行はドイツの金融都市[1★★]にある。 （慶應義塾大）

(1) フランクフルト

□29 ★★ ドイツの[1★★]は，フランスのアルザス州と国境を隔てて接しているバーデン＝ビュルテンベルク州南部の中心都市で，街中心部への自動車乗り入れ規制などで有名。 （成城大）

(1) フライブルク
※酸性雨で枯れる黒森の麓の「環境都市」，パークアンドライドを実施

□30 ★★★ オランダの最大都市・首都は[1★★★]だが，政治の中心は王宮や国会のある[2★★]である。（西南学院大〈改〉）

(1) アムステルダム
(2) ハーグ

□31 ★★★ 条約により外国船の自由航行が認められた[1★★★]河川である[2★★]川に面する都市[3★★]は，スイス・フランス・ドイツ３ヵ国の国境近くに位置する。 （駒澤大〈改〉）

(1) 国際（こくさい）
(2) ライン
(3) バーゼル
※スイスの都市

□32 ★★ スイスで，最大人口を擁し，多数の銀行が集中する都市は[1★★]。国連諸機関や赤十字社など多数の国際機関が本部・支部を置く都市は[2★★]。 （高崎経済大）

(1) チューリヒ
(2) ジュネーヴ
※ジュネーヴは仏国境近く，レマン湖の湖畔（ローヌ川沿い）

□33 ★★ ドイツとの国境付近にあるオーストリアの都市[1★★]は音楽祭で知られるが，観光客に特に人気が高い場所は[2★]の生家である。 （近畿大）

(1) ザルツブルク
(2) モーツァルト
※モーツァルトの墓所はウィーン

OX □34 ★★ スペインのバスク地方の中心都市ビルバオは，隣接する鉄山による鉄鋼業により発展した。（近畿大）

○
※現在は閉山

□35 ★★ イタリア第２の都市 1★★ は，商工業・交通の中心都市で，ダ＝ヴィンチの『最後の晩餐』をみることができる。（駒澤大）

(1) ミラノ
※この壁画のある修道院は世界遺産

□36 ★★ ミラノは 1★★ 川沿いに広がる広大な 2★ 平原の北西部に位置する。（駒澤大〈改〉）

(1) ポー
(2) ロンバルディア
※パダノ＝ヴェネタ平野の一部

OX □37 ★★ チェコの首都プラハには歴史的建築物が多く，世界遺産に登録されている。また伝統的なガラス製品やビール醸造が盛んである。（北海道大）

○
※チェコのビールといえばプルゼニュ(ピルゼン)地方のピルスナー

□38 ★★ ボスニア＝ヘルツェゴビナの首都であり，1984年に冬季オリンピックが開催されたが，内戦によって大きな被害を受けた都市は 1★★ 。（流通経済大〈改〉）

(1) サラエボ
※第一次世界大戦のきっかけサラエボ事件もここ

□39 ★ 北欧で１人当たりGDP(アメリカドル換算)の最も大きい国は 1★ (2018年)。（明治大）

(1) ノルウェー
※約8.1万ドル。アイスランドが約7.7万ドル，他国は５～６万ドル

OX □40 ★★★ ドイツでは東西の統合後，政府による旧東ドイツ地域への大規模な投資が行われたが，経済格差は解消されていない。（センター）

○
※旧東側で，市場経済に順応できない企業が倒産。失業率も高い

□41 ★ EU諸国で１人当たり国内総生産（GDP）が最も高い国は 1★ である（2018年）。（福岡大〈改〉）

(1) ルクセンブルク
※11.6万ドル(日本3.9万ドル)

OX □42 ★★★ イタリアでは政府の指導のもとに計画経済が行われる。（松山大）

×
※市場経済の資本主義国

□43 ★★★ 2010年に 1★★★ の財政危機が明らかとなり，危機はアイルランド・ポルトガル・スペイン・ 2★ に波及し，2012年にはユーロ危機を招いた。（中央大）

(1) ギリシャ
(2) ハンガリー
※ギリシャの財政危機は2016年まで何度か再燃している

7 ヨーロッパの国家

〇× □1 ★ 北欧諸国はいずれもNATOに加盟している。（関西学院大）

×
※スウェーデン・フィンランドは非加盟

〇× □2 ★ アイスランドを除く北欧4国は立憲君主制の国である。（関西学院大）

×
※フィンランドは共和制，その他3国は国名に「王国」

□3 ★★ UKと略記される国は，［1★★］・［2★★］・［3★★］・［4★★］（順不同）の連合王国である。（松山大）

(1) イングランド
(2) スコットランド
(3) ウェールズ
(4) 北（きた）アイルランド
※ United Kingdom ＝イギリス

〇× □4 ★★ フランスはスウェーデンよりも国土面積が広い。（関西学院大）

〇
※EU域内で日本より広い国は①フランス→②スペイン→③スウェーデンの3国

□5 ★ フランスの海外県であるレユニオン県は［1★］洋にある。（慶應義塾大）

(1) インド
※ほかに南米に仏領ギアナ，インド洋のマヨットなどを領有

〇× □6 ★ ベネルクス3国はいずれも立憲君主制をとっている。（関西学院大）

〇
※国名に王国（ルクセンブルクは大公国）がつく

〇× □7 ★ ルクセンブルクはカリブ海に，オランダは南アメリカにそれぞれ海外領土をもつ。（関西学院大）

×
※オランダ領はカリブ海のアルバ・キュラソーなど

□8 ★★★ ソ連崩壊後は［1★★★］・ラトビア・リトアニアの3ヵ国を北欧に含めることもできるが，一般には東欧に含める。（日本女子大）

(1) エストニア
※1991年，旧ソ連から最初に独立した3国

〇× □9 ★ バルト3国はいずれもNATOに加盟している。（関西学院大）

〇

バルト3国

〇× □10 ★ ポーランドでは自主管理労組「連帯」の活動により，1989年に，大戦後では東欧初の非共産主義政権が成立した。（北海道大）

〇
※「連帯」指導者で東欧民主化の旗手ワレサ（ヴァウェンサ）は翌年大統領に

□11 ★★ ドイツの東にあった [1 ★★]〈国名〉は，1993年に東西に分離した。その結果ドイツと国境を接しなくなった [2 ★★] の首都 [3 ★★] は [4 ★★] 川沿いの都市である。（駒澤大〈改〉）

(1) チェコスロバキア
(2) スロバキア
(3) ブラチスラバ
(4) ドナウ
※平和的な分離は「ビロード離婚」といわれた

□12 ★★ イタリアの東の隣国 [1 ★★] は，内戦を経て1991年に旧ユーゴスラビアから分離独立した。（駒澤大）

(1) スロベニア
※スロバキアと混同しないこと

〇× □13 ★★★ クロアチア，ボスニア＝ヘルツェゴビナ，セルビアなどは社会主義国の時代には同じ国家の一部であった。（関西学院大）

○
※スロベニア・モンテネグロ・コソボ・北マケドニアとともに旧ユーゴスラビア連邦の一部

□14 ★★★ 2019年現在もEU非加盟の北欧の国は [1 ★★★]・[2 ★★★]（順不同）。（明治大〈改〉）

(1) ノルウェー
(2) アイスランド

〇× □15 ★★★ バルト3国はいずれもEUに加盟している（2019年現在）。（関西学院大）

○

〇× □16 ★★★ アルバニアとトルコはEU未加盟である（2019年現在）。（関西学院大）

○

〇× □17 ★★★ 永世中立国であるオーストリア・スイスはEU未加盟（2019年現在）。（関西学院大）

×
※オーストリアは1995年加盟

□18 ★★ 地中海に位置する島国には，2004年にEUに加盟したマルタと [1 ★★] とがある。[1 ★★] 島では，ギリシャ系と [2 ★★] 系の住民が対立する。（立命館大）

(1) キプロス
(2) トルコ

□19 ★★ 北欧の [1 ★★] と [2 ★★] は，同じ1995年にEUに加盟したが，前者はユーロを導入，後者はクローネを維持している。（西南学院大）

(1) フィンランド
(2) スウェーデン
※イギリス（ポンド）・デンマーク（クローネ）もユーロ未導入

☞ ヨーロッパの国家機構については第12章 6 も参照（P.161）

8 ヨーロッパの国名判定問題

□1 ★★★
1★★★〈国名〉の周辺は 2★ 海流と北大西洋海流の潮目で，世界的な 3★ 漁場を形成しており，にしん・たら・かれいを輸出。北部はツンドラ，南部は 4★★★ 気候。（成城大）

(1) アイスランド
(2) 東グリーンランド
(3) 北東大西洋
(4) 西岸海洋性 Cfb

□2 ★★★
1★★★ は 1944 年に 2★ から独立した活火山の国で，2010 年の大噴火で欧州各地の空港が閉鎖した。（國學院大）

(1) アイスランド
(2) デンマーク
※大噴火＝エイヤフィヤトラ氷河の火山

□3 ★★★
1★★★〈国名〉の海岸線ではフィヨルドが発達。北部の 2★★ 諸島ではたら漁が盛ん。北緯 80 度線付近の北極海に 3★ 諸島を領有する。（札幌大）

(1) ノルウェー
(2) ロフォーテン
(3) スヴァールバル

□4 ★★★
1★★★〈国名〉の海岸の多くは氷河が刻んだ谷が沈降してできた奥深い湾＝ 2★★★ である。森林・水力資源が豊富で，また，大陸棚の 3★★ 油田は同国最大。北部の 4★★ は欧州最北の不凍港である。（成城大）

(1) ノルウェー
(2) フィヨルド
(3) エコフィスク
(4) ハンメルフェスト

□5 ★★★
1★★★〈国名〉は，北東部が 2★★ 湾に，南東部が 3★★ 海に面している。鉄鉱石の生産では欧州最大で，北部の 4★★★ は，良質の磁鉄鉱を産出する同国最大の鉄鉱山。（成城大）

(1) スウェーデン
(2) ボスニア
(3) バルト
(4) キルナ

□6 ★★
1★★ の正式国名はスオミ。無数の 2★★ 湖を抱える森林の国で，木材加工・パルプ業が盛ん。（札幌大）

(1) フィンランド
(2) 氷河
※近年は IT 分野の先端技術産業が発達

□7 ★
フィンランドは 1155 年に 1★ 王国の一部となり，19 世紀初頭 2★ に割譲され，1917 年にようやく独立した。（西南学院大）

(1) スウェーデン
(2) ロシア
※旧ソ連とは友好関係

□8 ★★★
1★★★ は人口約 577 万人(2019 年)の立憲君主国。国土が低平で 50%以上が耕地。農業のハイテク化，協同組合組織化が進んでいる。イギリスとアイスランドの間に浮かぶ 2★ 諸島や，世界最大の島 3★★ を領有する。（札幌大〈改〉）

(1) デンマーク
(2) フェロー
(3) グリーンランド
※ユーラン(ユトランド)半島と約 500 の島に氷食のやせ地が広がる

□9 ★★★ 1★★★ の国土北部は低地，東部は湖が多く，中部は平野・丘陵・森林，南部はアルプス山岳。全体が西岸海洋性気候。第二次世界大戦後東西に分割，1990年に統一された。首都は 2★★★ 。（札幌大〈改〉）

(1) ドイツ
(2) ベルリン

□10 ★★★ オランダは，国土の4分の1を占める 1★★★ とよばれる干拓地が広がっており， 2★★★ と酪農が行われている。（愛知大〈改〉）

(1) ポルダー
(2) 園芸農業（えんげいのうぎょう）
※ワデン海（北海沿岸の湿原）南部の湾であったゾイデル海が大堤防で仕切られてアイセル湖となり，いくつかの干拓地が造成された

□11 ★★★ 1★★★ 〈国名〉は南北で気候が異なり，南部では果樹園芸農業，北部では混合農業と酪農が中心の多様な農業が可能で，小麦を大量に輸出する農業大国。（駒澤大）

(1) フランス

□12 ★★ 1★★ 〈国名〉は経済発展が遅れ，19世紀にはアメリカ合衆国への移民が多かった。近年は，先端技術産業などに対する外国からの投資が盛んで，1993年以降好景気に沸いた。（駒澤大）

(1) アイルランド
※この好況（ケルトの虎）のあと，世界金融危機（'08年）やギリシャ危機（'10年）の波及で財政危機に陥る

□13 ★★★ 1★★★ の国土の中南部はアルプス山系の中心部と重なり，国土の大部分が山地。永世中立国であったが2002年国連に加盟。首都は 2★★ 。（札幌大）

(1) スイス
(2) ベルン
※ EU 非加盟

□14 ★★★ 1★★★ の国土の大半を占める 2★★★ 山脈の北側を東西に流れるドナウ川に面する首都 3★★★ は，ハプスブルク家が支配した帝国の中心として栄えた「音楽の都」として知られる。（立命館大）

(1) オーストリア
(2) アルプス
(3) ウィーン

□15 ★★★ 1★★★ の首都北西部にある都市国家 2★★★ は，人口1,000人に満たない小国で，世界のカトリックの中心である。（駒澤大）

(1) イタリア
(2) バチカン市国（しこく）

□16 ★ 1★ 〈国名〉は新大陸やドイツ・フランスに多くの移民を送り出したが，1980年代以降ルーマニアやアルバニアなどからの外国人労働者が急増。（國學院大）

(1) イタリア
※ルーマニアはラテン系民族の国

□17 ★★ 北部にアルプス，半島部に 1★★ 山脈が伸びるこの国の南部には，前近代的な大土地所有制である 2★ が残存。北部との格差是正のため南北を結ぶ高速道路である 3★★ が建設された。（松山大）

(1) アペニン
(2) ラティフンディア
(3) 太陽道路（アウトストラーダ＝デル＝ソーレ）
※イタリアのこと

□18 ★★★ 1★★★ の国土面積約 50 万 km^2 の大部分は高原地帯。海岸リゾートを中心に欧州を代表する観光国。（関西大）

(1) スペイン
※地中海沿岸にコスタブラバ（カタルーニャ地方），コスタブランカ（バレンシア地方），コスタデルソル（アンダルシア地方）

□19 ★★ 1★★ はEU加盟国の中で最も西に位置する。大航海時代には，この国の人々によって開かれた新航路で 2★★ の貿易を独占し繁栄。北部の河口近くにはワインの産地・積出港として知られる港湾都市 3★★ がある。（近畿大）

(1) ポルトガル
(2) 香辛料
(3) ポルト（オポルト）
※ポルトから出荷されるのがポートワイン

□20 ★★★ 1★★★ 国土の大半は地中海性気候。古代文明発祥地の半島国で，多数の島々をもつ。海運・観光収入で貿易赤字を補填。2010年に経済危機が発生。（関西大〈改〉）

(1) ギリシャ

□21 ★★ 1★★ は2004年にNATOとEUに加盟。2011年にはユーロ導入，対EU貿易の拡大でロシア依存型貿易を脱却。IT立国を国策として推進する。（予想問題）

(1) エストニア

□22 ★★★ 1★★★ の国土の大部分は平野で，北はバルト海。西北部は西岸海洋性気候，南東部は大陸性の冷帯気候。作曲家ショパンの故国。首都は 2★★★。（札幌大）

(1) ポーランド
(2) ワルシャワ
※スラブ系民族だが，人口の90%はカトリック

□23 ★★ 欧州中部の 1★★ は1993年に東隣の国と分離。ビール製造やボヘミアンガラスが有名。首都 2★★ の都心部にあるカレル橋一帯は世界遺産。（札幌大）

(1) チェコ
(2) プラハ
※旧ソ連の民主化弾圧「プラハの春」は1968年

□24 ★★ 1★★ の中部から北部にかけてカルパティア山脈が走り，南部ドナウ川沿いに平野が広がる。気候は大陸性気候。首都は 2★★。（札幌大）

(1) スロバキア
(2) ブラチスラバ
※首都はドナウ沿岸

□25 ★★★ 1★★★ の言語はアジア系に分類されるが，中欧の穀倉地帯として重要な地位を占める。ぶどうの栽培も盛んで，欧州内に安価なワインを提供する。（國學院大）

(1) ハンガリー
※ハンガリーのマジャール語を含むウラル語族

□26 ★★★ 旧東欧諸国の中で [1 ★★★] はいち早く NATO・EU 加盟を実現，先進国からの自動車産業誘致を図るなど，市場経済化を推進。 (関西大)

(1) ハンガリー
※首都ブダペストはドナウ沿岸の双子都市，草原プスタは穀倉地帯

○× □27 ★★ ルーマニアの国名は「ローマ人の土地」に由来し，国土の一部はアドリア海に面する。 (北海道大)

×
※前半は正しい，アドリア海➡黒海

□28 ★★ [1 ★★] の南の国境線の大半は国際河川の河川国境である。この河川と中部の山脈に囲まれた盆地が，この国の穀倉地帯。石油産出国だが生産は低迷。 (関西大)

(1) ルーマニア
※中部の山脈は新期造山帯のトランシルヴァニア山脈。ドラキュラ城のモデルとなった城がある

□29 ★★ [1 ★★] はバルカン半島東北部の農業国で，北部国境のドナウ川とバルカン山脈の間にドナウ台地がある。 (北海道大)

(1) ブルガリア
※ヨーグルトで知られる

□30 ★ [1 ★] の国土の大半はアルプス山脈から続く山岳地帯。南の一部はアドリア海に面し，風光明媚な景観を呈する。1991 年独立。首都は [2 ★]。 (札幌大)

(1) スロベニア
(2) リュブリャナ

□31 ★★ 1990 年代に国家分裂で誕生した [1 ★★] の国土は，西海岸沿いに細長く広がったダルマティア地方と東に広がる肥沃な内陸平野のスラヴォニア地方からなる。首都はザグレブ。 (関西大)

(1) クロアチア

□32 ★ 旧ユーゴスラビア連邦の一部であった [1 ★] は，ギリシャからのクレームに応じて 2019 年に国名を [2 ★] に変更した。 (予想問題)

(1) マケドニア
(2) 北(きた)マケドニア
※「マケドニアはギリシャ北部を含む地域名」とするギリシャに譲歩，EU・NATO 加盟を目指す

□33 ★★ [1 ★★] は 2004 年に EU に新規加盟した地中海の島国のうち西に位置する。1964 年に [2 ★★] から独立した。 (近畿大)

(1) マルタ
(2) イギリス
※東の島国は次問

□34 ★★ 小アジア半島の南方に位置する [1 ★★] では 1960 年の独立以来，多数派の [2 ★★] 系住民と少数派の [3 ★★] 系住民が対立してきた。首都は [4 ★]。 (青山学院大)

(1) キプロス
(2) ギリシャ
(3) トルコ
(4) ニコシア

STEP UP 十九

さらに得点アップさせたい人のための
ステップアップ問題

□1 ★ アイスランドの首都は［1★］気候〈ケッペン記号〉。（中央大）

(1) Cfc
※首都レイキャビク，同じ西岸海洋性気候だがCfbに比べ夏が短い

□2 ★ ［1★］島はバレアレス諸島のうち最大の島。美しい砂浜のリゾート地としても知られる。（中央大）

(1) マリョルカ

□3 ★ アイスランドには耕地がほとんどないが，［1★］の放牧は盛んで，その頭数は人口より多い。（中央大）

(1) 羊（ひつじ）
※人口は約34万人。羊は46万頭(2017年)

□4 ★ ソーヌ川から［1★］運河に入ると，ぶどう畑が広がり修道院などが点在する丘陵地帯を航行する。この［1★］地方の中心都市はディジョンである。（西南学院大）

(1) ブルゴーニュ

□5 ★ フランス西部のガロンヌ川流域にある［1★］盆地には，伝説的なワイナリーが多い。（立命館大）

(1) アキテーヌ
※いわゆるボルドーワイン

□6 ★ スウェーデンで工業が盛んな都市は，同国第2の都市である［1★］である。（早稲田大）

(1) イェーテボリ
※港湾としても重要，自動車会社ボルボ本社がある

□7 ★ ベルギーのアントウェルペンは［1★］の加工と取引で知られる。（西南学院大）

(1) ダイヤモンド
※アントウェルペンは日本ではアントワープともいう

□8 ★ ベルギーのブルッヘは，世界遺産の街並みと伝統的な［1★］の生産・販売で知られる。（西南学院大）

(1) レース［編（あみ）］
※ブルッヘは日本ではブルージュともいう

□9 ★ ギリシャ南部の［1★］半島は，古代にミケーネ文明が栄え，アテネと争った都市国家スパルタがあった。（関西大）

(1) ペロポニソス

□10 ★ ［1★］島は古代ギリシャ文明以前に栄えたミノス文明で知られる。クノッソス宮殿が有名。（中央大）

(1) クレタ
※クレタ文明ともいう

□11 ★ ドイツ南西部の都市［1★］に，日本の最高裁判所に相当する連邦憲法裁判所などが存在する。（明治大）

(1) カールスルーエ

□12 ★ フランスの旧 1★ 地域圏（2016 年オーヴェルニュ地域圏と合併）の中心都市リヨンは，紀元前 43 年にカエサルの副官がソーヌ川を望む丘に築いた街が起源。ローマの街だが，都市名はケルト語。（近畿大〈改〉）

(1) ローヌ＝アルプ
※フランスの北西はゲルマン法，南東はローマ法の世界である
※リヨンは絹織物が有名

□13 ★ フランスのローヌ＝アルプ地方にある 1★ には，14 世紀に建てられたバスティーユ城塞がそびえる。1968 年には冬季オリンピックが開かれた。（近畿大）

(1) グルノーブル

□14 ★ フランスのローヌ＝アルプ地方にある 1★ は，近代登山発祥の地として知られる。世界でも有数のスキーリゾートである。（近畿大）

(1) シャモニー

□15 ★ アドリア海沿岸のヴェネツィア（イタリア）や 1★ （クロアチア）などの歴史的街並みは世界遺産である。（中央大〈改〉）

(1) ドゥブロヴニク
※ほかにコトル（モンテネグロ）など

□16 ★★ イタリア南西部の大都市 1★★ の歴史地区は世界遺産，その近くには古代に火山の爆発で一瞬にして埋もれた都市 2★★ の遺跡や，かつて海上の交易で栄えた 3★ などの美しい港町がある。（早稲田大〈改〉）

(1) ナポリ
(2) ポンペイ
(3) アマルフィ
※ティレニア海に面する

□17 ★★★ 1★★★ は国土の南東部に欧州最大の 2★ 氷河をもち，多数の火山がある。（札幌大）

(1) アイスランド
(2) ヴァートナ
※国土の 80％が火山性地帯で，穀物自給率は 0％

□18 ★★★ 1★★★ は人口約 1,000 万人（2019 年）の立憲君主国。首都の北に博物学者リンネらを輩出した大学で名高い学園都市 2★ がある。（札幌大〈改〉）

(1) スウェーデン
(2) ウプサラ
※首都はストックホルム

QUESTIONS　まとめの白地図 Q&A　ANSWERS

1 ヨーロッパの地形

□1 A～Mの山脈名とX～Zの山名を答えなさい。

□2 ⓐ～ⓜの河川名と，ⓩの湖の名を答えなさい。

□3 あ～かの平野や平原，盆地名とア～ケの特徴的な地形を有する地名を答えなさい。

□4 1～13の海域名と，①～⑩の島や半島の名を答えなさい。

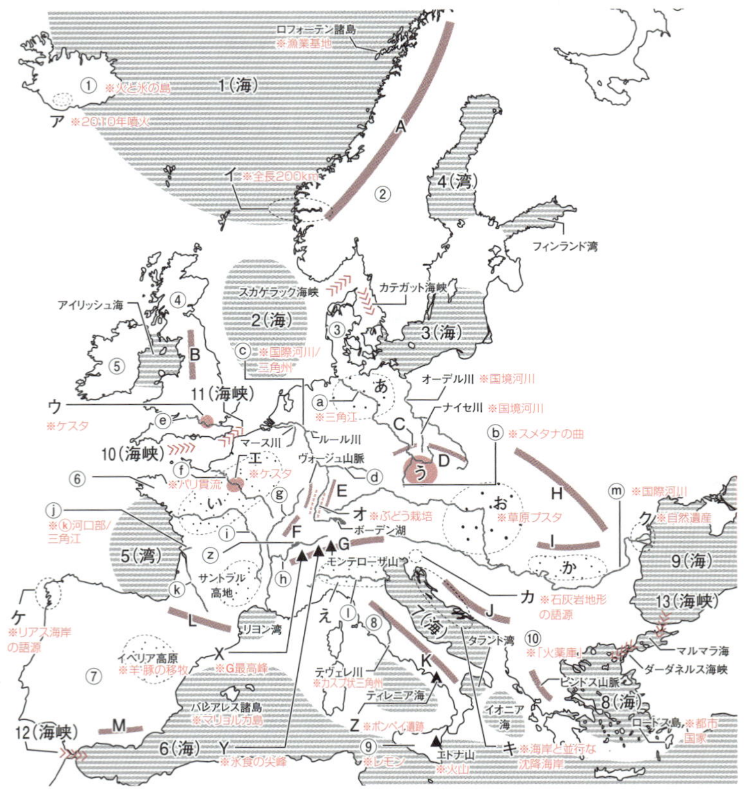

正解

最頻出の用語は下線で表示

1
- A スカンディナヴィア山脈
- B ペニン山脈
- C エルツ山脈
- D スデーティ山脈
- E シュヴァルツヴァルト
- F ジュラ山脈
- G アルプス山脈
- H カルパティア山脈
- I トランシルヴァニア山脈
- J ディナルアルプス山脈
- K アペニン山脈
- L ピレネー山脈
- M [シエラ] ネヴァダ山脈
- X モンブラン山
- Y マッターホルン山
- Z ヴェズヴィオ山

2
- ⓐ エルベ川
- ⓑ ヴルタヴァ（モルダウ）川
- ⓒ ライン川
- ⓓ マイン川
- ⓔ テムズ川
- ⓕ セーヌ川
- ⓖ ソーヌ川
- ⓗ ローヌ川
- ⓘ ロアール川
- ⓙ ジロンド川
- ⓚ ガロンヌ川
- ⓛ ポー川
- ⓜ ドナウ川
- ⓩ レマン湖

3
- あ 北(きた)ドイツ平原
- い フランス平原
- う ボヘミア盆地
- え パダノ＝ヴェネタ平野
  ※ロンバルディア平原ともいう
- お ハンガリー平原
- か ルーマニア平原
- ア エイヤフィヤトラ氷河
- イ ソグネフィヨルド
- ウ ロンドン盆地
- エ パリ盆地
- オ ライン地溝帯
- カ カルスト（クラス）地方
- キ ダルマティア地方
  ※ダルマティア式海岸
- ク ドナウ［川］デルタ
- ケ リアスバハス海岸

4
- 1 ノルウェー海
- 2 北海(ほっかい)
- 3 バルト海
- 4 ボスニア湾
- 5 ビスケー湾
- 6 地中海(ちちゅうかい)
- 7 アドリア海
- 8 エーゲ海
- 9 黒海(こっかい)
- 10 イギリス海峡
- 11 ドーヴァー海峡
- 12 ジブラルタル海峡
- 13 ボスポラス海峡
- ① アイスランド島
- ② スカンディナヴィア半島
- ③ ユーラン（ユトランド）半島
- ④ グレートブリテン島
- ⑤ アイルランド島
- ⑥ ブルターニュ半島
- ⑦ イベリア半島
- ⑧ イタリア半島
- ⑨ シチリア島
- ⑩ バルカン半島

QUESTIONS　まとめの白地図 Q&A　ANSWERS

2 西・南ヨーロッパ諸国

□1 A ～ M の国名と首都名及びⓐ～ⓕの小国家名を答えなさい。

□2 ア～スの地方や州の名，及び 1 ～ 51 の都市や油田の名を答えなさい。

□3 V ～ Z の名称と領有している国名を答えなさい。

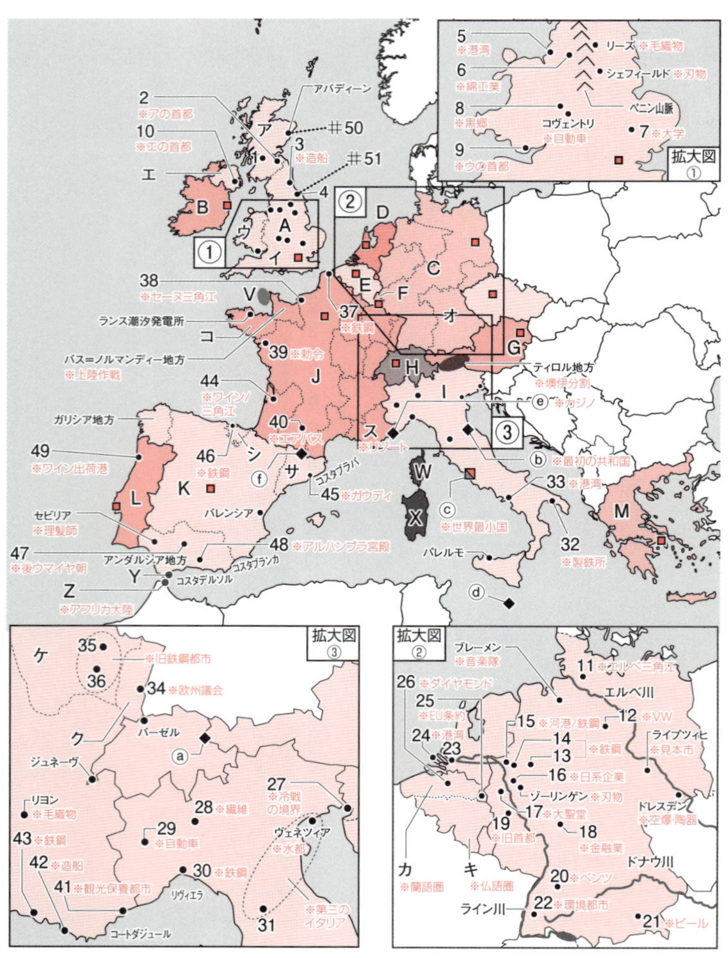

正解　最頻出の用語は下線で表示

1
A イギリス，ロンドン
B アイルランド，ダブリン
C ドイツ，ベルリン
D オランダ，アムステルダム
E ベルギー，ブリュッセル
F ルクセンブルク，ルクセンブルク
G オーストリア，ウィーン
H スイス，ベルン
I イタリア，ローマ
J フランス，パリ
K スペイン，マドリード
L ポルトガル，リスボン
M ギリシャ，アテネ
ⓐ リヒテンシュタイン
ⓑ サンマリノ
ⓒ バチカン市国
ⓓ マルタ
ⓔ モナコ
ⓕ アンドラ

2
ア スコットランド
イ イングランド
ウ ウェールズ
エ 北アイルランド
オ バイエルン州
カ フランドル地方
キ ワロニア地方
ク アルザス地方
ケ ロレーヌ地方
コ ブルターニュ地方
サ カタルーニャ地方
シ バスク地方
ス プロヴァンス＝アルプ＝コートダジュール地方

1 グラスゴー
2 エディンバラ
3 ニューカッスル
4 ミドルズブラ
5 リヴァプール
6 マンチェスター
7 ケンブリッジ
8 バーミンガム
9 カーディフ
10 ベルファスト
11 ハンブルク
12 ヴォルフスブルク
13 ドルトムント
14 エッセン
15 デュースブルク
16 デュッセルドルフ
17 ケルン
18 フランクフルト
19 ボン
20 シュツットガルト
21 ミュンヘン
22 フライブルク
23 ロッテルダム
24 ユーロポート
25 マーストリヒト
26 アントウェルペン
27 トリエステ
28 ミラノ
29 トリノ
30 ジェノヴァ
31 フィレンツェ
32 タラント
33 ナポリ
34 ストラスブール
35 メス
36 ナンシー
37 ダンケルク
38 ルアーヴル
39 ナント
40 トゥールーズ
41 ニース
42 マルセイユ
43 フォス
44 ボルドー
45 バルセロナ
46 ビルバオ
47 コルドバ
48 グラナダ
49 ポルト
50 フォーティーズ
51 エコフィスク

3
V チャネル諸島，イギリス
W コルス（コルシカ）島，フランス
X サルデーニャ島，イタリア
Y ジブラルタル，イギリス
Z セウタ，スペイン

QUESTIONS まとめの白地図 Q&A ANSWERS

3 北ヨーロッパ諸国 ※地図編集の都合上，バルト3国まで含めます。

□1 A～Hの国名と首都名を答えなさい。

□2 1～3の都市名と4・5の鉱山名，及びアの地域名称を答えなさい。

□3 X・Yの名称と領有国名を答えなさい。

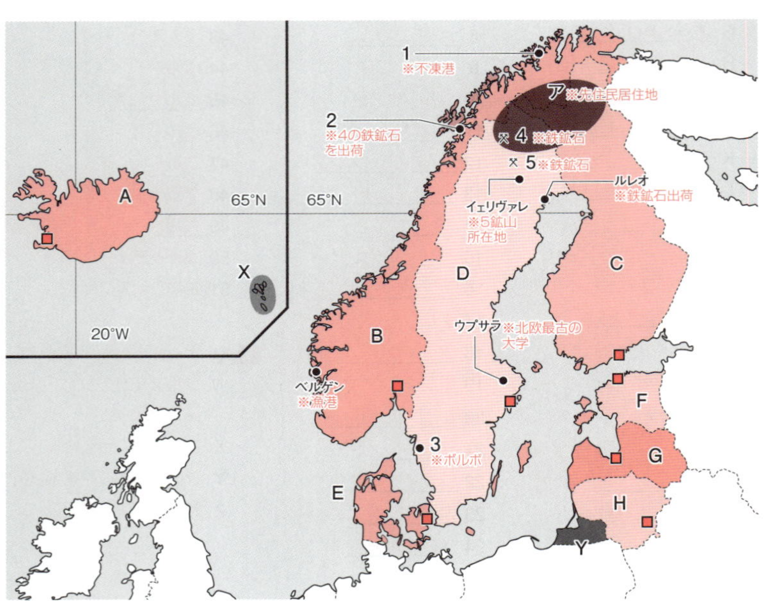

正解 最頻出の用語は下線で表示

1
- A アイスランド，レイキャビク
- B ノルウェー，オスロ
- C フィンランド，ヘルシンキ
- D スウェーデン，ストックホルム
- E デンマーク，コペンハーゲン
- F エストニア，タリン
- G ラトビア，リガ
- H リトアニア，ビリニュス

2
- 1 ハンメルフィスト
- 2 ナルヴィク
- 3 イェーテボリ
- 4 キルナ
- 5 マルムベリェト
- ア サーミランド（ラップランド）

3
- X フェロー諸島，デンマーク
- Y カリーニングラード，ロシア ※飛地

4 東ヨーロッパ諸国

□1 A～Nの国名と首都名を答えなさい。

□2 1・2の都市名と3の油田名，及びアの地域名称を答えなさい。

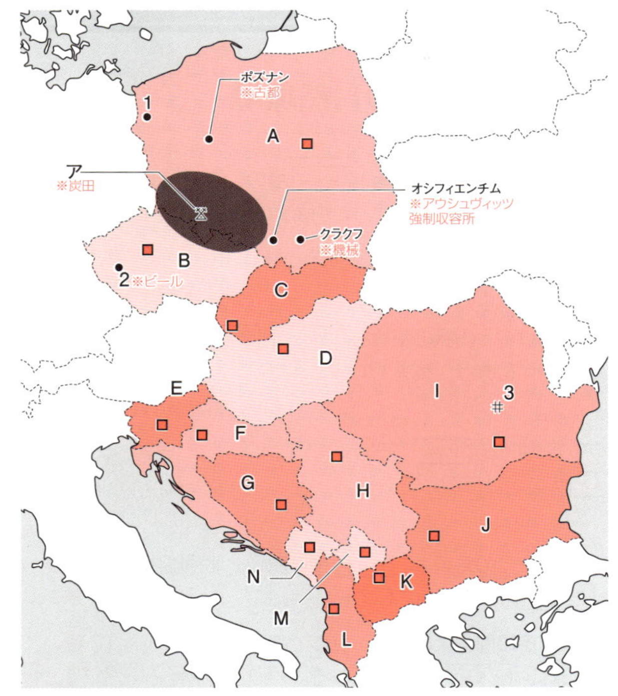

正解　最頻出の用語は下線で表示

1 A <u>ポーランド，ワルシャワ</u>

B <u>チェコ，プラハ</u>

C スロバキア，ブラチスラバ

D <u>ハンガリー，ブダペスト</u>

E <u>スロベニア，リュブリャナ</u>

F <u>クロアチア，ザグレブ</u>

G ボスニア=ヘルツェゴビナ，サラエボ

H <u>セルビア，ベオグラード</u>

I <u>ルーマニア，ブカレスト</u>

J ブルガリア，ソフィア

K 北マケドニア，スコピエ

L アルバニア，ティラナ

M コソボ，プリシュティナ

N モンテネグロ，ポドゴリツァ

2 1 シュチェチン

※トリエステと結ぶ線が「鉄のカーテン」

2 プルゼニュ

3 プロエシュティ

ア シロンスク（シュレジエン）

ロシアと周辺諸国

☑ 冬の厳寒が広大な国土にもたらす風土と生活を知ろう。
☑ ソ連崩壊後の経済混乱を回復させた資源開発がポイント。
☑ カフカス地方の民族の構成と対立に注意。

1 ロシアと周辺諸国の自然環境

□1 ★★ ロシアは，おおよそ東は西経 [1 ★★] 度のチュクチ（チュコト）半島から西は東経 [2 ★★] 度のカリーニングラードまで広がる。〈いずれも 10 の倍数〉 （東海大〈改〉）
(1) 170
(2) 20

□2 ★★ ロシアの等時帯は [1 ★★] 〈数値〉に分かれる。 （東京経済大）
(1) 11
※2010 年に9に削減したが，2014 年に 11 に復旧

□3 ★ 現在では，ウラル山脈の東側を [1 ★]・[2 ★] の 2 つの連邦管区に分け，後者を [2 ★] ロシアとよぶ。 （関西学院大〈改〉）
(1) シベリア
(2) 極東（きょくとう）

□4 ★★★ ロシアの面積は約 [1 ★★] 万 km^2 で，日本の約 45 倍。[2 ★★★] 大陸とほぼ同じである。 （学習院大〈改〉）
(1) 1,700
(2) 南米（なんべい）
※世界の陸地の約 1 割。日本は約 37.8 万 km^2

□5 ★★★ ロシアの大部分の気候は [1 ★★★] 帯に属し，北極圏内には [2 ★★★] 帯が広がっている。 （明治大）
(1) 亜寒（あかん）（冷（れい））
(2) 寒（かん）

□6 ★★ 北極圏では冬の間，太陽は低い高度で移動し，太陽が全く昇らない [1 ★★] 夜の日もある。 （学習院大）
(1) 極（きょく）
※夏至の頃は太陽が沈まない白夜

□7 ★★ 南北両半球で最も気温の低い場所を [1 ★★] というが，北半球ではシベリア北東部の [2 ★] 付近がこれにあたる。 （明治学院大〈改〉）
(1) 寒極（かんきょく）
(2) オイミャコン
※−67.8℃を記録（1933 年・諸説あり）

〇✕ □8 ★★★ ロシアに接する海域は，黒海沿岸を除いて，冬の期間，流氷や結氷によって閉ざされる。 （センター）
✕
※ナホトカなどは不凍港

〇✕ □9 ★ エニセイ川とレナ川の河口域では年間 5 ヵ月以上の結氷がみられる。 （関西学院大）
〇
※遅い春に上流が解氷し，河口付近で洪水が起きる

□10 ★ 西シベリア低地に湿地が多いのは 1★ が低温で蒸発しないためである。 (明治学院大)

(1) 夏に溶けた地表の水分

□11 ★★★ スカンディナヴィア半島東北のムルマンスクは沿岸に 1★★★ が流れるため不凍港である。 (明治学院大)

(1) 北大西洋海流 [別 暖流]

○× □12 ★★★ ベラルーシは亜寒帯冬季少雨気候 Dw。 (関西学院大)

×
※亜寒(冷)帯湿潤気候 Df

□13 ★★★ ロシア国土の大半には 1★★★ とよばれる針葉樹林帯が広がるが，その土壌は 2★★★ とよばれるやせた土壌で，耕作にはあまり適さない。 (立命館大)

(1) タイガ
(2) ポドゾル
※酸性度の高い土壌

□14 ★★★ ロシアの北極海沿岸には 1★★★ が広がり，南へ下ると針葉樹林帯の 2★★★，そして北緯 50 度以南には 3★★★ や砂漠などの乾燥地帯が広がる。 (学習院大)

(1) ツンドラ
(2) タイガ
(3) ステップ

□15 ★★ 松・ヒマラヤ杉・落葉松(からまつ)・もみからなる森林植生は，テュルク語(トルコ系言語)に由来する 1★★ という名でよばれる。 (法政大)

(1) タイガ

□16 ★★★ カスピ海北部の乾燥した地域には 1★★★ 気候が分布し，肥沃な土壌 2★★★ に恵まれた世界的な穀倉地帯となっている。 (立命館大)

(1) ステップ BS
(2) チェルノーゼム
※ロシア語で「黒い土」

□17 ★ 旧ソ連の北緯 1★ 度〈10 の倍数〉付近から以南にかけては黒土地帯やステップが広がる。 (関西学院大)

(1) 50

□18 ★★★ 冷帯から寒帯にかけて分布する，0℃以下の温度を保つ土壌層・岩石層を 1★★★ という。 (明治学院大)

(1) 永久凍土
※分布南限は西シベリア〜極東で北緯 60 度以南に達する。国土西側では偏西風の影響で高緯度のみ

○× □19 ★★★ ユーラシアの永久凍土地帯では，夏に溶けた地表凍土の水が地下に浸透せず，沼沢地(しょうたく)が出現。 (センター〈改〉)

○
※蘚苔・地衣類が生育

○× □20 ★★★ ユーラシアの永久凍土地帯では，凍土の融解で家屋が傾かないよう，建物を高床式にする。 (センター)

○
※家屋の熱を伝えない

○× □21 ★★★ ユーラシアの永久凍土地帯では，氷点下に保たれる凍土中の穴を食糧貯蔵に利用できる。 (センター)

○
※冷凍マンモスが出土

□22 ★★★ 東ヨーロッパ平原と西シベリア低地の間には，南北に [1★★★] 造山帯の [2★★★] 山脈が伸びるが，これは東経 [3★★] 度の経線とほぼ一致する。（明治大）

(1) 古期(こき)
(2) ウラル
(3) 60

□23 ★★★ ロシアの広大な国土は [1★★★] 以西の [2★★★] と，東部の [3★★★] に二分され，[2★★★] には [4★★] 平原が広がる。（中京大）

(1) ウラル山脈(さんみゃく)
(2) ヨーロッパロシア
(3) シベリア
(4) 東(ひがし)ヨーロッパ

〇✕ □24 ★★★ シベリア卓状地は，新しい堆積物からなり，基盤岩が露出する低くなだらかな台地から石油が産出される。（成蹊大）

✕
※卓状地は先カンブリア時代の岩盤の上に古生代～中生代の地層が水平に堆積し，石油資源は乏しい

□25 ★★★ シベリアの地形は，[1★★★] 山脈から [2★★] 川までは西シベリア低地，[2★★] 川と [3★★] 川の間は中央シベリア高原，[3★★] 川以東の極東ロシアは新期造山帯の山地となっている。（関西学院大）

(1) ウラル
(2) エニセイ
(3) レナ

〇✕ □26 ★★★ カムチャツカ半島は楯状地の一部をなす。（関西学院大）

✕
※新期造山帯の一部

□27 ★★★ [1★★★] 川はアルタイ山脈に源を発し，上流域にクズネツク工業地域，中流域に油田地帯をもつ大河である。（明治学院大）

(1) オビ
※細長いオビ湾に注ぐ。中流域にあるのはチュメニ油田

□28 ★★★ ロシア東部では，世界遺産に登録された [1★★] 湖から流れ出た [2★] 川が大河 [3★★★] 川に合流，中央シベリア高原西線を流れ北極海に注ぐ。（立命館大〈改〉）

(1) バイカル
(2) アンガラ
(3) エニセイ
※(1)は世界最深の湖，(3)の流域面積はユーラシア大陸最大

□29 ★★★ シベリアの3大河のうち最も東の [1★★★] 川の流域には，新期造山帯の [2★] 山脈が走る。（法政大）

(1) レナ
(2) ヴェルホヤンスク
※(1)はバイカル山脈を源に，ラプテフ海に注ぐ

□30 ★★ カスピ海に注ぐ [1★★] 川は「ロシアの母なる河」とよばれ，ほかの運河とも結ばれた内陸水路の大動脈である。（立命館大〈改〉）

(1) ヴォルガ
※ヴォルガ＝ドン運河

□31 ★★★ アムール川は大陸東岸の北緯 [1★★] 度線〈10の倍数〉付近を東に流れ，[2★★★] 海に注ぐ国境河川。（京都大）

(1) 50
(2) オホーツク
※中国とロシアの国境。ヘイロン川(黒竜江)ともいう

□32 ★★★ ロシアの東部は [1★★★] 海峡を隔てて，アメリカ合衆国（アラスカ州）と国境を接する。（明治学院大）

(1) ベーリング

□33 ★★ 日本の国土面積に比べ，黒海はやや [1★]，カスピ海はやや [2★★]。（青山学院大〈改〉）

(1) 広く
(2) 狭い
※日本 37.8，黒海 50.8，カスピ海 37.4(万 km²)

〇× □34 ★★★ カムチャツカ半島は極東ロシアに含まれる。（関西大）

〇

2 ロシアと周辺諸国の農牧業

□1 ★★ 集団農場のコルホーズや国営農場の [1★★] は，1990年代初期に解体され，現在では副業的農業経営が増えている。（西南学院大）

(1) ソフホーズ
※解体に伴う混乱で生産量は低下した

□2 ★★ ロシアでは市場経済移行後の混乱や食糧不足に対応するため，宅地付属地・週末別荘 [1★★]・市民農園などでの野菜・果物栽培の重要度が増した。（関西大〈改〉）

(1) ダーチャ
※旧ソ連時代に支給された菜園付きの別荘のこと

〇× □3 ★★★ ユーラシア大陸北部の永久凍土地帯では，短い夏に溶けた土壌を利用して，とうもろこしを集約的に栽培。（センター）

×
※永久凍土帯は農業が困難

□4 ★★★ シベリア北部における [1★★★] の遊牧は，夏は北極海沿岸の [2★★★] で放牧，冬は南部の [3★★★] に移動して行われる。（関西学院大）

(1) トナカイ（カリブー）
(2) ツンドラ
(3) タイガ

〇× □5 ★★★ 黒海沿岸からカザフスタンにかけてBS気候が卓越し，肥沃な黒土チェルノーゼムが分布する。（関西大）

〇
※BS＝ステップ気候

〇× □6 ★★★ チェルノーゼムはとうもろこしを主とした一大穀倉地帯だが，灌漑による塩類集積の被害が深刻。（関西大）

×
※とうもろこし➡小麦

〇× □7 ★★★ ウクライナの穀倉地帯の中心は，季節風の影響を受けて降水量が多い地域である。（東京経済大）

×
※季節風～地域➡半乾燥の黒土地帯

□8 ★★★ ロシア南部から黒海北岸に位置する[1 ★★★]・[2 ★](順不同)にかけては世界的な冬小麦地帯で，夏作物としてはとうもろこし・じゃがいも・油料作物の[3 ★★]を生産。(関西学院大)

(1) ウクライナ
(2) モルドバ
(3) ひまわり
※(3)の種子から油をとる

〇× □9 ★★ ロシアのえん麦(ばく)の生産量は世界第1位(2017年)。(関西学院大)

〇
※漢字で燕麦，飼料用と食用(オートミール)

〇× □10 ★★★ ベラルーシはライ麦の主要生産国である。(関西学院大)

〇
※ドイツ，ポーランド，ロシアなどに続く

3 ロシアと周辺諸国の鉱工業

〇× □1 ★★ ロシアの天然ガスのほとんどは黒海沿岸で生産される。(関西学院大)

×
※カスピ海沿岸や西シベリアなど

□2 ★★ ロシアの天然ガス確認埋蔵量は世界第[1 ★★]位(2017年)。(立命館大)

(1) 1
※全埋蔵量の約24%，生産量は米国に次いで第2位

□3 ★★ 西シベリア低地の[1 ★★]川流域には，埋蔵量の豊富さと質のよさで知られる[2 ★★]油田がある。(中央大)

(1) オビ
(2) チュメニ

□4 ★★★ シベリアには国内最大の[1 ★★★]油田とヤンブルク・ウレンゴイ天然ガス田などがある。(学習院大)

(1) チュメニ

□5 ★★ ロシアのシベリア南部には[1 ★★]炭田がある。(法政大)

(1) クズネツク
※旧ソ連時代は2,000km西のウラル工業地帯に石炭を鉄道で輸送

□6 ★★ ロシアは，欧州向けパイプライン経由地である[1 ★★]〈国名〉への天然ガス供給を，代金未払いを理由にたびたび停止しているが，背景には2004年のオレンジ革命や2014年の[2 ★]危機，その後も続く政治的・軍事的対立がある。(予想問題)

(1) ウクライナ
(2) クリミア
※2004年は大統領選の親ロシア派敗北，2014年はクリム(クリミア)半島のロシア編入，その後はウクライナ東部での紛争

□7 ★★ [1 ★★]川とレナ川にはさまれた中央シベリア高原では，ダイヤモンドや金の産出がみられる。(中央大)

(1) エニセイ

	問題	解答
○× □8 ★★	ロシアの石炭と鉄鉱石の生産量はともに世界第2位(2016年)。 (関西学院大)	× ※いずれも第5位。石炭は第1位中国・第2位インド，鉄鉱石は第1位豪州・第2位ブラジル
○× □9 ★★★	ロシアは，サハリン沖で石油・天然ガスの生産を進めており，他国からも注目されている。 (センター)	○ ※日本企業も関与
○× □10 ★★★	極東ロシアでは，パイプラインを通じて天然ガスを日本に輸送する計画が検討されている。 (関西学院大)	○ ※実現すれば液化コストなどを削減できる
○× □11 ★★	ロシアでは発電量のうち水力によるものが最も多い。 (関西学院大)	× ※火力が約65%，原子力が約18%，水力が約17%(2016年)
○× □12 ★★★	ウクライナでは国民の環境意識が強く，原子力発電所を全廃した。 (東京経済大)	× ※チェルノブイリ原発事故後も原子力発電の割合は高く，発電量の約半分
□13 ★★★	旧ソ連では，重化学工業を中心に，資源開発と原料及び工場を結び付ける[1★★★]とよばれる方式が採用され，資源立地型の工業地域が形成された。 (獨協大)	(1) コンビナート
□14 ★★	旧ソ連では，1960年代以降，[1★★]を形成して大規模開発が進められた。 (関西大〈改〉)	(1) コンプレックス(地域生産複合体(ちいきせいさんふくごうたい))
○× □15 ★★★	モスクワ周辺では，機械・金属・食品・繊維などの工業が総合的に発達している。 (センター〈改〉)	○
□16 ★★★	ウクライナ南東部の[1★★★]炭田は，[2★★★]の鉄鉱石と結び付いて工業地域を形成する。 (法政大)	(1) ドネツ (2) クリヴォイログ ※ドニエプル川の水力を利用
□17 ★★★	アジアとヨーロッパの自然的境界をなす[1★★★]山脈一帯は地下資源に恵まれ，南部では「ウラルの首都」[2★]や，[3★★★]の正式な起点チェリャビンスクなどの工業都市が発達している。 (関西大〈改〉)	(1) ウラル (2) エカテリンブルク (3) シベリア鉄道(てつどう) ※ほかにニジニータギル，マグニトゴルスクなどの鉄鋼都市
□18 ★★	クズネツク工業地域の中心となる工業都市は[1★★]。 (関西学院大)	(1) ノヴォシビルスク

〇✕ □19 ★★★ ノヴォクズネツクを中心とした地域は，周辺に炭田・天然ガス田を有するうえ，毛皮交易により皮革工業も盛んである。 （センター〈改〉）

✕
※ノヴォクズネツク➡ヤクーツク。ノヴォクズネツクは炭田を基盤にした鉄鋼業

□20 ★★ [1★★] 川はバイカル湖から流出する唯一の河川であり，流域には [2★] ダムなどの大規模な水力発電所が建設されている。 （神奈川大〈改〉）

(1) アンガラ
(2) ブラーツク
※周辺にアルミニウム精錬業などが立地

〇✕ □21 ★★ ロシアの日本からの輸入額第 1 位は自動車で，自動車部品も多い（2018 年）。 （関西学院大〈改〉）

〇
※自動車は中古車が多い。輸出品は原油・液化天然ガス・石炭など

□22 ★★ 1984 年，シベリア鉄道からタイシェトで分岐し，[1★★] 湖の北側を通り，間宮海峡に面するソビエツカヤガバニに達する [2★★] 鉄道（第２シベリア鉄道）が開通。 （中央大）

(1) バイカル
(2) バイカル＝アムール（バム〔BAM〕）

□23 ★★ ロシアのアムール川流域で生産される木材の主要輸出港は [1★★] である。 （京都大）

(1) ウラジオストク
※シベリア鉄道の終点で不凍港。日本に近い

4 ロシアと周辺諸国の民族と社会

□1 ★★★ ロシア人口の約 80%は [1★★★] 系民族に属するロシア人が占めているが，連邦内には 20 以上の [2★]，1 つの自治州，4 つの自治管区がある。 （東海大〈改〉）

(1) スラブ
(2) 共和国（きょうわこく）

□2 ★★ インド＝ヨーロッパ語族・[1★★] 語系に属するロシア語は [2★★] 文字を用いる。 （明治学院大）

(1) スラブ
(2) キリル

〇✕ □3 ★★★ ロシア語を用いる人々はロシアのみならず，CIS（独立国家共同体）を構成する国々にも多い。 （センター）

〇
※ベラルーシ・モルドバなど

〇✕ □4 ★ ウクライナではウクライナ語を公用語とするが，ロシア語も話されている。 （関西学院大）

〇
※ロシア系の多い東部では政府軍と親ロシア派武装勢力との戦闘が続く

〇✕ □5 ★★★ ベラルーシの人口の大半はムスリム。 （関西学院大）

✕
※ムスリム➡キリスト（正教）教徒

□6 ★★ ロシアでは，ロシア正教を中心としたキリスト教信者が約 9 割を占めるが，[1 ★★] の信者も約 1 割にのぼる。（東海大）

(1) イスラーム

〇× □7 ★★ ソ連崩壊後，ギリシャ正教の一分派であるロシア正教の聖堂の多くが修復された。（関西大）

○

〇× □8 ★★★ ロシアの少数民族は，ウラル山脈の東より西に多い。（関西学院大）

×
※西は多数派スラブ民族が居住

〇× □9 ★★★ ロシア東部の少数民族では，市場経済導入後，伝統的な暮らしはみられない。（センター）

×
※体制崩壊後，民族独自の文化が復活

□10 ★ 極東ロシアの [1 ★] 共和国は，人口の約半数をヤクート人が占める。（東海大〈改〉）

(1) サハ
※約 46%がヤクート人，約 41%がロシア人

〇× □11 ★ 極東ロシアの先住民としてはコリヤーク人やチュコト人などがあげられる。（関西大）

○

〇× □12 ★★★ 極東ロシアには，北アメリカ大陸のイヌイットと人種的・文化的につながりのある先住民が居住。（関西大）

○
※一部はトナカイの遊牧や漁業を行う

□13 ★★★ カスピ海と黒海の間，カフカス山脈の北麓にあるロシア連邦の [1 ★★★] 共和国では，独立を求める民族運動にイスラーム復興運動が重なり，激しい抗争が続いている。（中央大〈改〉）

(1) チェチェン
※イスラーム復興運動（イスラーム原理主義）とは，西欧型の近代化やシステムに反発し，イスラームの伝統にもとづく社会を目指す思想・運動

□14 ★★★ ロシアの人口分布は [1 ★★★] 山脈以西のヨーロッパロシアに偏っている。（東海大）

(1) ウラル

5 ロシアと周辺諸国の都市・開発・環境問題

□1 ★★★ ロシアの極東地域では日本・中国・韓国との関係が重要で，[1 ★★★] 経済圏構想が進行している。（首都大学東京）

(1) 環日本海（かんにほんかい）
※ロシアの資源，日韓の資本と技術力，中国・北朝鮮の労働力の結合を図る

〇× □2 ★★ ロシア・中国・北朝鮮が接するヤールー川（鴨緑江）河口に自由経済貿易地区を設ける計画があるが，政治的問題で進展は遅れている。（関西大）

×
※ヤールー川（鴨緑江，朝鮮名アムノック川）➡トマン川（豆満江，中国名ツーメン川〔図們江〕）

〇× □3 ★
ソ連崩壊後，新潟・富山・青森から極東ロシアへの定期航空路が開設されたが，その多くは撤退した。（関西大〈改〉）

〇

〇× □4 ★★★
ヨーロッパでは，旧ソ連のチェルノブイリ原子力発電所事故により広範囲で放射性物質が放出されたため，農産物の汚染が問題となった。（センター）

〇

□5 ★★★
ドストエフスキー『罪と罰』の舞台となった旧ロシア帝国の首都で，現在ロシア第２の都市は［1★★★］である。（明治学院大）

(1) サンクトペテルブルク
※旧レニングラード

□6 ★★
カフカス山脈西端が黒海に接する地域にあるソチは，2014年の［1★★］開催地になった。（西南学院大〈改〉）

(1) 冬季（とうき）オリンピック
※ロシアでは比較的温暖な保養地

□7 ★★
［1★★］は，［2★★］川河畔の工業都市，シベリア地方の最大都市で，シベリアの首都とよばれる。（中央大）

(1) ノヴォシビルスク
(2) オビ

□8 ★★
世界一深い［1★★］湖南西にある工業都市［2★★］は，交通の要所で，この地方の中心都市。（中央大）

(1) バイカル
(2) イルクーツク

□9 ★★★
アムール川の右岸は［1★★★］〈国名〉の［2★★★］地方，左岸は［3★★★］〈国名〉で，川沿いにこの地域の行政中心都市［4★★］がある。（京都大）

(1) 中国（ちゅうごく）
(2) 東北（とうほく）
(3) ロシア
(4) ハバロフスク

□10 ★★
［1★★］の首都キエフは，中世のキエフ大公国以来の古都で，［2★］川両岸に市街地が広がる。（西南学院大）

(1) ウクライナ
(2) ドニエプル

〇× □11 ★★★
ロシアでは，社会主義崩壊後の経済体制の急激な変化によって貧富の差が拡大した。（センター）

〇
※多くの市民が混乱で困窮する一方，資源開発の分野では新興財閥が台頭

□12 ★
1998年に金融危機が起きたロシアでは，通貨の［1★］〈切り上げ・切り下げ〉を実施し，［2★］〈輸出・輸入〉が拡大した。（獨協大）

(1) 切（き）り下（さ）げ
(2) 輸出（ゆしゅつ）
※通貨はルーブル

6 ロシアと周辺諸国の国家と国家機構

□1 ★★★
1985年，当時のソ連に誕生した [1★★] 政権は，[2★★★]（改革）と [3★]（情報公開）の2大路線を推進し，経済体制の改革と党や政府の公開性の拡大を主張した。（明治学院大）

(1) ゴルバチョフ
(2) ペレストロイカ
(3) グラスノスチ

□2 ★★
旧ソ連は1991年のバルト3国の独立をきっかけに崩壊，[1★★] ヵ国の独立国が生まれた。（関西学院大）

(1) 12

□3 ★★★
ソ連の崩壊に伴って独立した国々が [1★★★]（英文略称 [2★★★]）を組織し，資源開発や安全保障の協力を通して経済統合の動きが強まっている。（明治大）

(1) 独立国家共同体（どくりつこっかきょうどうたい）
(2) CIS

□4 ★★
1991年には旧ソ連と東欧諸国との安全保障条約機構である [1★★] が全面的に解体された。（明治学院大）

(1) WTO（ワルシャワ条約機構（じょうやくきこう））
※世界貿易機関と略称が重なるので注意

〇× □5 ★★★
ロシアは国連の安全保障理事国になっている。（関西大）

〇
※5常任理事国の一つ

□6 ★
黒海の北西に位置し，ルーマニアとウクライナにはさまれた国は [1★] である。（関西学院大）

(1) モルドバ

STEP UP 二十 さらに得点アップさせたい人のための
ステップアップ問題

□1 ★ カラ海に面する都市ディクソンは [1★] 気候。（明治学院大）

(1) ツンドラ ET
※エニセイ川河口の東岸

□2 ★ タイガから南下して、オムスク付近の北緯 [1★] 度の付近から乾燥し始め，植生が針葉樹からポプラ・かばへと変わる。（法政大）

(1) 55
※ポプラ・かば(白樺など)は落葉広葉樹

〇× □3 ★ モルドバは農業国であり，ワインが生産されている。（関西学院大）

○
※対ロ関係悪化で '07 年はワイン輸出量が激減した

□4 ★ エニセイ川の水力発電を背景にしたアルミニウム工業都市は [1★] である。（福岡大）

(1) クラスノヤルスク
※エニセイ川とシベリア鉄道の交点

□5 ★ タタール人は [1★] 系民族で，ヴォルガ川中流域に集住し，ロシア連邦内で共和国を形成するほか，シベリア・クリミアにも居住する。（明治学院大〈改〉）

(1) トルコ
※ロシアの少数民族中で人口最大。大半がムスリム

□6 ★ 旧ソ連時代，[1★] 川下流の都市ロストフは，ドニエプル工業地域の一部とされていた。（西南学院大）

(1) ドン

〇× □7 ★ ヤクーツクはサハ共和国の首都である。（法政大）

○

□8 ★★ [1★★] の黒海沿岸最大の港湾都市は、帝政ロシア時代に [2★] 川河口東方に建設されたオデッサである。（西南学院大）

(1) ウクライナ
(2) ドニステル（ドニエストル）

〇× □9 ★ サハ共和国はロシアのうち最も面積の大きな共和国である。（法政大）

○

□10 ★ 1949 年に結成された，マーシャルプランに対抗する経済協力組織である [1★] は，1991 年に解体された。（明治学院大）

(1) COMECON（経済相互援助会議（けいざいそうごえんじょかいぎ））
※マーシャルプランは、米国による対欧経済復興援助計画

□11 ★ 世界第 1 位の長さをもつ [1★] パイプラインはカスピ海沿岸などと欧州を結ぶ。（早稲田大〈改〉）

(1) ドルジバ
※ドルジバは「友好」の意。旧ソ連時代，東欧諸国へ石油を送った

QUESTIONS　まとめの白地図 Q&A　ANSWERS

1 ロシアと周辺諸国の地形

□1 ア～セの川や湖，運河の名を答えなさい。

□2 A～Hの山脈や高原，低地や平原の名を答えなさい。

□3 ⓐ～ⓘの半島や島の名を答えなさい。

□4 1～8の海域の名を答えなさい。

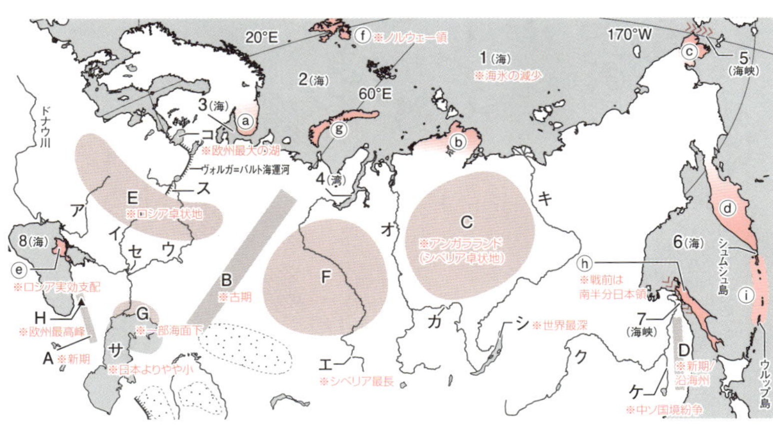

正解

最頻出の用語は下線で表示

1
- ア ドニエプル川
- イ ドン川
- ウ ヴォルガ川
- エ オビ川
- オ エニセイ川
- カ アンガラ川 ※オの支流
- キ レナ川
- ク アムール川 ※中国名ヘイロンチヤン（黒竜江）
- ケ ウスリー川
- コ ラドガ湖
- サ カスピ海
- シ バイカル湖
- ス モスクワ運河
- セ ヴォルガ・ドン運河

2
- A カフカス（コーカサス）山脈
- B ウラル山脈
- C 中央（ちゅうおう）シベリア高原
- D シホテアリニ山脈
- E 東（ひがし）ヨーロッパ平原
- F 西（にし）シベリア低地
- G カスピ海沿岸低地
- H エルブルース山 ※5,642mの火山

3
- ⓐ コラ半島
- ⓑ タイミル半島
- ⓒ チュコト半島
- ⓓ カムチャツカ半島
- ⓔ クリム（クリミア）半島
- ⓕ スヴァールバル諸島
- ⓖ ノヴァヤゼムリャ ※核実験場
- ⓗ 樺太（サハリン）島
- ⓘ 千島（クリル）列島

4
- 1 北極海
- 2 バレンツ海
- 3 白海（はっかい）
- 4 オビ湾
- 5 ベーリング海峡
- 6 オホーツク海
- 7 間宮（まみや）（タタール）海峡
- 8 黒海（こっかい）

QUESTIONS　まとめの白地図 Q&A　ANSWERS

2 ロシアの構成主体と周辺諸国

□1 1～4の国と首都の名を答えなさい。

□2 1の国を構成する，あ～かの共和国や自治州などの名を答えなさい。

正解　最頻出の用語は下線で表示

1
1 ロシア連邦,モスクワ
2 ベラルーシ,ミンスク
3 ウクライナ,キエフ
4 モルドバ,キシナウ（キシニョフ）

2
あ チェチェン共和国
※ロシアからの分離独立を求め闘争
い タタールスタン共和国
う サハ共和国
え ブリヤート共和国
お ユダヤ自治州
か 沿海州（えんかい）（プリモルスキー）

3 ロシアと周辺諸国の都市

□1 1～33の都市の名を答えなさい。

□2 A～Iの工業地域（旧コンビナート・コンプレックス）の名を答えなさい。

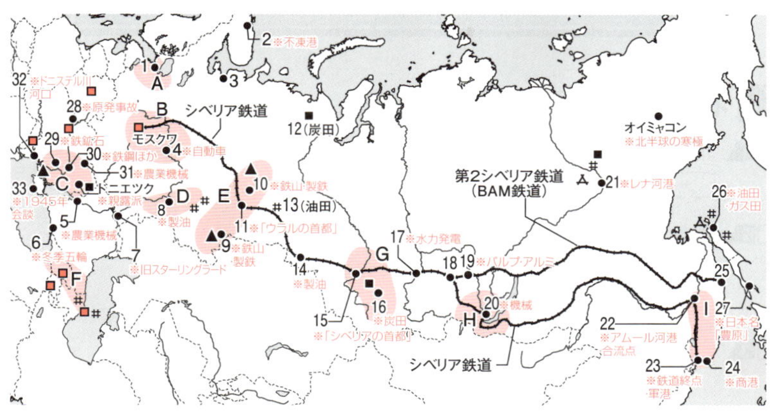

正解 最頻出の用語は下線で表示

1

1 <u>サンクトペテルブルク</u> ※旧ペトログラード。レニングラード
2 ムルマンスク
3 アルハンゲリスク
4 ニジニーノヴゴロド
5 ロストフ
6 ソチ
7 ヴォルゴグラード
8 サマーラ
9 <u>マグニトゴルスク</u>
10 ニジニータギル
11 エカテリンブルク
12 ペチョラ炭田
13 <u>チュメニ油田</u>
14 オムスク
15 <u>ノヴォシビルスク</u>
16 <u>ノヴォクズネツク</u>
17 クラスノヤルスク
18 タイシェト
19 ブラーツク
20 <u>イルクーツク</u>
21 <u>ヤクーツク</u>
22 <u>ハバロフスク</u>
23 <u>ウラジオストク</u>
24 ナホトカ
25 ソヴィエツカヤガヴァニ
26 オハ
27 ユジノサハリンスク
28 <u>チェルノブイリ</u>
29 <u>クリヴォイログ</u>
30 ドニプロ ※旧ドニエプロペテロフスク
31 ハリコフ
32 オデッサ
33 ヤルタ

2

A サンクトペテルブルク
B モスクワ ※放射環状路型街路網
C <u>ドニエプル</u>
D ヴォルガ
E ウラル
F バクー
G <u>クズネツク</u>
H <u>アンガラ＝バイカル</u>
I 極東（きょくとう）

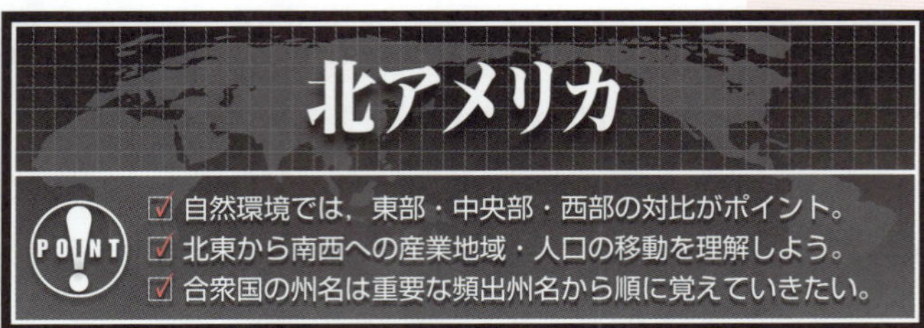

北アメリカ

POINT
- ☑ 自然環境では，東部・中央部・西部の対比がポイント。
- ☑ 北東から南西への産業地域・人口の移動を理解しよう。
- ☑ 合衆国の州名は重要な頻出州名から順に覚えていきたい。

1 北アメリカの自然環境

□1 ★★ 北アメリカ大陸とは，一般に南北アメリカ大陸のうち［1★★］より北側の部分を指す。（青山学院大）

(1) パナマ地峡（ちきょう）
※(1)は最狭部の幅が約50kmのS字型部分

□2 ★ 島嶼を除くアメリカ大陸は，北緯［1★］度から南緯［2★］度まで南北に広がる。〈四捨五入で10の倍数〉（首都大学東京）

(1) 70
(2) 50
※厳密にはカナダの約72°Nからチリの約54°Sまで

□3 ★★★ 北アメリカ大陸の西端は西経およそ［1★］度のプリンスオブウェールズ岬で，［2★★★］をはさんでユーラシア大陸東端のチュコト半島と対峙する。（青山学院大）

(1) 168
(2) ベーリング海峡（かいきょう）
※対岸は約170°Wのデジネフ岬

□4 ★★★ 国土の広さがそれぞれ世界第2位，3位の［1★★★］，アメリカ合衆国は，いずれも日本の約［2★★］倍の面積を有する。（慶應義塾大〈改〉）

(1) カナダ
(2) 26

□5 ★★ 北アメリカ大陸の西岸に沿って，太平洋を［1★★］流であるカリフォルニア海流が流れている。（青山学院大）

(1) 寒（かん）
※アラスカ海流は暖流

□6 ★★ アメリカ合衆国北東部の海岸平野の沖合には暖流の［1★★］が北上する。（中央大）

(1) メキシコ湾流（わんりゅう）
※黒潮と並ぶ世界2大海流，ガルフストリーム

□7 ★★★ グレートプレーンズの代表的気候は［1★★］で，その東には長草草原の平原である［2★★★］が広がる。その土壌，［2★★★］土は肥沃なため，有数の穀倉地帯となっている。（青山学院大）

(1) ステップ気候（きこう） BS
(2) プレーリー

〇✕ □8 ★★ ロサンゼルスの気候は，1年を通じて温暖であるが，降水量が少ない点が特徴である。（慶應義塾大）

○
※夏の乾燥，温帯・乾燥帯の境界（ロスはBS気候）

□9 ★★ カリフォルニア半島の大部分は [1★★] 気候である。（青山学院大）
(1) 砂漠（さばく） BW
※メキシコの領域

○× □10 ★★★ メキシコ湾岸は，夏は高温で乾燥し，冬は温暖で湿潤。（センター）
×
※温暖湿潤気候 Cfa 地域だから夏も湿潤

□11 ★★★ カナダ国土の大部分は [1★★★] 帯・[2★★★] 帯（順不同）の気候区に属する。（専修大）
(1) 亜寒（あかん）（冷（れい））
(2) 寒（かん）
※太平洋岸の一部に温帯

□12 ★★★ カナダの気候の多くはツンドラ気候と [1★★★] 気候。（青山学院大）
(1) 亜寒（あかん）（冷（れい））帯湿潤（たいしつじゅん） Df

□13 ★★ アラスカ州からカナダ・ブリティッシュコロンビア州に至る太平洋沿岸はおもに [1★★] 気候。（青山学院大〈改〉）
(1) 西岸海洋性（せいがんかいようせい） Cfb
※高緯度部は Cfc

□14 ★★★ ブリティッシュコロンビア州から米国カリフォルニア州までの太平洋沿岸域はおもに [1★★★] 気候。（青山学院大〈改〉）
(1) 地中海性（ちちゅうかいせい） Cs

□15 ★★★ アメリカ合衆国の気候は，ほぼ西経 [1★★★] 度線を境に西側が [2★★★] 地域になっている。（慶應義塾大）
(1) 100
(2) 乾燥（かんそう）

□16 ★★★ 北アメリカ大陸東南端の [1★★★] 半島を中心とする沿岸域では，熱帯低気圧の一種 [2★★★] による風水害が，ここ数年問題となっている。（関西大）
(1) フロリダ
(2) ハリケーン
※ 2005 年のカトリーナ，2017 年のハービーなど

○× □17 ★★★ 1997 年から 1998 年にかけてエルニーニョ現象発生時，アメリカ合衆国の西部では多雨傾向がみられた。（センター）
○
※平年の米国西部は乾燥

□18 ★★★ 北アメリカ大陸北部には，トウヒなどの針葉樹林を主体とする [1★★★] が発達している。（青山学院大）
(1) タイガ

□19 ★★★ ケベック・オンタリオ両州にまたがり，ニッケルや銅などの良質な鉱物資源が産出されるのは [1★★★] 楯状地。（北海道大）
(1) カナダ（ローレンシア）
※ハドソン湾～五大湖

□20 ★★★ 世界最大の島 [1★★★] には，氷河または [2★] が分布するが，最終氷期にこの一帯はコルディエラ氷河・ローレンタイド [2★] に覆われた。その分布は，安定陸塊のカナダ（ローレンシア）[3★★★] 地の分布とほぼ一致し，[4★★] 湾付近で最も厚かった。（関西大）

(1) グリーンランド
(2) 氷床（ひょうしょう）
(3) 楯状（たてじょう）
(4) ハドソン
※氷床＝大陸氷河

□21 ★★★ [1★★★] はカリフォルニア州南部から西部にかけて1,000km 以上にわたって続く巨大な活断層で，形態としては横ずれ状の [2★★] 断層である。（青山学院大）

(1) サンアンドレアス断層（だんそう）
(2) トランスフォーム
※プレートのずれる境界

□22 ★★★ ロッキー山脈は，新期造山帯に分類される [1★★★] 造山帯に属する。（慶應義塾大）

(1) 環太平洋（かんたいへいよう）
※南北アメリカ西側の大山岳地帯コルディエラ山系の一部でもある

□23 ★★ コルディエラ山系の山間にある [1★★] 高原には，[1★★] 川が深く開析し，デーヴィスの侵食輪廻における [2★] 期にあたるグランドキャニオンの景観がみられる。（関西大）

(1) コロラド
(2) 幼年（ようねん）
※「開析」とは，侵食によって地表面が谷で切り分けられること

□24 ★★★ 北アメリカ大陸上の大山脈として，カナダのブリティッシュコロンビア州からアメリカ合衆国のニューメキシコ州にかけて [1★★★] が存在し，その東側には [2★★] とよばれる台地状の大平原があり，野牛の一種 [3★] が生息している。（青山学院大）

(1) ロッキー山脈（さんみゃく）
(2) グレートプレーンズ
(3) バッファロー（アメリカバイソン）

□25 ★★ ヨセミテやキングスキャニオンなどの国立公園が立地する [1★★] 山脈は，西側はセントラルヴァレー，東側はグレートベースンに面する。（青山学院大）

(1) シエラネヴァダ

□26 ★★★ [1★★★] 山脈は，大西洋に面した平野部と五大湖地域を隔てる山脈である。（青山学院大）

(1) アパラチア
※なだらかな古期造山帯の山脈

□27 ★★★ 北アメリカ大陸の西部には [1★★] 山系のロッキー・シエラネヴァダ山脈が南北に走り，大陸南部では [2★★★] 高原を囲むように聳（そび）え，それぞれ東・西・南 [3★] 山脈とよばれる。（愛知教育大〈改〉）

(1) コルディエラ
(2) メキシコ
(3) シエラマドレ
※シエラ＝山脈，マドレ＝お母さん

□28 ★ 北アメリカ大陸における最高峰はアラスカの 1★ 山(6,168m)である。(青山学院大)
(1) デナリ(旧マッキンリー)
※デナリは先住民の呼称

□29 ★★★ 1★★★ をミシシッピ川が流下し，その西に 2★★★，さらにロッキー山脈東麓にグレートプレーンズが分布している。(愛知大)
(1) 中央平原
(2) プレーリー
※ミシシッピ川は五大湖西方からメキシコ湾に注ぐ

□30 ★★★ ロッキー山脈と 1★★★ 山脈の間には，アメリカ合衆国最長の 2★★★ 川の流域となる広大な平原が広がっている。(高崎経済大)
(1) アパラチア
(2) ミシシッピ

○× □31 ★ コロラド川河口はアメリカ合衆国の領内。(立命館大)
×
※河口はメキシコ領

□32 ★★ 1★★ はメキシコとアメリカ合衆国テキサス州の間を流れる。(札幌大)
(1) リオグランデ川
※トランプ米大統領が壁を造りたがる国境河川

○× □33 ★★★ リオグランデ川は，上流域での降水が多いため，下流域では洪水が多発している。(センター)
×
※蛇行で知られるが上流は乾燥気候

□34 ★ アメリカ合衆国の中央平原では， 1★ とよばれる大きな竜巻が起きて，建物が破壊するなどの被害をもたらすことがある。(名城大)
(1) トルネード
※トルネード投法で大リーグを震撼させたのは野茂英雄

□35 ★★ ミシシッピ川は，セントルイス付近で西方から流れる 1★★ 川と合流する。(慶應義塾大)
(1) ミズーリ
※流域に交通都市オマハや双子都市カンザスシティ

□36 ★★★ ミシシッピ川河口の都市 1★★ には，広大な 2★★★ が形成されている。(明治大)
(1) ニューオーリンズ
(2) [鳥趾状] 三角州

□37 ★★★ アメリカ合衆国最長の河川 1★★★ の中流から河口までの地域はおもに 2★★★ 気候。(青山学院大)
(1) ミシシッピ川
(2) 温暖湿潤 Cfa

○× □38 ★★★ セントローレンス川河口の地形は，世界最大級のエスチュアリー(三角江)。(センター)
○
※湾奥にケベック

□39 ★★ オンタリオ湖やエリー湖の周辺には，緩傾斜した硬軟の互層が侵食されて，一方が急崖，他方が緩斜面をなす 1★★ 地形が広がり，この緩斜面が 2★★ によってえぐりとられてこれらの湖ができた。(中央大)
(1) ケスタ
(2) 氷河
※2つの湖の間の急崖を落ちるのがナイアガラ滝

第5部 ▼現代世界の諸地域 21 北アメリカ 1

□40 ★★ [1★★] 湖は五大湖の中で２番目に大きく，スーセントメリー運河とノース水道を通して [2★★] 湖の水を受け，[3★★] 湖とほぼ同じ湖面標高をもつ。(法政大)

(1) ヒューロン
(2) スペリオル
(3) ミシガン

□41 ★★ 先住民が「大きな湖」とよんだ [1★★] 湖は，五大湖で唯一全域がアメリカ合衆国に含まれる。(法政大)

(1) ミシガン
※北と東はミシガン州，西はウィスコンシン州。ほかの４湖は国境湖沼

□42 ★★ ヒューロン湖の北部と東部はカナダ [1★] 州，南西部はアメリカ合衆国 [2★★] 州に属する。(法政大)

(1) オンタリオ
(2) ミシガン

□43 ★★ 五大湖のうち最大の [1★★] 湖の北はカナダの [2★] 州に属する。(法政大〈改〉)

(1) スペリオル
(2) オンタリオ
※南はミネソタ州，ウィスコンシン州，ミシガン州

□44 ★★ [1★★] 湖の北西岸にはデトロイト，北東岸には [2★]，南岸には [3★] などの工業都市が発達している。(法政大〈改〉)

(1) エリー
(2) バッファロー
(3) クリーヴランド
※運河やハドソン川でニューヨークと結合，(2)(3)の鉄鋼業は衰退

□45 ★★★ [1★★] 湖の北西岸にはカナダ最大都市 [2★★★] が立地，南岸中央には光学関連産業や文教都市で知られる [3★] がある。(法政大〈改〉)

(1) オンタリオ
(2) トロント
(3) ロチェスター
※(3)はボシュロム社やゼロックス社で知られる

□46 ★★ アラスカ半島南西には [1★★] 列島。(青山学院大)

(1) アリューシャン
※大黒屋光太夫が漂着

□47 ★★ カナダ北部中央には [1★★] 湾が位置する。(北海道大)

(1) ハドソン

□48 ★★★ アメリカ大陸太平洋岸では最大の島 [1★★] 島から高緯度方向に，かつて氷河が削り込んだ谷に海水が侵入して形成された [2★★★] が続く。(関西大)

(1) ヴァンクーヴァー
(2) フィヨルド

□49 ★★ 北アメリカ大陸の東端（西経 56 度付近）には [1★★] 高原が広がり，その南東に位置する [2★★] 島は，セントローレンス湾の東岸を構成している。(青山学院大)

(1) ラブラドル
(2) ニューファンドランド

2 北アメリカの農牧業

□1 ★★★ 北アメリカ大陸の農業は，広大な大陸の異なる土地条件に対応した［1 ★★★］を行うことにより，地帯分化を生み出した。（東北学院大）

(1) 適地適作（てきちてきさく）
※近年は社会条件に応じた多角化も進む

○× □2 ★★ アメリカ合衆国の農業の高い生産性は，機械化の進展に加え，国の財政支援によって支えられた。（日本大）

○

○× □3 ★★ アメリカ合衆国では，農産物の価格低迷と農業資材の価格上昇にも関わらず，家族経営の撤退はみられない。（日本大）

×
※経営難から伝統的な家族経営は衰退し，企業化

○× □4 ★★★ アメリカ合衆国やカナダでは，牛肉を食べる習慣も根強いが，家禽（かきん）の肉の消費量が最も多い。（センター）

○
※家禽とは，鶏など鳥類の家畜のこと

○× □5 ★★★ アメリカ合衆国は世界最大の穀物輸出国であるため，世界の穀物価格に大きな影響をもたらす。（センター）

○

○× □6 ★★ アメリカ合衆国は世界最大の食料基地であり，穀物の国際価格はニューヨークの取引所で決まる。（日本大）

×
※ニューヨーク➡シカゴ

○× □7 ★★★ 穀物メジャーとよばれる巨大な穀物商社は，世界の穀物価格の形成に大きな影響を与えている。（センター）

○

○× □8 ★★★ アメリカ合衆国では，遺伝子組換え作物の安全性が不安視され，その栽培が禁止されている。（センター）

×
※アグリビジネス企業によりいち早く導入

□9 ★★★ 西経［1 ★★★］度線には，天水による耕作限界にあたる年降水量［2 ★★★］mmの等値線が沿っており，おもな農業地帯はここから東方に展開している。（東北学院大）

(1) 100
(2) 500
※東方は肥沃な黒色のプレーリー土に覆われる

□10 ★★★ 冷涼な五大湖周辺では，かつて［1 ★★★］に覆われていたため土地はやせているが，大都市に隣接しているので，［2 ★★★］や園芸農業が盛んである。（立命館大）

(1) 氷河（ひょうが）
(2) 酪農（らくのう）
※酪農地帯をデイリー(dairy)ベルトという

□11 ★★ 酪農地帯のうちニューイングランド地方は［1 ★★］，ウィスコンシン州は［2 ★★］の生産が多い。（福岡大〈改〉）

(1) 生乳（せいにゅう）
(2) チーズ
※消費地との距離による

□12 ★★ シカゴからセントルイス一帯には［1 ★★］として知られる農業地帯が広がっている。（法政大）

(1) コーンベルト（とうもろこし地帯（ちたい））
※肥沃なプレーリー土の地域と重なる

□13 ★★★ コーンベルトでは大豆やとうもろこしの栽培が多く，豚や肉牛の飼育を組み合わせた［1 ★★★］が発達した。（東北学院大）

(1) 混合農業
※とうもろこしはバイオエタノールの原料としても重要

□14 ★★ プレーリーが卓越する［1 ★★］州内では国内の約４分の１の豚を飼育，大豆栽培も盛ん。（関西学院大〈改〉）

(1) アイオワ
※コーンベルトに属する

□15 ★★★ オハイオ州～インディアナ州・イリノイ州にかけて，［1 ★★★］とよばれる大規模な肥育場で，とうもろこしや大豆などを飼料に肉牛を肥育している。（福岡大）

(1) フィードロット
※これらの州もコーンベルト（なぜか母音で始まる州が多い）

□16 ★★ ミシシッピ州やジョージア州を中心にした農業地帯は［1 ★★］〈カタカナ〉とよばれる。（慶應義塾大）

(1) コットンベルト
※「メンカチタイ」などと逃げないこと（そう書いても入試で点は取れない）

□17 ★★ 現在では南部での綿花栽培は減少し，ミシシッピ川下流域からアーカンソー・ルイジアナ・テキサス州の低地では［1 ★★］も広く栽培されている。（福岡大）

(1) 米
※大豆・とうもろこし栽培や畜産なども増え，多角化が進んでいる

□18 ★★★ プレーリーから［1 ★★★］にかけての草原地帯では，比較的乾燥に強い［2 ★★★］の世界的な産地になっている。高緯度地方では，［3 ★★★］に種を播き，［4 ★★★］に収穫する［5 ★★★］が栽培されている。（立命館大）

(1) グレートプレーンズ
(2) 小麦
(3) 春
(4) 秋
(5) 春小麦

□19 ★★★ カンザス州中心の［1 ★★★］地域では，［1 ★★★］のほかに［2 ★］や大豆との輪作もみられる。（関西大）

(1) 冬小麦
(2) とうもろこし
※(1)は秋播いて初夏収穫

□20 ★★ ［1 ★★］州は春小麦地帯に位置し，小麦・大麦・えん麦の栽培は国内有数である。（関西学院大〈改〉）

(1) ノースダコタ
※冬小麦地帯よりも経営規模が大きい

□21 ★★ 西から順にカナダの［1 ★★］州・［2 ★］州・［3 ★★］州からアメリカ合衆国のサウスダコタ州にかけては，春小麦地帯が広がっている。（関西学院大〈改〉）

(1) アルバータ
(2) サスカチュワン
(3) マニトバ

□22 ★★ 収穫された小麦は，カンザスシティやミネソタ州［1 ★★］などの集散地に設けられた，巨大な穀物［2 ★★］に集められる。（福岡大〈改〉）

(1) ミネアポリス
(2) エレベーター
※前問のカナダ平原３州の集散地はウィニペグ

□23 ★★ 穀物 1★★ は穀物を貯蔵し，搬入・搬出作業を機械化した大規模倉庫のことで，中でも生産地に置かれたものをカントリー 1★★ という。（関西大〈改〉）

(1) エレベーター
※集散地のターミナル〜，河港のリバー〜，港湾のポート〜などもある

○× □24 ★★★ グレートプレーンズでは，センターピボット灌漑によるとうもろこしや小麦の栽培が行われてきたが，これによって地下水位が低下している。（センター）

○
※地下水を汲み上げ，回転するアームで円形に撒水

□25 ★★★ アメリカ合衆国のおもな小麦産地はプレーリーから 1★★★ にかけて広がっている。1★★★ での農業を可能にしてきたのは 2★★★ 方式とよばれる灌漑農法で，3★★ の水を利用した。（慶應義塾大）

(1) グレートプレーンズ
(2) センターピボット
(3) ［オガララ］帯水層（たいすいそう）
※センターピボット方式は円形に水をまく装置を利用

□26 ★★★ グレートプレーンズの企業的牧畜業にみられる大規模な肥育場を 1★★★ という。（明治大）

(1) フィードロット
※これもオガララ帯水層上に立地(飲み水確保)

□27 ★★★ 大西洋沿岸，フロリダ半島，メキシコ湾岸は集約度の高い 1★★★ 農業地域となっている。（関西大）

(1) 園芸（えんげい）
※遠郊はトラックファーミング(輸送園芸)

□28 ★★★ アメリカ合衆国西岸でも海岸部では500mmより多い年降水量があり，北部は太平洋岸 1★★ 地域，南部は灌漑による 2★★★ 式農業地域である。（関西大）

(1) 酪農（らくのう）
(2) 地中海（ちちゅうかい）

□29 ★★ カリフォルニア州の 1★★ は，東を 2★★ 山脈，西を海岸山脈に囲まれ，南北に細長く伸びた盆地状の平原。融雪水を利用した用水路整備で，通常は温暖湿潤地域で栽培する穀物 3★★ も生産。（西南学院大〈改〉）

(1) セントラルヴァレー
(2) シエラネヴァダ
(3) 米（こめ）
※カリフォルニア米

□30 ★★★ カリフォルニア州では農業の機械化が進んでいるが，果樹と野菜の栽培には，メキシコ人移民をはじめとする 1★★★ が多数従事している。（福岡大）

(1) ヒスパニック
※機械化困難な収穫作業などに低賃金労働力利用

□31 ★★ ワシントン州とオレゴン州をまたいで広がる 1★★ 盆地では，小麦が多く栽培されている。（法政大）

(1) コロンビア
※高緯度だが冬小麦

□32 ★★ カナダ大西洋岸の 1★★ 島周辺は，暖流の 2★★ と寒流の 3★★ がぶつかる潮目にあたり，島の南東に位置する 4★ バンクにはたらなどの魚種が豊富。（予想問題）

(1) ニューファンドランド
(2) メキシコ湾流（わんりゅう）
(3) ラブラドル海流（かいりゅう）
(4) グランド

3 北アメリカの鉱工業

□1 ★★★ スペリオル湖沿岸にあるアメリカ合衆国最大の鉄鉱山は 1★★★ である。 (中央大)

(1) メサビ鉄山(てつざん)

□2 ★★★ アメリカ合衆国東部にある 1★★★ 山脈の西麓部には国内有数の炭田があり，工業都市の発展に重要な役割を果たした。 (慶應義塾大)

(1) アパラチア
※古期造山帯

□3 ★★★ アメリカ合衆国では，採掘技術の発達により 1★★★ からの天然ガスや原油の産出も行われ，その利用も増加している。 (慶應義塾大〈改〉)

(1) オイルシェール（油母頁岩(ゆぼけつがん)）
※オイルシェールから得た石油をシェールオイル，ガスをシェールガスという

□4 ★★ アラスカ州北部の北極海沿岸にある 1★★ の原油は，同州南部の不凍港である 2★ までパイプラインで運ばれ，さらにタンカーで各地に運ばれる。 (法政大)

(1) プルドーベイ［別ノーススロープ］
(2) ヴァルディーズ

□5 ★★ 1★★ 州は州都エドモントン付近を中心にカナダの 2★★ と天然ガスの 80%以上を産出。 (西南学院大)

(1) アルバータ
(2) 原油(げんゆ)

□6 ★ アメリカ合衆国の発電エネルギー別割合において，原子力発電は約 1★ %（2016 年）。 (青山学院大)

(1) 20
※水力 6.8，火力 66.8，原子力 19.4(%)

□7 ★★ アメリカ合衆国における運転中の発電用原子炉数は約 1★ 基で，第 2 位の 2★★ を大きく引き離している（2019 年）。 (青山学院大)

(1) 100
(2) フランス
※米国 98，フランス 58（基）

○× □8 ★★★ アメリカ合衆国では 1960 年代以後，世界的な市場戦略をもつ自動車産業や石油化学工業の企業が多国籍化している。 (センター)

○

○× □9 ★★★ アメリカ合衆国では近年，情報技術やバイオテクノロジーなどの先端技術産業の成長によって，衰退していた工業都市のいくつかで再生がみられる。 (センター)

○
※製鉄都市だったピッツバーグがその典型

□10 ★★★ 19 世紀中頃から急進した西部開拓に伴う 1★★ の建設や開拓用具などの莫大な需要に応えるため，2★★★ やクリーヴランドを中心に鉄鋼業が発展した。 (東北学院大〈改〉)

(1) 鉄道(てつどう)
(2) ピッツバーグ
※アパラチア炭田近くに鉄鉱石を輸送

□11 ★★ ピッツバーグでは [1★★] 湖の西方にあるメサビ鉄山の鉄鉱石と，地元 [2★★] 州の石炭を結び付けて鉄鋼生産が行われた。原料・製品の輸送においては五大湖の湖上交通と [3★★] 川の水運が大きな役割を果たした。（早稲田大）

(1) スペリオル
(2) ペンシルヴェニア
(3) オハイオ
※(3)はミシシッピ水系

□12 ★★★ 五大湖沿岸のデトロイトでは [1★★★] 産業が発達した。（成城大）

(1) 自動車（じどうしゃ）
※フォード社の大量生産に始まる

□13 ★★ カナダの工業地域は，おもに五大湖周辺から [1★★] 川にかけて分布する。（北海道大）

(1) セントローレンス

□14 ★★★ 五大湖南西部の [1★★] 州からインディアナ州やケンタッキー州にかけての一帯は，日本から進出した [2★★★] 産業の一大集積地帯となっている。（法政大）

(1) オハイオ
(2) 自動車（じどうしゃ）
※ハイウェイで五大湖沿岸と結合

〇× □15 ★★★ アメリカ合衆国はかつて世界最大の鉄鋼生産国であったが，2010 年以降は世界最大の鉄鋼輸入国となっている。（日本女子大〈改〉）

〇

□16 ★★★ 1980 年代，資源枯渇や諸外国との競争により，五大湖周辺では従来型産業が衰退傾向となり，この地域は [1★★★] ともよばれるようになった。（成城大）

(1) スノー（フロスト）ベルト
※ラスト（錆びた）ベルトともいう

□17 ★★★ 第二次世界大戦後，太平洋沿岸のロサンゼルスやシアトルを中心に，軍事需要の高まりと旅客・貨物輸送量の増加に伴って，[1★★★] 産業が発達した。（高崎経済大）

(1) 航空機（こうくうき）
※シアトルはボーイング社発祥の地（本社はシカゴに移転）

□18 ★★★ [1★★★] とは，北緯 37 度以南のアメリカ合衆国の総称である。（早稲田大）

(1) サンベルト

〇× □19 ★★★ アメリカ合衆国では第二次世界大戦前，低賃金労働力の豊富なサンベルトで，精密機械工業の進出が活発であった。（センター）

×
※サンベルトの成長は 1970 年代以降。精密機械工業➡航空機・電子産業など

□20 ★★★ サンフランシスコの南東に位置する [1★★] を中心とする [2★★★] は，スタンフォード大学を中心として，世界的に著名な IT 関連企業の研究所などが多数集積している IT 産業拠点である。（関西大）

(1) サンノゼ
(2) シリコンヴァレー
※ Apple，Facebook，Google，HP，Intel，Yahoo! などの本社

問題	解答
OX □21 ★★ シリコンヴァレーにはサンタクララ・サンノゼ・シアトルなどの都市が位置する。（慶應義塾大〈改〉）	× ※林業が盛んなワシントン州のシアトル周辺はシリコンフォレストという
□22 ★ アメリカ合衆国の先端産業集積地としては，フェニックス・［1★］を中心とするシリコンデザートなどがある。（早稲田大）	(1) トゥーソン
□23 ★★ コロラド州の州都［1★★］周辺には，電子・通信などのハイテク産業が集積し，シリコンマウンテンとよばれる。（予想問題）	(1) デンヴァー ※標高が高く打球が伸びやすいが，野茂英雄はノーヒットノーラン達成
□24 ★ フロリダ州タンパ周辺には電子機器工業が集積し，［1★］とよばれる。（日本大〈改〉）	(1) エレクトロニクスベルト ※タンパは半島西岸。東岸オーランドも(1)に含む
□25 ★ ダラム・ローリー・チャペルヒルを中心とした先端技術産業地域を［1★］パークとよぶ。（成城大）	(1) リサーチトライアングル ※ノースカロライナ州
□26 ★★ ボストンのハイウェイルート 128 近辺は［1★★］とよばれ，エレクトロニクスやコンピュータ関連企業が活躍したが，1990 年代以降は衰退。（明治大〈改〉）	(1) エレクトロニクスハイウェイ
□27 ★★★ アメリカ合衆国の経済・工業の中心地である［1★★★］では，近年，都市内部に再開発事業が進められ，ソーホー地区付近にマルチメディア産業が集積している［2★］とよばれる地区が注目されている。（法政大）	(1) ニューヨーク (2) シリコンアレー ※ソーホー＝South of Houston の略
□28 ★★★ ［1★★★］は，米国経済の機関車の役割を果たしてきた自動車産業が発達し，ビッグスリーといわれた自動車メーカーが本社を置いていた都市である。（明治大）	(1) デトロイト ※ビッグスリーとは GM・フォード・クライスラーの3社を指す
□29 ★ 五大湖沿岸の工業都市オハイオ州のアクロンを代表する工業製品は［1★］である。（慶應義塾大）	(1) タイヤ ［別 ゴム製品（せいひん）］
OX □30 ★★★ アメリカ合衆国のシカゴは，鉄鋼業が盛んな滝線都市の一つである。（関西学院大）	× ※シカゴは農業機械・食品など，滝線都市は大西洋岸平野の台地の麓

□31 ★★★ [1★★★]では高級毛織物などの繊維工業が盛んであったが，大学や研究所との連携で先端技術産業も発展した。（センター〈改〉）

(1) ボストン
※近隣に MIT（マサチューセッツ工科大）やハーバード大

□32 ★★ アメリカ合衆国南部，テネシー川流域のオークリッジでは[1★★]工業が発達している。（高崎経済大）

(1) 原子力（げんしりょく）
※原爆をつくる秘密基地があった

□33 ★★★ [1★★★]では石油化学工業が発達しているほか，NASA（アメリカ航空宇宙局）の基地があり，航空宇宙産業も盛ん。（センター〈改〉）

(1) ヒューストン
※テキサス州内陸のダラス，フォートワースやオースティンとともにシリコンプレーンを形成

21 章，まだまだ続くよ☆

4 北アメリカの貿易・交通・通信

〇× □1 ★★★ 五大湖は冬季に凍結するため，水運は行われない。（センター）

×
※寒波による凍結は起こるが，水運は盛ん

□2 ★★ [1★] 州の [2★★] は，五大湖・セントローレンス水上交通の西の起点として，メサビ鉄山からの鉄鉱石の積出港となっている。（法政大）

(1) ミネソタ
(2) ダルース

□3 ★ メサビ鉄山の鉄鉱石をクリーヴランドまで輸送する際には，[1★] 運河を通過する。（早稲田大）

(1) スーセントメリー
※7mの落差があるスペリオル湖とヒューロン湖を結ぶ閘門式運河

□4 ★★ 五大湖で最小の [1★★] 湖には，南西部で [2★★] 湖からの水が [3★★] 滝となって流入する。2つの湖の間は [4★★] 運河によって水運が確保されている。（法政大〈改〉）

(1) オンタリオ
(2) エリー
(3) ナイアガラ
(4) ウェランド
※(4)も閘門式運河

□5 ★★ アメリカ合衆国はカナダと共同で [1★★] 海路をつくり，大西洋上の大型船舶がシカゴまで航行しうるようになった。（中央大）

(1) セントローレンス
※同名河川のダムや急流を迂回，オンタリオ湖とモントリオールを結ぶ

□6 ★★★ [1★★] 州から西の [2★★] 州にかけて広がるカナダ中西部の平原一帯は秋に [3★★★] する [4★★★] の世界的産地で，集荷された農産物は [5★★] 湖岸最大の市域人口をもつ [6★] から大西洋へ積み出される。（法政大）

(1) マニトバ
(2) アルバータ
(3) 収穫（しゅうかく）
(4) 春小麦（はるこむぎ）
(5) スペリオル
(6) サンダーベイ

□7 ★★ アメリカ合衆国の貿易依存度はEU諸国やNIEsに比べて [1★★]。（慶應義塾大）

(1) 低い（ひく）
※製造業は巨大な国内市場向け中心で輸出依存度がきわめて低い。輸入依存度も低位

5 北アメリカの民族と社会

□1 ★★ 以前にもヨーロッパ人は，[1★★]や鯨などの海洋資源を求めて北米大陸を訪れたが，17世紀初頭，豊富な[2★]の毛皮を買いつけるためにフランス人が入植した。（成城大）

(1) たら
(2) ビーバー
※セントローレンス川流域のケベックに入植，毛皮は帽子の材料になった

□2 ★★ 大陸横断鉄道の開通などによって[1★★]は西に進んだ。（予想問題）

(1) 開拓前線（かいたくぜんせん）（フロンティア）
※開拓者魂がフロンティアスピリッツ

□3 ★★ アメリカ合衆国では1862年に，土地を開拓民に無償で与える[1★★]法を制定し，中央平原の開拓を進めた。（慶應義塾大）

(1) ホームステッド
※第8章 2 14（P.108）を参照

□4 ★★★ 従来，アメリカ社会は「メルティングポット」になぞらえられてきたが，文化多元主義の観点では「[1★★★]」になぞらえられている。（早稲田大）

(1) サラダボウル
※混じらず共存する喩（たと）え（カナダでは「モザイク」）
⇔ melting pot = るつぼ（金属を溶かす器）

□5 ★★★ アメリカ合衆国は，先住民であるインディアン，エスキモーなどの[1★★★]が暮らす土地にヨーロッパから移民が入植し，その子孫が中心となってつくった国である。（愛知大〈改〉）

(1) ネイティブアメリカン

□6 ★★ 開拓の西進とともに住む土地を追われた先住民は，インディアン[1★★]地に住むようになった。（立命館大）

(1) 保留（ほりゅう）（居留（きょりゅう））
※条件の悪い南西部の荒野に設定

□7 ★★ アングロアメリカの呼称は，イギリスの主要民族，[1★★]人によって開発された地域という意味である。（成城大）

(1) アングロサクソン
※アングロアメリカ = 米国・カナダ

〇✕ □8 ★★★ ミシシッピ川流域はフランスより買収した地域であるため，セントルイス・ルイジアナなどのフランス語に由来する地名がみられる。（センター〈改〉）

〇
※セントルイスはルイ9世（サン = ルイ），ルイジアナはルイ14世にちなむ

□9 ★★★ アメリカ合衆国やカナダで近年まで社会・経済の中核をなしていたのは，[1★★★]とよばれるプロテスタント・[2★★★]・[3★★★]（順不同）の3つの特徴を兼ね備えた人々である。（成城大〈改〉）

(1) ワスプ（WASP）
(2) 白人（はくじん）
(3) アングロサクソン系（けい）

	問題	解答
10 ★	ニューヨークは，[1★]民族が多く居住するため，皮肉を込めてJewyorkとよばれることがある。（札幌大）	(1) ユダヤ ※Jew＝ユダヤ人
11 ★	アメリカ合衆国において黒人は[1★]されたため移民には含まない。（札幌大）	(1) 強制連行（きょうせいれんこう） ※南部の綿花地帯の労働力として
○× 12 ★★★	黒人は現在，アメリカ合衆国の北部から西部にかけて相対的に多く居住している。（日本大）	× ※今も南部に多い
13 ★★★	1960年代には，アフリカ系アメリカ人に白人と同等の権利を保障するよう求める[1★★★]運動が盛んとなり，1964年に[1★★★]法が制定された。（早稲田大）	(1) 公民権（こうみんけん） ※キング牧師らによる運動
○× 14 ★★★	アメリカ合衆国では，メキシコから移住したヒスパニックの割合が近年大きくなっている。（センター）	○ ※スペイン語話者のこと
15 ★★★	移民出身地は時代とともに変化し，近年ではアメリカ合衆国人口の約3分の2はヨーロッパ系，次いで[1★★★]系，[2★★★]系の順に多い。（慶應義塾大）	(1) ヒスパニック (2) アフリカ
16 ★★★	アメリカ合衆国の人口統計では，中南米のスペイン語圏からの移住者は，[1★★★]またはヒスパニックと分類される。（早稲田大〈改〉）	(1) ラティーノ ※Latino（ラテン系米人）には，ヒスパニックに含まないブラジル（ポルトガル語）やハイチ（フランス語）出身者を含む
17 ★★	キューバ難民が多数暮らすのは[1★★]州。（札幌大）	(1) フロリダ
18 ★★	ヒスパニックの出身地の一つで，カリブ海に浮かぶアメリカ合衆国の自由連合州は[1★★]である。（札幌大）	(1) プエルトリコ ※NYなど大都市に居住
○× 19 ★★★	1990年代以降，プロスポーツ選手として日本からアメリカ合衆国へ渡航する者が増加した。（センター）	○ ※1995年，プロ野球の野茂英雄が大リーグ移籍
20 ★★★	2008～2017年の間にアメリカ合衆国に入国した移民の出身国第1位は[1★★★]。第2位[2★]，第3位[3★]などアジアからの移民も多い。（東北学院大〈改〉）	(1) メキシコ (2) 中国（ちゅうごく） (3) インド
21 ★★★	アメリカ合衆国が介入した[1★★★]戦争後，同国は東南アジアからの移民を多く受け入れた。（札幌大）	(1) ベトナム ※80万人以上のインドシナ難民

□22 ★★★ ニューヨークでは民族集団ごとの [1★★] が進み，中国系の [2★★★]・アフリカ系のハーレム・イタリア系のリトルイタリーなどの地区がある。（東北学院大）

(1) 住み分け（セグリゲーション）
(2) チャイナタウン

□23 ★ カナダ人口約 3.7 千万人のうち，英語話者は [1★] 割弱，フランス語話者は約 [2★] 割。（予想問題）

(1) 6
(2) 2
※ともに公用語

□24 ★★ カナダの多数派宗教は [1★★] で，約 4 割を占める。（西南学院大）

(1) カトリック
※プロテスタントは約 2 割

□25 ★★★ カナダ政府は，国民が互いの文化的伝統を認め，諸民族の共存を目指す [1★★★] 主義政策を採用。（専修大）

(1) 多文化
※多様な人種・民族の文化の混在を積極的に評価する

〇× □26 ★★★ カナダのケベック州では，古くからフランス系住民が住んでおり，連邦政府からの分離独立運動がみられる。（センター）

〇
※ 1980，95年に分離独立を問う州民投票が行われた(いずれも否決)

□27 ★★ フランス系住民はトロントのある [1★★] 州にも多い。（成城大）

(1) オンタリオ

□28 ★★★ [1★★★]・家畜の大集散地ウィニペグを州都とする [2★★] 州には，ドイツ系やウクライナ系住民が多い。（西南学院大）

(1) 小麦
(2) マニトバ

〇× □29 ★★★ ヴァンクーヴァーでは，中国に返還されたホンコン(香港）からの移住者など，アジア系住民が増加した。（センター）

〇

□30 ★★★ カナダの先住民には，氷雪の家イグルーに住みあざらしを狩猟していた [1★★★] がいる。（成城大）

(1) イヌイット
※現代では都市化が進み伝統的生活は失われた

□31 ★★ 1999 年，ハドソン湾と [1★] 準州の間に位置する [2★] 準州から東部が分離，先住民族イヌイットが自治権をもつ [3★★] 準州が生まれた。（西南学院大）

(1) ユーコン
(2) ノースウェスト
(3) ヌナブト

□32 ★★★ アメリカ合衆国内の人口移動を大局的にみると，独立以前から一貫して存在する [1★★★] から [2★★★] への流れと，この数十年顕著になってきた [3★★★] から [4★★★] への流れが存在する。〈いずれも四方位で答える〉（学習院大）

(1) 東
(2) 西
(3) 北
(4) 南
※(3)(4)はスノーベルトからサンベルトへの移動

〇✕ □33 ★★ アメリカ合衆国の全産業就業人口に占める第三次産業の比率は 90%を超えている（2016 年）。（日本大）

✕
※第一次 1.6, 第二次 18.4, 第三次 77.8(%)

〇✕ □34 ★ アメリカ合衆国の第三次産業では，高賃金と低賃金の職種に分かれるという就業構造の二極化が進んでいる。（日本大）

〇
※経済格差の拡大が進む

〇✕ □35 ★★ アメリカ合衆国の製造業では工場の海外移転にも関わらず，生産部門の就業者率が上昇している。（日本大）

✕
※産業の空洞化と経済のサービス化により低下

〇✕ □36 ★★★ アメリカ合衆国の農業はヨーロッパ系の低賃金農場労働者によって支えられている。（日本大）

✕
※ヨーロッパ系➡ヒスパニック系

□37 ★★ ニューヨーク州は，［1 ★★］州・［2 ★］州・フロリダ州に次いで人口が多い。（青山学院大）

(1) カリフォルニア
(2) テキサス

□38 ★★★ アメリカ合衆国で人口の多い都市圏（郊外を含む）は，第 1 位から順に［1 ★★★］→［2 ★★］→［3 ★★］→ヒューストン→フィラデルフィア→フェニックス（2017 年）。（青山学院大）

(1) ニューヨーク
(2) ロサンゼルス
(3) シカゴ
※出典，年次，都市の定義により変動があるので注意（上位 3 都市はほぼ固定）

〇✕ □39 ★ ロサンゼルスは，1900 年にはサンフランシスコよりも人口規模が小さかったが，20 世紀に入り急激に人口が増加した。（慶應義塾大）

〇

□40 ★★ カナダの人口は日本の約［1 ★★］割。（東京経済大〈改〉）

(1) 3
※ 2019 年

6 北アメリカの都市・開発・環境問題

□1 ★★★ ミシシッピ川支流のオハイオ川に合流する［1 ★★★］川では，かつて多目的ダム建設などの地域開発が行われた。（明治大）

(1) テネシー
※ニューディール政策の一環でＴＶＡを設立

〇✕ □2 ★★ フーヴァーダムと同様に，グランドクーリーダムはコロラド川の代表的なダムである。（立命館大）

✕
※グランドクーリーダムはコロンビア川

〇✕ □3 ★★★ アメリカ合衆国のグレートプレーンズでは，農業用水としての揚水で地下水が枯渇している。（センター）

〇
※センターピボット農法による灌漑農業

OX □4 ★★★ 五大湖では，工場・家庭からの排水や農場からの農薬の流入による水質汚染が起きている。（センター）

○
※五大湖周辺は工業地域で，人口集中

OX □5 ★★★ フロリダ半島は温暖な気候で，リゾート開発が進められている。（センター）

○
※テーマパークも多い

□6 ★★★ ペンシルヴェニア州，サスケハンナ川中流部の川中島にある［1★★★］島原子力発電所では，大量の放射能が外部に漏れる事故が1979年に生じた。（青山学院大）

(1) スリーマイル
※原発問題を描いた映画「チャイナシンドローム」の公開直後に発生

□7 ★★ アパラチア山脈（ピードモント台地）東麓の［1★★］とよばれる都市の例としては，ボルティモア・オーガスタ・リッチモンドなどがある。（福岡大〈改〉）

(1) 滝線都市（たきせんとし）
※水力を利用した綿工業などを基礎とする

□8 ★★★ アメリカ合衆国の北東沿岸部に連なる巨大都市化地帯を，地理学者ゴットマンは［1★★★］とよんだ。（青山学院大）

(1) メガロポリス
※ゴットマンはフランス人

□9 ★★★ アメリカ合衆国東岸のメガロポリスを構成する都市ワシントンD.C.・ニューヨーク・ボストンを北から並べると［1★★★］→［2★★★］→［3★★★］となる。（明治大）

(1) ボストン
(2) ニューヨーク
(3) ワシントンD.C.

OX □10 ★★ アメリカ合衆国の金融業の本社は，国内の大都市に分散して立地する傾向が顕著である。（日本大）

×
※金融業➡製造業。金融業の本社はニューヨークに集中

OX □11 ★★ アメリカ合衆国の企業の中枢管理機能は都心に集中し，支援機能は郊外に分散する傾向にある。（日本大）

○

OX □12 ★★ アメリカ合衆国では，会社と自宅のコンピュータをつないで働く在宅勤務者は減少する傾向にある。（日本大）

×
※テレワークやSOHO(=Small Office/Home Office)は増加

□13 ★★★ アメリカ合衆国の多くの大都市では［1★★］近くの［2★★］化した市街地に低所得者層が集中して，居住環境の悪化や犯罪の多発などの［3★★★］問題が深刻。（東北学院大）

(1) 都心（としん）
(2) スラム
(3) インナーシティ

OX □14 ★★★ ニューヨークの不良住宅地区の中には，近年のコミュニティ活動で観光地としての魅力をもつ街区も現れている。（センター）

○
※インナーシティのスラムだったソーホー地区など

□15 ★★ アメリカ合衆国第5位（2017年）の人口規模（郊外含む）をもち，鉄鋼・機械・精油工業が発達し，独立宣言が発せられた場所として有名な北東部の港湾都市は［1★★］。（慶應義塾大）

(1) フィラデルフィア
※1790～1800年の首都

□16 ★★★ ［1★★★］はチェサピーク湾奥に位置する商工業都市で，［2★］州最大の都市である。（青山学院大）

(1) ボルティモア
(2) メリーランド

□17 ★ ワシントンD.C.のD.C.は［1★］of Columbiaの略。（青山学院大）

(1) District
※計画的に建設された放射直交路型の首都

□18 ★★★ ［1★★★］はアメリカ合衆国を代表する鉄鋼業都市だったが，ITやバイオテクノロジーなど先端産業への転換が図られた結果，現在では都市再生の1つのモデルとして示される。（明治大）

(1) ピッツバーグ

□19 ★★ エリー湖畔に位置し，エリー運河の西の始点をなす都市は［1★★］，東の始点の少し下流に位置するニューヨーク州の州都は［2★］である。（中央大）

(1) バッファロー
(2) オールバニ
※エリー運河≒ニューヨークステートバージ運河

□20 ★★ ［1★★］湖の南西岸には，合衆国第［2★★］位の人口をもつシカゴや，ドイツ系住民が多くビール醸造が盛んな［3★★］などの大都市がある。（法政大〈改〉）

(1) ミシガン
(2) 3
(3) ミルウォーキー

□21 ★★★ 19世紀後半の鉄道網の急速な整備を受けて，農産物の物流の中心として成長した中西部最大の都市は［1★★★］。（慶應義塾大〈改〉）

(1) シカゴ

□22 ★★ ミネソタ州最大の都市［1★★］市や，ミシシッピ川とミズーリ川の合流点に位置するミズーリ州の［2★★］市などは中西部工業地域の中核都市である。（早稲田大）

(1) ミネアポリス
(2) セントルイス

○× □23 ★★★ ニューオーリンズはミシシッピ川河口部に位置する港湾都市であり，メキシコ湾岸で採掘される石炭の積出港として重要である。（センター）

×
※メキシコ湾岸は油田地帯

○× □24 ★★★ アトランタでは，郊外の高速道路のインターチェンジ周辺にオフィス地区が形成されている。（センター）

○
※エッジシティとよばれ，独立した都市機能を有する

□25 ★★ [1★★] はモルモン教の総本山がある宗教都市である。ロッキー山脈が眼前に広がる高地にあり，郊外には大規模な [2★★] 銅山がある。 (関西学院大〈改〉)

(1) ソルトレークシティ
(2) ビンガム
※グレートソルト湖に面する

OX □26 ★ ロサンゼルスは1つの高密度な中心市街地を核にした計画都市で，都市内部の交通は自動車に依存する。 (慶應義塾大)

×
※モータリゼーションに伴う郊外への拡大で，機能が分散した多核心構造

OX □27 ★★ ロサンゼルスは電子工業で有名なだけでなく，映画産業や観光面でも有名である。 (慶應義塾大)

○
※映画産業＝郊外のハリウッド

□28 ★★ カナダの [1★★] は内陸水運の起点に位置する港湾都市で，繊維など多様な工業が発達。 (センター〈改〉)

(1) モントリオール
※フランス系の多いケベック州の最大都市

□29 ★★ [1★★] はカナダ最大の人口を有し，金融・保険業の中心地となっている。 (センター〈改〉)

(1) トロント
※イギリス系の多いオンタリオ州の中心都市

□30 ★★★ カナダの首都は [1★★★]。 (東京経済大)

(1) オタワ
※イギリス系地域とフランス系地域の中間地点

□31 ★★ カナダの [1★★] は石油・天然ガスなどの資源が周辺にあるため化学工業が発達した。穀物の集散地でもある。 (センター〈改〉)

(1) エドモントン

□32 ★★ 外洋船が着岸できるアメリカ合衆国・オレゴン州の [1★★] やカナダ・ブリティッシュコロンビア州の [2★★] などは木材の輸出港として著名である。 (関西大〈改〉)

(1) ポートランド
(2) ヴァンクーヴァー
※(1)はシリコンフォレストの一部

OX □33 ★★★ アメリカ合衆国は巨大な国内消費を背景に，工業製品やエネルギー資源を大量に輸入しており，巨額の貿易赤字を抱えている。 (センター)

○
※財政収支も巨額の赤字の「双子の赤字」

OX □34 ★ アメリカ合衆国の家計部門は貯蓄率が低いが，国全体で家計収入が家計消費を大幅に上回る。 (日本大)

×
※家計部門は住宅ローンなどの借り入れで消費を膨らませてきた

7 北アメリカの国家と国家機構

□1 ★
カナダは名目上はイギリス国王を国家元首とする [1★] 国である。（西南学院大）

(1) 立憲君主（りっけんくんしゅ）

□2 ★★★
1965 年に変更される前のカナダ国旗のデザインには，[1★★★] の国旗が含まれていた。（専修大）

(1) イギリス

□3 ★★
19 世紀，カナダと，当時は [1★★] 領だったアラスカとの境界線が西経 [2★★] 度線に沿って定められた。（東京経済大）

(1) ロシア
(2) 141

□4 ★★
アメリカ合衆国本土とカナダを分ける国境の西部は，北緯 [1★★] 度線の人為的（数理的）国境。（高崎経済大）

(1) 49
※東部国境は五大湖など

〇× □5 ★★
モントリオール付近より東では，国境はセントローレンス川と一致する。（専修大）

×
※国境はセントローレンス川より南

〇× □6 ★★★
アメリカ合衆国とメキシコの国境の東部は，おもに山脈に沿って設定された自然的国境である。（日本大）

×
※山脈➡河川（リオグランデ川）

□7 ★★★
アメリカ合衆国とカナダは 1989 年に自由貿易協定を結び，1994 年には [1★★★] も加わり北米自由貿易協定（英字略称 [2★★★]）が成立。（高崎経済大）

(1) メキシコ
(2) NAFTA

□8 ★
NAFTA に代わる新たな協定として [1★] が 2018 年に署名された。（予想問題）

(1) 米国（べいこく）・メキシコ・カナダ協定（きょうてい）（USMCA）
※ 2019 年に修正され，批准を目指す

8 北アメリカの州名

□1 ★★
[1★★] 州の州都で中心都市でもある [2★★] は，日本ではマラソンで知られ，繊維から電子工業への変遷がみられた。（学習院大）

(1) マサチューセッツ
(2) ボストン

□2 ★★★
五大湖のうち 4 つの湖と接する [1★★] 州には，自動車工業の盛んな [2★★★] 市がある。（学習院大）

(1) ミシガン
(2) デトロイト
※オンタリオ湖以外

□3 ★★★
1★★ 州は 2★★ 湖の南西に位置し，その水運を生かして工業が発達。全米第3の大都市 3★★★ には世界的な農産物の取引市場がある。（新潟大）

(1) イリノイ
(2) ミシガン
(3) シカゴ

□4 ★★★
1★ 州はロッキー山脈麓の平原 2★★★ の南端に位置し，北のカンザス州とともに 3★★★ の大産地。（新潟大）

(1) オクラホマ
(2) グレートプレーンズ
(3) 冬小麦（ふゆこむぎ）

□5 ★★
1★★ 州にはメサビ鉄山がある。この州では酪農が盛んで，バター生産量が多い。2★★ 川をはさんで 3★★ と州都セントポールが位置する。（学習院大〈改〉）

(1) ミネソタ
(2) ミシシッピ
(3) ミネアポリス
※両都市を「双子都市」という

□6 ★★
1★★ 州はTVAによって原子力産業の 2★★ など多くの工業都市ができた。綿花・たばこ・とうもろこしの生産と観光業が盛ん。（学習院大）

(1) テネシー
(2) オークリッジ

□7 ★★
ケネディ宇宙センターがある 1★★ 州の州内には保養都市 2★★ がある。野菜・果実などの輸送園芸農業が盛ん。（学習院大）

(1) フロリダ
(2) マイアミ

□8 ★★
1★★ 州は 2★★ 川をはさんでメキシコと接する。石油関連工業が発達したが，近年は州都オースティンや都市圏人口の多い 3★★，メキシコ湾に近いヒューストンなどに半導体産業が集積。（新潟大）

(1) テキサス
(2) リオグランデ
(3) ダラス
※農地面積，牛の頭数，綿花・原油の生産，製造品出荷額などで全米一

□9 ★
1★ 州は建国13州の一つで，水力利用の紡績・織物業が盛ん。近年は航空機産業も立地。州人口の約25%は黒人。（関西学院大〈改〉）

(1) ジョージア
※州都のアトランタ国際空港は最大級のハブ空港

□10 ★★
1★ 州は北半分を 2★★ 高原が占めており，グランドキャニオンがある。綿花の栽培が盛んで，銅なども豊富である。最近は先端産業も立地。州都はフェニックス。（学習院大）

(1) アリゾナ
(2) コロラド
※州都周辺はシリコンデザート

□11 ★
1★ 州には標高4,000mを超える山岳地帯があり，山麓にはウランやタングステンの鉱山が立地。年降水量は概ね500mm以下であり，灌漑農業が行われる。（関西学院大〈改〉）

(1) コロラド
※州都デンヴァー周辺はシリコンマウンテン

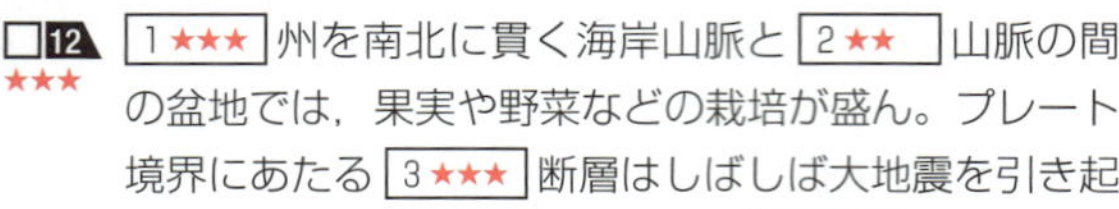

□12 ★★★
[1★★★] 州を南北に貫く海岸山脈と [2★★] 山脈の間の盆地では，果実や野菜などの栽培が盛ん。プレート境界にあたる [3★★★] 断層はしばしば大地震を引き起こしている。アリゾナ州との境は [4★] 川。（新潟大）

(1) カリフォルニア
(2) シエラネヴァダ
(3) サンアンドレアス
(4) コロラド

□13 ★★★
アメリカ合衆国太平洋岸には，北から順に [1★★] → [2★] → [3★★★] の３州が並ぶ。（高崎経済大）

(1) ワシントン
(2) オレゴン
(3) カリフォルニア
※北西部に一人称（ワシ・ワイ・オレ・アイ・モン〔仏語「私の」〕）を含む州名が集中

□14 ★★
[1★★] 州では，コロンビア川の総合開発によって [2★★] ダムが出現した。コロンビア盆地は小麦の大生産地。最大都市は [3★★]。（学習院大〈改〉）

(1) ワシントン
(2) グランドクーリー
(3) シアトル

STEP UP 二十一
さらに得点アップさせたい人のための
ステップアップ問題

□1 ★
[1★] は南北アメリカ大陸及び周辺島嶼のみに分布する植物で，おもに乾燥帯に生育する。（青山学院大）

(1) サボテン
※映画『クレヨンしんちゃん　オラの引越し物語』では大暴れ

□2 ★
[1★] 州～ヴァージニア州に広がる [2★] 湾は，複雑な海岸線をもつ巨大な溺れ谷。（青山学院大〈改〉）

(1) メリーランド
(2) チェサピーク
※湾奥にボルティモア

□3 ★★★
[1★] 州とニュージャージー州にはさまれた [1★] 湾は，河川の河口部が沈水して生じたラッパ状の入り江である [2★★★] の例である。（予想問題）

(1) デラウェア
(2) エスチュアリー（三角江（さんかくこう））
※湾奥にフィラデルフィア

□4 ★
古く大きいハドソン川がアパラチア山脈を横断して流れる。このような谷を [1★] という。（中央大）

(1) 先行谷（せんこうこく）
※地盤の隆起より前に河川が侵食

□5 ★
独立13州のうち，南部には藍や [1★] のプランテーション農場が多く，のちに綿花が主力生産物となる。（早稲田大）

(1) たばこ

□6 ★
マサチューセッツ州の [1★] 岬の沖合に位置する浅堆（ジョージバンク）上は，よい漁場である。（中央大）

(1) コッド

□7 ★ ミシガン湖は運河で［1★］川と結ばれ，五大湖から中西部・南部への起点となっている。（法政大）

(1) ミシシッピ

□8 ★★ ニューヨーク州の東部を南流する［1★★］川は，州都［2★］付近から西に伸びる［3★］運河によりエリー湖と結ばれており，水運面でニューヨーク市の成長に貢献した。（青山学院大）

(1) ハドソン
(2) オールバニ
(3) ニューヨークステートバージ

□9 ★ ［1★］州には観光地として有名な［2★］岬があり，メイフラワー号の乗員が上陸した［3★］はこの砂嘴（さし）の付け根近くに位置する。（青山学院大〈改〉）

(1) マサチューセッツ
(2) コッド
(3) プリマス

□10 ★ イギリスの 13 植民地は，北端のニューハンプシャー州から南端の［1★］州までの 13 州として，［2★］年 7 月 4 日に独立を宣言した。（早稲田大）

(1) ジョージア
(2) 1776
※「いななきロック(1776)で独立宣言」(語呂合わせ)

□11 ★ 17 ～ 19 世紀のアメリカ合衆国では，東部から西へ新たな開拓地を求める人口移動現象，［1★］がみられた。（慶應義塾大）

(1) 西漸運動（せいぜんうんどう）

□12 ★ アメリカ合衆国東部地域の最北端に位置する［1★］州の北半分は，1842 年に［2★］から割譲された。（青山学院大）

(1) メーン
(2) イギリス

□13 ★★★ カナダ西部に位置する［1★★★］山脈の山麓地帯では石油を産し，石油資本が集まる中心都市［2★］は 1988 年，冬季五輪の開催地となった。（東北学院大）

(1) ロッキー
(2) カルガリー

□14 ★ ブリティッシュコロンビア州の州都は［1★］。（西南学院大）

(1) ヴィクトリア
※ヴァンクーヴァー対岸のヴァンクーヴァー島南部の都市

QUESTIONS　まとめの白地図 Q&A　ANSWERS

1 北アメリカの地形1

□1 ア～サの川や湖，運河の名を答えなさい。

□2 A～Eの山脈，及びXの山とYの大地形の名を答えなさい。

□3 ⓐ～ⓖの半島や島，及び1～3の海域の名を答えなさい。

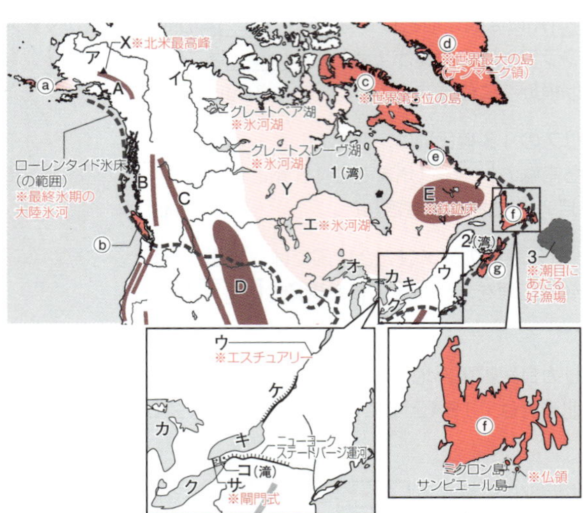

正解　最頻出の用語は下線で表示

1
- ア ユーコン川
- イ マッケンジー川
- ウ <u>セントローレンス川</u>
- エ ウィニペグ湖
- オ <u>スペリオル湖</u>
- カ <u>ヒューロン湖</u>
- キ <u>オンタリオ湖</u>
- ク <u>エリー湖</u>
- ケ セントローレンス海路
- コ ナイアガラ滝
  ※世界三大瀑布
- サ ウェランド運河

2
- A アラスカ山脈
- B 海岸山地
- C <u>ロッキー山脈</u>
- D <u>グレートプレーンズ</u>
- E <u>ラブラドル高原</u>
- X デナリ（旧（きゅう）マッキンリー山）
  ※6,191m
- Y カナダ楯状地

3
- ⓐ アラスカ半島
  ※西にアリューシャン列島
- ⓑ ヴァンクーヴァー島
- ⓒ バッフィン島
  ※日本より広い
- ⓓ <u>グリーンランド島</u>
- ⓔ <u>ラブラドル半島</u>
- ⓕ ニューファンドランド島
- ⓖ ノヴァスコシア半島
- 1 <u>ハドソン湾</u>
  ※氷床消失により地殻上昇中
- 2 セントローレンス湾
- 3 グランドバンク
  ※ラブラドル海流（寒）とメキシコ湾流（暖）

2 北アメリカの地形 2

□1 ア～サの川や湖，運河の名を答えなさい。

□2 A ～ O の山脈や高原，盆地や平野などの名を答えなさい。

□3 1 の半島と 2 の湾の名を答えなさい。

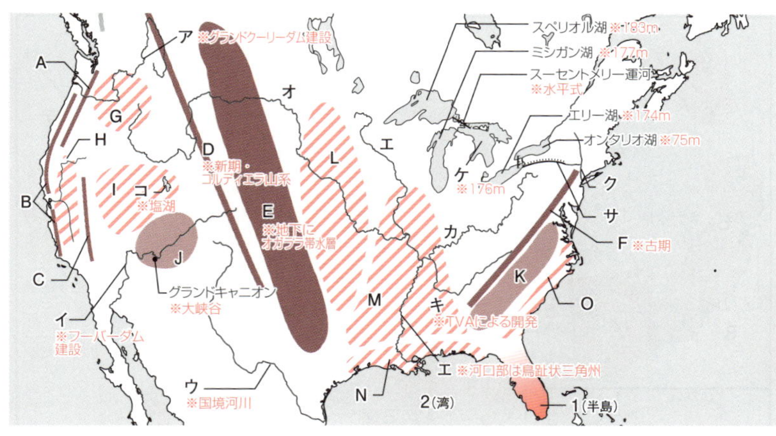

正解

最頻出の用語は下線で表示

1

ア <u>コロンビア川</u>
イ <u>コロラド川</u>
ウ <u>リオグランデ川</u>
エ <u>ミシシッピ川</u>
オ ミズーリ川
カ オハイオ川
キ テネシー川
ク ハドソン川
ケ <u>ヒューロン湖</u>
コ グレートソルト湖
サ ニューヨークステートバージ運河

2

A カスケード山脈
B 海岸山脈
C シエラネヴァダ山脈
D <u>ロッキー山脈</u>
E <u>グレートプレーンズ</u>
F <u>アパラチア山脈</u>
G コロンビア盆地
H セントラルヴァレー
I グレートベースン
J <u>コロラド高原</u>
K ピードモント台地
L <u>プレーリー</u>
M <u>中央平原</u>（ちゅうおう）
N メキシコ湾岸平野
O 大西洋岸平野（たいせいようがん）

3

1 <u>フロリダ半島</u>
2 <u>メキシコ湾</u>

QUESTIONS　まとめの白地図 Q&A　ANSWERS

3 アメリカの州・都市

□1 ア～ネの州名を答えなさい。

□2 1～39 の都市名を答えなさい。

□3 A～I の先端産業集積地名を答えなさい。

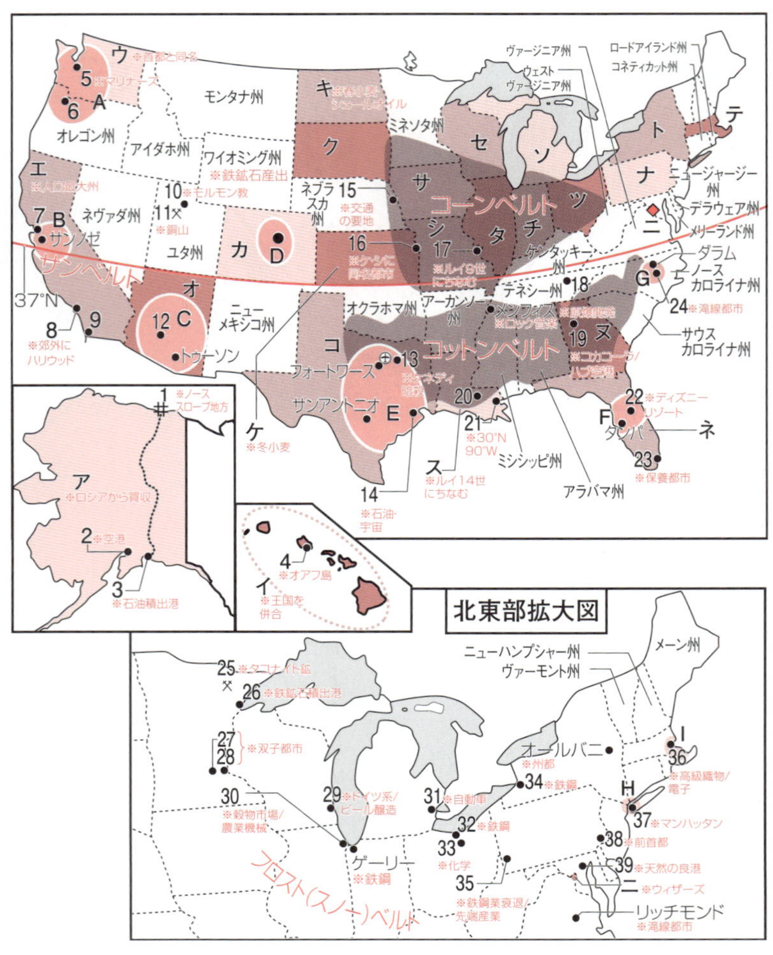

正解　最頻出の用語は下線で表示

1
- ア アラスカ州
- イ ハワイ州
- ウ ワシントン州
- エ カリフォルニア州
- オ アリゾナ州
- カ コロラド州
- キ ノースダコタ州
- ク サウスダコタ州
- ケ カンザス州
- コ テキサス州
- サ アイオワ州
- シ ミズーリ州
- ス ルイジアナ州
- セ ウィスコンシン州
- ソ ミシガン州
- タ イリノイ州
- チ インディアナ州
- ツ オハイオ州
- テ マサチューセッツ州
- ト ニューヨーク州
- ナ ペンシルヴェニア州
- ニ ワシントン D.C.
  ※ District of Columbia
- ヌ ジョージア州
- ネ フロリダ州

2
1 プルドーベイ
※アラスカ油田
2 アンカレジ
3 ヴァルディーズ
4 ホノルル
5 シアトル
6 ポートランド
7 サンフランシスコ
8 ロサンゼルス
9 サンディエゴ
10 ソルトレークシティ
11 ビンガム
12 フェニックス
13 ダラス
14 ヒューストン
15 オマハ
16 カンザスシティ
17 セントルイス
18 オークリッジ
19 アトランタ
20 バトンルージュ
※仏語で「赤い棒」
21 ニューオーリンズ
22 オーランド
23 マイアミ
24 ローリー
25 メサビ
26 ダルース
27 ミネアポリス
28 セントポール
29 ミルウォーキー
30 シカゴ
31 デトロイト
32 クリーヴランド
33 アクロン
※洗剤とは無関係
34 バッファロー
35 ピッツバーグ
36 ボストン
37 ニューヨーク
38 フィラデルフィア
39 ボルティモア
※スパローズポイント製鉄所は閉鎖

3
- A シリコンフォレスト
- B シリコンヴァレー
- C シリコンデザート
- D シリコンマウンテン
- E シリコンプレーン
- F エレクトロニクスベルト
- G リサーチトライアングルパーク
- H シリコンアレー
- I エレクトロニクスハイウェー

QUESTIONS　まとめの白地図 Q&A　ANSWERS

4 カナダの州・都市

□1 ア～ケの州ないし準州の名を答えなさい。

□2 1 ～ 11 の都市名を答えなさい。

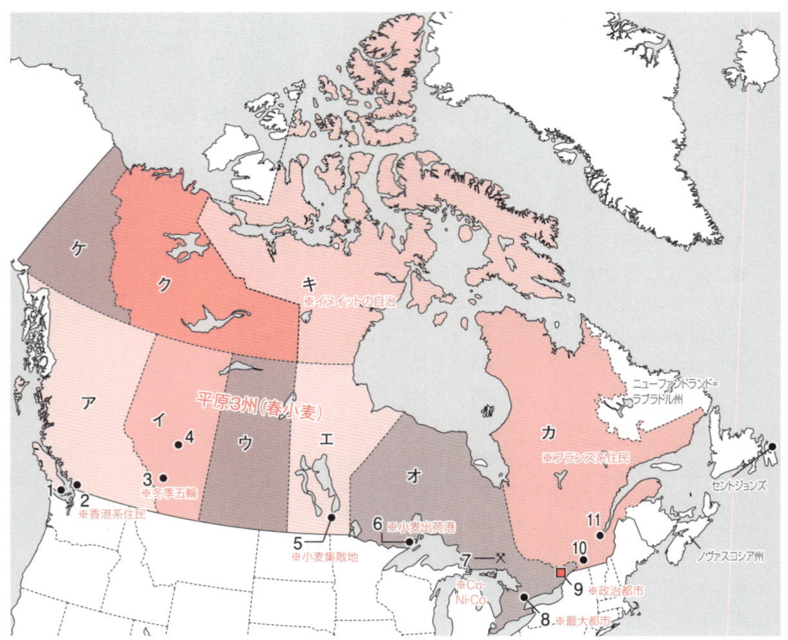

正解　最頻出の用語は下線で表示

1
- ア ブリティッシュコロンビア州
- イ アルバータ州
- ウ サスカチュワン州
- エ マニトバ州
- オ オンタリオ州
- カ <u>ケベック州</u>
- キ ヌナブト準州
- ク ノースウェスト準州
- ケ ユーコン準州

2
- 1 ヴィクトリア
- 2 <u>ヴァンクーヴァー</u>
- 3 カルガリー
- 4 エドモントン
- 5 <u>ウィニペグ</u>
- 6 サンダーベイ
- 7 サドバリ
- 8 <u>トロント</u>
- 9 <u>オタワ</u>
- 10 <u>モントリオール</u>
- 11 ケベック

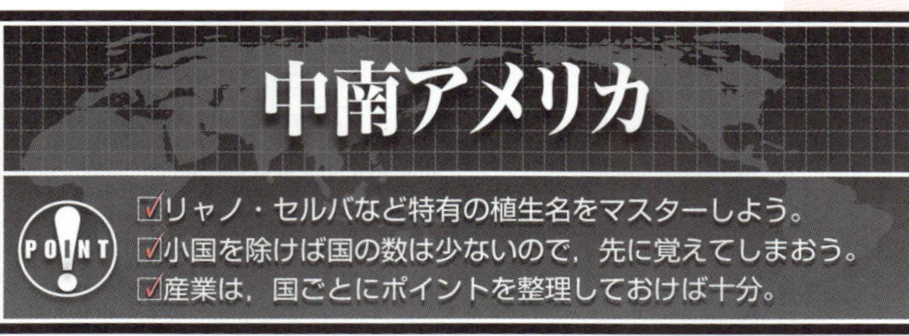

中南アメリカ
POINT
☑リャノ・セルバなど特有の植生名をマスターしよう。
☑小国を除けば国の数は少ないので，先に覚えてしまおう。
☑産業は，国ごとにポイントを整理しておけば十分。

1 中南アメリカの自然環境

□1 ★★
ラテンアメリカの南北の広がりは，北緯32.5度線から南緯56度線まで，約［1★★］〈整数〉千kmに及ぶ。（東北学院大）

(1) 10
※約90度の緯度差＝地球全周4万kmの4分の1

□2 ★★★
南アメリカ大陸の東端は西経約35度線，西端は西経約80度線で，その時差は［1★★★］時間。（愛知大）

(1) 3
※(80－35)÷15(度)＝3(時間)

□3 ★★
東京の対蹠点（たいせき）は［1★★］川河口の東方沖にあたる。（関西学院大〈改〉）

(1) ラプラタ
※対蹠点とは地球の正反対にあたる地点

□4 ★★★
ブラジル高原の大半は［1★★★］気候区。（日本女子大）

(1) サバナ Aw

□5 ★★★
南アメリカ大陸の西海岸を南下していくと，気候区は［1★★★］→サバナ気候→ステップ気候→［2★★★］→ステップ気候→［3★★★］→西岸海洋性気候，の順に並ぶ。（首都大学東京）

(1) 熱帯雨林気候（ねったいうりんきこう） Af
(2) 砂漠気候（さばくきこう） BW
(3) 地中海性気候（ちちゅうかいせいきこう） Cs

□6 ★★★
チリ北部の沿岸部には［1★★★］気候が広がる。中部では，夏季に高温乾燥し冬季に湿潤となる［2★★★］気候がみられる。南部に進むと年平均気温が下がり，1年を通して降水のある［3★★★］気候がみられる。最南部は［4★★］気候で，天候が年中不順かつ多湿である。
〈いずれもケッペン記号〉（関西学院大）

(1) BW
(2) Cs
(3) Cfb
(4) ET
※(1)砂漠，(2)地中海性，(3)西岸海洋性，(4)ツンドラ

□7 ★★
パタゴニアは，［1★★］南部の南緯40度線以南に広がり，アンデス山脈越えの強風が吹き荒れる，低温で少雨の［2★★］に近い状態の土地である。（広島経済大）

(1) アルゼンチン
(2) 砂漠（さばく）
※偏西風の山脈風下にあたる雨陰砂漠

□8 ★★★ 1★★★ 南部では偏西風によって運ばれる海からの湿った大気が山脈に吹きつけ，多量の降雨がもたらされる。これが，南部の特徴的な海岸地形 2★★★ の形成条件の一つとなっている。（早稲田大〈改〉）

(1) チリ
(2) フィヨルド
※ノルウェー西岸と同じ理屈

□9 ★★★ 1★★★ 北部の海岸砂漠である 2★★★ 砂漠は，南方からもたらされる寒冷な大気が 3★★★ 海流によってさらに冷やされ，地表付近に重い冷気がたまって上昇気流が生じにくいために形成された。（早稲田大〈改〉）

(1) チリ
(2) アタカマ
(3) ペルー（フンボルト）
※ペルー沿岸部も同様

〇× □10 ★★★ エルニーニョ現象により，ペルーでは低温少雨となる。（センター）

×
※低温少雨➡高温湿潤

□11 ★★★ アマゾン盆地の熱帯雨林を 1★★★ とよぶ。（成城大）

(1) セルバ

□12 ★★★ ブラジル高原は雨季と乾季がはっきりした 1★★★ 気候帯に属し，半落葉樹の混じる広大な草原が広がる。この地域は 2★★ とよばれている。（広島経済大）

(1) サバナ Aw
(2) カンポセラード（セラード）
※「カンポ（草原・原野）」ともいう。セラードは「（灌木によって）閉ざされた」という意味

□13 ★★ パラグアイ西部～アルゼンチン北部は，固い草の荒野と低木の密林が茂り，1★★ とよばれる。（広島経済大）

(1) グランチャコ
※おもにサバナ気候区

〇× □14 ★★ オリノコ川流域にはリャノとよばれる平原が広がる。（関西学院大）

〇
※ベネズエラ～コロンビアの熱帯草原

□15 ★★★ アルゼンチンの首都を中心に同国の中部に広がる広大な温帯草原は 1★★★ とよばれる。（立教大）

(1) パンパ
※東部が湿潤パンパ，西部が乾燥パンパ

□16 ★★★ ブラジルの国土の5分の4は 1★★★ 気候下にあり，土壌の多くは養分の乏しい 2★★★ である。（明治大）

(1) 熱帯（ねったい）
(2) ラトソル

□17 ★★★ ブラジル高原は玄武岩の風化土である 1★★★ とよばれる肥沃な土壌に恵まれる。（東北学院大）

(1) テラローシャ
※輝緑岩を母材とすることもある

〇× □18 ★★ 南アメリカ大陸の平均高度は北アメリカ大陸よりも低い。（関西学院大）

〇
※南アメリカ 590m，北アメリカ 720m

〇✕ □19 ★★ 南アメリカ大陸の面積は北アメリカ大陸よりも大きい。 (関西学院大)

✕
※アジア>アフリカ>北アメリカ>南アメリカ>南極>ヨーロッパ(ウラル以西)>オセアニア

□20 ★★ 南アメリカ大陸は，巨大な 1★★ 大陸が分裂して生じた。 (中央大)

(1) ゴンドワナ
※ほかにアフリカ大陸，アラビア半島，インド半島，オーストラリア大陸，南極大陸など

□21 ★★★ 西インド諸島の東部には，大西洋 1★★★ で生成され西進する海洋プレートの沈み込みによって生じた顕著な 2★★★ がある。 (法政大)

(1) 中央海嶺(ちゅうおうかいれい)
(2) 海溝(かいこう)
※プエルトリコ海溝

□22 ★★★ 南アメリカ大陸では，大西洋に流れ出る河川が東方の高原を深く侵食して 1★★★ 盆地を形成，北の 2★★ 高地と南のブラジル高原に分断した。 (中央大〈改〉)

(1) アマゾン
(2) ギアナ
※すべて安定陸塊で，高原・盆地は長期の造陸運動による楯状地，盆地は構造平野

〇✕ □23 ★★★ 南アメリカ大陸は，中部から東部はおもに安定陸塊からなるが，西海岸沿いに新期造山帯の山脈が連なっており，地震・火山活動が活発。 (センター)

〇

□24 ★★★ 1960年に 1★★★ の沿岸部で発生した地震では，2★★★ によって日本も深刻な被害を受けた。 (立命館大)

(1) チリ
(2) 津波(つなみ)
※日本での死者・行方不明者142名

〇✕ □25 ★★ アンデス山脈の長さは約8,000kmで，最高峰は4,959mのアコンカグア山である。 (日本女子大)

✕
※4,959m➡6,959m。約7,000mと知っていれば十分

□26 ★★ ボリビアの 1★★ とよばれる標高約3,600mの高原上には，2★ 塩原が広がっている。 (札幌大〈改〉)

(1) アルティプラノ(ボリビア高原(こうげん))
(2) ウユニ
※古代の海底が陸化，リチウム資源が豊富に存在

〇✕ □27 ★★ アンデス山脈の標高3,000m以上の山中にチチカカ湖がある。 (関西学院大)

〇
※ペルー・ボリビア国境

〇✕ □28 ★★★ アマゾン川の源はアンデス山脈の東側。 (関西学院大)

〇
※ペルー南部

□29 ★★ アマゾン盆地最大の都市 [1★★] 付近では，アマゾン支流の水位が年間に 10m 近く変動する。（中央大）
(1) マナオス

□30 ★★ ブラジルと [1★★] の国境には，世界遺産に登録された巨大な [2★★] 滝がある。（札幌大）
(1) アルゼンチン
(2) イグアス

□31 ★★★ アルゼンチンとウルグアイの間の海岸部は，川幅の非常に広い [1★★★] 川によって隔てられる。河口部が沈水したこの地形は [2★★★] とよばれる。（立命館大）
(1) ラプラタ
(2) エスチュアリー（三角江（さんかくこう））

□32 ★★ 東太平洋の赤道付近には，ユネスコの危機遺産に登録された [1★★] 諸島（[2★★] 領）がある。（立教大）
(1) ガラパゴス
(2) エクアドル
※ 2010 年に指定解除

□33 ★★ チリの南端部には，[1★★] 海峡をはさんでフエゴ島がある。（西南学院大）
(1) マゼラン（マガジャーネス）
※島にチリ・アルゼンチン国境が南北に走る

□34 ★★★ アメリカ [1★] の中南部を占めるカリブ海は，中央アメリカ・南アメリカの陸地と [2★★] 諸島に囲まれており，太平洋とは 1914 年に開通した [3★★★] でつながっている。（法政大）
(1) 地中海（ちちゅうかい）
(2) 西（にし）インド
(3) パナマ運河（うんが）
※アメリカ地中海＝カリブ海＋メキシコ湾

□35 ★ 熱帯に位置し [1★] 海流が流入するカリブ海では，[2★] が広範囲に発達している。（法政大）
(1) 北赤道（きたせきどう）
(2) サンゴ礁（しょう）

2 中南アメリカの農牧業

□1 ★★★ ブラジルの経済は，以前は単一作物栽培の [1★★★] 経済とよばれ，不安定な状態にあった。（東北学院大）
(1) モノカルチャー

□2 ★★ ブラジルには，少数の大地主が [1★★] とよばれる大農園を経営する大土地所有制が今も残る。（早稲田大）
(1) ファゼンダ
※ほかの中南米（スペイン語圏）ではアシエンダという

○× □3 ★★★ マナオスはゴムの集散地として発展した。（関西学院大）
○

□4 ★★★ アマゾン盆地では，人々は森から薪・果実などを得ながら，[1★★★] 農業を行ってきた。（中央大）
(1) ［移動式（いどうしき）］焼畑（やきはた）

□5 ★★ 16 ～ 17 世紀，ブラジル北東部の農園ではおもに [1★★] を栽培していた。（日本女子大）
(1) さとうきび

□6 ★★★ [1★★★]は19世紀末までブラジルの総輸出額の70%を占めており，現在も世界一の輸出国だが，現在では総輸出額の数%を占めるにすぎない。(東北学院大)

(1) コーヒー［豆(まめ)］
※産業の多角化でほかの輸出品が増えた

□7 ★ 19世紀以降，サンパウロ州とともに代表的な商品作物の栽培が発展したのは[1★]州。(日本女子大)

(1) パラナ
※コーヒー豆のこと

□8 ★★ コーヒー豆輸入上位国は第1位から[1★★]→[2★]→イタリア→日本(2016年)。(日本女子大〈改〉)

(1) アメリカ合衆国(がっしゅうこく)
(2) ドイツ

□9 ★★ ブラジルでは商品作物の生産は増えたが，自給用根菜作物である[1★★]の生産は減っている。(東北福祉大)

(1) キャッサバ
※アグリビジネスによる支配が強まっている

□10 ★★★ さとうきびによる燃料用エタノールの生産が実用化されている国は，さとうきびの生産量が世界第1位(2017年)の[1★★★]である。(法政大)

(1) ブラジル
※世界生産量の約41%

□11 ★★★ [1★★★]では，冷凍技術の発達により遠隔の大消費地への牛肉の輸出が可能になり，平坦で肥沃な土地に広がる大牧場で牛の飼育が盛んになった。(センター〈改〉)

(1) アルゼンチン
※19世紀後半以降

□12 ★★ アルゼンチンのコルドバとバイアブランカを南北に結ぶ線は[1★★]mmの等降水量線とほぼ一致し，農業地域の境界をなす。その東側は穀物栽培や[2★★]の飼育，西側は[3★★]の飼育が盛ん。(立教大)

(1) 500［550］
(2) 肉牛(にくぎゅう)
(3) 羊(ひつじ)

□13 ★★★ アルゼンチンの肥沃な土壌に恵まれた温帯草原[1★★★]では，[2★★★]やとうもろこしの栽培，肉牛の飼育が盛んである。(立命館大)

(1) パンパ
(2) 小麦(こむぎ)

□14 ★★ アルゼンチンの[1★★]パンパでは，栽培されるとうもろこしやアルファルファが牛の飼育に用いられ，[2★★]パンパでは牧羊が行われている。(慶應義塾大)

(1) 湿潤(しつじゅん)
(2) 乾燥(かんそう)
※飼料作物アルファルファはマメ科の牧草

□15 ★★★ アルゼンチンには[1★★★]とよばれる大地主農場があり，ここで働く牧夫を[2★]という。(慶應義塾大)

(1) エスタンシア
(2) ガウチョ

○× □16 ★★ アルゼンチン及びチリ南部には，寒冷な南西風が卓越する半乾燥の台地が広がり，牧羊が盛ん。(北海道大)

○
※半乾燥の台地パタゴニアは，アルゼンチンとチリにまたがる

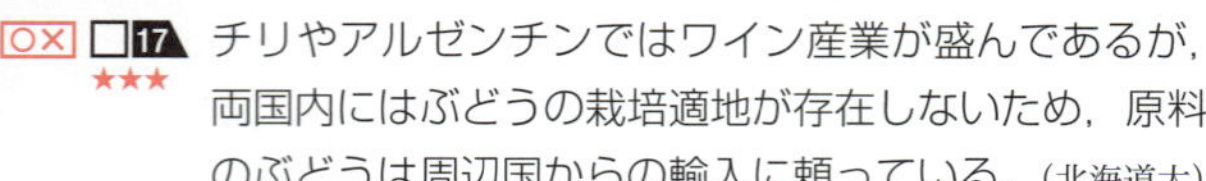

○× □17 ★★★ チリやアルゼンチンではワイン産業が盛んであるが，両国内にはぶどうの栽培適地が存在しないため，原料のぶどうは周辺国からの輸入に頼っている。（北海道大）

×
※チリ中部は地中海性気候でぶどう栽培が盛ん。アルゼンチンのワイン生産は世界第5位(2018年)

○× □18 ★★★ コロンビアは典型的なモノカルチャー経済を脱しておらず，現在でも同国の総輸出額中，コーヒー豆が5割以上を占めている。（北海道大）

×
※原油や石炭の輸出が多く，コーヒー豆は5～6%程度

□19 ★★★ ペルーのキチュア（標高2,300～3,500m）では［1 ★★］の栽培，スニ（3,500～4,000m）ではアンデス原産の［2 ★★★］の栽培，プーナ（4,000m以上）ではアルパカや［3 ★★★］の飼育が行われている。（早稲田大〈改〉）

(1) とうもろこし
(2) じゃがいも
(3) リャマ

○× □20 ★★ ウルグアイにはグランチャコとよばれる熱帯草原が広がっており，肥沃な土壌で小麦・とうもろこしの栽培や，牛・羊の飼育が盛んである。（北海道大）

×
※グランチャコはパラグアイ周辺に分布

□21 ★★★ ペルーの漁獲量の70%を占める魚は［1 ★★★］で，その多くは加工されて［2 ★★★］となっている。（成城大）

(1) かたくちいわし（アンチョビー）
(2) 魚粉（ぎょふん）（フィッシュミール）
※国内で加工され，養殖用のエサとして東アジア・東南アジアに輸出

□22 ★★★ ペルーの漁獲高は，太平洋沖に大規模な［1 ★★★］が発生すると激減し，経済に深刻な打撃を受ける。（成城大）

(1) エルニーニョ現象（げんしょう）
※海面水温上昇で湧昇流がおさえられ，栄養塩減少

□23 ★★★ 西インド諸島では［1 ★★★］・綿花・コーヒー・バナナの生産が盛んで，［2 ★★★］やニッケル鉱の埋蔵にも恵まれている。（法政大）

(1) さとうきび
(2) ボーキサイト

3 中南アメリカの鉱工業

□1 ★★★ ラテンアメリカ諸国で2番目に人口の多い [1★★★] は，世界第1位の生産量を誇る [2★★] や，石油などの鉱産資源に恵まれる（2017年）。（早稲田大〈改〉）

(1) メキシコ
(2) 銀（ぎん）
※サカテカス・パチューカ銀山が有名。第2位ペルー，第3位中国

□2 ★★ ベネズエラは [1★★]・天然ガスなどが豊富。（専修大）

(1) 石油（せきゆ）
※原油埋蔵量世界一（オリノコ重油）

□3 ★★★ リオデジャネイロ北方約300kmで採掘されるミナスジェライス州の代表的地下資源は [1★★★] で，その主産地は [2★★★]。（東北学院大）

(1) 鉄鉱石（てっこうせき）
(2) イタビラ
※イパチンガのウジミナス製鉄所，ヴィトリア港のツバロン製鉄所に供給

□4 ★★ アマゾン地域のパラ州で1967年に発見された [1★★] 鉄山は，世界有数の埋蔵量を誇る。（青山学院大）

(1) カラジャス
※鉄道でサンルイス港に輸送して輸出

○× □5 ★★★ ブラジルでは，天然ガスによる火力発電が総発電量の過半を占めており，電力の一部は周辺諸国に輸出されている。（センター）

×
※水力発電が約66%（2016年）

□6 ★★ ブラジル・[1★★] 国境にあるパラナ川の [2★★] ダムは，世界最大級の発電量を誇る。（東北福祉大）

(1) パラグアイ
(2) イタイプ
※両国で電力折半，(1)余剰分はブラジルに輸出

□7 ★★★ ブラジルではさとうきびを原料として，環境問題の改善に寄与が期待される [1★★★] の生産に力を入れている。（青山学院大）

(1) バイオエタノール
※石油危機の経験からエネルギー政策を見直した

□8 ★★ ブラジルは1980年代以降に [1★★] を開発し，近年，石油の100%自給を達成した。（東北福祉大）

(1) 海底油田（かいていゆでん）
※リオデジャネイロ沖

□9 ★★ [1★★] はペルー中部の露天掘り銅山で，17世紀には南アメリカ最大の銀山だった。（成城大）

(1) セロデパスコ
※はじめは銀鉱を採掘，鉱害による健康被害が深刻

□10 ★ ペルーで産出される鉱産物のうち，最も輸出額が多いものは [1★]（2017年）。（日本女子大）

(1) 銅鉱（どうこう）
※銅鉱27.1%，金16.0%

□11 ★★ ボリビアの [1★★] はかつては銀山，のちに錫山として知られる。（近畿大）

(1) ポトシ
※インディオ強制労働の歴史，現在銀は枯渇

OX □12 ★★ チリのチュキカマタは銅鉱山であり，アメリカ合衆国の資本によって開発された。（関西学院大）

○
※主産国はチリ・中国・ペルー・米国など

□13 ★★★ 1 ★★★〈国名〉の主要輸出品である銅の世界最大級の坑内掘り鉱山 2 ★★ は中部にある。（早稲田大〈改〉）

(1) チリ
(2) エルテニエンテ
※チュキカマタは露天掘り

OX □14 ★★★ ラテンアメリカでは，豊富な自国資本や技術により急速に工業化が進んでいる。（センター）

×
※自国資本は少なく，外国資本の導入を進める

OX □15 ★★★ メキシコでは，研究開発を中心とした宇宙産業が盛んである。（センター）

×
※電気機器などの労働集約的な組立式工業が中心

OX □16 ★★★ ブラジルでは，外国資本による自動車工場の立地が進んでいる。（センター）

○
※ノックダウン生産（部品をもち込み組み立てる）

□17 ★★★ ブラジルの工業の核心地域は国土の 1 ★★★ 部〈八方位〉で，近年は日系人が多い人口最大都市 2 ★★★，世界三大美港の一つ 3 ★★★，ミナスジェライス州の州都 4 ★★ などで重化学工業が発達。（西南学院大〈改〉）

(1) 南東（なんとう）
(2) サンパウロ
(3) リオデジャネイロ
(4) ベロオリゾンテ
※(4)の南に鉄鋼業地域「鉄の四角形」

OX □18 ★★★ アルゼンチンの経済は，高度な技術を用いた航空機産業に支えられて安定している。（センター）

×
※小型航空機産業はブラジル（エンブラエル社）

OX □19 ★★★ チリでは近年，輸出の中心が電気・電子部品に移った。（センター）

×
※今も銅鉱や銅の輸出に経済依存

OX □20 ★★★ エクアドルでは，バナナが総輸出額の第 1 位を占める。（センター）

×
※輸出 1 位は原油

OX □21 ★★★ アルゼンチンの主要な輸出品は穀物である。（センター）

○
※小麦・とうもろこしなど

OX □22 ★★★ メキシコにとって最大の貿易相手国は，ラテンアメリカ NIEs のブラジルである。（センター）

×
※最大の相手国は隣国の米国

OX □23 ★★ マキラドーラは NAFTA によってつくられたメキシコの先端技術産業地区である。（関西学院大）

×
※保税輸出加工区のこと

□24 ★★ ブラジルの東岸と西端の州とを結ぶ道路は 1★★ とよばれる。 (立命館大)

(1) アマゾン横断道路(トランスアマゾニアンハイウェイ)
※パラ州などを通る

□25 ★★★ 南北アメリカ大陸は，最も狭い部分が約 80km の 1★★★ 地峡で隔てられ，1914 年に運河が建設された。このため南アメリカ南端の 2★★ 岬を迂回する必要がなくなった。 (東北学院大)

(1) パナマ
(2) オルノス(ホーン)

□26 ★★★ 1★★★ 運河は拡張工事が 2016 年に完了し，米国のシェールガスを載せてアジアに向かう大型の 2★★ が通行できるようになった。 (予想問題)

(1) パナマ
(2) LNG 船(LNG タンカー)
※通行可能な最大サイズ(パナマックス)が拡大，幅では 32m → 49m に

□27 ★★ パナマにある国際運河沿いの地帯を 1999 年まで租借地としていたのは 1★★ である。 (関西学院大)

(1) アメリカ合衆国

□28 ★ 中央アメリカの主要都市との国際直行便が最も集中する空港は米国の 1★ に所在する。 (明治大〈改〉)

(1) マイアミ
※フロリダ州

□29 ★★ アマゾン川を走る外洋船は 1★★ のイキトスまで航行している。 (中央大)

(1) ペルー
※河口から 3,700km

4 中南アメリカの民族と社会

□1 ★★★ 南アメリカの先住民の祖先は，1★★★ 海峡が陸続きであった頃，アジアからアメリカ大陸に移動したとされる。（立命館大）

(1) ベーリング
※アジア系人種のモンゴロイド

□2 ★★★ メキシコでは，首都周辺に古代 1★★★ 文明の跡が，海浜保養都市 2★ のあるユカタン半島には 3★★ 文明の跡が残されている。（関西大〈改〉）

(1) アステカ
(2) カンクン
(3) マヤ
※テスココ湖に浮かぶ島上にあった(1)の中心地は，現在のメキシコシティ（湖は消滅し盆地化）

□3 ★★ グアテマラでは 1★★ の文化が栄えた。（東北学院大）

(1) マヤ［人］

□4 ★★ 16 世紀以前，今のボリビア付近に支配が及んだ広大な帝国は 1★★ である。（専修大）

(1) インカ帝国

□5 ★★★ 南アメリカには，16 世紀以降に 1★★★ 大陸から多くの奴隷が輸入されたが，彼らはスペイン語圏で 2★★ とよばれる大規模で商業的な農園の労働力として酷使された。（立命館大）

(1) アフリカ
(2) アシエンダ

□6 ★ 南アメリカ大陸諸国のうち，インディオ（インディヘナ）の占める割合が最大の国は 1★ 。（中央大）

(1) ボリビア
※ボリビア 55，ペルー 45 (%)

□7 ★★ ペルーはスペイン語のほかに 1★★ ・アイマラ語を公用語とする。（西南学院大）

(1) ケチュア語
※ボリビアの公用語はスペイン語＋先住民 36 言語

□8 ★★★ 南アメリカのヨーロッパ系移民がおもに信仰する宗教・教派は 1★★★ 教の 2★★★ 。（立命館大）

(1) キリスト
(2) カトリック
※先住民にも広がる

□9 ★★★ ヨーロッパ系住民のうち，ブラジルには 1★★★ 系，アルゼンチンにはイタリア系・2★★★ 系が多い。（広島経済大）

(1) ポルトガル
(2) スペイン
※白人比率はブラジル 54%，アルゼンチン 86%

□10 ★★ ヨーロッパ系移民の人口割合は，モンテビデオを首都とする 1★★ でも比較的高い。（立命館大）

(1) ウルグアイ
※人口の 88%

〇× □11 ★★★ 南アメリカの多くの国ではスペイン語が公用語だが，ブラジルではポルトガル語が公用語である。（センター）

〇

	問題	解答
○× □12 ★★	南アメリカには公用語が英語やオランダ語の国がある。（関西学院大）	○ ※英語はガイアナ，オランダ語はスリナム
□13 ★★★	ブラジルは「人種の [1 ★★★] 」と称される社会を形成している。先住民のインディオ，植民者の [2 ★★★] 人，労働力として強制移住させられたアフリカ系黒人など，これらの人々の間で混血が進んだ。（立命館大）	(1) るつぼ (2) ポルトガル ※米国は「人種のサラダボウル」
□14 ★★★	ブラジルの代表的な民俗舞踊・大衆音楽は [1 ★★★] 。（立命館大）	(1) サンバ ※アフリカ音楽の影響を受けて成立した
□15 ★★★	ペルーには先住民が最も多く，次いで先住民とヨーロッパ系白人との混血 [1 ★★★] が多い。（西南学院大）	(1) メスチソ（メスチーソ・メスティソ）
□16 ★★★	ポルトガル語を公用語とする [1 ★★★] には，[2 ★★] とよばれる白人と黒人の混血者が多い。（早稲田大〈改〉）	(1) ブラジル (2) ムラート
□17 ★★★	南米の [1 ★★★] は，2008 年に日本人移民受け入れ [2 ★] 周年の記念の年を迎えた。この人々はおもに [3 ★] 獲得を求めて入植した。（広島経済大）	(1) ブラジル (2) 100 (3) 自営農地（じえいのうち） ※ 5 22 （P.383 ページ）を参照
○× □18 ★★★	ブラジルでは，かつて工業労働者として受け入れた日本人の子孫が，出稼ぎ労働者として日本に移動する例も多い。（センター）	× ※工業労働者➡農業労働者
□19 ★★★	日本に出稼ぎに来ている日系人のおもな出身国はペルーと [1 ★★★] で，前者は日本の [2 ★★] 地方，後者は [3 ★★] 地方に多く居住している。（成城大）	(1) ブラジル (2) 関東（かんとう） (3) 中部（ちゅうぶ）
○× □20 ★★	ブラジルの人口はロシアより多くインドネシアより少ない。（関西学院大）	○ ※約 2.1 億人

5 中南アメリカの都市・開発・環境問題

□1 ★★ アマゾンの森林減少によって，多数の生物種が絶滅して，［1★★］性が減少してしまう可能性がある。（中央大）

(1) 生物多様（せいぶつたよう）
※種だけでなく，生態系や遺伝子の多様性も減少

□2 ★★★ アマゾンの森林減少は，頻発する山火事と相まって，大気中の［1★★★］濃度の増加をもたらす。（中央大）

(1) 二酸化炭素（にさんかたんそ）（CO_2）

□3 ★★★ 環境と開発に関する国連会議（「地球サミット」）は1992年に［1★★★］市で開催された。（愛知大）

(1) リオデジャネイロ
※都市名はポルトガル語で「1月の川」

□4 ★★ 「空中都市」とよばれ，世界遺産に登録されているペルー南部の遺跡は［1★★］遺跡。（立命館大）

(1) マチュピチュ
※インカ帝国の都クスコ（標高約3,400m）の北西

□5 ★★★ ［1★★★］の首都では，標高の高い盆地に位置することや中古車の使用が多いことなどが原因で，排気ガスによる大気汚染が問題となっている。（センター〈改〉）

(1) メキシコ
※首都はメキシコシティ（標高2,240m）

□6 ★ メキシコでは，ベラクルスとともに首都の外港としての機能を担う［1★］などが，太平洋岸の国際的リゾートとして多くの観光客を集めている。（早稲田大）

(1) アカプルコ
※ユカタン半島のカンクンもリゾート地として有名

○× □7 ★★★ ブラジル北東部では，内陸で干ばつが起きやすく，農村から都市へ人口が流出。（センター）

○
※北東部は貧しい地域

□8 ★★ ブラジルの大都市には［1★★］とよばれるスラムが形成されている。（早稲田大）

(1) ファベーラ
※リオデジャネイロが有名だがどの都市にもある

□9 ★★★ 南アメリカ大陸の赤道付近に位置する国々では，［1★★★］市やキト市に代表される都市がアンデスの高地に立地・発展した。（愛知大）

(1) ボゴタ
※ボゴタはコロンビアの首都

□10 ★★★ エクアドルは赤道上の国だが，首都［1★★★］は海抜約2,800mの高所にあり，過ごしやすい気候である。（西南学院大）

(1) キト

□11 ★★★ ペルーの首都は［1★★★］で，近郊の海岸に面した都市カヤオはその［2★★］の役割を果たしている。（成城大）

(1) リマ
(2) 外港（がいこう）
※リマの標高は12m

□12 ★★ ［1★★］は，標高3,600m以上に位置する［2★★］の首都で，近くに錫鉱山がある。（北海道大〈改〉）

(1) ラパス
(2) ボリビア

□13 ★★★ チリの首都は[1★★★]。（西南学院大）

(1) サンティアゴ
※標高は500m程度

〇× □14 ★★★ マナオスは，アマゾン川中流に位置する河港都市であり，自由貿易地域に指定されたことにより，外国企業の立地が進んでいる。（センター）

〇
※河口から1,500km，国内市場向け輸入代替型製造業が中心

□15 ★★★ ベネズエラの首都[1★★]から，アマゾナス州の州都[2★★★]を経てブラジリアまで南アメリカの幹線道路が通じている。（青山学院大）

(1) カラカス
(2) マナオス

□16 ★ [1★]はパラ州の州都で，アマゾン河口付近に位置し，交易中心地として発展した。（青山学院大）

(1) ベレン
※天然ゴム（パラゴム）の積出港として栄えた

□17 ★★★ 世界最大級の鉄鉱石の埋蔵量をもつ[1★★★]鉄山は，アマゾン開発の拠点であり，積出港である[2★]港まで鉄道が敷設されている。（近畿大〈改〉）

(1) カラジャス
(2) サンルイス
※(1)の製鉄所では周辺の樹林を木炭に加工して利用

□18 ★★★ [1★★★]は1950年代から60年代初頭にかけてブラジル高原のほぼ中央部に建設され，ジェット機をかたどった街路で知られる。（青山学院大）

(1) ブラジリア
※内陸開発の拠点として設計された計画都市，人口は国内第3位

□19 ★★★ [1★★★]は1960年に現在の首都に遷都するまでの間，ブラジルの首都であった。国際的な観光保養地として名高い[2★]海岸が位置する。（青山学院大）

(1) リオデジャネイロ
(2) コパカバーナ
［別イパネマ］
※「イパネマの娘」はボサノヴァ（(1)で生まれた白人音楽）の名曲

□20 ★★ リオデジャネイロは2～3月に行われる[1★★]で有名な観光地である。（関西学院大〈改〉）

(1) カーニバル
※サンバを踊るカーニバル（謝肉祭）はアフリカ文化とラテン文化の融合

□21 ★★★ [1★★★]はブラジル最大の人口を有する商工業都市。19世紀後半以降，[2★★★]の集散地として発展した。（青山学院大）

(1) サンパウロ
(2) コーヒー［豆］
※日系人が多く居住

□22 ★★ 1908年に第1回ブラジル移民船「笠戸丸」はブラジルの港湾都市[1★★]に入港した。（立命館大）

(1) サントス
※サンパウロの外港

□23 ★★★ [1★★★]は温暖湿潤気候に属し，広大な温帯草原の農牧業地帯を後背地として発展した。農産加工のほか，金属・化学などの各種工業が発達している。（北海道大）

(1) ブエノスアイレス
※ラプラタ川河口のアルゼンチンの首都

6 中南アメリカの国家

□1 ★
ブラジルの国土は南アメリカ大陸の約 [1★] 割を占める。（日本女子大〈改〉）
(1) 5
※47%

□2 ★★★
ブラジルは16世紀 [1★★★] 領となった。（東北福祉大）
(1) ポルトガル

□3 ★★★
中央アメリカの大部分を植民地としていたのは，ヨーロッパの [1★★★] である。（関西学院大）
(1) スペイン
※1494年トルデシリャス条約で西経46.6°以西はスペイン領，のちにブラジルがポルトガル領に

□4 ★
ベネズエラの東隣のガイアナは [1★] から独立し，ボーキサイトの産出が多いスリナムは [2★] から独立したが，スリナムの東隣の [3★] は現在も [4★] の領土である。（立命館大）
(1) イギリス
(2) オランダ
(3) ギアナ
(4) フランス

□5 ★★
[1★★] 島は，東のドミニカ共和国と西のハイチによって二分されている。（関西大〈改〉）
(1) イスパニョーラ

□6 ★★★
1982年，[1★★★] は [2★★★] 諸島の領有をめぐってアルゼンチンと戦争し，勝利した。（関西学院大〈改〉）
(1) イギリス
(2) フォークランド
※スペイン語名マルビナス

〇× □7 ★
南アメリカに立憲君主制の国はない。（関西学院大）
○

□8 ★★
カリブ海諸国とは，中央アメリカの [1★] を除いた6ヵ国と [2★★] 諸島の国々及び南アメリカの [3★★]・[4★★]（順不同）の2ヵ国を指す。（法政大）
(1) エルサルバドル
(2) 西（にし）インド
(3) コロンビア
(4) ベネズエラ
※(1)は太平洋側

□9 ★★
MERCOSUR加盟国は [1★★]・[2★★]（順不同）・ウルグアイ・パラグアイ・アルゼンチン。（慶應義塾大）
(1) ブラジル
(2) ベネズエラ
※南米南部共同市場，ただし(2)は資格停止中

□10 ★
[1★]・コロンビア・ペルー・ボリビアの4ヵ国で構成される地域統合は [2★]。（慶應義塾大）
(1) エクアドル
(2) アンデス共同体（きょうどうたい）(CAN)

□11 ★
[1★] が主導し，ホンジュラス・グアテマラ・ニカラグア・コスタリカ・エルサルバドルなどが加盟する中米自由貿易協定の略称は [2★]。（慶應義塾大〈改〉）
(1) アメリカ合衆国（がっしゅうこく）
(2) CAFTA
※ドミニカ共和国を含む場合はCAFTA-RDと表記

7 中南アメリカの国名判定問題

□1 ★★★
[1★★★]川などを国境として北側の大国と接する中央アメリカの[2★★★]には，かつては[3★★]とよばれる大地主所有地が多かった。先住民[4★★★]とヨーロッパ系移民との混血[5★★★]が多い。（立命館大）

(1)リオグランデ
(2)メキシコ
(3)アシエンダ
(4)インディオ
(5)メスチソ

□2 ★★★
[1★★★]はラテンアメリカ初のOECD加盟国であり，豊富な石油資源も有する。主要貿易相手はアメリカ合衆国である。首都の大部分は湖の埋立地で，周辺に巨大なスラムが広がる。（明治大）

(1)メキシコ
※1994年NAFTA(北アメリカ自由貿易協定）締結後，米国依存の経済成長

□3 ★★
キューバやパナマと並んでアメリカ合衆国の国外軍事基地が存在する[1★★]は，熱帯雨林地域に散在する[2★]遺跡が名高い。（明治大）

(1)ホンジュラス
(2)マヤ

□4 ★★
常備軍をもたない[1★★]は，熱帯雨林や活火山など豊かな自然環境を国立公園として保護し，観光政策として[2★★]を推進している。（明治大〈改〉）

(1)コスタリカ
(2)エコツーリズム
※Intelの半導体工場があったが撤退，ベトナム移転

□5 ★★★
[1★★★]は南北アメリカ大陸の地峡部にあり，[2★★★]が1999年まで管理していた運河が中央部にある。船舶にかかる税金が安いことから，商船船腹量の多い便宜置籍船国となっている。（明治大）

(1)パナマ
(2)アメリカ合衆国（がっしゅうこく）
※商船船腹量は船籍ベースで世界一（船主は他国）

□6 ★★★
[1★★]海で最大の島を有する[2★★★]は，ラテンアメリカ最初の社会主義国。全土が熱帯だが[3★★]〈八方位〉から吹く貿易風帯に入っているため，しのぎやすい。8～9月には熱帯低気圧[4★★★]により被災することもある。白人が最も多く，白人と黒人の混血[5★★]が続く。（立命館大）

(1)カリブ
(2)キューバ
(3)北東（ほくとう）
(4)ハリケーン
(5)ムラート
※首都ハバナ

□7 ★★★
[1★★★]は，大・小アンティル諸島とバハマ諸島からなる[2★★]諸島の一部に属する。主要農産物は，砂糖・コーヒー（ブルーマウンテン）。オーストラリア・ギニアと並び[3★★★]の採掘も盛ん。（立命館大）

(1)ジャマイカ
(2)西（にし）インド
(3)ボーキサイト

□8 ★★★ 西インド諸島で2番目に大きな面積をもつ島にある [1★★★] では，[2★★] 栽培の労働力を確保するため，アフリカから奴隷の強制移住を進め，人口の大半を黒人が占めている。1804年，旧宗主国 [3★★] から独立，ラテンアメリカ最初の独立国となった。（早稲田大〈改〉）

(1) ハイチ
(2) さとうきび
(3) フランス
※2010年の大地震で首都ポルトープランスに甚大な被害

□9 ★★★ イスパニョーラ島東方の [1★★★] 島は，アメリカ合衆国の自由連合州で合衆国本土への移住者が多い。（関西大〈改〉）

(1) プエルトリコ

□10 ★★★ [1★★★] は1999年に国名に独立運動の指導者名「ボリバル」を加えた正式名称に改称した。（明治大〈改〉）

(1) ベネズエラ
※ベネズエラ＝ボリバル共和国，首都はカラカス

□11 ★★★ [1★★★] は，[2★★] 湖の周辺や東部に油田があり産油国として知られる。中央部の [3★★] とよばれる熱帯草原の [4★★] 川流域には超重質の [4★★] タールの埋蔵が多い。（関西大〈改〉）

(1) ベネズエラ
(2) マラカイボ
(3) リャノ
(4) オリノコ
※OPEC（石油輸出国機構）の原加盟国

○× □12 ★★ ベネズエラでは，1999年以降，反米政権による強権的な政治が続いたが，資源輸出によって経済は安定している。（予想問題）

×
※米国の制裁や原油価格低迷で経済・社会は混乱，難民・移民流出が深刻

□13 ★★★ [1★★★] の中央部にはアンデス山脈が走る。1992年にOPECを脱退したが，2007年に再加盟。[2★★] の輸出量が世界一。首都 [3★★★] の標高約2,800mは，首都として世界2番目の高さ。（成城大）

(1) エクアドル
(2) バナナ
(3) キト

□14 ★★★ [1★★★] は [2★★] 海と太平洋に面しており，国土の40%がアンデス山脈にある。世界第3位のコーヒー生産国で，石炭埋蔵量は南アメリカ最大。首都は [3★★]。（成城大〈改〉）

(1) コロンビア
(2) カリブ
(3) ボゴタ
※2016年，長く続いた政府とゲリラの内戦が終結

□15 ★★★ [1★★★] は，ナスカの地上絵，シカン，コトシュなど古代文明の遺跡が多い。海岸地域は [2★] とよばれ，首都 [3★★] などの大都市が集中する。（西南学院大）

(1) ペルー
(2) コスタ
(3) リマ

□16 ★★★
南アメリカ大陸西部の赤道から南緯 20 度線にかけて国土が広がる [1★★★] では，古代帝国の首都 [2★★] などの冷涼な高地において都市や避暑地が発達している。 (早稲田大〈改〉)

(1) ペルー
(2) クスコ

□17 ★★
[1★] では，1834 年の奴隷制度廃止後，労働力を補充するため，この国同様にイギリス植民地であった [2★★] からの移民が導入され，現在では人口の 43% を占めている。[3★★] や金・ダイヤモンドなどの鉱産資源に恵まれる。 (早稲田大〈改〉)

(1) ガイアナ
(2) インド
(3) ボーキサイト
※旧英領。首都ジョージタウンにカリブ共同体（CARICOM）の本部

□18 ★★
[1★★] はフランスの海外県であるフランス領ギアナの隣にあり，カリブ共同体に加盟している。ボーキサイト・金などが産出される。インド系・ジャワ系の住民も多い。公用語は [2★★] 語。 (明治大〈改〉)

(1) スリナム
(2) オランダ
※旧オランダ領，首都はパラマリボ

□19 ★★★
世界最高所の首都があるのは [1★★★]。（ただし事実上の首都である） (東北学院大〈改〉)

(1) ボリビア
※事実上の首都ラパスの空港は 4,000m 超（憲法上の首都スクレは約 2,800m）

□20 ★★★
[1★★★] 北東部の沿岸は [2★★★] による植民地開発が開始された地域である。海岸から 150km ほど内陸に入ると半乾燥地域が広がり，[3★] とよばれるトゲの多い低木やサボテンが混在する植生がみられる。非常に貧しい地域で，政府は [4★] 川のソブラジーニョダム建設をはじめ，地域開発事業を行っている。 (早稲田大〈改〉)

(1) ブラジル
(2) ポルトガル
(3) カーチンガ
(4) サンフランシスコ
※ノルデステ地方とよばれる

□21 ★★★
[1★★★] ではキリスト教徒が約 9 割を占める。公用語は [2★★★] 語。大陸中最大の工業国であり，自動車・航空機の製造が盛ん。新車の大半がバイオエタノールに対応。 (学習院大〈改〉)

(1) ブラジル
(2) ポルトガル
※ガソリンとエタノールの両方が使えるフレックス燃料車が普及

□22 ★★★
[1★★★] ではキリスト教徒が約 8 割を占める。[2★★★] 川流域の [3★★★] は広大な平原で，北部の [4★★] は草原地帯。主要産業は食肉や小麦などの穀物生産。 (学習院大)

(1) アルゼンチン
(2) ラプラタ
(3) パンパ
(4) グランチャコ
※カトリック 70%，プロテスタント 9%

□23 ★★
［1 ★★］の主要産業は農畜産業で，少数の大地主による大土地所有制度が残る。西部には乾燥した大平原グランチャコが広がる。国境沿いの［2 ★★］川にはイタイプ発電所があり，電力には恵まれている。（明治大）

(1) パラグアイ
(2) パラナ
※主要輸出品は農畜産物と電力

□24 ★★★
［1 ★★★］ではキリスト教徒が87.1％を占める。大陸南西部に位置し，［2 ★★★］山脈に沿う南北4,300kmに及ぶ国。最大の産業は鉱業で［3 ★★★］の生産が世界一。（学習院大）

(1) チリ
(2) アンデス
(3) 銅鉱（どうこう）

STEPUP 二十二

さらに得点アップさせたい人のための
ステップアップ問題

□1 ★ アンデス山脈は，南アメリカプレートの下に 1★ プレートが潜り込んだために形成された。（中央大）

(1) ナスカ
※ナスカの地上絵はペルーにある

□2 ★ ボリビア・パラグアイ・ブラジルにまたがる世界最大の湿地を 1★ という。（関西学院大）

(1) パンタナル

□3 ★ ペルーでは土地改革により大土地所有が解体され，農業経営は家族経営・共同体の土地保有・ 1★ の3形態になった。（成城大）

(1) 農業協同組合(のうぎょうきょうどうくみあい)の土地保有(とちほゆう)

□4 ★ フロリダ半島に近いバハマ諸島の南東部に位置する 1★ 島は，1492年にコロンブスが新大陸探検の第一歩を印した島として知られる。（関西大〈改〉）

(1) サンサルヴァドル
※エルサルバドルの首都と同名

□5 ★ ペルーは，山岳・高地，森林，そして 1★ とよばれる海岸の3地域に大別される。（西南学院大）

(1) コスタ
※もちろんスペイン語

□6 ★ ブラジルの 1★ はアマゾン横断道路の東端で，フォルタレーザとサルヴァドルのほぼ中間に位置する。（青山学院大）

(1) レシフェ
※大陸東端ブランコ岬の近く

□7 ★ カリブ海のタックス＝ヘイブン（租税回避地）として有名なイギリスの属領は 1★ である。（明治大）

(1) ケーマン（ケイマン）諸島(しょとう)
※中心都市ジョージタウン

□8 ★ カリブ海にあるフランスの海外県には， 1★ やマルティニークがある。（明治大〈改〉）

(1) グアドループ

□9 ★ 中央アメリカ地峡部の 1★ は英語を公用語とする立憲君主国である。（東北学院大）

(1) ベリーズ
※1981年イギリスから独立した,中米で一番新しい国

□10 ★ 1★ は英語を公用語とし，国名と同名の諸島を領有する。なお，この諸島と大・小アンティル諸島の総称が西インド諸島である。（青山学院大）

(1) バハマ

QUESTIONS　まとめの白地図 Q&A　ANSWERS

1 中央アメリカ・カリブ海諸国の地形

□1 ⓐ・ⓑの河川とⓧの運河の名を答えなさい。

□2 A～Eの山脈や高原の名を答えなさい。

□3 あ～きの半島などの名や，ア～キの諸島や属する島の名称を答えなさい。

□4 ①～④の海域の名を答えなさい。

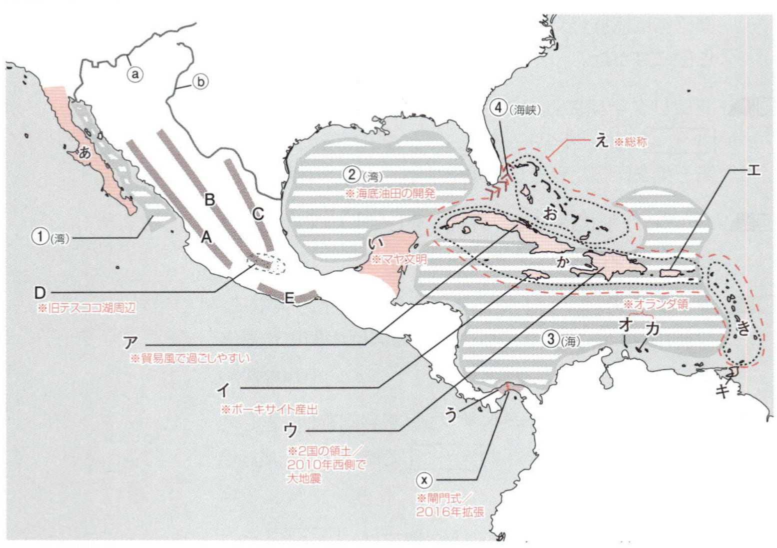

正解　最頻出の用語は下線で表示

1 ⓐ コロラド川
ⓑ リオグランデ川
ⓧ <u>パナマ運河</u>

2 A 西(にし)シエラマドレ山脈
B メキシコ高原
C 東(ひがし)シエラマドレ山脈
D アナワク高原
E 南(みなみ)シエラマドレ山脈

3 あ カリフォルニア半島
い ユカタン半島
う パナマ地峡
え <u>西(にし)インド諸島</u>
お バハマ諸島
か 大(だい)アンティル諸島
き 小(しょう)アンティル諸島
ア <u>キューバ島</u>
イ ジャマイカ島
※ブルーマウンテンはコーヒー豆産地
ウ イスパニョーラ島
エ プエルトリコ島
オ アルバ島
カ キュラソー島
キ トリニダード島

4 ① カリフォルニア湾
② メキシコ湾
③ <u>カリブ海</u>
④ フロリダ海峡

QUESTIONS　まとめの白地図 Q&A　ANSWERS

2 中央アメリカ・カリブ海諸国の国家と都市

□1 A～Jの国名と首都名及び自治領Kの名称を答えなさい。

□2 1～9の都市の名を答えなさい。

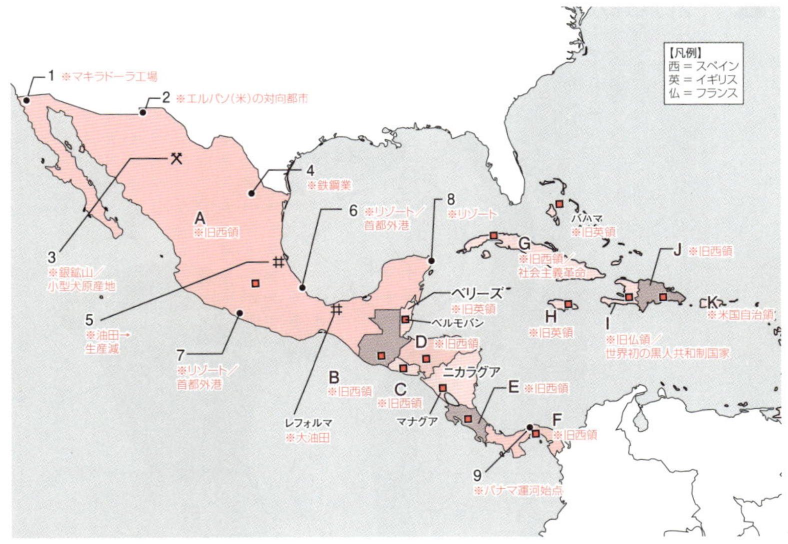

正解　最頻出の用語は下線で表示

1
- A メキシコ，メキシコシティ
- B グアテマラ，グアテマラシティ
- C エルサルバドル，サンサルバドル
- D ホンジュラス，テグシガルパ
- E コスタリカ，サンホセ
- F <u>パナマ，パナマシティ</u>
- G <u>キューバ，ハバナ</u>
- H <u>ジャマイカ，キングストン</u>
- I ハイチ，ポルトープランス
  ※ラテンアメリカ初の独立国でもある
- J ドミニカ共和国，サントドミンゴ
  ※ドミニカ国と区別
- K プエルトリコ

2
- 1 ティファナ
- 2 シウダーファレス
- 3 チワワ
- 4 モンテレー
- 5 タンピコ
- 6 ベラクルス
- 7 アカプルコ
- 8 カンクン
- 9 コロン

QUESTIONS　まとめの白地図 Q&A　ANSWERS

3 中南アメリカの地形

□1 ⓐ～ⓖの河川，ⓗの滝，ⓘの塩原，ⓙ・ⓚの湖の名を答えなさい。

□2 A～Dの山脈・高地・高原，Eの山，Fの盆地，P～Yの植生などの名を答えなさい。

□3 ア～エの島などの名を答えなさい。

□4 1・2の海域の名を答えなさい。

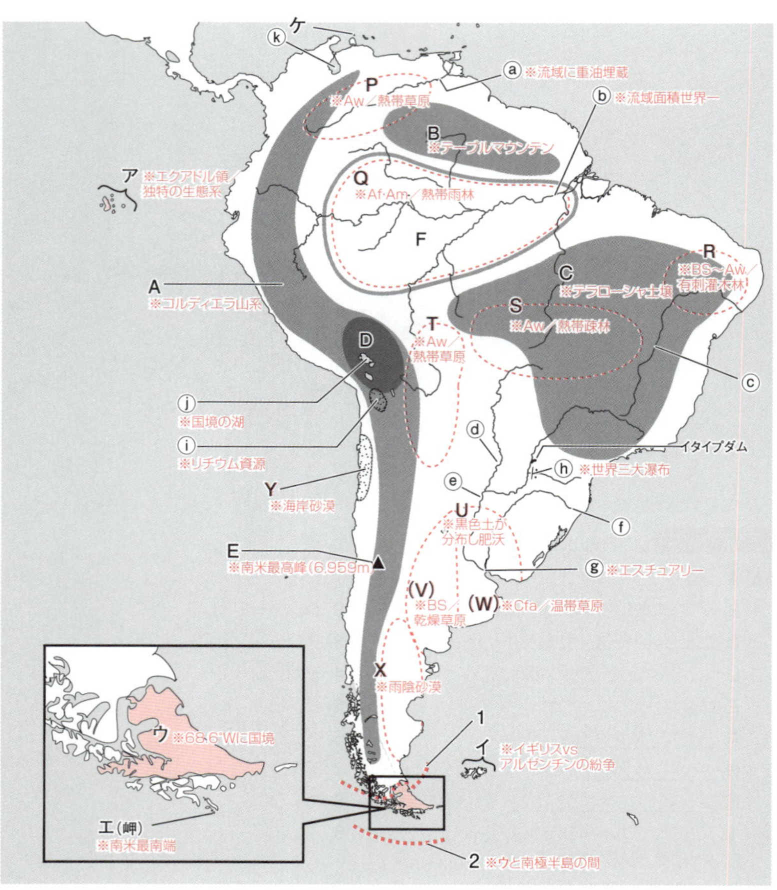

正解　最頻出の用語は下線で表示

1
ⓐ オリノコ川
ⓑ アマゾン川
ⓒ サンフランシスコ川
ⓓ パラグアイ川
ⓔ パラナ川
ⓕ ウルグアイ川
ⓖ ラプラタ川
※ⓔとⓕの合流後の名称
ⓗ イグアス滝
ⓘ ウユニ塩原
ⓙ チチカカ湖
ⓚ マラカイボ湖

2
A アンデス山脈
B ギアナ高地
C ブラジル高原
D アルティプラノ（ボリビア高原）
※スペイン語で「高い平地」
E アコンカグア山
F アマゾン盆地
P リャノ
※コロンビア～ベネズエラ
Q セルバ
R カーチンガ
S カンポセラード
※南部の草原カンポ，北部の疎林セラードと区別する場合もある
T グランチャコ
U パンパ
V 乾燥（かんそう）パンパ
W 湿潤（しつじゅん）パンパ
X パタゴニア
※山脈を越える偏西風が風上で雨を落とした後，風下に吹き下ろして乾燥させる
Y アタカマ砂漠
※ペルー海流（寒流）の影響。ペルー沿岸まで砂漠気候が続く

3
ア ガラパゴス諸島
イ フォークランド諸島
※アルゼンチン名マルビナス
ウ フエゴ島
エ オルノス（ホーン）岬

4
1 マゼラン（マガジャーネス）海峡
※マガジャーネスはマゼランのスペイン語読み
2 ドレーク海峡

QUESTIONS　まとめの白地図 Q&A　ANSWERS

4 中南アメリカの国家・都市

□1 A～Mの国名と首都名を答えなさい（ただし，Eはある国の海外県）。

□2 M国の主要州ⓐ～ⓕの州名を答えなさい。

□3 1～34の都市名を答えなさい。

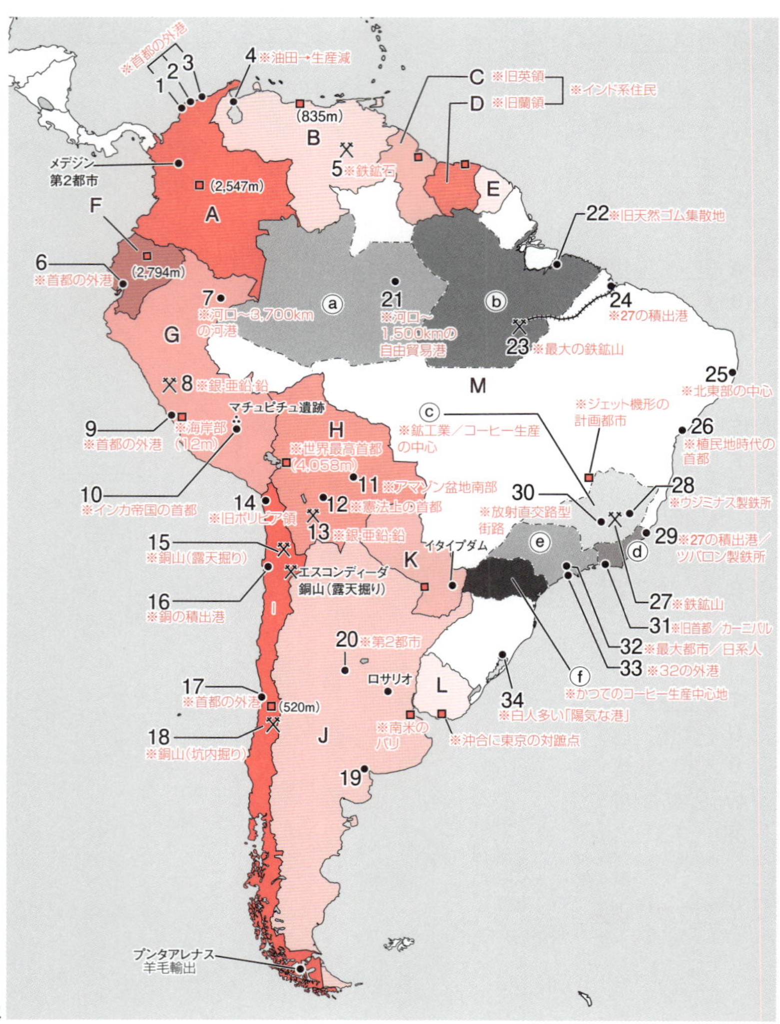

正解 最頻出の用語は下線で表示

1
A コロンビア,ボゴタ
※国名はコロンブスに由来
B ベネズエラ,カラカス
※正式名ベネズエラ＝ボリバル共和国
C ガイアナ,ジョージタウン
D スリナム,パラマリボ
E フランス領ギアナ
※中心都市カエンヌ
F エクアドル,キト
G ペルー,リマ
H ボリビア,ラパス
※正式名ボリビア多民族国（ボリバルに由来），ラパスは事実上の首都
I チリ,サンティアゴ
J アルゼンチン,ブエノスアイレス
K パラグアイ,アスンシオン
L ウルグアイ,モンテビデオ
M ブラジル,ブラジリア

2
ⓐ アマゾナス州
ⓑ パラ州
ⓒ ミナスジェライス州
ⓓ リオデジャネイロ州
ⓔ サンパウロ州
ⓕ パラナ州 ※霜害によりコーヒー減産

3
1 カルタヘナ
2 バランキジャ
3 サンタマルタ
4 マラカイボ
5 セロボリバル
6 グアヤキル
7 イキトス
8 セロデパスコ
9 カヤオ
10 クスコ
11 サンタクルス
12 スクレ
13 ポトシ
14 アリーカ
※18～19C「太平洋戦争」（チリ vs ボリビア）でチリがラパスの外港を奪った
15 チュキカマタ
16 アントファガスタ
17 バルパライソ
18 エルテニエンテ
19 バイアブランカ
20 コルドバ
※19～20は乾燥／湿潤パンパの境界
21 マナオス
22 ベレン
23 カラジャス
24 サンルイス
25 レシフェ
26 サルヴァドル
27 イタビラ
28 イパチンガ
29 ヴィトリア
30 ベロオリゾンテ
31 リオデジャネイロ
32 サンパウロ
33 サントス
34 ポルトアレグレ

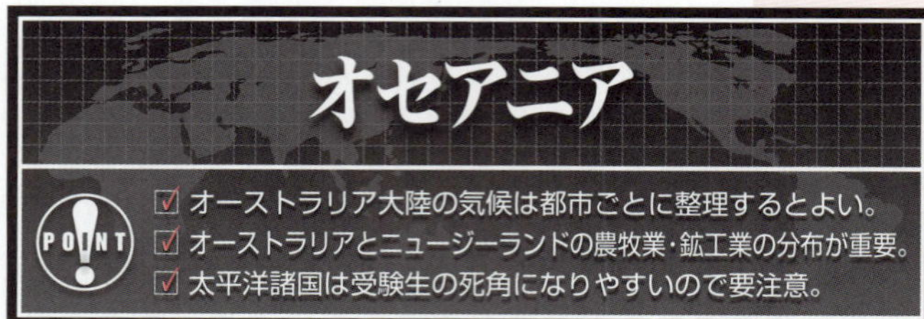

オセアニア
POINT
オーストラリア大陸の気候は都市ごとに整理するとよい。
オーストラリアとニュージーランドの農牧業・鉱工業の分布が重要。
太平洋諸国は受験生の死角になりやすいので要注意。

1 オセアニアの自然環境

□1 ★★ 太平洋の島々でほぼ180度経線以東の地域は，「多くの島々」を意味する［1 ★★］。（早稲田大〈改〉）

(1) ポリネシア
※イースター島(チリ)・ハワイ諸島・ニュージーランドを結ぶ三角形地域

□2 ★★ 太平洋の島々でほぼ赤道以北・180度経線以西の地域は，「小さい島々」を意味する［1 ★★］。（早稲田大〈改〉）

(1) ミクロネシア
※パラオ・ミクロネシア連邦・マーシャル諸島・グアム島など

□3 ★★ 太平洋の島々でほぼ赤道以南・180度経線以西の地域は，「黒い島々」を意味する［1 ★★］。（早稲田大〈改〉）

(1) メラネシア
※フィジー諸島など

□4 ★★ オーストラリア大陸はほぼ南緯［1 ★★］度と［2 ★★］度の間におさまっている。〈数値はいずれも10の倍数〉（関西大）

(1) 10
(2) 40

〇✕ □5 ★★ タスマニア島は北半球の北海道とほぼ同じ緯度帯に位置している。（関西学院大）

〇
※ 40°～45°帯

□6 ★★★ 1959年にアメリカ合衆国の50番目の州となった諸島は，赤道より［1 ★★★］，日付変更線より［2 ★★★］にある。〈いずれも四方位で答える〉（早稲田大）

(1) 北（きた）
(2) 東（ひがし）
※ハワイ諸島

□7 ★★★ オーストラリア大陸の内陸部の気候はほとんど［1 ★★★］気候とステップ気候である。（成城大〈改〉）

(1) 砂漠（さばく） BW
※国土の53%が年降水量300mm未満の乾燥地域

□8 ★★★ オーストラリア大陸の東部では［1 ★★★］気候，南東部では［2 ★★★］気候，南部・南西部では［3 ★★★］気候が卓越する。（國學院大）

(1) 温暖湿潤（おんだんしつじゅん） Cfa
(2) 西岸海洋性（せいがんかいようせい） Cfb
(3) 地中海性（ちちゅうかいせい） Cs

□9 ★★★ ダーウィンは［1 ★★★］気候，パースは［2 ★★★］気候，ブリズベンは［3 ★★］気候。〈いずれもケッペン記号〉（関西学院大）

(1) Aw
(2) Cs
(3) Cfa

□10 ★★ オーストラリア大陸で雨が少ない理由の一つは，寒気団と暖気団の境界にあたる，日本近くで［1★★］とよばれるような雨の原因が，［2★★］〈季節〉にかろうじて南端にかかるだけで，大陸上では発生しにくいことによる。（早稲田大）

(1) 梅雨前線［別 寒帯前線］
(2) 冬

〇×　□11 ★ オーストラリア南東部の山脈の南部一帯では，冬季に海からの湿った空気が流れ込むため降雪があり，山麓にはスキー場が開設されている。（関西学院大）

〇
※グレートディヴァイディング山脈南部のオーストラリアアルプス山脈

□12 ★★★ ニュージーランドの国土は［1★★★］気候に属する。［2★★★］が卓越する影響で，南島では西岸に降水量が多いため牧畜・酪農が営まれ，東岸では降水量が少ないため牧羊・小麦栽培が盛んである。（駒澤大）

(1) 西岸海洋性 Cfb
(2) 偏西風

□13 ★★★ ニュージーランド南島のサザンアルプス山脈の東側に広がる［1★］平野は，山脈によって［2★★★］の影響が遮られ，山脈の西側に比べて乾燥する。（東海大）

(1) カンタベリー
(2) 偏西風

□14 ★★ ハワイ諸島最大の島では，ほぼ1年を通して［1★★］風〈八方位〉が卓越する。（早稲田大）

(1) 北東
※ハワイ島に吹く貿易風

□15 ★★ オーストラリアではユーカリ属やアカシア属などの［1★★］林が発達している。（関西学院大〈改〉）

(1) 硬葉樹

〇×　□16 ★★★ ニュージーランドは温帯混合（混交）林が発達する木材輸出国である。（関西大）

〇

〇×　□17 ★★★ オーストラリア国土の大部分は安定陸塊。（関西学院大）

〇

□18 ★★ 1億8千万年ほど前に大きな大陸が2つに分離した。オーストラリア大陸は，そのうちの［1★★］大陸に含まれ，さらに5000万年前には［2★★］大陸と分離して現在の位置に移動したといわれる。（法政大）

(1) ゴンドワナ
(2) 南極
※「大きな大陸」＝パンゲアは(1)とローラシア大陸に分裂

□19 ★★ オーストラリア大陸北東部の海岸にある大サンゴ礁である［1★★］は，観光地として知られる。（成城大）

(1) グレートバリアリーフ（大堡礁）

□20 ★★★ オーストラリア大陸のほぼ中央には先住民の聖地でもある［1★★］がありその周辺が安定陸塊の代表的な地形，［2★★★］であることを証明している。（法政大）

(1) ウルル（エアーズロック）
(2) 楯状地（たてじょうち）
※世界複合遺産

〇✕ □21 ★★★ オーストラリア大陸は，中部から西部は安定陸塊だが，東部沿岸に新期造山帯の山脈があり，そこで地震・火山活動が活発。（センター）

✕
※東部沿岸は古期造山帯

□22 ★★★ オーストラリアの東岸を南北に走る高地は［1★★★］に属し，長大な［2★★★］（大分水嶺）山脈がある。（駒澤大）

(1) 古期造山帯（こきぞうざんたい）
(2) グレートディヴァイディング

□23 ★★★ オーストラリアの中央東部の低地は，地盤が広い範囲で曲降する［1★★★］平野になっており，広大な［2★★★］盆地がある。（駒澤大）

(1) 構造（こうぞう）
(2) グレートアーテジアン（大鑽井（だいさんせい））
※アーテジアン(ウェル)は被圧地下水の自噴井，鑽井は掘り抜き井戸のこと

□24 ★★ オーストラリア大陸中央の南東部には，マリー川や［1★★］の流れる低地が広がっている。（近畿大）

(1) ダーリング川（がわ）
※(1)はマリー川の支流

□25 ★★ オーストラリア大陸の中央部には，南側に［1★★］砂漠や，北側にタナミ砂漠などの乾燥地域が広がっている。（西南学院大）

(1) グレートヴィクトリア
※西部にはグレートサンディー砂漠，ギブソン砂漠

□26 ★★ オーストラリア大陸のバス海峡をはさんだ向かい側には［1★★］島が存在する。（西南学院大）

(1) タスマニア
※肉食有袋（ゆうたい）類のタスマニアデビルで有名

〇✕ □27 ★★★ ニュージーランド北島はおもに安定陸塊からなるが，南島は新期造山帯に属しており地震・火山活動が活発である。（センター）

✕
※北島も新期造山帯の環太平洋造山帯の一部

〇✕ □28 ★★★ ニュージーランド北島の山麓にはカール，沿岸部にはフィヨルドなどの氷河地形がみられる。（関西学院大）

✕
※北島➡南島

□29 ★★ ニュージーランド南島の［1★★］山脈の東側に位置するカンタベリー平野は，氷期の山脈に存在した氷河の融氷水が運んだ砂礫により形成。（駒澤大〈改〉）

(1) サザンアルプス

□30 ★★★ ニューギニアやニュージーランドなどの陸島は，中生代から新生代第三紀にかけて，新期造山活動の一つである 1★★★ 帯の活動により形成された。（法政大）

(1) 環太平洋造山

□31 ★★ オセアニアの洋島の主要な形成過程は 1★★ ・2★★ (順不同) である。（法政大）

(1) 火山島
(2) サンゴ礁島
※(1)を「高い島」，(2)を「低い島」という

〇× □32 ★★★ ハワイ諸島は，「低い島」に属する。（日本女子大）

×
※ハワイ諸島は火山島

〇× □33 ★ タヒチとサモアは，「高い島」に属する。（日本女子大）

〇

〇× □34 ★★ ニューギニア島は日本の国土面積よりも広く，世界第2位の面積の島である。（関西学院大）

〇
※第1位グリーンランド，第3位カリマンタン（ボルネオ）島

□35 ★★ 豪州北東部のラトソルに覆われた 1★★ 半島は，ボーキサイトを産出することで知られる。（関西大〈改〉）

(1) ケープヨーク（ヨーク岬）

2 オセアニアの農牧業

□1 ★★★ オーストラリア大陸北部には，1★★★ の広大な放牧地が分布するが，家畜の群れに遭遇するのはまれで，経営形態は非常に 2★★ 的である。（立命館大）

(1) 牛
(2) 粗放

□2 ★★★ オーストラリア大陸南岸から少し内側に入った地域では，1★★★ の 2★★ 的な放牧が行われる。（立命館大）

(1) 羊
(2) 集約

□3 ★★★ オーストラリアの都市近郊にある牧草栽培に適した気候の地域では酪農が発達し，肉牛飼育場である 1★★★ も立地している。（國學院大）

(1) フィードロット
※大陸の南東部

□4 ★★★ 羊の放牧地は，1★★ 州の西部や，クインズランド州の内陸部を中心とする 2★★★ 盆地などにも広く分布する。（立命館大）

(1) ウェスタンオーストラリア
(2) グレートアーテジアン（大鑽井）

□5 ★★★ 大鑽井盆地では，1★★★ 井戸によって地下水を汲み上げ家畜の飲用水とするが，この水は，大陸東縁の 2★★★ 山脈に降った雨が浸透したもの。（立命館大）

(1) 掘り抜き
(2) グレートディヴァイディング

□6 ★★★ オーストラリアの牧羊にも活用された掘り抜き井戸から自噴する水を 1★★★ という。（慶應義塾大）

(1) 被圧地下水（ひあつちかすい）
※塩分濃度が高く，人の飲用や灌漑には向かない

□7 ★★ オーストラリアの半乾燥地域に広がる農地では，家畜の飲用のために，今も 1★★ の力を利用して地下水を汲み上げている。（早稲田大）

(1) 風（かぜ）
※被圧地下水の圧力低下で自噴しなくなった井戸が多い

□8 ★★ オーストラリアで放牧されている羊は，そのほとんどが乾燥に強い 1★★ 原産の 2★★ 種とその系統に属する品種である。（立命館大）

(1) スペイン
(2) メリノ
※牛はアンガス種など，イギリス原産が多い

○× □9 ★★ 冷凍船の建造で，大量の羊肉の輸出が可能になったため，オーストラリアの牧羊業は発達した。（國學院大）

×
※豪州の牧羊は毛用種，羊毛輸出世界一（羊毛生産は中国に次いで2位）

○× □10 ★★ オーバーランダーとよばれる開拓者による内陸への進出，鉄道建設，羊を殺す狼（おおかみ）に対する有刺鉄線・金網の利用などがあったため，オーストラリアの牧羊業は発達した。（國學院大）

×
※オーバーランダー（家畜追い）➡スクオッター（もとは公有地不法占拠者の意）。ほかは正しい

○× □11 ★★ アメリカ合衆国の羊毛工業の発達により，その原料需要でオーストラリアの牧羊業は発達した。（國學院大）

×
※米国➡イギリス。初期にはおもにイギリスに輸出した

□12 ★★★ 比較的降雨量の多いグレートディヴァイディング山脈の東側の牧畜は 1★★★ が主体である。（東海大）

(1) 酪農（らくのう）
※都市（消費地）の近郊

□13 ★★★ マリー（マーレー）ダーリング盆地や大陸南西部では 1★★★，北東部の沿岸地域では 2★★★ の栽培がそれぞれ行われてきた。（國學院大）

(1) 小麦（こむぎ）
(2) さとうきび
※北東部の沿岸地域＝クインズランド州

□14 ★★ 穀物の栽培地は，オーストラリア大陸西部に位置する 1★★ 州南西部，大陸中南部のサウスオーストラリア州南部，同南東部の 2★★ 州，その北側の 3★★ 州東部やクインズランド州南東部などの非常に広い範囲に及ぶ。（立命館大）

(1) ウェスタンオーストラリア
(2) ヴィクトリア
(3) ニューサウスウェールズ

□15 ★★★ オーストラリアにおける小麦の生産量は世界の十指にも入るが，たびたび 1★★★ のために収量を著しく落とす年がある。（早稲田大〈改〉）

(1) 干ばつ（かん）
※干ばつを背景にした森林火災の頻発も深刻

問題	解答
□16 ★★★ [1★★★]計画は，マリー（マーレー）ダーリング盆地における[2★★★]への給水を助けている。（中央大）	(1)スノーウィーマウンテンズ (2)小麦栽培（こむぎさいばい）
□17 ★★ スノーウィーマウンテンズ計画では，[1★★]山脈の南東側を流れるスノーウィー川をダムで堰き止め，導水トンネルで北西側の[2★★]川流域の灌漑に利用している。（駒澤大）	(1)オーストラリアアルプス (2)マリー（マーレー）
□18 ★★★ オーストラリアで人口規模が第4・5位の都市はともに州都で，同じ[1★★★]気候区に属する。これらの周辺地域では[2★★★]が栽培され，その加工品においても世界有数の産出国である。（早稲田大〈改〉）	(1)地中海性（ちちゅうかいせい）Cs (2)ぶどう ※第4位パース，第5位アデレード。加工品＝ワイン
○× □19 ★★ タスマニア島は日本向け農産物の栽培地として注目されている。（関西学院大）	○ ※りんごなど
□20 ★★ 降水量の多いニュージーランド北島における農業は，特にその西部で[1★★]が盛んである。（早稲田大）	(1)酪農（らくのう） ※都市（消費地）の近郊
□21 ★★★ ニュージーランド南島の東側では，羊の飼育と小麦栽培を組み合わせた[1★★★]が盛んである。（早稲田大）	(1)混合農業（こんごうのうぎょう） ※多雨の西側は森林地帯
□22 ★★★ ニュージーランドで，19世紀後半から20世紀前半において肉類や酪農品の割合が増加したのは[1★★★]の利用が可能になったからである。（新潟大）	(1)冷凍船（れいとうせん） ※おもにイギリス向け
○× □23 ★ ニュージーランド北島内では，ニュージーランド原産のコリデール種の羊が飼われている。（関西学院大）	○ ※NZで品種改良された毛用と肉用の兼用種
□24 ★★★ カンタベリー平野にあるニュージーランド南島の中心都市[1★★]の周辺は混合農業地帯で，[2★★★]などが4～6年に1作の輪作で栽培される。（駒澤大）	(1)クライストチャーチ (2)小麦（こむぎ） ※平野南部は集約的牧羊
□25 ★★★ ハワイ諸島では19世紀後半からプランテーションでの[1★★★]栽培が盛んとなった。（早稲田大）	(1)さとうきび ※労働力として多くの日本人が移住
○× □26 ★★ ニューギニア島では，コーヒー・カカオ・ココやしなどのプランテーション作物が栽培される。（関西学院大）	○

□27 ★★ フィジー諸島では 1★★ 人によって 2★★ 栽培が導入され，主要農産物となっている。それらの農園の労働者として移住してきた 3★★ 系住民は現在の総人口の約 40%を占める。（早稲田大）

(1) イギリス
(2) さとうきび
(3) インド
※インド系住民は経済的に優位

□28 ★★★ サモアの農村部では，ココやしなどとともに主食である 1★★★ を栽培している。（共通テスト［試］）

(1) タロいも
※日本のさといももタロいもの仲間

3 オセアニアの鉱工業

□1 ★★★ オーストラリア北西部の台地は大地形の 1★★★ に属する 2★★★ となっている。鉄などの鉱床は地表に近く，3★★ の方法で採掘される。（駒澤大〈改〉）

(1) 安定陸塊（あんていりくかい）
(2) 楯状地（たてじょうち）
(3) 露天掘り（ろてんぼ）

□2 ★★★ 1★★★ 地区のマウントホエールバックやマウントトムプライスでは鉄鉱石が産出され，積出港の 2★★ やダンピアなどから輸出される。（東海大）

(1) ピルバラ
(2) ポートヘッドランド

□3 ★★ オーストラリア北東部のモウラ，ボウエンや南東部の 1★★ 近郊では 2★★ が産出される。（西南学院大）

(1) ニューカースル
(2) 石炭（せきたん）

□4 ★★★ 1★★★・ゴヴ・ダーリングレンジは，オーストラリアが世界第 1 位の産出量を誇る 2★★★ の生産地である。（中央大〈改〉）

(1) ウェイパ
(2) ボーキサイト

□5 ★★★ ウェスタンオーストラリア州南部では，カルグーリーなどで 1★★★ やニッケルが産出される。（中央大）

(1) 金（きん）

□6 ★★ アーガイルは 1★★ 鉱山として知られる。（立命館大）

(1) ダイヤモンド

□7 ★ オーストラリアはブロークンヒルやマウントアイザなどで産出される 1★ 鉱の産出量で世界第 2 位となっている（2018 年）。（西南学院大〈改〉）

(1) 鉛（えん）
※ほかにキャニントン

□8 ★ 豪州北部のレンジャー，ナバレク，南部のオリンピックダムは 1★ の産出で知られる。（立命館大〈改〉）

(1) ウラン鉱（こう）
※ほかの鉱山開発を規制する三鉱山政策は撤廃。豪州のウラン埋蔵量は世界一

○× □9 ★★ オーストラリア北東沿岸部には油井（ゆせい），天然ガス井（せい）が開発され，関連産業の発展が著しい。（関西学院大）

×
※北東沿岸部➡北西岸沖合

□10 ★★★ ニュージーランド北島は火山の活動が活発で，[1 ★★]などでは[2 ★★★]発電も盛んに行われている。（東海大）

(1) ワイラケイ
(2) 地熱（ちねつ）

○× □11 ★★ ニュージーランド北島の北部の中心都市オークランドは，造船業，食品工業などが盛んである。（関西学院大）

○

□12 ★★ オーストラリアのヴィクトリア州の州都である[1 ★★]及びその周辺は，オーストラリアの自動車工業の中心である。（関西大）

(1) メルボルン
※生産台数は少ないが国民の自動車保有率は高い

□13 ★★★ 1960年頃まではオーストラリアの第1の輸出相手国は[1 ★★★]であったが，現在では[2 ★★]で，輸出品目では[3 ★★]が最大（2017年）。（成城大）

(1) イギリス
(2) 中国（ちゅうごく）
(3) 鉄鉱石（てっこうせき）

○× □14 ★★★ オーストラリアは小麦や羊毛，石炭や鉄鉱石の主要生産国だが，GDPについてみると，観光・流通などサービス業の占める割合がはるかに高い。（関西学院大）

○
※農林水産2.5，鉱工業15.2(うち製造業6.0),サービス49.5(%，2017年)

○× □15 ★★ オーストラリアの輸出相手国の第1・2位は中国・日本，輸入相手国の第1・2位は中国・アメリカ合衆国である（2017年）。（関西学院大〈改〉）

○
※1970年には
輸出：日・米・英
輸入：米・英・日

□16 ★★ ニュージーランドの最大の貿易相手国は[1 ★★]（2017年）。（早稲田大〈改〉）

(1) 中国（ちゅうごく）
※2012年まではオーストラリア

4 オセアニアの民族と社会

□1 ★★★ オーストラリアには，狩猟採集で生活を営む先住民の 1★★★ が暮らしていた。（東海大）

(1) アボリジニー（アボリジニ）
※狩猟にブーメラン使用

□2 ★★★ オーストラリアでは，1★★★ の流刑植民地となって以来，ヨーロッパからの移民が増加した。（札幌大）

(1) イギリス
※ 18C 後半，独立した米国に代わる流刑地となった

〇× □3 ★ タスマニア島内には，先住民が生活する居留地が設けられている。（関西学院大）

×
※先住民であるタスマニア人は絶滅

□4 ★★ オーストラリアでは，19 世紀半ばのゴールドラッシュ時に 1★★ 人の労働者の移住が増加したことを受け，有色人種の移民が制限された。（札幌大）

(1) 中国（ちゅうごく）

□5 ★★★ オーストラリアは，白人中心の国家建設を目指す 1★★★ 政策を採用してきたが，1960 ～ 70 年代にかけて次第に撤廃された。（成城大）

(1) 白豪主義（はくごうしゅぎ）
※アジア系の移民制限や先住民迫害が行われた

〇× □6 ★★★ オーストラリアの先住民アボリジニーの中には，一部に土地の返還を求める動きがある。（センター）

〇

〇× □7 ★ オーストラリアの先住民アボリジニーの人口は国民の 2 割を超える。（関西学院大）

×
※ 2 割➡ 2.5%

〇× □8 ★★ オーストラリアでは，多民族国家のため複数の公用語が使用されている。（関西学院大）

×
※英語のみ

□9 ★★★ 現在のオーストラリアでは，さまざまな民族の文化を認め，民族が共存できるような制度を整えており，このような考え方を 1★★★ 主義という。（札幌大）

(1) 多文化（たぶんか）

□10 ★★★ ニュージーランドの先住民は 1★★★ 系の 2★★★ 人だが，現在，人口の過半はヨーロッパ系。（新潟大）

(1) ポリネシア
(2) マオリ
※約 7 割がヨーロッパ系

〇× □11 ★★★ ニュージーランド北島には先住民マオリの言語に由来する地名が数多くみられる。（関西学院大）

〇
※ NZ の公用語は英語・マオリ語・手話(NZ 手話)

□12 ★ ニュージーランドにおけるマオリ系の人口は，総人口の 1★ %〈5 の倍数〉以上までに回復した。（早稲田大〈改〉）

(1) 15
※混血含め 16.5%，総人口は約480万人(2018 年)

	問題	解答
□13 ★★	ポリネシアの住民は，人種的には［1 ★★］に属している。（日本女子大）	(1) モンゴロイド
OX □14 ★★★	オーストラリアでは，近年アジア系移民が増えている。（関西学院大）	○ ※中国・インド系などの移民受け入れで人口増加
OX □15 ★	オーストラリアの人口は，カナダより多くマレーシアより少ない。（関西学院大）	× ※豪州は約 2.5 千万人，カナダは約 3.7 千万人，マレーシアは約 3.2 千万人
□16 ★★	オーストラリアの人口密度は約［1 ★★］人 /km^2〈整数〉である。（近畿大）	(1) 3 ※人口増加率は 14 ‰（2010 ～ 19 年平均）と高め
OX □17 ★★	オーストラリアの国土面積はインドより大きく，アメリカ合衆国より小さい。（関西学院大）	○ ※米国は日本の 26 倍，豪州は 20 倍，インドは 9 倍
□18 ★★	オーストラリアは農業国だが，都市人口比率が高く，［1 ★★］%〈10 の倍数〉以上に達する。（早稲田大〈改〉）	(1) 80 ※ 86.0%（2018 年）
OX □19 ★★	オーストラリアの老年人口比率は中国より高く，日本より低い。（関西学院大）	○ ※豪州 15.9，中国 11.5，日本 28.0（%，2019 年）
OX □20 ★	オーストラリアの農林水産業の就業人口比率は韓国より高く，フィリピンより低い。（関西学院大）	× ※豪州 2.6，韓国 4.8，フィリピン 25.4（%，2017 年）
□21 ★★	オーストラリアの州のうち，1788 年に最初の植民地として発足したのは［1 ★★］州である。（慶應義塾大）	(1) ニューサウスウェールズ
□22 ★★	1850 年代のゴールドラッシュと同時期に［1 ★★］・［2 ★★］（順不同）の植民地がニューサウスウェールズ州から分離することとなる。（慶應義塾大）	(1) ヴィクトリア (2) クインズランド
□23 ★★	19 世紀はじめ，［1 ★★］によってオーストラリア大陸と隔てられていた［2 ★★］島に植民地政府が誕生した。（慶應義塾大）	(1) バス海峡（かいきょう） (2) タスマニア
□24 ★★	ニュージーランドは 17 世紀に［1 ★］人のアベル＝タスマンにより発見され，その後［2 ★★］によって再発見されて以来，イギリスの領土となった。（東海大）	(1) オランダ (2) クック ※タスマニア島やタスマン海，クック（アオラキ）山やクック海峡は彼らにちなむ

5 オセアニアの都市・開発・環境問題

○× □1 ★★★ オーストラリアのグレートアーテジアン(大鑽井)盆地では，灌漑農業の結果，肥料による地下水汚染が進んでいる。(センター)

×
※地下水は塩分濃度が高く灌漑には使用できない

□2 ★★★ オーストラリアでは過剰な灌漑で土壌の 1★★★ が進み，農業生産に深刻な被害を与えている。(早稲田大)

(1) 塩性化(えんせいか)（塩類土化(えんるいどか)）
※特に南西部で問題化

○× □3 ★ オーストラリア北東の半島部にはボーキサイトが豊富に分布しており，熱帯林を伐採し，大型機械を使って露天掘りが行われている。(関西学院大)

○
※サバナ気候下のラトソル土壌に分布

□4 ★★★ 世界有数の美港に恵まれた 1★★★ はオーストラリア最大の都市で，各種の産業が発達しており，輸出も盛んである。(関西大〈改〉)

(1) シドニー
※挿絵はオペラハウス

□5 ★★★ オーストラリアの湿潤地域には，首都の 1★★★ や18世紀にクックが上陸したボタニー湾のある 2★★ など，多くの都市が発達している。(國學院大)

(1) キャンベラ
(2) シドニー

□6 ★★ 1★★ はウェスタンオーストラリア州の州都であり，オーストラリア第4位の人口をもつ。(早稲田大〈改〉)

(1) パース

□7 ★★ 2004年に全通した大陸縦断鉄道は，ほぼ東経135度線に沿って走り，南回帰線付近で畜産物の集散地として知られる 1★★ を通過し，南部の港湾都市で州都でもある 2★★ に達する。(早稲田大)

(1) アリススプリングス
(2) アデレード
※南部にはナラボー平原を貫く横断鉄道が通る

□8 ★ アリススプリングスから南回帰線上を西に向かうと 1★ に至る。1★ を含む 2★ 山脈一帯は，ある鉱産資源の大産地となっている。(早稲田大)

(1) ニューマン
(2) ハマーズリー
※鉄鉱石の大産地ピルバラ地区

○× □9 ★★ ニュージーランド南島の中心は，東海岸に面したイギリス風の都市クライストチャーチである。(関西学院大)

○
※2011年2月に大地震発生

□10 ★★ ニュージーランドの首都は 1★★ である。(駒澤大)

(1) ウェリントン
※人口は約21万で国内第3位

6 オセアニアの国家

OX □1 ★★ オーストラリアはイギリス連邦の一員で立憲君主制をとる。（関西学院大）

○
※君主はイギリス国王

□2 ★★★ ニュージーランドは旧宗主国 1★★★ のほぼ対蹠点に位置する。（駒澤大）

(1) イギリス
※NZ，豪州の国旗には英国旗(ユニオンジャック)と南十字星が描かれる

OX □3 ★ ニューギニア島は東経 141 度線を境に東半分はパプアニューギニアである。（日本女子大）

○
※西はインドネシアのパプア州と西パプア州

OX □4 ★★ ニューギニア島は，かつてスペインとポルトガルによって分割されていたため，独立には大きな困難を伴った。（関西学院大）

×
※西はオランダ，北東はドイツ，南東はイギリスが領有

□5 ★★ 1★★ 島の東半分を占めるパプアニューギニアは 2★ の統治下から独立した。（関西大〈改〉）

(1) ニューギニア
(2) オーストラリア
※今もイギリス連邦加盟国

□6 ★★ ニューカレドニア島の宗主国は 1★★。（日本女子大）

(1) フランス

□7 ★★ メラネシアの多くは旧 1★★ 領で，1970 年代以降に独立を果たした国が多い。（早稲田大）

(1) イギリス
※フィジーなど

□8 ★ オーストラリアが提唱して発足した，太平洋沿岸諸国の経済協力関係を深める国際的機構名の正式名称は，英語で 1★ である。（早稲田大）

(1) Asia-Pacific Economic Cooperation
※アジア太平洋経済協力会議(略称 APEC) のこと

OX □9 ★★ オーストラリアはイギリスの EC 加盟後，脱イギリス志向へ転換し，主要国首脳会議（G7）での発言力を強めている。（関西学院大）

×
※前半は正しいが，豪州はG7メンバー（仏米英独日伊加）ではない

□10 ★★ オーストラリアは 1951 年に，アメリカ合衆国と 1★★ との間で ANZUS と略称される安全保障上の条約を結んだ。（関西大〈改〉）

(1) ニュージーランド
※太平洋安全保障条約。非核政策をとる NZ は事実上脱退

7 オセアニアの国名（島名）判定問題

□1 ★★ 小笠原諸島の南東にある 1★★ 諸島は，サンゴ礁の発達する約 15 の島々から構成される。また，最深部では水深 1 万 m を超える 1★★ 海溝が，この諸島に沿って存在する。（早稲田大〈改〉）

(1) マリアナ
※最深部＝チャレンジャー海淵

□2 ★★ 1★★ 島は第一次世界大戦後，日本が領有したが，第二次世界大戦においてアメリカ軍の侵攻を受け陥落，日本人移住者が 1 万人近く犠牲になった。（松山大）

(1) サイパン
※北マリアナ諸島の中心，近年はリゾート化が進む

□3 ★★★ マリアナ諸島は，観光地として知られる南部で最大の 1★★ 島を除き，かつて日本の委任統治領であったが，現在は全体が 2★★★ 領である。（早稲田大〈改〉）

(1) グアム
(2) アメリカ合衆国（がっしゅうこく）
※先住民はチャモロ人

□4 ★★ 1★★ は，1981 年に「非核憲法」を制定したが，非核条項の凍結を条件にアメリカ合衆国との自由連合協定が成立し，1994 年に独立を果たした。（松山大）

(1) パラオ
※ 2006 年，コロールよりマルキョクに首都移転

□5 ★★ マーシャル諸島の 1★★ 環礁は 1946～58 年にアメリカ軍の核実験場になった。（松山大〈改〉）

(1) ビキニ
※核兵器のように衝撃的な女性用水着の名称の由来

□6 ★★★ 1★★★ 島は日本の約 2 倍の面積をもつ。東半分は独立国で，西半分はインドネシア領。（松山大）

(1) ニューギニア
※海外企業の伐採により熱帯林が減少

□7 ★★ 1★★ は，コプラやや し油などを多く産出し，鉱山・油田開発，木材産出などにより貿易黒字国。銅鉱資源をめぐって分離独立紛争が起こったブーゲンビル島には，国家並みの自治権が与えられている。（中央大）

(1) パプアニューギニア
※首都はポートモレスビー

□8 ★ 1★ のレンネル島は世界最大級の隆起環礁で，一部は世界遺産に登録された。最大の島ガダルカナル島は，第二次世界大戦の激戦地であった。（中央大〈改〉）

(1) ソロモン諸島（しょとう）
※ 2007 年に発生した地震・津波で被災

□9 ★★★ 1★★★ 島はニッケルを産出するフランス領。現在，先住民によるフランスからの独立運動が続けられており，その帰属を問う住民投票が行われた。（松山大）

(1) ニューカレドニア

□10 ★★ 1★★ では観光地化が進み，日本からも観光客が訪れる。さとうきび農園の労働者として移住したインド系移民の子孫と先住民との対立が存在。（松山大）

(1) フィジー
※旧イギリス領

□11 ★★ 1★★ 島は太平洋を代表するリゾート地の一つで，高層ホテルやショッピングセンターの林立する区域が存在する。日系人が多い。（松山大）

(1) オアフ
※ハワイ諸島の中心，州都ホノルルのある島。米海軍基地もある

□12 ★★ 1★★ は，東側の国境が日付変更線にあたり，世界で最も早く日付が変わる。地球温暖化による海面上昇の危機に瀕している。主力産品の 2★★ が枯渇，漁業や観光業への転換を図っている。（中央大〈改〉）

(1) キリバス
(2) りん鉱石（こうせき）
※東端のライン諸島は GMT +14（サモア独立国も +14）

□13 ★★ ポリネシアの王国 1★ では，1990 年代に日本の商社によってカボチャ栽培がもち込まれ，日本の 2★★ 期を狙ったカボチャの輸出国となった。（東北学院大〈改〉）

(1) トンガ
(2) 端境（はざかい）
※その後，輸入先は NZ やメキシコに移った

□14 ★★ 1★★ 島は「地上最後の楽園」とも称されるフランス領。画家ゴーギャンの移住地として有名。（松山大）

(1) タヒチ
※「我々はどこから来たのか 我々は何者か 我々はどこへ行くのか」に描かれた

□15 ★ 1★ では，フランスが包括的核実験禁止条約調印直前にかけこみ核実験を行った。（松山大）

(1) ムルロア環礁（かんしょう）
※仏領ポリネシアに属す。核実験は 1995 年

□16 ★★ 1★★ 島は現在チリ領。謎の石像モアイや未解読の絵文字ロンゴ・ロンゴなどが残されている。（松山大）

(1) ラパヌイ（イースター）
※渋谷にあるのはモヤイ像

8 南極

OX □1 ★★★ 1980年代に南極大陸上空でオゾンホールがみつかったため，オゾン層破壊物質に関する規制への世界的取り組みが進められた。（センター）

○
※日本の観測隊が発見

OX □2 ★★★ 南極大陸では，南極条約の規制もあって，鉱産資源の商業的採掘は行われていない。（センター）

○
※南極の非領土・非軍事化，科学調査の自由を定めた条約。資源開発などの経済活動は禁止

OX □3 ★★★ 南極大陸の領有を主張している国もあるが，今のところ，南極条約によって領有権は凍結されている。（センター）

○
※領有権主張国はノルウェー，豪州，フランス，NZ，チリ，イギリス，アルゼンチン

□4 ★★★ 南極大陸の大半は厚い［1★★★］に覆われ，平均標高は約2,200m。西経［2★］度付近に伸びる南極半島が，［3★］海峡をはさみ南米大陸に対する。（予想問題）

(1) 氷床（ひょうしょう）
(2) 60
(3) ドレーク
※氷床の厚さは平均2,000m

STEP UP 二十三
さらに得点アップさせたい人のための
ステップアップ問題

□1 ★ コアラなどの［1★］類やカモノハシなどの［2★］類などは，南オーストラリア大陸に特徴的な動物である。（法政大〈改〉）

(1) 有袋（ゆうたい）
(2) 単孔（たんこう）
※特に単孔類はここのみ

□2 ★★ オーストラリアの鉱山開発は，［1★］年代のはじめに起きたいわゆる［2★★］に始まる。（立命館大）

(1) 1850
(2) ゴールドラッシュ
※ヴィクトリア，ニューサウスウェールズ両州で起こった

□3 ★ ハワイ諸島の総人口のうち，日系・フィリピン系・中国系などのアジア系住民が約［1★］%〈10の倍数〉を占めている。（早稲田大）

(1) 40
※42.8%（2018年）

□4 ★ スペイン人の航海家［1★］の名は，南緯10度線上の海峡名に刻まれている。（早稲田大）

(1) トレス
※オーストラリアとニューギニア島の間

□5 ★ ［1★］はパースの外港である。（早稲田大）

(1) フリマントル

QUESTIONS まとめの白地図 Q&A ANSWERS

1 オセアニアの地形 1

□1 ⓐ～ⓒの河川，A～Dの山脈，E～Gの山・岩，H～Mの砂漠・盆地・平原の名を答えなさい。

□2 ア～オの半島や島，1～8の海域の名を答えなさい。

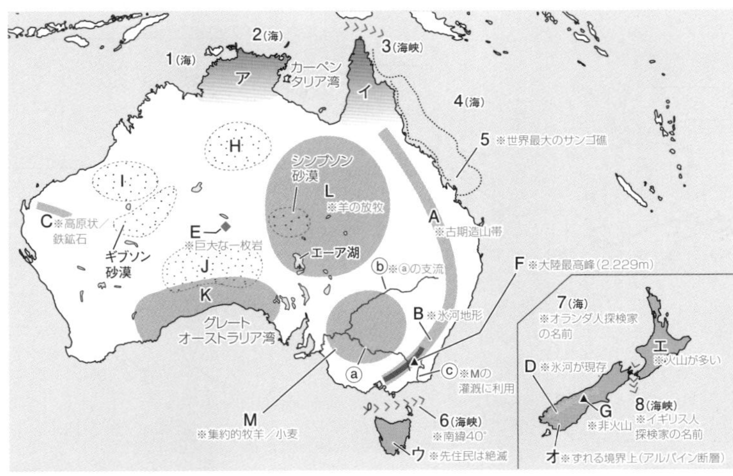

正解　最頻出の用語は下線で表示

1
- ⓐ マリー（マーレー）川
- ⓑ ダーリング川
- ⓒ スノーウィー川
- A グレートディヴァイディング山脈
- B オーストラリアアルプス山脈
- C ハマーズリー山脈
- D サザンアルプス山脈
- E ウルル（エアーズロック）
- F コジアスコ山
- G クック（アオラキ）山
- H タナミ砂漠
- I グレートサンディー砂漠
- J グレートヴィクトリア砂漠
- K ナラボー平原
- L グレートアーテジアン（大鑽井(だいさんせい)）盆地
- M マリー（マーレー）ダーリング盆地

2
- ア アーネムランド半島
- イ ケープヨーク（ヨーク岬(みさき)）半島
- ウ タスマニア島
- エ 北島(きた)
- オ 南島(みなみ)
- 1 ティモール海
- 2 アラフラ海
- 3 トレス海峡
- 4 コーラル海（珊瑚海(さんごかい)）
- 5 グレートバリアリーフ（大堡礁(だいほしょう)）
- 6 バス海峡
- 7 タスマン海
- 8 クック海峡

QUESTIONS　　まとめの白地図 Q&A　　ANSWERS

2 オセアニアの地形 2

□1 A～Pの国名（A・Jは属領地名）とⓐ～ⓙの島などの名を答えなさい。

□2 ア～ウの山，エ・オの海溝などの名を答えなさい。

□3 1～9の都市名を答えなさい。

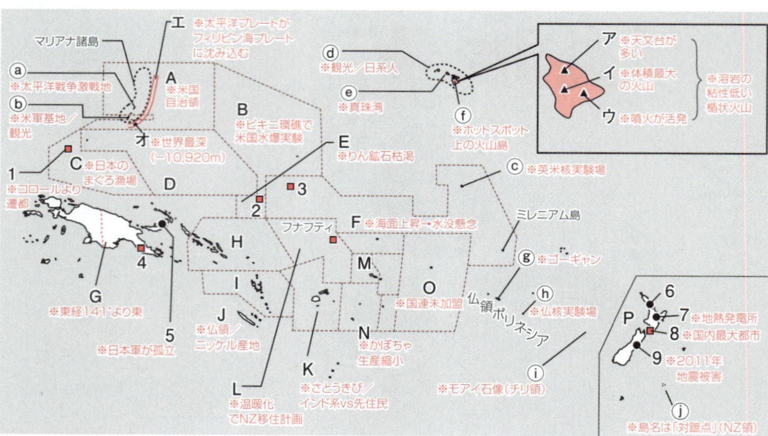

正解

最頻出の用語は下線で表示

1
- A マリアナ諸島
- B マーシャル諸島
- C パラオ
- D ミクロネシア連邦
  - ※A～Dは1920～45年日本が統治
- E <u>ナウル</u>
- F キリバス
  - ※A～Fはミクロネシア
- G <u>パプアニューギニア</u>
- H ソロモン諸島
- I バヌアツ
- J <u>ニューカレドニア</u>
- K フィジー
  - ※G～Kはメラネシア
- L <u>ツバル</u>
- M サモア
- N トンガ
- O クック諸島
  - ※L～Pはポリネシア
- P ニュージーランド
- ⓐ サイパン島
- ⓑ グアム島
- ⓒ キリティマティ（クリスマス）島
  - ※ライン諸島はGMT+14
- ⓓ <u>ハワイ諸島</u>
  - ※ポリネシア北端
- ⓔ オアフ島
- ⓕ ハワイ島
- ⓖ タヒチ島
- ⓗ ムルロア環礁
- ⓘ ラパヌイ（イースター）島
  - ※ポリネシア南東端
- ⓙ アンティポディーズ諸島

2
- ア マウナケア
- イ マウナロア
- ウ キラウエア
- エ <u>マリアナ海溝</u>
- オ チャレンジャー海淵

3
- 1 マルキョク
- 2 ヤレン
- 3 タラワ
- 4 ポートモレスビー
- 5 ラバウル
- 6 オークランド
- 7 ワイラケイ
- 8 <u>ウェリントン</u>
- 9 クライストチャーチ

3 オーストラリアの州と都市

□1 A～Gの州名，1～25の都市名を答えなさい。

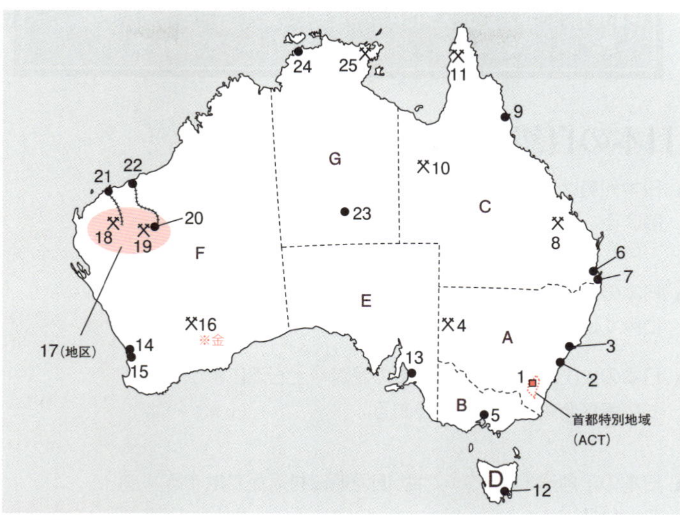

正解　最頻出の用語は下線で表示

1 A ニューサウスウェールズ
B ヴィクトリア
C クインズランド
D タスマニア
E サウスオーストラリア
F ウェスタンオーストラリア
G ノーザンテリトリー［準州］
1 <u>キャンベラ</u>
2 <u>シドニー</u>
3 ニューカースル　※石炭・製鉄
4 ブロークンヒル　※亜鉛・鉛
5 <u>メルボルン</u>
6 <u>ブリズベン</u>
7 ゴールドコースト
8 モウラ　※石炭
9 ケアンズ
10 マウントアイザ　※銅
11 <u>ウェイパ</u>　※ボーキサイト
12 ホバート
13 <u>アデレード</u>
14 <u>パース</u>
15 フリマントル　※14の外港
16 カルグーリー　※金
17 <u>ピルバラ［地区］</u>
18 マウントトムプライス　※鉄鉱
19 マウントホエールバック　※鉄鉱
20 ニューマン
21 ダンピア　※積出港
22 ポートヘッドランド　※積出港
23 <u>アリススプリングス</u>
24 <u>ダーウィン</u>
25 ゴヴ　※ボーキサイト

第24章

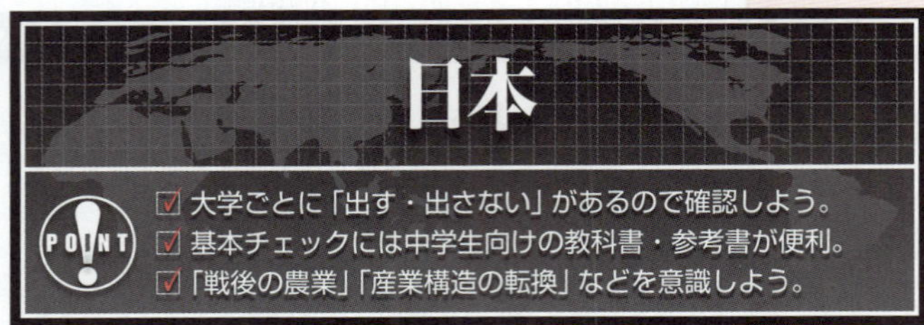

日本

☑ 大学ごとに「出す・出さない」があるので確認しよう。
☑ 基本チェックには中学生向けの教科書・参考書が便利。
☑ 「戦後の農業」「産業構造の転換」などを意識しよう。

1 日本の自然環境

○× □1 ★★★ 日本列島は海洋プレートと大陸プレートとの境界に位置する。（関西学院大）

○
※前者は太平洋・フィリピン海，後者は北アメリカ・ユーラシアの4プレート

○× □2 ★★★ 日本の火山地域では，火山灰は火口の東側よりも西側に厚く堆積することが多い。（センター）

×
※上空には年中偏西風が吹いており，東側に堆積

○× □3 ★★★ 日本の火山地域では，噴火後の泥流や土石流によっても災害が発生する可能性がある。（センター）

○
※噴出物が堆積し，少量の降雨で泥流・土石流が発生しやすい状態が数年続く

○× □4 ★★★ 日本の三角州（デルタ）では，旧河道に村落が立地することが多い。（センター）

×
※旧河道は，周辺よりも低く浸水しやすい

□5 ★★ 四国山地の北側を走る大規模な断層は [1★★] である。（東京経済大）

(1) 中央構造線（ちゅうおうこうぞうせん）
※メディアンラインともいう。西日本を内帯（北側）と外帯（南側）に分ける

□6 ★★ 近畿では，[1★★] 活動によって形成された盆地が多くみられる。（関西大）

(1) 断層（だんそう）
※断層で区切られた地塁山地と地溝盆地が連続する

□7 ★★★ 東北地方の山の列は，太平洋側に北から [1★★]・[2★★] が，中央には [3★★★] が，その西には途切れがちな [4★★] がみられる。（東北福祉大）

(1) 北上高地（きたかみこうち）
(2) 阿武隈高地（あぶくまこうち）
(3) 奥羽山脈（おううさんみゃく）
(4) 出羽山地（でわさんち）

□8 ★★★ 日本最長の河川である [1★★★] 川は，上流の [2★★★] 県側では千曲川とよばれる。（関西大）

(1) 信濃（しなの）
(2) 長野（ながの）
※千曲川は長野市で犀（さい）川と合流

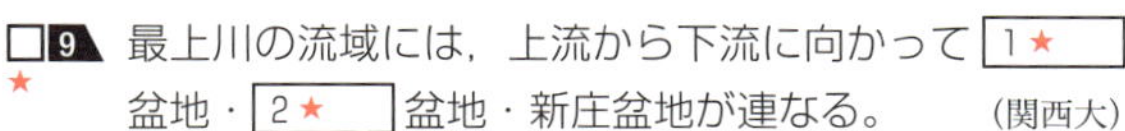

□9 ★ 最上川の流域には，上流から下流に向かって 1★ 盆地・ 2★ 盆地・新庄盆地が連なる。 （関西大）

(1) 米沢（よねざわ）
(2) 山形（やまがた）
※芭蕉が詠み三大急流に（ほかは富士川・球磨川）

〇× □10 ★★★ 日本列島ではモンスーンの影響が強い。 （関西学院大）

〇

〇× □11 ★★★ 日本の大部分では，モンスーン交代期に梅雨となり長雨が続き，梅雨明け後は高温多湿な夏となる。 （センター）

〇
※小笠原気団とオホーツク海気団の間に梅雨前線が停滞

□12 ★★★ 冬の典型である 1★★★ 高 2★★★ 低の気圧配置時には， 3★★★ 季節風が日本海上を通過する間に変質するため，山列によって上昇すると日本海側に雪が降る。 （東北福祉大）

(1) 西（せい）
(2) 東（とう）
(3) 北西（ほくせい）
※変質とは乾燥から湿潤への変化

□13 ★★★ 下の４つの気候グラフのうち，高松は 1★★★ ，高知は 2★★★ ，長野は 3★★★ ，金沢は 4★★★ である。 （東京経済大）

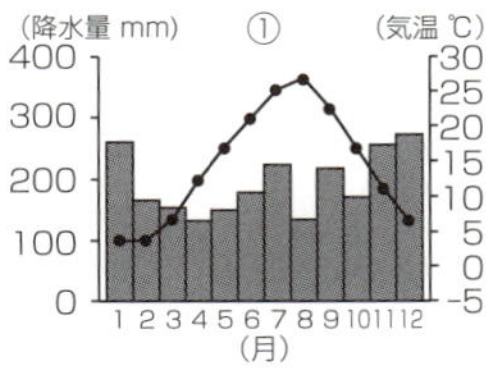

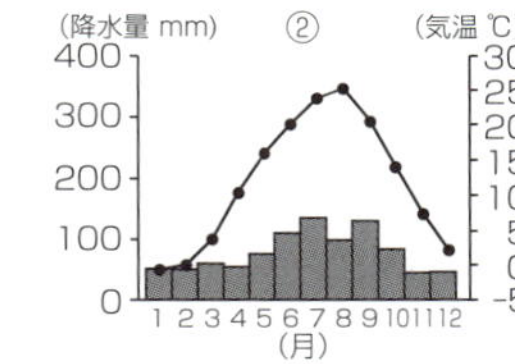

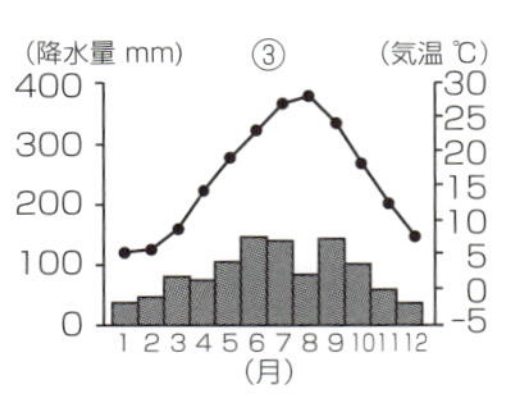

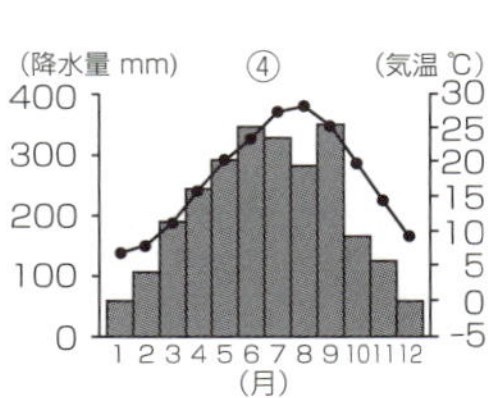

(1) ③
(2) ④
(3) ②
(4) ①
※①冬季の降水（雪）が多い日本海側，②少雨で気温の年較差が多い内陸性，③少雨で温和な瀬戸内，④夏季に高温多雨の太平洋側

□14 ★★★ 東北地方の冬は 1★★★ 気団の影響で降雪が多く，夏は 2★★★ 気団の影響で晴天が続く。 （東北学院大〈改〉）

(1) シベリア
(2) 小笠原（おがさわら）

□15 ★★★ 夏の太平洋側は冷たく湿った北東～東風である 1★★★ の影響を受け，低温と日照不足から農作物に被害が出る 2★★★ が発生する。 （東北福祉大）

(1) やませ
(2) 冷害（れいがい）
※(1)は寒流の親潮（千島海流）上を吹く

第5部 ▼現代世界の諸地域 24 日本 1

〇× □16 ★★★ 日本は洪水や津波などの自然災害に関する技術を，発展途上国の災害予測・警戒などに生かしている。（センター）

〇
※スマトラ島沖地震での津波後，津波警戒システムなどの援助

2 日本の農牧業

□1 ★★★ 日本の農業は，第二次世界大戦後の［1 ★★★］によって自作農体制が確立した。（中央大）

(1) 農地改革（のうちかいかく）
※GHQの指令で政府が地主の土地を買い上げ

□2 ★★★ 戦前・戦後の食糧不足の中で政府が米をすべて買い入れ，販売を管理する制度は［1 ★★★］。（明治学院大）

(1) 食糧管理制度（しょくりょうかんりせいど）

□3 ★★ 農業就業者と工業就業者の格差が問題となり，格差を解消するための新しい法律として［1 ★★］が1961年に制定された。（中央大）

(1) 農業基本法（のうぎょうきほんほう）
※生産の選択的拡大，経営規模拡大と機械化による自立的な農家の育成を図った

□4 ★★★ 食糧管理特別会計（食管会計）の赤字の増大と余剰米の増加を防ぐため，米の生産を抑制する［1 ★★★］政策がとられた。（中央大〈改〉）

(1) 減反（げんたん）
※1969年開始，70年代に本格化。休耕と転作の奨励

□5 ★★★ 1980年代後半，自由貿易を促進する［1 ★★★］（英字略称［2 ★★★］）によって，日本は農業保護政策の撤廃などの要請を受けるようになった。（明治大）

(1) 関税と貿易に関する一般協定（かんぜいとぼうえきにかんするいっぱんきょうてい）
(2) GATT

〇× □6 ★★★ オレンジなどの輸入量の増加や，農業就業者の高齢化，後継者不足によって，柑橘類の国内生産量は低下した。（センター）

〇
※1991年，オレンジ輸入自由化

〇× □7 ★★★ 消費者の国産和牛嗜好が強いため，輸入自由化後も牛肉の輸入は増加しなかった。（センター）

×
※1991年，牛肉輸入自由化後，輸入量は増加

□8 ★★ 政府は米の生産・流通を管理してきたが，GATTの［1 ★★］＝ラウンドの合意の結果，1995年以降最低輸入枠（ミニマムアクセス）を受け入れ，99年には［2 ★★］化により輸入が自由化された。（中央大〈改〉）

(1) ウルグアイ
(2) 関税（かんぜい）
※輸入自由化後も高率関税によって食用米の輸入はわずかである

□9 ★★★ 1995年に発足した［1 ★★★］体制のもとで，農産物の国際競争はさらに激化すると予想される。（中央大）

(1) WTO（世界貿易機関）（せかいぼうえききかん）

□10 ★★ 日本の食料自給率はカロリーベースで [1★★] %，生産額ベースで 66%（2018 年）。（明治学院大〈改〉）

(1) 37
※先進国中最低レベル

□11 ★★★ グラフのAは [1★★★]，Bは [2★★★]，Cは [3★★★] の日本における自給率の推移を表す。（中央大）

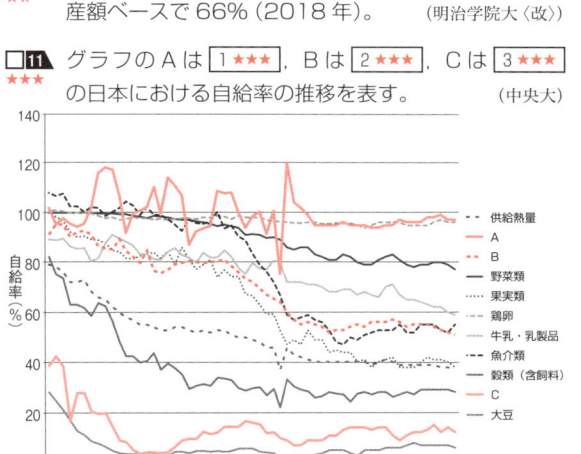

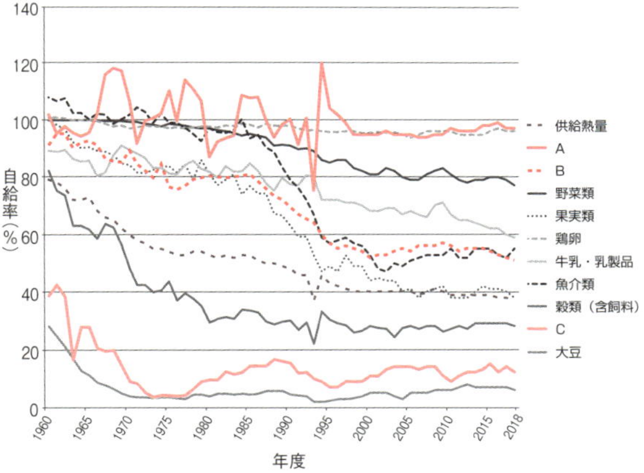

(1) 米（こめ）
(2) 肉類（にくるい）
(3) 小麦（こむぎ）
※高率関税に保護される米（A）の自給率は高い
※鮮度が重要な野菜も輸送発達で自給率低下
※果実と肉類(B)自給率は1991年の牛肉・オレンジ自由化前後大きく低下
※小麦(C)自給率は1970年代からの減反政策による転作でやや上昇
※とうもろこし(表外)自給率はほぼ0%
※自給率の高い鶏卵や牛乳・乳製品，肉類も飼料込み自給率は非常に低い

□12 ★ 日本の農家数(自給的農家含む)は 1960 年の約 600 万戸から 2000 年にはその約 [1★] %に減少。（明治大〈改〉）

(1) 50
※販売農家は 2000 年に 234 万戸→2019 年には 113 万戸

○× □13 ★★★ 日本では，主業農家よりも副業的農家の方が多い。（大阪産業大）

○

○× □14 ★★★ 日本の農業における就業構造は著しく高齢化している。（関西学院大）

○

○× □15 ★★★ 日本では米の輸入が増える一方，アジア各国へほぼ同量の米を輸出している。（予想問題）

×
※香港・シンガポールなどへの輸出は増えているが，輸入量の 2%程度

□16 ★★ 日本の耕地面積は，国土の約 [1★★] %と少ない。
① 36　② 24　③ 12　④ 4（中央大）

(1) ③
※平地の半分程度

○× □17 ★★★ 日本の内陸では，減反政策で水田から桑畑に転換し，養蚕農家が増え，製糸工場が多く立地した。（センター〈改〉）

×
※養蚕業・製糸業は衰退

OX □18 ★★ 日本の米の品種別収穫量ではコシヒカリが最も多い(2018年)。(関西学院大)

○
※全体の3分の1を占める。以下ひとめぼれ・ヒノヒカリ・あきたこまち

OX □19 ★★ 日本の豆類の生産量は増えており，国産大豆の割合は50%にまで回復した。(関西学院大)

×
※7%(2018年)。搾油などに用いる輸入品には遺伝子組換え大豆が多い

OX □20 ★ 小麦の生産では北海道が最も多く，全国の50%以上を生産する。(関西学院大)

○
※62%(2018年)

OX □21 ★★★ 日本の畜産業は，農家数・経営規模ともに縮小傾向にある。(関西学院大)

×
※農家数は減ったが，生産コスト削減のため規模拡大

OX □22 ★★★ 日本の畜産業は輸入飼料の値下がりによって生産コストが削減されている。(関西学院大)

×
※とうもろこしなどの国際価格が上昇

OX □23 ★★ 日本の乳用牛の生産地は全国的にほぼ均等に分布している。(関西学院大)

×
※北海道と関東に多い

□24 ★★★ [1★★★]と長野県が日本の二大産地であるりんごは，コーカサス地域～西アジアが原産である。(東京経済大)

(1) 青森県（あおもりけん）
※冷涼な気候を好む

□25 ★★ 東北地方でりんごとぶどうの生産がともに盛んなのは，[1★★]盆地と[2★★]盆地(順不同)。(東北学院大)

(1) 福島（ふくしま）
(2) 山形（やまがた）
※(1)はもも，(2)はおうとう(さくらんぼ)も盛ん

OX □26 ★★★ 食糧増産事業の一環で秋田県八郎潟は干拓され，大規模な稲作経営を目指す村が誕生した。(センター)

○
※第二次世界大戦後に干拓され，大潟村が生まれた

□27 ★★ 十日町盆地の[1★]川沿いには[2★★]段丘が発達し，その低位段丘面では灌漑施設を整備して農地の[3★]化が進められ，良質のコシヒカリの産地となっている。(関西大)

(1) 信濃（しなの）
(2) 河岸（かがん）
(3) 水田（すいでん）
※新潟県。魚沼産コシヒカリとして有名

□28 ★★★ 讃岐平野にみられる多くの池は，おもに[1★★★]である。(東京経済大)

(1) 溜め池（ためいけ）
※瀬戸内地方の干害対策

□29 ★★ 香川県には大きな河川がないため，讃岐山脈を貫通したトンネルを通して[1★★]の上流域のダムの水を香川県に導水する香川用水が建設された。(東京経済大)

(1) 吉野川（よしのがわ）
※瀬戸内式気候で少雨

〇× □30 ★★★ 筑後川流域で野菜生産が増加したのは，米作よりも単位面積当たりの収益が高いため。（センター）

〇
※土地集約的な園芸農業は，一般的に収益が高い

〇× □31 ★★★ 筑後川流域で野菜生産が増加したのは，米作より機械化が容易で労働時間が短縮できるため。（センター）

×
※米作と違い園芸農業では機械化が困難

〇× □32 ★★★ 筑後川流域で野菜生産が増加したのは，輸送手段の発達により遠隔の大消費地への出荷が容易になったため。（センター）

〇
※高速道路・保冷車などの発達

〇× □33 ★★★ 豚の飼育頭数は鹿児島県や宮崎県に多い。（関西学院大）

〇
※北海道や関東も多い

3 日本の水産業

〇× □1 ★★★ 日本の漁業は漁業種類別にみると遠洋漁業と沿岸漁業が中心である。（関西学院大）

×
※沖合（10t 以上の漁船，EEZ 内）が過半を占める。遠洋は EEZ 外の遠隔海域。沿岸は 10t 未満の漁船による近海操業

□2 ★★★ 日本の［1★★★］漁業は 1970 年前後に［2★★★］漁業を上回った時期もあったが，その後は縮小した。1990 年代には［2★★★］漁業もまいわしの不漁で生産が急減した。（予想問題）

(1) 遠洋（えんよう）
(2) 沖合（おきあい）
※(1)縮小の原因は石油危機による燃料費の高騰，200 海里 EEZ 設定による漁場喪失

□3 ★★★ 日本近海の太平洋上では，寒流の［1★★★］と暖流の［2★★★］がぶつかり好漁場となっている。（高崎経済大）

(1) 親潮（おやしお）（千島海流（ちしまかいりゅう））
(2) 黒潮（くろしお）（日本海流（にほんかいりゅう））
※潮目（潮境）という

〇× □4 ★★★ 漁法の改良や栽培漁業の拡大によって国内漁獲量が増加したため，アジア各国からの水産物輸入量は減少した。（センター）

×
※輸入は増加。輸入額の大きいえびは東南アジア・南アジアから

□5 ★★★ 有明海では［1★★★］，浜名湖では［2★★★］の養殖が盛んである。（高崎経済大）

(1) 海苔（のり）
(2) うなぎ

□6 ★★ 日本はえびをベトナムやインド・［1★★］・［2★★］（順不同）などから輸入しているが，［1★★］・［2★★］（順不同）ではえびの養殖によるマングローブの伐採が問題となっている。（高崎経済大〈改〉）

(1) インドネシア
(2) タイ
※近年はアルゼンチンも上位輸入先に

4 日本の鉱工業

OX □1 ★★★ 日本では1970年代のバブル経済崩壊により石油危機が訪れた。（関西学院大）

×
※石油危機が1970年代，バブル経済は1980年代後半

OX □2 ★★★ 日本は1970年代にNIEs（新興工業経済地域）の一つになった。（関西学院大）

×
※アジアNIEsは韓国・台湾・香港・シンガポール

OX □3 ★★★ 日本では1980年代後半に急激な円高の影響で「産業の空洞化」が進んだ。（関西学院大）

○

□4 ★★ 石油危機の後，鉄鋼・造船などの重厚長大産業から，高度な加工組み立てを伴う軽薄短小産業（先端技術産業）へと日本の［1 ★★］が転換した。（予想問題）

(1) 産業構造（さんぎょうこうぞう）
※論述式問題で必須の言い回しである

□5 ★★ 日本の自動車メーカーの海外生産は［1 ★★］年代に大きく増加し，日米経済摩擦の一因となった。（専修大）

(1) 1980

OX □6 ★★★ 日本国内の自動車生産は減少傾向にあるが，日本の自動車メーカーの生産台数は増加しており，特に北アメリカでの生産台数の増加が著しい。（日本女子大）

○

OX □7 ★★ 日本は1990年代にOECD（経済協力開発機構）に加盟した。（関西学院大）

×
※1964年

OX □8 ★★★ 日本の鉄鋼のおもな輸出先はアメリカ合衆国やヨーロッパである。（日本女子大）

×
※第1位タイ·第2位中国·第3位韓国(2018年)

OX □9 ★★★ 日本では1990年代に入ると，IT技術の進展に伴い，これに関連するベンチャー企業が大都市圏に立地するようになった。（センター）

○
※ベンチャー企業とは新技術や高度な知識を用いて創造的·革新的な経営を図る新興企業のこと

OX □10 ★★★ 日本の内陸地域でもインターネットの普及により，海外市場に関する情報が得やすくなったため，石油化学工業の工場が多く立地している。（センター）

×
※原料を海外に依存しているため，太平洋ベルトの臨海部に集中

OX □11 ★★★ 日本の集積回路（IC）工場の大半が九州に集中する。（関西学院大）

×
※ほかの工業が不振な九州にも立地するため「シリコンアイランド」とよばれたが，「大半」は誤り

☐12 ★★★ 日本のパルプ・製紙工場の大半が北海道に集中する。（関西学院大）

×
※富士（静岡）など全国に分布。古紙を利用する再生紙工場は東京近郊にも

☐13 ★★★ 日本の工業立地地点に関する図をみて，次の問に答えよ。ただし工場の種類は下から選べ。（愛知大）

【セメント・自動車・ビール・IC（集積回路）・石油化学】

問1 図Aは 1★★★ 工場の立地の分布である。これは 2★★★ 型の立地である。

(1) ビール
(2) 市場（消費地）指向

問2 図Bは 1★★★ 工場の立地の分布である。これは 2★★★ 型の立地である。

(1) IC（集積回路）
(2) 臨空港指向

問3 図Cは 1★★★ 工場の立地の分布である。

(1) 自動車

問4 図Dは 1★★★ 工場の立地の分布である。これは 2★★★ 型の立地である。

(1) セメント
(2) 原料指向

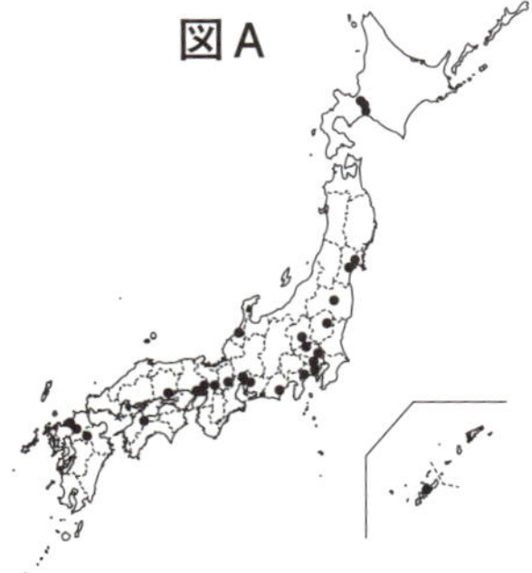

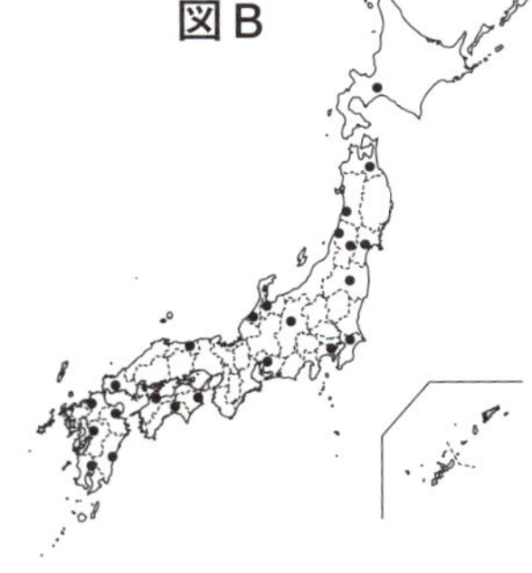

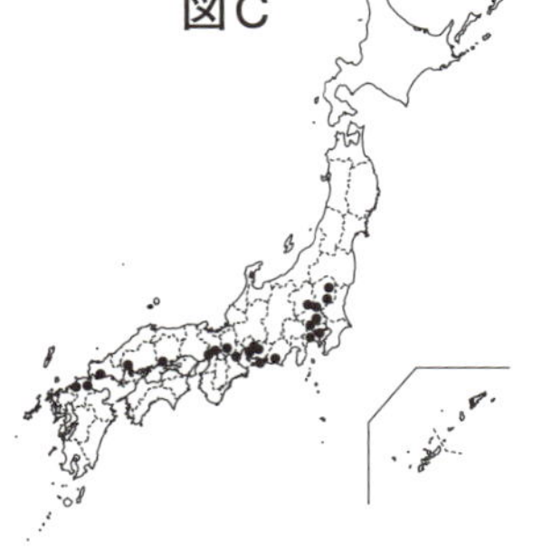

問題	解答
□14 ★★★ 工業生産額1位の都道府県は 1★★★ である（2018年）。（学習院大〈改〉）	(1) 愛知県（あいちけん） ※神奈川県，大阪府，静岡県が上位
□15 ★★★ 小売業販売額の上位3都道府県は順に 1★★★ → 2★★ → 3★★ である（2014年）。（学習院大〈改〉）	(1) 東京都（とうきょうと） (2) 大阪府（おおさかふ） (3) 神奈川県（かながわけん）
□16 ★★ 1★★ 市には人工港が建設され，製紙業，製油業などが盛んだが，東部開発計画は頓挫した。（予想問題）	(1) 苫小牧（とまこまい） ※「苫小牧発仙台行きフェリー」は今も運航中
□17 ★★★ 北海道の 1★★★ 市では，ビール・乳製品などの食品工業が発達している。（予想問題）	(1) 札幌（さっぽろ） ※北海道の地方中枢都市として支店経済が発達
□18 ★★ 岩手県沿岸部の 1★★ 市では，付近に産する鉄鉱石を背景にかつて鉄鋼業が発達した。（予想問題）	(1) 釜石（かまいし） ※新日鉄（現日本製鉄）釜石はかつてのラグビー強豪
□19 ★★★ 茨城県南部の 1★★★ 市では，Y字形の掘り込み港周辺に鉄鋼業や石油化学工業が発達している。（予想問題）	(1) 鹿嶋（かしま） ※本来「鹿島」だが佐賀県鹿島市との重複を避けた
□20 ★★ 群馬県 1★★ 市では，戦時中の軍用機工場を背景に，戦後は自動車工業が発達し，隣接する大泉町には多くの外国人労働者が居住している。（予想問題）	(1) 太田（おおた） ※富士重工業（スバル）
□21 ★★★ 神奈川県東部の 1★★★ 市は，東京湾に面する工業都市で，沿岸の埋立地に鉄鋼業・石油化学コンビナートが発達している。（予想問題）	(1) 川崎（かわさき） ※ホエールズもオリオンズもヴェルディも出ていった
□22 ★★★ 日本の製鉄業都市のうち，大消費地である京浜・阪神工業地帯を指向した例として，千葉県の千葉・ 1★★★ ，兵庫県の加古川などがある。（青山学院大〈改〉）	(1) 君津（きみつ）
□23 ★★★ 1★★★ 盆地は岡谷や 1★★★ を中心として，わが国の近代 2★★★ 工業の核心地であったが，第二次世界大戦後は澄んだ空気や水を求めて，カメラや時計などの精密機械工業が発展した。（関西大〈改〉）	(1) 諏訪（すわ） (2) 製糸（せいし） ※現在は電子デバイスを生産するハイテク産業地域
□24 ★★★ 1★★★ 市は静岡県西部に位置する工業都市で，オートバイや楽器の製造で知られる。（予想問題）	(1) 浜松（はままつ） ※ヤマハ・スズキの本社，ホンダの創業地
□25 ★★★ 1★★★ 市は挙母（ころも）市から改称した世界的な自動車工業都市で，企業城下町である。（予想問題）	(1) 豊田（とよた） ※トヨタ自動車

□26 ★★★ 石油化学工業は製油所と一体となった石油化学 1★★★ を形成するが，その立地はほぼ太平洋ベルトに限られ，川崎・水島のほか公害問題で知られる 2★★★ などが代表的である。（青山学院大）

(1) コンビナート
(2) 四日市（よっかいち）
※四日市ぜんそくは石油化学コンビナートの煤煙に含まれた亜硫酸ガスが原因

□27 ★★ 中世の港町から発達した 1★★ 市は大阪府の南部に位置しており，石油化学工業などが発達。かつて盛んだった鉄鋼業は縮小された。（予想問題）

(1) 堺（さかい）
※2009年，製鉄所跡地に液晶パネル工場創業

□28 ★★ 電気機械・電子部品工業では，かつて茨城県 1★★ 市がわが国を代表する都市であったが，2002年には三重県の 2★ 市にテレビなどに使用される液晶パネルの最新型工場が立地した。（青山学院大）

(1) 日立（ひたち）
(2) 亀山（かめやま）
※2016年，堺や亀山の工場を含めたシャープ全体を中国企業（鴻海（ホンハイ））が買収

□29 ★★★ 1★★★ 市は高梁川河口に位置する商工業都市で，2★★ 地区の埋め立て地では製鉄・石油化学工業が発達している。（予想問題）

(1) 倉敷（くらしき）
(2) 水島（みずしま）

□30 ★★ 新居浜市は，1★★ 銅山を背景に発展。（東京経済大）

(1) 別子（べっし）

□31 ★★★ 日本の製鉄業都市としては，第二次世界大戦前に国内の石炭の使用を前提に立地した北海道の 1★★★，福岡県の 2★★★ などがある。（青山学院大）

(1) 室蘭（むろらん）
(2) 北九州（八幡）（きたきゅうしゅう（やはた））
※いずれも明治後期に創業

□32 ★★ 福岡県南部の 1★★ 市では，伝統的工芸品の 1★★ 絣（かすり），ゴム工業のほか，近年では自動車関連産業の立地もみられる。（予想問題）

(1) 久留米（くるめ）
※松田聖子も生んだ

□33 ★★★ 日本の製鉄業都市のうち，1962年に策定された全国総合開発計画にもとづいて新たに立地した例として，関東地方では 1★★★，中国地方では倉敷や福山，九州では 2★★★ がある。（青山学院大）

(1) 鹿島（現鹿嶋）（かしま（かしま））
(2) 大分（おおいた）
※倉敷・大分は新産業都市，鹿島・福山は工業整備特別地域

□34 ★★★ 熊本県南部の八代平野に位置する 1★★★ 市では，有機水銀中毒による公害の歴史を背景に，環境モデル都市事業を推進している。（予想問題）

(1) 水俣（みなまた）
※『苦海浄土』（石牟礼道子（いしむれ））は必読

□35 ★★ 宮崎県北東部の 1★★ 市は，新産業都市に指定され，化学メーカーの企業城下町として発展した。（予想問題）

(1) 延岡（のべおか）
※旭化成

□36 ★ 伝統工業の例として，［1★］の刃物の生産をあげることができる。（関西大）

① 関　② 野田　③ 久留米　④ 有田

(1) ①
※野田(しょうゆ)・久留米(絣)・有田(陶磁器)

○× □37 ★★ 日本周辺の海底にも存在する熱水鉱床，メタンハイドレートなどの開発が研究されている。（予想問題）

○
※熱水鉱床：マグマの熱で有用元素が抽出されてできた鉱床，メタンハイドレート：メタンが水分子に取り込まれた化合物

5 日本の貿易・交通・通信

□1 ★★★ 1930年代中頃の日本において，輸出品目の最大シェアを占めるものは，［1★★★］及び［1★★★］製品であり，また，その［1★★★］製品の原料となる［2★★★］は主要な輸入品目であった。（西南学院大）

(1) 繊維（せんい）
(2) 綿花（めんか）

□2 ★★★ 1960～70年代頃の日本では，自動車や［1★★］を含む機械類の輸出が大きな役割を果たした。また，原油，ボーキサイト，［2★★★］など原材料の多くは輸入によってまかなわれた。（西南学院大〈改〉）

(1) 船舶（せんぱく）
(2) 鉄鉱石（てっこうせき）
※石油危機以前はボーキサイトを輸入しアルミニウムを精錬(電気分解)していた

○× □3 ★★★ 日本のオーストラリアとの貿易では輸出額よりも輸入額の方が大きい。（関西学院大）

○
※石炭，LNG，鉄鉱石，肉類，銅鉱，アルミニウム…

○× □4 ★★★ 日本のインドネシアとの貿易では輸出額よりも輸入額の方が大きい。（関西学院大）

○
※石炭，LNG，機械類，銅鉱，衣類，天然ゴム…

○× □5 ★★★ 日本の鉄鉱石の輸入依存率はほぼ100%。（関西学院大）

○
※オーストラリア5割・ブラジル3割

○× □6 ★★★ 日本の石炭の輸入依存率はおよそ80%。（関西学院大）

×
※99.5%(2018年)，オーストラリア・インドネシアなど

□7 ★★★ 日本はコーヒー豆を南米のブラジルや［1★★★］，東南アジアの［2★★★］・［3★★★］(順不同)から輸入している。（高崎経済大〈改〉）

(1) コロンビア
(2) ベトナム
(3) インドネシア

□8 ★★★ 日本は小麦をアメリカ合衆国（50.8%）や春小麦地帯中心の 1★★★ （31.7%）のほか，2★★★ （15.5%）などから輸入している（2018年）。（高崎経済大）

(1) カナダ
(2) オーストラリア
※讃岐うどんの原料はオーストラリア産小麦が多い

□9 ★★★ 日本の事務用機械輸出入のうち，コンピュータの輸出先は 1★★★ が約32%を占め，輸入先は 2★★★ が約74%を占めている（2018年）。（西南学院大）

(1) アメリカ合衆国（がっしゅうこく）
(2) 中国（ちゅうごく）

○× □10 ★★★ 成田国際空港・関西国際空港を通した輸入は鉄鉱石・石油が多く，輸出は鉄鋼・化学薬品が多い。（センター）

×
※航空機は集積回路（IC）・精密機械など軽量で高付加価値の製品を輸送

○× □11 ★★★ 東京港・大阪港を通した輸入は食料品・衣類が多く，輸出は電子工業品が多い。（センター）

○
※大市場では生活関連品目の輸入割合が高い

○× □12 ★★★ 名古屋港・横浜港では輸入は衣類・石油・液化ガスが多く，輸出は自動車が多い。（センター）

○
※自動車工業の盛んな豊田市・横浜市を後背にもつ

○× □13 ★★★ 水島港・鹿島港では，輸入・輸出ともに集積回路・精密機械が多い。（センター）

×
※倉敷（岡山）・鹿嶋（茨城）の臨海工業地域を後背に資源を輸入し，鉄鋼・化学薬品などを輸出

□14 ★★★ 日本最大の輸出港は 1★★★ で，その主要輸出品は 2★★★ ，自動車部品，金属加工機械などである（2018年）。（高崎経済大）

(1) 名古屋港（なごやこう）
(2) 自動車（じどうしゃ）
※輸入港としては第三

□15 ★★★ 日本第二の輸出港は 1★★★ で，その主要輸出品は科学光学機器，金（非貨幣用），2★★★ などである（2018年）。（高崎経済大）

(1) 成田国際空港（なりたこくさいくうこう）
(2) 集積回路（しゅうせきかいろ）（IC）
※輸入港としては最大，ほかに電気回路用品，半導体製造装置などを輸出

□16 ★★ 日本第三の輸出港は 1★★ で，その主要輸出品は 2★★ ，自動車部品，内燃機関などである（2018年）。（高崎経済大）

(1) 横浜港（よこはまこう）
(2) 自動車（じどうしゃ）
※輸入港としては第五

□17 ★★ 日本第二の輸入港は 1★★ で，その主要輸入品は，衣類，コンピュータ，魚介類などである（2018年）。（高崎経済大〈改〉）

(1) 東京港（とうきょうこう）
※輸出港としては第四

□18 ★★★ 本州四国連絡橋３ルートのうち，鉄道橋を含むものは１ルートだけで，その橋は［1★★★］である。（東京経済大〈改〉）

(1) 瀬戸大橋（せとおおはし）
※児島～坂出ルート。ほかは神戸～鳴門ルート（明石海峡大橋・大鳴門橋），尾道～今治ルート（瀬戸内しまなみ海道）

6 日本の民族と社会

OX □1 ★★★ 北海道のアイヌ民族には，漁労や採集に関わる伝統的文化がみられる。（センター）

○
※ 2019 年の新法で先住民族であることが明記された

OX □2 ★★★ 第二次世界大戦前から終戦直後にかけて，ハワイやヨーロッパにわたる日本からの移民がみられたが，その子孫の中には現在日本で働く人も多い。（センター）

×
※ヨーロッパではなく南米のブラジルやペルー

□3 ★ 日本に在住する移民としては 1910 年の［1★］以後，朝鮮半島から強制連行などによって移住し定着してきた人々がいる。（東海大）

(1) 韓国併合（かんこくへいごう）
※在日韓国·朝鮮人は大阪·京都·兵庫など関西圏で人口比が高い

OX □4 ★★★ 就労目的でブラジルやペルーから来日する人々は，自動車などの機械工業都市やその周辺に居住することが多い。（センター）

○
※ 1990 年の改正入管法施行で急増。太田（群馬），浜松（静岡）など

OX □5 ★★ 日本では，ブラジル国籍をもつ日系人に限って，日本国内で製造業や建設業などの単純労働に従事することを認めている。（明治大）

×
※ブラジル国籍に限らず，日系人全般

□6 ★★ アジアの［1★★］から日本への来住者は，かつて「興行」を在留資格とする女性が多かった。（関西学院大〈改〉）

(1) フィリピン
※人身売買的状況が指摘され興行ビザ発給は厳格化したが今も男女比は約 1：3

OX □7 ★★★ 日本で暮らす外国人の国籍は，アメリカ合衆国・フィリピンの順に多い。（センター）

×
※以前は韓国が最大だったが 2018 年は中国·韓国·ベトナム·フィリピンの順

□8 ★ 戦前・戦中からの在日韓国・朝鮮人などやその子孫を［1★］，近年になって就労目的で来訪した在日外国人を［2★］とよぶことがある。（予想問題）

(1) オールドカマー
(2) ニューカマー
※(1)は少子高齢化や帰化により減少

○× □9 ★★★ 今世紀，首都圏一極集中は緩和された。（関西学院大）

×

○× □10 ★★★ 日本では1980年代後半以降，65歳以上の人口率が急増傾向にある。これは平均寿命の伸びと出生率の低下が著しいためである。（明星大）

○
※老年人口28％（2019年）の超高齢社会になっている

□11 ★★★ 人口の上位3都道府県は順に［1★★★］→［2★★★］→［3★★★］（2019年）。（学習院大〈改〉）

(1) 東京都（とうきょうと）
(2) 神奈川県（かながわけん）
(3) 大阪府（おおさかふ）
※愛知・埼玉が続く

○× □12 ★★★ 日本では雇用形態のうちパートやアルバイトなどの非正規雇用者の割合は女性よりも男性の方が高い。（関西学院大）

×
※結婚・出産を機に退職した女性が子育て後に再就職する先は非正規雇用が多い

☞ 人口については第7章7も参照（P.103）

7 日本の都市・開発・環境問題

○× □1 ★★★ 日本の火山地域にある国立公園などでは入園料の徴収が義務づけられている。（センター）

×
※公園といっても広いエリアが指定されているだけ

○× □2 ★★★ 日本の大都市周辺の計画的に建設されたベッドタウンでは，住宅地に隣接して大規模な工業団地が造成され，職住近接が実現された。（センター）

×
※職住近接のイギリスとは異なり，都心に通勤する職住分離型

□3 ★★ 大阪近郊の［1★★］ニュータウンは，人口15万人を目標とした日本最初の住宅都市である。（西南学院大）

(1) 千里（せんり）

□4 ★★★ 東京都西部の丘陵地に開発され，1971年に入居が開始されたのは，［1★★★］ニュータウンである。（新潟大）

(1) 多摩（たま）
※同時期に入居した住民の高齢化が課題となっている

○× □5 ★★★ 城下町から発達した都市には，仙台市や金沢市がある。（関西学院大）

○
※大都市の多くは城下町

○× □6 ★★★ 門前町から発達した都市には，長野市や成田市がある。（関西学院大）

○
※前者は善光寺，後者は新勝寺（成田不動）

○× □7 ★★★ 第二次世界大戦後の市町村合併によって市域が広がった日本の行政市では，市街地が市域全体に広がったため，農地はみられなくなった。（センター）

×
※郊外の農村部も市域に含まれており，市域と市街地とは一致しない

□8 ★★★ 現在の日本には1都1道 1★★★ 府 2★★★ 県が設定されている。（関西大）

(1) 2
(2) 43

□9 ★★ わが国の都道府県庁所在都市を人口順に並べると，東京（23区）が第1位であり，第2位の 1★★ 市から第11位の 2★ までは人口が100万人に達している（2019年）。（青山学院大〈改〉）

(1) 横浜（よこはま）
(2) 仙台（せんだい）
※第3～10位は大阪・名古屋・札幌・福岡・神戸・京都・さいたま・広島。千葉も100万人近い。京都より多い川崎は県庁所在地ではない

〇× □10 ★ 政令指定都市とは，内閣が政令で指定する人口が50万人以上の都市である。（明治大）

○
※事実上70万人程度が目処

□11 ★ 政令指定都市は都道府県並みの 1★ 権をもつ。（学習院大）

(1) 行財政（ぎょうざいせい）
※ほかに，補助金算定で特別措置を受けられる，東京23区がもつような権能のない行政区も置ける，など

□12 ★★ 1956年に初めて政令指定都市に移行したのは，東から 1★★ → 2★★ → 3★★ →大阪→ 4★★ の5都市である。（学習院大）

(1) 横浜（よこはま）
(2) 名古屋（なごや）
(3) 京都（きょうと）
(4) 神戸（こうべ）

□13 ★★ 2001年に3都市が合併して誕生，人口が100万人を超えている政令指定都市は 1★★ 。（学習院大）

(1) さいたま市（し）
※浦和・大宮・与野が合併

□14 ★★ 2019年末時点で最新の政令指定都市は2012年4月に移行した 1★★ で，これで政令指定都市数は合計 2★★ になった。（学習院大〈改〉）

(1) 熊本市（くまもとし）
(2) 20

〇× □15 ★★ 1つの県で複数の都市が政令指定都市に指定されることはない。（青山学院大）

×
※横浜・川崎・相模原，北九州・福岡，大阪・堺，静岡・浜松

□16 ★ 人口50万人以上で政令指定都市になっていない九州の県庁所在地は， 1★ 市である。（青山学院大〈改〉）

(1) 鹿児島（かごしま）
※鹿児島市は約60万人

□17 ★★ いわゆる「平成の大合併」で，2000年3月時点で約 1★★ あった市町村の数は，2006年3月末には約1,800程度に減少した。（明治大）

(1) 3,200
※2010年には1,730程度

〇× □18 ★★★ 「平成の大合併」後，政令指定都市は増加したが，市，町，村はいずれも減少した。（東京経済大〈改〉）

×
※市は増加した

□19 ★★ 「平成の大合併」では，[1★★]半島に誕生するはずだった「南セントレア市」のように，住民の反対が強く，合併が実施されなかった例もある。（東京経済大）

(1) 知多（ちた）
※セントレアは中部国際空港の愛称

8 日本の地域

□1 ★★ 北海道中央部にあり，特産品のメロンで有名な[1★★]市や，道東第一の都市[2★★]市はいずれも炭鉱で栄えた都市であるが，[1★★]市の財政は破綻した。（西南学院大）

(1) 夕張（ゆうばり）
(2) 釧路（くしろ）

□2 ★★ 利尻島の北西約 10km にある[1★★]島は，南北に細長く北部と南部に海岸段丘がみられる。明治以降[2★]漁で栄えたが，第二次世界大戦後は漁獲量が激減した。（明治学院大）

(1) 礼文（れぶん）
(2) にしん

□3 ★★ 最上川の河口付近にある[1★★]は江戸時代の西廻り航路の一大拠点である。（関西大）

(1) 酒田（さかた）

□4 ★★★ JR は，[1★★★]県の宇都宮や[2★★★]県の前橋・[3★]と神奈川県の小田原を結ぶ区間や，[4★★]県の米原と兵庫県の姫路とを結ぶ区間などに直通の快速列車を運行している。（高崎経済大）

(1) 栃木（とちぎ）
(2) 群馬（ぐんま）
(3) 高崎（たかさき）
(4) 滋賀（しが）

□5 ★★★ 信濃川を下ると[1★★★]平野に入り，長岡市，さらに伝統的な金物産地としてよく知られる[2★★]市や洋食器産地として有名な[3★★]市などに至る。（関西大）

(1) 越後（えちご）
(2) 三条（さんじょう）
(3) 燕（つばめ）

□6 ★★ 一宮市は[1★★]平野のほぼ中央に位置している都市であり，その地名は[2★★]町に由来する。明治以降，[3★★]を中心とした産業が発達した。（近畿大）

(1) 濃尾（のうび）
(2) 門前（もんぜん）
(3) 毛織物（けおりもの）

□7 ★★ [1★★]盆地は，越後平野に注ぐ大河川の上流にあたり，農業ではりんごなどの果樹栽培が盛ん。中心都市は[2★★]の門前町として発展した。（関西大〈改〉）

(1) 長野（ながの）
(2) 善光寺（ぜんこうじ）
※中心都市＝長野市

□8 ★★
中山道の宿場町であった 1★ 県の妻籠や，合掌造の家が建ち並ぶ 2★★ 県の白川郷などでは，伝統的な町並み保全の試みがみられる。（西南学院大）

(1) 長野
(2) 岐阜
※白川郷は五箇山（富山県）と合わせ世界文化遺産

□9 ★★★
1★★★ 湾は，東が 2★★ 川河口，西は能登半島に限られた海域で，湾内に流れ込む 3★ · 4★ (順不同)・庄川などの河川が豊富な栄養分を供給し，冬場のぶり漁など 5★ 網による漁業が盛ん。（法政大）

(1) 富山
(2) 黒部
(3) 常願寺川
(4) 神通川
(5) 定置

□10 ★
敦賀港や舞鶴港は，北海道の 1★ や苫小牧，また秋田や新潟などの主要港湾とフェリー航路で結ばれている。（法政大）

(1) 小樽

□11 ★★
1★★ 湾は，渥美湾と知多湾からなり，2★ 湾・3★ 水道を経て太平洋に通じる。湾内は排水流入による水質悪化で 4★★ が発生。5★ 川河口付近では，江戸期から干拓による新田開発が行われた。（法政大）

(1) 三河
(2) 伊勢
(3) 伊良湖
(4) 赤潮
(5) 矢作

□12 ★★★
1★★★ 湾は，御前崎と 2★★★ 半島の間にあり，湾奥から西に狩野川・3★★・安倍川・4★★ などの河川が流入している。湾口から 3★★ 河口方面にかけて，海底に 5★ とよばれる深い溝状の凹部が伸びている。また，清水港や 6★★ 港などは遠洋漁業の基地として知られる。（法政大）

(1) 駿河
(2) 伊豆
(3) 富士川
(4) 大井川
(5) 駿河トラフ
(6) 焼津

□13 ★★
1★★ 盆地は近畿地方最大の盆地である。そこから流れる河川は中下流で 2★★ 川とよばれ，途中 3★★ 盆地を流れる河川と中世に栄えた河港の 2★★ で合流して，大阪湾に流入する。（関西大）

(1) 近江
(2) 淀
(3) 京都
※琵琶湖を源に瀬田川→宇治川→淀川と名前が変わる

□14 ★★★
1★★★ 市は，1868 年の開港以来，発展を遂げてきた。市街地は 2★★ 山地と大阪湾にはさまれた細長い平野に立地しており，海を埋め立ててポートアイランドや 2★★ アイランドを建設した。（西南学院大）

(1) 神戸
(2) 六甲
※ 1995 年の阪神・淡路大震災で大きな被害を受けた

□15 ★★ 「近畿」という名称のもととなった五畿とは，山城・[1★★]・河内・摂津・和泉の5国である。（関西大）

(1) 大和（やまと）
※今の奈良県

□16 ★★★ [1★★★]湾は，福井県の越前岬と京都府の[2★★]半島の間に位置し，海岸線は[3★★★]海岸特有の地形である。日本三景の一つ[4★★★]など景勝地も多い。（法政大）

(1) 若狭（わかさ）
(2) 丹後（たんご）
(3) リアス［式（しき）］
(4) 天橋立（あまのはしだて）

□17 ★★ 島根県に属する円形の島と周辺の島々は，[1★★]諸島と総称され，沖合は好漁場である。（明治学院大）

(1) 隠岐（おき）
※後鳥羽上皇や後醍醐天皇の配流地（後者は舟で脱出）

□18 ★★ 現在の和歌山県や淡路島とともに南海道に属していた[1★★]は，国の数に由来する地域名称。（関西大）

(1) 四国（しこく）
※讃岐・伊予・阿波・土佐

□19 ★★ 西表島の東方にある[1★★]島では，於茂登（おもと）岳を主峰とする山地が東西に伸び，陸地を取りまく[2★★]が発達している。（明治学院大）

(1) 石垣（いしがき）
(2) サンゴ礁（しょう）
※イリオモテヤマネコの発見者は動物文学の戸川幸夫

□20 ★★★ ほぼ円形の[1★★★]島は，中心にそびえる宮之浦岳を中心とし，中腹以上には特別天然記念物の杉などが茂る。この島の北東に細長く伸びる[2★★★]島には，ロケット打ち上げ拠点がある。（明治学院大）

(1) 屋久（やく）
(2) 種子（たねが）
※1543年，ポルトガル人が(2)に伝えた火縄銃は，のちに「種子島」とよばれた

□21 ★★ 古代の七道には，現在の三重・愛知県から関東地方にまで及ぶ[1★★]道，福井・石川・富山・新潟県に及ぶ[2★★]道，兵庫県の一部から岡山・広島・山口県に及ぶ[3★★]道などがあった。（関西大）

(1) 東海（とうかい）
(2) 北陸（ほくりく）
(3) 山陽（さんよう）
※他に山陰道（中国地方日本海側など）・西海道（九州）・南海道（四国など）・東山道（中央高地～東北）。西海道以外は五畿（畿内）≒近畿地方に接する

□22 ★★★ 三大都市圏の転入超過人口（転入人口と転出人口の差）は1970年代に大きく[1★★★]した。（予想問題）

(1) 低下（ていか）
※石油危機後の不景気でUターン・Iターン増加

□23 ★★ 1990年以後の三大都市圏の転入超過人口は[1★★]圏ではほぼ毎年マイナス，[2★★]圏は0前後で停滞，[3★★]圏は90年代前半にマイナス，その後プラスに転じた。（予想問題）

(1) 大阪（おおさか）
(2) 名古屋（なごや）
(3) 東京（とうきょう）
※(3)はバブル崩壊で転出が増加，その後の一極集中で都心回帰が進んだ

STEP UP 二十四 さらに得点アップさせたい人のための
ステップアップ問題

□1 ★ 1999年，農業政策全般が見直され，新しい農業基本法（正式名称 [1★] ）が制定された。（慶應義塾大）

(1) 食料・農業・農村基本法

□2 ★ 都市地域と平地農村地域を除く，平野外縁の中間地域と山間地域を [1★] とよぶ。（慶應義塾大〈改〉）

(1) 中山間地域

○× □3 ★ 切り花類の出荷額では愛知県と沖縄県が上位にある。（関西学院大）

○
※ともに開花時期を人工的に遅らせる電照菊栽培が盛ん。沖縄は航空機で輸送

□4 ★★ 周防灘に面する福岡県 [1★★] 町や大分県中津市，内陸の福岡県 [2★] 市などに自動車産業が集積し，九州は近年，カーアイランドとよばれる。（予想問題）

(1) 苅田
(2) 宮若
※(2)は旧宮田町

□5 ★ 1970年半ば頃から，過疎地域の住民や地方自治体自身による「町づくり」や「村おこし」とよばれる運動が行われるようになった。1979年大分県で始まった [1★] 運動は，その例である。（明星大）

(1) 一村一品
※大分県内では関あじ・関さばや豊後牛，かぼすなどが有名

□6 ★ [1★] ニュータウン内を走る鉄道は，西は中心都市の都心と，東は2010年に空港と結ばれた。（駒澤大）

(1) 千葉

□7 ★ 町村は，一般的に [1★] という区画名を冠してよばれることが多い。これは1920年代の制度廃止後も地理的名称として残ったものである。（関西大）

(1) 郡

□8 ★ 都道府県庁所在地どうしが直接境界を接している例としては，[1★] 市とその都市圏に含まれている [2★] 市，相次ぐ合併で拡大した仙台市と [3★] 市があげられる。（青山学院大）

(1) 京都
(2) 大津
(3) 山形

□9 ★★ 第三次産業の就業者比率が最も高い県庁所在地は [1★★] 市，第二次産業の就業者比率が最も高いのは [2★] 市である。（青山学院大）

(1) 那覇
(2) 富山

□10 ★ 「平成の大合併」には，長野県の山口村が，県境をはさんで隣接していた [1★] 県の中津川市に編入された越境合併の例も含まれている。（東京経済大）

(1) 岐阜

□11 ★ 海に面していない政令指定都市のうち，最も東にあるのは [1★] である。 (学習院大)

(1) 札幌市(さっぽろし)
※日本海側に位置するが，ぎりぎり海に面していない

□12 ★ 名古屋大都市圏では，名古屋の中心部から岐阜，あるいは県東部の [1★] への区間などで JR と私鉄が競合する。 (高崎経済大)

(1) 豊橋(とよはし)
※鉄分の高い受験生向け

□13 ★ 福井県の小浜は古くから京都に海産物を供給してきた [1★] 街道の起点として知られている。 (法政大)

(1) 鯖(さば)
※琵琶湖を経由する

□14 ★ 日本海に注ぐ由良川流域では [1★] 盆地の出口付近の地形が狭まっているため，水害が多発した。[1★] は城下町起源で内陸の工業都市でもある。 (関西大)

(1) 福知山(ふくちやま)

□15 ★ 都市周縁部の無秩序な開発を抑制するため，都市計画法によって，都市的な開発を抑制すべき [1★] 区域が指定されている。 (早稲田大)

(1) 市街化調整(しがいかちょうせい)

QUESTIONS まとめの白地図 Q&A ANSWERS

1 北海道・東北の地形1

□1 1～6の河川名を答えなさい。

□2 ア～ソの平野・盆地・台地名などを答えなさい。

□3 A～Hの山脈・山地・高地，ⓐ～ⓖの山岳名を答えなさい。

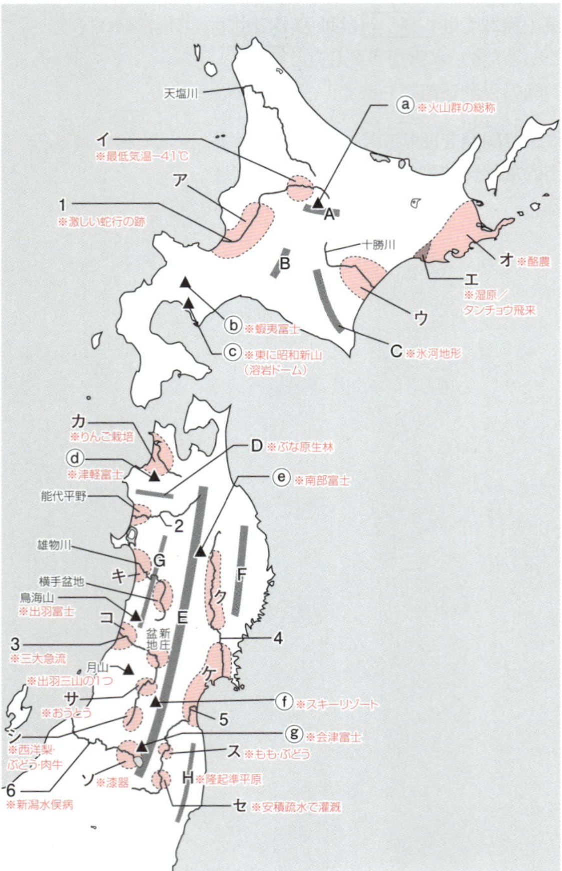

最頻出の用語は下線で表示

1
1 石狩川
2 米代川
3 最上川
4 北上川
5 阿武隈川
6 阿賀野川

2
ア 石狩平野
イ 上川盆地
ウ 十勝平野
エ 釧路湿原
オ 根釧台地
カ 津軽平野
キ 秋田平野
ク 北上盆地
ケ 仙台平野
コ 庄内平野
サ 山形盆地
シ 米沢盆地
ス 福島盆地
セ 郡山盆地
ソ 会津盆地

3
A 石狩山地
B 夕張山地
C 日高山脈
D 白神山地
※青森・秋田県境
E 奥羽山脈
F 北上高地
G 出羽山地
H 阿武隈高地
ⓐ 大雪山
ⓑ 羊蹄山
ⓒ 有珠山
ⓓ 岩木山
ⓔ 岩手山
ⓕ 蔵王山
ⓖ 磐梯山

2 北海道・東北の地形2

□**1** あ～たの半島・湾・岬・海峡名などを答えなさい。

□**2** 1～7の島名を答えなさい（ただし，6は群島）。

□**3** ⓐ～ⓖの湖名を答えなさい。

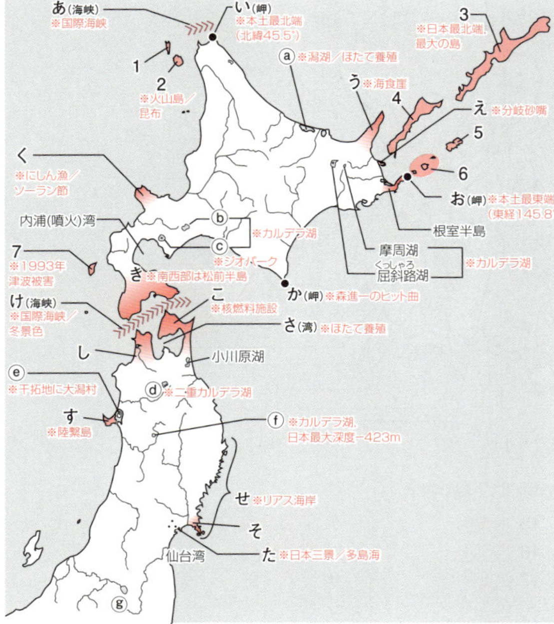

最頻出の用語は下線で表示

1
あ 宗谷海峡
い 宗谷岬
う 知床半島
え 野付湾（野付半島）
お 納沙布岬
か 襟裳岬
き 渡島半島
く 積丹半島
け 津軽海峡
こ 下北半島
さ 陸奥湾
し 津軽半島
す 男鹿半島
※一の目潟などのマール（水蒸気爆発による円形火口）
せ 三陸海岸
そ 牡鹿半島
た 松島

2
1 礼文島
2 利尻島
3 択捉島
4 国後島
5 色丹島
6 歯舞群島
※3～6北方領土（ロシア実効支配）
7 奥尻島

3
ⓐ サロマ湖
ⓑ 支笏湖
ⓒ 洞爺湖
ⓓ 十和田湖
ⓔ 八郎潟
ⓕ 田沢湖
ⓖ 猪苗代湖

QUESTIONS　まとめの白地図 Q&A　ANSWERS

3 関東～近畿の地形１

□1 1～20の河川名を答えなさい。

□2 ア～チの平野・盆地・台地名を答えなさい。

□3 A～Gの山脈・山地，ⓐ～ⓜの山岳名を答えなさい。

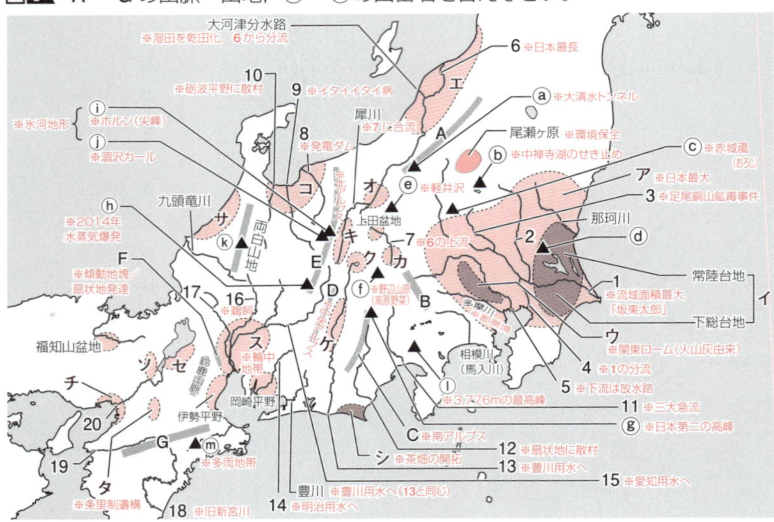

正解　最頻出の用語は下線で表示

1
1 利根川
2 鬼怒川
3 渡良瀬川
4 江戸川
5 荒川
※旧荒川は現墨田川
6 信濃川
7 千曲川
※6の長野県内での呼称
8 黒部川
9 神通川
10 庄川
11 富士川
12 大井川
13 天竜川
14 矢作川
15 木曽川
16 長良川
17 揖斐川
※15～17 木曽三川
18 熊野川
19 紀ノ川
20 淀川
※上流で瀬田川（滋賀），宇治川（京都）

2
ア 関東平野
イ 常総台地
ウ 武蔵野［台地］
エ 越後平野
オ 長野盆地
カ 佐久盆地
キ 松本盆地
ク 諏訪盆地
ケ 伊那盆地
コ 富山平野
サ 金沢平野
シ 牧ノ原
ス 濃尾平野
セ 近江盆地
ソ 京都盆地
タ 奈良盆地
チ 大阪平野

3
A 越後山脈
B 関東山地
C 赤石山脈
D 木曽山脈
E 飛騨山脈
※C～E日本アルプス
F 養老山地
G 紀伊山地
ⓐ 谷川岳
ⓑ 男体山
ⓒ 赤城山
ⓓ 筑波山 ※筑波颪
ⓔ 浅間山 ※活火山
ⓕ 八ヶ岳
ⓖ 北岳
ⓗ 御嶽山
ⓘ 槍ヶ岳
ⓙ 奥穂高岳
ⓚ 白山
ⓛ 富士山
ⓜ 大台ケ原山

4 関東～近畿の地形2

□1 あ～ねの半島・湾・岬名などを答えなさい。

□2 1～4の島名を答えなさい。

□3 ⓐ～ⓖの湖名を答えなさい。

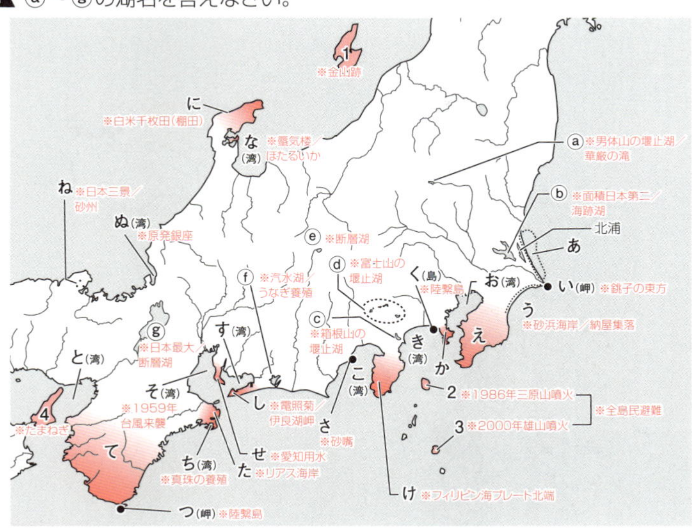

正解　最頻出の用語は下線で表示

1
- あ 鹿島灘
- い 犬吠埼
- う 九十九里浜
- え 房総半島
- お 東京湾
- か 三浦半島
- き 相模湾
- く 江ノ島
- け 伊豆半島
- こ 駿河湾
- さ 三保松原
- し 渥美半島
- す 三河湾
- せ 知多半島
- そ 伊勢湾
- た 志摩半島
- ち 英虞湾
- つ 潮岬
- て 紀伊半島
- と 大阪湾
- な 富山湾
- に 能登半島
- ぬ 敦賀湾
- ね 天橋立

2
- 1 佐渡島
- 2 [伊豆] 大島
- 3 三宅島
- 4 淡路島
  ※1995年兵庫県南部地震の野島断層

3
- ⓐ 中禅寺湖
- ⓑ 霞ケ浦
- ⓒ 芦ノ湖
- ⓓ 富士五湖
  ※山中湖・本栖湖・河口湖・西湖・精進湖
- ⓔ 諏訪湖
- ⓕ 浜名湖
- ⓖ 琵琶湖
  ※富栄養化防止条例

QUESTIONS　まとめの白地図 Q&A　ANSWERS

5 中国～九州の地形1

□1 1～8の河川名を答えなさい。

□2 ア～コの平野・台地名を答えなさい。

□3 A～Eの山脈・山地，ⓐ～ⓗの山岳名を答えなさい。

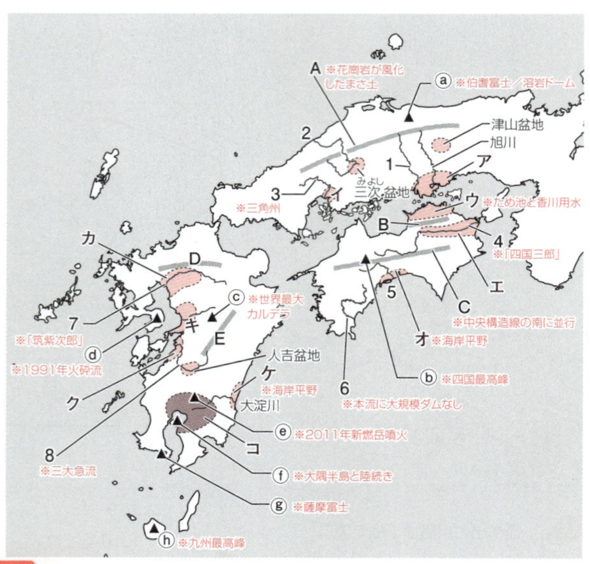

正解　最頻出の用語は下線で表示

1
1 高梁川（たかはし）
2 江の川（ごう）
3 太田川（おおた）
4 吉野川（よしの）
5 仁淀川（によど）
6 四万十川（しまんと）
7 筑後川（ちくご）
8 球磨川（くま）

2
ア 岡山平野（おかやま）
イ 広島平野（ひろしま）
ウ 讃岐平野（さぬき）
※条里制遺構
エ 徳島平野（とくしま）
オ 高知平野（こうち）
カ 筑紫平野（つくし）
キ 熊本平野（くまもと）
ク 八代平野（やつしろ）
ケ 宮崎平野（みやざき）
コ シラス台地
※笠野原など火山灰で覆われた台地の総称

3
A 中国山地（ちゅうごく）
B 讃岐山脈（さぬき）
C 四国山地（しこく）
D 筑紫山地（つくし）
E 九州山地（きゅうしゅう）
ⓐ 大山（だいせん）
ⓑ 石鎚山（いしづち）
ⓒ 阿蘇山（あそ）
ⓓ 雲仙岳（うんぜん）（普賢岳（ふげん））
ⓔ 霧島山（きりしま）
ⓕ 桜島（さくら）（御岳（おんたけ））
ⓖ 開聞岳（かいもん）
ⓗ 宮之浦岳（みやのうら）

6 中国～九州の地形2

□1 あ～との半島・湾・海峡などとⓐ・ⓑの湖の名を答えなさい。

□2 1～20の島・諸島・列島名などを答えなさい。

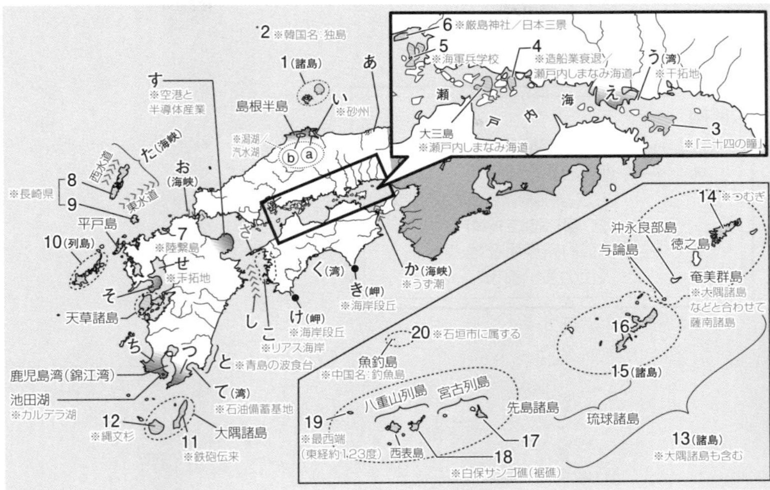

正解 最頻出の用語は下線で表示

1
- あ 鳥取砂丘
- い 弓ヶ浜(夜見ヶ浜)
- う 児島湾
- え 児島半島
- お 関門海峡
- か 鳴門海峡
- き 室戸岬
- く 土佐湾
- け 足摺岬
- こ 宇和海
- さ 佐田岬半島
  ※「佐多岬」は大隅半島
- し 豊後水道
- す 国東半島
- せ 有明海
- そ 島原半島
- た 対馬海峡
- ち 薩摩半島
- つ 大隅半島
- て 志布志湾
- と 日南海岸
- ⓐ 中海
- ⓑ 宍道湖

2
- 1 隠岐諸島
- 2 竹島
- 3 小豆島
- 4 因島
- 5 江田島
- 6 宮島
- 7 志賀島
  ※陸繋砂州は海の中道
- 8 対馬
- 9 壱岐
- 10 五島列島
  ※8～10は長崎県
- 11 種子島
- 12 屋久島
- 13 南西諸島
- 14 [奄美] 大島
- 15 沖縄諸島
- 16 沖縄島
- 17 宮古島
- 18 石垣島
- 19 与那国島
- 20 尖閣諸島

CHECK! まとめの日本地図 CHECK!

1 日本の主要都市

下の図は日本の主要な都市をまとめたものです。赤シートで隠しながら確認しましょう。

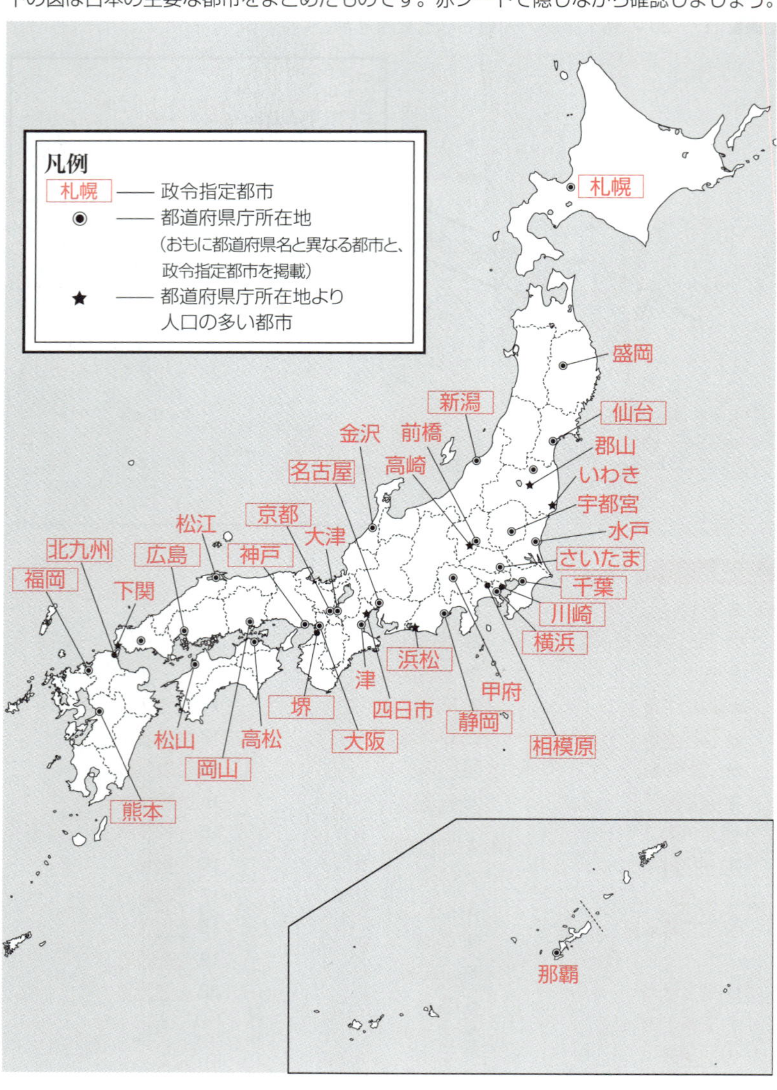

2 日本の主要産業都市など

下の図は日本の主要産業都市及び世界遺産についてまとめたものです。

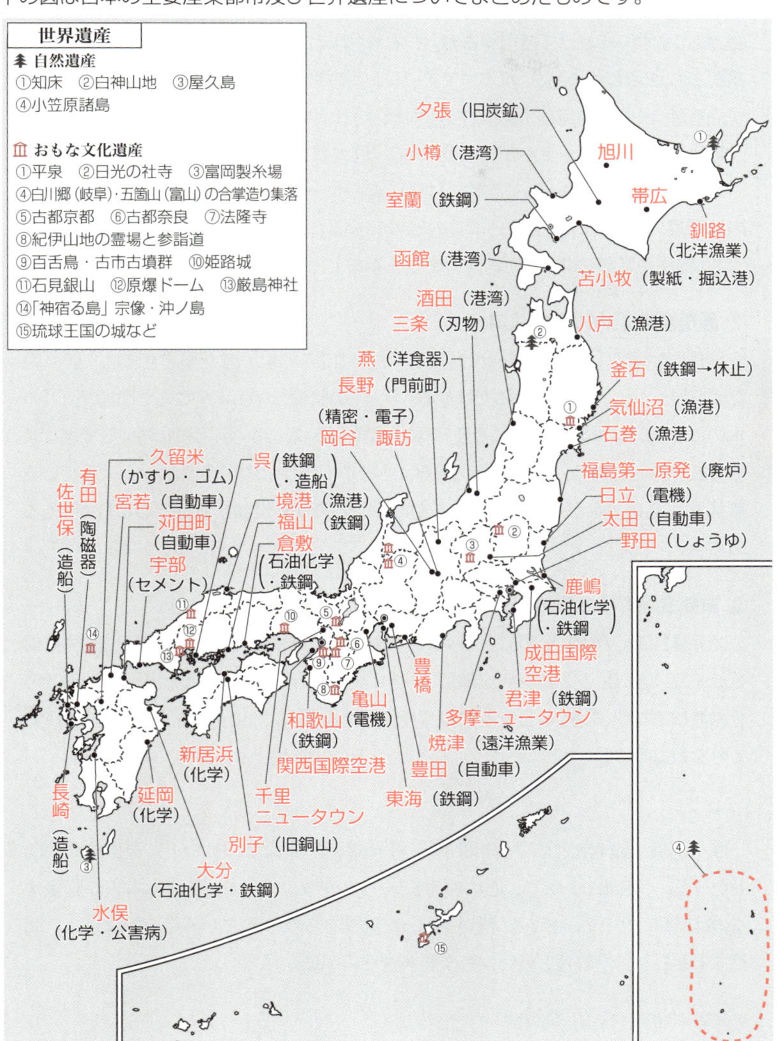

※文化遺産には，ほかに「明治日本の産業革命遺産（11 都市）」「ル・コルビュジエの建築作品（国立西洋美術館＝東京）」「長崎と天草地方の潜伏キリシタン関連遺産」などがある。

入試直前のあなたへ

1 入試地理は「総動員」が必要

共通テスト・国公立・私立と傾向は違いますが，地理の入試問題には共通した特徴があります。それは「**運用する力**」を求められること。料理でいえば，ありあわせの素材でちょっとした一品をつくる力です。レシピの暗記で対応できるものも多いのですが，差がつくのは知識を「運用」する問題。「出汁のとり方」「肉の下ごしらえ」のような「ほかの料理にも使える技」を磨いて，最大限に活用しましょう。

本番でも「あ，これ知ってる♥」「うわ，知らねー」なんて**暗記した知識だけで戦うのは間違い**。問題文（「問3が問1のヒントになる」ということも多い），地図，表やグラフ（脚注や数値の単位も）のすべてが「素材」になります。

2 最後まで「ジタバタ」しよう

前日になれば「運を天に任せて」といいたいところですが，まだ早すぎます。前の晩だって当日の朝だって，**やれるだけやる**。ノートの見直しなり，やりこんだ問題集（この本のことだよ）のページを繰るなり，単純作業で構わないから，「ジタバタ」して過ごす。「あたふた」とは違う，執念をもって足掻(あが)くのです（君のママやパパはあたふたしている可能性が高いですが，ここは華麗にスルー）。**ひたすら没頭すれば，心に灯がともる**のです。

3 試験会場では「悠然」と

予定より**ほんの少し早めに**会場へ。映画俳優になったつもりで，「緊張しつつも自信をもって会場に臨む受験生」を演じてみましょう。校門・校舎・掲示板……。まわりを見渡してみてください。1年後には「見慣れた風景」になるのだと思って，ニヤッとしておきましょう（ずーっとニヤニヤしていると，気味悪がられますから，一瞬だけ）。

* * * * * * * * * * * * * * * * *

私も受験生諸君とともに一年間「戦い」の準備を重ねていますから，その成果が問われるという意味で，毎年，心の震えるシーズンです。まして，受験生本人が緊張するのは当然ことです。しかし，舞い上がったり，あきらめたりしている場合ではない。間然するところなく※敢然と戦い，完全勝利をその手に!

※「間然するところがない」＝非の打ち所がない

索引

INDEX

この索引には，本書の「正解（赤文字）」として掲載された「地理用語」が五十音順に整理されています。

※地理用語ではない正解（数字や日常用語など）は掲載していません（一部，正解以外でも重要な用語は索引として掲載しています）。
※解答の仕方によって表記が異なる場合もありますが，索引では表記を統一しています。
※用語の右側にある数字はページ数です。同一章内で国名が重複している場合，基本的には初出のページ数のみを掲載しています。
※英字略称のうち，国際的機関や地域連合はP.457のA-Zに収録されています。

あ PAGE▼

い

う

え

お

か

PAGE▼

き

さ

PAGE▼

し

ち

つ

て

と

な

PAGE▼

に

ぬ

ね

の

は

PAGE▼

ひ

ふ

へ

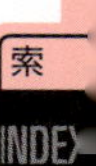

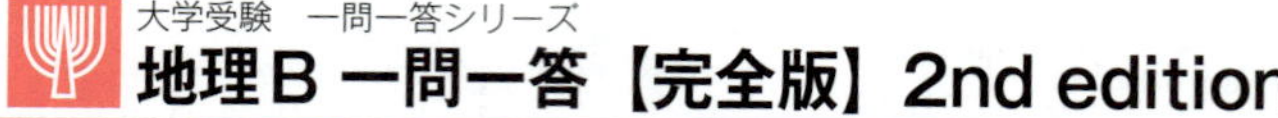

大学受験　一問一答シリーズ

地理B 一問一答【完全版】2nd edition

発行日：2020 年 4 月 1 日　初版発行

著　者：**山岡信幸**
発行者：**永瀬昭幸**
発行所：株式会社ナガセ
〒180-0003　東京都武蔵野市吉祥寺南町 1-29-2
出版事業部（東進ブックス）
TEL：0422-70-7456 ／ FAX：0422-70-7457
www.toshin.com/books（東進WEB書店）
（本書を含む東進ブックスの最新情報は，東進WEB書店をご覧ください）

編集担当：中島亜佐子

編集・制作協力：伊奈裕貴・髙見澤瞳・松下未歩・三輪勇海・
矢野優莉子・山村晟洸（五十音順）
カバーデザイン：LIGHTNING
本文デザイン：東進ブックス編集部
図版・DTP・
制作協力：株式会社群企画
本文イラスト：新谷圭子
印刷・製本：シナノ印刷株式会社

ISBN978-4-89085-844-6　C7325

全国屈指の実力講師陣

東進の実力講師陣 数多くのベストセラー参考書を執筆!!

東進ハイスクール・東進衛星予備校では、そうそうたる講師陣が君を熱く指導する！

本気で実力をつけたいと思うなら、やはり根本から理解させてくれる一流講師の授業を受けることが大切です。東進の講師は、日本全国から選りすぐられた大学受験のプロフェッショナル。何万人もの受験生を志望校合格へ導いてきたエキスパート達です。

英語

日本を代表する英語の伝道師。ベストセラーも多数。

安河内 哲也 先生
[英語]

予備校界のカリスマ。抱腹絶倒の名講義を見逃すな。

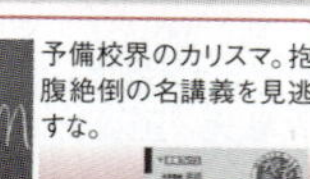

今井 宏 先生
[英語]

「スーパー速読法」で難解な長文問題の速読即解を可能にする「予備校界の達人」！

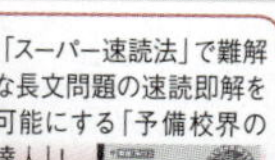

渡辺 勝彦 先生
[英語]

雑誌『TIME』やベストセラーの翻訳も手掛け、英語界でその名を馳せる実力講師。

宮崎 尊 先生
[英語]

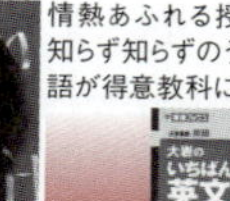

情熱あふれる授業で、知らず知らずのうちに英語が得意教科に！

大岩 秀樹 先生
[英語]

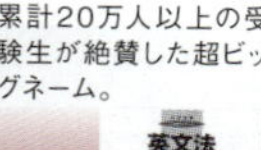

累計20万人以上の受験生が絶賛した超ビッグネーム。

西 きょうじ 先生
[英語]

数学

数学を本質から理解できる本格派講義の完成度は群を抜く。

志田 晶 先生
[数学]

「ワカル」を「デキル」に変える新しい数学は、君の思考力を刺激し、数学のイメージを覆す！

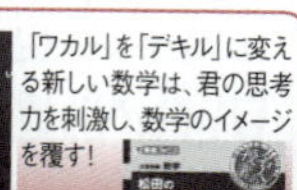

松田 聡平 先生
[数学]

予備校界を代表する講師による魔法のような感動講義を東進で！

河合 正人 先生
[数学]

WEBで体験

東進ドットコムで授業を体験できます！
実力講師陣の詳しい紹介や、各教科の学習アドバイスも読めます。
www.toshin.com/teacher/

国語

ミスター驚異の現代文。数々のベストセラー著者としても超有名!
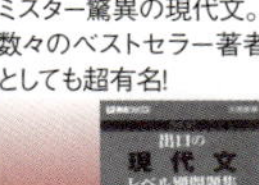

出口 汪 先生
[現代文] 客員講師

超大物講師のドラマチックで熱い名講義を体験せよ。
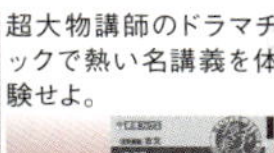

吉野 敬介 先生
[古文]

ビジュアル解説で古文を簡単明快に解き明かす実力講師。
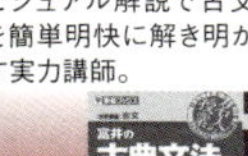
富井 健二 先生
[古文]

縦横無尽な知識に裏打ちされた立体的な授業に、グングン引き込まれる!

三羽 邦美 先生
[古文・漢文]

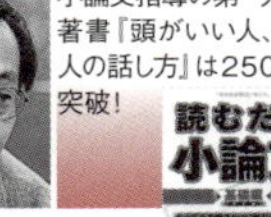
小論文指導の第一人者。著書『頭がいい人、悪い人の話し方』は250万部突破!
樋口 裕一 先生
[小論文]

理科

丁寧で色彩豊かな板書と詳しい講義で生徒を惹きつける。
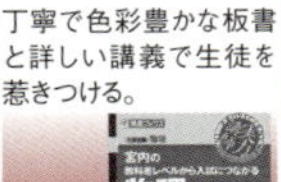
宮内 舞子 先生
[物理]

原子レベルで起こっている化学現象を、一緒に体感しよう!
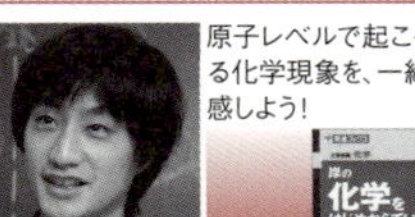
岸 良祐 先生
[化学]

全国の受験生が絶賛するその授業は、わかりやすさそのもの!
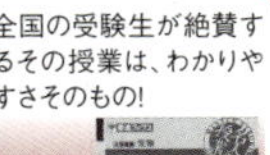

田部 眞哉 先生
[生物]

地歴公民

入試頻出事項に的を絞った「表解板書」は圧倒的な信頼を得る。

金谷 俊一郎 先生
[日本史]

つねに生徒と同じ目線に立って、入試問題に対する的確な思考法を教えてくれる。

井之上 勇 先生
[日本史]

"受験世界史に荒巻あり"といわれる超実力人気講師。
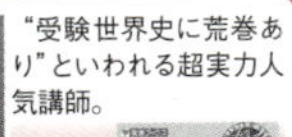

荒巻 豊志 先生
[世界史]

世界史を「暗記」科目だなんて言わせない。正しく理解すれば必ず伸びることを一緒に体感しよう。
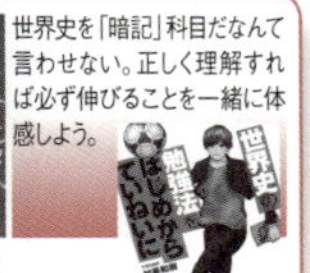
加藤 和樹 先生
[世界史]

わかりやすい図解と統計の説明に定評。
山岡 信幸 先生
[地理]

著書の「ハンドブック」は政経受験者の8割が愛用!
清水 雅博 先生
[公民]

合格の秘訣2

革新的な学習システム

東進には、第一志望合格に必要なすべての要素を満たし、抜群の合格実績を生み出す学習システムがあります。

映像による授業を駆使した最先端の勉強法

高速学習

一人ひとりのレベル・目標にぴったりの授業

東進はすべての授業を映像化しています。その数およそ1万種類。これらの授業を個別に受講できるので、一人ひとりのレベル・目標に合った学習が可能です。1.5倍速受講ができるほか自宅のパソコンからも受講できるので、今までにない効率的な学習が実現します。

1年分の授業を最短2週間から1カ月で受講

従来の予備校は、毎週1回の授業。一方、東進の高速学習なら毎日受講することができます。だから、1年分の授業も最短2週間から1カ月程度で修了可能。先取り学習や苦手科目の克服、勉強と部活との両立も実現できます。

現役合格者の声

東京大学 文科一類
沢田 純一くん
千葉県 私立 渋谷教育学園幕張高校卒

高1の夏に東進に入学しました。東進のシステムは僕の勉強方法とよくマッチしていました。トップレベルの講師の授業を自分のペースに合わせて受講し、理解できないところは再受講するなど映像の授業を最大限活用しました。

先取りカリキュラム（数学の例）

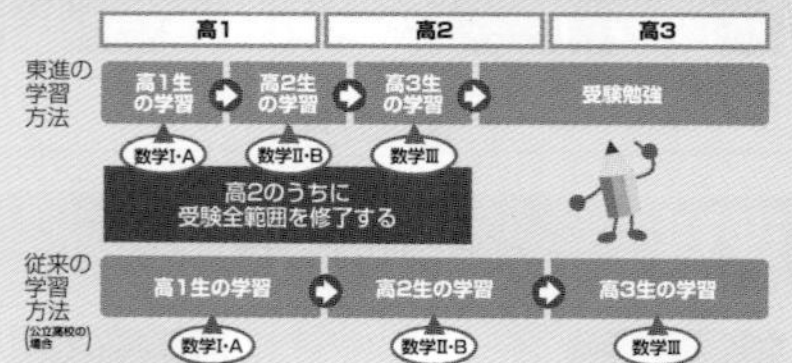

目標まで一歩ずつ確実に

スモールステップ・パーフェクトマスター

自分にぴったりのレベルから学べる 習ったことを確実に身につける

高校入門から超東大までの12段階から自分に合ったレベルを選ぶことが可能です。「簡単すぎる」「難しすぎる」といったことがなく、志望校へ最短距離で進みます。

授業後すぐに確認テストを行い内容が身についたかを確認し、合格したら次の授業に進むので、わからない部分を残すことはありません。短期集中で徹底理解をくり返し、学力を高めます。

現役合格者の声

早稲田大学　創造理工学部
大川 彩音さん
徳島県立 富岡東高校卒

東進の講座の授業後には毎回「確認テスト」があります。確認テストに合格できないと次に進めないので、一回ごとの講義の内容がきちんと修得できているかチェックできるのでおススメです。

パーフェクトマスターのしくみ

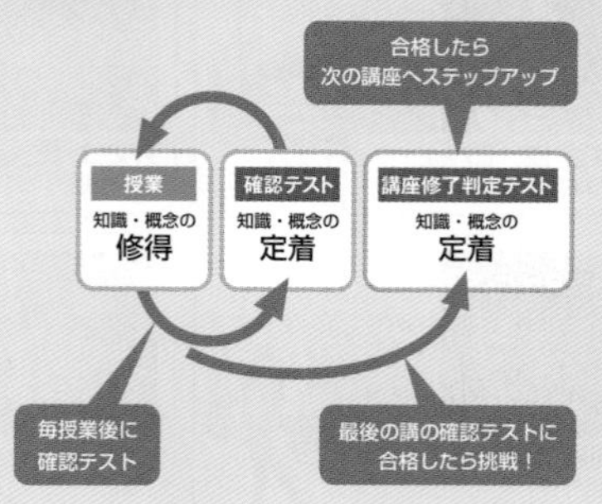

寺師　貴憲（てらし　たかのり）

息子と娘と漢文をこよなく愛する予備校講師。大学院時代の専攻は中国古代史。孫子や呉子などの軍事思想と当時の軍事制度を学んでいた。諸子百家の文献を通して漢文を読むスキルを身につける。現在は、駿台予備学校で漢文・世界史・小論文の講義を担当。東進ハイスクールでも漢文の講義を担当している。仙台を根拠地に、平日の半分は関東に出講し、多忙な日々を送る。

「どうせ取るなら満点。どうせ合格するなら首席で」をモットーに、満点を取るための講義を心がけている。共通テストの解法はきわめて正攻法で、やるべきことをきちんとやれば、誰でも満点は取れると豪語する。

著書に、『寺師の漢文をはじめからていねいに』（ナガセ）、『改訂版　答案添削例から学ぶ　合格できる小論文　できない小論文』（KADOKAWA）、『一読でわかる世界史B講義1　前近代史　アジア・アフリカ編』『一読でわかる世界史B講義2　前近代史　欧米編』（以上、駿台文庫）などがある。

最短（さいたん）10時間（じかん）で9割（わり）とれる　共通（きょうつう）テスト漢文（かんぶん）のスゴ技（わざ）

2020年11月20日　初版発行

著者／寺師（てらし） 貴憲（たかのり）

発行者／青柳 昌行

発行／株式会社KADOKAWA
〒102-8177　東京都千代田区富士見2-13-3
電話　0570-002-301（ナビダイヤル）

印刷所／株式会社加藤文明社印刷所

●お問い合わせ
https://www.kadokawa.co.jp/（「お問い合わせ」へお進みください）
※内容によっては、お答えできない場合があります。
※サポートは日本国内のみとさせていただきます。
※Japanese text only

定価はカバーに表示してあります。

ISBN 978-4-04-604266-8　C7081

日常のリアルなひとこと

ためぐち英語

TAMEGUCHI Dialog

THOMAS K. FISHER

高橋書店

PREFACE

Howdy!

やあ、久しぶり、トムだよ。みんな元気だった？『ためぐち英語』が好評だったから、続編を書くことになった。今回も、ネイティブが毎日使ってる、短くてクールな表現ばかり集めてみた。でも実は、第１弾とはちょっと違うところもある。フレーズの使い方とか使うシーンがよくわかるように、会話の形でフレーズを紹介することにしたんだ。友達とか好きな人といっしょに練習するのもおすすめ。会話は全部で 400 もあるから大いに楽しんでほしい！　あと、気に入ったフレーズは、ダウンロード音声でネイティブの発音とかイントネーションを真似してたくさん練習して。英語は口に出すほどうまくなるから。さあ、ネイティブになりきっちゃえ！

Thomas K. Fisher

HOW to USE

BLANK

フレーズは、鍵となる単語が Blank（空欄）になっています。表示されている頭文字をヒントに、あてはまる単語を答えていきましょう。ページをめくると、答えと解説が読めます。ネイティブと話していて、いざこのフレーズを言いたい瞬間が訪れたとき、鍵となる単語が思い出せたら、つられてフレーズ全体もきっと出てくるはず。

例：

ビビって逃げるなよ？

Don't [c] out.

DIALOG

この本は、1往復の Dialog（会話）形式になっています。
会話だからこそわかる微妙なニュアンスをつかんでみて。

無料音声アプリの使い方

本書では、すべてのフレーズに音声が収録されています。音声アプリのご利用で、パソコン、スマートフォン、タブレットから簡単に音声が聞けます。以下の手順に従ってダウンロードしてください。

① 下記の専用サイトにアクセス、もしくは QR コードを読み取ってください https://audiobook.jp/exchange/takahashishoten
② 「audiobook.jp」への会員登録（無料）をしてください
③ 会員登録後、①のページに再度アクセスし、シリアルコード「11338」を入力して「送信する」をクリックしてください
④ 「ライブラリに追加」のボタンをクリックしてください
※①のページがわからなくなった場合、一度サイトを閉じて手順①からやり直してください
⑤ スマートフォンの場合はアプリ「audiobook.jp」をインストール、PC の場合は「ライブラリ」から音声ファイルをダウンロードしてご利用ください

※本サービスは予告なく終了することがあります　※ダウンロード方法がわからない場合は、氏名・連絡先を明記のうえ、下記のメールアドレスまでお問い合わせください（回答まで時間がかかる場合があります）
info@febe.jp

音声は、ためぐちで話すときのスピードやトーンにこだわって収録しました。リスニングにもスピーキングにもピッタリです。この音声で、なにげない日常のリアルなひとことを練習してみてください。

CONTENTS

会話をつなぐ　あいづち・あいさつ

CONTENTS

CHAPTER 2

相手に伝える　リアルな気持ち

CONTENTS

日常使いの　ちょっとした言葉

CONTENTS

STAFF

Art Direction & Design: 北田 進吾 & キタダデザイン

DTP: 有限会社エムアンドケイ

Recording Studio: ユニバ合同会社

Illustrating: 越井 隆

Narration: スティーブ・ワイリー、針谷 桂樹

Proofreading: 株式会社ぷれす

TAMEGUCHI DIALOG

CHAPTER 1

あいづち・あいさつ

COLUMN 1

「握手とハグ」を使いこなしちゃえ

コミュニケーションで大切なのは「言葉」と「ボディーランゲージ」。その中でもアメリカ人は握手とハグをよくしてる。

握手は、武器を持ってないことを示すために始まったらしいけど、今では欠かせないあいさつだ。初対面のときや再会したとき以外にも、何かに合意したときとか約束するときにもする。そんな握手には1つだけルールがあるんだ。それはlimp fish（ぐにゃっとした魚）みたいな握手をしないこと。しっかり相手の手を握って固い握手を交わそう。

次にハグ。ハグは別れのあいさつの場面とか、だれかに同情するとき、癒しを与えたいときにする。ハグの強さとか長さとかにカッチリした決まりはないから、みんなは相手に合わせて自然な流れでできたらいいと思う。相手の背中に腕を回して、トントンって軽く叩く感じ。ただし、ハグは知り合い同士でするのがふつうだから覚えておいて。まあ、いっしょに事故に遭ったときとか極端な場面では、他人同士でもハグしたりするけど。

あいづち（ポジティブ）

20%昇給した！
I just got a 20% raise!

№ 001 すげー！
W ______ !

息子がやっと大学卒業した。
My son finally graduated from college.

№ 002 よかったぁ！
H ______ !

クビにならなかった！
I didn't get laid off!

№ 003 ふーっ（安堵）
W ______ !

夏のボーナスが出た！
I just got my summer bonus!

№ 004 もうけたな！
C ______ -ching!

ANSWER

Whoa!

もともとは馬に向かって言う「どうどう」で、相手を制止するときに使うんだけど、驚いたときにも言うんだ。

発音は「ウォウ」。

Hallelujah!

うれしいときとか、ほっとしたときに。けっこう時間がかかって達成したってニュアンスが入ってる。

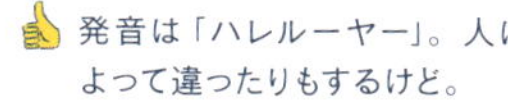

発音は「ハレルーヤー」。人によって違ったりもするけど。

Whew!

「ヒュー」って発音して。何かを聞いてほっとしたときとか、疲れたときにも言う。ためいきみたいに。

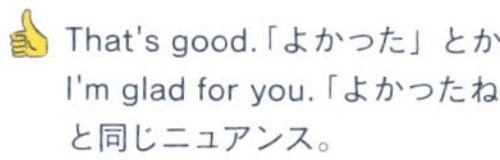

That's good.「よかった」とか、I'm glad for you.「よかったね」と同じニュアンス。

Cha-ching!

これはレジを締めるときの音。チャリーンって感じで、「もうかったな！」「大もうけじゃん！」みたいな響き。

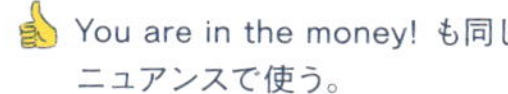

You are in the money! も同じニュアンスで使う。

TR-02

SCENE 002

あいづち（ネガティブ）

今朝スピード違反で捕まった。
I got a speeding ticket this morning.

No 005

イタイな！

O ！

外はマイナス 10 度！
The temperature is -10 outside!

No 006

げっ！

Y ！

今朝事故っちゃった。
I got into a car accident this morning.

No 007

あらら！

Aw, m ！

昨日新品の携帯落とした。
I dropped my new phone yesterday.

No 008

あちゃ～。

Aw, G ！

ANSWER

Ouch!

Ouch!「痛っ」は聞いたことあるかもね。けどここでは、悪い知らせを聞いたときの「それは痛いね」って感じで使ってる。

 That's gotta hurt!「痛いな〜」も同じ。

Yikes!

ネガティブな情報を聞いて「げっ、うわっ、ギャー」みたいな感じ。よく言ってるあいづち。

 感動したときに言う、Wow!「わあ！」の反対だ。

Aw, man!

ショックを受けてる相手に、同情の気持ちを伝えたいときに。man「男」って入ってるけど、性別に関係なく使える。

 最近は、man の代わりに dude って言うヤツも多くなってる。

Aw, Geez!

ネガティブな話を聞いたときに「あらら〜（残念）」「くそー（怒り）」みたいな感じで言う。「ジーズ」って発音して。

 Oh my Gosh! とか、Jesus! も同じ。

TR-03

ありがとう

君が欲しがってた翻訳だよ。
Here's the translation you wanted.

№ 009 感謝感激だ。
Thanks a b______.

今週末、子守しようか？
Do you need me to babysit this weekend?

№ 010 命の恩人だー！
You're a l______!

それ手伝うよ。
Let me help you with that.

№ 011 やさしすぎる。
You're t______ kind.

№ 012 感謝してもしきれない！
I can never r______ you!

いつでもどうぞ。
Anytime.

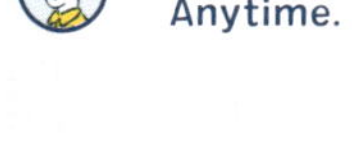

ANSWER

Thanks a bunch.

bunch は、花束などの「束」とか、バナナなどの「房」っていう意味で、たくさん集まってるイメージ。

Thanks a million. とか、Thanks a ton. もたくさん感謝してる気持ちが出せる。

You're a lifesaver!

「君は（命を救ってくれる）ライフセーバーだ！」って言ってる。それくらいありがたいってことだ。

That would really help! とか、That would be a huge favor! も同じ。

You're too kind.

そのまま訳すと「あなたはあまりに親切すぎる」。他には、人にほめられて「ほめすぎですよ」って返すときにも使える。

You're so sweet!
「やさしいね」。

I can never repay you!

「決して報いることはできない」→「感謝しきれない」ってこと。I can't thank you enough. とかも言うよ。

There are no words.「言葉もありません」は、相手のおかげで命拾いしたような場面で。

もちろん／いいよ

それ取ってもらえる？
Would you hand that to me?

No 013
もちろん。
A [　　　　] .

ランチごちそうさま！
Thanks for lunch!

No 014
問題ないよ。
Don't m [　　　　] it.

明日お金返すから。
I'll pay you back tomorrow.

No 015
心配ないよ。
No w [　　　　] .

電話使っていい？
Can I use your phone?

No 016
どうぞどうぞ。
By all m [　　　　] .

ANSWER

Absolutely.

absolutely の「絶対に、完全に」って意味は知ってるかもだけど、何か頼まれたときの「もちろん」って返事にもなるんだ。

Sure.「もちろん」、
Here you are/go.
「どうぞ（これですね）」。

Don't mention it.

mention は「述べる」。「何も問題ないよ」「そんなこと言わなくたっていいんだよ」ってニュアンス。

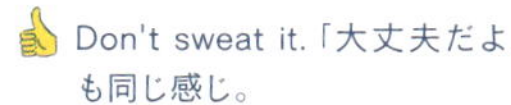

Don't sweat it.「大丈夫だよ」も同じ感じ。

No worries.

worries は「心配」だから、No worries. で「全然心配いらない」ってこと。

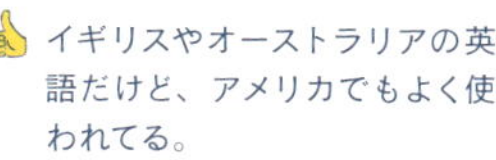

イギリスやオーストラリアの英語だけど、アメリカでもよく使われてる。

By all means.

直訳すると「すべての手段で」ってなるけど、これで「もちろん」とか「かまわずやって」って意味になる。

Certainly.「もちろん」とかも同じ。

やっぱり／なるほど

ごめん。今日残業しなきゃ。
Sorry dear. I have to work late.

No 017
やっぱりー。
That f______ .

ロンドンの家賃はすごく高い。
Rent in London is really expensive.

No 018
納得。
That makes s______ .

ジョンはクビになった。
John lost his job.

No 019
それで凹んでんのか！
No w______ he's unhappy!

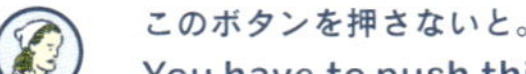

このボタンを押さないと。
You have to push this button.

No 020
なるほど！
Now I g______ it!

ANSWER

That figures.

「それは計算できる」が直訳だ。「いつものパターンだね」「やっぱりね」って感じのニュアンス。

Go figure! もまったく同じ意味。

That makes sense.

make sense は「筋が通る」とか「合理的だ」ってこと。会話で実際使うときは、日本語の「納得」に近い。

I can see that. も同じ。

No wonder he's unhappy!

No wonder ...!「…は不思議じゃない」って意味。だから、「それで…だったのか」「…なのも無理はない」って感じになる。

So that's why!「それでか！」。

Now I get it!

この get は「手に入れる」じゃなくて「理解する」って意味。「今それを理解した」→「なるほど」ってこと。

I don't get it. は逆で「理解できない、よくわかんない」。

驚く

転勤になるって知ってたの？
Did you know you were being transferred?

No 021

意表を突かれた。

It caught me [f] -footed.

警告なしに会社をクビになったの？
The company fired you without warning?

No 022

びっくりだよ。

I got [b] -sided.

元カノから電話が来たって !?
Your ex-girlfriend called?!

No 023

青天の霹靂だ。

Out of the clear [b] .

No 024

ボスには驚かされたよ。

My boss threw me a [c] .

なんて言ったの？
What did he say?

ANSWER

It caught me flat-footed.

flat-footed は「扁平足の、ぎこちない」って意味。そこから「油断した状態で」「意表を突かれて」って意味にもなるんだ。

It caught me by surprise. とか、It caught me off guard. も同じ。

I got blind-sided.

blind side は車を運転してるとき見えない部分、つまり「死角」のこと。「死角から殴られてびっくり」ってニュアンスだ。

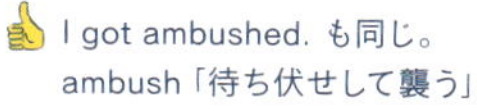

I got ambushed. も同じ。ambush「待ち伏せして襲う」。

Out of the clear blue.

Like lightening striking out of the clear blue.「青天の霹靂」を短くしたやつ。「なんの予告もなく、予期せず」って感じ。

Out of nowhere. でも同じ。

My boss threw me a curve.

野球の「カーブボールを投げた」が直訳。予想してなかったことを突然言われたときとかに「驚かされた」って感じで。

He threw me a curve ball. も仲間。

どうする？／なんでもいい

No 025 どうすんの？

It's your m______.

僕にはわかんないよ！
I don't know what to do!

No 026 君の番だぜ。

The ball is in your c______.

考えさせて。
Let me think about it.

どうしたらいいかな。
What should I do?

No 027 君が決めることだ。

It's your c______.

君は何がいい？
What do you prefer?

No 028 なんでもいいよ。

I could c______ less.

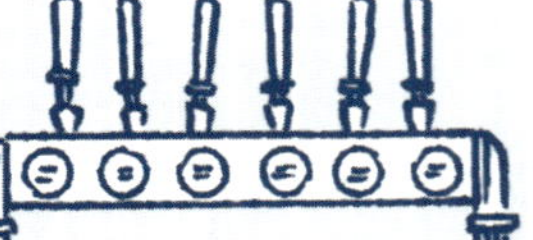

ANSWER

It's your **move**.

そのままの意味は「君の番だ」。相手に「君が決めて」「さあ、どうする?」って聞きたいときに。

👍 この move は「(チェスなどで次に打つ) 手」のこと。

The ball is in your **court**.

テニスのコートをイメージして。ボールが自分側に来たら対応しなきゃいけないでしょ?

👍 ビジネスの交渉とかで相手側の反応を待つときにも。

It's your **call**.

このcallは、審判とかの「判定」のこと。「君の判断で進めな、君次第だ」って意味なんだ。

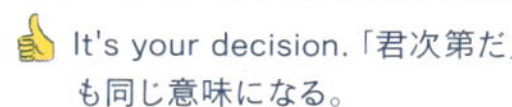

👍 It's your decision.「君次第だ」も同じ意味になる。

I could **care** less.

投げやりな感じじゃなくて、気にしないからなんでもいいよってニュアンス。could を couldn't に変えても意味はいっしょ。

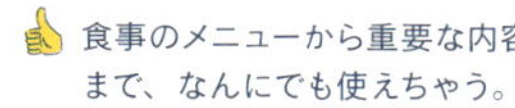

👍 食事のメニューから重要な内容まで、なんにでも使えちゃう。

わかった？

No 029

理解してる？

Do you get my d_____?

うん、完璧にわかってる。
Yes. I understand completely.

No 030

わかってるよな？

Are you h_____ me?

よくわかってる。
Loud and clear.

No 031

わかってる？

Do you f_____ me?

いまいち。
Not exactly.

No 032

話が見えてる？

Do you get the p_____?

わかってるよ。
I hear you.

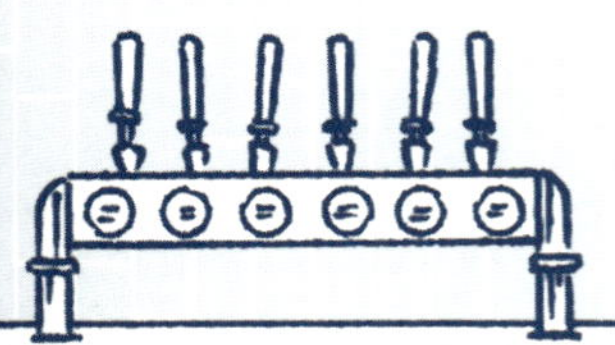

ANSWER

Do you get my drift?

drift は「潮の流れ」。そこから「話の流れ、意味、趣旨」って意味でも使われてる。「話わかってるよね？」みたいな。

Do you catch my drift? も同じ意味で言う。

Are you hearing me?

「わかってるよな？」「やらないと大変なことになるからな」とか、ちょっと念押しするようなニュアンスで言う。

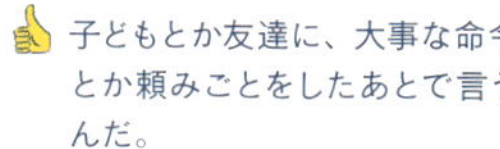

子どもとか友達に、大事な命令とか頼みごとをしたあとで言うんだ。

Do you follow me?

直訳すると「ついてきてる？」ってなるけど、これで「（案内・説明・指示が）わかってる？」とたずねてるんだ。

I don't follow you.「意味わかんない」もついでに覚えとこ。

Do you get the picture?

「写真が見えてるか？」が直訳だけど、話の全体像がわかってるか、たずねる言い方。

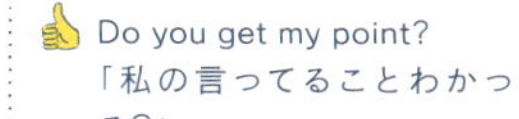

Do you get my point?
「私の言ってることわかってる？」。

わからない

何時に戻るの？
What time will you be back?

No 033
なんとも言えない。
There's no [t] .

彼は選挙に勝つかな？
Will he win the election?

No 034

かもね。
[C] be.

今夜は遅くまで仕事なの？
Are you working late tonight?

No 035

状況による。
That [d] .

どこのホテルに泊まるの？
What hotel are you staying at?

No 036

未定だ。

That's up in the [a] .

ANSWER

There's no telling.

「判断できない、わかんない」って答えたい場面で使って。tell には「判断する」って意味もあるから。

👍 There's no way to tell.
「さっぱりわかんない」。

Could be.

あいまいな感じで返事をしたいときに。「そうかもね」「かもね」ってニュアンスだ。Maybe.「たぶんね」と同じ。

👍 It could go either way.
「どっちもありえる」もある。

That depends.

状況がはっきりしなくて今はわからないってときに言う。Depends on what?「なんの状況によって？」と聞き返されるかも。

👍 That depends on ...
「…次第だよ」も言ってみて。

That's up in the air.

be up in the air は「空中に浮いてる」、つまり「まだ決まっていない」ってこと。仕事でも私生活でも使える。

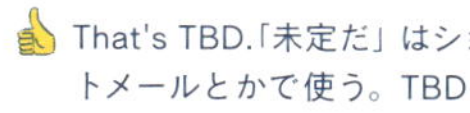
👍 That's TBD.「未定だ」はショートメールとかで使う。TBD は、To Be Determined. の略。

忘れた

チアーズってバー、知ってる？
Do you know the bar "Cheers?"

№ 037 知ってるかも。

That [r　　　] a bell.

なんでミーティングにいなかったの？
Why weren't you at the meeting?

№ 038 忘れてた。

It [s　　　] my mind.

あの俳優の名前なんだっけ？
What's that actor's name?

№ 039 ど忘れした。

I'm having a [s　　　] moment.

彼女とは最初どこで会ったの？
Where did you first meet her?

№ 040 記憶にない。

I'm [d　　　] a blank.

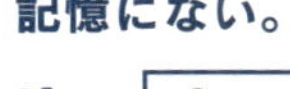

ANSWER

That rings a bell.

「それが鐘を鳴らす」で、「なんとなく覚えがあるな」「聞いたことある気がする」って気持ちを伝えられる。

I've heard that (name) before.
「(その名前) 前に聞いたことあるな」。

It slipped my mind.

slipped one's mind「…の頭をスリップしてた」。これで「スリップして頭から消えちゃった」→「忘れちゃってた」ってこと。

I forgot all about it.「すっかり忘れてた」も似てる。

I'm having a senior moment.

senior moment は「老人の瞬間」。瞬間的に老人みたいに忘れちゃって、思い出せないってことあるよね。

It's on the tip of my tongue.
「喉まで出かかってるんだけど」。

I'm drawing a blank.

「真っ白を描いている」だから、頭の中に何も浮かばない感じ。つまり「まるっきり何も思い出せない」ってこと。

I'm coming up blank. とか、
I can't remember. も同じ。

同意する

スミス教授の授業つまんない！
Professor Smith's classes are boring!

No 041 **ほんとそれ！**

You're preaching to the [c]! 

新しいボス嫌い。
I don't like the new boss.

No 042 **同感だ。**

I'm on the same [p]. 

今夜はタイ料理にしよう。
Let's have Thai food tonight.

No 043 **心読んだな！**

You read my [m]! 

外は雪だよ、きっと寒いよなー。
It's snowing outside, it must be cold.

No 044 **当たり前だ、バーカ！**

No shit  [S]! 

ANSWER

You're preaching to the choir!

「君は同じ聖歌隊（choir）仲間に説教してる（preach）」が直訳。強い同意を表すひとことだ。

👍 You don't have to tell me!「そりゃそうだよ！」も同じ。

I'm on the same page.

page は本のページのこと。「同じ本の同じページまで読んでるよ」ってイメージで、同意を伝えられるフレーズ。

👍 I'm with you (there). とか、I'm with you (on that). もだいたい同じ。

You read my mind!

相手の発言が、まさに自分が言おうとしてたことだ！ってときに言えばカンペキ。

👍 You took the words right out of my mouth!「そう言おうと思ってた、同感だ」。

No shit Sherlock!

Sherlock はもちろん、名探偵シャーロック·ホームズのこと。「名探偵じゃなくても、だれにでもわかるさ」ってこと。

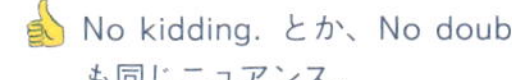

👍 No kidding. とか、No doubt. も同じニュアンス。

大丈夫？／どうした？

№ 045

大丈夫？

You a ＿＿＿＿ ?

まあ大丈夫。
I'm good.

№ 046

彼どうしたの？

What's w ＿＿＿＿ him?

ヤキモチ焼いてるだけ。
He's just jealous.

№ 047

君なんか変だぞ。

You don't look y ＿＿＿＿ .

一睡もできなかったんだ。
I didn't sleep a wink.

№ 048

なんなんだよ？

What's w ＿＿＿＿ with you?

今日はついてないんだ。

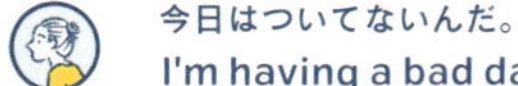

I'm having a bad day.

ANSWER

You alright?

動詞がないし、疑問文の形もしてないけど、これで「大丈夫か?」ってたずねてる。

👍 You okay? とか、You good? も同じ。

What's with him?

What's wrong with him? とか、What's the deal with him? が短くなったやつ。「彼、どうしちゃったの?」って感じ。

👍 What's his problem?「彼はどうしちゃったんだ?」、Why is he acting strange?「彼、変だよね?」。

You don't look yourself.

相手の様子がいつもと違って変だなってときは、これでたずねればいいよ。

👍 続けて、Are you okay?「大丈夫?」とか聞くのもいいね。

What's wrong with you?

見るからに怒ってる相手に、こっちも不満気な感じで言う。「何が問題なんだ?」「なんなんだよ?」って感じ。

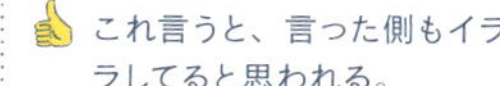
👍 これ言うと、言った側もイライラしてると思われる。

励ます

大変な時期なんだ。
I'm having a tough time.

№ 049

がんばって！

[H　　] in there!

妻とケンカしてて。
My wife and I are fighting.

№ 050

そのうちうまくいくよ。

Things will [t　　] around.

どうしたらいいかわかんない。
I don't know what to do.

№ 051

しっかりして！

Keep a stiff upper [l　　]!

途方に暮れてるんだ。
I'm at my wit's end.

№ 052

いい日が来るさ。

There are [b　　] days ahead.

ANSWER

Hang in there!

「そこに（がんばって）つかまって」が直訳。そこから「がんばって」「ふんばれ」って励ますフレーズになった。

Hang tough.「しっかり」「負けるな」。

Things will turn around.

この things は「物事・状況」を表してる。turn around は「方向転換する、向きが変わる」ってこと。

 Things will come around. とか、Things will get better. も。

Keep a stiff upper lip!

直訳しちゃうと「上唇を固く保て」になる。要するに「上唇震わせて泣くな」→「しっかりしろ」ってこと。

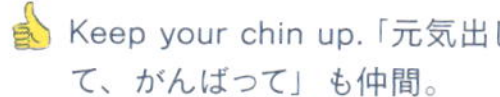
Keep your chin up.「元気出して、がんばって」も仲間。

There are better days ahead.

ahead は「将来」って意味。「きっと明るい未来がやってくるよ」って励ましたいときに。

Don't worry about it.「心配ないよ」もほとんど同じニュアンス。

応援

英語とか絶対できない！
I'll never learn English!

№ 053

ねばって。

S[ ] to it.

これムズい！
This is really hard!

№ 054

あきらめないで。

K[ ] at it.

うちのチーム、優勝できないと思う。
I don't think our team can win.

№ 055

楽勝だって！

You're a s[ ]-in!

緊張するー。
I'm really nervous!

№ 056

君なら絶対うまくいくよ！

This is all y[ ]!

ANSWER

Stick to it.

「それにくっつけ」が直訳。これで「ねばり強くやり続けろ」「ねばれ」って意味になるんだ。

Don't give up!「あきらめるな!」は有名だよね。

Keep at it.

Keep at ... は「…をあきらめないで続ける」「続けて熱心に…する」って意味だ。

Grind it out.「やり抜け」も似てる。

You're a shoo-in!

Shoo! は「シッシッ」って追い払うときの表現だ。shoo-in だと「余裕で(レースや選挙などに)勝つ」ってこと。

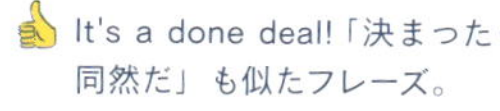

It's a done deal!「決まったも同然だ」も似たフレーズ。

This is all you!

「これは全部、君だ」って直訳。これで「君は絶対成功できる」って伝えるフレーズだ。相手に自信をつけてあげられる。

You got this! とか、You can do this! も同じ。

確率

試合どっちが勝つかな？
Who's going to win the match?

No 057

どっちもあるね。

It's a t_____-up.

明日は雨かな？
Is it going to rain tomorrow?

No 058

五分五分だね。

It's h_____ or miss.

ジャズは勝つと思う？
Do you think the Jazz will win?

No 059

万に一つもない。

A s_____ chance in hell.

会社は倒産するの？
Is the company going bankrupt?

No 060

なんとも言えない。

Who can s_____ ?

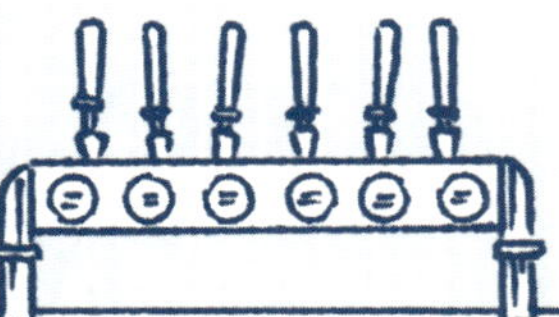

ANSWER

It's a toss-up.

結果が五分五分に思えるときに「それはコイントスだな」って言うフレーズ。

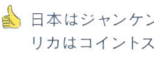

 日本はジャンケンだけど、アメリカはコイントスでいろいろ決めるから。

It's hit or miss.

「当たるか外れるか」が直訳。要するに「どっちに転ぶかわからない」「五分五分だ」ってこと。

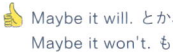

 Maybe it will. とか、Maybe it won't. も。

A snowball's chance in hell.

hell は「地獄」で、聖書によると灼熱の場所なんだ。そんな灼熱の世界で、雪だるまができるくらいの確率ってこと。

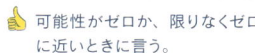

 可能性がゼロか、限りなくゼロに近いときに言う。

Who can say?

「だれに言えるだろうか?」→「だれにも言えない・わからない」ってこと。未来や結果が見えないときに。

 Who knows? とか、It's hard to say. も同じ。

聞いて／見て

№ 061

聞いて聞いて！

You [g　　　] hear this!

どうしたの !?
What happened?!

№ 062

話せば長くなるんだけど。

Let me [b　　　] your ear.

うん、なに？
Sure. What's up?

№ 063

聞いてくれよ…

Check this [s　　　] out ...

なになに？
What?

№ 064

すごいもの、見たいだろ？

[F　　　] your eyes on this!

いつ手に入れたの？
When did you get that?!

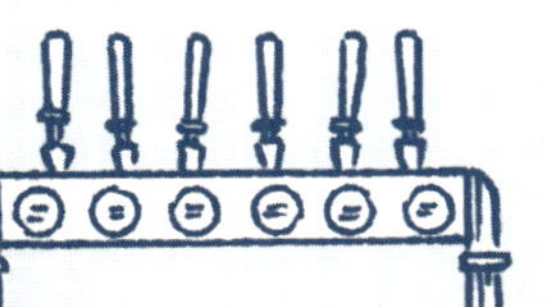

ANSWER

You gotta hear this!

驚きの情報を伝えるときの前置きならこれ。You gotta は You have got to の略で「…しなきゃダメ」ってこと。

 You're not gonna believe this!「これ信じらんないだろうけどさ！」。

Let me bend your ear.

bend one's ear の直訳は「…の耳を折り曲げる」。これで「…に向かって長い話をする」って意味になるんだ。

 ちょっと嫌になるくらい長い話って感じ。

Check this shit out ...

「このクソをチェックしてよ」が直訳。「すごい話があるから聞いてよ！」って感じでいい話でも悪い話でも使える前置き。

 shit が入ってるこのフレーズは、ビジネスとかのちゃんとした場面では使わないで。

Feast your eyes on this!

feast は「豪華な食事」だけど、feast one's eyes は「目の保養をさせる」って意味。

ちょっと自慢のニュアンスが入ってる。

素直に言って

№ 065

素直に言ってよ。

Don't hold your [p].

実はね…
The truth is ...

№ 066

オブラートに包むな。

Don't [s] things.

わかった、素直に言うよ。
Ok. I'll be frank with you.

あのえーっと…欲しいんだけど…
Well, um ... I need ...

№ 067

遠回しな言い方やめろ。

Don't beat around the [b].

№ 068

正直に言えよ。

Be [s] with me.

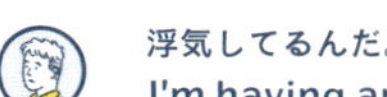

浮気してるんだ。

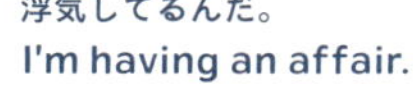

I'm having an affair.

ANSWER

Don't hold your punches.

「パンチを控えないで」。ボクシングの練習で、相手に怪我をさせないように本気でパンチを打たないことに由来。

 Don't hold back.
「遠慮せず言って」も似てる。

Don't sugarcoat things.

言いにくいことを口ごもっている相手に向かって言おう。「砂糖でコーティングするな」って意味。

Don't sweet talk me. も同じ意味で使う。

Don't beat around the bush.

beat around the bush「(動物を追い込むために) 周りの茂みを叩く」ことから「話の要点に入らない」って意味に。

 Quit stalling!
「グズグズするな!」、
Get right to the point!
「要点を言え!」。

Be straight with me.

「僕にまっすぐになって」ってこと。嘘や遠慮なしで、事実をはっきり言えって伝えたいときに。

 Be honest with me.「正直に言って」も同じ。

秘密

№ 069

内緒だぞ。

M [　　　] the word.

だれにも言わないよ！
I won't tell anyone!

これは内緒にしなきゃ。
We have to keep this secret.

№ 070

漏らしたらヤバいな。

L [　　　] lips sink ships.

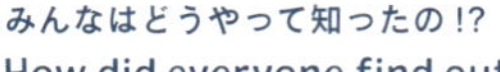

みんなはどうやって知ったの!?
How did everyone find out?!

№ 071

メアリーが口を滑らせたんだ。

Mary spilled the b [　　　].

№ 072

もうバレてる。

The cat is out of the b [　　　].

だれがしゃべったんだ!?
Who opened their big mouth?!

ANSWER

Mum's the word.

mum は「黙っていること」って意味。「黙っていることが言葉だ」→「だれにも言うな」ってこと。

I'll keep a lid on it.
「それにふたをする」でも「内緒にする」って意味になる。

Loose lips sink ships.

「緩い唇は船を沈める」が直訳で「漏らしたら大変なことになる」って意味。漏らしちゃダメってわかってるよって含みもある。

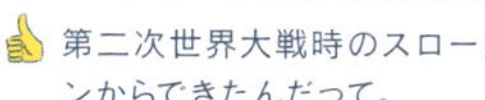

第二次世界大戦時のスローガンからできたんだって。

Mary spilled the beans.

「豆をこぼした」で「秘密を漏らしてしまった」になる。漏らしたのがわざとでも、うっかりでも使えるフレーズ。

このフレーズはだいたい過去形で言う。

The cat is out of the bag.

「ネコは袋から出ちゃってる」だけど、これで「秘密がバレちゃってる」って意味。

秘密を黙ってられない人は、She's a big mouth.「彼女は口が軽い」。

絶対／約束

彼女と離婚するの？
Are you divorcing her?

№073
断言する。
B[ ] on it.

僕のお菓子食べてない !?
You didn't eat my candy?!

№074
誓ってもいい。

I p[ ] swear.

それホントなの !?
Is that the truth?!

№075
誓うよ。
C[ ] my heart.

約束してくれる !?
Do you promise?!

№076
約束する。
I give you my w[ ].

ANSWER

Bank on it.

銀行（bank）って信頼できるイメージあるよね。だから、bank on で「当てにする、信頼する」って意味になったんだ。

 You can count on it. とか、You can take that to the bank. も似てる。

I pinky swear.

pinky はここでは「小指」のことだ。pinky「小指」＋ swear「誓う」で、日本語の「指切り」と同じ意味になるんだ。

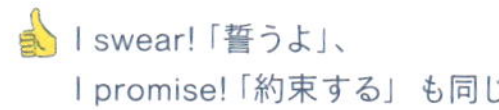

I swear!「誓うよ」、
I promise!「約束する」も同じ。

Cross my heart.

Cross my heart. Hope to die. Stick a needle in my eye.「誓うよ。嘘なら死んでもいい。目に針を刺すよ」の短縮版。

ボーイスカウトの宣誓から生まれた、Scout's honor.「誓うよ」も同じ。

I give you my word.

give you my word は「あなたに私の言葉を差し上げます」が直訳。これで「約束します」って意味になるんだ。

I swear on the Bible.
「聖書に誓って」とか、
I guarantee it.
「保証します」も。

自業自得

こんなことになるなんて！
I can't believe this happened!

No 077
自業自得さ。
You r＿＿＿ what you sow.

昨日いじめっ子が殴られてた。
That bully got beat up yesterday.

No 078
身から出たさびだ。
W＿＿＿ goes around comes around.

バーのオーナーが飲酒運転で捕まった！
The bar owner got a DUI!

No 079
因果応報だな。
Karma is a b＿＿＿.

彼女のひとりが去って行っちゃった！
One of my girlfriends left me!

No 080
君が招いたことだ。
S＿＿＿ you right.

ANSWER

You reap what you sow.

そのまま訳すと「お前は自分でまいた種を刈り取ってるんだ」ってなる。日本語の「自分でまいた種」と同じだ。

「不変の真理」だから現在形で使うフレーズ。小難しいこと言ってごめん。

What goes around comes around.

「おこないが自分に返ってくる」「因果応報」って意味のフレーズ。悪いことに対して使うほうが多い。

Turnabout is fair play.「目には目を」も似てる。

Karma is a bitch.

karma は「因果」。... is a bitch は「…は厄介だ、大変だ」って意味。これも「因果応報」って意味になる。

Payback is a bitch.
「報復は厄介だ」→「因果応報」も同じ意味のフレーズ。

Serves you right.

直訳すると「それは君に正しく仕えた」ってなる。「君がした行動の結果そうなったんだよ」って言いたいときに。

You get what you ask for. も仲間。

アドバイス

No 081

慌てるなよ。

Don't [j　　　] the gun.

わかってるよ。
I won't.

No 082

きちんとやってね。

Do it by the [b　　　].

注意を払うよ。
I'll be careful.

どうしたらいいかわからないんだ！
I don't know what to do!

No 083

流れに任せればいいんだ。

Go with the [f　　　].

どっちの車買えばいいかわかんない。
I'm not sure which car to buy.

No 084

ちゃんと調べてね。

Look before you [l　　　].

ANSWER

Don't jump the gun.

スタートの合図が鳴る前に飛び出すフライングのイメージだ。「急ぐと失敗するから、慌てず落ち着いて」って注意してる。

「拳銃を飛び越える」が直訳。

Do it by the book.

by the book「本に則って」。つまり「マニュアルどおりに」ってこと。「失敗しないように、ルールに従ってやって」って意味。

Play it by the book. も同じ意味で使う。

Go with the flow.

「流れに従って自然に振る舞えばいい、やるしかない」って言いたいときはこれ。

Roll with it. も同じ意味で使える。

Look before you leap.

leap は「跳ねる」。全体の直訳は「跳ねる前によく見て」だ。「何かを決める前にしっかり検討して」ってニュアンス。

Measure twice cut once.
「念には念を入れてね」も似てる。

注意

№ 085

ビビって逃げるなよ！

Don't c______ out!

そんなことしない！
I'm not going to!

№ 086

礼儀正しくして。

M______ your P's and Q's.

わかった。
I will.

№ 087

痛い目に遭うぞ！

You're skating on t______ ice!

どういうことだよ？
What do you mean?

№ 088

危ない！

W______ out!

やばかった、ありがと！
That was close, thanks!

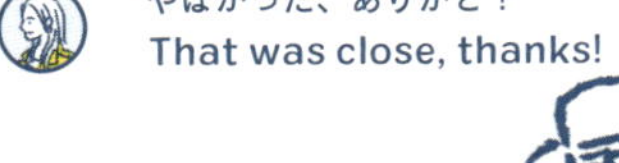

ANSWER

Don't chicken out!

日本語でも弱虫を「チキン」って呼ぶよね。鶏がすぐに逃げてくイメージから、chicken out「怖がって逃げる」ができた。

 He's a chicken.「あいつは臆病者だ」もよく言う。

Mind your P's and Q's.

Mind your ... は「…に注意を払って、しっかり考えてやって」って意味。「変なマネしないでよ?」って注意してる。

 p と q は似てるから「p と q に注意して」→「言動に注意して」になったって説も。

You're skating on thin ice!

「あなたは薄い氷の上でスケートしてる」が直訳。「そのまま続けてると痛い目に遭うよ」って警告してるんだ。

 You're asking for trouble.「トラブルになるよ」も仲間。

Watch out!

物が落ちてるとか、滑りそうな場所があるときに注意してあげるひとこと。「用心しろ、警戒しろ、危ないぞ」って感じ。

 「どいて!」って意味になることもある。

許可する／許可しない

ボスは休み OK してくれた？
Did your boss approve your vacation?

№ 089

許可してくれた。

He gave it a [g　　] light.

親はなんて言ってた？
What did your parents say?

№ 090

認めてくれた。

They [s　　] off on it.

彼女はいいって？
Did your girlfriend approve?

№ 091

ダメだって。

She [s　　] it down.

会社のパーティーは予定どおり？
Is the company party still on?

№ 092

潰れた。

They [s　　] it.

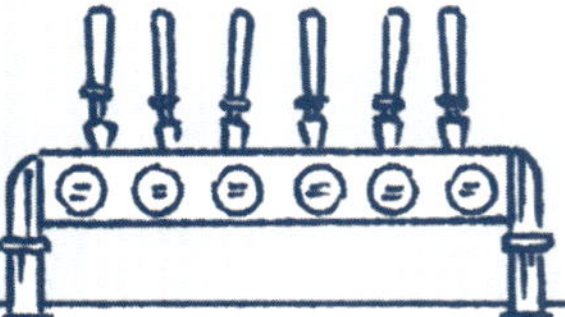

ANSWER

He gave it a green light.

「青信号」だから「ゴーサイン」なんだ。give it a green light で「それにゴーサインを出す」ってこと。

 ちなみに「ゴーサイン」は和製英語だから通じない。

They signed off on it.

sign off on ... は「…に正式に署名して認める」って意味。固い契約とかじゃなくて、単純に何かを認めるってときでも言う。

 They okayed it.「OKくれた」、They approved it.「認めてくれた」も同じ。

She shot it down.

shoot down「打ち落とす」。これを、「(提案とか願いごとを）断る」って意味でも使うんだ。

 She shot me down. でも同じ意味。

They squashed it.

squash は「かぼちゃ類全般」を指す単語だけど、ここでは「潰す」って意味の動詞で使われてる。

 s を取って、quash と表現することもある。

許して！

また遅刻か！
You are late again!

№ 093

見逃して！

Let it [s　　　]!

20 ドル返せ！
You owe me $20!

№ 094

チャラにして！

Let me off the [h　　　]!

試験でカンニングしたでしょ！
You cheated on that test!

№ 095

目をつぶって！

[L　　　] the other way!

№ 096

ちょっと大目に見てよ！

Cut me some [s　　　]!

ダメ。やる約束だから。
Nope. You promised to do it.

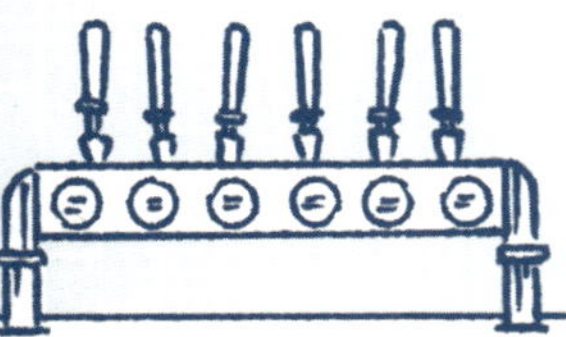

ANSWER

Let it slide!

「それを滑らせてよ」が直訳。これで、「大目に見て」「見逃して、放っておいて」って意味になる。

👍 Let it go. も同じ。

Let me off the hook!

hook は「釣り針」。Let me off the hook. だと「僕を釣り針から外して」→「忘れてくれ」ってなるんだ。

👍 I'm on the hook for $20.
「20ドル借りてる」って言い方もある。

Look the other way!

許しを請うときに言うやつ。「別の方向を見て」だから、「目をつぶって」「見逃して」。

👍 Turn a blind eye.
「見なかったことにして」。

Cut me some slack!

slack は「緩み」のこと。手が紐でしばられているから、切って緩めてってイメージ。

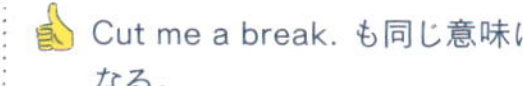

👍 Cut me a break. も同じ意味になる。

仲直り

ボスは君をクビにするの？
Is the boss going to fire you?

No 097
仲直りした。
We [k   ] and made up.

まだ親のこと怒ってるの？
Are you still angry at your parents?

No 098
水に流したよ。
That's water under the [b   ].

まだ父親とケンカしてるの？
Are you still fighting with your father?

No 099
和解した。
We [b   ] the hatchet.

ジムとはまだ友達なの？
Are you and Jim still friends?

No 100
仲直りしたんだ。
We [p   ] things up.

ANSWER

We **kissed** and made up.

ケンカが終わったから、キスして仲直りしたってイメージ。

 男女関係なく、ちょっとかわいく皮肉っぽく言う。

That's water under the **bridge**.

「橋の下の水」つまり、もう流れ去ったものってイメージから生まれたフレーズ。

 That's water over the dam. とか、That's long behind us. も同じ。

We **buried** the hatchet.

buried the hatchet で「斧を埋めた」って意味。武器を土に埋めて仲直りしたイメージだ。

 We let bygones be bygones.「過ぎたことだよ」も似た表現。

We **patched** things up.

patch は洋服の穴を塞ぐ「当て布」のこと。patch up で「修復する、仲直りする」みたいな意味になる。

 We mended fences. は直訳だと「壁を修理した」。これもだいたい同じ意味だ。

信用しない

UFO 目撃の話、聞いた？
Did you hear about the UFO sighting?

No 101

全部でたらめだよ。

That's all [s　　　] and mirrors.

彼ホントのこと言ってると思う？
Do you think he's telling the truth?

No 102

ヤツの話は信用できない。

His story doesn't hold [w　　　].

彼女からメールの返事がない。
My girlfriend isn't answering my texts.

No 103

なんか怪しい！

That smells [f　　　].

この携帯タダだって宣伝してた！
The ad says this cellphone is free!

No 104

んなバカな。

I don't [b　　　] that.

ANSWER

That's all **smoke** and mirrors.

マジシャンって、煙とか鏡を使って観客をだますよね。smoke and mirrors で「嘘、トリック、でたらめ」って意味になるんだ。

 That's all hype. とか、That's all bullshit. も仲間。

His story doesn't hold **water**.

doesn't hold water は「水を保てない」＝「水漏れしている」。そこから、話の信頼性とかが低いときに使う。

 His story is full of holes.「ヤツの話は穴だらけ」でも同じだ。

That smells **fishy**.

smell fishy は「魚臭い」が直訳。「なんだかうさんくさい」「なんか怪しい」って意味になる。

 I smell a rat! とも言える。rat はネズミ。

I don't **buy** that.

信用してないときはものを買わないよね？だから、don't buy that は「それを信用してない」ってこと。

 What's the catch?「裏には何があるんだ？」も疑いのフレーズ。

感想（プラス）

どう、そのコーヒー？
How's that coffee?

№ 105
悪くない。
It's not h[　　] bad.

あの映画どうだった？
How was that movie?

№ 106
すばらしかったよ！
It was off the h[　　]!

ショーはどうだった？
Did you like the show?

№ 107

すごくよかった！

It was something e[　　]!

新しいレストランはよかった？
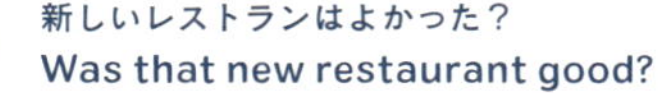
Was that new restaurant good?

№ 108
世界一だ！
It's out of this w[　　]!

ANSWER

It's not half bad.

悪いのは半分より少ないってことだから、「割といい」「思ってた以上にいい」って意味になるんだ。

It's pretty good. とか、
It's not too bad. も似た感じ。

It was off the hook!

60ページでも出てきた off the hook は「すばらしくいい」って意味でも使う。食べ物、本とか、いろんなものの評価に。

It was off the chain! も同じ。

It was something else!

something else は「何か違うもの」。「すごくいいもの」っていうプラスの意味と「変わってるもの」って微妙な意味がある。

It was different.「別物だった」も似てるけど、これには「いい・悪い」の評価はない。

It's out of this world!

out of this world は「この世の外」。「この世のものとは思えないほどよかった」って意味だ。最高評価のフレーズ。

It was incredible! とか、
It was outstanding! も同じ。

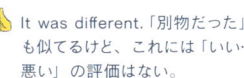

感想（マイナス）

あの新しいホテルはよかった？
Is that new hotel nice?

No 109
そんなでもない。
It's nothing to w______ home about.

あの本おもしろいの？
Is that book interesting?

No 110
ありふれてる。
It's just garden v______ .

旅行はどうだった？
How was your trip?

No 111
つまんなかった。

It was plain v______ .

何かニュースがあるって？
I heard you have some news?

No 112
大したことじゃない。
It's nothing e______ -shattering.

ANSWER

It's nothing to write home about.

「家に手紙を書くことは何もない」。つまり「大したことない」ってことだ。

👍 It's nothing special.「特に大したことない」も同じ。

It's just garden variety.

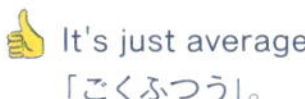

garden variety は「園芸品種の類い」。だれでも手に入るし育てられるようなものだから「ありふれた」になった。

👍 It's just average.「ごくふつう」。

It was plain vanilla.

アイスっていろんな味があるのに、シンプルすぎるバニラじゃつまんない。そこから「平凡な、刺激がない」って意味に。

👍 It was pretty dull/boring.「かなり退屈だった」も仲間。

It's nothing earth-shattering.

shatter は「粉砕する、叩き壊す」。「地球を粉砕するほどのことじゃない」→「大したことじゃない」って意味。

👍 It's nothing important. とか、It's not that big of a deal. も。

 TR-29

人それぞれ

パーティー行きたくないな。
I don't want to go to the party.

№ 113

好きにしなよ。
S ___ yourself.

あの映画最低だと思う！
I think that movie sucked!

№ 114

十人十色だね。
To each his o ___ .

あいつビールにミルク入れるんだぜ！
He puts milk in his beer!

№ 115

まあ人それぞれさ。
Different s ___ for different folks.

電子タバコを吸い始めた。
I started smoking e-cigarettes.

№ 116

好きにしたらいいよ。
Whatever f ___ your boat.

ANSWER

Suit yourself.

「君自身に合うように」ってこと。否定的なニュアンスはなくて、純粋に「好きにすれば?」って言ってる。

👍 That's your choice.
「君の選択だから」も同じ。

To each his own.

「それぞれにとって、彼自身の」が直訳。日本語の「十人十色」みたいなニュアンス。

👍 決まり文句だから、どんなときも his なんだ。

Different strokes for different folks.

stroke は「筆のひと書き」とか、水泳の「ストローク」のこと。folks はアメリカ南部の言葉で「人々」ってこと。

👍 One man's junk is another's treasure.「だれかのガラクタはだれかの宝」は物について言うときに。

Whatever floats your boat.

「君の船を浮かばせるものなら何でもいい」。相手の意見とか行動、趣味なんかを認める言い方。

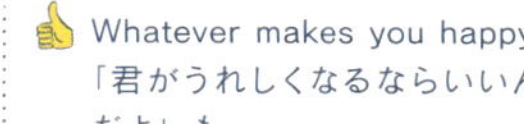
👍 Whatever makes you happy.
「君がうれしくなるならいいんだよ」も。

TR-30

SCENE 030

ギリギリ

フライトは 30 分後だ！
Our flight leaves in 30 minutes!

No 117

時間やばい。

We're cutting it [c　　　].

時間内に着いたの？
Did you get there in time?

No 118

ぎりぎりセーフだった。

By the [s　　　] of my teeth.

車に轢(ひ)かれそうだったな！
That car almost hit us!

No 119

間一髪だった。

That was a [c　　　] call.

なくした財布見つけた。
I found my missing wallet.

No 120

難を逃れたね。

You [d　　　] a bullet!

ANSWER

We're cutting it close.

cut it close の起源はっきりしないけど、到着時間とかスケジュールに遅れそうで「やばい、きわどい」って意味になるんだ。

We are down to the wire.「もう時間がない！」「遅れちゃいそう！」もだいたい同じ。

By the skin of my teeth.

ちょっと変だけど「歯の皮膚で」が直訳。そのくらい「ギリギリで」「かろうじて」「間一髪で」ってことだ。

 I made it by the skin of my teeth. とか、Just barely!「かろうじてね！」も似てる。

That was a close call.

この call は審判の「判定」。close は「接近した」って意味。野球で言えば「ギリギリの判定」だけどスポーツ以外でも使える。

 That was close. とか、That was a close one. とも言える。

You dodged a bullet.

bullet は拳銃の「弾丸」。dodge は「よける、かわす」っていう意味。大変な状況を、うまいこと脱した人に言うよ。

 You got away with one!「切り抜けたな！」とかも。

早くしろ！

No 121

急いで！

Shake a l____!

ほぼ準備できてる！
I'm almost ready!

No 122

早く！

S____ on it!

できるだけ急いでる！
I'm going as quickly as I can!

No 123

さっさとやれよ！

Get c____!

急かすなよ！
Don't rush me!

No 124

パパッとやって！

Make it s____!

ちょっと待ってよ！
Be patient!

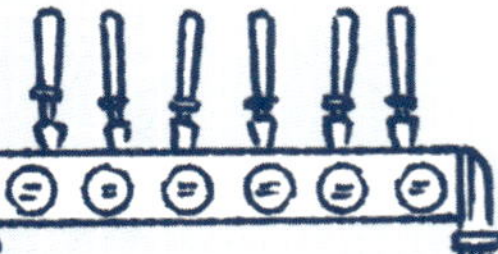

ANSWER

Shake a leg!

「脚を振れ！」だけど、これで「急げ！」とか「さっさとやれ！」ってこと。

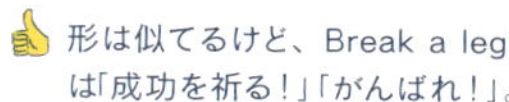

形は似てるけど、Break a leg! は「成功を祈る！」「がんばれ！」。

Step on it!

step on ... は「…を踏む」。もとは「車のアクセルを踏んでスピードを上げろ」って意味だけど、車に乗ってなくても使える。

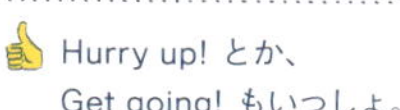

Hurry up! とか、Get going! もいっしょ。

Get cracking!

動物を急がせるための「ムチ」の音が crack。Get cracking! だと「さっさとやれ！」「急げ！」って意味になるんだ。

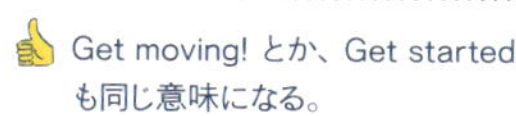

Get moving! とか、Get started! も同じ意味になる。

Make it snappy!

snap は、親指と中指で音を鳴らしたときの「パチン」。素早く指をぶつけるから、snappy で速さを表すんだ。

Make it quick! とか、Make it fast! も似てる。

ちょっと待って

話があるんだ。
I need to talk to you.

№ 125

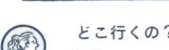

ちょっと待って。

[H　　　] on.

どこ行くの？
Where are you going?

№ 126

すぐ戻る。

Sit [t　　　].

急いで！
Hurry up!

№ 127

慌てるなよ！

Hold your [h　　　]!

№ 128

ちょっと行ってくる。

Hold down the [f　　　].

いつ戻るの？
When will you be back?

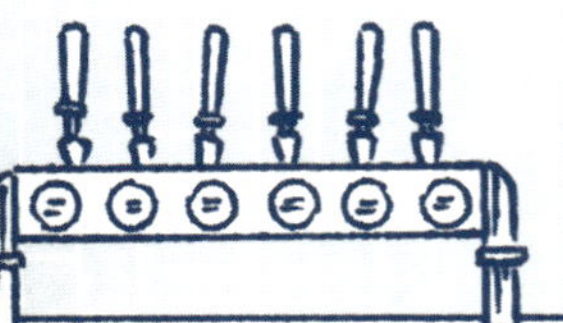

ANSWER

Hang on.

人にちょっと待ってもらうときに使うひとこと。Hang on a second/minute. みたいに言うことも多い。

 Hold on a second/minute. も同じ。

Sit tight.

「じっと座ってて」だけど、これで「すぐ戻るよ」って意味になる。ちょっとだけ、だれかの元を離れるときに言ってみて。

 Sit tight. には「辛抱して、我慢して」って意味もある。

Hold your horses!

「あなたの馬を抑えておけ」が直訳。「ちょっと待ってよ！」「急ぐな！」「慌てるな！」とかの意味になる。

 Just wait!「待ってよ！」、You'll have to wait.「待ちなさい」とかも仲間。

Hold down the fort.

昔、見張りが交代するときに言ってた「要塞を抑えとけ」がもとになってる。

 I'll be right back.「すぐ戻るよ」も同じ。

準備できた

会議の準備できた？
Are you ready for the meeting?

No 129

準備完了。

All [s　　　] are go.

荷造りした？
Are you packed?

No 130

準備万端さ。

I'm all [s　　] .

No 131

やろうぜ。

Let's do [t　　] .

もちろん。
Indeed.

No 132

始めようぜ！

Let's [r　　] and roll!

了解！
Alright!

ANSWER

All systems are go.

60 年代、NASA がロケットを発射するときのセリフ「全システム準備よし」が日常会話に入ってきたんだ。

 「準備できてるよ」「いつでもいいよ」ってニュアンス。

I'm all set.

all set は、all set up「セットアップ完了」の略。準備万端ですぐにでもスタートできる態勢だったら言う。

 I'm ready anytime.「いつでもいいよ」も同じ。

Let's do this.

試合開始時とか会社の会議で、みんなに気合いを入れるひとこと。「よし、やるぞ！」って感じだ。

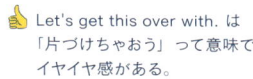

 Let's get this over with. は「片づけちゃおう」って意味で、イヤイヤ感がある。

Let's rock and roll!

「ロックンロールしよう」がそのままの意味だけど、これで「さあ始めるよ」ってなる。

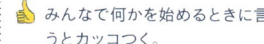

 みんなで何かを始めるときに言うとカッコつく。

 TR-34

SCENE 034

行く行く

ドライブ行きたい？
Wanna go for a drive?

No 133

いいね。

Sounds like a [p　　].

ボウリング行きたいひとー？
Who wants to go bowling?

No 134

入れて！

I'm [i　] !

土曜にスキー行こうと思ってて。
I'm thinking about skiing this Saturday.

No 135

それ乗った。

I'm on [b　　] with that.

どっかにバケーション行こう。
Let's take a vacation somewhere.

No 136

行く行く！

I'm [d　　] with that!

ANSWER

Sounds like a **plan**.

「1つのプランみたいに聞こえる」が直訳だけど、これで「いいね、乗った、行く、やる」って同意してる。

👍 Sounds great. とか、Sounds good to me. も同じ。

I'm **in**!

何かに誘われて「僕も行きたい！」って返事するときはこれ。逆に、行けないときは I'm out. って言えば断れる。

👍 Count me in!「数に入れて！」も同じ場面で使う。

I'm on **board** with that.

相手の誘いに乗るときは、このフレーズで「それ乗った」って返せば OK。

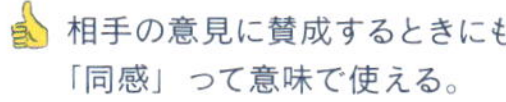
👍 相手の意見に賛成するときにも「同感」って意味で使える。

I'm **down** with that!

たぶん70年代から流行り出したこのフレーズ。down は up に変えても OK で、特に区別なく使ってる。

👍 I'm up for that. でも同じ。

TR-35

SCENE 035

1週間

No 137

今週も半分来たな！

Happy h______ day!

そうだね！
Same to you!

No 138

今週は修羅場だった！

This week was b______!

本当に忙しかったんだね。
You were really busy, huh?

No 139

週末、何か予定ある？

G______ plans for the weekend?

ゴルフしようかなって。
I'm going to play golf.

No 140

週末あっという間だった！

The weekend f______ by!

もう月曜だなんて信じらんない。
Can't believe it's Monday already.

ANSWER

Happy hump day!

humpは「ひと山」って意味。週の真ん中の水曜日を、山のてっぺんにたとえてるんだ。同僚とか友達へのあいさつ。

be over the humpは、ふつうに「ひと山越えた」って意味になる。

This week was brutal!

仕事とかが「超忙しくて、ハードな1週間だったよ」って相手に訴えたいときのフレーズ。brutalは「残忍、残酷」。

This week was hell.
「今週は地獄だった」も同じ。

Got plans for the weekend?

これがかっこいいのは、Do you haveの代わりにGotを使ってるところ。単にたずねるときにも、誘いたいときにも使う。

What are you up to this weekend?「週末は何するの?」も似てる。

The weekend flew by!

fly byは「飛び去る」。時間があっという間に過ぎ去るって意味。主語をthe daysとかthe yearsに変えて使える。

The weekend was over before I knew it. も同じ意味。

あいさつ

No 141

やあ！

H [ ] !

どう？
How are you?!

No 142

どうしてる？

What's h [ ] ?

べつにー。
Nothing much.

No 143

どう !?

'S [ ] dude?!

やあ！ どう？
Hey bud! How are you?!

No 144

最近どう？

What's s [ ] ?

OK だよ。そっちは？
I'm doing good. How 'bout you?

ANSWER

Howdy!

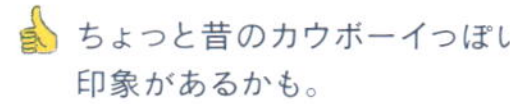

開拓時代からずーっと使われてる人気のあいさつ。How do you do? が短くなって「ハウディー」って発音になった。

ちょっと昔のカウボーイっぽい印象があるかも。

What's happening?

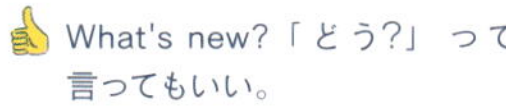

「何が起こってる?」が直訳。相手の最近の様子をたずねるニュアンス。What's been happening? とも言える。

What's new?「どう?」って言ってもいい。

'Sup dude?!

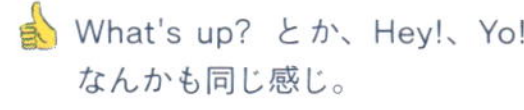

'sup は「サップ」って読む。What's up? が省略された言い方だ。dude は、仲間への呼びかけ。

What's up? とか、Hey!、Yo! なんかも同じ感じ。

What's shaking?

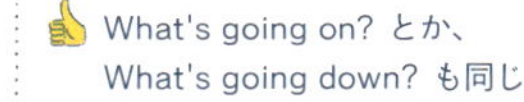

「何が揺らしている?」が直訳だけど、これも「最近どう?」って意味。70 年代生まれのフレーズだけど今でもよく聞く。

What's going on? とか、What's going down? も同じ。

元気／いまいち

どうしてた？
How've you been?

№ 145 絶好調だよ。
I'm on top of the w______.

どう？
How are you?

№ 146 文句なしだ。
Can't c______.

調子どう？
How's it going?

№ 147 ギリ生きてる。
I'm a______.

どうだい？
How ya been?

№ 148 聞かないでくれ。
Don't a______.

ANSWER

I'm on top of the world.

物事がうまくいってるときに言うのがこれ。be on top of the world を直訳すると「世界の頂点にいる」ってこと。

 Couldn't be better.「最高」、I'm fantastic!「すばらしいよ！」も絶好調なときに使う。

Can't complain.

complain は「文句を言う」。(I) can't complain. は「文句を言えないほどいい調子だ」ってニュアンスだ。

 金銭面、精神面、健康面とかをたずねられたときに言う。

I'm alive.

「元気？」って聞かれたときの返事。あまりいい状況じゃないけど、なんとか生きてるって感じ。

 I've been better.「なんとか（←前はもっとよかった）」も同じ感じ。

Don't ask.

「たずねるなよ」だから、「最悪だから聞かないでくれ」ってニュアンス。

 You don't want to know.「知りたくもないと思うよ」も同じ場面で使う。

ふつう

今日はどうだった？
How was your day?

No 149

ふつう。

Run of the [m] .

最近どう？
What's new with you?

No 150

いつもどおり。

Same [m] -go-round.

調子はどうだい？
How's your day going?

No 151

相変わらず。

Another day in [p] .

どうしてる？
How are you doing?

No 152

まあまあだね。

I'm [s] -so.

ANSWER

Run of the mill.

run of the mill は「製粉所の動き」のこと。「(製粉所みたいに) ずっと同じことが繰り返されてる」ってイメージだ。

「ありふれてる」「並の」って意味にも。

Same merry-go-round.

「メリーゴーランド」はぐるぐる回り続けてる。そこから「変化がない」「いつもどおり」って意味ができた。

Same shit different day.
「いつもどおりクソみたいな日だよ」も同じ。

Another day in paradise.

「楽園でのもう1日だよ」が直訳だけど、この場合は「楽園」なんかじゃなくて「相変わらずのいつもの場所」ってニュアンス。

つまらない日常を皮肉っぽく愚痴ってる。

I'm so-so.

so-so は「よくも悪くもない」「ふつう」「まあまあ」って感じ。

so-so は、料理の味の評価とかにも使う。

いってらっしゃい

友達と出かける。
I'm going out with friends.

No 153
楽しんでこいよ。
Have a [b　　　　].

映画に行くんだ。
I'm going to see a movie.

No 154
楽しんで！
[E　　　　]!

また今夜ね！
I'll be back later tonight!

No 155
気をつけて。
Be [s　　　　]!

僕ら帰るよ。
We are going to head home.

No 156
安全な旅を！
[S　　　　] travels!

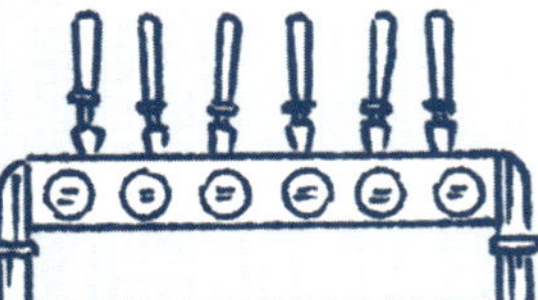

ANSWER

Have a blast.

楽しいイベントに出かける相手にかける、見送りのフレーズ。blast は「爆発」。爆発的に楽しんでこいってこと。

 Have a good time.
「楽しんでおいで」も同じ。

Enjoy!

超簡単だけど、超よく使う。命令文だから「楽しめよ！」ってこと。

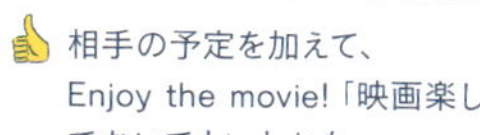
相手の予定を加えて、
Enjoy the movie!「映画楽しんでおいで！」とかも。

Be safe!

親友とか子どもに向かって、「悪いことや危ないことをしないで、安全に過ごしておいで」って声をかけるときに。

Be smart.「賢くね」とか、
Don't get into trouble!
「トラブル避けてな」も。

Safe travels!

車でちょっと離れた家まで帰る人とか、天気が悪くなりそうなときに言う別れのあいさつ。

 Be careful going home.「気をつけて帰ってね」も似てる。

バイバイ

No. 157

またね！

C [ ] you later!

じゃあな！
See ya!

No. 158

じゃあね！

So I [ ] !

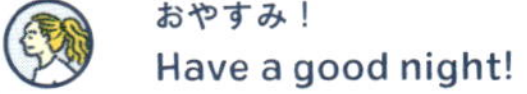

おやすみ！
Have a good night!

No. 159

また今度ね。

T [ ] next time.

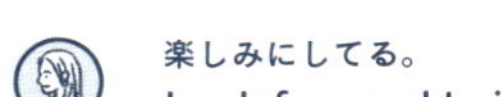

楽しみにしてる。
Look forward to it.

No. 160

そのうちね。

See you w [ ] I see you.

気をつけてね。
Take care.

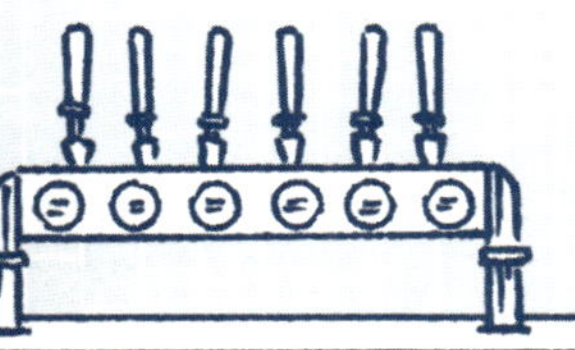

ANSWER

Catch you later!

だれかと会ってて、そのあと別れるときの「またね」って感じのあいさつ。

Later! だけに略しても OK。

So long!

たぶん、Don't wait so long.「あまり待たないで（会おう）」の略。「ブランクを空けないでまた近いうちに」ってこと。

long を使うフレーズには、Long time no see!「久しぶり」ってのもある。

Till next time.

「また今度」って感じのフレーズだ。Till は Until の略。Until を使ってもいいけど、ネイティブはほぼ 100%、Till を使う。

Till we meet again. は、これのフォーマルバージョン。

See you when I see you.

次いつ会えるかわからない相手に、「そのうちにね」って感じで使う。

See you around.
「またそのうち」も同じ。

おはよ／おやすみ

No 161

おはよ！

Rise and [s]!

おはよう。
Good morning!

寝るね。
I'm going to bed.

No 162

おやすみ！

Don't let the bedbugs [b]!

疲れてそう！
You look tired!

No 163

そろそろ寝なきゃ。

Time to get some [Z].

No 164

もう起きてらんない。

I need to [c].

おやすみ！
Sleep tight!

ANSWER

Rise and shine!

「おはよう」ってあいさつにもなるし、子どもや恋人に「起きなさい」ってやさしくささやくときにも使う。

 Time to get up!
「おはよう、起きる時間だよ！」も同じ。

Don't let the bedbugs bite!

「トラジラミに噛まれないようにね」が直訳。昔トコジラミが多くてよく眠れなかった頃からのフレーズ。家庭の中だけで使う。

 Have a good sleep/rest!
「ぐっすりおやすみ」。

Time to get some Zs.

アメリカの漫画では、いびきの音がZZZZってなってるよね。あれがZs(ジィーズ)だ。get some Zsで「寝る」って意味。

 I'm going to saw some logs.
「丸太をのこぎりで切る」→「寝るわ」もいびきの音に由来するフレーズ。

I need to crash.

crashは「墜落する」。もうエネルギーがなくて、「ベッドに倒れ込んで寝る」って感じ。I crashed hard.「ぐっすり寝れた」。

 Can I crash at your place?
「君のとこ泊まっていい？」と聞くときにも。

寝る／ゴロゴロする

よく眠れた？
How did you sleep?

№165 ぐっすり！
I slept like a l　　! 

ちょっと疲れた。
I'm a little tired.

№166 仮眠しなよ。
You should take a c　　. 

ひどい顔だ！
You look awful!

№167 一睡もできなかった。
I didn't sleep a w　　. 

この週末は何してた？
What did you do this weekend?

№168  ゴロゴロしてた。
I v　　out. 

ANSWER

I slept like a log!

「丸太のように眠った」。丸太はじっとして動かないから、それくらいよく眠ったってことになる。

I slept like a rock. とか、I slept like a baby. とも言える。

You should take a catnap.

catnap は「ネコのうたた寝」。take a catnap で「仮眠する、うたた寝する」って意味なんだ。

cat を取って、take a nap でも同じ。

I didn't sleep a wink.

「1ウインクも眠らなかった」、要するに「まったく寝れなかった」ってこと。

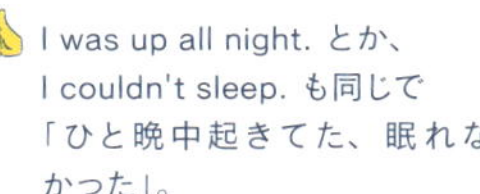

I was up all night. とか、I couldn't sleep. も同じで「ひと晩中起きてた、眠れなかった」。

I vegged out.

veg は vegetable「野菜」の略。veg out だと、野菜みたいに「ゴロゴロしたりぼーっとして過ごす」。

He vegged out. みたいに、他の人について使うことはあんまりない。

TAMEGUCHI DIALOG

CHAPTER 2

相手に
伝える

リアルな気持ち

COLUMN

2

「アメリカンジョーク」で笑っちゃえ

その1

日本と違って、アメリカではジョークが日常の一部になってる（関西人は例外らしいけど、それはおいといて）。さて、ジョークにもいろんな種類があるのは知ってる？

まずは、子ども向けのクリーンジョークと、大人向けの下品なダーティージョークって区分。それからノックノックジョーク。これは子どもが言葉を覚えるのに役立つ言葉遊びだ。それから、物語になってるストーリージョークや、1行だけの短いジョークもある。

さらにブロンドジョークってのもある。アメリカの高校のチアガールは、ブロンド女子で「おバカ」なイメージ。そこに引っかけるジョークだ。あとは、リトルジョニージョークもある。これは主人公が純粋で無垢な子どもで、大人と子どものギャップでおもしろさを出すんだ。

こんな感じでいろんなジョークがあるけど、だいたいのジョークは最後にパンチライン（オチ）やサプライズが入って、そこで終わる。

コラム3（162ページ）で、実際のジョークを載せとくから、おもしろみはどこなのか読んで見つけてみて！

最高／満足

新しいテレビ気に入ってる？
Are you happy with your new TV?

No 169 最高！
I'm t______!

ワールドカップは楽しみ？
Are you looking forward to the World Cup?

No 170 めっちゃ興奮してる！
I'm p______!

もうスキーシーズンだね！
Are you ready for ski season?

No 171 最高に幸せだよ！
I'm s______!

新しい家気に入ってる？
How do you like your new house?

No 172 大満足！
I'm tickled p______!

ANSWER

I'm thrilled!

thrill（スリル）は「ワクワク・ゾクゾク・ハラハラさせる」って意味の動詞。I'm thrilled! は「めっちゃうれしい！」って感じだ。

I'm ecstatic!「最高！」も似てる。ecstatic「歓喜して」。

I'm pumped!

ポンプで空気を入れられてパンパンになって、もう爆発しそうなくらい期待して興奮してるってこと。

I'm super excited!「超ワクワクしてる！」も同じ。

I'm stoked!

stokeは「炉やボイラーなどの火を棒などでかき立てる」って意味。これで「最高に幸せ、うれしい」ってこと。

I can't wait!「もう待ちきれない！」も。

I'm tickled pink!

「くすぐられてピンクになってる」が直訳。これで「超満足でうれしい気持ち」を表してる。

I'm tickled to death.「死ぬほどうれしい」も同じ。

楽しい／おもしろい

パーティーはどうだった？
How was the party?

No 173

すごかったよ。

It was [w   ].

あの番組どうだった？
What did you think about the show?

No 174

おもしろかったよ。

I got a [k   ] out of it.

初スキー、どうだった？
How did you like skiing?

No 175

興奮した！

What a [r   ]!

結婚式に来てくれるの？
Are you coming to my wedding?

No 176

喜んで！

I'll be there with [b   ] on!

ANSWER

It was wild.

wildは「野生の」だけど、「すごい、感動的、にぎやか」って意味になる。

ポジティブな言葉だけど、場合によっては「やりすぎ」ってニュアンスも。

I got a kick out of it.

直訳すると「それから蹴りを受けた」だけど、これで「おもしろかった、楽しかった」って評価してる。

ユーモアのあるものに対してよく言う。

What a rush!

rushは、もともと「駆り立てる、突進させる」って意味。そこから、アドレナリンとかが出て「気分が高揚する感じ」になった。

似てるけど、What's the rush?「なんで焦ってるの?」と間違えないで。

I'll be there with bells on!

直訳は「ベルを身に着けてそこに行く」。特定のイベントとかに「喜んで行く、絶対行く」って気持ちを伝えるフレーズ。

I wouldn't miss it for the world.「死んでも参加する」も同じ。

絶好調

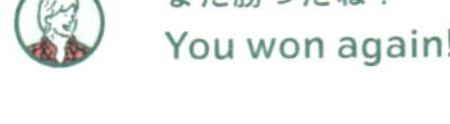

また勝ったね！
You won again!

No 177 **絶好調だ！**

I'm on a [r　　]!

スズキにもう1本ホームランだ！
Another home run for Suzuki!

No 178 **乗ってるね！**

He's in the [g　　]!

僕ら合格したなんて信じらんない！
I can't believe we passed!

No 179 **全部うまくいってる！**

Everything is coming up [r　　]!

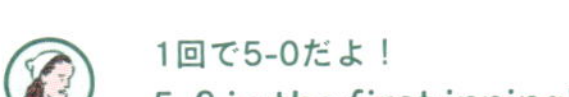

1回で5-0だよ！
5-0 in the first inning!

No 180 **優位に立ってるね。**

They are [s　　] pretty.

ANSWER

I'm on a roll!

「(コロコロ転がる) ロールに乗ってる」が直訳。要するに「絶好調」とか「ツイてる」「乗ってる」って意味。

👍 仕事、スポーツ、賭け事、恋愛、なんでも使える。

He's in the groove!

「溝にはまってる」→「ブレずにまっすぐ進んでる」ってイメージで「ノリに乗ってる」って意味になる。

👍 He's in the zone.

「ゾーンに入ってる」も同じ。

Everything is coming up roses!

直訳は「(違う種をまいても) 全部きれいなバラになって出てきてる」。実力・努力にかかわらず、物事が超うまくいってるときに。

👍 Everything is going our way!
「すべて思いどおりにいってる」も同じ。

They are sitting pretty.

「きれいに座っている」で「(現時点で) 優位に立ってる」って意味になる。ちなみに主語をWeにするとファンって伝わる。

 They are in the catbird seat.

「彼らが優位だね」も同じ。

がんばれ

ダーツ、僕の出番だ。
It's time for my dart match.

No 181 ぶっ倒してこい。

Give 'em h［　　］.

面接は今日の午後だ。
My interview is this afternoon.

No 182 行ってこい！

［K　　］'em dead!

No 183 がんばってこい！

Go［g　　］'em, tiger!

全力を尽くすよ！
I'll do my best!

No 184 君ならできるよ！

You［g　　］this!

がんばってみる！
I'm gonna try!

ANSWER

Give 'em hell.

「ヤツらに地獄を与えろ」が直訳。'emはthemの省略だ。「倒してこい」「やっつけてこい」と鼓舞するひとこと。

Give 'em heck. のほうがていねい。

Knock 'em dead!

「ヤツらを殴り殺せ」だけど、実際は「(勝負を)全力で闘ってこい、(聴衆などを) 全力で感動させてこい」って感じ。

Kick their butts! も似てるけど、これは勝負・ケンカだけに使う。

Go get 'em, tiger!

直訳は「虎よ、行ってゲットしてこい!」。勝負に限らず「何かに向かってがんばれ」って応援したいとき言う。

tiger はなくてもいいんだけど。

You got this!

運動でもなんでも、何かが始まる前に相手に自信をつけるために言う。「君はこれを手に入れた!」が直訳。

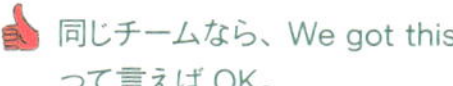

同じチームなら、We got this! って言えば OK。

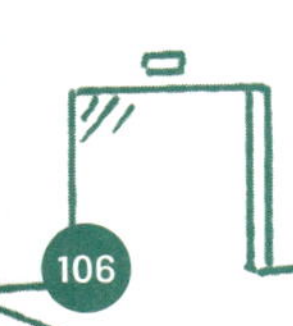

ほめる

№ 185

ナイス！

Gimme f　　　!

やっとできた！
I finally did it!

試験合格したよ！
I passed my exam!

№ 186

やったな！

W　　　 to go!

彼、骨折した手でプレーしてる。
He's playing with a broken hand.

№ 187

マジでタフだね。

He's a real t　　　　.

テスト全部うまくいった！
I aced my exams!

№ 188

いいね！

S　　　!

ANSWER

Gimme five!

「ハイタッチしよ!」が直訳。相手が何かに成功した瞬間とか、そんな話を聞いたときに「すごい!」「やったね!」って意味で。

Slip me some skin! も同じ。「ハイタッチ」は和製英語。

Way to go!

That's the way to go!「それこそ進むべき道だ!」が短くなったやつ。いい結果が出たときの「やったじゃん」。

Nice job!「よくやった!」、That's awesome!「すばらしい!」。

He's a real trooper.

trooperは「軍隊や警官のひとり」って意味。何があってもがんばり続けるタフなイメージからできた。

He's a badass. とか、He's a tough guy. も同じ意味。

Sweet!

「甘いね!」じゃなくて、「いいね!」「よかったね!」って感じ。

That's what I'm talking about!「よっしゃ!」も同じ場面で言う。

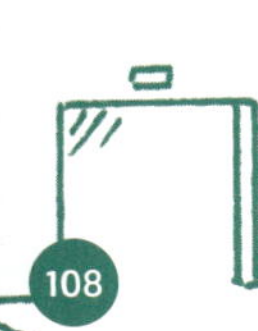

本心

本当に来てくれるのね？
You are gonna be there, right?

№ 189 約束するよ。
I won't let you d_____.

本当にそう思うの？
Do you mean that?

№ 190 本気だ。
I'm d_____ serious.

ウソは言ってないよな？
Are you telling the truth?

№ 191 信じて！
H_____ to God!

№ 192 本当のことを言って。
L_____ with me.

わかったよ。実は…
Okay. The truth is ...

ANSWER

I won't let you down.

let ... downは「…をがっかりさせる、失望させる」って意味。だから「がっかりさせない」→「約束するよ」ってニュアンスだ。

だれかが約束を守らなかったときは、He let me down. って言ったりする。

I'm dead serious.

「死ぬほど真剣に」だから、日本語の「マジ、本気だ」ってニュアンスに近い。I mean it!「マジだよ!」も同じ。

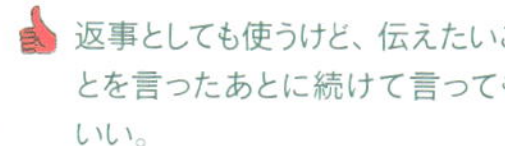

返事としても使うけど、伝えたいことを言ったあとに続けて言ってもいい。

Honest to God!

裁判で聖書に触れて「神に誓って」って言うやつ。日常会話だと「本当だ、嘘じゃない」ってことを強調したいときに。

クリスチャンじゃなくても使う。

Level with me.

levelは「平ら」「水準」「同点」とか。level with ...「…と同じ水準になってくれ」→「正直に言ってくれ」って意味になる。

He's on the level.
「彼(の行動・言い分)は信用できる」「彼は正直・公明正大だ」。

簡単

それ使うの難しい？
Is that difficult to use?

No 193 簡単だよ。
It's a s[   ].

料理を覚えるのって難しい？
Is learning to cook hard?

No 194 簡単さ！
It's a c[   ]!

この計算難しい！
This math is difficult!

No 195 子どもでもできるよ！
That's as easy as A[   ]!

泳ぎ方がわからない。
I don't know how to swim.

No 196 なんてことないよ。
There's n[   ] to it.

ANSWER

It's a snap.

snapは親指と中指を鳴らしたときの音で「素早さ」「容易さ」とかを表す。ここでは「簡単に素早く覚えられる」ってこと。

It's a piece of cake. とか、It's easy as pie. も同じ。

It's a cinch!

ロープを結ぶときの一番簡単な結び方が、cinch knot「シンチノット」だ。そこからできた。

It's a breeze.「簡単だ」。

That's as easy as ABC!

ABCは英語のアルファベット。アルファベットは子どもでもわかるから「超簡単」ってことだ。

It's like stealing from a baby. も「だれにでもできる」ってニュアンス。

There's nothing to it.

「それには何もない」が直訳。要するに「なんてことないさ」ってこと。There isn't anything to it. の別の言い方。

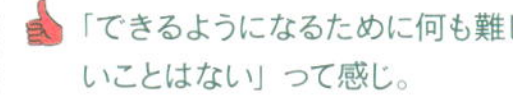

「できるようになるために何も難しいことはない」って感じ。

びっくり

レクチャーはどうだった？
How was the lecture?

№ 197

ぶっ飛んだ。

It [b　　] my mind.

リストラについて聞いた？
Did you hear about the layoffs?

№ 198

驚いたよ。

It caught me off [g　　].

昨夜彼女にプロポーズされたんだ。
My girlfriend proposed last night.

№ 199

びっくりしたー！

I'm [s　　]!

選挙どう思った？
What did you think of the election?

№ 200

空いた口がふさがらない。

I was [d　　].

ANSWER

It blew my mind.

blew my mindで「僕の精神を吹っ飛ばした」→「すごかった」って評価するフレーズ。

ネガティブ・ポジティブどっちにも使う。

It caught me off guard.

「僕を無警戒のときに捕まえた」が直訳。off guardで「警備してない状態で」ってこと。逆はon guard「警備中で」。

It took me by surprise.「びっくりしたよ」も同じ。

I'm speechless!

speechlessは「声も出ない、言葉を失う」。驚きすぎて言葉が出ないときに。プレゼントをもらって、うれしいときにも言ってOK。

I don't know what to say!「なんて言ったらいいかわからない!」も同類だ。

I was dumbfounded.

dumb「(障がいで) 口がきけない」って単語は今はもう使わないけど、dumbfounded「唖然とした」はふつうに使う。

 I was dumbstruck.「驚いて口もきけなかった」も同じ。

リアクション

ヤンキースは1試合も勝てないよ。
The Yankees won't win a single game.

№ 201 ちょっと言いすぎだろ。

I wouldn't go that f______.

いつかハワイに住むんだ。
I'm going to live in Hawaii someday.

№ 202 ありえねーよ！

You w______!

5回目の結婚したよ。
I just married my fifth wife.

№ 203 すごすぎ。

You t______ the cake!

イチローが新記録つくった！
Ichiro set a new record!

№ 204 バケモノだな！

He's a b______!

ANSWER

I wouldn't go that far.

「僕ならそこまで遠くへは行かないだろう」。これで「僕ならそこまでは言わない」→「そりゃ言いすぎ」ってことになる。

You went too far.
「それはやりすぎ・言いすぎだ」って言い方もある。

You wish!

「望んでろ!」が直訳。「どうせ無理だよ」「そんなのありえないよ」ってニュアンス。

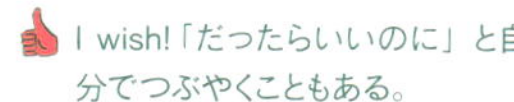

I wish!「だったらいいのに」と自分でつぶやくこともある。

You take the cake!

ポジティブに「信じられない、すごすぎる」、ネガティブに「あきれた」って意味。極端な行動とか発言へのリアクション。

聞いたことに反応するときは、That takes the cake!「それはすごい」。

He's a beast!

beastは「野獣」。野獣みたいに運動能力が高いってほめてる。アスリートが基本だけど、体力がすごい人、酒豪にも。

He's a monster!
「モンスターだな!」もいっしょ。

期待／夢中

大学、楽しみにしてる？
Are you looking forward to college?

№ 205

やる気満々だ！

I'm [c　　　　] at the bit! →

トムは始める準備できてる？
Is Tom ready to start?

№ 206

彼うずうずしてる。

He's [r　　　　] to go. →

№ 207

その映画見たくて死にそう。

I'm [d　　　　] to see that movie. →

私も！
Me too!

最近、息子さん何してるの？
What's your son been up to?

№ 208

釣りにどハマりしてる。

He's [g　　　　] -ho about fishing. →

ANSWER

I'm champing at the bit!

馬は緊張すると、連続的にくつわ（bit）を噛む（champ）。そこから「やる気満々、うずうずしてる」ってイメージができた。

champing は chomping にしても OK。

He's raring to go.

これも馬。raring to go で「やりたくて仕方ない」。もともとはrearが正しいスペルで、これは「馬が跳ね上がる」って意味。

I can't wait to ... とか、I'm really excited to ... も同じニュアンス。

I'm dying to see that movie.

be dying to ... は「死ぬほど…したい」って意味。アメリカ英語らしい、超大げさなフレーズだ。

I would die for some sushi.「死ぬほどすし食いてえ」とかも仲間。

He's gung-ho about fishing.

何かに熱中してハマってる状態が、gung-ho about ... だ。ちょっとだけ「やりすぎ、のめり込みすぎ」なニュアンスが含まれてる。

be crazy about ...「…に夢中だ」も似てる。

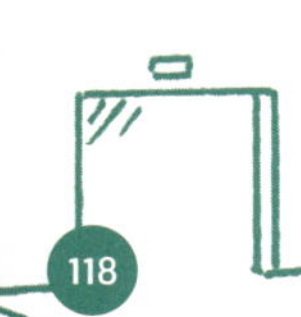

怖い／緊張

お姉さん、明日スピーチするんだって？
Your sister is giving a speech tomorrow, right?

No 209 彼女、死ぬほど緊張してる。
She's scared s______.

テニスの試合、準備はいい？
Are you ready for your tennis match?

No 210 震えが止まらない。
I'm shaking like a l______.

お父さんは選挙のこと心配してる？
Is your dad worried about the elections?

No 211 ヤキモキしてるよ。
He's having k______.

事故に遭ったんだって？
I heard you were in an accident!

No 212 漏らすかと思った！
I was scared s______!

ANSWER

She's scared stiff.

scared stiff「固く怯えて」。緊張感や圧迫感で、怯えて固まっちゃった人をイメージしてみて。

She's really nervous.
「彼女すごく不安になってる」も。

I'm shaking like a leaf.

「葉っぱのように揺れてる」が直訳。ちょっとの風で揺れる葉っぱみたいに、恐怖や緊張で体が震えている感じ。

I've got butterflies in my stomach.「緊張でドキドキしてる」も同じ。

He's having kittens.

「子猫を産んでいる」だけど、これで「(ストレスなどで) ヤキモキ・イライラしてる」って意味になる。

He's fit to be tied.
「イライラしてる」も同じ。

I was scared shitless!

「クソが出ないほど怖かった」ってのが直訳。I almost pissed my pants.「(怖くて・おもしろくて) 漏らしちゃいそうだった」も。

I was scared to death!
「死ぬほど怖かった」とかも。

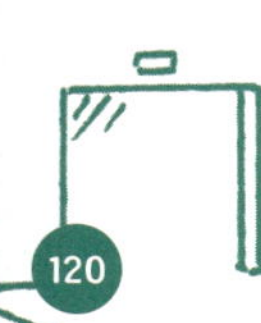

ショック

マイクが逮捕されたって聞いた？
Did you hear Mike got arrested?!

No 213

大ショックさ。
I was [s　　] -shocked.

今朝クビになったよ。
I got fired this morning.

No 214

そりゃひどい。
That's a [k　　] in the teeth.

彼ら、子どもが５人いるって知ってた？
Did you know they have five kids?!

No 215

うろたえたよ。
That threw me for a [l　　].

新しい iPhone 見た？
Did you see the new iPhone?

No 216

ぶっ飛んだ！
It [b　　] me away!

ANSWER

I was shell-shocked.

このshellは「迫撃砲弾」のこと。大きな爆発が近くで起きた！　みたいなショックを受けたときに言う。

I was flabbergasted. も同じ。flabbergasted は「面食らって、仰天して」。

That's a kick in the teeth.

考えるだけで痛い「歯にキック」。これで「そりゃひどい」とかの意味になる。

That sucks.
「ひどい、最悪だね」も。

That threw me for a loop.

「私をループの中に投げ込んだ」。プログラムエラーでループが繰り返して、愕然とするイメージ。驚きや混乱、狼狽の気持ち。

I couldn't believe it.
「信じられなかった」も仲間。

It blew me away!

飛ばされるほどインパクトのあるものに接したときに。ネガティブ・ポジティブどっちの意味でも使える。

It blew me away! が基本だけど、主語が複数なら、They blew me away! になる。

大変だ！

ラグビーの試合で何があったの？
What happened at the rugby match?

No 217 大パニックだった！

All h____ broke loose.

彼女なんて言ってた？
What did your girlfriend say?

No 218 カンカンに怒った。

The shit hit the f____ .

カブス 3-0 でリードしてたのに負けた！
The Cubs were up 3-0 but lost!

No 219 急に流れが悪くなった。

Things went s____ fast.

論文はどう？
How's your research paper going?

No 220 急にうまくいかなくなった。

The w____ came off.

ANSWER

All hell broke loose.

「すべての地獄が壊れて束縛が緩んだ」→「地獄が解き放たれた」。つまり「悪いことが起きてパニックになった」ってこと。

Everything went to hell.
「めちゃくちゃになった」も同じ。

The shit hit the fan.

「クソが扇風機にぶち当たった」。これで「超怒られた」「大変なことになった」「事態が悪化した」とかの意味になる。

She got pissed off!
「彼女、カンカンだった」も。

Things went south fast.

「物事がすばやく南へ向かう」だけど、これで「物事が急にダメになった」「流れが悪くなった」って意味になる。

Things fell apart.
「ボロボロになった」も同じ。

The wheels came off.

「それまで調子がよかったのに、急にうまくいかなくなった」ってニュアンス。直訳は「(馬車・自動車の) 車輪が外れた」。

It's not.「ダメだな」っていう、皮肉っぽい答え方もある。

困ってる

No 221

（困って）ヤバいよ。

I'm in a b＿＿＿＿.

何かできることある？
Can I help somehow?

オヤジがクビになるかも。
My father might get laid off.

No 222

窮地だな。

He's in a t＿＿＿＿ spot.

どうするつもり？
What are you going to do?

No 223

追い込まれてる。

My back's a＿＿＿＿ the wall.

執筆の進みはどう？
How's your book coming along?

No 224

悪戦苦闘してる。

It's an u＿＿＿＿ battle.

ANSWER

I'm in a **bind**.

be in a bindで「縛られてる」→「困ってる、焦ってる（だから助けが必要なんだ）」ってニュアンスになる。

My hands are tied. とか、I'm in a pickle. とか、I'm in a jam. も仲間。

He's in a **tight** spot.

「狭い場所に押し込められてる」が直訳。解決する手立てがあんまりないってニュアンスを含むよ。金銭面で苦しんでるときにも使う。

He's in a difficult spot. でも同じ。

My back's **against** the wall.

困って逃げ場がない状態のときに。「背中が壁についてる」が直訳で、I'm up against a wall.「壁にぶち当たってる」のシンプル版。

There's nothing I can do. とか、I don't have many options. と似たニュアンス。

It's an **uphill** battle.

uphill battle「上り坂での戦い」。要するに「苦しい戦いを強いられてる」→「ヤバい」ってこと。

動きが取れなくてヤバいけど、なんとかしなきゃって状況で。

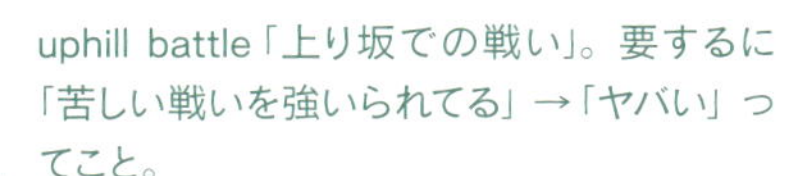

ピンチ

離婚したんだって？
I hear you got divorced?!

№ 225 大金を巻き上げられたよ！

She took me to the [c　　　　　]!

どうしたらいいんだ！
I don't know what to do!

№ 226 八方塞がりだね。

That's definitely a [c　　　　]-22.

友達は助けてくれなかったの？
Didn't your friends help you?

№ 227 あいつら逃げやがった。

They left me [h　　　　] the bag.

№ 228 ピンチなんだ。

I'm in a [f　].

どうしたの？
What's the problem?

ANSWER

She took me to the cleaners!

クリーニング屋（cleaner）では、すっかりきれいにしてくれるし、お金もいっぱい取られるじゃん？

👍 She cleaned me out. とか、She wiped me out. も同じ。

That's definitely a catch-22.

catch-22は「何をやっても事態が好転しない状況」、つまり「八方塞がりの状況」のこと。60年代の小説のタイトル。

👍 There's a catch. だと「隠れた落とし穴があるよ」って意味。

They left me holding the bag.

直訳は「僕にかばんを持たせて立ち去った」。仲間が逃げちゃって、責任とか負担をひとりで被らされたってこと。

👍 leave ... in the lurch「…を窮地に置き去りにする」も同じ意味のフレーズ。

I'm in a fix.

fixの「直す」って意味は有名だけど、be in a fixは「解決できない問題に陥ってる」って意味になる。

👍 ここの fix は「窮地、苦しい立場」って意味。

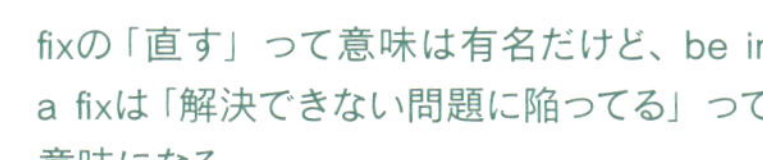

ダメになる

仕事のプロジェクトはどう？
How's your project at work going?

№ 229

水の泡だよ。
It's going down the [d　　　].

ロンドンに引っ越すんじゃなかったの？
I thought you were moving to London?

№ 230

消えてなくなった。
That went up in [s　　　].

まだアルバ島に行くつもり？
Are you still going to Aruba?

№ 231
それはなくなった。
That went out the [w　　　].

昇進させてもらったの？
Are you getting that promotion?

№ 232
見捨てられたよ。
They left me high and [d　　　].

ANSWER

It's going down the drain.

配水管(drain) を流れ落ちちゃったイメージ。計画とか期待してたことがダメになったのを伝えてる。

go to hell in a handbasket「あっという間にダメになる」も仲間。

That went up in smoke.

go up in smokeは「煙になって昇る」。つまり「全焼する」ってこと。計画とかが実現できない絶望の気持ち。

It went down in flames. も同じ。

That went out the window.

直訳は「窓から出ていく」。雲散霧消して窓から消えたイメージ。計画を自分でやめたときとか、仕方なくやめるときに。

That fell apart. も同じ意味で使う。

They left me high and dry.

水がなくて船が岸に乗り上げてるイメージ。そこから「取り残された」とか「見捨てられた」って意味ができた。

この they は、昇進を与える権利を持つ上司のこと。

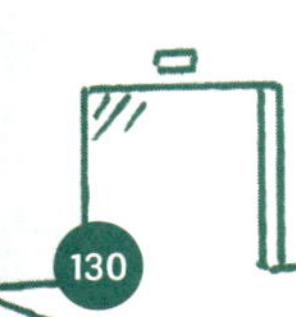

もったいない／失敗

まだチームに入れるかな？
Can I still join the team?

№ 233

もうおせーよ。

You missed the [b　　　].

彼女の番号もらっとけばよかった。
I wish I got her number.

№ 234

チャンス逃したな。

You [b　　　] your chance.

なんでクビになったの？
Why did you get fired?

№ 235

ヘマした。

I [g　　　] up.

試験に落ちたと思う。
I think I failed my exam.

№ 236

それはまずい。

You're [s　　　].

ANSWER

You missed the boat.

miss the boatは「船を逃した」が直訳。「何かのチャンスを逃した」とか「何かに間に合わなかった」って意味で使う。

That ship already sailed.
「もう船は出ちゃったよ」も同じ。

You blew your chance.

このblowは「吹く」じゃなくて「失敗する、ミスる」って意味。You wasted your opportunity.「チャンスをムダにした」も同じ。

You blew it.「しくじったな」も同じ場面で使う。

I goofed up.

goofy「ヘマな、ドジな」は、有名なキャラクターの名前にもなってる。動詞のgoofは「ヘマをする、ドジをやる」。

He's a goof. とか、She's goofy. みたいにだれかの性格を表すことも。

You're screwed.

screwは「ひねられた」が直訳だけど、これで「悪い状況・困った局面にいる」ことを表してる。

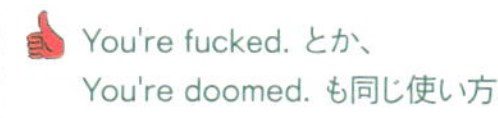

You're fucked. とか、
You're doomed. も同じ使い方。

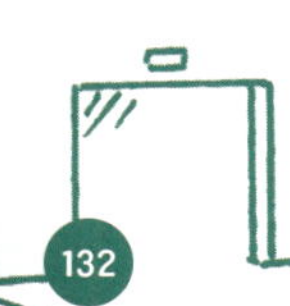

しくじった／失敗

No 237

ダメだったー！

S [　　] and a miss!

まあ、よくがんばったよ。
Well, at least you tried.

No 238

しくじった。

I s [　　] up.

だれだって失敗はあるさ。
Everybody makes mistakes.

いいチャンスだったのに！
That was an easy chance!

No 239

アイツ凡ミスしたな。

He screwed the p [　　].

面接はどうだった？
How did your interview go?

No 240

失敗した。

I b [　　] it.

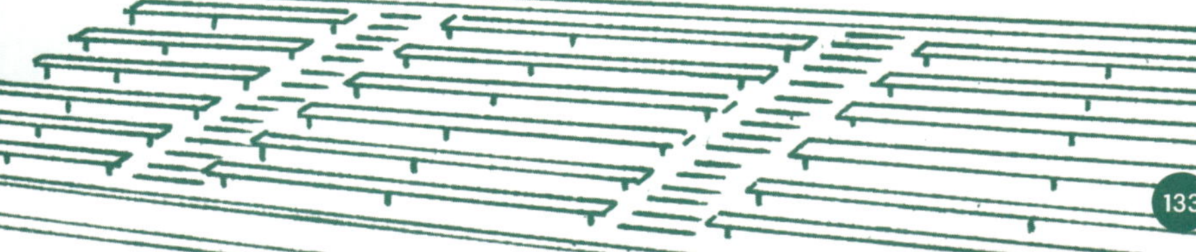

ANSWER

Swing and a miss!

「スイングして失敗」で「空振り」のこと。「空振りだった」＝「ダメだった」って、自分から言うときに。

I/You struck out.
「アウトだった(な)」もよく言ってる。

I slipped up.

slipは「滑る」。slip upだと、「できるはずのことでつまらない間違い・失敗をする」→「しくじる」って意味になる。

I messed up. とか、
I fucked up.「ドジった」とかも仲間。

He screwed the pooch.

直訳は「ワンちゃんとエッチした」。これで「簡単なミスをする」「恥ずかしいミスをする」って意味になる。

ちょっと下品な感じだけど、よく使う人気のフレーズ。

I botched it.

botchは「できの悪い製品」って意味。動詞で使うと「(実力が出せず) 失敗した」「やり損なった」になる。

仕事、スポーツ、いろんな場面で使う。

反省

今コーヒーに入れたの塩たぜ！
You just poured salt into your coffee!

№ 241

ボケてたな、僕！

What was I [t　　　　]?!

№ 242

大失敗しちゃった！

I [m　　　　] up big time!

今度は何やらかしたの？
Now what did you do?!

また酒を飲み始めちゃった…
I started drinking again ...

№ 243

しっかりしろよ！

Get your [h　　　] on straight!

どうしたらあんな大負けできたの？
How could you lose so much money?

№ 244

夢中になっちゃって。

I got [c　　　　] away.

ANSWER

What was I thinking?!

「僕、何を考えてたんだろ?」ってこと。うっかり失敗しちゃったときに使う。

What were you thinking!?
「何やってんだ?」と相手を責めるときにも。

I messed up big time!

messは「散乱状態」を表す名詞だけど、mess upになると「失敗する、間違う」って意味。big timeがつくと「大失敗する」。

I screwed up big time. も同じ。

Get your head on straight!

「頭をまっすぐにつけろ」が直訳。「しっかりしろよ」「ちゃんとやれよ」って伝えるフレーズ。

Get your act together!
「しっかりしろ!」も指摘するフレーズ。

I got carried away.

「夢中になってやりすぎる」って意味があって、いいことでも、悪いことでも、「やりすぎ」感があれば言う。

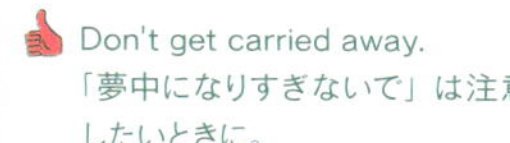
Don't get carried away.
「夢中になりすぎないで」は注意したいときに。

残念

パートの仕事なくなった。
I lost my part-time job.

№ 245

そりゃひどい。
That s[　　　].

スミス先生にCをつけられた！
Professor Smith gave me a C!

№ 246

そいつは残念！
What a crying s[　　　]!

新しい携帯落とした！
I dropped my brand new phone!

№ 247

ツイてないね。
That's a bad r[　　　].

この春卒業できない。
I can't graduate this spring.

№ 248

気の毒に。
That's a t[　　　] break.

ANSWER

That sucks.

suckは、息や飲み物を「吸い込む」って意味もあるけど、That sucks. だと「最低!」「最悪!」って意味になる。

That blows. も「ひどい、最低」。

What a crying shame!

a crying shameは「泣くほど残念なこと」って意味になる。同情の言葉だけど、皮肉に使うこともある。

What a pity! も仲間。

That's a bad roll.

カジノのクラップス（サイコロゲーム）に由来してて、bad rollは「悪い転がり」のこと。「ツイてないな、運が悪いね」って感じ。

That's a tough pill to swallow.
「それは厳しいね」も似てるけど、もう少し重たい場面で使う。

That's a tough break.

「困難な機会だな」が直訳。がんばったのに目標を達成できなかったとか、いきなり状況が悪化した人に同情してるんだ。

That's too bad.
「それは気の毒だね」も同じ。

終わった／あきらめ

№ 249

終わった…

That's all she w______.

えっ？　もうあきらめちゃうの？
What?! You're giving up?

№ 250

もうおしまいだ！

That's a w______!

うん。もう勝てないね。
Yep. They can't win now.

就職はできたの？
Did you get the job?

№ 251

結局ダメ。

No d______.

勝った？
Did you win?

№ 252

惜しかったんだけど。

Close, but no c______.

ANSWER

That's all she wrote.

「それが彼女の書いたすべてだ」で、「もうおしまいだ、もうダメだ」ってあきらめの気持ちで言う。

決まり文句だから、主語は she だけ。

That's a wrap!

wrapは映画の「1日分の撮影終了」。撮影を終えてフィルムを巻き戻すから。いい意味でも悪い意味でも「終わった」って感じ。

That's it!「終わりだ」も同じ。

No dice.

diceは「サイコロ」のこと。がんばったけど、結局思いどおりにいかなかったときに使う。ギャンブルで負けたのが語源。

No luck. とも言う。

Close, but no cigar.

「近かったけど葉巻はもらえなかった」が直訳。葉巻は昔からお祝いにもらえるイメージだから。

自分にも相手にも第三者にも使える。

あきらめる

奥さんに車買ってあげたの？
You bought your wife a car?!

№ 253
最後には折れたよ。

I finally [c　　　] in.

交渉はどうだった？
How did the negotiations go?

№ 254

あきらめたよ。

I [b　　　] down.

ローンは組めた？
Did you get the loan?

№ 255

やめたんだ。

I [b　　　] out.

娘さん結婚するの？
Is your daughter getting married?

№ 256

怖じ気づいちゃって。

She got cold [f　　　].

ANSWER

I finally caved in.

cave「洞窟」から転じて、「崩れ落ちる」「降参する」って意味ができた。cave inは「やりたくなかったけど、最終的に折れた」。

I caved.「折れたよ」とか、I broke down (and did ...)「折れて（…したよ）」も。

I backed down.

back downは「引き下がる、手を引く、（ビジネスで）相手の要求をのむ、折れる」とかの意味で使う。

交渉中に形勢が「不利になる」ことは、lose ground って表現する。

I backed out.

back outは、「やると言ったことを途中でやめる」とか「最後に約束を覆す、降りる」って意味になる。

直訳すると「下がって出る」。

She got cold feet.

足を水に入れて冷たかったら、速攻で足を抜いちゃうよね。そこから、「怖じ気づく」とか「腰が引ける」って意味になった。

結婚とか、期待された行動を直前にやめたときなんかに、これ言われる。

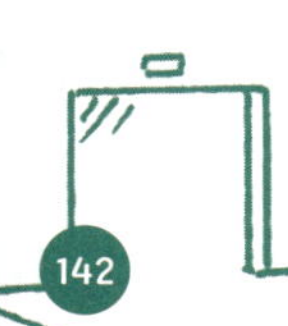

悲しい／落ち込む

№ 257 がっかりだ。

I'm [b　　　　] out.

どうしたの？
What happened?

ジム悲しそう。
Jim looks sad.

№ 258 あいつ落ち込んでる。

He's down in the [m　　　　].

№ 259 凹むわ。

I'm in a [f　　　　].

楽しみに行こうよ！
Let's go have some fun!

メアリーどうしたの？
What's wrong with Mary?

№ 260 彼女、元気ないんだよね。

She's in low [s　　　　].

ANSWER

I'm bummed out.

be bummed outは「がっかりした」とか「しょげちゃってる」って言いたいときによく使う。I'm bummed. だけでも通じる。

That's a bummer! だと「残念だったね」ってなぐさめるフレーズになる。

He's down in the mouth.

落ち込んだときには口元が下向きにカーブするよね。その様子がdown in the mouthだ。

down in the dumps も「気が滅入って、落ち込んで」って意味。

I'm in a funk.

in a funkは「悲しい、がっかり、意気消沈」って気持ちを表すフレーズ。スポーツ選手のスランプを表したりもする。

I'm in a slump. も同じ使い方。

She's in low spirits.

low spiritsを直訳すると「低い精神」。in low spiritsで「元気のない」「意気消沈した」って意味になる。

逆は、in good spirits「元気な」。in high spirits って言い方はないから注意して。

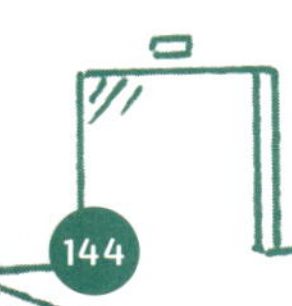

だるい／疲れた

No 261

しんどい。

I'm [p　　　　].

僕も。ちょっと休もう。
Me too. Let's rest a bit.

No 262

疲れたー。

I'm [b　　　　].

今日はやめとこう。
Let's stop for today.

No 263

もうガス欠だ。

I'm running on [f　　　　].

わかった。休憩にしよ。
Ok. Take a break.

新しい仕事どう？
How's your new job going?

No 264

キツいよ。

It's no [p　　　　].

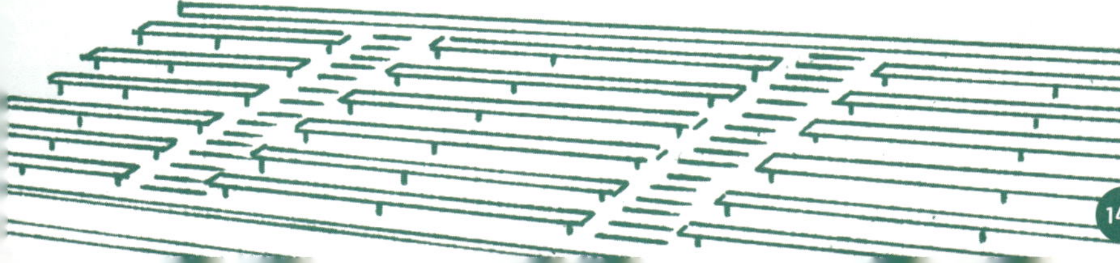

ANSWER

I'm pooped.

poopは「うんち」とか「うんちをする」って意味もあるけど、be poopedは「疲れ果ててる」。

I'm beat. も同じ。
beat「疲れ切って」。

I'm bushed.

bushは「薮（やぶ）」だけど、bushedは「疲れ切った」って意味になる。たぶん、開拓するのに薮を切り開いて「疲れた」ってとこからできた。

I'm exhausted.「ヘトヘト」も同じ。

I'm running on fumes.

人がヘトヘトの状態を、ガソリン切れ寸前の車でたとえてる。「腹減ったー」って意味にもなる。

I'm out of gas.「ガス欠だ」も同じ意味。

It's no picnic.

「全然ピクニックなんかじゃない」だから、「キツい」とか「楽しくない」「難しい」みたいなニュアンスのひとこと。

It's a picnic. とは言わない。

ちっ

エンゼルスまた負けた。
The Angels lost again.

№ 265 

ちくしょう！

[D　　　　]!

→

№ 266 

くそっ！

[S　　　]!

→

どうしたの!?
What happened?!

新車盗まれちゃったよ！
My new car got stolen!

№ 267 

やばっ！

Son of a [g　　　]!

→

またスピード違反で捕まった。
I got another speeding ticket.

№ 268 

またかよ！

For [P　　　　] sake!

→

ANSWER

Darnit!

Damn it! が短くなったやつ。damnはキリスト教に由来してて「地獄へ落とす、永遠に罰する」って意味の単語。Damnit! も同じ。

Darnit! と Damnit! はふつうに使うけど、Goddammit! は使わないほうがいい。

Shit!

なんかに失敗した人が「くっそー」って感じでよく使う。shitはもともと「クソ」。ニュアンスも意味も日本語とほぼ同じ。

昔は Shoot! を代わりに使ってたけど、今はあんまり使わない。

Son of a gun!

Son of a bitch!「くそったれ」をちょっとやわらかくしたフレーズ。

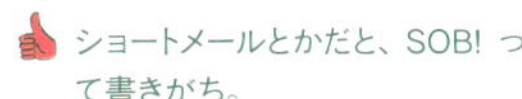

ショートメールとかだと、SOB! って書きがち。

For Pete's sake!

「聖ペテロのために」が直訳。これで「(相手に) またかよ、頼むから、もうやめろよ」「(自分に向かって) まただよ」って感じ。

For crying out loud. も同じ。

ふざけんな

何書いてるんだ？
What are you writing?

№ 269 あっち行け！
B［　　］off! 

ヘタなバーテンだな！
You are a lousy bartender!

№ 270 くたばれ！
Drop d［　　］! 

わかってないなあ！
You don't know shit!

№ 271 ふざけんな！
Go f［　　］yourself! 

仲間に入れてよ！
I want to play too!

№ 272 消えろ！

Get l［　　］! 

ANSWER

Buzz off!

buzzは、虫の羽音とかエンジンの「ブーン」って、うるさい音。そこから「うるさいからどっか行け」→「あっち行け」になった。

Mind your own business!「関係ないだろ」とか、Go away!「向こう行け」も。

Drop dead!

Drop dead! は「突然死しろ!」が直訳。相手が許せないときの、かなりきついフレーズ。

日本語の「くたばれ!」「死ねよ」とかと同じ。

Go fuck yourself!

直訳すると「自分自身をファックしろ」。「くたばれ、バカ、ふざけんな、失せろ」って意味で、激怒してる。

ちょっと汚い言葉だから、Screw you! のほうが安全。

Get lost!

しつこいヤツとか仲間にしたくないヤツが近づいてきたときに。「行方不明になれ」が直訳だ。

Scram! とか、Beat it!「とっとと失せろ!」も同じ。

黙れ

そのネクタイ、ダサっ！
That tie is ugly!

№ 273 黙れ！
Shut your f____!

この週末、ジムとオレ…
This weekend Jim and I ...

№ 274 口を閉じろ！
C____ up!

言ったようにさ…思うんだよ…
Like I said ... I think ...

№ 275 聞きたくない！
D____ it!

やっぱ思うんだけど…
I still think ...

№ 276 うるさいな、もう！
Talk to the h____!

ANSWER

Shut your face!

「君の顔を閉じろ」が直訳。これで「黙れ!」「うるさい!」って意味になる。きつい言い方だから、目上の人には使わないで。

Shut your pie hole! も同じ。

Clam up!

clamは「二枚貝」。クラムチャウダーのクラムだ。貝が口を閉じてるイメージから、Clam up. で「黙れ」ってなる。

I clammed up.「黙っておいた、何も言わなかった」も。

Drop it!

「もうやめて」「放っておいてくれ」って意味。しつこく自分の主張とかを繰り返すヤツに。

I don't wanna hear it.「もういいよ、その話は」も同じ。

Talk to the hand!

「手に向かって話してろ!」が直訳。映画で使われて流行った。相手の話を聞きたくないときのポピュラーな言い方。

制止のジェスチャー（手のひらを相手に向ける）をやりながら言うことも多い。

キレる／うるさい

もう一回言いたかっただけ…
I just wanted to say again ...

No 277 もうやめてくれよ！
Give it a r_____!

もっと健康的なもの食べなきゃ。
You should eat healthier.

No 278 うるさいな！
Get out of my h_____!

彼女の反応はどうだった？
How did your girlfriend react?

No 279 キレてた。
She went p_____.

ケンはなんて？
What did Ken say?

No 280 ブチギレてたよ。
He blew a g_____.

ANSWER

Give it a rest!

「それに休みをやれ」が直訳。何度も同じ話題とか意見、要求なんかを繰り返すヤツに言う。基本的にShut up!「黙れ!」と同じ。

I don't wanna hear it!
「もう聞きたくない」も。

Get out of my hair!

直訳は「僕の髪の毛から出ていけ」。小言に対して「つべこべうるさいな」「いちいち指図するな」って気分で。

Get off my case!

「関係ないだろ」も同じニュアンス。

She went postal.

郵便局員がストレスで発狂することが多かったからできたって言われてる。「カンカンになる」とか「怒りで我を忘れる」って意味。

She went nuts/crazy. も同じ。

He blew a gasket.

gasketは自動車のバルブの「パッキン」。高圧・高温でパッキンが吹っ飛ぶことがあるから。

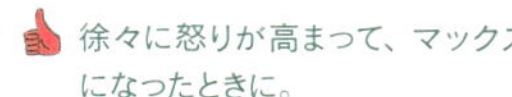
徐々に怒りが高まって、マックスになったときに。

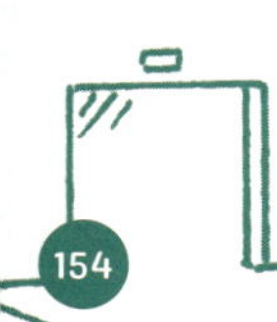

ムリ／やだ

ちょっとお金借りたいな。
I need to borrow some money.

№281 絶対ダメ！

No way J[　　]!

車、貸してくれる？
Can I borrow your car?

№282 ムリ。

That's out of the q[　　].

今夜ビールおごれよ。
Can you buy the beer tonight?

№283 絶対やだ！

Nothing d[　　]!

明日お金返すから。
I will pay you back tomorrow.

№284 つべこべ言うな！

No ifs, ands or b[　　]!

ANSWER

No way Jose!

Jose（ホウゼイ）は、スペインの一般的な名前。wayとJoseのお尻の音がどっちも「エイ」で、言葉遊びになってる。

 Absolutely not! とか、No way!「絶対ダメ」でも同じ。

That's out of the question.

そのまま訳すと「それは問題の外だ」ってなる。要するに「問題外」「たずねてもムダ」ってこと。

相手がどんな条件を出しても絶対に無理って感じの、強い断り方。

Nothing doing!

「絶対に嫌」「まっぴらごめん」って意味で、すごくよく使うフレーズ。文法とかは気にしないで、そのまま覚えちゃって。

逆の意味の、Sure!「もちろん」、Hell yes!「もちろんイエス!」もついでに。

No ifs, ands or buts!

言い訳って、if「もしも」、and「それに」、but「でも」とか使う。それがNo「ダメ」ってこと。

「君の言い分は通用しない」「つべこべ言うな」って感じ。

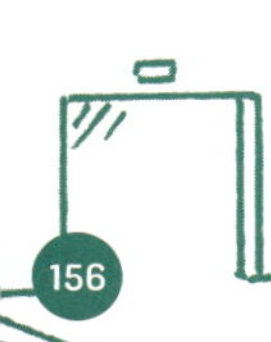

やめろ／ちゃんとしろ

No 285

それやめろよ！

K ______ it off!

あっ！ ごめん！
Okay! I'm sorry!

ただできたらと思ってさ…
Can I just ...

No 286

いいかげんにしろ！

E ______ is enough!

No 287

やめなさい！

T ______ out!

私が何したって言うの？
What did I do wrong?

すごい心配で…
I am so worried ...

No 288

しっかりしろ！

Get a g ______ !

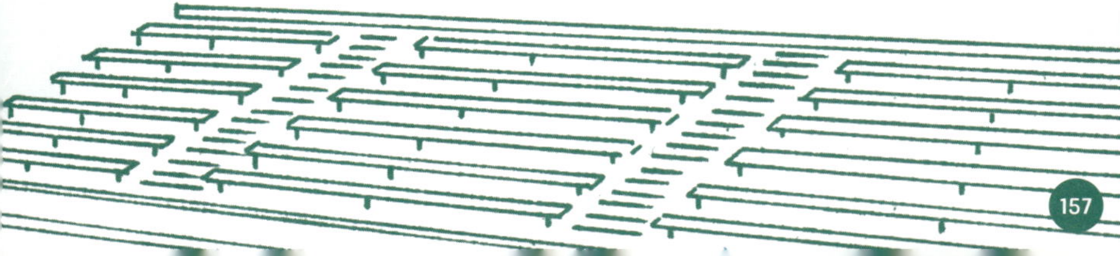

ANSWER

Knock it off!

knock offは「叩いて落とす、払いのける」って意味もあるけど、ここでは「中断する」。「それをやめろ!」ってことだ。

イライラすることやってるヤツに。Stop it!「やめろ!」も同じ。

Enough is enough!

「十分は十分だ」っておもしろいけど。これで「もう十分だ!」「いいかげんにしろ!」って言ってる。

Enough already!
「いいかげんうんざりだよ!」も同じ。

Time out!

スポーツの試合で「タイムアウト」を取る、あれだ。何かをやめさせたいときに「ストップ!」「聞きたくない」のニュアンスで。

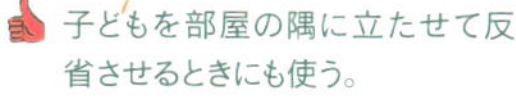
子どもを部屋の隅に立たせて反省させるときにも使う。

Get a grip!

直訳は「しっかりグリップ握れ!」。感情的になったり、めっちゃ興奮してるヤツに向かって言う。

Get a hold of yourself!
「落ち着け」、
Get real!
「ちゃんとしろ、目を覚ませ」。

落ち着け！

アイツ、ブチのめす！
I'm gonna kick his ass!

№ 289
冷静に！
C ____ out!

なんでそんなことすんの!?
How could you do that?!

№ 290
ちょっと落ち着いて！
Dial it down a n ____ !

ブチのめすぞ！
I'm gonna kick your ass!

№ 291
落ち着けよ！
Slow your r ____ !

№ 292
落ち着いて！
Cool your j ____ !

君もアイツの言葉聞いたよな！
You heard what he said!

ANSWER

Chill out!

「頭を冷やせ」「落ち着け」ってニュアンス。カッカしてるヤツに向かって言う。

Cool out! とか、Take a chill pill. も仲間。

Dial it down a notch!

dial it downは「ダイヤルを回して下げろ」ってこと。a notchは「1ダイヤル分」。大声を上げたりカンカンになってるヤツに。

Take a powder. も同じく「落ち着け」って意味。

Slow your roll!

直訳すると「回転を緩めろ」。脅しをかけてきた相手に「落ち着け」「落ち着いて考えろ」って言うひとこと。

Simmer down. も同じ。

Cool your jets!

jetsは「ジェットエンジン」のこと。「エンジン冷やして」ってことで、これも相手をなだめてる。

Cool it! とか、Calm down! も同じ。

TAMEGUCHI DIALOG

CHAPTER 3

ちょっとした言葉

COLUMN

「アメリカンジョーク」で笑っちゃえ その2

KNOCK-KNOCK JOKE

A: Knock-knock
コンコン
B: Who's there?
どちらさま？
A: Scold.
スコールドです。
B: Scold who?
どこのスコールド？
A: Scold out here! Let me in!
外は寒いんだよ！ 早く入れて！

It's cold と Scold の発音が同じ、言葉遊びだ。

LITTLE JOHNNY JOKE

One day the teacher overheard (耳にした) little Johnny swearing (汚い言葉を使う). She immediately (すぐに) scolded (叱った) him, saying "You shouldn't talk like that. You don't even know what that means!" Little Johnny replied (答えた), "Yes I do...it means the car won't start!"

ジョニーは、車のエンジンがかからなくて Shit! って言う大人を見たんだろうね。

BLONDE JOKE

A: Why did the blonde (ブロンド女子) pour (かける) water on her laptop (ノートパソコン)?
B: To wash the Windows.

Windows は 2 つの意味にとれるから。

STORY JOKE

One morning a mother came into her son's bedroom to wake him up. "It's time to get up and go to school" she told him. Her son rolled over (寝返りを打った) and replied sleepily "Why do I have to go to school? None of (ひとりも〜ない) the students like me, the teachers really hate (憎む) me, and I don't like being there! So give me two reasons why I should go?!" His mother replied, "Reason number one is you are 50 years old. Reason number two is that you are the principal (校長)!"

何歳になっても母親にとっては息子だもんね。

食べる

腹減ったー。
I'm famished.

№ 293
食べて！
C [　　] down!

№ 294
早食いだな！
You w [　　] that down!

すごくおいしかったんだ！
It was really good!

食べ放題はどうだった？
How was the buffet?

№ 295
お腹パンパン。
I stuffed my f [　　] .

昼はもう食べた？
Did you eat lunch yet?

№ 296
ホットドッグをさくっと。
I s [　　] down a hotdog.

ANSWER

Chow down!

「(ガツガツ) 食べて!」 って言いたいときに。「食べて!」「食べよう!」「ごはんだよ!」とか、いろんなニュアンスで使える。

西部開拓時代から chow は「食いもん」。
Eat up! も「食べて!」。

You wolfed that down!

狼って、獲物を横取りされないように早食いするイメージあるよね。噛まないで飲みこむほど早食いするのが wolf down だ。

親は子どもに、Don't wolf down your food.「よく噛みなさい」って注意する。

I stuffed my face.

「顔に詰め込んだ」がそのままの訳。要するに「たらふく食べた」ってニュアンスになる。

日本では食べ放題のことを「バイキング」って言うけど、これは和製英語。

I scarfed down a hotdog.

scarf は「マフラー」だけど、scarf down になると「(時間がなくて) サクッと食べる」って意味になるんだ。

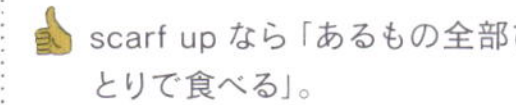

scarf up なら「あるもの全部ひとりで食べる」。

食事

№ 297

小食だね！

You eat like a [b　　]!

ダイエット中なんだ！
I'm trying to lose weight!

あの人たちが頼んだもの見て！
Look at what they ordered!

№ 298

よだれ出そう！

That's [m　　　　　　]!

№ 299

あー、うまかった！

That hit the [s　　]!

デザート頼む？
Do you want dessert?

№ 300

残りを持ち帰れますか？

Can I get a [d　　　] bag?

もちろん、包んでおきます。
Sure. I'll box that up for you.

ANSWER

You eat like a **bird**!

「鳥がエサをついばむみたいに、ちょっとしか食べないね」ってたとえ。ちょっと応援するニュアンスを含んでる。

反対はブタにたとえて、You eat like a pig.「よく食うなー」。

That's **mouthwatering**!

mouthwatering は「口をよだれでいっぱいにする」。食べ物がおいしそう、いい匂いでよだれが出そうってときに。

長いけど、mouth（口）に watering（水を与える）って考えればいいね。

That hit the **spot**!

「あれが（胃の中の）気持ちいいところ（スポット）に当たった」。食べ終わった・飲み終わったときの満足感を伝えられる。

That was perfect! とか、That was fabulous! とかも同じ。

Can I get a **doggie** bag?

doggie bag は「（食べ残し用の）持ち帰り袋」のこと。アメリカ人はよく食べ残しを持ち帰って、ペットにあげてる。

Can you wrap this up (for me)?「包んでもらえますか？」。

腹減った／食べすぎた

No 301

めっちゃ腹減った！

I could eat a c　　!

もう少しで夕飯だよ。
Dinner will be ready soon.

No 302

小腹が空いた。

I've got the m　　.

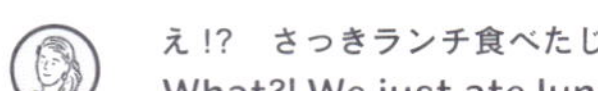

え!?　さっきランチ食べたじゃん！
What?! We just ate lunch!

No 303

お腹が鳴ってるよ！

My stomach is g　　!

マックでも寄ろう。
Let's stop at McDonald's.

No 304

食べすぎた！

I p　　out!

僕も食べすぎた！
Yeah. I ate too much too!

ANSWER

I could eat a **cow**!

「牛を丸ごと一頭食えそう」→「超腹減った」ってこと。could eat は「食べようと思えば食べられる」だから。

👍 馬を使った
I could eat a horse. も同じ。

I've got the **munchies**.

munchies には「スナック菓子」って意味の他に「おやつが食べたい気持ち」って意味もある。

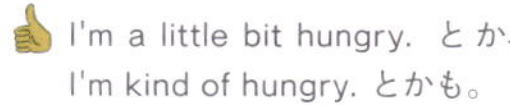

I'm a little bit hungry. とか、
I'm kind of hungry. とかも。

My stomach is **growling**!

growl は、犬とかの「うなり声」のこと。たしかに、お腹が鳴る音と似てるよね。

I'm starving!「腹減って死にそう」も似てる。

I **pigged** out!

ブタって大食いのイメージあるよね。それで、いっぱい食べることを pig out って言うんだ。

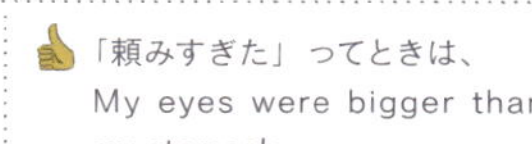

「頼みすぎた」ってときは、
My eyes were bigger than my stomach.

飲み行こう

№ 305

はしご酒しよう！

Let's go bar [h　　　]!

賛成！
I'm down for that!

どこ行く？
Where should we go?

№ 306

いい飲み屋知ってるよ。

I know a good watering [h　　　].

№ 307

ビール飲もうぜ。

Let's [c　　　] a few beers.

いいね！
Sounds good to me!

ちょっと飲もうよ！
Let's get a few drinks!

№ 308

1杯目は僕がおごる！

I got the first [r　　　]!

ANSWER

Let's go bar hopping!

go bar hopping は「バーを何軒も巡る」。つまり「はしごする」ってことだ。

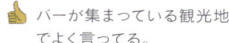

 バーが集まっている観光地とかでよく言ってる。

I know a good watering hole.

馬とか牛に水を飲ませる「水たまり」を、watering hole って言うんだ。西部開拓時代から現代まで「バー」もこう呼ぶ。

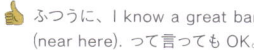

 ふつうに、I know a great bar (near here). って言ってもOK。

Let's crack a few beers.

この crack は、ビールの瓶とか缶を「開ける」こと。crack open とも言える。

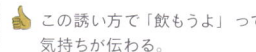

 この誘い方で「飲もうよ」って気持ちが伝わる。

I got the first round!

first round は「(お酒の) 1巡目」のことを言ってるんだ。だから、「最初の1杯はおごるぞ」ってときに言ってみて。

👍 This round's on me.「今度の1杯は僕のおごり」も。

飲み方

№ 309

バーボンをストレートで。

Give me a bourbon, [n　　　]. →

ブランドのお好みは？
Any particular brand?

№ 310

ダブルにして。

[M　　　] it a double. →

了解。
Sure.

№ 311

ウォッカをロックで。

Vodka on the [r　　　], please. →

ふつうのウォッカ？　フレーバー？
Regular vodka or flavored?

№ 312

割るものは何がある？

What are your [m　　　]? →

だいたいなんでも揃ってるよ。
We have almost everything.

ANSWER

Give me a bourbon, neat.

neat はふつう「きれいに整った」って意味なんだけど。バーの注文で使うと「氷とか水なしのストレート」になるんだ。

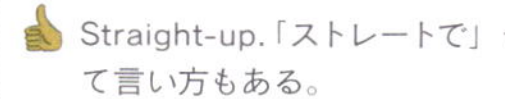

Straight-up.「ストレートで」って言い方もある。

Make it a double.

ショットやカクテルに入れる、ウイスキーとかの量を倍にするのがダブル。値段もダブルになる。

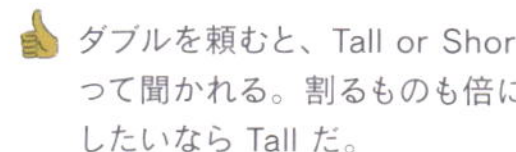

ダブルを頼むと、Tall or Short って聞かれる。割るものも倍にしたいなら Tall だ。

Vodka on the rocks, please.

rocks は「氷」のこと。だから on the rocks で「氷の上に」ってことになる。複数形の rocks で言うんだよ。

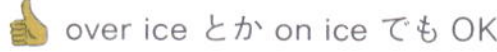

over ice とか on ice でも OK。

What are your mixers?

コーラや水、ジュース、ジンジャーエールとか、お酒に入れて割る飲み物のことを mixer って言うんだ。

日本の high ball って言い方はアメリカだと古くさい。Bourbon and coke. とか言ってみて。

乾杯

№ 313

カンパイ！

S_____!

カンパイ！
Salute!

№ 314

乾杯。

Here's I_____ at ya.

乾杯。
Cheers.

№ 315

君の健康に（乾杯）

T___ your health.

いや、僕らの健康に乾杯しよ！
No, let's drink to our health!

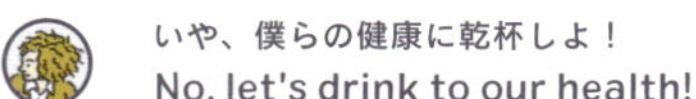

新婚さんが来たよ！
The newlyweds are here!

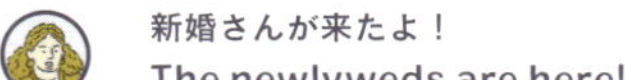

№ 316

乾杯しよ！

R_____ a glass!

ANSWER

Skoal!

「スコール」って発音する。スカンジナビア諸国の「乾杯」だけど、アメリカでも使われるようになった。

Salute!（サルートゥ）もある。

Here's lookin' at ya.

人気映画『カサブランカ』のハンフリー・ボガードのセリフ、Here's looking at you, kid. から kid を取ったフレーズ。

Here's to you. も同じく「乾杯」。

To your health.

To ...「…に乾杯」は、Here's to ... の省略なんだ。To your success.「君の成功に！」とかも言うね。

Here's to graduation!「卒業に」、Here's to summer vacation!「夏休みに」。

Raise a glass!

何かに乾杯したいときに「乾杯しましょう！」って促すフレーズ。

Let's have a toast!「乾杯しよう！」。

酔う

No 317

ちょっと酔った。

I'm [b　　　　].

ビール2杯だけだろ？
You've only drunk 2 beers?!

No 318

リンダ、かなり酔ってる。

Linda's feeling no [p　　　].

うん、テキーラ5杯も飲んでた！
Yeah. She's had five tequilas!

No 319

彼女、泥酔してる！

She is [s　　　　]!

昼からここにいるんだ！
She's been here since noon!

ジョンはパーティーに行ったの？
Did John go to the party?

No 320

ベロンベロンだった。

He was drunk as a [s　　　]!

ANSWER

I'm buzzing.

buzz は「ブーン」とうなる耳鳴りの音。「ほろ酔い」状態のことだ。I caught a buzz. もある。

 I'm getting tipsy.
「ちょっと酔っぱらった」も同じ。

Linda's feeling no pain.

そのまま訳すと「痛みをまったく感じてない」だけど、これで「かなり酔ってる状態」ってこと。

わけわかんないくらい酔ってる感じ。

She is sloshed!

slosh は「ピチャピチャ」「パチャパチャ」みたいな、水が跳ねる音。まあ要するに、体に大量の水分（酒）が入ってるってこと！

 発音はスロシュトゥ。

He was drunk as a skunk!

「スカンクみたいに酔ってた」が直訳。なんでスカンクかというと、drunk と skunk は音が似てるから。言葉遊びだね。

 He was dead drunk. とか、
He was drunk off his ass. も
「ベロンベロンだった」。

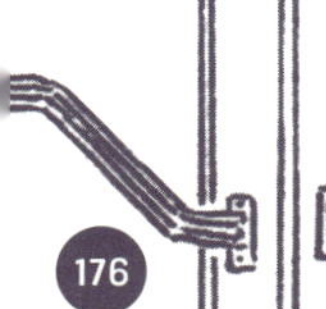

泥酔

昨日の夜、ボスと飲んだって？
You and the boss drank last night?

No 321

潰してやった。

I drank him u[　　　] the table.

昨夜はどうしてた？
What did you do last night?

No 322

酔って記憶が飛んだ。

I got b[　　　] drunk.

ジムは昨日めっちゃ酔ってたね。
Jim got really drunk yesterday.

No 323

バーは注文拒否ってた。

The bar c[　　　] him off.

ジョーが追い出されたって。
I hear Joe got kicked out.

No 324

あいつ一生出禁だ。

He's b[　　　] for life.

ANSWER

I drank him under the table.

「あいつにテーブルの下で酒を飲ませた」。想像しやすいと思うけど、「弱い相手に潰れるまで飲ませた」って意味になる。

相手より自分の方が酒に強いってニュアンスもある。

I got blackout drunk.

blackout は「意識を失うこと」「記憶が飛ぶこと」。それくらい飲んじゃったよってときに。

大規模な停電のことも blackout って言う。

The bar cut him off.

cut him off を直訳すると「彼を切り取った」。これで「その人から注文を受けるのをストップする」ってこと。

The bartender refused to serve him. とも言うけど、cut off のほうが圧倒的に使う。

He's barred for life.

この bar は飲み屋のバーじゃなくって「締め出す」って意味。be barred で「出入り禁止にされる」だ。

He's banned for life. も同じ意味。

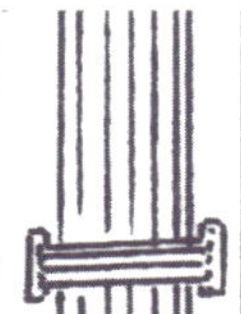

お酒

ニックと楽しんだ？
Did you and Nick have fun?

№ 325

朝まで飲んだ。

We painted the town [r].

1杯飲めよ！
Have a drink!

№ 326

酒はやめた。

I'm on the [w].

ご注文のブラッディマリーです。
Here's your bloody mary.

№ 327

迎え酒だ。

The hair of the [d].

彼女はずっとトイレだ！
She's been in the bathroom forever!

№ 328

酒弱いんだよ。

She can't [h] her liquor.

ANSWER

We painted the town red.

朝焼けのイメージで「街を真っ赤に染めた」だ。これで「はしごしながら朝まで楽しく飲み明かした」って伝わる。

We partied hard.
「かなり飲んだ、どんちゃん騒ぎした」も仲間。

I'm on the wagon.

自主的な禁酒でもドクターストップでも使える。wagon で「荷馬車に乗ってる」が直訳だけど、禁酒してるってこと。

He fell off the wagon. は逆で「(禁酒してたのに) また飲み始めた」。

The hair of the dog.

昨晩ベロンベロンに酔って、次の日に二日酔いになってる人が「最初に飲む酒、迎え酒」のこと。そのまま訳すと「犬の毛」。

「狂犬病は噛まれたその犬の毛を傷に当てると治る」って迷信からできたって説もある。

She can't hold her liquor.

can't hold one's liquor は「酒を保つことができない」。つまり「酒に弱い」「すぐ酔っぱらっちゃう」ってこと。

She's a lightweight. も同じ。ライト級ボクサーのイメージから。

おごる

№ 329

これは僕のおごりだ。

I [g　　] this.

ありがと。
Thanks.

ディナーはいくらだった？
How much was dinner?

№ 330

ボスが全部持ってくれた。

The boss [f　　] the bill.

№ 331

払ってよ。

You pick up the [c　　].

前回も僕だったろ !!
I paid last time!!

№ 332

この酒は僕のおごりだ。

These drinks are [o　　] me.

サンキュー！
Thanks!

ANSWER

I got this.

got this で「これはおごるよ」っていう意味になる。過去形の got を使うのに注意して。

アメリカではおごったり、お返しにおごられたりが多い。
I'll get you next time.「今度は僕がおごるよ」。

The boss footed the bill.

食事やバーでの代金を、ひとりが全部払うこと。飲食だけじゃなくて、航空運賃とか宿泊費とかでも使えるフレーズ。

foot the bill を
pay for everything に変えても同じ意味だ。

You pick up the check.

check は「勘定書き」のことで、tab とか bill とも呼ばれてる。pick up は、テーブルとかから「つまみ上げる」って意味。

It's your turn to pay.
「君が払う番だ」も同じ。

These drinks are on me.

on me「僕に乗っかってる」って言うと、「僕のおごり」って意味になるんだ。

This is my treat.
「これは僕がごちそうするよ」。

帰る

№ 333

もう帰んないと。

I gotta [r] .

もう!? 来たばっかじゃん!
Already?! You just got here!

№ 334

そろそろ行かなきゃ。

I'm gonna [b] .

もう少し残ってよ!
Please don't go!

№ 335

家に帰んなきゃ。

I'm gonna head for the [h] .

だね、僕も。
Yeah, me too.

№ 336

帰るよ。

I'm [o] here.

まだ早いのに!
It's still early!

ANSWER

I gotta run.

「走らなきゃ」が直訳だけど、これで「帰らなきゃ」って意味になる。「もうちょっといたいけど帰らなきゃ」ってときに使う。

I gotta jet.「早く帰んなきゃ」。

I'm gonna bail.

bail は bail out を縮めたやつ。bail out は、映画によくある飛行機や船を捨てて飛び降りる、あれね。

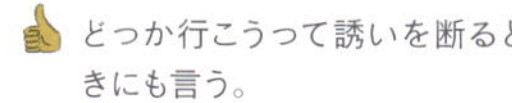
どっか行こうって誘いを断るときにも言う。

I'm gonna head for the hills.

head for the hills は「山に向かう」だけど、これで「(急いで) 家に帰る･離れる･逃げる」とかの意味になる。

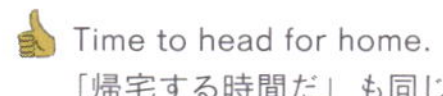
Time to head for home.
「帰宅する時間だ」も同じ。

I'm outta here.

outta は out of が縮まってる。「僕はここから出る」が直訳。職場でもパーティーでも、今いる場所から出るときに。

「ここにいるのは耐えらんない!」って響きになることも。
I'm gone.「帰る」も同じ。

帰ろう

遅くなったね。
It's getting late.

№ 337 帰ろう。
Let's hit the b____ .

このバーつまんない。
This bar is boring.

№ 338 ここ出よう。
Let's blow this p____ -stand.

上司が残業をみんなに頼んでる！
The boss is asking people to work overtime!

№ 339 逃げよう！
Let's get outta D____ .

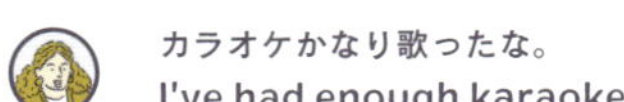

カラオケかなり歌ったな。
I've had enough karaoke.

№ 340 おひらきにしよう。

Let's call it q____ .

ANSWER

Let's hit the bricks.

「レンガを打とう」が直訳だけど、これで「帰ろう」って意味になる。使いどきによっては「仕事を始めよう」って意味にも。

Let's hit the trail. とか、Let's hit the road. も同じ。

Let's blow this pop-stand.

pop-stand「ジュース屋台」を吹っ飛ばそう。品揃えが悪くてつまんない店だから、別の店を探そうよってニュアンス。

Let's find somewhere more interesting.「もっと楽しい店探そう」も言う。

Let's get outta Dodge.

開拓時代、カンザス州にDodge Cityという治安の悪い街があった。そこから出ようってこと。

Let's get outta here!「ここ出ようぜ!」も同じニュアンス。

Let's call it quits.

call it quitsは「おあいこ・引き分けにしよう」がもとの意味。「この辺にしとくか」って日本語のニュアンスと近い。

Let's call it a day.「これで終わりにしよう」も同じ。

個性1

奥さんは楽しい人だね！
Your wife is a lot of fun!

№ 341

ムードメーカーなんだ。

She's the life of the p_____.

トムと飲むのは楽しいな。
Tom is really fun to drink with.

№ 342

盛り上げ上手だ。

He's a b_____ of laughs.

なんでジョンはいつも飲み会に来ないの？
How come John never drinks with us?

№ 343

つまんないヤツなんだよ。

He's a s_____-in-the-mud.

彼、なんで帰ったの？
Why did he go home?

№ 344

あいつ腰ぬけなんだ。

He's a w_____.

ANSWER

She's the life of the party.

笑ったり冗談を言ったりして、周囲を明るくするムードメーカーのことを、「パーティーの命」って言うんだ。

I'm a social butterfly.
「僕は社交的だ」。

He's a barrel of laughs.

barrel of laughs は「笑いの樽」。明るくて周りの人を笑わせるユーモアのある性格の人っているよね。そういう人のこと。

He's fun to be around.
「彼はいっしょにいて楽しい」も同じ。

He's a stick-in-the-mud.

「泥に刺さった棒」みたいに、あんまり動かない、楽しまない、つまらない保守的なヤツのこと。

He's a bore.「退屈なヤツだよ」も同じ。

He's a wuss.

wuss（ウワスって読む）は「意気地なし」とか「弱虫」ってこと。性格的に弱虫でも、体力的に弱くても使えちゃう。

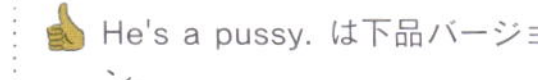

He's a pussy. は下品バージョン。

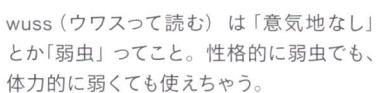

個性2

トムってどんな人？
What's Tom like?

No 345

のん気なヤツだよ。

He's [h　　　] -go-lucky.

彼、全然緊張してなさそう！
He doesn't seem nervous at all!

No 346

あいつは冷静沈着だ。

He's cool as a [c　　　　] .

君のボスはどんな人？
What's your boss like?

No 347

厳格な人だよ。

He runs a [t　　　] ship.

No 348

生意気だぞ！

Don't be a smart [a　　　] !

ただの冗談だよ！
I was just teasing!

ANSWER

He's happy-go-lucky.

happy-go-lucky は「楽観的に今を楽しんで、気楽に生きてる人」とか「楽天家、のん気な人」のこと。

He's an optimist.
「彼は楽天家だ」も同じ。

He's cool as a cucumber.

キュウリはひんやりしてるイメージ。そこから「冷静」「落ち着き払ってる」タイプの人をこう呼ぶようになった。

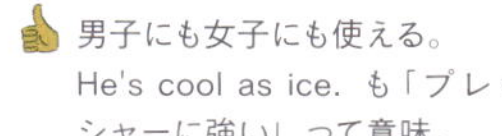

男子にも女子にも使える。
He's cool as ice. も「プレッシャーに強い」って意味。

He runs a tight ship.

tight ship は「統制の取れてる軍艦」とかのこと。それを run（動かしてる）人だから「厳格な人」だ。上司とか親に使う。

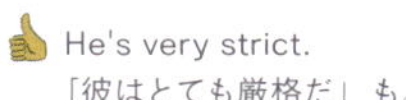

He's very strict.
「彼はとても厳格だ」も。

Don't be a smart alec!

Alec はよくある人名だけど、smart alec だと「自惚れ屋」とか「すぐ口答えする生意気なヤツ」って意味になるんだ。

Don't be a wiseass! も同じ。

個性3

スポーツは好き？
Do you like sports?

№ 349
僕はソファーでテレビ見るタイプ。
I'm a c______ potato.

あの子デートに誘わないの？
Why don't you ask her out?

№ 350
金目当ての女なんだ。
She's a gold d______.

彼女はお酒飲むの？
Does your girlfriend drink?

№ 351
ガブガブ飲む。
She drinks like a f______.

ティムはまだ仕事？
Tim is still at work?!

№ 352
あいつ夜型なんだ。
He's a night o______.

ANSWER

I'm a couch potato.

カウチ（ソファー）に座り込んで、ポテチとか食ってずーっとテレビ見てるヤツのこと。

👍 イス関連だと、back-seat driver「後部座席であれこれうるさく指図する人」とかも。

She's a gold digger.

gold digger は「金を掘る人」だけど、ここだと「お金持ちの男性を探す女性」「金目当ての女子」のこと。

👍 お金のためなら歳の差婚もオッケーって感じの人。

She drinks like a fish.

魚は水の中で大量の水を飲むでしょ。そんな魚みたいに酒を飲むってこと。「酒好き」「酒豪」をこう呼ぶんだ。

👍 He's a heavy drinker.「飲んだくれ」も言うけど、こっちはダメ人間のニュアンス。

He's a night owl.

フクロウは夜行性だから、「夜型人間」のことをこう呼ぶようになったんだ。

👍 夜型だから悪いとか、いいとかってニュアンスはない。

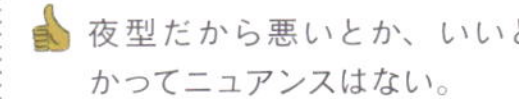

個性4

№ 353

新人なんです。

I'm a n______ .

どうすればいいか教えるよ。
I'll show you what to do.

サインしてる人だれ？
Who's that guy signing autographs?

№ 354

スーパースターだよ。

He's the t______ dog.

テレビのあの人だれ？
Who's that woman on TV?

№ 355

彼女は大物だよ。

She's a b______ cheese.

リンダはいつも出社が早いな。
Linda's always in the office early!

№ 356

仕事熱心なんだ。

She's an e______ beaver.

ANSWER

I'm a newbie.

知ってのとおり、new は「新しい」だけど、newbie は「未経験の人」とか「新人」。仕事、趣味、部活…いろんな場面で使える。

👍 発音は「ニュービー」。

He's the top dog.

「トップの犬」で、スポーツや会社などでトップに立つ人のこと。日本語でも underdog「負け犬」は言うよね。

👍 He's the main man. も同じ。

She's a big cheese.

由来はわかんないけど、「デカいチーズ」で、ビジネスや政治などの「重要人物、大物」って意味になるんだ。

👍 She's a bigwig. もある。

She's an eager beaver.

ビーバーが一生懸命ダムをつくる姿から、必死で働くイメージになった。「仕事熱心、がんばり屋」って意味だ。

👍 She's a go-getter. とか He's industrious. も仲間。

人気／流行

娘がタトゥーを入れたがってて。
My daughter wants a tattoo.

No 357 流行ってるんだ。

That's the [i   ]-thing.

タピオカ入りの紅茶？
Is that tea with tapioca?!

No 358 大人気なんだ。

These are all the [r   ].

最新の iPad 見た？
Have you seen the new iPads?

No 359 バカ売れしてるね！

They are selling like [h   ]!

このテレビ 50 ドルだったんだ！
I got this TV for $50!

No 360 いい買い物したな！

Good [b   ]!

ANSWER

That's the in-thing.

in-thing は「流行りのモノ・コト」。That's in fashion right now.「それは今流行り」からできた。

That's the current fad.「今の流行なんだよ」も同じ。

These are all the rage.

rage は「熱狂」。そこから all the rage「みんなに大人気」って意味になった。

商品の人気について言うフレーズ。

They are selling like hotcakes!

「パンケーキみたいに売れてる」から、人気商品が流行してることを伝えてるフレーズ。

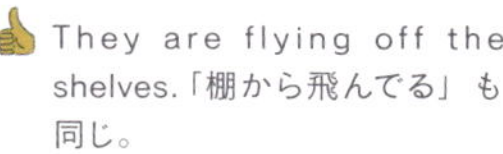

They are flying off the shelves.「棚から飛んでる」も同じ。

Good buy!

発音は「さよなら」の Good bye. と同じなんだけど、buy は「買う」だから気をつけて。

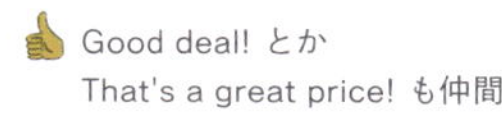

Good deal! とか That's a great price! も仲間。

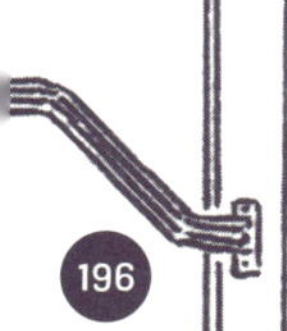
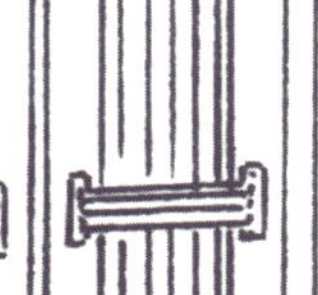

故障／不調

No 361

テレビの調子が悪い。

My TV is on the [b　　　].

新しいの買いなよ。
You should buy a new one.

No 362

その機械、故障してる。

That machine is outta [o　　　].

看板立てておこう。
Let's put up a sign.

車は？
Where's your car?

No 363

お釈迦（しゃか）になった。

It bit the [d　　　].

今日のプレーよくないぞ！
You aren't playing well today!

No 364

調子が悪いんだ。

I'm out of [w　　　].

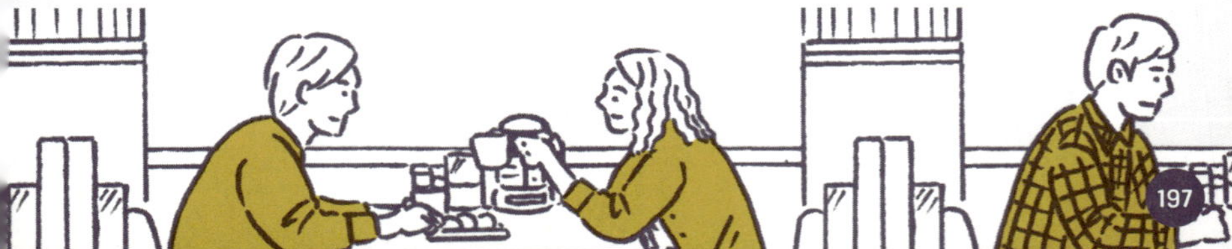

ANSWER

My TV is on the blink.

blink「点滅、まばたき」。古くなった電灯ってチカチカするから、電化製品が壊れかけてる、故障してるって意味になった。

... is on the fritz.
「…が故障してる」も同じ。

That machine is outta order.

outta order（アウダオーダーって読むよ）は、out of order「故障中」を略したやつ。

看板に「故障中」って書くなら、Out of Order か Not in Service

It bit the dust.

「土埃を噛んだ」。これで「長年使われてついに壊れた」って意味になる。基本は機械に使うけど、人に使うこともある。

「死にかかってる、壊れかかってる」は、It's on its last legs.

I'm out of whack.

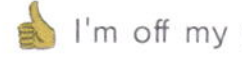

これは人の調子が悪いときに言う。whack は「強く叩く」。家電の調子が悪いと叩けば直るとか言われてたじゃん？

I'm off my game. は「（仕事やスポーツで）調子が悪い」。

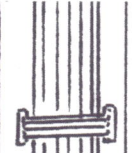

年齢

あのピッチャーひどい！
That pitcher stinks!

№ 365 ピークを過ぎたな。

He's over the [h] .

かわいいワンちゃんだ！
That's a cute dog!

№ 366 けっこうな歳だよ。

She's getting long in the [t] .

コーチが引退する。
The coach is going to retire.

№ 367 もう若くないしね。

He's no spring [c] .

おじいさんはご存命？
Is your grandfather still alive?

№ 368 すんごい歳なんだよ！

He's old as [d] !

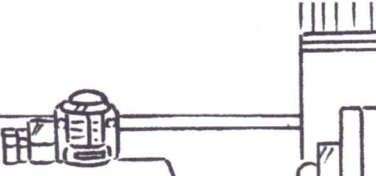

ANSWER

He's over the hill.

100 歳の寿命なら 50 歳を超えるイメージだけど、スポーツ選手とかだと「最盛期が終わった」って感じ。hill は「丘」だよ。

He's past his prime. も同じ。

She's getting long in the tooth.

そのまま訳すと「歯が長くなってる」。歳を取ると歯ぐきが下がって、歯が伸びたように見えるじゃん？　そこからできたんだ。

人間に対して使うこともある。

He's no spring chicken.

「彼は春の鶏じゃない」ってのが直訳。要するに「もう若くない、いい歳だ」ってことだ。

若くて元気な男性は、young buck

He's old as dirt!

悪いニュアンスは全然含まれてないけど、直訳は「土埃みたいに歳を取った」。これで「ものすごい年寄り」ってこと。

He's as old as the hills.
「丘と同い年」も同じ意味。

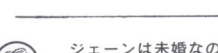

告白

彼女、番号教えてくれた？
Did she give you her number?

№ 369

相手にしてくれなかった。

She [b　　] me off. →

ジェーンは未婚なの？
Jane is still not married?!

№ 370

まだ白馬の王子様を探してるんだ。

She's still looking for Mr. [R　　]. →

あの子をデートに誘えた？
Did she agree to go out with you?

№ 371

つれないそぶりなんだよ。

She's [p　　] hard to get. →

彼女をデートに誘うつもりだ。
I'm going to ask her out.

№ 372

君には高嶺の花だよ。

She's out of your [l　　]. →

ANSWER

She blew me off.

そのまま訳すと「彼女は僕を吹き飛ばした」。日本語の「歯牙にもかけない」って表現と同じだ。

ビジネスで相手にされないときにも使える。

She's still looking for Mr. Right.

この right は「正しい」。つまり、Mr. Right は「完璧な男性」のこと。

『シンデレラ』に出てくる Prince Charming も同じで、典型的な王子様のこと。

She's playing hard to get.

気のないフリをしたり、ツンとした態度をとったりすること。play hard to get「ゲットが難しいフリをする」。

PDA って略語も最近よく聞く。Public Display of Affection「人前でイチャつく」の略だ。

She's out of your league.

「お前のリーグの外にいる」ってこと。要するに「お前レベルじゃ無理だよ」って意味になる。

You are not in her class.「お前は彼女のレベルじゃない」も同じ。

恋愛

ジョーは彼女いるの？
Does Joe have a girlfriend?

No 373 だれかとデートしてる。
He's [s　　　] someone.

彼女と寝たの？
Did you sleep with her?

No 374 空振りさ。
I [s　　　] out.

あの子とまだつき合ってるの？
Are you still dating that girl?

No 375 あれはワンナイト。
That was a one-night [s　　　].

あのふたり、つき合ってるの？
Are those two dating?

No 376 あいつらはセフレだよ。
They're friends with [b　　　].

ANSWER

He's seeing someone.

「だれかに会ってる」だけど、これで「だれかとデートしてる」って意味になる。相手のことをよく知らないときに使う表現だ。

そのまま He's dating someone. でも OK。

I struck out.

アメリカといえばベースボール。野球で三振したときの、struck out だ。つまり「失敗した、うまくいかなかった」ってこと。

交際の深さを first/second/third base「1/2/3 塁」でたとえることもある。

That was a one-night stand.

つき合うつもりはないけど、一晩だけベッドをともにするってこと。one-night stand「一夜限りの情事」。

たまに「一夜限りの公演・興業」を指すこともある。

They're friends with benefits.

直訳は、friends with benefits「利益のくっついた友達」。「セフレ」よりはいい響きかな（笑）。最近流行ってきたフレーズ。

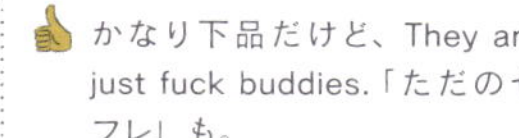

かなり下品だけど、They are just fuck buddies.「ただのセフレ」も。

浮気

あの人、彼をひっぱたいた！
That woman just slapped him!

№ 377

あいつ、いつもナンパしてるから。
He always h[　　] on women. →

彼女、なんで彼と別れたの？
Why did she break up with him?

№ 378
彼氏が浮気してたんだ。
He was c[　　] on her. →

あいつらなんでケンカしてんの？
Why are they fighting?

№ 379

彼女が浮気しまくってる。
She's been sleeping a[　　]. →

彼女は？
Where's your girlfriend?

№ 380
捨てられたんだ。
She d[　　] me. →

ANSWER

He always hits on women.

知ってのとおり、hit は「叩く、殴る」 って意味だけど、hit on ... だと「…をナンパする」。男女どっちにも使える表現。

on が抜けると「殴る」 って意味だから気をつけて！

He was cheating on her.

結婚してる人の「不倫」 にも、恋人がいる人の「浮気」にも使う。cheat on ... は「…をだまして浮気する」 って意味だ。

He's two-timing her.
「あいつ（彼女を裏切って）浮気してる」 も同じ。

She's been sleeping around.

いろんな相手と寝て回るってことだ。日本語で言う「尻軽」 ってニュアンスだけど、英語だと男女どっちにも使う。

She's fooling around on him.
とも言える。

She dumped me.

和製英語だけどダンプカーってあるよね。dump は「（どさっと） 捨てる」。恋愛の話なら、相手に「ふられた」 って意味になる。

She broke up with me.
「彼女にふられた」 も。

つき合う

ジムとジルはいいカップルだ。
Jim and Jill make a good couple.

№ 381 

相性いいよね。

They have good [c　　　　] .

ケンとメアリーは最高のカップルだ。
Ken and Mary make a great couple.

№ 382 

仲いいよね。

They're like peas in a [p　　] .

昨日マットが元カノといたよ！
I saw Matt with his ex yesterday!

№ 383 

ヨリを戻したんだ。

They got [b　　] together.

まだつき合ってる？
Are you two still dating?

№ 384

別れたよ。

We [b　　　] it off.

ANSWER

They have good chemistry.

have good chemistry「いい化学を持ってる」で「性格・趣味が合う、相性がいい」って意味になるんだ。

They are a perfect match.
「彼らは相性バツグン」も同じ。

They're like peas in a pod.

「(サヤエンドウの) サヤに入った豆」が直訳。カップルだけじゃなくて、きょうだい・友達とかにも使う。

ニコイチだねってときに。

They got back together.

get back together「元のサヤに収まる」。ex「元の、前の」で、別れたパートナーを表すよ。ex-girlfriend「元カノ」とかね。

ex-wife「元妻」、
ex-husband「元夫」。

We broke it off.

「ふたりの関係を割った」ってニュアンスだ。We broke up. って言うこともある。

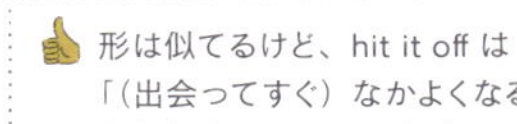
形は似てるけど、hit it off は「(出会ってすぐ) なかよくなる、意気投合する」って意味。

結婚／離婚

№385 やっとプロポーズした。

I finally [p　　　] the question.

マジ!?　おめでとー！
What?! Congratulations buddy!

スティーブとメアリー、まだつき合ってる？
Are Steve and Mary still dating?

№386 結婚したよ。

They got [h　　　].

マイクが婚約してるって知らなかった！
I didn't know Mike was engaged?!

№387 できちゃった婚だって。

It was a [s　　　] wedding.

ケンは昨夜かなり酔ってたな！
Ken was really drunk last night!

№388 ヤツは離婚の危機なんだ。

His marriage is on the [r　　　].

ANSWER

I finally popped the question.

pop the question「質問をぶつける」は、Will you marry me?「結婚してくれないか?」ってプロポーズすること。

He asked for her hand (in marriage). も言うけど、かなりフォーマルで古い。

They got hitched.

hitch はもともと、「(馬を) 繋ぎ止める」って意味。get hitched なら「結婚する」ってことだ。

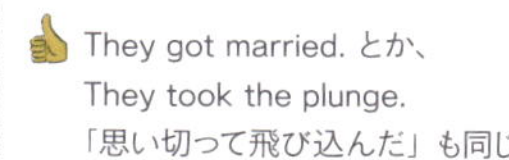

They got married. とか、
They took the plunge.
「思い切って飛び込んだ」も同じ。

It was a shotgun wedding.

shotgun は「散弾銃」。娘を妊娠させられた父親が銃を持ち出して「結婚しろ」って迫るような時代があったんだ…。

He got his girlfriend pregnant.
「彼女を妊娠させちゃったんだよ」。

His marriage is on the rocks.

on the rocks は、人間・恋愛関係で使うと「危機に瀕してる」って意味になる。船が暗礁とかに乗り上げて沈むイメージ。

離婚の危機じゃない夫婦喧嘩は、
He and his wife are fighting.

お金

どうやってお金貯めた？
How did you save money?

No 389

節約したんだ。
I [t] my belt.

新しいテレビ欲しい。
I want a new TV.

No 390

金のなる木なんてないの。
Money doesn't [g] on trees.

明日ゴルフしよう。
Let's go golfing tomorrow.

No 391
スッカラカンなんだ。
I'm [b].

パーティー来るの？
Are you coming to the party?

No 392

余裕なくて行けないんだ。
I can't [s] it.

ANSWER

I tightened my belt.

tighten one's belt は「ベルトをキツく締める」、つまり「節約する」「目的のために貯金する」ってこと。

We scrimped and saved.
「切り詰めて貯金した」も似てる。

Money doesn't grow on trees.

「お金は木に育たない」が直訳。夫婦や親子の間で、「そんな余計なものを買うお金はないよ」ってときによく使う。

シンプルに、
We don't have the money (for that). でも OK。

I'm broke.

ブタの貯金箱を割って全部使っちゃったってイメージで、「スッカラカン、一文無し」って意味になる。

もっと強調したいときは、
I'm flat broke.

I can't swing it.

直訳すると「それは振れない」。したいんだけど、時間とかお金の余裕がないからできないってときに。

I can't make it. とも言える。

お金稼ぎ

展示会はどうだった？
How was the convention?

№ 393

ボロもうけだ！
We made a [k　　　　]!

→

サリーは夫より稼いでる。
Sally makes more than her husband.

№ 394

彼女が大黒柱だ。
She brings home the [b　　　　].

→

あのレストランのパスタ最高！
That restaurant has great pasta!

№ 395

あの店の看板メニューだ。
That's their [b　　　　] and butter.

→

新しいバイク買ったんだな！
Looks like you got a new motorcyle!

№ 396
激安だったんだよ。
I paid [p　　　　] for it.

→

ANSWER

We made a killing!

killing は「殺人事件」。make a killing だと「(商品とかを売りまくって) 大もうけをする」って意味になる。

👍 逆に「赤字になった」は、We took a bath.

She brings home the bacon.

直訳は「ベーコンを持ち帰る」。食材を家に持ち帰ることで家族を経済的に支えてるイメージ。

👍 She wears the pants in that family.「夫を尻に敷いてる」は、妻の稼ぎが夫よりいい場合にも使う。

That's their bread and butter.

bread and butter はもちろん「パンとバター」。これで「もうけが一番大きい商品・顧客」って意味になる。

👍 That's their main income stream.「それがあそこの主な収入源だ」も同じ。

I paid peanuts for it.

アメリカでのピーナッツはめっちゃ安いイメージがある。だから、paid peanuts は「タダ同然だった」ってこと。

👍 pay almost nothing for ...「ほぼ何も払わず…を手に入れる」も。

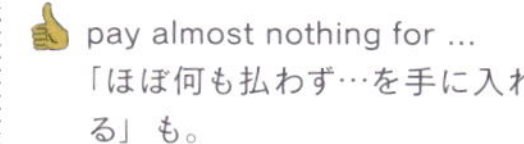

お金持ち

あの女のダイヤの指輪見ろよ！
Check out that woman's diamond ring!

No 397 ありゃ金持ちだ！

She's [l]!

ジェリーはまた旅行？
Jerry is on vacation again?!

No 398 あいつアホほど金持ってんだ。

He has more money than [g].

隣の家、大豪邸だな！
Your neighbor's house is huge!

No 399 あいつら億万長者だよ。

They are [f] rich.

おごってくれなくていいよ！
You don't have to buy dinner!

No 400 金なら腐るほどある。

I have money to [b].

ANSWER

She's loaded!

load は「荷物」。be loaded だと「荷物が満載の」→「金銀財宝を満載した」＝「金持ちの」ってイメージ。

She's well-off. とか She's well-to-do. とも言う。

He has more money than god.

「神様よりも金持ちだ」が直訳。まあ要するに、想像できないほどの大金を持ってる人をこう呼ぶんだ。

 He's rolling in money. 「金の中で寝転がってる」も同じ。

They are filthy rich.

filthy は「汚い、不潔な」って意味。「吐き気がするほどの金持ち」つまり「大金持ち」って感じ。マイナスイメージはないけど。

 逆は、They are dirt poor. 「あいつら超ビンボー」。

I have money to burn.

そのまま訳すと「燃やすほどの金がある」。本物のお金持ちじゃなくても、ボーナスをもらったタイミングとかにも使える。

 This money is burning a hole in my pocket. は「手元のお金を全部使いたくて仕方ない」って気持ち。

TAMEGUCHI DIALOG

INDEX

INDEX

INDEX

著者

Thomas K. Fisher　トーマス・K・フィッシャー

1990年オハイオ州シンシナティ生まれ。フリーランスのエディター兼作家、写真家。日本人の彼女と愛犬のゴディヴァ（ゴールデンレトリバー）と一緒にフロリダのタンパベイに住んでいる。趣味はゴルフ、釣り、バスケットボール、スケートボード。大好物はストロベリーチーズケーキ味のアイスクリーム。

【音声アプリ「audiobook.jp」に関するお問い合わせ】
ウェブサイトのお問い合わせフォーム、または氏名・連絡先を明記のうえ、メールにてお願いいたします。
回答までに時間がかかる場合があります。なお、お電話でのお問い合わせはできません。
「audiobook.jp」ウェブサイト　https://audiobook.jp　**メールアドレス**　info@febe.jp

日常のリアルなひとこと

ためぐち英語 Dialog

著　者　Thomas K. Fisher
発行者　高橋秀雄
編集者　星野悠果
発行所　**株式会社 高橋書店**
〒170-6014　東京都豊島区東池袋3-1-1 サンシャイン60 14階
電話　03-5957-7103

ISBN978-4-471-11338-4　©A+Café　Printed in Japan

定価はカバーに表示してあります。

本書の内容についてのご質問は「書名、質問事項（ページ、内容）、お客様のご連絡先」を明記のうえ、郵送、FAX、ホームページお問い合わせフォームから小社へお送りください。
回答にはお時間をいただく場合がございます。また、電話によるお問い合わせ、本書の内容を超えたご質問にはお答えできませんので、ご了承ください。
本書に関する正誤等の情報は、小社ホームページもご参照ください。

【内容についての問い合わせ先】
書　面　〒170-6014　東京都豊島区東池袋3-1-1 サンシャイン60 14階
高橋書店編集部
F A X　03-5957-7079
メール　小社ホームページお問い合わせフォームから　(https://www.takahashishoten.co.jp/)

【不良品についての問い合わせ先】
ページの順序間違い・抜けなど物理的欠陥がございましたら、電話03-5957-7076へお問い合わせください。ただし、古書店等で購入・入手された商品の交換には一切応じられません。

精神科医Tomyの

自分をもっと好きになる「自己肯定感」の育て方

科医 Tomy

マガジンハウス

はじめに

アテクシ、精神科医のＴｏｍｙと申します。精神科医としてクリニックで診察するかたわら、皆様のお悩みの救いとなるべくコラムもいくつか書いています。日頃からさまざまな方のご相談に応じているアテクシですが、なかなか答えの見つからない種類の悩みがあります。

それは自己肯定感をもってもらう方法。

自己肯定感というのは、ある人は最初からあるもの。もっていない人が悩むのですが、自分の心の中にないものを見つけるというのは至難の技なのです。とはいえ、「なきゃないでいいじゃん」というものではなく（こんなセリフが吐けるとすれば、すで

に立派な自己肯定感をもっているから）、ないと生きづらいものなのよ。

だからアテクシもこのお悩みが出るとうんうん考えてしまうわけ。でも自己肯定感がなくて困っている人って案外多いと思うので、今回はここに焦点を当てて本を書こうと思った次第でございます。

自己肯定感は人によって見つけ方も育て方もまちまち。今回はいろんなケースを考えながら、肯定感をもつためのスキルについて考えてみようかしらね。ではレッツゴーよん！

Contents

第2章 自分のことを「許す」レッスン

Contents

第3章 こんなとき、どうしたらいい？ 助けて！ Tomy先生

第4章

自分を強くしていくためのレッスン

この本で出てくる人たちはすべて完全なフィクションです。

序章

自分のこと、認めてあげてる？

巷(ちまた)でも「自己肯定感」という言葉が
よく聞かれるようになりました。
ここでは、精神科医Tomyが考える
自己肯定感について、簡単に説明していくわね。
さっ、ついてきて！

自己肯定感って何？　必要なもの？

まず自己肯定感について考えてみたいと思います。実はこの言葉、言葉の定義が曖昧で、はっきり決められたものではないのよね。でも言葉の定義を曖昧にしたままお話を進めてもわけのわからないことになるので、この本での定義を決めておこうかなと思います。

ここは言葉通り「自分を肯定できている感覚」でいいと思うわ。問題はその次、自己肯定感には適切な自己肯定感と、不適切な自己肯定感があるのよ。

もちろん目指すべきは適切な自己肯定感よ。楽に生きられるようにすることが目標なんだから、適切な自己肯定感をもてなければ意味がない。じゃあ、適切な自己肯定感とは何か。

それは**自分のあるがままを肯定できている感覚**でございます。

ポイントは「自分のあるがまま」というところね。単純に「自分を肯定すること」だと

とらえてしまうと、不適切な自己肯定に陥ることがあるわ。そして、この「不適切な自己肯定」というのは、肯定したつもりで、実は何も肯定できていないのよ。

ちょっとわかりにくいと思うのでいくつかの例を出してみたいと思います。

●ファッションに詳しく、人からかわいいと言われることの多いA子（17歳）

A子さんは自分がかわいくないと思い、気にしていた。高校に入り思いきってダイエットを始め、ファッション好きな友達に洋服の選び方やお化粧の仕方を教えてもらい研究した。

おかげで1年ほど前に比べ、自分でも見違えるほどかわいくなったと思っている。最近は同級生を見ても「うん、私はいけているほうだな」と思って安心することが多い。でも幼馴染みから「なんだか周りを馬鹿にしているような発言が増えてきて気になっている」と言われてしまい、ケンカになった。自分を肯定できているはずなのに、なんとなく疲れている。

さて、A子ちゃんの場合、「自分の見た目が肯定できなくてつらい」と感じていたようです。だからこそダイエットをし、ファッションを研究して自分を肯定できるように努力したと思うのよね。

それはうまくいったはずなのに、幼馴染みからは否定的なことを言われ、なんとなく疲れてしまっている。

これは、よく見られる不適切な自己肯定の一つです。肯定できないことを克服して肯定する。一見王道に見えるけど、本質的な解決にはつながっていないのよ。

何が問題なのかというと、見た目がよくないと自分を肯定できないという点では何もA子ちゃんは変化していないからなの。正しい自己肯定は自分のあるがままでよいと認めること。A子ちゃんはあるがままでいいとは思えていない。見た目がよくないと価値がないと思っちゃっているわ。

だから見た目のよくない人を見ると上から目線になってしまう。そして、自分を常に他人と比較して安心しようとするから、心休まるときがないのよ。これが疲れの原因ね。

じゃあどういったものが適切な自己肯定かというと、「見た目はどうでもいい」と思う

ことなんです。

一般的にかわいいのか、かわいくないのかは考えてもしょうがない。これが自分なんだから。ファッションは楽しんでもいいけれど、優越感に浸るためじゃない。お洋服が好きで、自分に似合うものを探すのが楽しいだけ。こういう感覚が自己肯定なのよね。この場合は自分のあるがままを認めているから、楽に生きられるのよ。

もう一つぐらい例を挙げてみましょうか。

●成績をめきめきと上げ、自信がついたB太郎（15歳）

B太郎君は、もともと成績が悪く劣等感を感じていた。それを克服しようと、親に頼んで塾に通わせてもらい、勉強もしっかりするようにした。結果、成績もだいぶ上がり、先生からの評価も上がっていた。しかし苦手な問題が多いときは順位が悪くなり、けだるくなってやる気をなくしてしまう。

もうおわかりよね。Ｂ太郎君も、成績を上げて自己肯定をしようとした。だけど、根本的には「成績がよくないと自分には価値がない」と感じている部分では以前となんら変わりがない。

成績をよくすることは大変素晴らしいけれど、成績が悪ければ自分に価値がないわけじゃない。

自己肯定すると言いつつ、不適切な自己肯定のために問題が解決していない、あるいは先送りになっているだけってことはよくあるのよね。

なので大切なことはただの自己肯定ではなく、**「適切な」自己肯定にあります。**

この「適切に」というのは、大きく二つの面で適切である必要があると思っています。

まず、程度。ひたすら肯定すればいいというものでもなく、肯定できていなくてもいけない。適切な**程度**とはどういうものかというと、「他人と比べることのない程度」なのよ。

他人と比べて優越感をもつ場合は、肯定しすぎている。

他人と比べて劣等感にさいなまされているときは、肯定が足りないのよ。

人は健全な状態では「自分を肯定しなきゃ」とわざわざ意識することがないわ。健全な状態では「私は○○したい」と自分のやりたいことを素直に考え、「○○は好きで××は嫌いだ」と素直に判断できているの。**自分が自分のやりたいことを考えるときに「自分にはその資格があるかどうか」「他人からどう思われるかどうか」なんて考えちゃいないのよ。だって自分の気持ちなんですから。**

そしてもう一つ大切なポイントは**質**よ。自分を肯定するにしても、質のよい自己肯定をする必要があるわ。それが冒頭でも出てきた「自分のあるがままを肯定する」ということ。**自分のあるがままを肯定するためには、健全な自己愛が必要よ。**ただ、この言葉は誤解が多いのよ。自己愛というと、ナルシスティックなイメージですが、本来の自己愛とは、「自分が自分らしくあってもよいのだ」という感覚です。つまり、これは自己肯定感がある状態とほぼ同じなのよ。

たとえば鏡を見て「私ってきれいだな」とか思うのは、本来の自己愛じゃないのね。そ

こには「人と比べて美しくなければ自分には価値がない」という前提があります。だからいくら自分に見とれていたとしても、本来の自己愛である「自分が自分らしくあってよい」という感覚とはかけ離れている。「私はなぜかわいくないいんだろう」とため息をついている人と本質的に大して違いはないのよ。

では健全な自己愛をどうやったらもてるのか。実はこれはとても難しい問題なの。健全な自己愛は幼少期の親の態度がつくるんじゃないかと言われているわ。幼少期、子どもは親からハグされたり頭をなでられたりして、「あなたのことが無条件に愛おしい」という感覚を教えてもらいます。

ただこの時期に何らかの理由で親が十分に子どもにそれを伝えられないと、子どもは「自分のあるがままでいいんだ」という感覚をもてなくなる。

結果として、「愛されるためには人より優れていないといけない」「愛されるためには親にとって有用な存在じゃないといけない」と考えるようになり、それが不健全な自己愛になってしまうというわけです。

ちょっと話はずれるけれど、自己愛性パーソナリティ障害というものがあります。パー

ソナリティ障害は、大雑把に言うと「性格の偏りによって、生きづらさを感じる状態」です。誰でも几帳面な性格、ルーズな性格、怒りっぽい性格などそれぞれの性格があるけれど、パーソナリティ障害の人はそれが極端すぎて生きるうえで困難さを感じるというもの。性格のパターンによってさまざまなパーソナリティ障害がありますが、自己愛性パーソナリティ障害もその一つよ。このパーソナリティ障害は、アメリカの精神疾患の診断基準の代表選手であるＤＳＭ－５には次のように定義付けられています。

自己愛性パーソナリティ障害の診断を下すには、以下の5つ以上により示される、誇大性、賞賛への欲求、および共感の欠如の持続的パターンが認められる必要があります。

・自分の重要性および才能についての誇大な、根拠のない感覚（誇大性）
・途方もない業績、影響力、権力、知能、美しさ、または無欠の恋という空想にとらわれている
・自分が特別かつ独特であり、最も優れた人々とのみ付き合うべきであると信じてい

る

・無条件に賞賛されたいという欲求
・特権意識
・目標を達成するために他者を利用する
・共感の欠如
・他者への嫉妬および他者が自分を嫉妬していると信じている
・傲慢、横柄

自己愛性パーソナリティ障害の方は、自己愛が過剰なのではなく、むしろ健全な自己愛をもてず、結果として他人より優れていると思わなければ生きていけなくなるのね。
自己肯定できない人も、自己愛性パーソナリティ障害の方も、一見真逆に見えるけれど「健全な自己愛をもてていない」という面では似ているのね。

ただ不健全な自己愛が本当に幼少期の親の接し方が原因かどうかは証明できるわけでもなく、一つの説にすぎません。でも少なくとも、自己愛というのはそれまでの本人の生い

立ちで培われてきた価値観が影響していることは間違いがないでしょう。それをいきなり変えるということは難しいから、「自分のあるがままを認める」っていうのは結構大変なことなのよね。

でも、それは一つの仮説。**自分の過去は変えられませんが、これからの自分は少しでも変えていけるはずです。**なので、自分のあるがままを認めるにはどうしたらいいか、ちょっと考えてみましょうか。

最大の答えは周囲の人間にあるのよ。自分のあるがままを認められない人は、自分のあるがままを認められる人を参考にするのが一番よ。

人間は他人の影響を受けやすく、**特に自己肯定できない人は他人の影響を受けやすいわ。**なぜかというと、自分の軸がないからすぐ他人から見た自分を意識してしまう。つまり周りが自分より優れていると思いやすい。だから、周りの人の考え方や価値観をよく取り

入れちゃうのよね。

たとえばA子ちゃんの例でいきましょうか。A子ちゃんの周りには「ファッションが微妙な人間は、微妙」という価値観の女の子が多かったのよね。そのグループにいるから、自分もそういう価値観になってしまった。

でもファッションがいけていないと価値がないと信じている時点で、そのグループで一番「いけている」とされている子も、「まだまだ微妙」とされている子も、A子ちゃんも結局みんな自分のあるがままを肯定できていない子たちばかりだったのよ。

そこで、A子ちゃんは昔からの幼馴染みCちゃんのことを思い出したの。彼女は、自分らしく、マイペースに生きている子で、どピンクの服とか、でっかいキャラものとか「かわいいー」と言っては自分のファッションに取り入れていたの。

それを買うと周りは「えーーーー、そんなのつけられない」って笑う人が多かったけど、Cちゃんは気にせずファッションを楽しんでた。

不思議とCちゃんが気に入って堂々と着ると、結構それはそれで魅力があったのよ。

高校に入り、最近会っていなかったCちゃんにA子ちゃんは連絡をとってみることにしました。

話をすると、やっぱりマイペースで独特な価値観が面白いCちゃん。でも彼女は自分の生き方を誰とも比較せずに自然と楽しんでいる感じがあった。だからなのか、久しぶりに会ってもあまり疲れを感じずに遊べたのよね。

その後もCちゃんとときどき遊ぶようになり、A子ちゃんはちょっと生きやすくなったと感じられるようになりました。

さて、B太郎君はどうでしょう。B太郎君は成績優秀な子のグループにいることが多かったわ。でも、彼は合唱団にも所属していたのよね。合唱団では「歌がうまくなければ価値がない」なんてことはなく、みんなで練習をしてコンクールという作品を作り上げることに価値があった。

最近勉強一本になっていて、練習にあまり顔を出すことがなかったB太郎君。勉強に支障のない範囲で、また練習に力を入れるようにしてみました。そうすると勉強のストレス

も発散できるし、何より「歌を歌うのが純粋に好きな」他の団員の影響を受けて、少しのびのびとできるようになったようです。

実は、自分を肯定できない人にも強みがあります。
それは、肯定できる他人がいるということ。

あなたにとっての憧れの存在を、取り入れればいいのよ。友達でもいいし、家族でもいいし、芸能人、有名人、本などでもいい。**「こんな生き方いいなあ」って思える人の近くにいて、まず真似てみる。**それが救いになると思うわ。

さて、自己肯定感についてさらっと述べました。次からはもっと具体的に個別のケースについてひもといていきます。

第１章

自己肯定感がもてない人たちがやってくる、Tomy先生の診察室

ここではさまざまな「自己肯定感がもてない人たち」を
アテクシの診察室にお招きして、
そのやりとりを見ていただきたいと思います。
彼らの問題点をひもといていく中で、
肯定感がもてないパターンと対策が見えてくると思うわ。

カルテ①

それ、本当に向上心？

今日の患者様は、石木孝美さん。32歳の女性で、独身の方ね。大学卒業後、順調に大手企業に入社されてらっしゃる。今は営業で頭角を表して課長にまでなっているのね。立派な経歴の方だし、仕事も順調なキャリアウーマンといった感じだわ。特にお悩みはなさそうだけど、聞いてみないとわからないわね。じゃあ、お呼びしましょうか。

孝美　失礼します。

Ｔｏｍｙ　はーい、アテクシ担当医のＴｏｍｙと言います。よろしくね〜。

孝美　あ、はい。よろしくお願いします。

Ｔｏｍｙ　今日はどうしてここにいらっしゃったの？

孝美　あ、はい。なんだか、私このままでいいのか悩んでしまって。それで何か解決したいと思ってここに来たんです。

Tomy　このままでいいかっていうと？　何か問題でも？

孝美　いえ、問題というか。大きな問題はないんですけど、このままでいいのかいつも不安になっちゃって。実は私、資格マニアなんです。TOEIC、TOEFL、英検1級、フランス語検定3級、そろばん、宅建、インテリアコーディネーター、医療事務、簿記ととれそうなものは全部とっちゃっています。

Tomy　えー、すごいじゃない。勉強にもなるし、実益にもなるし、素晴らしい趣味よ。何が問題なの？

孝美　いえ、それが、趣味じゃないんです。

Tomy　趣味じゃない？

孝美　このままではいけない、自分のやるべきことを見つけなきゃと思って不安から資格をとっちゃうんです。でも特にやりたかったわけでもなく、「何かやらなきゃ」と思ってとるんですが、とったら「やっぱりこれじゃなかった」と後悔の念が襲ってきて、それでまた何かを探す。

　きりがないんです。がんばっているのに、満たされない思いは変わらずで、いい年にもなってしまって。余計焦ってしまっています。仕事も今は評価されていて順調だと思うの

ですが、結局替えのきく会社の歯車にすぎません。これでいいのかという思いはずっとあります。

Tomy なるほどね、なんだか話が見えてきたわ。今は資格のことばかりだけど、たとえばプライベートでは特に問題を感じていない？　もし話してもよかったらだけど。

孝美 感じています。実は彼氏はいるんですが、すぐ「この人でいいんだろうか」と不安になってしまい、長続きしないんです。特に相手に大きな問題があったわけじゃないんですが、なんとなく満たされなくて。なので結婚という話に至ることもありません。今付き合っている人も3か月目なんですが、「本当に僕のことが好きなの？」と先日聞かれてしまい、はっきり「好きだよ」と言いきれなくってなんだか関係性が微妙になってきました。

年齢も年齢だし、家庭はもちたいと思っているんですが、私のこんな性格のせいで何をやってもうまくいかないような気がします。一体どうしたらいいんでしょうね。

Tomy なるほどねえ。ここは逆にうまくいっている人のことを考えたらどうかしら？　ずばり、アナタの理想の生き方はどんな生き方なの？

孝美 えっと、自分がやりたいことがわかっていて、それに没頭できる生き方かな？　プライベートも「この人が運命の人だ」と思える人をずっと大事にしたい。ちょっと痛い感

じですかね……。

Tomy　ううん、ちっとも痛くないわよ。むしろそう生きたいのは当たり前じゃない？　じゃあね、ここでアナタの理想の生き方をしている人を呼んでインタビューしてみましょうか？

孝美　えっ、だ、誰ですか？

Tomy　うふ、うちのスーパー看護師さん。すみえさんよ。すみえさーん、ちょっとお願いします〜。

すみえ　はい、先生。どうしました？

Tomy　ちょっと今回の患者さんのために、アテクシのインタビューに答えてほしいのよ。

すみえ　わかりました、私なんかでいいんですか？　おほほほっ。

Tomy　うちのすみえさんはね、アテクシが生まれたその日に、このクリニックにやってきたのよ。父の代のときにね。もう、頼まれたことは絶対にNOって言わないの。ハチの駆除、ゴキブリ退治、エアコンの修理、ありとあらゆることをやれてしまう。しかもすぐによ。

患者さんの情報も家族関係、今の問題点まで隅々まで頭に入っているから、カルテを書かなくていいくらいよ。そして、ずっと看護師としてがんばってくれているのよ。

孝美　へえええ、すごいですね。私なんかと全然違う。

Tomy　何か、すみえさんに聞いてみたいことはない？

孝美　ええと、看護師となってここで働き続けることを決めるまで、いろいろ「このままでいいのか」と悩んであれこれしたりしなかったですか？

すみえ　いいえー。そんなこと何にも考えてなかったわ。ただ、ここでご縁があってお世話になっているから、私にできるせめてものことをさせていただくしかなかっただけですわ。

孝美　ええっ、なんだか意外です。何にも考えていなかったなんて。

Tomy　そうなのよ。ここに大きなヒントが隠されているの。はっきり言って、

自分を認めているときは、「自分は何者なのか」を考えていないのよ。

孝美　どういうことですか？

Tomy　たとえばさ、今あなたはおなかがすいている？

孝美　すいています。

Tomy　そうなのね。もうすぐお昼ですもんね。ところで今の質問に答えるとき、「自分はおなかがすいているのか」と考えてみた？

孝美　いいえ、考えていません。明らかでしたから。あっ！

Tomy　そうなのよ。明らかなことはいちいち自分に問う必要がないのよね。だからあなたの憧れているような**「自分を認められる人」っていうのは、自分が何者なのかを考えていないのよ。**

孝美　でも私考えちゃいますよ。がんばっても認められるようにならないってことなんですか？　だって、認められている人は悩んでいないし、悩んでいる人はそのことばかり考えてしまっているし。

Tomy　ノンノン。そんなことはありません。**形から入ればいいのよ。形から入れば、思考が変わるわ。**

孝美　形から入る？

Tomy　この場合は、**行動を変えるのが一番手っ取り早いわ。**

アナタの場合だと、**まず今やるべきことに集中しなさい。**

孝美　それは何ですか？

Ｔｏｍｙ　アナタの仕事よ。評価されているアナタの仕事をひたすらやる。もっとベストなやり方はないのか考える。

すみえさんは、「お世話になっているから、ここで自分にやれる一番のことをやります」って言ったじゃない？　そのときに「この病院の歯車にすぎないんじゃないのかしら」とか、「今はよいけれど、将来的にこのままでいいのか」とか考えてなかったのよ。だから今がある。

孝美　でも、すみえさんは看護師さんで。

Ｔｏｍｙ　ノンノン。たまたますみえさんの志した職業が看護師だっただけで、本質は変わらないわ。自分は何者なのかを考えず、やるべきことだけをやった。アナタも今認められていることをやればいいのよ。

もし、きっとあなたが看護師の資格をとったとしても、行動を変えなければ「このままでいいのか」ってずっと問いかけ続けることになるわよ。そう思わない？

孝美　は、はい。現にそうですし。ひたすら仕事をすべきなんですか？

Ｔｏｍｙ　いいえ、そうじゃない。やりたいことをやるべき。**「自分は何者なのか」考えるのではなくやりたいことをやるべきよ。**

孝美　それがわからないんです。

Ｔｏｍｙ　じゃあ、何もやらなくていいし、いろいろやってもいい。嫌になったらやめればいい。続けられそうなら続ければいい。

孝美　それじゃあ、今とやっていることとあまり変わらないんじゃないですか？

Ｔｏｍｙ　いいえ、それが違うのよ。何が違うかというと意識。

自分がやりたくてやるのか、認められたいと思ってやるのかで、同じことをやっても180度違うわ。

今、アナタはやりたいことがわからないのに、「これなら自分が認められるんじゃないか」と思っていろいろやっているわけじゃない？

いわば、自分の居場所を探してるだけなのよ。

それはやりたいことをやっているわけじゃないのよね。

孝美　ああ、何だかわかるような気がします。でも難しいですね。

Tomy　ふうん。じゃあ、ちょっと実践してみましょうか。今アナタがやってみていることは何？

孝美　今は中国語を習っています。

Tomy　何のために？

孝美　今までと同じで、何かにつながるんじゃないかと。できて損はないですし。もしかしたら、中国が自分の居場所になるんじゃないかと。

Tomy　ん？　今なんておっしゃいました？

孝美　ハッ……。居場所探しだ。ダメなんですね。これ。やめなきゃ。

Tomy　ノンノン。やめろとも言わないわ。大切なのは何をやるかではなくて、なぜやるのか。アナタは中国語を勉強していて楽しいですか？

孝美　えっ、わからないわ。

Tomy　もっと簡単に聞いてみましょう。好きか嫌いかどっちかで答えてみて？　アナ

タは中国語を勉強するのが好きですか？

孝美　どっちかというと好きです。

Tomy　そう、それなら続ければいいのよ。それがやりたくてやるということ。好きじゃなくなればやめればいい。アナタはその発想をしていないから何かが満たされない感じがするのよ。

これから、**何をするときも好きか嫌いかを自分に問いかけなさい。そして、好きなことをやりなさい。好きじゃなければやめなさい。**人生は好きでもないことをやるには時間が足りなさすぎるのよ。それでちょっと様子をみて？

孝美　はい、やってみます。

処方箋①

自分のやっていることが常に好きか嫌いか問いかけましょ。

カルテ②

“現実逃避”の転職になってない？

今日の患者様は、五日(いつか)大成さん。38歳の男性の方ね。二人の小さなお子さんがいらっしゃって、大学はいったん入った大学を変えてるのね。あ、卒業後も、銀行やIT外資、自動車の営業など4か所お仕事変わっているわね。今はコンサルタントの会社に入って3年目か。このへんにヒントが隠されている感じかしら。それではお呼びしてみましょうかね。

大成　失礼いたします。

Tomy　はい、アテクシ担当医のＴｏｍｙと申します。今日はどんなことでお困りかしら？

大成　はい、私いくつか転職を繰り返しているのですが、今回もあまりしっくりこなくて。また転職考えてるんです。

Tomy　今のお仕事3年目に入ったところよね。何かあったのかしら？

大成　何かあったというわけじゃないんですが、自分のよさをいまいち生かしきれていないというか。それに、上司の当たりがちょっときつくてやりづらいというか。

Tomy　なるほどねえ、今まではどんな理由で辞めていったの。

大成　だいたい似たり寄ったりです。2、3年ぐらいはいるんですが、いまいち評価されていないような、もっと自分がやれる領域があるような気がして。あと何となく馴染めなくて。

Tomy　それだとだんだん条件悪くなっていかないかしらねえ？

大成　そうなんです。こんなことばかりしていたら40も近くなって。もっと積み重ねられたんじゃないかという焦りもあり。なのにまた転職考えちゃって。こんな自分に行き詰まってしまってここに来たんです。

Tomy　わかったわ。でも今アナタが転職を考えている理由って、どこでもありうるものよね。そして致命的なものでもない。そして、以前の転職と同じ理由。きっと今回もアナタの感覚で動いたら、また同じことの繰り返しになると思うのよね。

大成　うぐっ、それ言われるとつらいですね。でもその通りだと思います。僕はやっぱり転職しないほうがいいですか？

Tomy ううん、そう言ってるわけじゃないの。もし転職するのなら、しっかりした理由を考えることが大切だと思うわ。そして、転職しないとしても、しっかりした理由を考える。

大成 理由……。今言ったのではダメってことですよね。

Tomy そうね、さっき言ったのは理由じゃなくて、言い訳。理由というのは、「やりたいことがあって、今の職場にいる時間がない」とか「今の給料では子どもを大学に行かせられない」とかそういう具体的なものよ。何かある？

大成 ありません。

Tomy だったら残るべきだと思うわ。転職する理由がないし、仕事をしなくても生きていける状況ではない。だから、転職しない。これでいいのよ。

大成 これでいいんですかね。今の会社にいても、ただの歯車にしかすぎないし。

Tomy 歯車。よく聞く言葉よね。でも、**どこにいても人は社会の歯車にすぎないわよ。たとえ専門職だろうが、自営だろうが、歯車。**

大成 そうなんですか？

Tomy そうよ。だって世の中は一人じゃ回っていかないじゃない。だから、どこにい

たって歯車。でも、欠かせない、とても大切な歯車よ。

大成　そうなんですね。

Tomy　そうよ。それに、歯車って仕事だけじゃないのよ。**アナタの奥さん、両親、お子さん、友人、同僚、アナタの周りの大切な人間にとってアナタは大切な歯車。**それなのに、会社での立場だけにこだわりすぎていない？

大成　そっか。そうですよね。

Tomy　転職をしてもいいけれど、なぜアナタがその行動をするのか、よく考えないと。理由を考えれば、アナタは主体的に生きることができる。今までうまくいかなかったのは、流されるように、逃避的に選択していたからなのよ。

大成　ありがとうございました！　やってみます。

処方箋②

自分のやることに対し、常に理由を考えるのよ。やらないことも。

カルテ③

ズブズブの恋愛沼にハマってない？

今日の患者様は、鋤田郁子さん。28歳の女性の方ね。大学卒業後、ずっと同じ会社で正社員として働いているのね。都内のマンションで一人暮らしされてるわね。今日はどんなことがつらくていらっしゃったのかしらね。まあお呼びしてみましょう。

郁子　失礼いたします。

Tomy　はーい、アテクシが今日の担当医、Ｔｏｍｙよ。今日はどういったお話かしら？

郁子　あのう、ちょっとこんなことでいいのかなって話なんですけど、大丈夫ですか？

Tomy　はい、もちろん大丈夫よ〜。

郁子　ありがとうございます。実は恋愛の悩みでして。私、すぐ人を好きになるのですが、いつも長続きしないんです。

Tomy　ちっとも恥ずかしくないわよ。大切なことですもん。長続きしないって、だいたいどういう理由が多いのかしら。

郁子　私、好きになると夢中になっていつも一緒にいようとするんですよ。すぐ同棲したりしてしまって。最初はいいんですけど、途中でお互い会話がなくなってくるんです。そうすると、「なんだかもういいや」ってなってしまって、別れちゃうんです。

Tomy　だいたいアナタから切り出すの？

郁子　うーん、そういえばそうですね。

Tomy　相手の反応は？

郁子　だいたい驚かれてしまいます。嫌だって言われることもあるんですけど、急に話を進めてしまった分、あまり月日も経っていないので「まあ仕方ないね」って感じになることが多いです。

Tomy　なるほどね。

郁子　いっつもこんなパターンなので、相手のことが本当に好きなのかどうかわからなくなってきました。好きって感覚すら実はわかってないんじゃないかと。恋に恋しているだけなのかなって。

理想は年をとっても長くお互いを愛せて、おじいちゃんおばあちゃんになっても毎日一緒に散歩できるような夫婦なんですけど、そこまで至ることすらできなさそうです。

Ｔｏｍｙ　そうねえ。ところで今はお付き合いしている人はいるの？

郁子　はい、３か月前からお付き合いしている人はいます。

Ｔｏｍｙ　ちょっとその人のことを詳しく聞かせてもらえないかしら？

郁子　ちょっと恥ずかしいですが、出会ったのは、アプリです。何度かお会いして、３回目に告白されました。相手は30歳の会社員の方で、落ち着いていて誠実な感じの方です。お互い映画が趣味ということもあり、何度か映画を見に行っています。

Ｔｏｍｙ　もう同棲の話とか出ている？

郁子　さすがにそれはまだですが、週末はどちらかの家で過ごすことが多いです。ちょっとしたご飯を作ったりはしています。

Ｔｏｍｙ　今はラブラブって感じね？

郁子　そうですね。すごく楽しいですし、テンションも上がります。でもまた同じようなことになるんじゃないかと理由もなく不安に感じてしまいます。だから一緒にいるか、すぐＬＩＮＥが返ってくるか、電話で話しているか、なんらかの形でつながろうとしてしまいます。

Ｔｏｍｙ　今のところ相手はそれに応じてる？

郁子　ええ、私のわがままかもしれないと思いつつ、こちらが連絡したい頻度で返してくれてきています。もちろんただ私に合わせているだけかもしれませんが。

Tomy　ケンカはした？

郁子　いえ……。あっ、でも先日『今仕事で忙しいんだ、たまに返事が遅れることもあるけど、嫌いになったわけじゃないからね』ってふと言われました。

Tomy　なんて返事したの？

郁子　大丈夫よ、私も子どもじゃないからって。ただ、その後も同じように接してくれているのですっかりそのことを忘れていました。言われた直後は『そんな前振りするなんて嫌われているんじゃないかしら』などと不安になっていたのを思い出しました。もしかして、私、相手に無理させているのでしょうか？

Tomy　その可能性は充分あるかもしれないわね。

郁子　ああっ、どうしましょ。そんなこと言わないでください。

Tomy　いえいえ、逆にいいチャンスだと思うわよ。アナタの悩みを解決するための。まだ相手との関係は始まったばかりだし、大丈夫よ。ただ同じパターンにならないように、ちょっと舵取りしてみましょうよ。

郁子　そうだといいんですが。先生、こんなことまで教えてもらっちゃっていいんですか？

Ｔｏｍｙ　いいわよ。では、これからどうしたらいいのかちょっと一緒に考えてみましょう。アナタに好きという気持ちがあるのかどうかも含めてね。

郁子　ちょっとドキドキしますね。

Ｔｏｍｙ　ところでアナタは恋愛を始めると、相手一色になっちゃうタイプなんじゃないかと思うのよね。空いた時間を全部彼との時間に割こうとするんじゃない？

郁子　あ、確かにそうです。

Ｔｏｍｙ　それだと距離感を一気に縮めすぎちゃうのよ。相手とデートすることに依存してしまうから、本当に好きかどうかわからなくなるの。相手と一緒に過ごせない時間も大切にすることが必要なのよ。彼と出会う前、一人の時間はどうやって過ごしてた？

郁子　趣味のピアノと、ヨガです。どちらも地域と会社のサークルにも入っています。

Ｔｏｍｙ　最近それやってる？

郁子　あ、やってないです。彼と過ごしたいので。

Ｔｏｍｙ　前ほどじゃなくてもいいから、ちゃんと行くようにしてみなさい。彼氏といる時間を依存対象にしてはいけないのよ。

郁子　難しいですね。好きだからこそついつい依存しちゃうんです。

Tomy　違うのよ。**好きと依存は違うのよ。好きでも依存するけど、依存しているからといって好きとは限らない。安定した恋愛をするためには、ある程度これらを切り離してあげることが大切なのよ。**

アナタが飽きてしまうのは依存対象だから。彼といることが脳の報酬になってしまっているからなのよ。一緒にいることに慣れて、報酬じゃなくなったときにうまくいかなくなっているの。だからこそ、本当に好きなのかどうかわからなくなるのよ。

郁子　なるほど、そういうことだったんですね。

Tomy　だから彼氏といることに依存しないように、いやそこまでいかなくても依存しすぎないようにすることが大切よ。毎日の生活や趣味の時間、友人との時間もあって、その中で、彼氏との時間もあるというようにしたら？

適度な距離感をもって、彼と一緒に過ごしすぎない。そうすると、相手との時間がより

充実するわ。会うときも「もっと一緒にいたいけどなあ」くらいにしておく。

郁子 なるほど、次からそうしてみます。

Tomy おっとっとお。でもいうまでもないけど、今までべったりだったアナタが急にそんなこと言い出したら心配するかもしれないから、**「アナタとはゆっくりしっかりやっていきたいから、自分の時間も作ってがんばって依存しすぎないようにするわ」**とちゃんと前置きしたうえで、話し合うことを忘れずにね。

郁子 わかりました！

処方箋③
依存しすぎると、本当の気持ちが見えてこないわ。自分のやりたいことは我慢せず、その中で相手との愛を育むのよ。

カルテ④

いつも他人と比べてない？

今日の患者様は比嘉周人さん。27歳の男性の方ね。有名な大学を出て、有名な会社に入って入社して4年目ね。カルテを見る限り、順風満帆に見えるけど、どんなことでお困りなのかしらね。お呼びしてみましょうか。

周人　入ってもよろしいでしょうか？

Ｔｏｍｙ　どうぞお～。アテクシ担当医のＴｏｍｙと申します。よろしくお願いしますね～。

周人　よろしくお願いします。

Ｔｏｍｙ　どんなことで今日はいらっしゃったんですか？

周人　単刀直入に申しますと、私は何かと周りと比較して自分に嫌気がさしてしまうんです。そんな自分をなんとかしたくてこちらに参りました。

Ｔｏｍｙ　ええっ、そうなんですか。ご立派にやってらっしゃると思うんですが。たとえばどんな感じに比較してしまうのかしら？

周人　たとえば、僕は実は一浪しているんですが、そのときも周りはストレートで入っている友人ばかりだったので落ち込みました。一浪して希望の大学には入ったんですが、「一年も無駄にしてやっとスタート地点か、俺はいったい何をやっているんだろう」と思ってしまうのです。

Tomy　えー、でも立派な会社に入られたんですし。

周人　会社も、本当は大学に残って研究職をやりたかったんです。でも研究の道は狭く、自分はどうも才能がない。それで就職を選びました。そのことも頭にひっかかっていて「どうして俺はやりたいことをやれなかったのだろう」と思ってしまうんです。

それに就職した会社も第一希望の会社ではなく、第二希望の会社です。第一希望の会社は最終面接で落ちてしまって。そこでも「なんて俺はダメなんだ」と自分を追い込んでしまうのです。

Tomy　常に比較して、自分を追い込んでしまうのね。

周人　そこまで追い込むことはないと考えたいのですが、いつも「もっとできたはずなのに」「もっとできる人もいるのに」と考えてしまうのです。そんな考え方しかできない自分も嫌になってしまいます。先生、何かお知恵を貸してください。

Tomy　まあまあ。ところで、アナタは今の会社で何か問題でもあるかしら？

周人　あります。周りと比べて仕事も遅いですし、ノルマも十分にこなせていません。特に怒られたりはしていないですが、同期でよくほめられている人も多くいます。特に残業もないのですが、それは僕があまり仕事を任せられないからです。

Tomy　ちょっとちょっと。アテクシからみたら、『そつなく順調に仕事はうまくいっている』としか思えないけど。だって何も具体的な問題は発生していないわよね。注意もされていないし、仕事に行けなくなっているわけでもない。

周人　そういう言い方もできるかもしれないですが……。でも僕はそんなんじゃ嫌なんです。

Tomy　ふう、じゃあ、アナタはどうしたら満足できると思う？

周人　えっ。たとえば、仕事がもっと早くなって同期の中でもっとも評価されるようになって。

Tomy　そうしたら本当に満足する？　研究に進めなかった自分を責めるんじゃない？

周人　そう……、だと思います。

Tomy　そして、アナタが研究職についたとしても、思うように結果が出せないと自分

を責め立てる。そうでしょ？

周人　きっと、そうなりますね。やっぱり僕の考え方もダメなんですね。

Tomy　ちっともダメなんじゃないわ。ただ肯定できていないだけなのよ。

周人　どんなに事態が改善されていったとしても、自分を肯定できず責め立ててしまうことは変わらないということですね。正直つらいです。どうやっていったらいいんでしょうか。

Tomy　そうねぇ。いろいろやり方はあるけれど、まずは自分を否定するのをやめて言い換えてみたらどうかしら？

周人　言い換える？

Tomy　たとえば「自分を否定するのをやめて肯定してね」と言ったところで、それができないから困ってるわけでしょ。だからそれを言ったところで、**「比較して自分を否定する自分はダメなんだ」みたいに、自己否定の二重みたいなことになるだけなのよね。**

ここはまず、

比較してもいい

ってところから始めましょ。

周人　比較してもいい？

Tomy　そうよ。比較してもいいのよ。比較することがアナタのモチベーションにつながっているし、だからこそ今の自分がある。もし比較もせず、自分をダメだとも思わなかったから、ここまで来れていないと思うのよね。比較をする自分はダメだって思うことがすでに自分を否定しているんじゃない？

周人　確かにそうですね。でもこのままだとつらいです。

Tomy　それは比較をすることが問題なんじゃなくて、比較をしたあとの問題なのよ。

周人　比較をしたあとの問題？

Tomy　そうよ。たとえば、今アナタが一番比較をしてつらいことって何かしら？

周人　ええっと。仕事の覚えが人より遅いってことです。

Tomy　じゃあ、人より早くなればいいんじゃない？　それが目標なんじゃない？

周人　そうですね。目標です。

Tomy　アナタには目標がある。それはつらいことでも何でもないんじゃない？

周人　あっ。そ、そうですね。

Tomy アナタの比較して自分を責める点を、「これからの目標」と置き換えればいいだけなのよ。責めたところで何にも生まれないんだし。

そして、ある程度努力したところで、「過去の自分」と比較すればいいんじゃない？

つまり他人と比較して出てきたポイントは「自分の目標」に変え、がんばってみる。そして、「過去の自分」と比較する。

周人 なるほど！　他人と比較して落ち込むところに気持ちをもっていかないようにするんですね。

Tomy そうそう、所詮、

自分と他人は土俵が違うのよ。

周人 ありがとうございます。やってみます。

他人と比較したら、自分の目標と置き換え、過去の自分と比較するようにする。

カルテ⑤

何もかも続かない？

今日の患者様は小野玲子さん。23歳の女性ね。大学中退後、アルバイトを掛け持ち。半年前からアパレルで接客業をして働いているのね。仕事は、1、2年で変わっているわね。でもブランクはない感じだわ。
このへんのことが今日のお話に出てくるのかしらね。ではお呼びしてみましょう。

玲子　入ってもよろしいでしょうか？
Ｔｏｍｙ　どーーーぞおお。アテクシ、今日の担当医のＴｏｍｙと申します。よろしくお願いします。
玲子　よろしくお願いします。
Ｔｏｍｙ　今日はどんなことでいらっしゃったのかしら？
玲子　はい、私、何をやっても長続きしないんです。このままじゃダメだと思ってここに来てみました。

Tomy　そうなのね。どうして長続きしないの？

玲子　私、自分にすっごく自信がなくて、自分のことが嫌いなんです。だから、「どうせ今回もうまくいかないんだ」と思って何をやってもだんだん不安になってきて、結局やめちゃうんです。

Tomy　えっ、やめたら余計自信がなくなっちゃうんじゃない？

玲子　それはそうなんです。そしてさらに自信がなくなってどんどんひどくなっている気がします。うまくいっていても「いつかうまくいかなくなるんじゃないか」って思って、そこから逃げたくなるんです。

Tomy　なるほど、物事を続ける緊張感から逃げたくなっちゃうってわけね。

玲子　はい。毎回このままじゃダメだって思ってがんばろうと思うんですが、不安がだんだんひどくなっちゃって。どうしたらいいですか？

Tomy　そうねえ、アナタは、うまくいかなきゃいけないって思いすぎなんじゃないかしら？　世の中うまくいっている人って、「成功するかどうか」とかあんまり考えていないと思うのよね。

玲子　そうなんですね。じゃあどうしてうまくいっているんですか？

Ｔｏｍｙ　それはね、**単純にそのことが好きだからよ。好きだから勝手にやっている。成功するかどうかは考えていない。**そりゃ成功するに越したことはないけれど、それは結果論。

たとえばさ、アナタ今の仕事で「好きな部分」ってないのかしら？

玲子　好きな部分ですか？　お客様に似合うものをすすめたり、喜んでもらうのは好きです。

Ｔｏｍｙ　ならそれでいいんじゃない？　好きなことができている。それがすでにうまくいっているってことよ。

玲子　それだけでいいんですね。もし、うまくいかなくなったらどうしたらいいんですか？

Ｔｏｍｙ　うまくいかなくなったら、やめなさい。うまくいくうちはそのままやっていなさい。シンプルなことよ。

玲子　それでいいんですか？　それだと続かないような気がしますが。

Ｔｏｍｙ　いいえ、世の中物事が続かない人の多くは、**何も問題が起きていないのにやめてしまうのよ。始めたからには、大きな問題が生じな**

い限りは続けてみる。これでいいの。

玲子　そういえば今までの私、全部問題が起きていないのにやめてしまっていました。早速取り入れてみます。

Tomy　そう、それでいいの。

処方箋⑤

大きな問題がないうちは、そこに留まる。

カルテ⑥

告白する勇気はどこにある？

今日の患者様は鯉野（こいの）実さん、36歳の独身男性ね。ずっと今の会社で働いているのね。家族は両親と同居ね。今日はどんなことでいらっしゃったのかしら？　お呼びしてみましょう。

実　お邪魔いたします。

Tomy　はい、今日はアテクシＴｏｍｙが担当させていただくわね。今日はどんなことでここにいらっしゃったのかしら？　お仕事上のお悩み？

実　いえ……あの、ちょっと申し上げにくいことなんですが。

Tomy　全然かまわないわよ。アテクシたちプロですし！

実　はい、ではお言葉に甘えまして。実は恋愛のことなんです。

Tomy　どういったことがお悩みなの？

実　実は私、お恥ずかしながら恋愛経験がないのです。

Tomy 恋愛に興味がないということではなくて？

実 いいえ、むしろ人一倍興味はあるほうかもしれません。なのに、恋愛できないのです。

Tomy なぜなのか、聞いても大丈夫？

実 はい、好きな女性は何人もいたのですが、自分に自信がなくて、そして傷つくのが嫌で告白ができないんです。かといって女性が言い寄ってくるような男でもありませんし。そんなこんなでこの年まで来てしまって。

Tomy お見合いとかは考えていないのかしら？

実 お見合いもしたことはあるんですが、こんな性格ですからお会いしてもうまく話もできず、そのままで終わっちゃうことが多いんです。親も高齢になり、私もこれ以上心配かけたくないし、なんとなく家の中が静かになっていくのも嫌なんです。

Tomy なるほどねえ……。ところで今気になっている方はいらっしゃらないの？

実 え、えと。

Tomy いらっしゃるのね。

実 はい、去年転職してきた職場の女性なんですが、一緒に二人で会話する機会が何かと多くて。だんだんいいなあと思うようになってきました。とはいえ雑談程度しかしていな

いんですけど。

Tomy　今回こそ告白してみたら？

実　ええっ、そんな。ダ、ダメですよ。こんないい年したおじさんがいきなり告白してもうまくいきっこないですよ。そういうことを考えただけで自分のダメなところが10も100も思い浮かんできて、結局勇気が出ないんです。

Tomy　アナタの悪いところって何？

実　たいして取り柄はないし、若くもないし、いろいろと考えがネガティブです。ファッションも自信はないですし、趣味もあまりないので会話も盛り上がらないです。仕事もただ言われたことをやるだけで、それすらミスをして怒られるなんてしょっちゅうですし。顔も人並みかそれ以下だと思います。告白なんかしても動揺されたり、笑われたりするかもしれないですし、最悪気持ち悪いと思われるかもしれません。

Tomy　え、今のところ何も具体的な悪いところなんてあがっていないと思うけど。どっちかというと、アナタが自分に自信がなさすぎるだけだと思うわよ。

そうねえ、まず、自分のいいところ教えていただけないかしら？

実　え、……ないと思います。

Tomy　じゃあまずいいところ探しのコツから考えましょう。だいたい人生の問題ってね、次の問題に集約されるの。

仕事
人間関係
お金
健康

これらの問題について、アナタに問題がないところが、アナタのいいところよ。

実　問題のないところ？

Tomy　そう。長所って他人より秀でているところじゃないの。上には上がいるから、ネガティブな人はその発想だと自分の長所が思いつかない。だから、問題が起きていないところを探すの。

じゃあまずやってみましょうね。まずは仕事。アナタは仕事に問題を抱えている？

実　あります！　ミスも起こすし取り柄もない。

Tomy　ノンノン。それは問題があるとは言わない。仕事は続けられてる？

実　あ、はい。こんな自分を拾ってもらえるだけでもありがたいですから、ずっとこの会社にお世話になっています。

Tomy　もう何年ぐらいになるの？

実　ハタチのときから働いていますから、もう16年ですね。

Tomy　16年！　同じ会社で16年も勤められるなんて、すごいわよ。はい、長所が早速見つかったあ。同じ会社で16年も働き続けている。しかもアナタの彼女、転職してきたばかりですからねえ。大先輩だし尊敬の念でいっぱいよお。

実　か、彼女じゃないです。

Tomy　まだ彼女じゃなかったわね。未来の彼女。さて、次の点に行きましょか。人間関係。人間関係で何か問題はある？

実　あります！　仕事終わったら帰ってくるだけで両親とちょっと言葉を交わすだけ。人間関係があまりありません。

Tomy　これも問題じゃないわ。仕事は続けていられる人間関係でしょ。アナタのことを傷つけたり、振り回したりしてくる人はいる？

実　ううんー、特にそこまでの人はいません。でも人間関係は貧相ですよ？

Ｔｏｍｙ　何を言ってるの！　**特に問題を起こす人はいないっていうのは素晴らしいことよ。それは恵まれていることなの。**

実　そうなんですか？　確かにそんな悩みの種のような人がいたら毎日が大変そうですね。僕は恵まれているのか。

Ｔｏｍｙ　そうよ。とっても恵まれていると思うわよ。では続いてお金について聞いてみましょうか？　ナイーブな問題だから、嫌だったら答えなくてもいいわよ。今何かお金の問題はある？

実　それはさすがにありますよ。大して給料はないですし、僕の年齢考えても人より少ないほうだと思います。会社だって最近業績がよくないみたいで先行きは不安です。

Ｔｏｍｙ　ん？　今自分の力で生活できていない？

実　親が高齢なので一緒に住んでいるから多少余裕はありますが、介護のお金があるかど

うかもわからないし、一人暮らししたらカツカツだと思います。

Tomy　そうなのね。でも、大きな借金があったり、生活がまったくできないほどではない？　お金で今トラブルがある？

実　そこまではないですね。

Tomy　それは問題はないっていうのよ。先のことや余裕についてまで考え出したらくらあっても足りないわよ。問題は今はないでしょ。

実　そういう考え方だと確かにないですね。

Tomy　じゃあ、最後。健康についてはどう？

実　うーん、ちょっと風邪をひきやすいし、鼻炎もあります。

Tomy　おおむね問題はない？　今病院に通っていることは？

実　たまに痛み止めをもらいにいくぐらいで、特にないですかね。

Tomy　はい、今のところまとめるとアナタの人生はパーフェクトだわ。グレイトだわ。

実　先生、なんかキャラが違う……。

Tomy　アナタの人生はうまくいっているのよ。なのに、自分のよりよい状態を勝手に仮定して、自分にはいいところがないなんて思ってない？

実　そ、そうですね。

Tomy　結局自分に自信がもてるかなんていうのは、自分の状態は関係ないのよ。**自分がどちらを見ているかによって自信がもてるかどうかが変わってくるの。自分より上だけを見上げていたら、常に自分は底にいるわよね。**

周りを見下せとは言わない。**でも真正面を見ていたらいいんじゃない？** 今言った4つのポイントで具体的な問題がないだなんて、それは大変幸せなことよ。そして、アナタが謙虚に生きていたからキープできていることでもあるの。

実　は、はい。

Tomy　本当にわかっている？

実　はい……。

Tomy　わかったのなら課題を出すわね。アナタ、彼女に告白しなさい。明日ね。

実　えええええええっ。そんなの無理ですよ。

Tomy　仕方ないわね。具体的なやり方を教えてあげる。いきなり告白するんじゃなくて、

彼女に何が好きかきいてごらんなさい。
好きなものが食べ物だったら、食べに行こうよと言いなさい。
好きなものが映画や動物だったら、映画館か動物園に行かないかって言ってごらんなさい。

相手がどんなことに興味があるかをとにかく聞いてみるの。

実　ええっ、恥ずかしいな。
Tomy　つべこべ言わずに誘うっ！
実　は、はい。

処方箋⑥
自信がないのなら、具体的に自分に問題があるのかないか考えてみなさい。問題がなければアナタの長所よ。

カルテ⑦

相手の顔色ばかりうかがって卑屈になってない？

今日の患者さんは四十田(よそだ)瞳さんね。36歳の主婦の方ね。大学卒業後、車の販売店で事務職されて、26歳のときに同じ職場の方と結婚されているのね。9歳のお子さんが一人と。見たところ順調な感じに見えるけど、家庭のお悩みかしら？　それとも。それでは、お入りくださーい。

瞳　失礼いたします。

Tomy　今日はどんなことでおいでになったのかしら。

瞳　はい。私の性格のことなんです。

Tomy　あなたの性格？

瞳　私いつも相手のことばかり考えてしまう癖があるんです。「今楽しんでくれてるかな？」

とか「今不愉快に思ってないかな？」とか。

Ｔｏｍｙ　うんうん、でも別に悪いことじゃないんじゃない？

瞳　それが、いつも極端にそういう傾向があって、誰かといても気疲れてしまうんです。自分が楽しむことができないし、相手の顔色ばかりうかがうことになってしまい、なんとなく媚びてるような気分にもなってしまいます。

それなのに誘われると、やはり相手の気分を害したくないと思って応じてしまうんです。こういう性格なのでイベントでも自分ばかり面倒な役を引き受けてしまうことになります。

Ｔｏｍｙ　それは確かに大変そうね。家庭でもそんな感じなの？

瞳　はい、実家にいるときはリラックスして過ごせるんですが、夫といるときも同じように夫の顔色ばかりうかがってしまいます。夫は最初優しかったんですが、今では私が何もかもやってしまうことに慣れてしまい、最近はこちらに任せっぱなしになってきました。

Ｔｏｍｙ　それは確かにお困りでしょうね。

瞳　一体どうしたらいいんでしょうか。

Ｔｏｍｙ　うーんとまずね、今聞いたお話だと、気配りと媚びがごっちゃになっちゃってる感じなのね。

瞳　気配りと媚び……。なんとなくわかる気がしますが、どう違うのでしょうか。

Tomy　まず、

気配りは、自分の思いやりとして相手のことを考える

媚びは、自分が嫌われたくないために相手の様子をうかがう

なのよね。

この二つで大きな違いってわかる?

瞳　ええっと、目的ですか。

Tomy　そうね、目的。**気配りは自分がやりたいからやっているけど、媚びは自分がやりたくなくてもやってしまうのよ。だから疲れてしまうの。**

瞳　なるほど、私の場合は思いやりじゃなくて媚びなんですね。

Tomy　そうね。そっちの要素が強いかもしれないわ。自分が嫌われたくないという思いから、つまり自分のためにおこなっているのに、それが逆に自分の意志ではない行動をとってしまうことになり、逆に自分を苦しめているのよ。

瞳　なるほど、いったいどうしたらいいんでしょうね。

Tomy　やり方はいくつかあって、根本的には、**自分がやりたくないことはやらないこと。**

瞳　そうですね。でもついついやってしまうんです。

Tomy　意識するだけでもだいぶ違うんだけど、行動パターンを変える方法について考えてみるわね。
まず、シュミレーションしてみましょうか。最近困ったことはない？

瞳　あります、あります。ママ友で外交的な方がいて、いろいろお誘いを受けるんです。この間もバーベキューやりましょうと言われて、本当は家の法事やら、子どもの塾の手続きやらで忙しくて、あまりやりたくなかったんです。でも、角が立つのが嫌でついつい応じてしまって。それに買い出しやら、準備やらわりと面倒なことも引き受けてしまいました。
周りの要望も聞き入れながらやっていたら、ちょこちょこやることが増えてふらふらになってしまいました。

Tomy　楽しめた？

瞳　ははっ……（苦笑い）。

Tomy　じゃあ段階的に考えてみましょうかね。まず、このお誘いを断るためには何ができたかしら？

瞳　思い浮かびません……。このお母さん気の強い方で嫌われると大変なんです。

Tomy　この話、即答で「はい」っておっしゃった？

瞳　そうですね、その場で「いいですよ」って言っちゃいました。

Tomy　んー。まずそこがよろしくないわね。アナタ何でもわりとその場で答えてない？

瞳　はい、そう言われてみればいつもそうですね。先生なんでいろいろと私のことがわかるんですか？

Tomy　**人間てね、考え方や行動のパターンはそうそう変わらないものなのよ。今までのお話の中で出てきたパターンを言っているだけよ。**

同じパターンだから、同じ問題点に行きついて、同じことで悩むのよ。だからこいつをちょいと変えてあげれば、行きつく先が変わる。そうすると問題が解決する。アテクシの精神療法の原点はコレね。

瞳　ほーーーっ。

Tomy　それで、アナタへのアドバイスなんだけど、**まず「はい」って言ったあとに「予定確認してからお返事しますね」って言いなさい。笑顔でさらっとね。**

瞳　あ、それいいかもですね。NOと言えればいいんだけど、それができなくて困っているので。とりあえず「はい」って言えるわけですね。

Tomy　そう。**そして、1日置いてから返事なさい。**もし断るとしても頭から断っているわけじゃないから、嫌われるかもという不安からはちょっと解放されるはずよ。

瞳　やってみます！　あのう、先生、このパターンだと一つ心配なことがあって。

Tomy　なあに？

瞳　私バタバタしてるとお返事忘れそうになることがあるので、即答するようにしてるんですが、その心配はどうしたらいいんですか？

Tomy　あ、全然問題ない問題ない。そのときは、**忘れちゃえばいい。**

瞳　え、忘れちゃっていいんですか。

Tomy　そうよ。忘れちゃっていい。だってそれがあなたらしさだから。即答しない、忘れちゃうこともある。こういう人間だと理解されると、「アナタが便利な人だから、とりあえず誘っておこう」というような都合のいいお誘いがかかりにくくなるのよ。**アナタと行動したいから誘う人しか誘ってこなくなる。**

はっきりいって、アナタが相手に合わせすぎて疲れてしまうのはね、言い方は悪いんだけど、アナタがいろいろやってくれて便利だからなのよ。

だからアナタが楽しくないのよ。そんなお誘いこないほうがマシよね。

瞳　そういえばそうですね。ちょっと勇気を出してがんばってみます。

Tomy　またご報告よろしくねー。

処方箋⑦
NOと言えないときは、「YES」といって答えはお預けにする。

カルテ⑧

自分の気持ちがわからなくなってない？

さて、今日の患者様は鋤野夢（すきの）さん。19歳の女性、現在大学生ね。特に不登校歴もないようね。ご両親は本人が9歳のときに離婚して、お母さんに育てられたのね。このあたりで何かあったのかもしれないわね。ではお呼びしてみましょう。

夢　入っても大丈夫ですか？

Tomy　はいはい、どうぞお。アテクシ担当医のＴｏｍｙと申します。今日はどんなことでいらっしゃったの？

夢　いきなり言っちゃっても大丈夫ですか？

Tomy　もちろんよ。何々？

夢　実は私、人を好きになったことがないんです。

Tomy　あら。でも好きっていろいろあるじゃない？　恋愛とかそういうこと？

夢　いえ、恋愛もそうなんですけど、全般的にです。愛情ってものがよくわからないんです。

Tomy　それはどんなときにはっきり自覚したの？

夢　やっぱり恋愛ですかね。ほら、友達とか恋バナとかするようになるじゃないですか？私も話には加わるんですけど、なんか友達と感覚が違うなと思って。

Tomy　どう違うの？

夢　みんな「会わないと寂しくなるよね」「『今何してるのかな？』と考えちゃう」「急に会いたくなる」とか言って盛り上がってるんですけど、そういう感覚がないなと思って。

Tomy　なるほどねえ。今お付き合いしている方はいらっしゃるの？

夢　はい、います。

Tomy　どうやって付き合い始めたのかしら？　嫌じゃなかったから詳しく教えて。

夢　相手は同じ講義をとってる子で、1歳上の男の子です。何度も会ううちに自然と会話するようになって、ごはんに誘われるようになりました。何度か会っていたら、向こうから告白してきて、OKしたんです。

Tomy　彼のことは好きなのよね。

夢　それがよくわからないんですよね。もちろん一緒にいて嫌じゃないけど、みんなが言うように急に会いたいとか寂しいとか思わないし。会えればうれしいし、会えなかったら

それでもいいや的な。

Tomy　会えないときもちゃんと連絡している？

夢　相手からＬＩＮＥや電話は来るんで、それには一応返事します。でも、「なんでこんな面倒くさいことするんだろう」とは思っちゃいます。

Tomy　相手は寂しがったりしていない？

夢　ちょっと寂しいな、つれないな的なことはしょっちゅう言ってますね。「僕のこと本当に好きなの」と聞いてくることもあります。我慢させちゃってるなとは思います。

Tomy　なるほどねえ。恋愛以外、たとえばお母さんとの関係はどう？　お母さんのことは好き？

夢　どっちでもないです。一緒にいる家族だから、好きとか嫌いとか、そういう感覚じゃないなと思います。

Tomy　デリケートな話を聞いても大丈夫かしら？　アナタのご両親のことだけど。

夢　問題ないですよ。離婚したときのことですよね。

Tomy　そうそう。どんな状況だったとか、どんな気持ちだったとかわかる範囲で。

夢　小さい頃の話だからあんまり覚えてないんですよね。ただもともと二人はケンカばか

りしていたので、「ふうん」って感じでした。

Tomy　お父さんのことは好きだった？

夢　よく遊んでもらった気はします。今でもときどき連絡をとって会うことはありますが、おじさんって感じかな。好きでも嫌いでもない。

Tomy　友達は好き？

夢　一緒に遊ぶ子はいますが、多くはないです。環境が変わると連絡はとらなくなりますし、遊び相手という感じかな。

Tomy　今聞いた話だと、人間関係が淡泊な感じはするけれど、困っているという感じもしないわね。今何か問題はあるの？

夢　問題がないといえばないかもしれないです。でも、なんだか自分が本来あるべき感情がないんじゃないかと思って。このままでいいのかなって思うんですよ。

Tomy　好きという感覚ができれば、そのほうがいいと思う？

夢　そうですね。そういう感覚をもちたいです。みんな好き嫌いに振り回されているけれど、なんか生き生きとしているんですよね。私は淡々としているけれど、あんな感じに生き生きとできない。問題もないけれど、充実している感じもないんです。

Tomy　なるほど、わかったわ。じゃあ、ちょっとこんな取り組み方をしてみましょうか。

（ガサゴソガサゴソ……何かを引き出しから出してみる）

これっ。

夢　ん、これうさぎのぬいぐるみですか？　かわいいですね。

Tomy　これは好きか嫌いか教えて。「どっちでもない」は極力なしでね。

夢　好きですね。

Tomy　じゃあ、これは？

夢　えっ、これはカブトムシのおもちゃ。嫌いですね。

Tomy　わりとすぐ答えられるわね。じゃあこれは……？

夢　たくさんものが出てきましたね。ちょっと疲れちゃいました。これはどんなカウンセリングなんですか？

Tomy　あ、ごめんなさい。これ、アテクシの思いつき。ただの思いつき。カウンセリングじゃないわ。

夢　……。

Tomy　じゃあ、あとちょっとだけ付き合ってね。彼氏のことは好き？

夢　好きですね。

Ｔｏｍｙ　さっき好きかどうかわからないって言ったじゃない？

夢　えっ、嫌いだったら一緒にいませんし。みんなが思うほど好きという感じじゃないかなというだけで。

Ｔｏｍｙ　一緒にいて楽しいんでしょ。

夢　はい。

Ｔｏｍｙ　それは充分好きなのよ。

夢　これでいいんですか？

Ｔｏｍｙ　さっきからうさぎとかカブトムシとか、いろいろ出してきたじゃない？　それぞれ好きだったり嫌いだったりしたけれど、そこにはっきりした理由はないでしょ。

夢　でもうさぎはふわふわしててかわいいからみんな好きなんじゃないですか？　カブトムシは昆虫で苦手な人もいるし。

Ｔｏｍｙ　それは後づけの理由であって、ふわふわしたものが嫌いな人もいるし、昆虫が好きな人もいるわよね。最後まで分解していくと、なぜ好きなのか、嫌いなのか、そこに理由はないわけ。

夢　そうですね。

Tomy　**人間の好き嫌いも同じことよ。いろいろ理由は考えられるけど、後づけであって、結局好きか嫌いかという感覚。アナタは誰でもいいわけじゃなくて、彼といて楽しいから一緒にいる。それは好きってことなのよ。**

夢　でも周りの人ほど振り回されていないです。

Tomy　それはアナタの性格。寂しがらなくたって、振り回されなくたって、アナタなりに好きなのよ。それで大丈夫よ。

夢　そうか、それで大丈夫なんですね。

Tomy　もし自分に「好き」という感覚があるかどうかわからなかったら、普段から「これは好きか嫌いか」自分に問いただしてみるといいわ。これは「好き」という感覚の小さなレッスンでもあるのよ。

夢　わかりました！　ときどきやってみます。

処方箋⑧　**身近なもので、好きか嫌いか普段から自分の心に聞いてみましょ。**

カルテ⑨

やりたいことがわからない？

さて、今日の患者さんは、大貫誠司くん。21歳の学生の方ね。まあ、全国でも1、2位を争う有名国立大学だわ。現役で留年などもなさそうね。一体彼は何でお困りなのかしら。気になるところねえ。ではお呼びしてみましょうか。

誠司　失礼させていただきます。

Ｔｏｍｙ　はーい、今日の担当医はアテクシＴｏｍｙでーす。今日はどうされたのかしら？

誠司　はい、いきなり話しても大丈夫ですか？

Ｔｏｍｙ　もちろん、どうぞどうぞよ。

誠司　ありがとうございます。実は僕、やりたいことがわからないのです。

Ｔｏｍｙ　やりたいことがわからない？　今、法学部に通っているのよね。弁護士さんになるわけではなくて。

誠司　はい、お恥ずかしながら自分が合格した学校で一番偏差値の高いところに入ったの

で、「弁護士になりたい」とまで強く考えて入ったわけじゃないんです。
入学後ロースクールも検討しましたが、やはり僕はこれをやりたいわけではないなと思い、普通に就職活動しました。

Ｔｏｍｙ　就職活動はどうだった？　もう終わったんでしたっけ？

誠司　はい、おかげさまで第一志望だった総合商社に内定はいただけました。

Ｔｏｍｙ　おめでとうございます。それでも、やりたいわけではない？

誠司　はい、その通りです。特にここに入って何かがしたいわけじゃなくて、一番しっかりした会社だったからです。万事こういった感じで、「どうしてもこれがやりたい」って今まで感じたことがないんです。

だからとりあえず受験に合格するぞとか、いい会社に入るぞとか、そういう目標を立ててがんばってきたんです。それ自体はとてもやりがいがあったのですが、いざ成功すると「とりたててこれがやりたかった」わけではないのです。

これからもやりたいことがわからないまま、日常を繰り返し、やがては人生も終わっていくのだなと思うと、いったい何のために生まれてきたのかわからなくなるんです。そして、今何事に対してもやる気がもてない状態なんです。

Ｔｏｍｙ　ふむ、スチューデント・アパシーか……。

誠司　それは何ですか？　僕の病名ですか？

Ｔｏｍｙ　いや、病気の名前ではないわよ。学生さんがね、一生懸命勉強して大学に入ったとするじゃない？　そのときは、受かることだけで必死だったけど、でも実際に大学に行ってみると「こんなことをやりたかったわけじゃない」と気がついて無気力状態になる。このことをスチューデント・アパシーっていうのよ。アパシーって無気力って意味ね。

誠司　まさに僕じゃないですか……。

Ｔｏｍｙ　そう、アナタは典型的なスチューデント・アパシーよね。

誠司　これはどうしたら治るんですか？

Ｔｏｍｙ　まあ、病気ではないから治すべきものでもないんだけどね。

誠司　でもこんなの嫌ですよ。

Ｔｏｍｙ　まあ、アテクシなりの解決方法はね、

気を長くもつことよ。

誠司　気を長くもつ？

Tomy　だってアナタが生きた時間って20年ちょいじゃない。まあ80まで生きると仮定するとたった4分の1よ。しかもその大半は子どもだったんだから、いきなりこの間に「本当にやりたいこと」なんてわかるはずがないんじゃない？

誠司　そうなんですかね。

Tomy　そうよ。だってまだ社会に出ていないんだもの。どれが自分に向いているかとか、何がやりたいかとか見えなくて当たり前でしょ。

いきなり話変わるけど、アナタお酒飲む？

誠司　え、えええっ、本当にいきなりですね。一応飲みます。

Tomy　どんなお酒が好き？

誠司　ええっと、ビールとかチューハイとか。そんな酒の好みまではまだないですよ。

Tomy　でしょ。まだ飲み始めだから好みなんてよくわかんないわよね。で、アナタはお酒どころか、生きがいの好みがまだ見つからないと言ってるわけよ。まだ社会に出ていないのに。

誠司　そっか。それもそうですね。でも、同級生の中には「これがやりたいんだ」って明

白に言っている奴もいて、実に楽しそうですよ？

Ｔｏｍｙ　それはそれでいいことよ。でもさ、今やりたいと思っていたことがずっとやりたいことになるわけじゃない。たいていはしばらくすると「やっぱり違うな」とか思い始めるわけ。もちろん中にはそれが一生続く人もいるわよ。でもそれは結果論。

誠司　じゃあ僕はどうしたらいいんですか？

Ｔｏｍｙ　やりたいことがわからないうちは、

目の前にある、やるべきことだけやる

でいいわよ。

こういうのはご縁みたいなもので、淡々と続けられるうちはそれをやる。その中でやりたいことが見つかったらそれをやればいいわ。ちょっと固く考えすぎなのよ。

人生はやりたいことがなくたって楽しめるものなの。

誠司　やりたいことがなくたって楽しめるって本当ですか？

Tomy　本当よ。そもそも、**やりたいことが一個も見つからないで人生が終わる確率は高くないけど、でも、もし見つからなくても楽しめるわ。なぜなら、生きていてそこにいるだけで人生だから。**アナタはまだ社会に出てもいないし、一生で出会うべき人間にも会いつくしていない。美味しいものも食べつくしていない。いろんな街でも暮らしていない。

まだまだいっぱいやっていないことがあって、それらに出会ううちに、自分が何を求めているかわかるようになるのよ。さあ、世界に出かけていきなさい。

誠司　はいっ。

Tomy　あっ、お会計まだ。

処方箋⑨

やりたいことがわからないうちは、目の前にあるやるべきことをやる。

Column

生きづらさをとりあえずなんとかする方法

外堀を
埋めても
空虚感は
なくならない
わよ。
ぽっかり

第1章で、さまざまな「自己肯定できない人たち」を診ていきました。彼らに共通するものを見ていく中で「自己肯定感とは何か」っていうところを考えていきたいと思います。

まずカルテ1の石木孝美さん。彼女は資格をいろいろとったり、充実しているように見えてそうではなかった。なぜなら、自分の中に空虚感があって、それをなんとかしようと外堀を埋めているにすぎなかったからよ。

どれだけ外堀を埋めても、自分の中の空虚感をなんとかしないと、そこには空洞ができたままなの。その空虚感の正体は「自分が何

をしたいのか、何を好きなのかがわからない」という状態だったのよ。
だからアテクシのアドバイスは自分が何をしたいのか、好きなのかを練習すること。
というわけで、

自分のやっていることを、常に好きか嫌いか問いかけましょ

になったわけです。
そして、カルテ2の五日大成さん。この方は「この仕事でいいのか」を考えて転職を重ねてきてしまっているわ。この方の問題点も、実は同じところにある。
そう、自分の中の空虚感よね。それを転職して「いつか空虚感を満たしてくれる自分らしい職場があるのではないか」と思っている。でも空虚感は外堀をどれだけ埋めても埋まらないから、状況なんて変わりやしないのよ。
そしてカルテ3の鋤田郁子さん。彼女は恋愛のときめきで自分の中の空虚感を満たそうとしている。だから恋愛依存的になってなかなかうまくいかないと感じるように

なったのよね。カルテ4の比嘉周人さんは、周りと比較して落ち込み、自分の恵まれた環境でも満足することはなかったわ。ここにも自分の内側に空虚感がある。

もうおわかりでしょう。カルテ1からカルテ9まですべてのケースで共通していることは、

自分の中の空虚感

なのよ。

自分を認めることは、自分の中の空虚感を満たしてあげることに他ならないのです。ただこれって漠然としているし、大きなテーマすぎてどうしたらいいのか途方にくれる人も多いと思うのよ。なので、第2章ではちょっとしたミニレッスンでこれらをかみ砕いていきたいと思います。

第２章

自分のことを「許す」レッスン

2章では、自分のことを認めて、許す練習をしましょ。
すっごく難しい課題だけど、
アテクシ今日のレッスンのために
簡単にまとめてきたわよ。これを順番にやるだけで
自分のことを許せるようになるわ。

レッスン①

今日という1日をプラスで表現する

さて、Tomyのレッスンのお時間がやってきたわよ。今日のテーマは、「自分のことを許すレッスン」。今日の生徒さんは、鯉野実さんね。あらカルテ6の人じゃない。

実　よろしくお願いします。今日のレッスンとっても楽しみです。

Tomy　アテクシもよ。ところで先日のお誘いうまくいった？

実　や、いきなりそう来ますか。はっはっは、実はお付き合いすることになりまして。

Tomy　やだーーーー、早く教えなさいよ。おめでとうございます！

実　ありがとうございます。

Tomy　じゃあ、レッスン始めるわね。はい、まずステップ1。今日1日のことを振り返って3行でまとめてください。

実　3行ですか。ええっと、今日は仕事のミスで怒られて、そのフォローをしていたんですが、予定通りいかずに残業になりました。それでも終わりきらなくて、残念な1日でし

た。

Ｔｏｍｙ　はい、今日の自分をプラスに評価してください。

実　そんなことできませんよ。

Ｔｏｍｙ　んもー。アナタは相変わらずだわね。アテクシがお手本を見せます。

今日はミスに真面目に取り組んで、残業してまでなんとか努力した日。がんばった1日でした。

実　こんな感じでいいんですか？　でもそうやって言ってもらえると楽になる気がします。

Ｔｏｍｙ　これを自分でやるのよ。何度もやっているうちにポジティブなものの見方ができるようになる。自分を許すっていうと、すごく難しいことのような気がするけど、そうじゃないの。

自分のいいところを探す。それだけのことよ。
漠然と探してもうまくいかないから、1日単位で探してみるの。

レッスン②

1日1回は逃げる

Tomy 次のステップは「**1日1回逃げましょう**」です。さ、逃げましょ。

実 ど、どこへ。

Tomy 今日このあとどうする気かしら？

実 今日のミスを明日までには仕上げたいと実は持って帰ってきちゃったんです。終わるまでがんばろうかなと。

Tomy はい、そこ逃げよか。

実 ダメっすか？

Tomy そもそも、仕事の持ち帰り自体はよくないわね。残業しても終わらなかったんだから、今日はもうやらない。今日やらないと、地球は滅ぶの？

実 そんなことはないです。

Tomy じゃあ明日やんなさい。今日これが終わったらもう逃げる。何もしない、ごろごろする、あるいは寝る。

実　いいんですかね。

Ｔｏｍｙ　今無理してやっても、アナタ疲れているし、ろくな結果出せないわよ。あげくの果てに明日も疲れてミスしたり仕事に集中できなかったりするんだから。**体力っちゅうのはペース配分なのよ。**無理したらその分走れなくなるの。

実　はい。それもそうですね。

レッスン③

今週やることからさぼるものを最低一つ決める

Tomy　さあこんな調子で次々いきますわよ。じゃあ実さん、今週やらなきゃいけないこと具体的に教えて。

実　ええっと、今は仕事のミスのフォロー。あと、TOEIC受けるのでその準備。あと今週末のデートの計画ですね。それと雑草が伸びてきたのでその処理。スタンドライトも買いに行きます。あと家が汚くなったのでお片づけと大掃除もしなきゃ。

Tomy　忙しいわねえ。家を片づけるのはもしかして……、むふふ。

実　えっ、なんですかっ。

Tomy　まあいいや。はい、この中からさぼるものを最低一つ決めてください。多ければ多いほどいいわ。

実　えーーー、どれも大切なことですよ。

Ｔｏｍｙ　仕方ないわね。アテクシがお手本見せてあげるわ。まず、仕事はしょうがないので残す。ＴＯＥＩＣはもう申し込んであるの？

実　はい。

Ｔｏｍｙ　はい、じゃあそれも残す。いい点とったほうがいいに決まってるから。雑草の処理って今やらなきゃダメ？

実　だいぶ伸びてきたのでそろそろやろうかなと。

Ｔｏｍｙ　はい、具体性がないわね。ここまずさぼろうか。今じゃなくてもいいわ。やるとしても手で抜かなくていい。枯草剤まくぐらいにしておきなさい。

実　あ、はいっ。

Ｔｏｍｙ　スタンドライトは買わなきゃダメ？

実　あったほうがいいかなと。

Ｔｏｍｙ　はい、これも今週はやめ。

実　え、あ、はい。

Ｔｏｍｙ　ところで、家のお片づけなんだけど。

実　は、は、は、はぃっ。

Tomy　もしかして彼女が遊びに来るかもなあんて思ってない？

実　そ、そそのつもりです。

Tomy　ですわよね～。でも、実さんのお部屋って、一部屋？

実　いえ、二部屋です。

Tomy　じゃあ掃除するときも彼女は中に入れない部屋を決めておきなさい。全部掃除すると大変だから。入れる場所だけきれいにしとけばいいんじゃない？　今週はとりあえず。

実　あっ、そういえばそうですね。僕こういうとき隅々までやっちゃうんですよ。

Tomy　あとはおデートの計画。彼女はしっかりデートの予定立てないと不機嫌になっちゃう人？

実　いえ、ふらっとノリで進めるのが好きみたいです。でも僕の気持ちとして、いろいろあちこち連れて行きたいなあと。

Tomy　それは素敵なことだけど、彼女が望んでいるかどうかわからないわね。彼女が喜びそうなことをメインだけ決めておいて、あとは流れでいいんじゃない？

実　彼女イタリアンが好きと言っていたので、おすすめのイタリアンでの夕食を押さえて

おけばいいでしょうか？

Tomy　それでいいと思うわよ〜。ほらこれで今週やる仕事だいぶ減ったでしょ。

実　ちょっと頭も心もすっきりしました。

レッスン④

寝る前30分から1時間は何もしない時間をつくる

Ｔｏｍｙ　さて、お次の課題は、１日１回ごろごろしましょう。

実　ごろごろですか？　ごろごろって何ですか。

Ｔｏｍｙ　大して意味のあることを何もしないってことよ。

実　難しいですねえ。

Ｔｏｍｙ　ふむ。アナタ寝る前って何してる？

実　やらなきゃいけないことをやって、終わったら寝ます。

Ｔｏｍｙ　寝るギリギリ前まで何かやっている？

実　はい、仕事から帰ったらもうあまり時間がないですから、寝る時間まで何かやっていますよ。

Ｔｏｍｙ　それはダメよう。ちゃんと気持ちよく眠れる？

実　よっぽど疲れてると、落ちるように寝ていることがありますが、だいたい頭の中でいろいろ考えてしまって寝つけないです。

Tomy　でしょうね。そんなこと続けているとちゃんと休めないから翌日のパフォーマンスにも響いちゃうわよ。

実　具体的にはどうすればいいんですか？

Tomy　そうね、少なくとも寝る30分前は何もしない。何かしてもいいんだけど、音楽聞くとか、課題じゃない本読むとか、ストレッチするとか。宿題や仕事はやらない。できれば1時間はそんな時間作って。

実　そんなことする暇があったらさっさと寝ちゃえばいいんじゃないですか？

Tomy　ノンノン。**うだうだ、ごろごろする時間をつくると生活にゆとり感が出てくるのよ。**やるべきことやったらすぐ寝るだけ、みたいな生活だと心のゆとりがなくなっちゃうの。

実　わかりました。やってみますね。

レッスン⑤

反省を未来の課題に変えて、自分が許せなかったことを許す

Tomy　さーてここからはさらに本気出していくわよ。実さん、自分を許せなかったこと最近ある？　一つ教えて頂戴。

実　えーーー、いろいろありますが、具体的に言うと先日部下が仕事でミスしたので、ちょっと厳しく怒っちゃったんです。

Tomy　まあ、部下に怒ることは当たり前だと思うわよ。

実　それはそうなんですが、そのときたまたま自分がイライラしていたもんですから、必要以上に怒っちゃったかなと。彼も充分反省していたようですし、感情コントロールができていなかった自分が上司失格だなあと思ってしまいました。

Tomy　ほう。じゃあそれを許しましょう。

実　許すってどうやれば。

Tomy　意外と簡単なのよ。

「今度から〇〇しよう」ってと考えて自分に言い聞かせるだけ。

実　この場合はどうしたらいいですか？

Tomy　自分で考えてみたほうがいいわよ〜。

実　うーん、イライラしていないときに怒る、とかですか。

Tomy　あら、それいいんじゃない？　もうちょっと具体的に言うと「イライラが収まってから怒るようにしよう」とかでいいんじゃないのかな？

実　そうします。あれっ、自分何が許せなかったんだろう。

Tomy　**許せないって過去の自分へのこだわりだから、未来への課題にしちゃうと軽くなることが多いのよ。**

実　なるほどです！

レッスン⑥

「嫌な思いを耐えた自分」を声に出してほめる

Tomy さーて続々と行きますわよ。アナタ最近嫌なことあった？

実 ありました。先日、部下のミスを上司に指摘されて。反論もせず延々と怒られてました。ミスをした当の本人に伝えたんですが、のらりくらりと受け答えされてしまって。あまりわかってもらえず。すごく嫌でした。

Tomy それはあるあるだけど、お疲れさまだったわね。こんなときは自分にこう言い聞かせてみてちょうだい。

実 はい、どんな感じですか。

Tomy 嫌な思いを耐えた僕、がんばったなあって。

実 はい。いいですね。

Tomy ちょっとちょっと、**ちゃんと口に出していうのよ。**はいっ。

実 嫌な思いを耐えた僕、がんばったなあ。

Tomy ちょっといまいちねえ。前半はもうちょっとこぶしを入れて苦しそうに。

後半は力を抜いて、さわやかに。そう、目の前に大きな青い海が急に広がったイメージでえええ……。

レッスン⑦

月に一人は誰かを許してみる

Ｔｏｍｙ　次は許せない人を許していきましょう。自分を許すのって、他人を許すことをしないとできないのよ。

実　そうなんですか？

Ｔｏｍｙ　**許すっていうのはね、許せない気持ちを手放す、アテクシが大昔から口を酸っぱくして言っている「手放す」ってことなのよ。**

で、他人は、他人との関わり合いを調整すれば手放しやすくなる。だけど、自分は自分のことだから手放せないわよね。だからより難しいの。だから**まず他人を許すことができるようになることが大切よ。**

実　なるほど〜。具体的にどうしたらいいんですか。

Ｔｏｍｙ　だいたいこういうのって漠然としているとやれないから具体的な目標を決めたほうがいいと思うわね。でも許すというのは自分の葛藤と戦わなきゃいけないから、毎日とか毎週では難しいでしょうね。

そうね、月初めに一人許すことにしましょうか。実さん、アナタが誰か許せない人あげて。

実　いますいます。経理の海野さん。

Tomy　何があったの。

実　いや実は一度彼女と食事に行く流れになったことがありまして。

Tomy　あら、意外とやるじゃない？

実　ぼーっとしてたら誘われたんです。でもあんまり「デート」とは思ってなくって。今思えばそれがいけなかったのかもしれないですけど。でそのまま食事が終わって、特にその後も仲良くはならなかったんです。

あとから友達に聞いて、彼女が「実とデートに行ったけど、すごくひどいデートで振ってやった」と周りに言いふらしてることが判明して。

Tomy　あらららら。

実　いまだに彼女とはまったく口きけないんですが。許せますかね。

Tomy　もちろんよ。まず許し方だけど、

相手の立場にたって考えることから始めるの。

どんな相手でも、彼らなりの考えや事情があって言動がある。闇雲に人を傷つける人もいるけれど、たいていはそうじゃない。相手が正しいかどうかは考えず、なぜこういう行動をしたかを探る。

それがすべての第一歩よ。

実 海野さんの気持ちになる……。

Ｔｏｍｙ アナタはそれまで海野さんとは親しかったの？

実 いえ、経理に用事があるときに、ちらっと挨拶する程度です。

Ｔｏｍｙ で、なんと誘われたか覚えている？

実 ええっと「最近港のほうに評判のいいレストランがあるらしいんですよ。今そのメンバー探しているんでよかったら一度行きませんか？」てな感じでしたね。

Ｔｏｍｙ メンバー？　大勢で行くはずだったの？

実 僕もそう思ってたんですけど、それが当日来たの彼女だけだったんです。

Ｔｏｍｙ （Ｔｏｍｙ激しくウインク）

実　先生、顔ぴくついてますよ？

Tomy　あーもううう。あなた鈍すぎない？　あまり会話もしたことない女のことから「みんなでご飯行こう」と言われて、実際来たのが彼女だけ。どうしてですか？

実　えーーえー、でもそういうことかな。デートですよね。

Tomy　デートのお誘いどころか、告白されているようなもんだわ。あっ、ちょっと気になったんだけど、お会計どうしたの？

実　えっ、みんなでごはん行く予定だと思っていたので、それに意外とレストラン高かったんですよ。「いくらになりますか」って彼女に聞いて、その金額を払いました。

Tomy　そこから彼女が不機嫌になったんじゃない？

実　そうだったかな。あんまり言葉交わさなかった気がします。美味しかったんですけどね。

Tomy　アナタ鈍すぎるわ。気になる男に警戒させないために「みんなで食べに行くから」といって港のレストランで二人きりになることに成功した海野さん。そこで男が何も気がつかずに自分の分のお金だけ払っていった。

彼女の立場ならどう思いますか。

実　あ……。
「この人サイアク」

Tomy　そうっ。だから腹いせに周りに悪口を言いふらし、自分から振ったといった。プライドもズタズタにされたから。しかもアナタが食事に応じた時点で気分は浮かれあがっていたはずだから。

実　あーーー、僕が悪かったんだ。

Tomy　いえいえ、そこまで追い込むことはない。だからといって彼女も周りに相手を悪く言いふらしていいわけじゃないもの。でも、それなりの事情があるってわかっただけでいいんじゃない。今でも海野さん許せない？

実　許せますというか、僕が悪かったなあ。謝りに行ったほうがいいですか？

Tomy　そこまではしなくてもいいわ。今の関係でいきなり謝ったら相手も「何事！」とか思っちゃうでしょうし。ただ、顔を見たら、さわやかに挨拶ぐらいはしましょう。

実　はい、自分も悪いと思ったら、逆に気持ちがすっきりしました。自分も悪いと思うことが許すのに大切なんですね。

Tomy　それはちょっと違うわ。今回はたまたまそうなんだけど、アナタに非がなかっ

たとしても、相手にもそういう言動を引き起こした要因が必ずある。それを知れば理不尽さから解放される。相手を許せない理由の一つは、**理不尽なことをされたと思っているからなのよ。**

それがわかるだけでも相手を許せるようになる。でも許すと言っても、相手を認める必要もないし、自分を責める必要もない。

こだわっても仕方ないなと自分を離してあげることなのよ。

実　なるほど！　ありがとうございます。

レッスン⑧

物理的に、自分にこまめにご褒美をあげましょう

Ｔｏｍｙ　さて、自分を許すレッスンも最後に近づいてまいりました。とりあえず、他にも思いついたらレッスン追加するかもしれないけど、いったん区切るわ。

実　僕はじゃんじゃんやる気ですよ〜。

Ｔｏｍｙ　はい、最後のレッスン。これは簡単。息を大きく吸ってー。

実　すうううううう。

Ｔｏｍｙ　はいてえええええ。

実　はあああああああ。

Ｔｏｍｙ　はい、これで終わり。

実　えっ、これただの深呼吸じゃないですか？

Ｔｏｍｙ　深呼吸、大事よ。でも、こういう単純なこと案外やっていないでしょ。自分を許せないと思うたびに、まず深呼吸しなさい。吐くときに「ぜーんぶモヤモヤ出てけー」と思う感じで。

実際は深呼吸じゃなくてもストレッチでもお昼寝でも甘いもの食べるでもなんでもいいのよ。物理的に、定期的に自分に優しくする時間を作ればいい。
「頭で自分を許したい」なんて堅苦しく考えるから、自分が許せないのよ。物理的に形から自分に優しくしなさいなってことよ。

実　なるほど、意外とやってないものですよね。トライしてみます。

Tomy　アナタは彼女とキスでもしていなさいな。

実　き、き、き、キス！

Tomy　えっ、まだキスもしていないの⁉

Column

Tomy先生から言葉のおまじない

・さぼりましょう
・感情的になっても認めましょう
・他人に怒る気持ちを許し、代わりに他人のことも許しましょう
・とりあえず寝ましょう
・美味しいものを食べましょう
・ふらっと作業を中断しましょう
・ごろごろしましょう
・何もしなかった日を喜びましょう
・がんばったなあと思いましょう
・明日は違う明日が来るでしょう
・深呼吸しましょう

第３章

こんなとき、どうしたらいい？助けて！Tomy先生

今回はこれまでのページを踏まえて、
それでも応急処置が必要なほどに
自分のことを認められなくなってしまったアナタに
送るメッセージをまとめたわ。ここからは、
ラジオパーソナリティ風にお届けするわね。

劣等感に襲われてしまうとき

はい、今日のテーマは「劣等感に襲われたとき」です。というわけでこんなお悩み相談を取り上げてみたいと思いまーす。高校2年の女の子、となりのハナさんからお悩みいただいております。では読み上げてみるわね。

こんにちは。Ｔｏｍｙ先生。今日は私の劣等感について相談したいと思います。私は何の取り柄もない地味な女子なんですが、なぜか友達にはキラキラした子が多いんです。

話題も彼ができただの、おしゃれなカフェに行っただの、素敵な服を買っただの、そんなキラキラなものばかりです。付き合いがあるのでインスタなども見て「いいね」とコメントつけているのですが、ふと「こんなキラキラしたみんなと比べて私って何？」と劣等感に襲われて、強烈につらくなるときがあります。

一体こんなときはどうしたらいいのでしょう。

うんうん、そういうときってあるかもしれないわよね。一般的に考えると、

・自分もせいいっぱいキラキラしてみる
・自分オリジナルの方法で魅力を作ってみる

などのアドバイスも考えられると思うけど、こういう方法だとどんどんつらくなっちゃうのよね。なぜかっていうと、

自分と相手を競わせる

という発想を変えずに、何とかしようとしているからよ。これ、テストでもなんでもないんだからさ、誰も比較しなさいなんて言っていないのよね。比較するから、勝たなきゃいけないと思ってつらくなる。

世の中、上には上がいるんだからそんな発想でいることがそもそもつらいんじゃないって話なのよ。そうすると次の段階の解決方法としては、

・気にするのをやめなさい。
・インスタ見る時間を減らしなさい
・落ち着いて楽しくいられるお友達と一緒にいなさい

みたいなアドバイスもでてくるわけ。これだとまだ本質に近づいていないアドバイスなのよ。でもね、よくよく考えたら、これができてれば悩まないって話なんですよ。

なので、手っ取り早い解決方法としては、

そういうことで頭がいっぱいなときは体調が悪いので、休みなさい

ってことよ。人間ってさ、体調が悪いとすぐネガティブなこと考えてしまうわけ。そして体調や機嫌がいいときは、そんなことツユにも思わずハッピィ！　なのよ。

今までの自分を振り返ってみたらそうでしょ。さらに言えばさ、

人間の考えなんてコロコロ変わっている

のよ。もうそれは数分ぐらいで考えなんてコロコロ変わっているの。

雨が降っていたら悲観的になるし、晴れ間が見えてきたとたんに楽観的になるし、彼氏からＬＩＮＥが来たらうれしくなるし、旅行の予定でも入ったら天まで舞い上がる、そういうものなのよ。

特に、寝不足だったり血糖値が下がっていたりすると劣等感なんてＭＡＸになんのよ。だから眠かったらちょっと寝るといいし、ちょっと甘いものでも食べたらいいし。

とりあえず疲れてる可能性があるから、少し休んでみたら？

それだけで「あれ、さっき私なんであんなに劣等感で悩まされていたんだろう？」ってなって解決すると思うわよ。

はいっ、次。

お便り②

親の存在がつらい

はい、次のお悩みは、毒親キライジャさん。43歳の主婦の方です。

Ｔｏｍｙ先生、いつもＴｗｉｔｔｅｒのぞかせていただいております。今日は私の悩みを聞いてください。私の父は他界し、今は母親だけです。この母親と私は昔から相性が悪く、「あなたなんてどうせ何もできない」「何も期待してないから」とことあるごとに私を否定してくるのです。

なので社会人になるとすぐ一人暮らしを始め、親とは距離をとっていました。その後、私も結婚し、家庭を作り上げました。しかし、一人暮らしだった母の体が悪くなり、夫の提案もあってこの春から同居することになったのです。

実際に同居を始めてみると、「こんな料理しかできないなんて旦那さんもかわいそうだわ」「私の部屋もっときれいにできないの」などと相変わらず私を否定する発言の数々。もう同じ屋根の下にいると思うだけでそわそわと落ち着かない気分になりま

す。
正直この環境のまま耐えられそうにありません。Ｔｏｍｙ先生、どうしたらいいのでしょうか？

まあ、こんなことばかり言われていたらお母さんを避けたくなっちゃうのも仕方ないわねえ。でもだいたいお母さんのような人って、**傷つけている自覚がない**のよね。人を傷つけたくて傷つけている人もいるけどさ、そういうときって理由や目的があるものなのよ。じゃないと傷つけ続けることも相当な労力だからね。じゃあ何でお母さんみたいな人がいるかというと、

地。

なのよね。もともと容赦なく、相手の気持ちを考えずズケズケとモノを言う。言った言葉が相手にとって無意味なばかりか、害をなしていることをわかっていない。場合によっては、

私はこういうキャラ

とすら思っているケースもあるのよね。なので一つの方法としては、

全部言い返す

というのもアリだと思います。だいたいこういう人に傷つけられる人って言い返すことが苦手でさ、黙って「はいはい」と従ってしまって、自分がこの言葉に傷つけられているとか反論やケンカができていないことが多いの。

そうこうしているうちに相手の存在自体が無理になってしまって遠ざかるしかなくなる。これが友人とか、職場の人間関係とか、距離をとることが可能な人間関係なら調整できるけれど、今回みたいに親でなおかつ同居せざるを得なくなると困っちゃうのよ。

だからいちいち言い返してみたら？　最初は疲れると思うけど、慣れてくるとあることに気がつくと思うのよ。

「あれ、意外と楽だ」って。でもね、言い返したからって相手の言動が変わるわけじゃないのよ。それを期待していると大して楽にならない。ここでなぜ楽になるかというと、言い返すことによって、**何でも思ったことを言える関係性に強制的に変わっているから**なのよ。

そしていちいち言い返されるとさ、相手も面倒くさくなって、口論になりそうなことは言わないでおこうってちょっと学習するのよ。だから最初は大変だけど、嫌なことはいちいち言い返すことで、関係性が改善してくる可能性はあるわ。

でもね、そんなこと急にはできなーい、って可能性もあると思うの。そういうときはやはり、

家の中で上手にすれ違うこと

よ。お母さんが昼寝をしている時間は家にいて、起きてきたら買い物に行くとか。子どもと話したり、面倒を見たりすることでお母さんと接触する時間を減らすとか、とりあえず可能な限りすれ違う。

そして、二人でいざるをえないときはとことん言い返す。言い返すっていうのはいわば**同じキャラとして戦うことなの。**

大丈夫。お母さんもう高齢でしょ。アナタのほうが若くてエネルギーもある分だけ勝てるから。

あともう一つ大事なポイントとしては、お母さんも年とった一人の女性にすぎないんだと理解することね。どうしても昔のイメージでとらえちゃうけどさ、一緒にいられる時間も思うほど長くないかもしれないのよ。

お便り③

ミスすると立ち直れない

はい、今日のご相談は28歳のOL、喪変女（モヘンジョ）ダロさん。早速いってみましょうか。

はじめましてTomy先生。私の悩みは、ミスするとかなり尾を引いてしまうことです。「自分はなんてダメなんだ」とクヨクヨしてばかり。自分のことを恥ずかしいと思ってしまい、会社に行くのもつらくなるほどです。

そのくせ、ミスもわりと多いほうなので普段からびくびくしています。昨日も大きなミス、しかも以前と同じミスをしてしまいました。上司からは軽く注意されただけなのですが、みんなにだいぶ迷惑をかけ、冷たい視線を浴びまくっているような気がしてなりません。

一体どうしたらいいいんでしょうか？

ミスするとクヨクヨして立ち直れない人って、二つの面があると思うのよね。

一つは気持ちの切り替えが苦手。

もう一つはクヨクヨすることで心のバランスをとっている。

まず気持ちの切り替えの苦手な人は、いったんネガティブモードになるとそこからなかなか戻ってこないのよね。まあ、どんなに気持ちの切り替えが遅くても、延々と同じ感情が続くわけではないから、そのうち戻ってくると思うんだけどね。

それでも切り替えるのが苦手なら、「まず今やるべきこと」を考えて、そこに目を向けるべきだと思うのよね。

ミスするってことは、ミスしないようにしなきゃいけない。だから、やるべきことはあると思うのよ。そこで「あーーー、ミスしちゃいけないのにまたミスする私ダメだあ」とかスイッチ入れ直しちゃダメよ？　エンドレスエンドレス。

たとえば、ミスしないように手順を変えるとか、誰かにチェック入れてもらうとか、ミ

スしやすい状況を分析してそこを直すとか、やることなんていくらでもあるのよ。
で、それを実行したり、会社に提案したりすればいいだけなんじゃないかしらね。ほら、会社ってアナタに自分を責めてもらうために注意しているわけじゃないでしょ。そんなとしても会社はまったく利益はないんだから。同じミスをしてほしくないから注意するわけよ。
だから根本的にその具体的な方法を考えていれば、勝手に意識がそっちに振り分けられるわけ。**自分を責めちゃうときって、いわば「頭がお暇もらってる状態」**なのよ。お暇があるから責めちゃうわけ。そこをちゃんと働かせてあげれば嫌なことを考えずに済む。

そしてその内容を会社に報告して、「いつも同じミスばかりするので、こうしてみたいと思うのですがいかがでしょうか、キリッ」って感じで言えば「おーがんばってるじゃん」となって自分のことは責めずに済むわ、評価も上がるわでいいことづくめなんじゃないかしらってアテクシは思うのよね。

あと、もう一点、自分を責めるっていうのは防衛機制の一つでもあるわけなのよね。防

衛機制っていうのはね、もともと精神分析ってジャンルから出てきた考え方なんだけど、簡単に言うとね、人間には自分が認めたくないことがあると、自分の気持ちに加工してバランスとろうとするのよ。その仕組みのことを防衛機制っていうのね。

一番単純な防衛機制は否認。まあ、「そんなことはない」って否定することね。たとえばさ、小学生ぐらいの男の子が好きな女の子に「お前のことは嫌いだ」なんて言ったりするじゃない。あれも否認の一種よ。

他にも、本当は自分が相手のことを嫌いなのに、「相手が私を嫌っている」と思うことがあるわ。これは投影という防衛機制。自分が抱いている都合の悪い感情を相手がもっていると思うことで、心のバランスをとろうとしているのね。

また、攻撃というのも防衛機制です。自分の心のバランスをとるために、相手を攻撃するとかね。

今まで取り上げた防衛機制は、なんとなく嫌な感じがするものが多いけれど、素敵な防衛機制もあるわ。

たとえば、昇華。これは自分の中のネガティブな感情をスポーツや芸術表現などに置き

換えるといったものなのよ。

では、なぜ自責が防衛機制なのかについて説明してみるわね。自分を責めるという行為は決して快適なものではないけれど、すぐに解決できない問題が起きたとき、とりあえず何とかした気分になる、というメリットもあるのよ。また、本当に向き合わなければいけない問題に直面することも避けられるから。だから、

自分を責めることにも意味がある

って認めることも大切なのよ。

今やるべきことをやって気持ちを切り替える

クヨクヨする気持ちにも意味があると認めてあげる

この二つの方法でしのいでみて？

お便り④

自分のことを話せる友達がいない

はい、今回のテーマは、「自分のことを話せる友達がいない」です。今日取り上げるお悩みは、中学二年生の女の子、トモダチホッシーさんです。

私は誰かに自分のことを話すのが苦手です。悩みだとか苦手なことだとか、いっぱいあるんですがそんなことを話すと嫌われてしまうのではないかと思い、話せません。友達どころか、親にもあまり言えません。映画や漫画などで主人公の相談に乗ってくれる「親友」が出てくると思うのですが、そんな存在に憧れてしまいます。でも自分のことを話すのが苦手なので、とてもそんな関係は築けないような気がするのです。小学校の頃からただ遊ぶだけの友達はいるのですが、ただ遊ぶだけ。それはそれで楽しいのですが、何かが物足りない感じがします。これから恋や進路や親のことなど、いっぱい誰かに相談してみたいのです。Ｔｏｍｙ先生、いったいどうしたらいいのでしょう。

自分の話をするのが苦手っていうけどね、実はいきなり自分の話をしてもあまりうまくいかないわよ。

最初の一歩としては、まず相手の話を聞いてあげることよ。

相手が困っているときに話を聞いてあげると、相手はアナタに親愛の感情がわいてくる。そして、何かアナタがつらそうな状況に見えたら、そっちから聞いてくれるわよ。そのタイミングで話したらどうかしら？

いきなり自分の話をするにはどうしたらいいのか？　なんてところからスタートしているから「嫌われたらどうしよう」って感情が出てくるのよ。でも、相手がわざわざ聞いてくるときは話してもいいんだなってちょっと自信がつくじゃない？

ただ、相手が聞いてきたとしても、普段から自分のことを話し慣れていない人ってやっぱり言いづらいのよね。「大丈夫？　何か困っていることない？」って聞かれても、「うう

ん、大丈夫です」って言ってしまう。

自分のことを話す、自己開示のテクニックについてもちょっと述べてみましょうかね。

まずね、自分のことを話す勇気があったとしても、自分の内面を言葉にするのが苦手だと話しようがないわけ。

だから日頃から、**自分が何を感じているのか、なぜそう感じているのかを考える癖を作っとくといいわ。**一番手っ取り早いのは、

日記をつける

ことね。日記ってさ、誰かに読ませるために書くんじゃなくて、自分の気持ちを落ち着かせるために書くのよ。そして昔から今に至るまで、世界のあちこちで「日記」という言葉が定着しているのだから、日記には効果があるって昔からみんなが認めているってことなのよね。

日記には、基本的には自分の気持ちを書くの。

①今日何が起きたか
②それにより自分はどう感じたか
③なぜそう感じたか
④どう対策すればいいのか

これを一つずつでも書いておくといいわ。書くことによって何のメリットがあるかというと、

自分自身の状態をこまめに言語化する力をつけることができるのよ。

たとえば、友達とパーティーして帰ってきたときに、なんだかモヤモヤする。楽しくないという気持ちがあったとしましょう。

これ、そのまま時間がすぎれば自分の気持ちなんか忘れちゃうのよね。で、また似たよ

うな状況になったときに、モヤモヤする、楽しくないという事態が繰り返されるわけよ。
で、この場合日記につけてみるとしましょう。

①まず何が起きたかを書く。

「今日はクラスメイトの知美ちゃんの誕生日。同じ部活の仲良し5人組で彼女の家に集まってお祝いしました」

②次にそのときの気持ちを書いてみる。

「楽しいはずなんだけど、何かモヤモヤして、なんだか疲れたな」

きっとここまでなら、誰でも書けると思うのよ。問題はここからね。

③なぜ、そう思ったのかをちょっと考えて書き入れてみましょう。

「よくよく考えたら、私の持ってきたプレゼント、あまり知美ちゃん嬉しそうに受け取っていなかったからかもしれないな。私、嫌われているのかしら？」

ちょっとネガティブな理由が出てきてしまったわね。理由や状況の分析は、できる範囲で書き加えておきましょう。でも、疲れてうまく出てこないときはそのままでもよし。

今回はもうちょっと考えて書き足してもらおうかしら。

「でも、誘ってきたの知美ちゃんだったから、考えすぎかも。あー、そういえばみんなかわいいモノもってきて、いちいちそれで盛り上がっていたんだ。私は『誰にでも役に立つものがいいかな』と考えて図書カード買ったんだった」

よい感じだわね。ここまで来たらついでに**④「次にどうするか」まで書いてしまいましょう。**

「今度自分なりに知美ちゃんの喜びそうなもの探してみよう」

一件落着って感じね。こんな感じに、日記って自分の内面を考える力（内省力っていうわ）や対応方法についての力をつけさせてくれるのよ。

こうやって日頃から、今自分は何を思っているのか、なぜそう思っているのか考える練習をしておくと自分のストレスについての対処法も身につけられるようになるわ。一石二鳥よね。

そして、友達から「何か困っているんじゃない？　話してみて？」と聞かれたときには、それなりに自分の中にずっと考えていたことが蓄積されていると思うわ。それを相手に伝えるの。

まだまだ若いからあわてずゆっくりとね。ちなみに、「自分の内面を打ち明けられる人」なんてそんなにたくさんはいないものよ。一人か二人いれば充分だと思うわ。

何をしても楽しくないとき

はい、今日のテーマは何をしても楽しくないときです。お悩みはこちら、20歳大学生の男の子、犬も歩けば猫に当たる君。

はじめまして、Ｔｏｍｙ先生。僕は大学生です。希望の大学の希望の学部に入り、ずっとやってみたかったバスケ部にも入り、彼女もできました。なんだかこう書くとリア充みたいですが、なんとなく満たされない気分でいます。

自分がやりたかったことは全部やっていて、充実はしています。つまらないわけではないんです。彼女のことも大好きです。でもなんというか、いまいち楽しくないのです。大学生活はもっと楽しいものだとばかり思っていました。

何も問題はないのに楽しくない。きっとこれからの人生いろんな問題や悩みも起きてくるんだろうとは思うのです。

何もない今でもこれぐらいの楽しさならば、人生ってなんてつまらないのだろうと

思ってしまうんです。
一体どうやったらもっと楽しいと感じるのでしょうか。

おーー、聞いてると確かにリア充の極み！　って感じよね。それでも楽しくない、なんとなく言いたいことはわかるわ。これって、「青い鳥」と似たような話だと思うのよね。あの話知ってる？　チルチルとミチルという兄弟が伝説の幸福の青い鳥を探して旅に出るんだけど、結局その青い鳥はすぐそばにある籠の中にあったというお話。

「楽しい」っていうのも似たようなものでね、こうなれば最高に楽しいんじゃないかと思っていろいろやってみる。でも実現すると大したことではないと思う。これって**楽しさに対して過剰な期待を抱きすぎ**なのよ。

楽しさというのは、同じことをやっても同じように感じるわけじゃないの。今ありきたりになって楽しくないと思っていることも、**状況が変われば楽しくてたまらないと感じるかもしれないわ。**

たとえば、今当たり前にできていることも、急に当たり前にできなくなることがある。コロナの感染が広がることでそれはアテクシたちも体験してきているわ。当たり前の日常の中に、本当の楽しさがある。

それを手っ取り早く感じたいのなら、一つの方法があるわ。それは、

楽しさの閾値(いきち)を低くすること。

つまり、自分の好きなことをちょっと我慢してみるのよ。少しお出かけの頻度を減らすとか、デートの回数を（彼女が不安にならない程度に）少なくしてみるとか。

そうすると、ちょっとしたことでも前より楽しい！　と思うようになると思うわ。

探しすぎると、それが本当にやりたいのかどうかわからなくなるわ。何もやりたくない時期もある。認めていいのよ。

何かを常に追い求めている人っているのよね。向上心が高くて、一見いいことのように思えるわ。確かに一時期、特に若いときはそれが必要なときもあるのよ。なぜかというと、

その人がやるべきものって、すぐには見つけ出せないものだから。

だけど、**人生って長いのよ。自分で何かを求めて動き続けるには長すぎる。間がもたない。そうじゃなくて、気がついたら流れているような動きというのも大切なのよ。**

そして追いかけ続けているということは逆の言い方をすれば、いまだ到達していないということなのね。自分の内側に空虚さを抱えているからがんばってしまう。だから何もやらない、何もやりたくない。それを認めることも大切なのよ。

定番の楽しいことを普段から用意しておきなさい。

いつものことでも、何もないよりいいのよ。自分が楽しんでいるのか、「楽しんでいる」と思いたいのか。この二つは似ているようでまるで違うわ。

相手に合わせてもいいけれど、それは相手が喜ぶ顔を見て楽しいからなのよ。別に相手の笑顔が楽しくなければ、合わせなくてもいい。それは媚びてるだけよ。

自分は徹底的に気まぐれでいいのよ。そうじゃないと無理をする。

無理は無駄の仲間なの。

お便り⑥

寂しさに襲われるとき

今日のテーマは寂しいときね。そういうわけで今日はこんなお悩みを取り上げてみたいと思います。45歳、独身男性のアラ・カルトさん。

Tomy先生、はじめまして。私は、自動車メーカーで勤務しています。それなりにいい年ですが、30代の半ばに離婚し、それからは一人で暮らしています。子どもはいません。今は彼女もいません。幸いにもいい職場でやりがいもありますし、無理な残業もありません。職場にもよい仲間はいますし、たまに遊んでくれる友達もいます。

今のままの生活に不満はありませんが、ふっと「自分はこのまま一人で生きていくんだろうな」と無性に寂しく思うときがあります。趣味も友人もあり、仕事も安定していて言うことはないはずなんですが、このままでいいのかなって思うのです。

このときどき襲われる漠然とした寂しさから解放されたいと思うのですが、いったいどうしたらいいのでしょうか。

寂しさの克服って結構難しいところがあるのよね。それはなぜかというと、

人って基本的に寂しい生き物だから。

人間って基本的にコミュニケーションをとって生きる生き物なの。一人でやっていけないし、誰かを必要とするの。でもさ、人生って長いわけだし、何かの理由で常に周りに人がいるとは限らないのよね。

特に年をとってくると、新しい出会いは減ってくるし、既知の関係は薄くなっていく可能性が高い。どうしても一人でいる時間が増えてくるものよ。

でも寂しさって急に強く感じたりもするけれど、気がつけば消えてもいくものなのよ。永遠には続かないわ。そして、何かをやっていれば寂しさは消えていくものなの。なのでアテクシとしては、

普段から寂しさを減らしてくれる方法や人をたくさんつくっておく

というのをおすすめするわ。

「これさえやっていれば寂しくなんかないです」っていうものを最初からもっている人もいて、そういう人はいいんだけど、たいていは**いくら好きでもそればかりはやっていられないものなのよ。**

そこでこれをやっていれば寂しさを感じないなと思う方法をたくさんリストアップしておく。すぐに取り組めるものや、気合いを入れて数日取り組むものなど、いろんなパターンに応じて用意しておくといいわね。

たとえばアテクシの場合だと、

原稿を書く
本屋をうろつく
ショッピングモールを歩く
こぎれいな住宅街を歩く
歌を歌う

踊る
料理を作る
海を見る
筋トレをする
泳ぐ
誰かと旅行に行く
あえて一人旅をする
マッサージを受ける
美味しい料理屋さんを探す
建物の綺麗な美術館に行ってみる
映画を見る

などなどね。これぐらいやりたいことがあったら、なんやかんやで気がついたら「今日も楽しかったわね」と言っておねむの時間になるわよ。

あと、物事だけじゃなく、人。ここが大切。年取ったり環境に慣れてくるとさ、どうしても新しい人間関係をつくるのが面倒くさくなるのよね。これはダメ。

人間関係ってちゃんと新陳代謝させないと気がついたらどんどん希薄になっていくから、**「おもしろそうな人」「何かピンとくる人」……などとあまり考えすぎず、交流していったほうがいいわ。**自分の寂しさを紛らせてくれる行為を一緒に共有できる人だとなおいいわね。

お便り⑦

無気力なとき

今回のテーマは無気力なときです。やらなければいけないことがたくさんあるのに、何もやる気にならないときってあるわよね。そんなときにいかに気力を出すかについて考えてみたいと思うわ。

というわけで今回のご相談はこちらです。

こんにちは、Ｔｏｍｙ先生。私は25歳の大学院生です。大学を出ていったん社会人になったのですが、博士号をとりたいと思い、大学院生になりました。日々研究、論文作成の毎日です。

学生という身分ですので、レポートの提出や英語の授業など、やることはたくさんありますが、いまいち気力が出てこないときがあります。気力が出ないと焦ってさらに気力が出ないという悪循環で不安に陥ってしまいます。こういう場合、いったいどうやって気合いを出せばよいのでしょうか。

なるほど、なるほど。気力が出ないときの方法ね。気力が出ない場合はうつ病などが隠れている場合があるけれど、今回は日々の生活の中で見られる気力のなさについて考えてみたいと思います。

で、まず気力が出ないという状態についてよく考えてみたいと思います。気力が出ないというのは、大きく二つの状態があると思うのよね。

・いまいち気乗りがしないことをやらなきゃいけないとき。
・好きなことではあるのだけど、気力が出てこないとき。

まず前者のほうについて考えてみるわね。こういう気力のなさは、もともとやりたくないという気持ちから発生しているのよ。なので対策としては、

好きになる

ことが大切になってきます。好きにまでならなくても、嫌いじゃないぐらいにまではもっていったほうがいいと思うのよね。

じゃあ嫌いなことを好きにする方法だけど、

過程をこまめにわけて達成感を得られるようにする

のが一番いいと思うのよ。

人って基本的にお調子者なの。自分がすいすいできて、人から評価されるものは好きになるし、いまいち芽が出ずに苦手だと思うことは嫌いになる。それは、**なかなか結果が出ずに楽しくないから**なのね。言い方を変えると報酬系が刺激されないのよ。

報酬系という言葉が出てきたからついでに報酬系について説明していきましょう。これは、しっかり説明すると難しいからごく簡単に説明します。脳には、報酬系という神経回路があるとされています。つまりある行動をすると、それは報酬になって脳が「快」と感

じる神経回路ね。

人間はこの報酬系が満たされるように行動を強化していくわけです。好きな物事というのは、それをおこなうことで快と脳は感じるから勝手にやる気が出てくる。でも嫌いな物事は快ではないので、やりたくないと感じる。

だから、嫌いな物事からも脳が報酬を得られるように工夫をするといいわけなのよ。

方法の一つは、目標をこまめにわけて、達成感が得られるようにすること。

たとえばアテクシ楽器が不得意で嫌いだったの。それは楽譜がちゃんと読めないから。ハとかトとか、ぐるぐる巻きの模様みたいな記号や、おたまじゃくしがピコピコ並んでるの見ると「もういいや」ってなっちゃうのよ。

でもピアノ弾けたらいいなとは思っていたから「楽譜が読めなくてもピアノが弾ける本」というのを買ってみたわけ。これが実によくできていて、指を置く位置を図で示してくれて最初からドレミで書いてあるのよ。だから最初から簡単だけどなんとなく弾けそうな感じになる。

そうすると達成感が出てきて、脳の報酬系が満たされるようになってくるわけです。ダイエットとかも同じよね。いきなり10キロやせるぞ！ なんて思っても気力なんか出ない。でも1か月で1キロとかならなんとかなりそうな気がする。

嫌なことを嫌じゃなくするためには報酬系が働くように工夫することが大事なのよ。じゃあどういう工夫をすればいいかというと、一つは目標をこまめにして、結果を出しやすくする。あともう一つは、

過程を楽しむようにする。

たとえばさっきのアテクシのピアノの例でいうと、ピアノを弾く時間を「練習」と定義づけちゃうと単に課題が増えただけになる。でもコーヒーやアフタヌーンティーを楽しみながらピアノを弾けばとっても優雅な時間になるでしょ。

ダイエットの例でいえば、やせるために苦行のように運動をする必要はないのよ。たとえば興味のあるスポーツを組み込んで楽しんでやせられるようにする。またお料理が好きなら低カロリーで栄養満点なお料理を考えてみる。

目標をこまめにして、過程を楽しめるものに変えれば、嫌なことも嫌じゃなくなる。結果として気力が出てくるというわけね。

では、後半のパターンの解決方法について見ていくとしましょうか。好きなことなのに気力が出てこないとき。こういうときって単純にいうと、

疲れているときなのよ。

普段の生活の中で何か疲れる理由や原因があるはず。理由でよくあるのは、

睡眠時間が足りない

食事をちゃんととっていない

適切な休息をとっていない

単純にやることが多い

こういったところね。なので日々の生活を見直して、睡眠時間を30分でも増やすとか、ちゃんと適切な間隔で三食食べるとか、1時間何かに集中したら小休憩とるとか、やらなきゃいけないことを優先順位の低いものから1個減らすとか、

何かを見直して変えてみて？

ちなみにこの好きなことなのに気力がわかないというのはうつ病の一つの症状でもあるのよ。だから放置しておけば医療機関を受診しなければいけない状態になる可能性もあるので、あんまり軽くみたらダメよ？

お便り⑧

自分にブレーキをかけたいとき

さて、今回は自分にブレーキをかけたいときね。これはどんなときかというと、自分の孤独感だとか満たされなさを何かで埋めようとして、暴走してしまうときのことなのよ。
ではお悩み取り上げてみましょう。

Ｔｏｍｙ先生はじめまして。私はちょっとしたアイデア商品を売る会社をしています。そんなに大きな規模ではありませんが、おかげさまでぼちぼち軌道に乗っています。私の悩みは何かにはまるとブレーキがかからないことです。
お金も時間もだいぶ使ってしまい、気がつくと他人には言えないような金額になってしまいます。しかも、急に我に返るとなぜそんなことに夢中になったのか自分でも理解できずあきれてしまうのです。
これで終わればいいのですが、次から次へといろんなことに手を出してはやめていきます。こんな自分にブレーキをかけたいと思っています。一体どうしたらいいので

しょうか？　そしてこんな自分は一体何なんでしょうか、自分でも異常だと思います。

何かに夢中になることはいいことなのよ。でもね、それには大切な条件があって、

何かを忘れるために、夢中になってはいけない

ということ。

楽しむためにやることはいいけれど、嫌なことを忘れるためにやってはいけない。何かを忘れるために物事に没頭するのは、それは依存なのよ。だから限度なくのめりこんでしまうし、突然我に返って後悔することになる。

本当に楽しんでいることなら、後悔なんかするわけがないのよ。

そして、アナタは残念ながら、全部何かを忘れるためにやろうとしている。忘れられればいいのだから、そこにブレーキがかからないのよ。

これを避けるためには、当たり前だけど、

「何かを忘れるためにやろうとしない」しかないの。

具体的にどうするかというと、**アナタが困っていることの逆張りをすればいいわけ。**「お金と時間を使ってしまって困っている」んだからお金と時間をかけなければいいの。シンプルなことよね。

まずお金。たいていの物事って「お金をかけないと進まない」ようにできているのよね。**だからお金をかけない。**スマホのゲームなら課金しない。マンガを読むならマンガ喫茶にする。

お金をかける要素というのは、基本的に危険なの。なぜかというと**お金をかけて得られる達成感自体に依存性があるから。**だからお金をかければかけるほど達成感のある物事には基本的には手を出さない、あるいは、**最低限のお金しかかけないという自分なりのルールが必要だわ。**

そうじゃないと楽しくないと感じるのなら、充分依存になる可能性はあって、最初からやらないようにすることよ。

あとは時間。時間もかけないようにする。これにはいくつかの方法があって、**使っていい時間を決める。あとは一つ一つの作業をゆっくりやる、などね。**

たとえば、ゲーム。ゲームを1日30分と決める。また買ったソフトも一気にクリアしようとせず、少しずつ進めて長く味わう。こういう工夫が大切なのよ。

このように基本的にはお金と時間をかけないようにするのが一番よい方法よ。

お便り⑨

やけくそになっているとき

さて、今回のテーマはやけくそになっているとき。なんだかうまくいかないことが重なって、自分が嫌になって、もうどうでもいいや！　と思うことはないかしら？　こんなときどうしたらいいいかを考えてみたいと思いますわ。

というわけで今回のお悩みはコチラ。

Ｔｏｍｙ先生はじめまして。私は看護師をしている33歳の女性です。最近病棟が変わって、環境が一変。仲のよかった同期や先輩もいなくなり、仕事の勝手が違うのでなかなか段取りを覚えられません。

そこそこの年齢なのに、ずっと若い子たちよりも仕事ができずに本当に嫌になります。今日も大きなミスをして、こっぴどく怒られてしまいました。なんだかもう毎日が嫌になってしまいます。

休みにこれといってやることもなく、楽しい予定も特にありません。なんだかもう、

どうでもいいや！ という気分です。こういうときってどうしたらいいんでしょう。

何もかもうまくいかず、いろいろ重なってやけくそになる、なんてことは誰にでも起きるものよ。こういうとき、一番大切なことは、

自分で自分のご機嫌をとる方法を用意しておくこと

なのよ。簡単に言えばストレス発散なんだけどさ、時と場合によって適切なストレス発散方法が違うことってよくあるのよね。

まず、物理的に同じストレス発散ができない場合。「もう、嫌。ストレス発散したい」っていうのが休日の朝かもしれないけど、夜中かもしれないわけよ。自分のご機嫌をとる方法が洋服を買うことだとしたら、夜中に買いに行くことはできないわけじゃない？

あと精神的に同じストレス発散方法が有効じゃないとき。たとえばさ、あるときは歌を歌うとスッキリするけど、あるときはジョギングしたほうがスッキリするかもしれない。

人間って思うよりも気まぐれな生き物だから、いつも同じ方法でうまくいくとは限らないわ。

いわゆる「気分じゃないの」っていう可能性も考えておいたほうがいい。

そうするといろんなシチュエーションで自分のご機嫌がとれるようになっておいたほうがいいというわけなのね。で、自分のご機嫌をとる方法だけど、これはやけくそじゃないとき、つまり冷静なときから探っておいたほうがいいの。それは、

自分をわかっておくということ。

世の中には自分をわかるのが得意な人もいるんだけど、苦手な人もいるのよね。そういう人がもうやけくそになってどうにもならないときに「さあ自分のご機嫌をとろう」と思ってもどうしたらいいのかわからない可能性だって充分あるのよ。

ではは自分のことをわかるためのレッスンやってみましょう。ここで大切な基本事項は、

・頭でっかちにならずに、思いつくものはちょっとずつやってみる
・自分の気持ちが軽くなったのか重くなったのか観察する

の二つだけ。
もうちょっと詳しく解説してみるわね。まず、前者について。誰かと遊ぶとき、こんな人いないかしら？

「海に行く？」
「えー、ちょっと日差しが強すぎない？」
「じゃあプール？」
「このあたりのプールって子どもで混み合ってそうだし」
「ショッピングモールに行くか」
「別に今わざわざ行かなくてもよくない？」
「んー、じゃあカラオケでも行く？」
「あまり歌いたい気分じゃないな。アタシそんなに歌わないから」

「んー、じゃあどうしたい？」
「んー、特にやりたいことないなあ」

こういう人。こういう人ってすっごくもったいなあって思うのよね。いろいろやってみたら楽しいかもしれないのに、頭で考えすぎて「多分おもしろくない」って決めつけちゃっているのよね。

日差しは強くても海に行ったら楽しいかもしれない。プールもそう。ショッピングモールも友達と行くわけだからウインドウショッピングもずっと楽しくなるかもしれない。

カラオケだって勝手に「アタシ歌わないから」とか言ってるけど、思う存分歌ってみたことあるのかな？って思っちゃうわよね。「アタシは歌が好きじゃない」と思い込んで歌っていないケースだって充分考えられるわけで。

こういう人に足りないのは、**「とりあえずやってみる」精神**です。言い方を変えれば食わず嫌いなのよね。まあ、ここで出した例は、友達と遊ぶときにこんなこと言ってるから極端に見えるけど、自分一人のことになると意外とこれぐらい食わず嫌いになる人いるの

よ。

アテクシも最近料理にはまっているんだけど、実は最近まで料理なんてやったことなかったのよね。なぜかっていうと、アテクシが極めて不器用なのと、大昔パスタを作ろうとしたらレシピ見たのに大失敗した経験があるから。だから自分には料理は合わないんだって思い込んでたの。

でも食べるのは大好きだし、料理ができる人に憧れがあった。コロナであまり外出できないことも重なって試しに親子丼を作ってみたのよ。これが意外と簡単だったし、美味しくできた。さらに「あ、ちょっと水っぽかったかも。今度もっとツユ少なめにしよう」だとかいろいろ工夫したいなとも思えてきたのよ。

結局今では立派な趣味で、面倒くさいどころかストレス発散の一環として料理をつくるぐらいになったわ。これも「自分のご機嫌をとる方法」の一つよね。

思いついたらとりあえずやってみる。これはとっても大切な基本事項です。

そしてもう一つの基本事項は、**自分の気持ちが軽くなったのか重くなったのか、しっかり観察すること**。

世の中には自分の気持ちを観察することがおろそかになっちゃう人っているのよね。外部の刺激にとらわれて、自分の気持ちがどうなのか忘れてしまう人です。もうちょっとわかりやすくするために少し例を出してみるわね。

たとえば、ある人が自分の趣味として合唱団サークルに入ったとしましょう。歌は好きだから当然合唱団サークルも楽しいだろうと思って入ったわけよ。でもそのサークルは人間関係が面倒だし、いろんな雑用も多い。気がついたら、むしろストレスの元になっていたわけです。

こういうときに自分の気持ちを観察するのが得意な人は「あー、ここにいるとかえってストレスじゃん。やめよやめよ」となるんですが、これが苦手な人は「なんだか最近疲れるよなー」ぐらいで終わってしまう。

何か自分の行動を変えたら、それによって自分の気持ちがプラスに働いているのか、マイナスに働いているのかしっかり見てあげましょう。

第４章

自分を強くしていくためのレッスン

さて、この本もいよいよ最終章よ。
自分のことを少しずつ認められるように
なってきているかしら。ここではさらに自分を
しなやかに強くしていくための
練習をしていくわね。さ、ついてきて。

レッスン①

自分の弱点を知ることから始めましょ

さて、自分をだんだん強くするための方法について見ていきましょう。

まず、ゆがみに気がつく方法。

自分を強くするためには、自分の弱点について知らないといけないわ。この弱点というのは、自分の考え方（認知）のゆがみです。

どんな人間でも、普通に、当たり前に生活しているつもりでも、どこか考え方のゆがみというのが出てきます。

たとえば、何かあったときに、全部自分が悪いのかもしれないと思ったり、何も起きていないのに「悪いことが起きているかもしれない」と過剰に不安に思ったり。あるいはそんなにこだわらなくていいポイントなのに、こだわりすぎて逆にストレスを増やしていたり。

こういう考え方のゆがみに気がつくことがすべての始まりと言ってもいいわ。で、これは本当は認知行動療法というカウンセリングの手法なのね。プロが行うセッションによっ

てゆがみに気づいてもらうわけ。

でも、そこまでやらなくても自分でもある程度、ゆがみに気がつくことはできます。それについてちょっと書いてみたいと思うわ。

まずわかりやすいようにまたたとえ話を出していきましょう。ここで登場するのはAさん。AさんはLINEがすごく苦手です。でも、日常的にLINEを使わざるを得ないので、困っています。

これが認知行動療法だと、カウンセラーが話を聞きながら、考え方のゆがみについて示唆するわけだけど、ここは自分でやれる方法として、

書き出す

ことを提案してみたいと思います。

まずやることは、シンプルに自分が困っている状況を書きます。

・私はLINEが苦手で困っている。

そうしたら、**なるべく具体的に困っている状況について詳しく書き足していきましょう。**

基本は5W1H。つまりWho（誰が）、When（いつ）、Where（どこで）、What（何を）、Why（なぜ）、How（どのように）です。

ただ、ここで書き出す目的は、Whyを知るためなので、そこは最後に考えましょう。

Aさんの場合でいうとWhoは、LINEの相手全般ですが、仕事のやりとりではストレスに感じていないので、Whoはプライベートの人間関係です。Whenを考えていくと、[illegible]つき

まし[illegible]

W[illegible]tは、

返信[illegible]と。

ここまでまとめると、

・私は、プライベートの人間関係で、相手からの返信待ちをしているとき、特に既読がついたあと、返信が来ているかどうかいつも頭から離れずにストレスを感じている。

ということになります。さあ、ここでＷｈｙの出番。なぜ私はこう思うのか。Ａさんは気づきました。

自分が嫌われたんじゃないか、相手を怒らせたんじゃないかと思って不安になっている。

ということに。じゃあ、実際にそんなやりとりをしているかというと、全然そんなことはないのよ。でも、不安になっているときは、その前に送った冗談だとか、立て続けにメッセージ送ったことだとか、スタンプを押したことが相手を不機嫌にさせたかもしれないと心配になっていたの。

あとから振り返ってみれば、実際にそれで相手が不機嫌になったことは一度もないにも

かかわらず。**そう、これが考え方のゆがみなのよ。**

このように、カウンセリングを受けなくても、自分で困った状況について書き出して、徹底的に5Ｗ1Ｈを考えてみる。そうすると、なぜそうなったのか、どこが問題なのかが見えやすくなる。

これが自己分析ってことなのね。

さて、ここまで自分のことがわかるようになってきたら、あとは、

考え方や行動を変えてみる

という段階になってきます。

ここでさっき考えた、自分がストレスになるＷｈｙが生きてくるのよ。

さて、今回のケースのＷｈｙを振り返ってみると、「自分が嫌われたんじゃないか、相

手を怒らせたんじゃないかと思って不安になっている」だったわよね。
その根っこにあるのが、その前に送った冗談だとか、立て続けにメッセージ送ったことだとか、スタンプを押したことが相手を不機嫌にさせたかもしれないという気持ちでした。
まず考え方を変えることから見ていきましょう。これにはさまざまなテクニックがあるんだけど、まず簡単な方法は、

・立場の変換

・一般化

です。まず立場の変換から見ていきましょう。これは簡単にいえば、

アナタがもし逆の立場だったらどう思うか

を想像してみるのね。たとえば、アナタだったら、冗談で怒ることはないだろうし、ス

タンプで相手を悪く思うことはないでしょう。
メッセージを立て続けに送ることは時と場合によっては「ちょっとうっとうしいな」と思うことはあるけれど、腹までは立てないわね。
そうすると、まあメッセージを立て続けに送ることは控えるとしても、そこまで気にすることもないのかなとちょっと思えます。また、こちらがLINEを送ったときは昼間で、相手は会社員。休み時間に内容だけ確認して既読はつけても、すぐには返せないはず。
このように逆の立場で考えてみると少し冷静になることができるでしょうし、ちょっとした問題点も見えてくる（ここでいうとメッセージを立て続けに送ること）。
問題点に関しては、あとで述べる「行動を変える」にもそのまま生かせると思うわ。

では次の一般化について考えてみましょう。これは自分の考え方を一般的なものにする。具体的にいえば、誰かに「自分の考え方はどうかな？」と聞いてみるということです。
本当は「一般的にどうか」ということがわかればいいけれど、いちいちデータをとるわけにもいかないので、身近な人、しかもわりと冷静で参考になる考え方の持ち主だなと思う人に聞いてみることよ。

この場合、相手によっても意見が違うでしょうから、何人かこういうことが聞ける人がいたほうがいいと思うわね。

この場合、コミュケーション上手な友人に聞いてみたところ、

・メッセージを立て続けに送ったとしても、これぐらいで怒る人はいない
・あとはまったく問題ない

と言ってくれたので、ちょっと安心できたわけなのよ。
あと一般化には「他人に聞く」以外にも自分の経験の中で一般化する方法があるのね。
これ結構大切なポイントです。
何をするかというと、

今まで、アナタの友人でこれぐらいのやりとりで腹を立てて連絡取れなくなった人はいますか？

と自分に尋ねること。

人が悩んでいるときって、目の前の状況にとらわれすぎていて、**視野が狭くなっているのよね**。この観点から自分に聞き返すようにすると、わりと頭がすっきりするからよく覚えておいてね。

次に行動を変えてみることを考えてみます。**一般的に行動を変えることのほうが、考え方を変えるよりハードルは低いわ。行動は今やれば済むことだからです。**

で、行動の変え方なんだけど、

- **問題の状況が発生しないようにする**
- **物事を判断するタイミングを変える**
- **ルールを作る**

このあたりの方法でやっていくとよいと思います。

まず一つ目から見ていくわね。問題の状況が発生しないようにする。これは、そもそも、

ストレスの元になる行動をやらない

という考え方です。つまりＬＩＮＥを極力やらない。やる場合は、必ず返事が返ってくるもの。たとえば打ち合わせだとか、日程の確認だとか、事務的な用件のみにする。実際、ＬＩＮＥはそういう使い方をするもの、と決めている人は案外多いので、この方法でうまくいく可能性は高いと思うわ。

またプライベートの感覚で、わりとどうでもよい話題をＬＩＮＥでされると、返答に困って返事が来ない、遅れるなんてこともあると思うのでこの意味からも、よい方法だと思います。

個人的なやりとりがしたい場合は、「相手からそういうメッセージが来たら応じる」「なるべく電話か、直接会って話をするようにする」というように決めたほうがいいわね。

さて、次のポイント、**「物事を判断するタイミングを変える」**について考えていきましょう。これはどういうことかというと、ストレスになっているときって、結果を焦って気分を悪くしていることが多いの。何度も返信を確認してしまうとかね。それだと疲れてしまうので、

「LINEを見るときは1日2回、寝る前と朝だけと決める」

というやり方もあります。こうすると、あまりヤキモキする必要がないし、相手から返信が来ている確率も高いでしょう。

そして最後のポイントは**「ルールをつくる」**です。

さっきの対策方法も一種のルールだけど、もっと拡大して考えていきましょう。最悪のケースはこうしようと決めておくのよ。そうすると自分の中で覚悟とその場合のイメージができるのでちょっと大きく構えていられるようになります。もちろん、特にアナタに非がないわけなので、ここまでいく可能性は実際に低いし、そうなったとしても対応が可能なので安心できるというわけね。

たとえば、

1日に一回LINEを確認する
↓
返信が3日なければあきらめる

こうして、うまくいかないときの防波堤をつくって気持ちを切り替えるようにすれば完璧です。

レッスン②

楽観的になる方法

では、今度が楽観的になる方法について考えてみたいと思います。ここでアテクシがまず言っておきたいのは、

どんな人でも楽観的になったり悲観的になったりを繰り返している

ってこと。人間てさ、勝手に「私は悲観的だ」「私は楽観的だ」なんて思っているけれど、実のところどんな人でも楽観的になったり悲観的になったりしているのよ。そして大切なことは状況が変われば当然考え方も変わるけど、

何も状況が変わらなかったとしても、考え方が変わるということ。

人間の考え方って案外適当で、実は「私の考えはこうです」っていつも言いきれるほど

確固たるものでもないのよ。なんか嫌なことがあると全部悪いほうに考えちゃうし、ちょっといいことでもあって機嫌がよくなると「まあ、そんなの何とかなるわよ」なんて楽観的になったりもする。

そして、体調にも左右されるのよね。考え方って。体調がいいときは楽観的だし、体調が悪いときは悲観的。

こういっても「いやいや私はやっぱり悲観的な人間です」なんて反論したくなるときもあるかもしれないわね。これは誤解なのよ。悲観的な人間だと思っている人の多くは、

悲観的な考えになったときの自分をよく覚えていて、同じ考えを反芻（はんすう）しているの。

そのうちに「自分は悲観的な人間である」というレッテルを自ら貼ってしまっているというわけね。

だから、楽観的になる方法というのは次の通りです。

・悲観的なときは考えるのをやめる
・体調を整える
・自分は悲観的な人間だと思い込まない

基本的にこの三つでOKなのよ。

まず、一つ目の**「悲観的なときは考えるのをやめる」**。

これは普通に「あ、やめよ」でもいいんですが、簡単にできないときもあるわよね。そういうときは、

行動を切り替える

のがおすすめです。思考というのは、行動を伴って変わっていきます。思考が変われば行動も変わるし、逆に行動を変えれば思考も変わる。

たとえば、顔を洗う。シャワーを浴びる。でもいいのよね。コーヒーをいれて飲む、掃除する、買い物に行くでもいいです。

たとえば買い物に行こうとすれば、「何買おうかな、どこ行こうかな」と考えるようになるでしょう。**この時点で気持ちは切り替わっています。**

逆にぼーっとしたまま気持ちを切り替えようとしてもなかなか難しいのよね。ぼーっとしたりゴロゴロしたりするのは、疲れているときにはいいけれど気持ちを切り替えるときには向いていません。

それは、ぼーっとする、ゴロゴロするときには、考えることがない。

つまり、**気持ちがお暇になっている**のよ。人間は気持ちがお暇になっていると、だいたいネガティブなことをとりとめもなく考えてしまう傾向にあるのよね。だから、気持ちをお暇にしないことが大切なのよ。

さてお次は「体調を整える」です。

これも、身体と心はリンクしている考えから来ています。**だいたいネガティブなときって体調が悪いときなので、体調を整えましょうというお話。**気持ちに直接アプローチするより身体にアプローチしたほうが楽なのよ。

それで、具体的な方法だけど

- **睡眠**
- **食事**
- **体力**

の3点から考えていきます。

まず、睡眠。気持ちがネガティブになるとき、落ち込むとき、かなりの確率で睡眠不足です。最近夜更かししてないかしら？　あるいは睡眠時間削ってないかしら？

思い当たるフシがあったら少しでも睡眠時間とるようにしてみて。できるのなら、ネガティブなときは30分以内ぐらいで仮眠をとってもいいと思うわよ。

思い当たる人もいると思うんだけど、**睡眠不足ってかなり考え方に悪影響を与えます。**あと意外と**盲点なのがお酒。**お酒飲むと寝つきはよくなるけど、睡眠の質が悪くなって変な時間に目覚めたり、よく寝たはずなのに睡眠が浅くなって寝不足感が改善しなかったりしやすいのよ。まずは睡眠が確保できているかしっかりチェックよ。

「食事」も大切なポイント。食事がしっかりとれていないと、**低血糖になって頭がぼーっとする。集中力がなくなって、考え方に余裕がなくなるわ。**三食必要な食事をとるって結構大切なことです。

体力という言葉は漠然としているので、ここで使うべきかちょっと迷ったんだけど、とりあえず体力としておきましょう。やることが多すぎると頭（脳）を使いすぎて、ネガティブな考え方を引き起こしやすくなるわ。

そして**身体も使いすぎて疲れていては、やはりネガティブな考え方を起こしやすい。**

頭も身体も使いすぎない、体力をほどほどに残しておくという考え方はとても大切よ。

レッスン③

他人を好きになる方法

この本は最終的に、

「自分を肯定して、自分のことを好きになってもらう」

ということが最終目標なんですが、自分を好きになることができていない人からすると、とても難しいことなのよね。なので、まずその前に、

他人を好きになってみる

というところから始めたらどうかなと思うのよ。

これが好きになるというレベルではなく、愛するってレベルだと、自分を愛せないと他人を愛せないという順番になると思うのですが、好きになるというレベルなら他人を好き

になるほうが簡単かもしれないと思うのね。

で、他人を好きになる方法だけど、**「嫌い」を減らして「好き」を増やす方法**で考えていきたいと思うのね。他人を好きになれないのなら、まず嫌いな点を減らす。

そして同時に好きなポイントを増やしていくのよ。

- **想像力を働かせる**
- **その人の「何が嫌いか」考えてみる**
- **観察する**
- **よい点を探してみる**
- **清濁併せ呑む**（せいだくあわ）

こういうアプローチで考えていきたいと思います。

まず**想像力を働かせる方法**。これは、相手のことを嫌っているときって、気持ちはそこだけに集中してしまっています。「あ、あの人嫌いだ」ともう思っているので、顔を見た

瞬間に「嫌いである」というレッテルを頭の中で貼っている状態なのよね。

なので、**「あの人＝嫌い」ではなくて、何が嫌いかを具体的に考えてみる。本格的に対処してみたいのなら、考えるだけでなく書き出すのもアリだと思うわ。**

そうすると「小言が多いのが嫌」「悪口を言いふらすのが嫌」「思ったことをずけずけと言うのが嫌」というように嫌いなポイントが見えてくる。だいたいは人が嫌いなんじゃなくて、嫌いなポイントがあるから嫌いなのよ。

そして嫌いなポイントがわかったら、それが自分に影響しないように対応すればいい。「罪を憎んで人を憎まず」という言葉があるように**「欠点を憎んで人を憎まず」という作戦ね。**

どんな人にも、それぞれの事情があってそれぞれの性格や行動様式が決まっていくもの。それを推察することで、相手の嫌いな点を減らす。場合によっては物事の見方が変われば欠点が実は長所だったということもあり得る。

たとえば「厳しい人」っていうのも、相手の成長のためにあえて厳しくしている人もいるわよね。これをただ「厳しくて怖い人」と考えればパワハラにも感じるかもしれない。しかし、そこに事情があってアナタを育てたいと思って厳しくしている可能性もある。あ

るいは、相手が厳しい環境で育っていて、そうあるべきだと考えているのかもしれない。**さまざまな状況を推察することで、自分の器を広げ、「嫌い」を減らせる可能性があるのよ。**

では次に「好き」を増やす方法について考えていきたいと思います。**「好き」を増やすときにまず大切なのは相手を観察することよ。**

だいたい人を好きになるとき、相手のことをずーっと見ちゃうでしょ。「好き」→「ずっと見ていたい」→「好きなポイントが増えていく」→「さらに好きになる」というスパイラルによって人はどんどん相手のことが好きになっていくのよ。

逆に言えば、人を好きになりたいときはまず相手のことをよく観察する。ただ変な誤解をされたり、気味悪がられたりしてはいけないので、そのへんは気を配るのよ。**相手のことをよく観察すると、いいところも見えてくると思います。**

たとえば「あ、この人は作業がていねいだな」とか「あ、この人は誰に接するときも笑顔で接しているな」とか「この人は落ち着いた雰囲気をもっているな」とかね。

こういう相手のいいところって、ちゃんと見つけようとしないと見つからないのよね。なぜかというと相手が自然にこなしている点だから。相手のいいポイントを見つけられるようになると、自然と相手のことが少しずつ好きになっていると思うわ。

そして最後に大切なポイントは「清濁併せ飲む」ということ。

これは、**いいところも悪いところもある一個の人格として、相手のことを受け入れるということです。**人間って長所ばかりではないから、好きな点ばかりとは限らない。時にはどうしようもない欠点を持っていることもある。

でも、人間ってそういうものなのよね。受け入れられない点があるからあの人は全部ダメみたいな発想だと、他人を好きになることがなかなかできなくなってしまう。相手と恋愛をするわけではなく、他人を好きになるだけなのだから、そこまで自分の感覚を優先する必要はないわ。

こういったポイントを押さえていくと、あることに気がつくと思います。相性がいい人悪い人というのはいるけれど、心からの悪人というのは少なくて、器用だったり不器用だ

ったりしながらなんとか自分の人生を生きている。

みんな人生というボートを四苦八苦しながら漕いでいる仲間なのよ。

そこまで思い至れば、他人を好きになったり仲間意識を持ったりできるでしょう。

レッスン④

自分を好きになる方法

さて、最後。この本で一番のテーマとなる自分を好きになる方法です。他人を好きになることができれば、実は自分を好きになるところまであと一歩というところまで来ているのよ。

で、実は自分を好きになる方法は他人を好きになる方法と同じね。ただ自分のことなのでそこは若干変更点はあります（自分のことを観察するのは難しいから、省略）。

・自分の「何が嫌いか」考えてみる

自分のことが嫌いという人に「なぜ嫌いなの」って聞くと意外と自分でもわかってなくて「とりあえず嫌い」「なんとなく嫌い」という人も一定数います。

理由がわからないと、自分がどうしていいのかもわからないから、なるべく具体的に考えていくことは大切なのよ。

・自分がなぜこうなったのか考えてみる

ここは他人を好きになる方法とは違うポイント。自分になぜ嫌な部分ができてしまったのかは、考えてみること。

自分を嫌いな人って「なぜこうなったのか」考えることが言い訳のように感じられて嫌う傾向にあるのよね。でもそれって思考制止だと思うの。

ちゃんと冷静に考えてみることで「本当に変えるべきだったこと」「いたしかたなかったこと」をわけて考えられるようになると思うのよ。

ちなみに「言い訳の多い人間になりたくないから考えたくない」って思う人もいるかもしれないけれど、それは違うのよ。言い訳の多い人間は、こんなことあえてやらなくても最初から言い訳を探しまくっている人だから。

言い訳の嫌いな人間が、「自分がなぜこうなったのか」考えたところで言い訳が多い人間になることはないわよ。

・自分のよい点を探してみる

次のポイントは、自分のいい点を探してみること。ここも他人を好きになるときと同じ

ポイントね。ただ違う点は「自分で自分のいいところってなかなかわからないところ」なの。これは、自分のことをよく知っている人に聞くといいわ。
「そんな人はいない」という場合は、とりあえず身近な人間に聞きなさい。
アナタのそばにいる人、特に長くいる人というのはアナタのことをよく知っているものよ。それに、アナタのことを好きだから近くにいてくれているものよ。嫌いなら距離をとっていくものだから。

さりげなく、「私ってどんなところがいいところ？　自分に自信なくってさあ」って聞いてみるといいわ。

さらに「身近な人もいない」というのなら、誰かとコミュニケーションしなさい。たくさんじゃなくてもいいし、器用に付き合わなくてもいいから。そういう人が自分のことが嫌いな理由は、**たいていコミュニケーション不足からくる孤独感によるものよ。**

誰かとコンタクトをとってみるだけでもだいぶ違うわ。

あとは動物を飼うだけでも、自己肯定感が上がる場合があるわ。動物はアナタなしではやっていけない存在。しっかりしなきゃという思いと、しっかり役に立てているという思いがアナタを強くしてくれるの（ただ生き物を飼うという責任を果たすことによって得られる強さだから、そこはしっかり責任をもつことが大前提よ）。

・清濁併せ呑む

これも、他人を好きになるときに必要なポイントだったわね。自分を好きになるときも同じことよ。理想主義的にならない。ダメな点だと思うことは直していったほうがいいかもしれない。

でも、それは否定されるべきことじゃない。**ダメな点も含めてアナタ自身であるということ。もし直すとしても、「より生きやすいように軽減していく」目標値ぐらいでいいんじゃないかしらね。**

アナタも自分の人生を一生懸命歩んでいる存在にすぎないわ。みんなと同じ。ときに真

面目に、ときに自堕落に。でも自分の人生を歩んでいる。

それでいいじゃないですか？

それは素晴らしいことじゃないですか？

自分を好きになりたいと思ってがんばっている。

そんな人、素敵じゃないですか。

精神科医 Tomy

1978年生まれ。某名門中高一貫校を経て、某国立大学医学部卒業後、医師免許取得。研修医修了後、精神科医局に入局。精神保健指定医、日本精神神経学会専門医、産業医。精神科病院勤務を経て、現在はクリニックに常勤医として勤務。2019年6月から本格的に投稿を開始したTwitter『ゲイの精神科医 Tomyのつ・ぶ・や・き』は、一瞬で心が癒やされると話題に。覆面で雑誌、テレビ・ラジオ番組にも出演。『精神科医 Tomyが教える 1秒で不安が吹き飛ぶ言葉』(ダイヤモンド社)、『人の好き嫌いなんていい加減なものよ。—他人に振り回されないためのTomy流処世術』(KADOKAWA)など著書多数。

● Twitter:@PdoctorTomy

イラスト　カツヤマケイコ
装丁　金井久幸(TwoThree)

精神科医Tomyの
自分をもっと好きになる
「自己肯定感」の育て方

2020年12月10日　第1刷発行

著　者　精神科医 Tomy
発行者　鉄尾周一
発行所　株式会社マガジンハウス
〒104-8003 東京都中央区銀座3-13-10
書籍編集部 ☎03-3545-7030
受注センター ☎049-275-1811
印刷・製本所　大日本印刷株式会社

ISBN978-4-8387-3136-7 C0095

● マガジンハウスのホームページ　https://magazineworld.jp/

最短10時間で9割とれる
共通テスト漢文のスゴ技

寺師 貴憲
Takanori Terashi

＊本書は、2015年に小社より刊行された
『最短10時間で9割とれる センター漢文のスゴ技』に
大幅な加筆・修正を加えた、共通テスト対応リニューアル版です。

はじめに

漢文って、読めそうなのに読めないですよね。

漢文は、アルファベットだらけの英語と違って、見慣れた漢字で書いてあるわけですから、「もっと読めてもいいのに」と思うわけです。

まったくその通り。そこそこ漢字を読めるなら、あと一歩です。

漢文についい苦手意識を持ってしまうのは、①見慣れない表現（句形・句法）がある、②普段はひらがなで書いてある副詞が漢字で書いてある、③そもそも小難しい漢字が続出するから、なんです。

理由がわかれば対策は簡単です。**僕が「あと一歩」のお手伝いをします。**

この本は、①漢文に苦手意識を持っている人から、②選択肢を二つまでは絞れるのにそこから先がうまくいかない人、③ある程度は点数をとれているけど、なかなか安定しない人を対象としています。目標は、解答時間10分で得点9割（できれば満点）です。

じゃあ、どうするのか。気になりましたか？　では、「1時間目」を見てみてください。

寺師　貴憲

本書と「10時間」の使い方

本書は、共通テスト漢文で9割以上とる方法を、10時間でマスターする本です。それ以外の目的には適しませんので、あらかじめご了承ください。10時間だけなら漢文にかけてみよう！　という志の方には、このうえなく有意義な時間になることを保証します。

10時間の配分は、みなさんの自由です。1日で一気に10時間を駆け抜けてみるのもよいですし、1日1時間で10日かけてじっくり着実に進めるのも有効です。

1時間分の学習内容は、大体16ページにまとめました。本文を読んで原理原則をつかみ、「ミッション」をクリアしていけば、自然と力がつく作りになっています。1時間ごとに武器やアイテムを獲得して、気がつけば「いつの間にか」レベルアップしていた、というイメージです。

本文は、単純明快！　苦手な人でもテンポよくサクサク読めるよう、論理的な文章にこだわっています。また、普段「なんとなく」「テキトーに」解いている手順を、徹底的に使いやすいようにメソッド化しました。試験本番では、本書の手順通りに問題を攻略すれば、満点も夢じゃありません。

英語の場合、「単語」「文法」「長文読解」「リスニング」など、イチからいろいろ学ばなければなりませんが、漢文は違います。なぜなら、「漢字」を知っているから！　覚えることは、英語に比べて格段に少ないのです。本書で方法論をマスターしたら、あとはセンター試験の過去問や試行調査の問題を使ってスピードと精度を上げるだけ。他の参考書は必要ありません。

ゴールが見えていないとヤル気が出ない人のために、本書の10時間で扱う内容を軽く紹介しておきます。

1時間目　「共通テスト漢文」の急所、解き方のコツ

2・3時間目　強力な武器「句形」「副詞・ならでは語」

4時間目　「熟語」で語彙力を強化

5〜7時間目　「主語・目的語」「反語・二重否定」「対句」

8〜10時間目　「説明問題」「詩」「最終問題」対策

実践演習　「実践演習」で総復習

ここまでくれば、解けない問題なんてありません。気合いと集中力で、共通テスト漢文対策を乗り切ろう！

目次

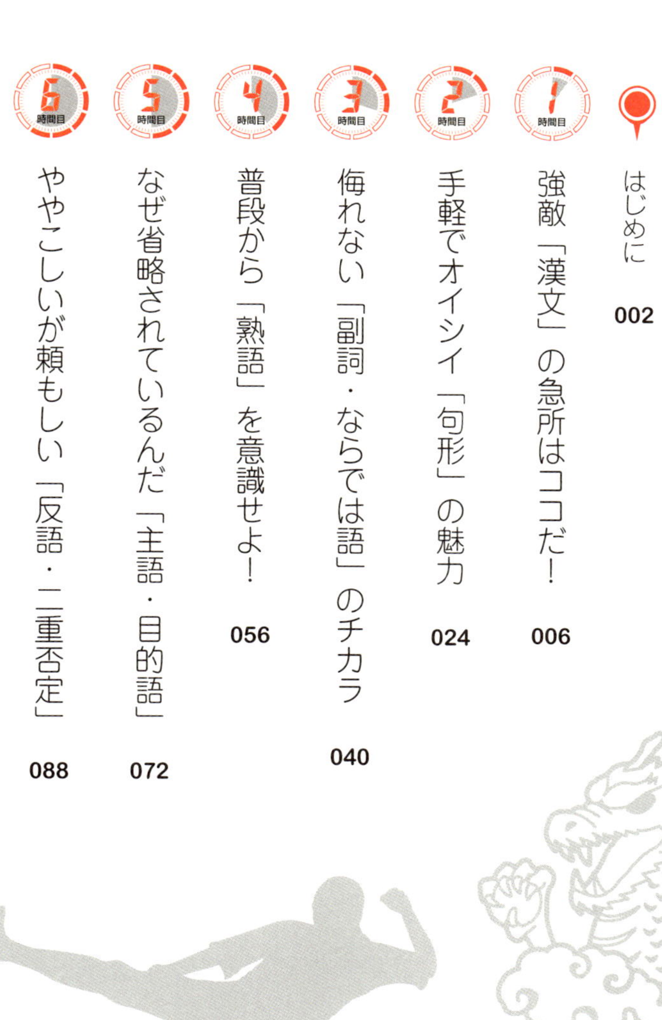

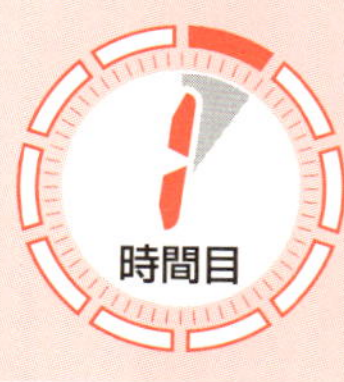

強敵「漢文」の急所はココだ！

◎共通テスト漢文にも戦い方がある

大丈夫。安心して。まったく点数がとれなくて泣きそうな人も、ある程度は点数がとれるけど伸び悩んでいる人も、点数がとれたりとれなかったりと波がある人も、点数はとれるけどやたら時間がかかる人も。

大丈夫。安心して、なんとでもなります。

何も考えず、やみくもに「敵（共通テスト漢文）」に突っ込んでいくから、ケガをしているだけです。

戦い方があるんです。戦い方が。

句形さえ暗記すれば点数とれるんでしょ――とか言っているから、見事に返り討（う）ちにあうんです。句形の知識は確かに強力な武器になります。でも、それだけで強敵「漢文」に立ち向かうのは、**男前すぎます**。それでは、さっそくミッション。

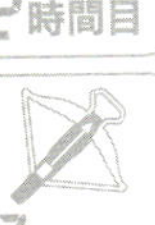

ミッション 01 次の問いに答えよ。 制限時間 2分

昔、漢ノ明徳馬后(注1)ニ無レシ子。顕宗(注2)取リ二他ノ人(じん)子一ヲ、命ジテ養ハシメテレ之ヲ曰ハク、「人子何必親生。但ダ恨ムニ二愛之不一レルヲ至ラ耳ト」。

（注）1 明徳馬后――後漢の第二代明帝（顕宗）の皇后。第三代章帝の養母。

2 顕宗取二他人子一、命レ養レ之――顕宗が他の妃(きさき)の子を引き取って、明徳馬后に養育を託したことをいう。

問 傍線部「人子何必親生」の解釈として最も適当なものを、次の①～⑤のうちから一つ選べ。

難易度 ★☆☆☆☆

① 子というものは、いつまでも親元にいるべきではない。
② 子というものは、必ずしも親の思い通りにはならない。
③ 子というものは、どのようにして育ててゆけば良いのか。
④ 子というものは、自分で産んだかどうかが大事なのではない。
⑤ 子というものは、いつまでも親の気を引きたいものだ。

解けましたか？

え？　句形の知識が足りないから解けなかった？　ああ、そうですか。それでは、傍線部で使われている句形を紹介します。

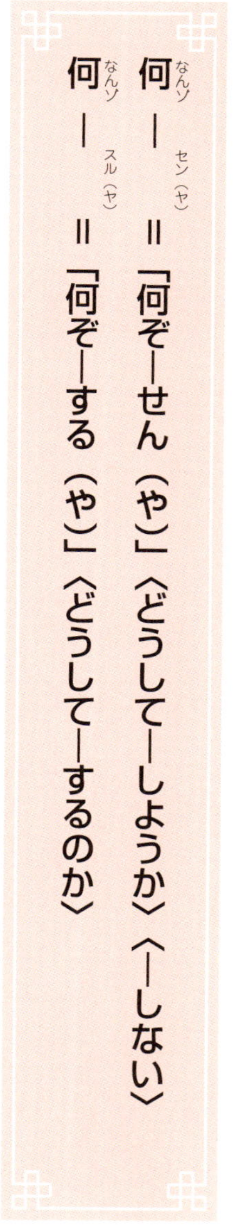

何（なんゾ）ー（セン（ヤ））＝「何ぞーせん（や）」〈どうしてーしようか〉〈ーしない〉

何（なんゾ）ー（スル（ヤ））＝「何ぞーする（や）」〈どうしてーするのか〉

で、解けましたか？　句形を紹介されても、何の手助けにもなりませんでしたね。
句形を暗記するだけでは足りないな、と少しは実感できたでしょう。

それでは、戦い方を伝授。

戦い方 その① 本文を本気で読む

つまり、**訳せ**ってことです。当たり前すぎて驚きますよね。でも、本文に目を通しただけで「読んだことにする」人がものすごく多いんです。単に「昔、漢の明徳馬后に子無し。顕宗他の人子を取り、命じて之を養はしめて曰はく、『人子何必親生。但だ愛の至らざるを恨むのみ』と」と読み下しただけで、なんとなく意味もわかった気になるわけです。

じゃあ、そのまま選択肢を見て解いてみてください。

解きやすくなりましたか？　頭の中がフワフワしてますよね。

それでは、傍線部の前後を**直訳してみてください**。おっと、**注をよく見て**。

注は解答のヒントだと心得よ！

注を踏まえて直訳していきます。おっと、注意点をもう一つ。

主語・目的語を補え！

それでは、直訳。目的語などを補っただけで、書き下し文とほとんど変わりません。

【直訳】昔、漢の（顕宗の皇后である）明徳馬后には子どもがいなかった。顕宗は他の（妃の）子を引き取って、（明徳馬后にその子を）養育するように命じ、（彼女に）言った、「人子何必親生。ただ愛が至らないことを恨むだけだ」と。

顕宗は、子どもに恵まれなかった妻に、自分が他の妃に産ませた子を与えて、その子を育てるように命じたわけです。……で、正解は？　ずいぶんと簡単になりましたね。少し情報を補いつつ直訳しただけなのに。

これをこの本では「**本気読み**」と呼ぶことにします。本気出して読む、いま読めないのはまだ本気出していないだけ、というわけです。

解説

繰り返しますが、顕宗は、子どもに恵まれない皇后に、別の妃に産ませた、彼女とは血のつながりのない子を与えて、「この子を自分の子どもとして育てるように」と命じました。傍線部はその直後のセリフです。

①子というものは、いつまでも親元にいるべきではない。 ↑そんな理由で？

②子というものは、必ずしも親の思い通りにはならない。 ↑子育てアドバイス？

③子というものは、どのようにして育ててゆけば良いのか。 ↑子育て相談？

④子というものは、自分で産んだかどうかが大事なのではない。 ↑**正解！**

⑤子というものは、いつまでも親の気を引きたいものだ。 ↑子育てアドバイス？

正解は「（この子を自分の子として育てるように。）子というものは、自分で産んだかどうかが大事なのではない」とある④。彼女に他の妃の子を育てさせるという**文脈を正しく踏まえています**。その他の選択肢はバカバカしいです。例えば、①。「この子を自分の子として育てるように。子というのはいつまでも親元にいるべきではないからな」。皇帝がそんなことを本気で言うなら、国中の子どもを親元から引き離さなければなりません。

注をしっかり読んで、他の妃に産ませた子を皇帝が皇后に育てるよう命じたという文脈をとらえれば、問題は解けました。**本文に目を通すだけで満足し、注を軽視して、内容を本気で読み取ろうとしていないから、うまく解けないわけです。**

え？　そんなにしっかり読んでいる時間はない――ですって？　あははは。それは二つの点で大きな誤解をしています。

一つ。時間に追われて、何も考えず、やみくもに問題を解こうとしているから、時間がかかります。選択肢を上から下まで何度も読み、しかもどれが正解か確信が持てず、「二つまでは絞れたんだけど……どっちだ？　どっちが正解なんだ？」などと悩み苦しみ、いつまでも答えを一つに絞りきれないから、時間がかかるんです。

もう一つ。「時間がない」なんて言い訳にもなりません。しっかり読んで問題を解いて、かつ時間内に収めるんです。毎年、生徒「フィーリングで解いたらダメですか」、僕「点がとれるならいいですよ」、生徒「点はとれません……」、僕「じゃあ、ダメです」、生徒「でも、**時間がないんです**」という会話をしてますが、フィーリングで解いたら点数は伸びないし、ある程度とれても**安定しません**。**時間がないなら、時間を作ればいい**んです。

じゃあ、どうやって時間を作るのか――それでは、戦い方その②・その③です。

戦い方 その② 入念に準備をしておく＝事前に武器を装備しておく

戦い方 その③　敵の急所を突く＝設問の攻略法を身につける

本文を本気で読んだら時間がかかるのは当たり前です。時間短縮は、**いかに多くの問題を「本気読み」ナシで解くか、いかに多くの問題を本文を読まずに瞬殺するか**にかかっています。

そのためには、試験会場という戦場におもむく前に、**強力な武器を装備し、敵を攻略する戦術を身につける**必要があります。

敵軍が騎兵中心で編制してくるなら、こちらは**弩**（射程距離400メートル超えのボウガン）と長柄の**大斧**（長さ3メートル・重さ5キロ）を装備します。敵騎兵が自陣に近づく前に弩の斉射でダメージを与え、接近戦に入ると同時に、大斧をふるって敵騎兵の馬脚を斬り落とします（実際に宋軍が採用した戦術で、金軍の騎兵を大いに苦しめました）。

共通テスト漢文でも同じです。強力な武器（句形や副詞の知識）を装備し、戦術（問題の解き方）を身につければ、敵（共通テスト漢文）を打ち破ることができます。

それでは、実際に戦術（問題の解き方）を見てみましょう。

反語・二重否定は必ず言いかえよ!

反語とは、疑問の形を借りた否定文で、「貝の仲間とはいえ、**どうして**カタツムリを食べられ**ようか**(いや**ムリ**)」というアレです。ここが**共通テストの急所**です。ほかには目もくれず、徹底的に疑問・反語に集中します。**選択肢を二つ三つ消去できます**。詳しくは、6時間目でじっくりやります。さて。

疑問を見つけたら、とりあえず反語と見なし、否定文に言いかえます。言いかえ方は簡単。

疑問詞を「不」に置きかえる、あるいは、「不」を加える。

(例) **何**ソ**必**ズシモ ➡ **不**二**必**ズシモ

可レ**ケン**焦ル**乎** ➡ **不**レ**可**カラ焦ル

選択肢を見る前に、句形の知識（読み方・訳し方）を思い出せ！

傍線部を否定文「人子**不必**親生」に言いかえた結果、「不必」という部分否定の句形が見えました。そこで、句形の知識（読み方・訳し方）を思い浮かべます（え？　思い浮かべられないですって？　大丈夫ですよ。覚えてしまえばいいんです。覚えてしまえば）。

不ニ必ズシモ 用言 一セ ＝「必ずしも 用言 せず」

①〈必ずしも 用言 するとは限らない〉　②〈 用言 する必要はない〉

これを踏まえれば、「不必親生」は「**必ずしも**生む**とは限らない**」か「生む**必要はない**」と解釈できるはずです。それでは、選択肢を見てみてください。

① 子というものは、いつまでも親元にいるべきではない。　⬆「不必」と合わない

② 子というものは、必ずしも親の思い通りにはならない。　⬆「生む」と合わない

③ 子というものは、どのようにして育ててゆけば良いのか。　⬆「不必」と合わない

④ 子というものは、自分で産んだかどうかが大事なのではない。　⬆正解！

⑤ 子というものは、いつまでも親の気を引きたいものだ。　⬆「不必」と合わない

そもそも「生」を「生む」「産む」と訳している選択肢が④しかないことに驚くはずです。内容的にも、「（自分で）産む必要はない」＝「自分で産んだかどうかが大事なのではない」なので、問題はなさそうです。正解は④。

「反語の言いかえ」から「句形の知識を思い出す」というコンボで簡単に問題を解ける感じは伝わりましたか？　それに、「生」をそのまま「産む」と解釈している選択肢自体が一つしかなかったことにも驚きましたね。こんな例はこれだけではないんです。

傍線部（本文）の直訳に最も近いものが正解！

共通テストも、センター漢文と同じく反語を出題するとき、**否定文に言いかえたものを正解にしがち**、という傾向を持つでしょう。だから、**疑問を見つけたら、とりあえず反語と見なし、否定文に言いかえる**、という戦術が有効です。

また、解釈問題のとき、純粋に「**文脈を踏まえて解釈できるか**」ではなく、傍線部中の「句形・副詞・『ならでは語』（漢文ならではの意味を持つ語。詳しくは3時間目に）の**知識を踏まえて解釈できるか**」を試す傾向を持つでしょう。要するに、**読解力よりも知識を試そうとする**のです。だから、「不必」＝ 読 「必ずしも…ず」＝ 訳 「必ずしも…するとは限らない」「…する必要はない」という知識を事前に頭に入れておくことで、**文脈に頼らずに問題を簡単に解ける**わけです。

そう。文脈に頼らない ＝ **本文を本気で読む必要がない** ＝ **時間短縮**です。

着眼点を変えれば、もっともっと時間短縮できます。

句形さえ暗記すれば点数とれるんでしょ——とか言って、一つの武器（句形の知識）しか装備しないから、ほんの一瞬で解けるはずの問題に手こずることになります。弩しか装備しなければ、接近戦に持ち込まれたときにヒドイ目にあうのと同じです。

副詞を覚えて、妥協することなく訳す！

副詞とは、主に動詞や形容詞を修飾する言葉です。例えば、「能」「嘗」「暫」「已」などで、それぞれ「能く（よく）」「嘗て（かつて）」「暫く（しばらく）」「已に（すでに）」と読みます。読み方さえわかれば、なーんだ。普段からよく目にする言葉なので、特別に覚える必要を感じません。

ところが、この**副詞の知識が、句形に次ぐ強力な武器になります**。

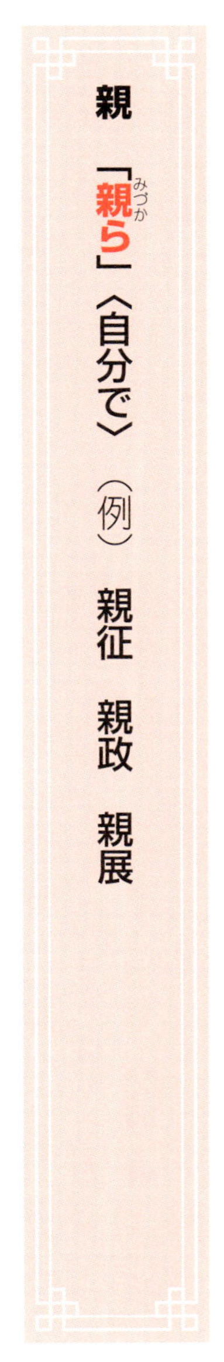

親　「親ら（みづから）」〈自分で〉（例）**親征　親政　親展**

傍線部には「親」＋「生（む）」とあるので、この「親」は副詞です。これがこの問題の**急所**になります。読「親ら（みづから）」＝訳「自分で」です。それでは、選択肢を見てください。

⑤ ④ ③ ② ①

① 子というものは、いつまでも**親元**にいるべきではない。 ↑「親ら」と合わない
② 子というものは、必ずしも**親の**思い通りにはならない。 ↑「親ら」と合わない
③ 子というものは、どのようにして育ててゆけば良いのか。 ↑「親ら」がない
④ 子というものは、**自分で**産んだかどうかが大事なのではない。 ↑**正解!**
⑤ 子というものは、いつまでも**親の**気を引きたいものだ。 ↑「親ら」と合わない

共通テストも、解釈問題のとき、傍線部中の「句形・副詞・『ならでは語』の**知識を踏まえて解釈できるか**」を試す傾向を持つはずなので、「親」を見つけた瞬間、「どうせ『親ら（みづから）』＝『自分で』と解釈できるかを試しているな」と思ってください。

驚くことに、「親ら」を「自分で」と解釈している選択肢は④だけ。正解は④。**瞬殺**です。「親」発見⬇選択肢の中から「親ら」〈自分で〉を探す⬇はい、正解。

そう。事前に武器（知識）を装備しておく＝**瞬殺できる**＝**時間短縮**です。

強力な武器（句形や副詞の知識）を装備し、戦術（問題の解き方）を身につければ、共通テスト漢文を楽々粉砕できるのです。**10分で9割も夢じゃあない**！

戦い方 その④ 問題に応じて解き方を変える

◎ズバリ法

正しい選択肢をピンポイントで選びます。大将だけを狙って討ち取る感じです。漢字（多訓多義語・副詞）の意味を聞いてくる語彙問題、あるいは、書き下し問題、解釈問題は、**知識を試すものがほとんど**なので、消去法に頼ることなく、ピンポイントで正解を選びます。時間がかかりません。

◎消去法

誤った選択肢を取り除き、最後に残った選択肢を正解とします。説明問題や最終問題で活躍します。時間はかかりますが、ズバリの選択肢を見つけられないときにはしかたありません。誤った選択肢は、**傍線部や本文からは読み取れない内容を含んでいる**ので、そうした余分な要素を見つけて排除します。

ズバリ法と消去法を使い分けることも時間短縮のコツです。

これから10時間後の目標は10分で9割。10分以内に解き、しかも得点率9割を狙う。隙あらば満点をかっさらうつもりで。**削れるところでは1秒でも時間を削り、必要なところではしっかり時間をかける**――これが10分9割の戦略です。

さて、1時間目は、①**本文を本気読みして文脈で解く** ➡ ②**反語の処理＆句形の知識で解く** ➡ ③**副詞の知識で瞬殺する**、という三つの解き方を紹介しました。装備する武器（句形や副詞の知識）で解き方が変わりましたね（知識がない場合は最も時間がかかる①、句形の知識しか身につけていない場合は②、副詞の知識も身につけている場合は瞬殺できる③）。読み方があること（注を活用する、主語・目的語を補う）や、解き方があること（反語・二重否定は必ず言いかえる）もわかりましたね。

この時間では軽く触れただけですが、これから一つずつ詳しく解説します。敵を知り尽くした僕が、みんなを立派な武将に鍛え上げてみせます。2・3時間目で強力な武器を配布して使い方を伝授し、4時間目ではみんなのステータスを強化します。5時間目以降は戦術の指南。そして最後に模擬戦です。10時間後、みんなは**関羽**（智勇を兼ね備えた名将。のち神）並みの豪傑に生まれ変わっているはずです。

ちなみに、2時間目以降で説明するポイント探しをメソッド化すると、こんな感じです。

◎「七大点」を見つけろ

共通テストは、やみくもに漢文を読めるかどうか試してくるわけではありません。①**句形**を理解しているか、②**副詞・「ならでは語」**を正しく訳せるか、③**多訓多義語**の意味をわかっているか（だいたい「熟語で言えば何？」「訓読みすれば何？」と聞いてくる）、④**主語・目的語**を把握できているか、⑤**代名詞の指示内容**をとらえられているか、⑥**反語・二重否定**を混乱せずに解釈できるか、⑦**対句**を踏まえて読んだり訳したりできるか——狙いがしっかりあります。

ここが**急所**です。**この「七大点」を狙います**。それを逆手に取ります。書き下しや解釈問題では傍線部中に**七大点**を探し、説明問題では傍線部の前後に**七大点**を探し、最終問題では本文ラスト数行に**七大点**を探します。主語や代名詞の指示内容をダイレクトに聞いてくることもあります。知識をつけ、場数を踏めば、簡単に七大点を見つけられるようになります。もし見つけられなければ、「コピペ探し」というスゴ技を使います。

◎コピペ探し

「まちがい探し」ならぬ「同じところ探し」です。共通テストは、選択肢の中で同じ言い回しを2回・3回と繰り返します。つまりコピー&ペーストを繰り返すのです。

例えば、「子は真に是れなるか」の解釈の場合、「あなたはまさにその人ではないか」「我が子はまさにその人だろうか、いや、そんなはずがない」をベースに、あとは組み合わせを変えて残り三つの選択肢を作ります。こんな感じです。

① **我が子**はまさにこれにちがいない。 ⬆論外（「是れなるか」と無関係）
② あなたはまさに**その人だろうか**、**いや、そんなはずはない**。 ⬆反語の解釈
③ あなたはまさにその人ではないか。 ⬆疑問の解釈
④ **我が子**がまさに**その人だろうか**　**いや、そんなはずはない**。 ⬆反語の解釈
⑤ **我が子**がまさにその人ではないか。 ⬆疑問の解釈

選択肢を比較すれば、「あなた／我が子」の二択と、「これにちがいない／その人ではないか／その人だろうか、いや、そんなはずはない」の三択の組み合わせになっています。あとは知識の出番。「子」は「あなた」、「是れなるか」は疑問なので、正解は③。

手軽でオイシイ「句形」の魅力

◎句形の知識は最強の武器

まずは問題。

問　「受命之符、合在於此」の書き下し文として最も適切なものを選べ。

①　受命の符、合して此に在り
②　受命の符、此に在るに合す
③　受命の符、合に此に在るべし
④　受命の符、此れと合ふこと在り
⑤　受命の符、合に此に在らんとす

「えー、選べるわけないじゃん。文脈がわからないし……」と思った人、そんなことないですよ。**見た瞬間、答えを出せます**。それに、前後の文章がわかったところで、ねえ。

そもそも、選択肢をそれぞれ訳せますか？　「受命の符」には「天命を受けた証し」などと注があるはずなので、あとは文字面的に、①が「証しが符合してここにある」、②が「証しがここにあるものと符合する」、③が「証しがここにあるはずだ」、④が「証しがこれと符合した」、⑤が「証しがここにあるだろう」になりそうです。

で、正解は？

……まあ、そんな感じですよね。訳がわかったところでフワフワです。そもそも前後の文章を見たところで、**ねえ**。前後の文章の内容もよくわからず、フワフワしてますから、結局、よくわからないまま答えを選ぶことになるだけです。

ところが、句形の知識があれば話は別。「合」は再読文字の一つで、実は

「合に…べし」と読む！

と知っていたとしましょう。さあ、もう一度、選択肢を見て。ね、**瞬殺**です。正解は③。

みんなもやんわり思っているとおり、**句形の知識は最強の武器**。みんなが句形の知識を身につければ、鬼に金棒、**関羽に青竜偃月刀**。襲いかかってくる選択肢をバッサバッサと斬り伏せられます。

◎句形って何？

句形というのは、まさに**句の形**です。

使ニ人用言一＝読「人をして用言せしむ」＝訳「人に用言させる」

①「使―…」の形のとき、②「使ニ―…一」と返り点・送り仮名を打ち、③「―をして…せしむ」と書き下し、④「―に…させる」と訳す、という一連のルールを指します。

英語構文みたいなもので、こういう句形のときはこう読んでこう訳す、という公式だと思ってください。巻末資料として、厳選に厳選を重ねた重要句形の一覧を用意したので、**とりあえず暗記してください。**

「若―」＝読「若し―ば」＝訳「もし―ならば」、「以―為…」＝読「―を以て…と為す」＝訳「―を…にする・―を…と見なす」というレベルでOKです。さすがに目を通しただけで頭に句形が焼きついて二度と消せないような教材は作れないので、時間をかけて地道に覚えてください。

ミッション 02

次の問いに答えよ。

制限時間 1分

難易度 ★☆☆☆☆

問 「有蛇螫殺人、為冥官所追議、法当死」の返り点の付け方と書き下し文の組み合わせとして最も適当なものを、次の①～⑤のうちから一つ選べ。

① 有レ蛇螫殺レ人、為三冥官所二追議一、法当レ死
蛇有りて螫(か)みて人を殺し、冥官の追議する所と為(な)り、法は死に当たる

② 有レ蛇螫殺レ人、為二冥官所追議一、法レ当レ死
蛇有りて螫みて人を殺さんとし、冥官の所に追議を為すは、死に当たるに法(のっと)る

③ 有レ蛇螫殺人、為二冥官一所二追議一、法レ当レ死
蛇有りて螫まれ殺されし人、冥官と為りて追議する所は、死に当たるに法る

④ 有二蛇螫一殺人、為三冥官所二追議一、法レ当レ死
蛇の螫むこと有らば殺す人、冥官の追議する所の為(ため)に、死に当たるに法る

⑤ 有レ蛇螫殺人、為冥官所二追議一、法当レ死
蛇有りて螫まれ殺されし人、為に冥官の追議する所にして、法は死に当たる

解けましたか？　え？　「解けるわけないじゃん。文脈がわからないし……」ですって？　いやいや。**文脈なんか頼りにならない**ですよ。

本文は、役人の厳しい取り調べを受けて黄州に流された蘇軾が、その後、復権して都に戻る途中、ばったりそのときの役人と出くわした際の話です。自分をヒドイ目にあわせた憎き役人を目の前にして、蘇軾が最初に放った言葉があの部分。「コラ、ボケ、カス。てめえ、オレをこんなにヒドイ目にあわせやがって！」と怒鳴るかと思いきや、「あんな、蛇がおってな、そいつ、人を嚙んで殺してん。それでな、地獄でな……」と急に蛇の話をしはじめたわけです（聞かされてる役人、どんな表情をしていたんでしょう）。

ね、文脈なんか頼りにならないでしょ。

それでは、どうすればよいのか。もちろん、青竜偃月刀を抜き放ちます。つまり、こういうときこそ、**句形の知識に頼って問題を解きます**。

《1》まずは、傍線部の中に、暗記した句形がないかどうか確認する。

有蛇螌殺人、為冥官所追議、法当死

受身の句形「為―所…」と、再読文字「当」（らしきもの）があります。まず、これを見つけます。

《2》句形の知識に従って、訓読や書き下し方を思い出す。

為ルニ―ノ所トレ…スル ＝「―の…する所と為る」〈―に…される〉

当ニレ用言ス ＝「当に用言すべし」〈用言しなければならない〉

《3》選択肢の中から、正しい読み方をしているものを探す。

①…冥官の追議する**所と為り**、法は死に当たる

句形どおり！

②…冥官の**所に**追議**を為す**は、死に当たるに法る

③…冥官**と為りて**追議する**所は**、死に当たるに法る

④…冥官の追議する**所の為に**、死に当たるに法る

⑤…**為に**冥官の追議する**所にして**、法は死に当たる

引用部がのっけから長いうえ、選択肢の一つ一つも、「返り点の付け方」に「書き下し文」まで聞いているので、ずいぶんと長いです（正直、うんざりしましたね）。

でも、**見るべきところは「為―所…」という受身の句形が正しく読まれているかどうか、その一点だけでした。**再読文字「当に…べし」っぽい箇所もありましたが、全ての選択肢が「当たる」と読んでいるので、これは無関係。

なんと、いきなり選択肢を一つに絞（しぼ）れました。正解は①。

ミッション 03

次の問いに答えよ。

制限時間 1分

難易度 ★☆☆☆

問 「西伯将出猟卜之」の返り点の付け方と書き下し文の組み合わせとして最も適当なものを、次の①～⑤のうちから一つ選べ。

① 西伯将㆓出㆑猟卜㆒㆑之　　西伯将に猟(か)りに出でて之を卜(うらな)ふべし

② 西伯将出猟卜㆑之　　西伯の将出でて猟りして之を卜ふ

③ 西伯将出㆑猟卜㆑之　　西伯将(は)た猟りに出でて之を卜ふか

④ 西伯将㆑出㆑猟卜㆑之　　西伯猟りに出づるを将(ひき)ゐて之を卜ふ

⑤ 西伯将㆓出猟㆒卜㆑之　　西伯将に出でて猟りせんとし之を卜ふ

ヒント

まずは句形を探します。選択肢は見ないように。選択肢を先に見ると、ありえない読み方でも、ありそうな気がしてくるからです。「あれ、これ、『まさに…べし』だっけ？『んとす』じゃなかったっけ？『将(は)た』って読み方もあった気がする」といった具合です。さあ、どれが正解ですか？

ミッション 03 解答 ⇒ 正解は 5

ポイントチェック

西 伯 **将** 出 猟 ト 之

ココ

おなじみの「将」があります。「将」は「将(しょう)」「将(は)た」「将(ひき)ゐる」、「将(もつ)て」「将(すす)む」など、多くの訓読みを持ちます。ゾッとしますね。でも大丈夫。共通テストで正解になるのは、どうせ「将(まさ)に…せんとす（…しようとする／…だろう／…したいと思う）」です。

というわけで、正解は**ズバリ⑤**。「将に…せんとす」はこれしかありません。

最後に、訳して文脈に合うか確認せよ。

いま選んだのは、いちばん正解っぽいものに過ぎません。最後に訳して確認します。訳してみて、極めて不自然な日本語になるか、全く文脈に合わない場合は誤りです。選び直し。逆に、すんなり訳せたら、それが正解です。この最後の作業を忘れずに。

ミッション 04

次の問いに答えよ。

制限時間 1分

問 「使老狙率以之山中、求草木之実」の書き下し文として最も適当なものを、次の①〜⑤のうちから一つ選べ。（なお「狙」は猿）

難易度 ★☆☆☆

① 老狙をして率（ひき）ゐて以て山中に之（ゆ）き、草木の実を求めしむ
② 老狙を使ひて率（おほむ）ね以て山中に之かしめ、草木の実を求む
③ 老狙をして率（とら）へしめて以て山中に之き、草木の実を求む
④ 使（も）し老狙率（ひき）ゐて以て山中に之かば、草木の実を求む
⑤ 老狙をば率（とら）へて以て山中に之き、草木の実を求めしむ

ミッション 04 解答

正解は 1

「**使**AB」＝読「A**をして**Bせ**しむ**」に着目。これで①・③に絞（しぼ）れたら、直感で選べばいいです。万が一③を選んでも、訳せば「老猿に捕らえさせて（自分は）山中に行き、木の実を探した」となって不自然（山で木の実を探すのはフツー猿）。正解は①。

句形の知識で瞬殺せよ

ミッションを三つこなしてもらいましたが、びっくりするくらい簡単でしたね。

句形の知識さえ身につけてしまえば、瞬殺できる問題が増えるんだ！

と確信したはずです。

共通テスト国語の試験時間は80分。そのうち漢文にあてられるのは最大20分。でも、評論や古文に時間をかけたいなら、**漢文を10分で解き、なおかつワンミス以内に収める**、という過酷（かこく）な条件をクリアしなければなりません。

でも、**瞬殺できる問題が増えれば**、**それも可能ではないか**、と希望が持てますよね。

しかもです。まずは覚えるべき英単語や英語構文の数々を思い出してください。……あまりの多さにめまいがしましたね。はい。じゃあ、次に巻末資料の句形や重要語の一覧を見て。

ほら、少ないでしょ！ **少ないでしょ**！ **希望が見えてきましたね**！

ミッション 05

次の問いに答えよ。

制限時間 1分

難易度 ★☆☆☆☆

問 「猶レ免二於剪伐一」の解釈として最も適当なものを、次の①～⑤のうちから一つ選べ。

① きっと切り取られるのを避けるにちがいない
② 依然として切り取られることには変わりない
③ 切り取られることから逃れようとするだろう
④ まだ切り取られずにすんだわけではないのだ
⑤ 切り取られずにすんだのと同じようなことだ

ミッション 05 解答

正解は 5

瞬殺できるのは書き下し問題だけではありません。解釈問題も瞬殺です（少なくとも選択肢を二つ三つ消せます）。なお「猶レ…」＝読「猶ほ…のごとし」＝訳「まるで…**のようだ**」「…**と同じだ**」です。選択肢を見て。はい。**正解は⑤**。解説は不要ですね。

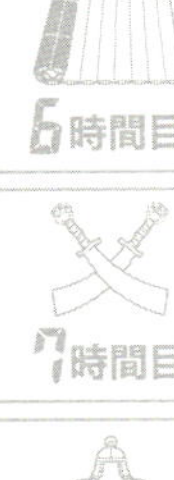

ミッション 06

次の問いに答えよ。

制限時間 3分

次の文章は明の文人謝榛(しゃしん)が仲間と集まって詩について論じあった時の話である。これを読んで、後の問いに答えよ。（設問の都合で返り点・送り仮名を省いたところがある。）

一日、因談初唐盛唐十二家詩集、並李(注1)・杜二家、孰可専為楷(注2)範。或云沈(注3)・宋、或云李・杜、或云王(注4)・孟。予黙然久之、曰「歴観十四家所作、咸可為法。当選其諸集中之最佳者、録成一帙(注5)。熟読之以奪神(注6)気、歌詠之以求声調、玩味之以裒精華。得此三要、則造乎渾(注7)淪、不必塑謫仙而画少陵也。

（謝榛『四溟詩話』による）

（注）1 李・杜――李白と杜甫。李白は「謫仙人」と称され、杜甫は自ら「少陵の野老」と称した。
2 楷範――手本。
3 沈・宋――沈佺期（しんせんき）と宋之問（そうしもん）。
4 王・孟――王維と孟浩然。
5 帙――書物。もともとは書物を包むおおいのこと。
6 神気――優れた風格。
7 渾淪――別々のものが混ざりあって渾然一体となった状態。

問 傍線部「不㆘必塑㆓謫仙㆒而画㆗少陵㆖也」とあるが、このように述べる理由として最も適当なものを、次の①～⑤のうちから一つ選べ。 難易度★★★☆☆

① 李白や杜甫の詩は三要が欠けているので、彼らの詩を模倣する必要は全くないと考えるから。
② まず詩の三要を学びとるべきで、今は李白や杜甫の詩を模倣しないことが大切と考えるから。
③ 李白や杜甫以外の詩で三要を学ぶべきで、ことさら彼らの詩を模倣しなくてもよいと考えるから。
④ 詩の三要を学びとることが重要で、李白や杜甫の詩を模倣する必要はとくにないと考えるから。
⑤ あらゆる詩に三要はあるので、李白や杜甫の詩だけを模倣しないようにすることが大切と考えるから。

理由説明問題です。初めから読んで解いた人、おつかれさま。でも、**文脈なんか頼りになりません**（フワフワしてますよね）。とりあえず**句形**です。**句形に着眼します**。傍線部に句形が含まれていれば、その知識を必ず聞いてくるはずだと思ってください。

傍線部は返り点も送り仮名も完備なので、「必ずしも謫仙を塑して少陵を画かざるなり」と読めます。注によれば、「謫仙」は「李白」、「少陵」は「杜甫」。で、句形は左のとおり。

不二必ズシモ 用言一セ ＝「**必ずしも**用言せず」

①〈必ずしも用言するとは限らない〉　②〈用言する必要はない〉

二度目の登場です。ちょっとホッとしますね。

傍線部の直訳は「**必ずしも**李白を塑したり杜甫を描いたり**するとは限らない**」「李白を塑したり杜甫を描いたり**する必要はない**」のいずれかです。ここで選択肢をチェック。

①…彼らの詩を模倣する**必要は全くない**と考えるから。←どんぴしゃ○
②…今は李白や杜甫の詩を模倣**しないことが大切**と考えるから。
③…ことさら彼らの詩を模倣**しなくてもよい**と考えるから。←ビミョー△
④…李白や杜甫の詩を模倣する**必要はとくにない**と考えるから。←どんぴしゃ○
⑤…李白や杜甫の詩だけを模倣**しないようにすることが大切**と考えるから。

実質二択まで絞れました（①・④本命。③大穴）。ここで文脈の出番です。傍線部直前に「この三要を得れば、渾然一体の状態に至り」とあるので、「李白や杜甫の詩は三要が欠けている」とある①、「李白や杜甫以外の詩で三要を学ぶべき」だとある③を消去。正解は④。

句形の知識は最強の武器。手に入れられれば、多くの選択肢をズバズバッと斬ることができます。いかがでした？　ちょっと極端な事例を取りあげましたが、多くの問題が二択・三択まで絞れるのは事実です。**最強の武器を手に入れてください**。

侮れない「副詞・ならでは語」のチカラ

◎もう一つの武器を君に配ろう

今回もまずは問題から。こちらは実際にセンターで出題されたものです。

問 「曽」の読み方として最も適切なものを選べ。

① あへて　② すでに　③ かつて　④ まさに　⑤ つひに

文脈は「妻が『曽』詩を作ってとねだってきたので、彼女のために作った」です。で、正解は？　「あえてねだる」「すでにねだる」「かつてねだる」「まさにねだる」「ついにねだる」。どれもありそうです。さあ、何度も見て。何度も。ね。余計わからなくなりますよね。え？　文脈をもっと知りたいって？　ははは。**文脈なんか頼りになりませんよ。**

正解は③の「かつて」。なぜなら、**「かつて」と読む漢字だから**です。以上、終わり。

この「曽て」のように、現代文ではほとんど使われないけれども、**漢文を読むうえでは、その読み方や訳し方を知っておくべき字**というのがあります。「曽て」以外にも「忽ち」「乃ち」「若し」「已に」「相」「惟だ」などなど。

共通テスト漢文は、こうした字の読みや意味をたずねてきます。ですから、読み方や意味さえ知っていれば、瞬殺できる問題があるわけです。

2時間目では「**句形の知識さえ身につけてしまえば**、**瞬殺できる問題が増える**」と強調しました。句形は最強の武器。手に入れられれば、多くの選択肢をズバズバッと斬ることができます。

この時間では、**もう一つの武器**を配りたいと思います。「曽て」のような**副詞**、あるいは、「君子」「鬼」「城」「罪す」「飽く」など、漢文ならではの意味を持つ語＝**「ならでは語」**です。巻末資料として一覧を用意したので、**とりあえず暗記してください**。瞬殺できる問題や、少なくとも瞬時に二択・三択に絞れる問題が増えますよ。

◎副詞・「ならでは語」を見落とすな

副詞とは、「動詞や文全体を修飾しているもの」だと思ってください。「もし」とか「みだりに」とか「たまたま」とか、どこかで聞いたことのあるものが多いです。ところが、

若し「もし」　妄りに「いい加減に」　適「ちょうどそのとき」

と漢字で書かれると、読めなかったりします。また読めても訳せないことがしばしば。「ならでは語」も同じようなものです。

学者「学生」　丈夫「立派な男子」　城「まち」

見慣れているのに、いつもの意味とは異なります。「学者」が「学生」!?　知らなければ、誤訳していること自体に気づけません。**まずは一覧の暗記からはじめてください。**

ミッション 07 次の問いに答えよ。

制限時間 1分

故雄語ルニ未ダレ了をはラ　故夫モ亦タ已ニ啼ク

問 右の「故雄語未レ了　故夫亦已啼」の解釈として最も適当なものを、次の①～⑤のうちから一つ選べ。

難易度 ★☆☆☆

① 残された雄の鳴き声がまだやまないうちに、残された夫ももう涙を流している。
② ことさらに雄は鳴いて鳴き終わらず、だから夫もまだ涙を流し続けている。
③ 昔の雄の鳴き声がまだ終わらないのに、昔の夫もやがて涙を流そうとしている。
④ 年老いた雄は鳴きだしてとまらず、年老いた夫もふたたび涙を流し始める。
⑤ 昔なじみの雄の鳴き声はまだ終わっておらず、だから夫もまた涙を流すだろう。

1時間目

2時間目

3時間目

4時間目

5時間目

6時間目

7時間目

8時間目

9時間目
10時間目

文脈がないので、不安でいっぱいでしたね。詩人の呉嘉紀（ごかき）が、死んだ妻を思って詠んだ詩の最後の二句です。同じく妻を失った燕（つばめ）と自分を重ね合わせています。なお、「故雄」が燕、「故夫」が呉嘉紀です。

《1》まずは、暗記した副詞・「ならでは語」がないかどうか確認する。

故雄語未レ了　故夫**亦已**啼

今回は副詞「亦」「已」に注目してみましょう。

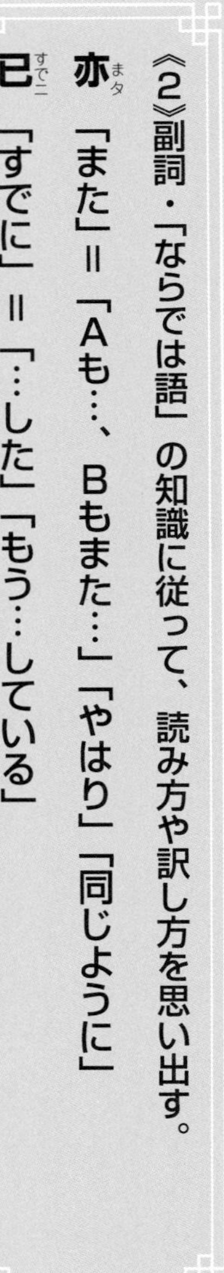
《2》副詞・「ならでは語」の知識に従って、読み方や訳し方を思い出す。

亦（また）「また」＝「Aも…、Bもまた…」「やはり」「同じように」

已（すでニ）「すでに」＝「…した」「もう…している」

《3》選択肢の中から、正しい訳し方をしているものを探す。

① …残された夫も もう涙を流している。 ←「已に」の訳どおり！

② …だから夫も **まだ**涙を流し続けている。

③ …昔の夫も **やがて**涙を流**そうとしている**。 ←未来形× 逆

④ …年老いた夫も **ふたたび**涙を流し始める。

⑤ …だから夫も また涙を流す**だろう**。 ←未来形× 逆

瞬殺でしたね。

実は問題文には、副詞「亦」「已」のほか、「故」（故(ゆゑ)に・故(ことさら)に・故(もと)など多くの読みと意味を持つ字）や再読文字「未」（読「未(いま)だ…ず」訳「まだ…ない」）といったポイントもありました。主武器(メインウェポン)の句形で斬(き)ってもいいのですが、今回は副武器(サブウェポン)の副詞の方が効果的です。

「亦(ま)た」は「…もまた」「やはり」などと訳す副詞。すべての選択肢に「も」とありましたが、②に「まだ」、④に「ふたたび」とありました。どちらも誤訳。狙いすまして撃ち落とします。

「已(すで)に」は「もう…した」「もう…している」と訳す副詞。過去や完了を表します。「すでに」という読み方さえわかれば、意味も推測できます。で、「已に」を正しく解釈しているのは①のみ。正解は①。狙いすまして必殺の一撃。

句形の知識以外にも、同じくらい役立つ武器があるんだ！

と、少しだけ思ったはずです。

それでは、もう少しミッションを重ねて、この確信を深めていきましょう。

ミッション 08 次の問いに答えよ。

制限時間 1分

誠ニ有リレ罪、然レドモ亦タ有リレ功、可ニシ以テ自ラ贖(あがな)フ一。

問 右の「誠ニ有レ罪、然亦有レ功、可ニ以自贖一。」の解釈として最も適当なものを、次の①～⑤のうちから一つ選べ。

難易度 ★☆☆☆

① 実際には罪がありますので、またすぐれた仕事をして、自分で罪を帳消しにすべきなのです。

② たしかに罪はあるのですが、私には功績もあって、自分自身で罪を償うことができます。

③ 結局は罪があるのですが、仕事の腕前によって、おのずと罪は埋め合わされるのです。

④ もし罪があったとしても、当然私の功名によって、自然と罪が許されるようになるはずです。

⑤ 本当は罪があるのですが、それでもあなたの功徳によって、私の罪をお許しいただきたいのです。

1時間目

2時間目

3時間目

4時間目

5時間目

6時間目
7時間目

8時間目

9時間目

10時間目

ミッション 08 解答 正解は 2

ポイントチェック

副詞に狙いを定めます。副詞の怖さは、**油断して見落としてしまう点**です。例えば、

誠有レ罪、然**亦**有レ功、可ニ以**自**贖一。

「誠に」「亦た」「自ら」がポイントでした。気づけましたか？「亦た」はともかく（二回目ですし）、「誠に」「自ら」は目の前にあるのに見落としがちです。どちらも**フツーすぎて**その存在に気づけません。まさかこんな字の訳を聞いてくるなんて！

いま悔しい思いをしている人、選択肢を見直してもいいですよ。待ってますから。

繰り返しになりますが、**傍線部中にポイントを探す**というスタンスが大事です。解く手がかりがあるって素敵ですよね。

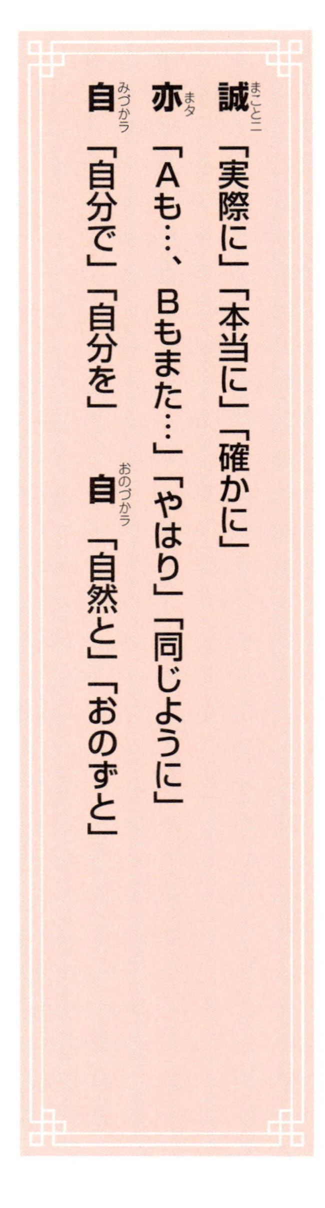

誠（まことニ）「実際に」「本当に」「確かに」

亦（また）「Aも…、Bもまた…」「やはり」「同じように」

自（みづから）「自分で」「自分を」　**自**（おのづから）「自然と」「おのずと」

解説

「誠に」は、「実に（まこと）」「信に（まこと）」「真に（まこと）」と同じく、「実際に」「確かに」「マジで」「ガチで」という意味を持ちます。これで③「結局は」・④「もし」を撃ち落とします。

再登場の「亦た」は「…もまた」「やはり」を意味します。これを踏まえて直訳すれば、「マジで罪はありますけど、（私には）功績も**また**あるんです」となります。これで②に狙いを定めて一撃。正解は②。ちなみに、①は「またすぐれた仕事をして…」が誤訳でアウト。

⑤は「亦た」も「自ら」も訳出していないので論外。

副詞・「ならでは語」の知識をもう一つの武器に

漢文と言えば「句形」という印象があったと思いますが、**副詞・「ならでは語」も覚えれば、けっこう役に立つ！**と確信したはずです。

句形にばかり注目が集まりがちですが、ミッションをこなしてみてわかったように、「忽(たちま)ち」「乃(すなは)ち」「若(も)し」「已(すで)に」「相(あひ)」「惟(た)だ」など、共通テストでは**そもそも副詞の読みや意味が問われているわけです**。

これまでは、**こういった字の知識が問われていること自体に気づいていなかった**と思いますが、なんてもったいない！　ここで副詞・「ならでは語」の一覧を暗記すれば、君は句形の知識に加えてもう一つ強力な武器を手に入れられるのです。

ミッション 09

次の問いに答えよ。

制限時間 2分

難易度 ★★☆☆☆

問 「城中安得レ有二此獣一」の解釈として最も適当なものを、次の①～⑤のうちから一つ選べ。

① まちに虎がいて安全といえるのだろうか
② とりでは安全なので鼠が多いのだろうか
③ まちに虎がいるはずがないではないか
④ とりでにどうして虎がいるのだろうか
⑤ まちに鼠がいるのは当然ではないか

ヒント

句形や副詞・「ならでは語」に着眼してください。「此獣」の「此」も、問題を解く突破口になりますけど、今回はこの部分だけで解いてしまうので、この指示語はとりあえず無視します。送り仮名ははじめから付いていません。この情報だけで十分に解けます。さあ、がんばって！

正解は **3**

ポイントチェック

ココ ココ

城中安得レ有ニ此獣一

「ならでは語」の「城」、それに疑問・反語の句形「安」があります。

城「まち」

中国の「城」は、日本の城と異なり、都市を取り囲む城壁を指します。漢文で「城」とあった場合、姫路城や松本城よりも、むしろ平城京や平安京を想像した方が近いです。

安（いづクンゾ）――乎（ンや）「どうして――だろうか」「――ない」

安（いづクニカ）――（スル）「どこで――のか」

解説

まず「ならでは語」の「城」に着目します。①・③・⑤が「まち」、②・④が「とりで」になっています。この段階で②・④を撃ち落とします。

次に、青竜偃月刀（せいりゅうえんげつとう）をかまえて、疑問・反語の句形「安」に着目します。この字は、右のとおり、「いづくんぞ」か「いづくにか」で解釈します。どちらであっても、①「安全」とか、⑤「当然」とは解釈しません。①・⑤をズバッと斬って、正解は③。

面白いのは、「いづくんぞ」と「いづくにか」の使い分けは問われていないところです。

◎句形と副詞と「ならでは語」と

強力な武器になるのは句形だけではありません。副詞・「ならでは語」も強力な武器になります。

ミッション09は、**「ならでは語」と句形のコンビネーション技で正解を導き出しました。**
もちろん、まず句形「安ー」に着目して、①・②「安全」、⑤「当然」をバッサリ斬り、それから「ならでは語」の「城」に着目して、④「とりで」を撃ち落としても問題は解けます。

大事なのは、「城」の解釈を問われていると気づくこと（難しい）、そして「漢文の『城』は『まち』だ」と知っていることです。

「丈夫・大丈夫」（○立派な男子／×頑丈・平気）、「君子」（○すぐれた人物／×君主）、「百姓」（○人民／×農民）、「左右」（側近）、「書」（手紙）など、学習しておかなければ、自分が意味を理解していないこと自体に気づけません。繰り返しになりますが、まずは覚えるところからはじめてください。

副詞・「ならでは語」は、主に解釈問題・説明問題で活躍します。説明問題は8時間目に詳しく扱いますが、手順は似ています。

① まず傍線部の前後を見て、句形・副詞・「ならでは語」を探します。
② 見つけたら、武器（頭に入れた句形・副詞・「ならでは語」の知識）を取り出します。
③ そのあと、選択肢をチェック。

（本文）其の人妄りに倉皇として亦た黄有りと謂ふ。冥官大いに怒る。
（問題）傍線部「冥官大怒」とあるが、その理由として最も適当なものを選べ。
（正解）⑤…その場しのぎのいい加減なことを言うその人の態度に腹を立てたから。

驚くことに、「妄りに」を正しく「いい加減に」と解釈している選択肢は正解の⑤だけでした。ほかは「わがままばかりを言う」「あいまいなことを言う」など。いずれも「妄りに…謂ふ」とは合いません。「妄りに」にさえ着目できれば、あっさり答えを出せました。まさに強力。さあ、**新しい武器を手に入れてください**！

普段から「熟語」を意識せよ！

◎全ては漢字のおかげ

次の文章を読んでみてください。

Initium sapientiae cognitio sui ipsius

誰です？　せっかくのラテン語の文章を飛ばして、いきなりここを読んでいる人は。気持ちはわかりますけど（僕だって読者なら確実に飛ばします）。では、次の文章に挑戦。

今天晩上、很好的月光。我不見他、已是三十多年。今天見了、精神份外爽快。

不思議なもので、なんとなく意味はわかりそうです。中国語の文章なのに。

習ってもいない中国語の文章をあなたがそこそこ理解できるのは**漢字のおかげ**です。ラテン語の文章は、僕たちにとって単にアルファベットのかたまり。意味の推測が全くできません。まるで暗号文です。でも、中国語の文章（魯迅『狂人日記』の一節）は、文法も発音もさっぱりわからないのに、眺めているだけでなんだか意味がわかります。

漢字、ありがとう！　君のおかげでブ厚い単語帳と格闘せずに済むよ！

そう感謝しましょう。みんなが語彙（ごい）力を増やす努力をほとんどしていないのに、漢文をある程度理解できるのは**漢字のおかげ**です。「君子」「小人」「寡人」「城」など、覚えるべき単語（「ならでは語」）の一覧を見せると、数十個しか並んでいないのに、「えー、そんなに覚えなきゃいけないんですかー」と甘えたことをほざけるのも、全て**漢字のおかげ**です。

語彙力なしで中国語（外国語！）の、しかも文語文を読もうなんて、アメリカ人のティーンエイジャーが日本語も勉強せずに、いきなり『源氏物語』を読もうとするようなもの。実は無謀（むぼう）なんです。そのうえ、そいつが「コブンタンゴなんておぼえたくないデース」とほざいていたら、「やめてまえ！」と怒鳴りたくなるでしょ。

でも、漢文だと勉強なしで読める気がしますよね。**全ては漢字のおかげです**。

◎手間をかけずに語彙を増やす

文字面を眺めるだけで意味を推測できます。それなのに、共通テストは返り点も送り仮名も付けてくれます。例えば、次の文のように。

江南ニ多シレ竹。其ノ人習ニ於食ラフヲレ筍たけのこヲ。

それどころか、「筍」には「たけのこ」とルビをふり、「江南」には「長江下流の地域」と注をつけるサービスっぷりです。

おかげで「江南地方には竹が多い。その人は筍を食べることを習う」まではあっさりわかりました。でも、「筍を食べることを習う」ってどういうこと？　「習」の意味は？

① 学習する　② 弊習としている　③ 習得する
④ 習慣としている　⑤ 習練する

そのままなら「筍の食べ方を教えてもらう」という意味です。でも、そんなはずはない。

そこで、「習う」という解釈をいったん捨てて、**「習」を含む熟語をいくつか思い出します。**「学習」「習熟」「習慣」など。どれもこれも見覚えがありますよね。そこから、

ⓐ「学習」⬇「ならう」「学習する」「習得する」「習練する」（①・③・⑤）
ⓑ「習熟」⬇「なれる」「熟達する」
ⓒ「習慣」⬇「ならわし」「しきたり」「風習」「習俗」「弊習（へいしゅう）」（②・④）

と**複数の解釈の候補を思い浮かべます。**「習う」以外にも解釈の可能性があると気づくことが大事です。このような、複数の読みと意味を持つ字を**多訓多義語**（たくんたぎご）と呼びます。

あとは、ⓐ「筍を食べることを学習する（習得する）」、ⓑ「筍を食べることに習熟している（慣れている）」、ⓒ「筍を食べることを習慣としている」のうち、**どの解釈が自然だろうか**と考えます。ⓐは不自然なのでナシ。①・③・⑤を消去。ⓑ・ⓒはよさげ。でもⓑはありません。ⓒの②・④から選ぶなら、④「習慣としている」が自然（「弊習」なんて聞き覚えないし）。実は「筍を食らふを習ひとす」と読みます。

英語なら、「custom」というつづりをどれだけ眺めても、意味は出てきません。血のにじむ努力をして、「慣習」「習慣」「顧客」「得意先」「関税」「税関」「特注の」といった訳を覚える必要があります。

ところが、漢文なら、「習」という字を眺めただけで、「学習」「習得」「習熟」「習慣」「習俗」……いろいろな意味を思い浮かべられます。仮に思い浮かべられなくとも、問題になっている場合は、選択肢の中に「学習」「弊習」「習得」「習慣」「習練」と、熟語が並んでいるので、その中から文意に適しているものを選べばいいわけです。

漢字、ありがとう！　君のおかげで**手間をかけずに語彙を増やすことができるよ**！

繰り返しですが、「custom」なら、意味を覚えていなければ終わり。でも、漢文なら、初見でも何とかなります。例えば、「三子を待つこと平均なり」の解釈は？　なんだかわかりづらいです。そこで「待」の熟語を思い浮かべます。「待機」「待望」「期待」「待遇」「接待」「歓待」など。「三人の子を待つことが平均だ」では意味不明ですが、「三人の子どもの待遇が平均だ」＝「三人の子どもを同じようにあつかった」なら意味も通ります。

このように、「待」の訳を覚えなくても、熟語を思い出すだけで意味はわかるのです。

手間をかけずに語彙力強化

高校までに習った漢字の知識を利用して、語彙力を増やすスゴ技をここで紹介します。

多くの人が「習」「待」をそのまま「習う」「待つ」と解釈します。これでは、漢文を正しく理解できません。「習」に「習慣」、「待」に「待遇」という意味もあると知って、ようやく正しく理解できます。それでは、どうやって語彙力を増やすのか?

◎**熟語錬金術**（れんきんじゅつ）

熟語からの連想を利用して語彙力を増やします。さっきまで話していたものですね。例えば、「漸」の解釈を、熟語の「漸近線（ぜんきんせん）」を手がかりに推測します。「だんだんと」「しだいに」という意味が想像できるはずです。**常に「熟語で言えば、何になるか」と意識しましょう**。ただそれだけで**語彙力が何倍にも増える**のです。

◎別字変換

訓読みを利用して語彙力を増やします。例えば、「竟ふ」の解釈を、訓読みの「をふ」を手がかりに推測します。「竟」のままでは意味不明なので（熟語すら思い出せません）、「をふ」の同訓異字、つまり**同じ訓読みを持つ別の字に変換する**わけです。「をふ」と読む字には「負ふ」「追ふ」「終ふ」（実は「負」「追」は「おふ」）があります。「竟」は「終」と同じく「つひに」とも読む字ですから、「終ふ」と同じ意味だと推測できます。

◎一点突破

熟語の一部のみに注目して語彙力を増やします。熟語「卒爾」の意味は？と聞かれたら、わかるわけがありません。見たこともないからです。そこで「卒爾」の「卒」**一点のみに着目します**。「卒」の熟語には「卒業」「卒倒」などがありますから、「卒業」から「終える」、「卒倒」〈いきなり倒れる〉から「いきなり」という意味を推測できます。

知らない熟語に出会ったら、分解して一字に着目する——一点突破です。

ミッション 10

次の問いに答えよ。

制限時間 1分

簷(注)際(さい)ノ春梅又(タ)発(レ)花　主人今歳未(ダ)(レ)離(レ)家(ヲ)。

（注）簷際——のきば。軒のあたり。

問 波線部「発」のここでの意味として最も適当なものを、次の①～⑤のうちから一つ選べ。

難易度 ★☆☆☆☆

「発」
① 散らす
② 開く
③ かざす
④ 贈る
⑤ 手折る

1時間目
2時間目
3時間目
4時間目

5時間目

6時間目

7時間目

8時間目

9時間目

10時間目

ミッション10 解答 ➡ 正解は 2

詩人の呉嘉紀（ごかき）が、妻の願いに応えて詠んだ詩の前半の二句です。文脈がわからないから解きづらいですって？　ははは。**文脈なんて頼りになりません。**文脈だけで考えるなら、

①　春の梅が（今年も）また花を**散らした。**
②　春の梅が（今年も）また花を**開いた。**
③　春の梅が咲いたので、（わたしは、今年も）また花を**かざした。**
④　春の梅が咲いたので、（わたしは、今年も）また花を**贈った。**
⑤　春の梅が咲いたので、（わたしは、今年も）また花を**手折った。**

どれもありそうです。そこで**熟語錬金術。**「発」を含む熟語を思い浮かべます。「出発」「発明」「発作」「発散」「開発」「発芽」……。「かざす」も「贈る」も「手折る」も出てきません。
出てきたのは「開発」➡「開く」、「発散」➡「散らす」の二つ。これで①・②の二択。
ただ、「発生」「発芽」なども考えれば、「発く（ひらく）」が適当だと気づくでしょう。正解は②。
実際、「発散」は熱や光を外に飛び散らすという意味で、「花」とは合いません。

ミッション 11

次の問いに答えよ。

制限時間 2分

予被（リ）二謫（注1）書（たくしょ）一（ヲ）、治（注2）行（シテ）之（ク）二黄州一（ニ）。俗（注3）事紛然（トシ）、余（モ）亦遷（うつシ）レ居（ヲ）、因（リテ）不（ニ）復省（レ）花。

（注）1 謫書――左遷（させん）を命じる文書。
2 治行――旅支度をする。
3 俗事紛然――政変で多くの人物が処罰されたことを指す。

問 傍線部「不ニ復省レ花」から読み取れる筆者の状況を説明したものとして最も適当なものを、次の①～⑤のうちから一つ選べ。（「花」は筆者が軒先に植えた「海棠（かいどう）」のこと。）

難易度 ★★☆☆☆

① 筆者は政変に際して黄州に左遷され、ふたたび海棠を人に委（ゆだ）ねることになった。
② 筆者は政変に際して黄州に左遷され、もう一度海棠を移し替えることができなかった。
③ 筆者は政変に際して黄州に左遷され、それきり海棠の花を見ることがなかった。
④ 筆者は政変に際して黄州に左遷され、またも海棠の花見の宴を開く約束を果たせなかった。
⑤ 筆者は政変に際して黄州に左遷され、二度と海棠の花を咲かせることはできなかった。

1時間目

2時間目

3時間目

4時間目

5時間目

6時間目

7時間目

8時間目

9時間目

10時間目

ポイントチェック

傍線部だけで解ける問題です。まずはポイントチェック。

ココ ココ
不ニ**復省**レ花

句形「不復―」があります。**句形の知識は最強の武器**。巻末資料を暗記して、青竜偃月刀（せいりゅうえんげつとう）を装備した人なら、「不復―」＝読「復（ま）た―せず」＝訳「**二度と―しない**」とただちに思い浮かべられます。①「ふたたび…になった」、②「もう一度…できなかった」、④「またも…果たせなかった」をいきなり斬（き）り伏せて残り二択。

解説

いやいや、この時間のスゴ技はあくまで「語彙力強化」です。句形「不復」ではなく「省」に着目します。「省」も**多訓多義語**です。

さっそく**熟語錬金術**です。「省略」「反省」「内省」「帰省」「省察」「省庁」……など。

ⓐ「省略」⬇「はぶく」
ⓑ「反省」⬇「かえりみる」「ふりかえる」「内省」
ⓒ「帰省」⬇「（故郷に帰って両親の）安否を問う」「見舞う」
ⓓ「省察」⬇「みる」「よく調べて見る」
ⓔ「省庁」⬇「役所」「文部科学省」

ⓒの「安否を問う」「見舞う」は難しいですけど、「省（はぶ）く」「省（かへり）みる」くらいはわかったはずです。もちろん「花を省く」では意味不明なので、「花を省みる」＝「花を振り返って見る」あたりが正しい解釈になりそうです（実際は「花を省（み）る」）。

「省」の解釈をチェック。①「委ねる」、②「移し替える」、④「約束を果たす」、⑤「咲かせる」は、どれも「省」の訳と離れすぎです。正解は③「見る」。ⓓ「みる」が正しい解釈ですが、ⓑ「かえりみる」「ふりかえる」を思い浮かべられれば、③を選べたでしょう。

要するに、厳密に考えなくても答えは出せるわけです。

ミッション 12 次の問いに答えよ。

制限時間 2分

次の文章は明の文人謝榛が仲間と集まって詩について論じあった時の話である。これを読んで、後の問いに答えよ。（設問の都合で返り点・送り仮名を省いたところがある。）

一日、因談初唐盛唐十二家詩集、並李(注1)・杜二家、孰可専為楷(注2)範。或云沈(注3)・宋、或云李・杜、或云王(注4)・孟。予黙然久之、曰、「歴観十四家所作、咸可為法。」

（謝榛『四溟詩話』による）

（注）1 李・杜――李白と杜甫。李白は「謫仙人」と称され、杜甫は自ら「少陵の野老」と称した。
2 楷範――手本。
3 沈・宋――沈佺期と宋之問。
4 王・孟――王維と孟浩然。

問 傍線部「歴観十四家所レ作、咸可レ為レ法」の解釈として最も適当なものを、次の①～⑤のうちから一つ選べ。

① 十四人の詩人の作った詩を歴史に照らして見ると、どれも詩の定型とすることができる。
② 十四人の詩人の作った詩を広くすべてにわたって見ると、どれも詩の模範とすべきである。
③ 十四人の詩人の作った詩を歴史に照らして見ると、どれも詩の規則とすることができる。
④ 十四人の詩人の作った詩を歴史に照らして見ると、どれも詩の模範とすることができる。
⑤ 十四人の詩人の作った詩を広くすべてにわたって見ると、どれも詩の定型とすべきである。

ポイントチェック

傍線部を見てもポイントはわかりません。**目立った句形や多訓多義語がないからです。**そんなときは**コピペ探し**（⬇023ページ）です。よく見ると、「歴観」を、①・③・④では「歴史に照らして見る」、②・⑤では「広くすべてにわたって見る」と解釈しています。それから「法」も、①・⑤では「定型」、②・④では「模範」、③では「規則」と解釈しています。「歴観」と「法」が勝負どころです。

ミッション 12 解答

正解は 2

解説

それでは、「語彙力強化」のスゴ技で問題に立ち向かいます。

まず簡単なところで「咸（みな）」から。「咸」は、見慣れない字なので、同訓異字の「皆（みな）」に変換します（**別字変換**）。といっても、全ての選択肢で「どれも」と解釈されているので、問題を解く手助けにはなりません。

次は「歴観」です。「観」は「見る」なので、結局のところ、「歴」を①「歴史に照らして」、②「広くすべてにわたって」、どちらで解釈するかが鍵です。それでは、**熟語錬金術**。「歴史」「経歴」「職歴」「履歴」「彼女いない歴」「歴任」「歴訪」「歴然」……など。「歴然」は難しいかもしれませんが、それ以外はみな見覚えがあるはず。

ⓐ「歴史」⬇「過ぎ去った事がら」「経歴」「職歴」「履歴」
ⓑ「歴任」⬇「つぎつぎと」「一つ一つ」「すべて」「歴訪」「歴遊」
ⓒ「歴然」⬇「はっきりしている」「明らかである」

どうやら「歴観」で「歴史的に見る」とはならなそうです。「歴●」でそういう意味になる熟語が見当たりません。「歴観」も「歴任」や「歴訪」と同じように「つぎつぎと見る」と解釈するのがよいでしょう。これで、「歴史に照らして」の①・③・④を消去。

最後に「法」です。さっそく**熟語錬金術**。「法律」「手法」「作法」「戦法」「文法」「方法」など。残念。「定型」も「模範」も「規則」も解釈として成り立ちます。一つも消せません。

傍線部だけで勝負できなければ、**いよいよ文脈の出番**。「ある日、初唐盛唐の十二人の詩人と李白（りはく）・杜甫（とほ）のうち、誰を専ら（もっぱら）『楷範』とすべきかを話していた。ある者は沈・宋だと、ある者は王・孟だと言った。私はしばらく黙り、それから【**傍線部**】だと言った」。

ポイントは「楷範」です。誰を「楷範」とすべきかという議論で、作者は「十四人ともみな『法』にすべきだ」と言いました。つまり、「法」は「楷範」と同じ意味です。

それでは、「楷範」の意味は何か？ 注に「手本」とありますが、改めて「楷範」を解釈します。もちろん「楷範」なんて熟語は知らないので、**一点突破**（➡062ページ）です。「範」一点に着目して意味を推測します。「範」と言えば、「**模範**」「規範」「範囲」……など。残る選択肢は、②「**模範**」、⑤「定型」なので、正解はどんぴしゃの②。

さて、この時間は残念ながらここまで。**熟語錬金術**、**別字変換**、**一点突破**、いろいろなところで活躍しますよ。ぜひ使いこなせるようになってください。

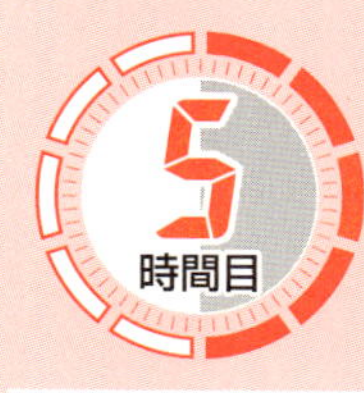

なぜ省略されているんだ「主語・目的語」

◎主語を取り違えると致命的

普段から僕たちは、主語のない会話になれています。

関口「昨日、どうだった？（追試の感触は）」

羽田「ああ、うまくいったよ。手ごたえありって感じ（張本さんと初デートするって、このつに話してたっけ？　まあ、いいか）」

関口「そりゃ、よかったな。絶対無理だと思ってたよ」

羽田「いきなり、なんだよ。ヒデーな」

関口「だって、あいつ〈＝漢文の飛田先生〉顔はいいけどさ、人間性が腐ってるっていうか、鬼畜じゃん。どんな難題つきつけてくるか、心配してたんだよ」

羽田「（鬼畜!?）大した難題じゃなかったよ。ただ、**焼肉おごらされただけでさ**」

関口「焼肉!?」

致命的です（このあと、関口は羽田を「焼肉で教師を買収した男」と見なし、羽田は関口を「自分の恋人を鬼畜呼ばわりした無礼な奴」と見なします）。

漢文も主語をしばしば省略します。そのせいで、気づかないうちに、主語を取り違えるという致命的な事態に陥っているわけです（戦場で敵の主力部隊を見失うようなもの）。共通テストは、みんなが主語を見失っているのを見計らって、奇襲攻撃をしかけてきます。

目を離すな。主語を見失わないように警戒せよ。

同じように、**目的語も重要です。**関羽（かんう）が曹操（そうそう）に仕えるのか劉備（りゅうび）に仕えるのかでずいぶんと話は変わります。関羽は劉備・張飛（ちょうひ）とともに「**我ら生まれた日は違えども、死ぬ日は同じ**」と誓い合った仲。それなのに、劉備のライバル曹操のもとに下ったら、**ガッカリ感**がハンパないです。

目的語は代名詞になることが多いので、

気を抜くな。代名詞を見つけたら必ず正体を確認せよ。

次の問いに答えよ。

制限時間 2分

西施非レ能二亡ボスニ呉ヲ一也。而後世以二亡国之罪一帰二
之西施一、過矣。使モシ呉王不下信ジテ宰さい嚭ひヲ、殺中伍ご胥しょ上、内修二
国政ヲ一、外備二敵人ニ一、西施一嬪ひん嬙しゃう耳、何能クカ為サン。

難易度 ★★☆

問 傍線部「而後世以二亡国之罪一帰二之西施一、過矣」について、(i)書き下し文、(ii)その解釈
として最も適当なものを、次の各群の①〜⑤のうちから、それぞれ一つずつ選べ。

(i) 書き下し文

① 而しかるに後世亡国の罪を以て之を西施に帰きするは、過あやてり。
② 而しかして後世亡国の罪を以て之に西施を帰きすも、過すぎたり。
③ 而しかして後世亡国の罪を以て之に西施を帰とうがするは、過あやてり。
④ 而しかれども後世亡国の罪を以て之の西施を帰きするは、過くわなり。
⑤ 而しかるに後世亡国の罪を以て之れ西施に帰かるは、過すぎたり。

(ii) 解釈

① とはいえ、のちに呉王が、自分の罪に気がついて西施を越に戻したとしても、遅かったであろう。
② だからこそ、呉が滅んだ後に呉の人々は、呉の国を滅ぼした罪によって西施を責めたのである。
③ そののち、世の人が、呉を滅ぼしたのは越が西施を送り込んだためだ、と言いふらしたのである。
④ にもかかわらず、のちの時代の人が、呉の国が滅んだのを西施のせいにするのは、間違っている。
⑤ しかしながら、そののち越王が、呉の国を滅ぼすために西施を嫁がせたのは、やり過ぎであった。

難易度 ★★☆☆☆

ポイントチェック

「西施」は、越王の命を受けて呉王の心を奪った絶世の美女。「宰嚭」は、呉の宰相の伯嚭（はくひ）。「伍胥」は、その伯嚭の中傷によって自殺に追い込まれた、呉王の臣下。

而後世以亡国之罪帰之西施、過矣

ココ ココ ココ

句形「以」や**多訓多義語**「過」に加えて、**文構造に着目**してみましょう。

075　5時間目　なぜ省略されているんだ「主語・目的語」

まず句形「以…V」＝**読**「…を以てVす」。**訳**は、①方法・手段「…によって」、②原因・理由「…のせいで」、③目的語の強調「…を」です。
次に**文構造**に着目します。主な文型は次の三つ。

①
名 **動** → **名**(ハ) **動**ス
名 **名** → **名**(ハ) **名**ナリ

例 大器ハ晩成ス。
例 吾ハ武神ナリ。

②
動 **名** → **動**スレ **名**ヲ(ニ・ト)

例 振(ふる)フレ剣ヲ。成(な)ルニ大将軍ト一。

③
動 **名** **名** → **動**スニ **名**ニ(ヲ) **名**ヲ(ニ)一

例 立ツニ名ヲ天下ニ一。

ミッション 13 (i) 解答

正解は

1

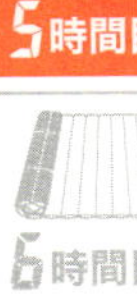
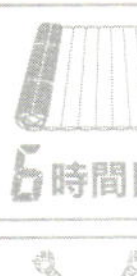

解説

傍線部には「以二亡国之罪一帰二之西施一」とあり、「亡国の罪を以て」は全ての選択肢で同じ。「帰二之西施一」は「動詞＋名詞1＋名詞2」の文構造なので、「之を西施に『帰』す」か「之に西施を『帰』す」のどちらか。この段階で、①「之を西施に」か③「之に西施を」に絞れます。なお、②も「之に西施を」の形ですが、通常「之」を「ここ」とは読まないので不適（仮に読んだとしても「亡国の罪で、ここに西施を帰す」となって不自然）。

あとは、①「亡国の罪を以て之を西施に帰する」と③「亡国の罪を以て之に西施を帰がする」をそれぞれ直訳します。**代名詞の正体を暴くのを忘れないように。**①の直訳は「亡国の罪を西施に帰す」。この「以」の用法は目的語の強調で、「之」は「亡国の罪」を指します。③の直訳は「亡国の罪を理由として彼に西施を嫁がせる」で、そもそも「彼」って誰？「国を滅ぼしたから彼と結婚しろ」って、どんな罰ゲーム？ そんなスゴイ相手ってこと？とツッコミどころ満載です。正解は①。

書き下し問題でも必ず解釈せよ。意味不明なら誤りの選択肢だ。

実は、②「之に西施を帰す」の「之」、④「之の西施」の「之の」、⑤「之れ西施に帰る」の「之れ」はどの**代名詞も正体不明**で、また文としても**意味不明なので全部消せます**。

ミッション 13 (ii) 解答 ⇩⇩⇩⇩⇩⇩⇩⇩⇩⇩⇩⇩ 正解は

解説

① のちに**呉王が**…西施を越に戻したとしても、遅かったであろう
② 呉が滅んだ後に**呉の人々は**…西施を責めた
③ そののち、**世の人が**…西施を送りこんだためだ、と言いふらした
④ **のちの時代の人が**…西施のせいにするのは、間違っている
⑤ そののち**越王が**…西施を嫁がせたのは、やり過ぎであった

選択肢ごとに主語が異なっています。同じなのは③・④だけです。要するに、この問題は、**みんなが主語を把握できているかどうかを試している**のです。
傍線部には「**後世**」〈＝のちの世の人々〉…『帰』す」と露骨（ろこつ）に書いてあるので、①「呉王」、②「呉の人々」、⑤「越王」が主語になる余地はありません。残り③・④。
③の文頭に「そののち」とありますが、これは「而後」を「而る後（しかるのち）」と誤読した人用の選択肢であり、かつ(i)の選択肢群の中に「而る後」はありません。③が消えて正解は④。

解釈問題でも必ず訓読せよ。訓読から遠く離れているなら誤りの選択肢だ。

解釈問題を解くとき、多くの人が**傍線部をすっかり忘れ、選択肢ばかりを何度も見て、文脈に合うのはどれかと考えています。**それでは、かえって時間がかかります。

文字面だけ眺めているから、どの選択肢もありえそうに見えるんです。傍線部の訓読が「而るに後世亡国の罪を以て之を西施に帰**するは**、**過てり**」だと特定できたら、直訳は「…**するのは過ちである**」なので、(ii)の正解は自動的に④「…**するのは**、**間違っている**」です。

そもそも(i)の選択肢を見れば、②以外「…**するは**、『過』なり」です。「過」の読みは「過(あやま)てり」「過(す)ぎたり」「過(くわ)なり」といろいろですが、いずれにせよ直訳は「…**するのは**、過ちだ」か「…**するのは**、やり過ぎだ」です。この段階で(ii)は④「…**するのは**、間違っている」と⑤「…**たのは**、やり過ぎであった」に絞れます。

仮に(i)がなくとも、傍線部の文末は「…、過矣」であり、どう訓読しても、「…、過ぎたり」や「…、過てり」などとなります。この訓読を踏まえれば、②「…西施を責めた」や③「言いふらした」をあっさり消去できました。

主語・目的語を絶えず補充せよ

主語はしばしば省略されるので、絶えず補充し続けましょう。**主語を見失う＝文脈を見失う**です。でも逆に言えば、**主語を捕捉する＝文脈をとらえられる＝問題を粉砕できる**！です。主語を捕捉できていれば、解釈問題・説明問題・最終問題で有利に戦えます。

それでは、主語を捕捉するためのスゴ技を紹介。

◎登場人物にナンバリング

登場人物に印をつけます。主要登場人物はだいたい数人です。あとはモブ的な人がちょっと出る程度。①主要登場人物を□や○で囲み、②通し番号を付けます。これは、例えば、同じ「劉備」を指すのに、「備（び）」「玄徳（げんとく）」「皇叔（こうしゅく）」「兄者（あにじゃ）」など、表現がいろいろ変わるからです。同一人物だとわかるように、通し番号を付けます。

主語が省略されていると感じたら、前文の主語を確認せよ！

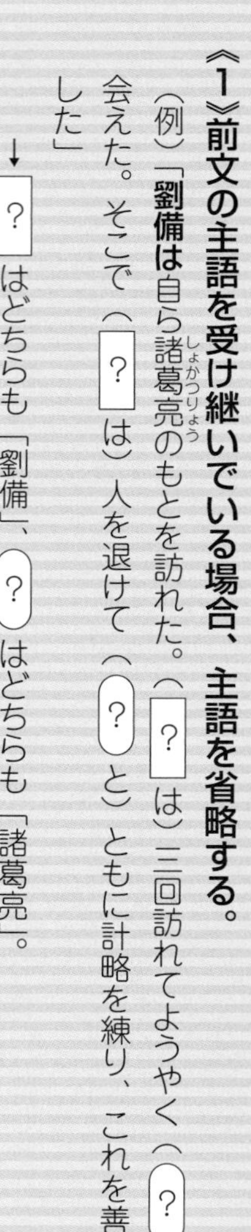

《1》前文の主語を受け継いでいる場合、主語を省略する。

（例）「**劉備は**自ら諸葛亮（しょかつりょう）のもとを訪れた。（?は）三回訪れてようやく（?に）会えた。そこで（?は）人を退けて（?と）ともに計略を練り、これを善しとした」

→ ? はどちらも「劉備」、? はどちらも「諸葛亮」。

《2》文脈上、主語が明確な場合、主語を省略する。

（例）「**村上信五は**トークが巧みで、ほぼ毎日テレビに出演している。共演した**ビートたけしも**彼を高く評価して、『（?は）紅白歌合戦の司会になるんじゃないかな』と述べたという。（?は）『ポスト中居』の筆頭と言える」

→ ? はどちらも「村上信五」。

ミッション 14

次の問いに答えよ。

制限時間 4分

家蓄一老貍奴。将誕子矣。一女童誤触之、而堕。日夕鳴鳴然。会有餽両小貍奴者。其始、蓋漠然不相能也。老貍奴者、従而撫之、徬徨焉、躑躅焉。臥則擁之、行則翊之。舐其氄而譲之食。両小貍奴者、亦久而相忘也。稍即之、遂承其乳焉。自是欣然以為良己之母。老貍奴者、亦居然以為良己出也。吁、亦異哉。

（程敏政『篁墩文集』による）

（注）1 貍奴――猫。 2 鳴鳴然――嘆き悲しんで鳴くさま。 3 漠然――無関心なさま。

4　彷徨焉、躑躅焉――うろうろしたり足踏みをしたりして、落ち着かないさま。
5　毿――うぶ毛。　6　欣然――よろこぶさま。　7　居然――やすらかなさま。

問　傍線部「吁、亦異哉」とあるが、筆者がそのように述べる理由の説明として最も適当なものを、次の①～⑤のうちから一つ選べ。　難易度★★★☆☆

① 子猫たちと出会った時は「嗚嗚然」としていた老猫が、「欣然」と子猫たちと戯れる姿を見せるようになったため。

② 互いに「漠然」として親子であることを忘れていた猫たちが、最後には「居然」と本来の関係をとりもどしたため。

③ 老猫と出会った初めは「漠然」としていた子猫たちが、ついには「欣然」と老猫のことを慕うようになったため。

④ 子猫たちが「居然」として老猫になつき、老猫も「嗚嗚然」たる深い悲しみを乗り越えることができたため。

⑤ 子猫たちが「欣然」と戯れる一方で、老猫は「居然」たるさまを装いながらも深い悲しみを隠しきれずにいるため。

ミッション14 解答

正解は 3

ポイントチェック

【直訳】家で**老猫**を飼っていた。（1は）子どもを産むところだった。女の子が誤って**これ**に接触し、（2は）堕胎してしまった。日夕、（3は）「**嗚嗚然**」と泣いていた。**二匹の子猫**を贈るものがいた。はじめ、どうやら（4は）「**漠然**」として、よくしなかった。**老猫**は従って**これ**を愛撫し、落ち着かない様子で、うろうろしたり足踏みしたりしていた。（5は）横になれば、**これ**を擁し、行けば、**これ**を助けた。（6は）**その**うぶ毛を舐めて、**これ**に食事を譲った。**二匹の子猫**もしばらくして忘れた。（7は）**これ**につき、**その**乳を承けた。それから、（8は）「**欣然**」として自分の母と見なした。**老猫**も「**居然**」として自分が出したと見なした。ああ、異ではないか。

ずいぶんたどたどしいですが、これで十分に問題は解けます。

主語・目的語を絶えず補充せよ！

直訳を見て、主語を補充しなければならないところが意外に多くて驚いたでしょう。

でも、主な登場人物（というか動物）は、「老猫」「子猫」だけ。聞かれてみれば、どちらが主語かはすぐわかったと思います。

主語1 **老猫**を飼っていた ⬇ 1 は子どもを… ＝ **老猫**
主語2 女の子が触れて ⬇ 2 は堕胎した ＝ **老猫**
主語3 **老猫**は堕胎した ⬇ 3 は「**嗚嗚然**」＝ **老猫**
主語4 **子猫**をもらった ⬇ 4 は「**漠然**」＝ **子猫**
主語5 **老猫**はうろうろした ⬇ 5 は…を助けた ＝ **老猫**
主語6 **老猫**は…助けた ⬇ 6 はその産毛を… ＝ **老猫**
主語7 **子猫**も忘れた ⬇ 7 は…その乳を ＝ **子猫**
主語8 **子猫**はその乳を… ⬇ 8 は「**欣然**」＝ **子猫**

ほとんどが前文の主語をそのまま受け継いでいましたね。

解説

選択肢をちらっと見れば、「嗚嗚然」「漠然」「欣然」「居然」がキーワードになっていると気づくでしょう。

「嗚嗚然」　堕胎した老猫が「**嗚嗚然**」と泣く　＝　主語は「**老猫**」
「漠然」　子猫が「**漠然**」として**よくしない**（↑意味不明）　＝　主語は「**子猫**」
「欣然」　子猫が「**欣然**」と老猫を自分の母と見なす　＝　主語は「**子猫**」
「居然」　老猫が「**居然**」と子猫を自分が出したものと見なす　＝　主語は「**老猫**」

それでは、主語に着目して選択肢を見てください。

①　子猫たちと出会った時は「嗚嗚然」としていた**老猫**が、「**欣然**」と子猫たちと戯れる姿を見せるようになったため。

②　互いに「漠然」として親子であることを忘れていた**猫たち**が、最後には「**居然**」と本来の関係をとりもどしたため。

③　老猫と出会った初めは「漠然」としていた**子猫たち**が、ついには「**欣然**」と老猫のことを慕うようになったため。

④　**子猫たち**が「**居然**」として老猫になつき、老猫も「嗚嗚然」たる深い悲しみを乗り越えることができたため。

⑤　**子猫たち**が「欣然」と戯れる一方で、老猫は「居然」たるさまを**装いながらも深い悲しみを隠しきれずにいる**ため。

①は、「**老猫**が、『欣然』と子猫たちと戯れる…」でアウト。「欣然」の主語は「子猫」です。②も、「**猫たち**が、最後には『居然』と本来の…」でアウト。「居然」の主語は「老猫」です。③が正解。④は、「**子猫たち**が『居然』として老猫に…」でアウト。「居然」の主語は「老猫」です。残り⑤は、主語の点では問題がありませんが、「老猫は『居然』たるさまを**装いながらも深い悲しみを隠しきれずにいる**」の部分が本文にないのでアウトです。

主語に着眼することで、選択肢を簡単に三つ消せました。

主語・目的語を明確にとらえられるかどうかは、読みの基本です。だから、共通テスト漢文は、みんなが主語や目的語を正しくとらえているかどうかをたずねてくるのです（そのせいで、理由説明問題のはずなのに、実質的に、**主語・目的語がわかっているかどうか問題**になったりしています）。

といっても、その主語が省略されているから、ややこしくなります。なんとなく読んでいると、主語を取り違えたりするので（冒頭の関口と羽田のように）、正しく読めないし、その結果、問題を解けなくなります。

まずは**主語・目的語を絶えず補充すること**。そこからはじめてください。

ややこしいが頼もしい「反語・二重否定」

◎で、結局どっちやねん

まず「気になる人」を思い浮かべてください。これから恋仲になりたい人です（架空の人でもかまいません）。その人が柔らかな笑みを浮かべて、やさしく

「わたし、あなたのこと、嫌いじゃないわけじゃあないよ」

とあなたに告げたとしましょう。で、喜ぶべき？　悲しむべき？

こんなこと、片思いの人から言われたら、まず何を言われたのかよくわからなくて絶望し、次に「あ、嫌いって宣言されてる」と気づいて絶望します。

二重否定が好んで出題されるのは、このように肯定か否定かややこしいからです。

反語も同じです。あなたが熱烈な乃木坂ファンで、スマホでPVを楽しんでいたところ、あまり親しくない友人から

「なんで乃木坂が好きなの?」

と唐突に聞かれたとしましょう。で、怒るべき? それとも理由を答えるべき?

向こうが「なんで乃木坂なんかが好きなの?」というつもりなら、「圧倒的に顔面偏差値が高くて、かずみんが……」なんてマジ答えするわけにはいきません。赤っ恥もいいところです。かといって、「人の趣味に文句つけてんじゃねえよ」とキレてみたら、実は向こうも乃木坂ファンだったというのも嫌です。

反語が好んで出題されるのは、このように肯定か否定かややこしいからです。

反語・二重否定は、みんなを混乱させるクセのある難敵です。

この時間は、反語・二重否定のややこしさを逆手にとって、あっさり攻略するスゴ技を紹介します。はりきっていきましょう!

ミッション 15

次の問いに答えよ。

制限時間 1分

安クンゾ知ラン四此ノ花ノ不ルヲ三忽然トシテ在ラ二吾ガ目前ニ一乎。

問 右の「安知四此花不三忽然在二吾目前一乎」の解釈として最も適当なものを、次の①～⑤のうちから一つ選べ。

難易度 ★☆☆☆

① どこにこの花が思いがけず私の目の前に存在することがないと分かる人がいるのか。
② どうしてここで花が私の目の前から存在しなくなるとぼんやりとでも分かるのか。
③ どうしてこの花が思いがけず私の目の前に存在することがないと分かるだろうか。
④ どこにこの花が私の目の前に存在しないとぼんやりとでも分かる人がいるだろうか。
⑤ どうしてここで花が私の目の前から不意に存在しなくなると分かるだろうか。

ミッション 15 解答

正解は 3

解説

返り点も送り仮名も付いているので、難しくはありません。ここでは、①送り仮名を根拠に反語か疑問かを判別できるかどうか、②選択肢を見て反語か疑問かを判別できるかどうかを確認します。

反語・疑問の処理①

……未然形 ＋ ん（や） ⬇ 反語 （例）豈に図らんや。

……連体形（＋ か・や） ⬇ 疑問 （例）何ぞ言わざる。

1時間目 2時間目 3時間目 4時間目 5時間目 6時間目 7時間目 8時間目 9時間目 10時間目

反語・疑問の処理②

反語 ⬇ **「…だろうか」「…ことなどあろうか」「…したりしようか」**

疑問 ⬇ **「…のか」「…のだろうか」**（※「の」があれば疑問）

問は「…知ら**んや**」＝**反語**。「安くんぞ」の訳は「どうして」（まだ覚えていない人は巻末資料を）。「安くんぞ…知ら**んや**」の訳は「どうして…分かる**だろうか**」。

① ~~どこに~~……分かる人がいる**のか**。 ⬆疑問× 「どこに」は「安くにか」の訳×

② どうして……分かる**のか**。 ⬆疑問×

③ どうして……分かる**だろうか**。 ⬆反語◎

④ ~~どこに~~……分かる人がいる**だろうか**。 ⬆反語◎ 「どこに」は「安くにか」の訳×

⑤ どうして……分かる**だろうか**。 ⬆反語◎

ね？　あっという間に選択肢を二つまで絞れました。あとは「此の花」に着目できれば、「この花が…」とある③が残り、「ここで花が…」とある⑤が消えます。正解は③。

反語は疑問の形を借りた否定文です。「どうしてあいつのことが好きなんだよ」と表面上は問いかけながら、実際は「好きになるはずがない」「好きになってほしくない」と結論しています。でも、同じ文面で実際に質問しているときもあるからややこしいです。というわけで、普通は見かけだけで疑問か反語か見分けられません。ところが、

漢文では、見かけで判断できる！

これを忘れないでください。

文末が「ん（や）」なら反語だし、そうでないなら疑問です。選択肢も「…だろうか」「…ことなどあろうか」なら反語だし、「…のか」「…のだろうか」なら疑問です。例えば、選択肢②「どうして……分かるのか」は、疑問でも反語でもどちらでも解釈できそうですよね。でも、文末が「…のか」なので、機械的に「疑問だ」と判断できるのです。

ミッション 16 次の問いに答えよ。

制限時間 3分

詎知、薫染既深、後雖欲進乎杜、也可得乎。

（注）薫染——影響を受けること。

問 右の「詎知、薫染既深、後雖レ欲レ進ニ乎杜一、也可レ得乎」の解釈として最も適当なものを、次の①〜⑤のうちから一つ選べ。

難易度 ★★★☆☆

① 詩を学ぶ者は、宋代・明代の詩や晩唐の詩の影響をすでに色濃く受けていることを知っているので、のちに自分から杜詩を学ぼうとはしないのだ。

② 詩を学ぶ者は、宋代・明代の詩や晩唐の詩の影響をすでに色濃く受けてはいても、のちに杜詩を学べばまた得るところがあるのを知らないのだ。

③ 詩を学ぶ者は、宋代・明代の詩や晩唐の詩の影響をすでに色濃く受けてしまっているが、のちに杜詩を学ぼうとするのに何の妨げもないことを知らないのだ。

④ 詩を学ぶ者は、宋代・明代の詩や晩唐の詩の影響をすでに色濃く受けてしまっていることを知らないので、のちに杜詩を学ぼうとしても、もはや得るところはないのだ。

⑤ 詩を学ぶ者は、宋代・明代の詩や晩唐の詩の影響をすでに色濃く受けてしまっているので、のちに杜詩を学ぼうとしても、もはやできなくなっていることを知らないのだ。

ミッション16 解答 ⇒ 正解は 5

解説

傍線部だけを取り上げました。なお、「杜」は盛唐の詩人杜甫（とほ）を指し、選択肢では「杜詩」と表現されています。「杜甫の詩」という意味ですね。というわけで、文脈はさっぱりわかりませんが、それでも解けるから不思議なものです。

さて、**反語は疑問の形を借りた否定文**。漢文では、反語がまぎらわしいからといって、古文のように、「どうして知っているだろうか。**いや、知らない**」などと、「いや…ない」を付けたりはしません。最初から「知らない」と否定文で訳します。

ですから、

反語文を見つけたら否定文に言いかえよ！

が漢文のセオリーです。

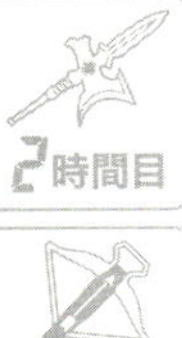

言いかえ方は簡単。

疑問詞を「不」に置きかえる、あるいは、「不」を加える。

（例）**詎**（なんゾ）知（ランヤ） ⬇ **不**（レ）知（ラ）　**可**（ベケン）（レ）焦（ル）**乎** ⬇ **不**（レ）**可**（レ）（カラ）焦（ル）

というわけで、「知らず」、つまり「……知らない」となっている選択肢が正解です。これで、「学ぼうとはしないのだ」の①と「得るところはないのだ」の④が消えます。

あとは、「杜に進まんと欲すと雖も」に着目すれば、答えは出ます。「雖―」＝読「―と雖（いへど）も」＝訳「―けれども」「―としても」なので、直訳は「杜甫に進もうとしても」。したがって正解は「杜詩を学ぼうとしても」の⑤。

次のミッションでは、さらなる強敵、送り仮名なしの文に挑戦です。

ミッション 17

次の問いに答えよ。

制限時間 4分

知ル三取ラルル者之不シテレ幸ヒナラ、而偶（たまたま）幸ヒナルヲ二於棄テラルル者ニ一。豈荘子所謂以無用為用者比耶。

問 傍線部「豈荘子所謂以無用為用者比耶」の読み方として最も適当なものを、次の①～⑤のうちから一つ選べ。

難易度 ★★★★★

① 豈に荘子の所謂以て無用の用を為す者をば比（たと）へんや
② 豈に荘子の所謂無用の用たる者を以て比（たと）ふるか
③ 豈に荘子の所謂以て無用の用を為す者の比（たぐ）ひなるか
④ 豈に荘子の所謂無用を以て用を為す者をば比（くら）べんや
⑤ 豈に荘子の所謂無用を以て用と為す者の比（たぐ）ひなるか

ミッション17 解答

正解は

解説

傍線部が白文の場合、疑問と反語の判別は**文脈に合うか合わないか**で行うので、さすがに今回の問題は難しいです（文脈がわからないので）。

傍線部直前までの内容を要約すると、「美味（おい）しい筍（たけのこ）は取られ、不味（まず）い筍は見捨てられる。でも、美味しい筍は美味しいがゆえに取られて命を絶たれるが、不味い筍は不味いがゆえに取られず生きながらえる。われわれは、価値あること（つまり美味しいこと）に重きを置くが、そのせいで取られてしまう方がかえって不幸であり、不味いせいで見捨てられた方が幸福だとわかっている」です。

さ、もう一度、選択肢を見てみましょう。

文脈を踏まえて、疑問「豈に…比（たと）ふるか」「豈に…比（たぐ）ひなるか」と、反語「豈に…比（たと）へんや」「豈に…比べんや」、どちらが読み方として適当かを判断してください。

判断しましたか？　じゃあ、これから疑問・反語の判別ポイントを挙げます。

反語・疑問の処理③

(1) 否定文に言いかえて **文脈に合う** ➡ **反語**　**合わない** ➡ **疑問（詠嘆）**

(2) その文に対する答えが　**ある** ➡ **疑問**　**ない** ➡ **反語（詠嘆）**

(3) **地の文** ➡ **反語**（たまに疑問・詠嘆）
会話文 ➡ **答えがある**なら**疑問**　**言い切って終わり**なら**反語（詠嘆）**

というわけで、反語の選択肢をさっそく**否定文に言いかえます**。

①「それは荘子の言う『無用ノ用ヲ為ス』ことをたとえない」、④「それは荘子の言う『無用ヲ以テ用ヲ為ス』ものを比べない」です。**意味はわかりますか**？　不明ですよね。筍の話は「無用の用」のたとえになるし、「比べない」って何言ってるの？

次は疑問の選択肢を検討します。ポイントは「豈」の訳し方です。

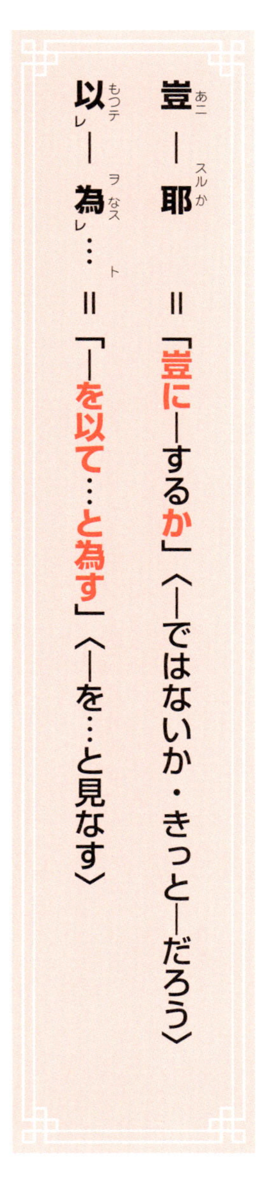

豈(あニ)**―耶**(スルか) ＝ **「豈に―するか」**〈―ではないか・きっと―だろう〉

以(もつテ)レ**―為**(なスト)レ**…** ＝ **「―を以て…と為す」**〈―を…と見なす〉

疑問の選択肢の訳は、②「これが荘子の言う『無用ノ用タル』によって喩(たと)えたのではないか」、③「これが荘子の言う『無用ノ用ヲ為ス』のたぐいではないか」、⑤「これが荘子の言う『無用ヲ以テ用ト為ス』のたぐいではないか」です。

直前の文から見ると、「不味い筍の方がかえって生きながらえる。これこそ荘子の言う『無用の用』のたぐいだろう」となるので、③・⑤の方が文脈に合います。

あとは、「無用の用を為す」と「無用を以て用と為す」のどちらが正しいか。句形を踏まえれば、正しいのは後者。正解は⑤（実はこの点で⑤以外全てアウトです）。

ミッション 18

次の問いに答えよ。

制限時間 4分

智者ノ千慮ニモ有リ二一失一。聖人之所レ不ルレ知ラ、未ダル二必ズシモ不ンバアラレ為サ二愚人ノ所トレ知ル也。

問　傍線部「聖人之所レ不レ知、未二必不一レ為二愚人所一レ知也」はどのようなことを言っているのか。その説明として最も適当なものを、次の①～⑤のうちから一つ選べ。

難易度★★★☆☆

① 聖人の知恵の及んでいるところには、愚人の知恵が反映されている。
② 聖人の知らないことは、もちろん愚人も知るはずがない。
③ 聖人の知らないことでも、愚人が知っている場合がある。
④ 聖人の関知しないことを、逆に愚人は必ず気にしている。
⑤ 聖人の知恵の及ばないところでこそ、愚人の知恵が生きる。

1時間目

2時間目

3時間目

4時間目

5時間目

6時間目

7時間目

8時間目

9時間目

10時間目

ミッション 18 解答

正解は

解説

この時間最後のミッションで、ようやく二重否定です。

さて、**二重否定は結局のところ肯定文**。裏の裏が表になるように、マイナス×(かける)マイナスがプラスになるように、否定を否定すれば、肯定になります。

二重否定を見つけたら肯定文に言いかえよ！

それが漢文のセオリーです。

ただし、句形によって言いかえたときの形が違います。例えば、「無不ー」は「必ずーする」と強めの肯定文で、「非不ー」は「ーである」と単純な肯定文で言いかえます。そして「未必不ー」は「必ずしもーしないわけではない」➡「ーする場合もある」と言いかえます。正解は③。瞬殺です。

二重否定の言いかえは巻末資料に並べたので、暗記してしまってください。

反語・二重否定は必ず言いかえよ

反語・二重否定が出題されるのはややこしいからです。繰り返しますが、

反語・二重否定を見つけたら必ず言いかえよ！

直訳がそのまま正解になっていることもあります（⬇ミッション⑮）。その場合でも、反語を否定文、二重否定を肯定文にはっきりと言いかえます。混乱を避けられるので、問題を解きやすくなります。

ポイントは、①**反語・疑問の判別**、②**二重否定の言いかえ**です。問題によっては、傍線部を白文にしたうえで反語か疑問かの区別を聞いてくるので、この時間に学んだスゴ技を活かして、そんな問題、粉砕してやりましょう。

それから、**二重否定はどう言いかえるかが大事**。言いかえを事前に整理して、そんな問題、瞬殺してやりましょう！

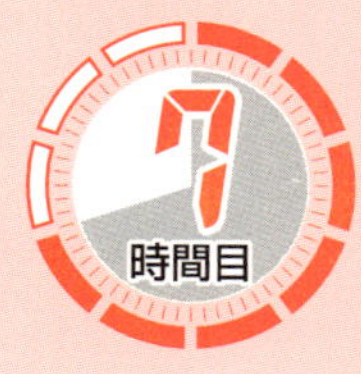

「対句」こそ最強の武器

◎対句はありがたい

漢文では、しばしば対照的な句を二つ（あるいは、それ以上）並べます。例えば、

千里馬常有、而伯楽不常有

「千里の馬は常に存在する。ただし伯楽は常に存在するわけではない」――形式上も意味上もなんとなく対照的な感じがしますよね。「伯楽」の意味はわからなくても。

ありがたいのは、「千里の馬」と「伯楽」が、意味上、対照的な関係にあると予想できるところです。「伯楽」の意味は、「一日に千里を走る名馬」と対照的なわけですから、「一日に一里も走れない駄馬」とか「名馬を見つけ出す名人」だと予想できます。

◎対句は「決め球」

「対句」あるいは「対偶」と呼ばれる表現は、単純で雑な反復表現からはじまり、やがて内容や声調（トーン）の対称性（シンメトリー）や対照性（コントラスト）にこだわるようになったものです。

実のところ、目が回るくらい複雑で厳密なルールがありますが、そんなものを理解する必要はありません。単に、二つ以上の句があり、①形がそこそこ似ていて、②内容が明らかにペアになっていたら、**対句と見なしてしまってください**。ただの反復表現でも「対句」と見なしてしまう強引さがほしいです。

対句は**おしゃれな表現**です。作者はここぞというところで使ってきます。全編対句だらけの文章は、頭の先からつま先まできらびやかなブランドで固めたにわかセレブみたいなもので、一目見て**お腹いっぱい**です。一時期、対句だらけのギラギラな文章（四六駢儷文（しろくべんれいぶん））が流行しましたが、すっかり廃（すた）れました（入試ではお目にかかれません）。

対句は、野球で言う「決め球」のようなもの。連投なんてしません。そんなことをしたら、効果が薄れるからです。だから、**対句はここぞというところで使われるのです**。

対句を見つけろ

みんなはこれから共通テスト漢文という難敵に立ち向かいます。

いまは、はぐれ○タルを倒してレベル上げをしたり、モンスターからゴールドを巻き上げて優れた武器・防具を入手したりしているところです。

主武器(メインウェポン)（**句形**の知識）と副武器(サブウェポン)（**副詞**・「**ならでは語**」の知識）を装備し、ステータスの強化法を覚え（「**熟語**」で語彙(ごい)力増強）、敵の攻略法（「**主語**・**目的語**」「**代名詞の指示内容**」「**反語**・**二重否定**」）を学んできました。七大点（⬇022ページ）のうち、六つまで見てきたわけです。

この時間は、**対句**を利用して問題を解くスゴ技を紹介します。とりあえず、

対句を見つけて線を引き、頭の中で並べて整理せよ！

対句がいかに役立つか、これからじっくり見ていきましょう。

次の問いに答えよ。

制限時間 2分

夫レ君子ハ可キモ㆔欺クニ以テスニ㆓其ノ(注1)方ヲ㆒、難罔(注2)以非其道。

（注）1 其方——理にかなった方法。
2 罔——あざむく。

問 傍線部「難罔以非其道」の書き下し文として最も適当なものを、次の①～⑤のうちから一つ選べ。

難易度 ★☆☆☆

① 罔（し）ひ難きは其の道に非ざるを以てなり
② 罔ふるを難ずるに其の道に非ざるを以てす
③ 罔ふるに其の道に非ざるを以てし難し
④ 罔ふるに其の道に非ざるを以てするを難ず
⑤ 罔ふるを難じて以てその道を非とす

ミッション19解答→正解は3

解説

傍線部と直前の部分が「対句」になっていると気づいたら**瞬殺です**。

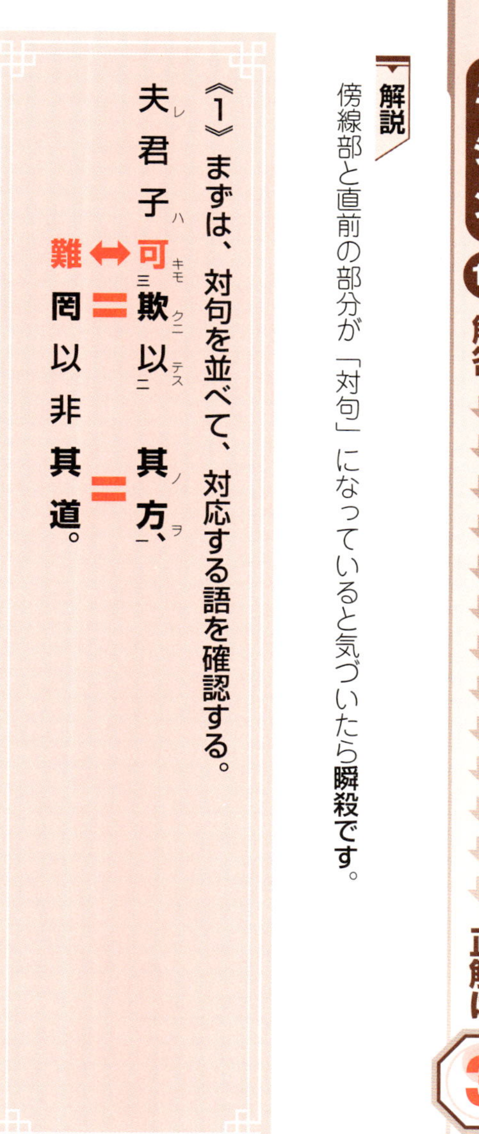

《1》まずは、対句を並べて、対応する語を確認する。
夫レ君子ハ可キモ欺クニ以テスノ其ノ方ヲ、
難 罔 以 非 其 道。

並べれば、「可」「難」、「欺」「罔」、「其の方」「其の道」の対応に気づけます。

《2》次に、対句の原則を活かして、訓読・解釈をする。

対句の原則とは、**「読みはおそろい」「意味は同じか反対」**です。

「罔」の読みは、「欺くに」と**おそろい**なので、「罔ふるに」。これで選択肢を③・④に絞れます。なお「罔」の意味は、注によれば、「欺」と**同じ**で「あざむく」。

「難」の意味は、「可」と**同じか反対**。「難」の熟語をいくつ思い浮かべても（熟語錬金術➡061ページ）、「べし」的な意味はないので、同じはずはありません。**反対**の「難し」が正解。

上の句が「欺くべし」〈＝あざむくことができる〉、下の句が「罔ひ難し」〈＝あざむくのは難しい〉ですから、対称性・対照性はばっちりです。正解は③。

このように、対句を整理したうえで、**「読みはおそろい」「意味は同じか反対」**という原則を活かして、訓読や解釈をします。このとき、**文脈よりも句形よりも何よりも、対句を最重視することが大事**です。**対句優先**です。

書き下し問題は、対句に気づいた瞬間に解けました。次のミッション⑳では、対句を活かして解釈してみましょう。突破口があるわけですから、楽勝です。楽勝。

ミッション 20 次の問いに答えよ。

制限時間 3分

遜者欲其謙退而如有所不能。敏者欲其進修而如有所不及。

遜トハ者欲シテ二其ノ謙退セント一而如クスル レ有ルガ レ所レ不ル レ能ハ。敏トハ者欲シテ二其ノ進修セント一而如クスル レ有ルガ レ所レ不ル レ及バ。

難易度 ★★☆☆☆

問 右の「遜者欲二其謙退一而如レ有レ所レ不レ能。敏者欲二其進修一而如レ有レ所レ不レ及」の解釈として最も適当なものを、次の①～⑤のうちから一つ選べ。

① 「遜」とは、自分は謙虚（けんきょ）でありたいと思うのだが、とうていそれができそうにないと考えることである。「敏」とは、自分は進んで学びたいのだが、そのことを言わないほうがいいようだと考えることである。

② 「遜」とは、自分は謙虚であろうとしているが、なおそれができていないようだと考えることである。「敏」とは、自分は進んで学ぼうとしているが、なおそれが不十分であるようだと考えることである。

③ 「遜」とは、自分は謙虚でありたいと思うのだが、それでは人に対抗できそうにないと考えることである。「敏」とは、自分は進んで学びたいのだが、それでも人に及ばないようだと考えることである。

④「遜」とは、自分は謙虚であろうとしているが、時にはそれが不必要なこともあるようだと考えることである。「敏」とは、自分は進んで学ぼうとしているが、時にはそれが無意味であるようだと考えることである。

⑤「遜」とは、自分は謙虚であろうとしているが、実際にはその能力が全くないようだと考えることである。「敏」とは、自分は進んで学ぼうとしているが、実際にはその才能が全くないようだと考えることである。

ヒント

コピペ探し（⬇023ページ）をします。選択肢はそれぞれ長いですけど、「自分は謙虚であろうとしているが」「自分は謙虚でありたいと思うのだが」と「自分は進んで学ぼうとしているが」「自分は進んで学びたいのだが」がコピペ部分で、かつそれぞれどちらでもよいので、それ以外のところに注目してください。

ミッション 20 解答 ↓ 正解は 2

解説

対句を見つけて線を引き、並べて整理します。

対句を見つけるコツは、①**形がそろっている**、②**意味上、対称的（シンメトリー）・対照的（コントラスト）になる**、といった特徴に目を向けることです。形がそろっているので、慣れれば簡単に見つけられます。

例えば、今回も、赤字以外はそろっています。

遜者欲二其**謙退**一而如レ有レ所レ**不**レ**能**。

↔　　　　↔　　　　　　　＝

敏者欲二其**進修**一而如レ有レ所レ**不**レ**及**。

まず句形をチェック。「欲」＝訳「…しようとする」「…したいと思う」、「如」＝訳「…のようだ」「…みたいだ」。「…所有るがごとし」の直訳は「…することがあるかのようだ」。

また「不能」＝読「…能（あた）はず」＝訳「…できない」。

次に、**対句の原則「意味は同じか反対」を踏まえて解釈します**。「遜」は「謙遜（けんそん）」の「遜」。それと対応する「敏」は「明敏（めいびん）」の「敏」で、「賢明」「聡明」という意味になりそうです。また「謙退」は「謙虚」、「進修」は「進んで学ぶ」と解釈されています。

さて、ここまでは解答の役に立ちません。鍵は「不能」「不及」です。

不レ能「できない」↔不レ及「及ばない」

この「及ばない」をどう解釈すべきか。少なくとも「できない」と対応するはずです。直訳は、上の句が「謙虚であろうとして、できないことがあるかのようにする」で、下の句が「進んで学ぼうとして、及ばないことがあるかのようにする」です。

ここで「過ぎたるは猶（な）ほ及ばざるがごとし」＝訳「行き過ぎは不足と同じくらいダメだ」を思い出せば、「不及」が「不足」「不十分」という意味だと気づくでしょう。

「不能」はそのまま「できない」、「不及」は「及ばない」「不十分」です。

それでは、選択肢を再びチェック。

①「遜」とは……**とうていそれができそうにない**と考えることである。
「敏」とは……**そのことを言わないほうがいいようだ**と考えることである。

②「遜」とは……**なおそれができていないようだ**と考えることである。
「敏」とは……**なおそれが不十分であるようだ**と考えることである。

③「遜」とは……**それでは人に対抗できそうにない**と考えることである。
「敏」とは……**それでも人に及ばないようだ**と考えることである。

④「遜」とは……**時にはそれが不必要なこともあるようだ**と考えることである。
「敏」とは……**時にはそれが無意味であるようだ**と考えることである。

⑤「遜」とは……**実際にはその能力が全くないようだ**と考えることである。
「敏」とは……**実際にはその才能が全くないようだ**と考えることである。

「不能」と「不及」を正しく解釈している選択肢は一つだけです。正解は②。なお⑤は「…全くない」の部分が極端すぎるので、「不能」「不及」の解釈に合いません。

◎みんなが点数を落とすときにこそ、あなたは高得点を狙える

対句は毎回使われるわけではありません。抽象度の高い文章――現代文のジャンルで言えば、「評論」のような文章のときに使われます（だいたい「論説」と呼んでいます）。

センター漢文は、具体例あるいは具体的なエピソードを挙げつつ、作者の主張や感想を展開する文章を好んで出題しました。この傾向は共通テストでも続きそうです。そのせいで、対句の出番はやや少ないのですが、**対句が出てくれば、そこが攻略の突破口となります**。

多くの人が「論説」を苦手とします。抽象度が高すぎて、わけがわからないからです。「漢文の点数に波があるんです」と悩んでいる人も、実のところ、単に「論説」のときに点数を落としているだけだったりします。

面白いもので、**みんなが苦手とする「論説」では、対句がよく使われています**。つまり突破口があるわけです。あなたが「対句を利用して問題を解くスキル」を磨けば、**みんなが点数を落としているときにこそ、高得点を狙えるのです**！

さあ、夢が現実になってきましたね。最後は対句的な表現を利用して説明問題を解きます。

次の問いに答えよ。

制限時間 4分

吾観ル(みル)二呉之亡ブルヲ一也(や)、与ニ秦(注1)之苻(ふ)堅(けん)一相ヒ類ス。二君ノ荒(注2)淫ト精明トハ、固ヨリ不レ可ニ同ジクシテレ年ヲ而語一ル。而レドモ秦之亡ブルハ以テシ二伐(うチ)レ晋ヲ致スヲレ潰(つひ)ユルヲ、呉之亡ブルハ以テス二越エテレ境ヲ而内救不ルヲレ及バ。<u>其ノ轍(てつ)ハ一(いつ)也。</u>

（侯方域(こうほういき)『壮悔堂文集(そうかいどうぶんしゅう)』による）

（注）1　秦之苻堅――五胡十六国時代、秦（前秦）の王。晋（東晋）を征伐しようとして大敗した。

2　荒淫精明――「荒淫」は酒色におぼれるの意。「精明」は聡明の意。

問　傍線部「其轍一也」は、ここでは「呉王と苻堅の歩んだ道は同じであった」と解釈できる。この両者についての具体的な説明として最も適当なものを、次の①～⑤のうちから一つ選べ。

難易度 ★★★☆☆

① 呉王と苻堅とは個人の資質もその結末も全く同じであった。いずれも歓楽にふけって民を顧みず、隣国の攻撃に対する備えを怠ったために滅亡したのである。

②呉王と苻堅とに個人の資質の上では違いがあっても、二人の結末は全く同じであった。いずれも優れた人物を殺害して政治の方向性を見失ったために滅亡したのである。

③呉王と苻堅とはその結末に違いがあっても、個人の資質は全く同じであった。いずれも贅沢(ぜいたく)を好み戦争を好んで、国内の政治をおろそかにしたため滅亡したのである。

④呉王と苻堅とは個人の資質もその結末も全く同じであった。いずれも有能な人物を殺害し戦争を好んで他国を侵略し、そこで大敗したために滅亡したのである。

⑤呉王と苻堅とに個人の資質の上では違いがあっても、二人の結末は全く同じであった。いずれも他国に遠征して自国の危機に気付かなかったために滅亡したのである。

ヒント

このミッションも、選択肢はそれぞれ長いです。でも、**コピペ探し**をすると、

「個人の資質も結末も同じ」　＝①・④

「個人の資質は違う。結末は同じ」　＝②・⑤

「結末は違う。個人の資質は同じ」　＝③

となりますから、この点に気をつけて本文をもう一度見直してみてください。

ミッション21 解答 正解は 5

解説

対句を見つけて線を引き、並べて整理します。
厳密には「対句」と呼べませんが、少なくともペアになっているとわかるはずです。

秦之亡以伐晋致潰、
呉之亡以越境而内救不及。

秦は晋を討伐したせいで滅亡し、呉は国境を越えたせいで滅亡した——どちらも**対外遠征のせいで滅びた**と読み取れます。

「秦之苻堅」の注に「晋（東晋）を征伐しようとして大敗した」ともあるので、苻堅が東晋遠征＝対外遠征で滅亡したのは間違いありません。

注を読み飛ばしてしまったそこのあなた！ **注にはヒントがあふれていますよ！**

秦も呉も対外遠征のせいで滅びた、という同じ結末を迎えました。その点で「其の轍は一なり」＝「呉王と苻堅の歩んだ道は同じであった」と言われているわけです。

まず「その結末に違いがあっても」とある③を消します。

次に、「歓楽にふけって民を顧みず、隣国の攻撃に対する備えを怠った」とある①、「優れた人物を殺害して政治の方向性を見失った」とある②、「有能な人物を殺害し戦争を好んで他国を侵略し、そこで大敗した」とある④を消します。**いずれも滅亡の理由が対句の内容と合いません**。④を消すのは難しいですが、秦王が「有能な人物を殺害した」とは本文にも注にもありませんし、呉王は「内救」〈＝国内を救うこと〉ができなかったのであって、侵略した他国で大敗したわけではありません。

正解は⑤。

以上、この時間では、対句（あるいは対句もどき）を利用して問題を解くスゴ技を扱いました。**対句を見つけて線を引き、並べて整理せよ**。繰り返しますが、**みんなが点数を落としているときにこそ、あなたは高得点を狙えるのです**！

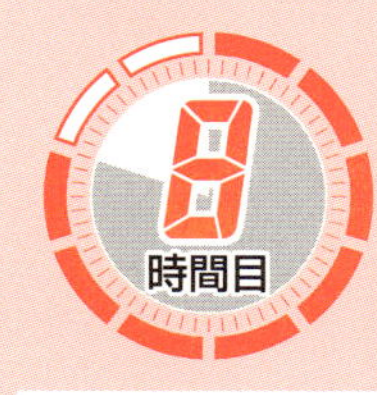

意外に易しい「説明問題」

◎文脈なんか頼りにならない

この時間は、説明問題対策を行います。

①語彙問題、②書き下し問題、③解釈問題までは、知識（句形・副詞・「ならでは語」）で対応できますが、説明問題はもちろん**本文をしっかり読解したうえで、その読解結果を踏まえて解きます**。

ところが、こう書くと、何の戦略もなく、ただ本文をなんとなく読んで、選択肢をなんとなく見て、正解をなんとなく選ぶ人が出てきます。

説明問題なんて**ロジックゲームみたいなもの**。本文に「関口は羽田と友だちだ」とあり、選択肢に「①関口は羽田の恋人だ、②関口は張本の友人だ、③関口は羽田と幼なじみだ、④羽田は関口の友人だ」とあって、「どれが本文の内容と合うか」と聞かれているだけです。正解は④。友だち＝幼なじみとは限らないので、③は不適です。

文脈＝フィーリングではありません。

むやみに読んで、むやみに解いても、正解したりしなかったりするだけです。読みのポイントを押さえて戦略的に読んでいくこと、そのポイントに従って選択肢を選んでいくことが大事です。というわけで、読みのポイント。「**七大点**」（⬇022ページ）です。

①句形
②副詞・「ならでは語」
③多訓多義語（たくんたぎご）
④主語・目的語
⑤代名詞の指示内容
⑥反語・二重否定
⑦対句

訓読するだけで満足せず、句形・副詞・「ならでは語」・多訓多義語をきっちり訳すこと（①・②・③）。代名詞の中身も考えて主語・目的語を明確にすること（④・⑤）。反語・二重否定を処理すること（⑥）。対句を整理すること（⑦）。以上、**それだけ**です。

ミッション 22 次の問いに答えよ。

制限時間 6分

「有蛇螫殺人、為冥官所追議、法当死。蛇前訴曰、『誠有罪、然亦有功、可以自贖。』冥官曰、『何功也。』蛇曰、『某有黄、可治病、所活已数人矣。』吏考験、固不誣、遂[X]。良久、牽一牛至。獄吏曰、『此牛触殺人。亦当死。』牛曰、『我亦有黄、可以治病、亦活数人矣。』良久、亦[X]。

（注）1 冥官――冥界の裁判官。古来中国では、死後の世界にも役所があり、冥官が死者の生前の行いによって死後の処遇を決すると考えられていた。

2 追議――死後、生前の罪を裁くこと。

3 考験――取り調べること。

4 誣――欺く。いつわって言う。

問　本文中の二カ所の空欄[X]にはどちらも同じ語句が入る。その語句を(i)の①～⑤のうちから一つ選べ。また(i)の解答を踏まえて、本文から読み取れる蛇と牛に対する冥官の判決理由を説明したものとして最も適当なものを、(ii)の①～⑤のうちから一つ選べ。　難易度★★★☆☆

(i)
① 得レ免　② 不レ還　③ 有レ功　④ 得レ死　⑤ 治レ病

(ii)
① 蛇も牛も、生前人を殺した上に、死後も「黄」によって人を病気から救うことができるとでたらめを言って、反省していない。よって、死罪とする。
② 蛇も牛も、人を殺してきた罪は許しがたい。よって、今後「黄」によって人を救う可能性はあっても、冥界に留め置き罪を償わせることとする。
③ 蛇も牛も、人を殺してきたが、体内の「黄」で将来は人の命を救う可能性は残っている。よって、人の病気を治すことで罪を償わせることとする。
④ 蛇も牛も、人を殺すという重大な罪を犯したが、自らの「黄」によって人を病気から救ってもきた。よって、生前の罪を許すこととする。
⑤ 蛇も牛も、人を殺してきたというのは誤解で、むしろ大勢の人を「黄」によって病から救うという善行を積んできた。よって、無罪とする。

ミッション22 解答

正解は (i)

(ii)

ポイントチェック

句形は「為―所…」＝読「―の…する所と為る」＝訳「―に…される」くらい。

副詞は、「誠に」＝「マジで」、「亦た」＝「…もまた」、「已に」＝「…した」「もう…している」、「固より」＝「当然」「間違いなく」、「遂に」＝「そうして」「その結果」。このうち「已に」が問題を解く鍵になります。

なお、**反語・二重否定**、**対句**はなし。

それでは、**主語・目的語**を明確にしながら、直訳していきます。

【直訳】「蛇が人を嚙（か）み殺し、冥官**に**訴追**され**て、法律は死刑に該当した。蛇は進み出て『**マジで**罪はありません。でも、功績**もまた**ありますので、自分で自分の罪を償うことができます』と言った。冥官が蛇に『どんな功績か』とたずねると、蛇は『それがし（の体内）には（漢方薬の材料の）黄があり、病気を治せます。生かした人は**もうすでに**数人にのぼって**おります**』と答えた。獄吏（ごくり）が取り調べたところ、**間違いなく**（蛇の言葉に）嘘はなかったので、**その結果**、X とした。しばらくして（獄吏が）一頭の牛を牽（ひ）いてきた。獄吏が『この牛は人

を（角で）突き殺しました。（この牛も）**また**死刑に当たります』と言うと、牛は『私**もまた**（蛇と同じく体内に）黄があり、病気を治せます。私**もまた**（蛇と同じように）数人を生かしております』と答えた。しばらくして（牛も）**また**Xとなった。

解説

まず(i)から。蛇は罪を認めたうえで、体内の「黄」で数人の命をすでに救っており、この功で罪を償うことができる、と主張しました。獄吏が調べたところ、その言葉に嘘はありません。というわけで、死刑は？　そう。**なし**ですよね。

選択肢を見ると、

① 読「免るるを得たり」＝訳「**免れることができた**」

② 読「還らず」＝訳「**帰らなかった**」

③ 読「功有り」＝訳「**功績があった**」

④ 読「死を得たり」＝訳「**死刑にされた**」

⑤ 読「病を治む」＝訳「**病気を治した**」

死刑がなしになった、という意味になるのは①のみ。正解は①。

次に(ii)。直訳をもう一度見て。問題を解く鍵となるところには、線を引きました。
「マジで罪はある」「『黄』で数人の命を**すでに**救ってきた」「嘘はなかった」です。

~~①~~ …死後も「黄」によって人を病気から救うことができると**でたらめ**を…
↓「でたらめ」ではない。「数人の命を**すでに**救ってきた」し、「嘘はなかった」。

~~②~~ …**今後**「黄」によって人を救う**可能性**はあっても…
↓「今後」でも「可能性」でもない。「数人の命を**すでに**救ってきた」。

~~③~~ …体内の「黄」で**将来**は人の命を救う**可能性**は残っている。…
↓「将来」でも「可能性」でもない。「数人の命を**すでに**救ってきた」。

④ …自らの「黄」によって人を病気から救っても**きた**。…
↓**正解**！　正しく「已に」を踏まえて解釈している。

~~⑤~~ 蛇も牛も、人を殺してきたというのは**誤解**で…。
↓「誤解」ではない。「マジで罪はある」、つまり人を実際に殺している。

(i)の解答を踏まえずに(ii)を解いてみました。もちろん(i)の解答に自信があるなら、「無罪」に着目するだけで④・⑤。「…誤解で」で⑤が消えて、正解は④。

ミッション 23 次の問いに答えよ。

制限時間 3分

蓋シ会心之友ハ難レク獲え、適意之事ハ難レシ有リ。二者合スルヤ矣、可ニシ以テ一笑一ス矣。而シテ不レンバ会ハ二於其ノ時ニ一、笑ヒハ終ニ不レ可レカラ成ル矣。咲其不難哉。

問 傍線部「咲其不難哉」とあるが、ここで筆者の言う「咲」とはどのような笑いか。その説明として最も適当なものを、次の①～⑤のうちから一つ選べ。

難易度 ★★☆☆☆

① 会心の友、適意の事、この二者がそろいさえすれば、時期を問わず成立する、心からの笑い。
② 会心の友、適意の事、この二者の上にさらに適切な時期がそろってこそ成立する、心からの笑い。
③ 会心の友、適意の事、適切な時期、この三者のうちの二者がそろってこそ成立する、心からの笑い。
④ 会心の友、適意の事、適切な時期、飲酒、この四者のうちの三者がそろってこそ成立する、心からの笑い。
⑤ 会心の友、適意の事、適切な時期、飲酒、この四者がすべてそろってこそ成立する、心からの笑い。

ミッション 23 解答

正解は **2**

ポイントチェック

傍線部は「咲（わら）ふこと其れ難からずや」〈笑いとはなんと難しいものではないか〉です。目立った句形はなし。副詞は「終に」＝「最後まで」くらい。「ならでは語」もなし。反語・二重否定もなし。ただし「其の時に会わ**ずんば**、笑ひは終に成るべから**ず**」＝「適切な時期に会わ**なければ**、笑いは最後まで成立し**ない**」が二重否定の仲間なので、これを肯定文「適切な時期に会った**ときのみ**、笑いは成立**する**」に言いかえます。もちろん、これもしっかり頭に残しておいてください。

で、**対句があります**！

会心之友ハ難レク獲エ、

適意之事ハ難レシ有リ。

「会心の友」「適意の事」の意味がよくわからなくとも、この二つが対称的なものであるのは間違いありません。

さて、直訳。

【直訳】**会心の友**も**適意の事**もめったにないものだ。この二つが合わされば、一笑することができる。しかしその時（**適切な時期**）に会ったときのみ、笑いはようやく成立する。笑うこととはなんと難しいものではないか。

解説

傍線部の前後を広めにチェックするのがコツです。

説明問題の答えは傍線部の直前か直後に書いてあります。そう説明すると、必ず傍線部直前の一文だけを読んで答えを出そうとする人が出てきます。そんなマヌケな問題も実はありますけど、傍線部前後の二・三文、二・三行くらいは目を通してください。

さて、「会心の友」「適意の事」で一笑できる、しかし「其の時（適切な時期）に会はずんば、笑ひは終に成るべからず」――と作者は言います。この三者がそろってはじめて成立する笑い、と説明するのは②のみ。よって正解は②。

ミッション 24 次の問いに答えよ。

制限時間 3分

次の文章は、唐代の詩人杜甫(とほ)が、叔母の死を悼(いた)んだ文章である。これを読んで、後の問いに答えよ。

嗚(あ)呼(あ)哀(かな)シイ哉。有(リ)二兄ノ子一曰(フ)レ甫(注1)ト、制(注2)シ二服ヲ於斯(ここ)ニ一、紀(しる)シ二徳ヲ於斯ニ一、刻(きざ)(注3)ム二石ヲ於斯ニ一。或(あるひと)曰(ハク)、「豈(注4)(あ)二孝童之猶子(ナル)与(か)、奚(なんゾ)孝義之勤(つとム)ルコト若(キト)レ此(クノ)。」

(注)1 甫――杜甫自身のこと。

2 制二服於斯一――喪に服する。

3 刻二石於斯一――墓誌(死者の経歴などを記した文章)を石に刻む。

4 豈孝童之猶子与――あの孝童さんの甥ですよね、の意。杜甫の叔父杜幷は親孝行として有名で、「孝童」と呼ばれていた。「猶子」は甥。

問 傍線部「奚 孝 義 之 勤 若レ此」から読み取れる杜甫の状況を説明したものとして最も適当なものを、次の①〜⑤のうちから一つ選べ。

難易度 ★★★☆☆

① 杜甫は若いにもかかわらず、叔母に孝行を尽くしている。
② 杜甫は実の母でもない叔母に対し、孝行を尽くしている。
③ 若い杜甫は仕事が忙しく、叔母に対して孝行を尽くせていない。
④ 杜甫は実の母でもない叔母には、それほど孝行を尽くしていない。
⑤ 杜甫は正義感が強いので、困窮した叔母に孝行を尽くしている。

ヒント

この問題ほど、注・前書きが重要だった問題はありません。**注・前書きに答えが書いてある。**

と考えてもいいです。前書きの「杜甫が叔母の死を悼んで書いた文章」、注の「あの孝童さんの甥ですよね」を踏まえれば、それだけで問題を解けます。

正解は

2

ポイントチェック

説明問題の答えは**傍線部の前後に書いてあります**（多くが前）。今回もそうです。それでも**まずは傍線部の読解から**です。傍線部をしっかり見て、句形・副詞・「ならでは語」がないか確認します。

ココ　ココ

奚（なんゾ）**孝義之勤**（ムルコト）**若**（キト）レ**此**（クノ）

ありましたね。「奚ぞ」と「此くのごとし」が。ところで、この「奚ぞ」、疑問と反語どっち？　そう。疑問です。文末が①**未然形＋ん（や）**⬇**反語**、②**連体形（＋か・や）**⬇**疑問**でした。「若レ此」は、読「…すること此くのごとし」＝訳「このように…する」ですから、傍線部の訳は「なぜこんなにも孝義に熱心なのか」です。

いよいよ傍線部の前に目を向けると、反語で有名な「豈」がありますが、文末に注目。「豈に…連体形＋か」は**推量**の句形で、「…ではないか」「…であろう」と訳します。でも今回は作問者が難しいと考えたのか、注がありました。で、**対句**の仲間があります！

制二服於斯一　紀二徳於斯一　刻二石於斯一

注・前書きを踏まえて解釈すると、杜甫は叔母のために喪に服し、彼女の徳を記して、その文〈＝墓誌〉を墓に刻んだ——。叔母のためにそこまでする人は少なかったようで、ある人が杜甫に「あなたは孝童さんの甥ですよね。なんでそんなにも孝行に熱心なんですか」と聞くほどでした。

それでは、選択肢を吟味。まず「孝行を尽くせ（し）ていない」とある③と④を消します。典型的な反語文の言い換えで、傍線部の疑問の句形と合いません。次に「若い」とある①も消去。「此くの若(ごと)き」を「若(わか)き」と読んだ人用のひっかけです。最後に⑤には「困窮した叔母に」とあり、彼女が生きている前提で、かつ困窮した彼女のために墓誌を書くのは不自然過ぎるので（何の足しにもならない）、これも消去。正解は②。

説明問題は本文を読んでから解け

いきなり当たり前のことを力説しますが、

本文を読んでから解け。いくら選択肢を見ても答えは出ない。

いくら選択肢を見ても答えは出せません。冒頭の選択肢④「羽田は関口の友人だ」が正解かどうかを判断するためには、本文に「羽田は関口の友人だ」と書いてあるかどうかを確認するしかないからです。**本文を見なければ、答えは出せません。**

それでは、本文のどこを見るのか。

①**句形**、②**副詞・「ならでは語」**、③**多訓多義語**、④**主語・目的語**、⑤**代名詞の指示内容**、⑥**反語・二重否定**、⑦**対句**、つまり七大点でしたね。こうした要素を正しく解釈できているかどうかを出題者は試しているわけです。

「理由を説明せよ」「前後の状況を説明せよ」など、説明問題の種類はいくつかありますが、要するに、**本文を正しく読めているかどうかを試している**のです。句形・副詞・「ならでは語」・多訓多義語を正しく訳せるか、主語・目的語を正しく補えるか、代名詞の指示内容を正しく理解できるか、反語・二重否定を正しく解釈できるか、対句を踏まえて解釈できるか。これらのポイントで、出題者はみんなが正しく本文を読めているかを試すのです。

説明問題をなんとなく解いている人もいますが、もったいないです。解き方は解釈問題とあまり変わりません。解釈問題でも、句形、副詞・「ならでは語」、多訓多義語、主語・目的語、代名詞の指示内容、反語・二重否定、対句がポイントでしたね。傍線部の句形や副詞に着目したり、反語・二重否定を処理したりしました。

説明問題でも同じです。違うのは、傍線部ではなく、**傍線部前後の文章**の句形や副詞に着目したり、反語・二重否定を処理したりするところです。要するに、本文を正しく読めばいいんです、読めば。繰り返しですが、**説明問題は本文を読んでから解け**、です。

ルールで解ける「詩」

◎詩が出れば、一問はもらったようなもの

センター試験では、詩は何年かに一度のペースで出題されました。

詩にはなんか複雑なルールがあるっぽいし、注もやたら多いから、「詩はめんどい」という印象があるかもしれません。

でも詩が出れば、知識で解ける問題が必ず一つか二つはあります。ほんの少し詩のルールを学んでおくだけで、センター試験では、一問8点、うまくいけば二問16点も稼げました。

そんなにコスパがよいなら、学ばない手はないですよね。

というわけで、

詩の問題は知識で解ける。

詩の問題はルールで解く　ルールで絞(しぼ)る

それでは、詩のルールを確認しましょう。見慣れない言葉が出てきますが、覚えるべき項目はごくわずかです。

◎ルール① 詩形

(a) 一句あたりの字数　**五字** ⬇ **五言**　**七字** ⬇ **七言**

(b) 一首あたりの句数　**四句** ⬇ **絶句**　**八句** ⬇ **律詩**　その他 ⬇ 古詩（古体詩）

覚えることは「**句の数が四つなら絶句、八つなら律詩**」だけです。

◎ルール②　押韻

(a) **押韻**（韻を踏む）とは、**同類の母音を持つ字**を一定間隔で並べること。
(b) 漢詩では、**偶数句の最後の字**が韻字（韻を踏む字）になる。
(c) **七言**詩は、**第一句の最後の字**も原則として韻を踏む。

詩に関する問題の中では、いちばん出題率が高いです。**詩で空欄補充問題があったら、基本的に押韻で解けます。**具体的な解法はあとで。

◎ルール③　対句

(a) **律詩**は、四つの「**聯**」（二句のまとまり）で成り立つ。首聯・頷聯・頸聯・尾聯。
(b) **律詩**では、**第三句と第四句**（頷聯）、**第五句と第六句**（頸聯）が**必ず対句になる**。
(c) 対句がもう一組増える場合もある（最大四つの聯全てが対句の場合もある）。

◎ルール④　もう一つの対句

(a) **一つの句の中に対句が含まれる**場合がある。
(b) 五言詩は二字と三字、七言詩は四字と三字の組み合わせで、いびつな対句になる。

覚えることは「**律詩には必ず対句がある**」です。そういうルールでした。

ほかに対句を入れるかどうかは作者の自由です。たった四句しかない絶句に対句が入っていたりもしますし、長い古詩にはだいたい対句が複数入っています。7時間目に扱ったとおり、①形が似ていて、②内容がペアになっていたら、それは対句です。絶句・律詩・古詩を問わず、とりあえず対句を探しましょう。

もともと対句に関する問題は定番中の定番です。詩だろうが何だろうが、そこに対句があれば、問題になります。律詩の場合は必ず対句があるので、要注意というわけです。

それでは、ミッションを通じて具体的な解き方を学んでいきましょう。

まずは押韻の問題です。

ミッション 25

次の問いに答えよ。

制限時間 2分

(注1)卜(ぼく)シテレ室ヲ倚(より)二北ノ阜(をか)一ニ　啓(ひら)キテレ扉ヲ面ス二南ノ江(かは)一ニ
激(せきと)メテレ澗(たにがは)ヲ代(か)ヘレ汲(く)ムニレ井ヲ　插(う)エテレ槿(むくげ)ヲ当ツレ列(つらな)ルニレ墉(かき)ニ
群木既ニ羅(つらなり)レ戸ニ　衆山亦タ対スレ□ニ
(注2)靡(び)迤(い)トシテ趨(おもむ)キ二下田一ニ　(注3)迢(てう)遞(てい)トシテ瞰(み)ル二高峰一ヲ

(『文選』による)

(注) 1 卜レ室――土地の吉凶を占って住居を建てる場所を決めること。
2 靡迤――うねうねと連なり続くさま。
3 迢遞――はるか遠いさま。

問 空欄□に入る文字として最も適当なものを、次の①～⑤のうちから一つ選べ。

① 窓　② 空　③ 虹　④ 門　⑤ 月

難易度 ★★★★☆

ミッション25 解答 ↓ 正解は 1

ポイントチェック

定番の空欄補充問題です。まずは韻字＝**偶数句の最後の字**に着目します。

…面㆓南**江**㆒　…当㆑列㆑**墉**　…亦対㆑□　…瞰㆓高**峰**㆒

（ココ）（ココ）（ココ）（ココ）

空欄に入るのは、この「江」「墉」「峰」と韻を踏んでいる字です。

次に、「江」「墉」「峰」を**音読み**します。

音読みは熟語で確認せよ。

たとえば、「服」「菊」が音読みか訓読みか判断するのは難しいです。でも、熟語は原則として音読みと音読み、訓読みと訓読みの組み合わせなので、「服装」「服飾」「春菊」「菊花賞」を思い浮かべれば、「服」「菊」は音読みだと確認できます。

「江」「墉」「峰」の音読みは、長江の「江」に、最高峰の「峰」。「墉」は見慣れない字ですが、**部首じゃない方**の「庸」に着目すれば、音読みは「墉」かなと推測できます。

最後に、**選択肢を音読み**します。こちらも熟語で確認すると、同窓の「窓」、空中の「空」、虹彩の「虹」、校門の「門」、来月の「月」。これで準備完了です。

解説

「江」「墉」「峰」と韻を踏むのは「窓」「空」「虹」の三つ。「窓 sou」「虹 kou」と「空 kuu」では少しズレがありますが、この程度なら韻字だと見なしておきます。

いずれにせよ、このままでは答えは出ません。

問題文は前後を省略したもので、律詩ではありませんが、注意して見ると、第五句と第六句が**対句**になっています（実際は全て対句）。この対句に気づけば、あと一歩です。

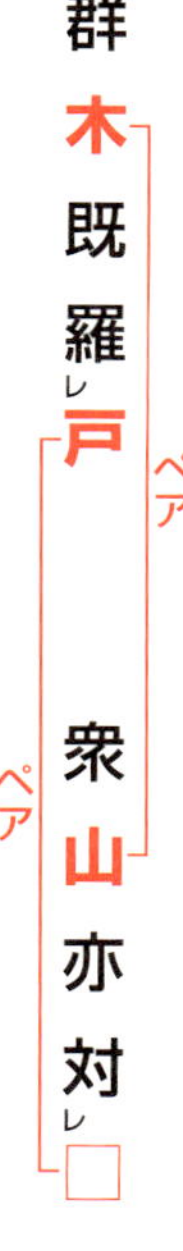

「戸」とペアになる字を選ぶだけ。部屋の開口部つながりで、正解は①「窓」です。

ミッション 26

次の問いに答えよ。

制限時間 2分

我来リテ揚(注)子江頭ニ望メバ　一片ノ白雲数点ノ□
安クンゾ得テ置キ身ヲ天柱ノ頂ニ　倒ニ看ルヲ日月ノ走ルヲ人間ヲ

（姚元之『竹葉亭雑記』による）

（注）揚子江――長江の別名。

問 傍線部について、(a)空欄に入る語と、(b)この句全体の解釈との組合せとして最も適当なものを、次の①～⑤のうちから一つ選べ。

難易度 ★☆☆☆

① (a)淡――(b)白い雲の切れ間から数本の淡い光が差し込んでいる。
② (a)楼――(b)空の片隅に浮く白い雲と幾つかの建物が見えている。
③ (a)雨――(b)白い雲が空一面に広がり雨がぽつぽつと降り始める。
④ (a)山――(b)ひとひらの白い雲と幾つかの山があるばかりである。
⑤ (a)鳥――(b)空には一つの白い雲が漂い数羽の鳥が飛んでいる。

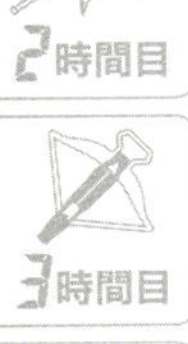

ミッション 26 解答 ⇒ 正解は **4**

ポイントチェック

また空欄補充問題。手順どおり韻字に着目しますが、今回は**七言詩**なので、偶数句に加えて**第一句の最後の字も韻を踏んでいる**はずです。

…江頭一**望**（ココ）　…数点□（ココ）　…走乙人**間**甲（ココ）

次に、韻字の音読みを確認。希望（きぼう）の「望（ぼう）」と人間（にんげん）の「間（げん）」で、どう見ても韻を踏んでいません。

次に、選択肢の音読みも確認。淡白（たんぱく）の「淡（たん）」、摩天楼（まてんろう）の「楼（ろう）」、梅雨（ばいう）の「雨（う）」、山岳（さんがく）の「山（さん）」、鳥獣（ちょうじゅう）の「鳥（ちょう）」で、「望bou」の韻字は「楼rou」。「間gen」の韻字にどんぴしゃはなく、近いもので「淡tan」「山san」。どちらにせよ、このままでは答えは出ません。

解説

偶数句を優先せよ。

七言詩でも、第一句末の字が必ず韻を踏んでいるとは限りません。あくまで原則です。というわけで、**押韻の問題を解くときは何より偶数句を優先します**。第一句に着目するのは、①偶数句末の字を読めないとき、②七言詩の第一句末に空欄があるときくらいです。

音読みは一つだけとは限らない。

例えば、「聞」「流」には、新聞（しんぶん）・聴聞会（ちょうもんかい）、激流（げきりゅう）・流浪（るろう）、二つの音読みがあります。「空」に至っては「空（くう）」「空（こう）」「空（く）」の三つです。「間」も、「間（げん）」のほか、間隔（かんかく）の「間（かん）」で二つ。そもそも漢文で見る「人間」は「人間（じんかん）」と読み、「人間世界」「世の中」を意味します。

というわけで、偶数句の「間（かん） kan」に着目して「淡 tan」「山 san」に絞ります。

今回も押韻だけでは解けないので、またも**対句**に着目。注意して見ると、第二句は「一片白雲／数点□」、**四字と三字の対句**になっています。「雲」とペアになるのは「山」。正解は④です（解説の都合上、対句に着目しましたが、「一片の白雲」に着目できれば、それだけで④「ひとひらの白い雲」、⑤「一つの白い雲」の二つに絞れます）。

ミッション 27

次の問いに答えよ。

制限時間 3分

謬被文王載得帰
一竿風月与心違
想君牧野鷹揚後
夢在磻渓旧釣磯

（佐藤一斎「太公垂釣の図」による）

問 佐藤一斎の漢詩に関連した説明として正しいものを、次の①～⑥のうちから、**すべて**選べ。

難易度 ★★★★☆

① この詩は七言絶句という形式であり、第一、二、四句の末字で押韻している。

② この詩は七言律詩という形式であり、第一句と偶数句末で押韻し、また対句を構成している。

③ この詩は古体詩の七言詩であり、首聯、頷聯、頸聯、尾聯からなっている。

④ この詩のような作品は中国語の訓練を積んだごく一部の知識人しか作ることができず、漢詩は日本

人の創作活動の一つにはならなかった。

⑤ この詩のような作品を読むことができたのは、漢詩を日本独自の文学様式に変化させたからで、日本人は江戸時代末期から漢詩を作るようになった。

⑥ この詩のように優れた作品を日本人が多く残しているのは、古くから日本人が漢詩文に親しみ、自らの教養の基礎としてきたからである。

ミッション 27 解答

正解は 1 6

解説

課題文の漢詩は一句七字かつ四句なので、詩形は**七言絶句**です。「四句＝絶句、八句＝律詩、それ以外＝古詩（古体詩）」のルールを思い出しましょう。

というわけで、「七言律詩」とある選択肢②を消去。実は古体詩に句数の決まりはなく、四句の古体詩も十分にありえるのですが、**「聯」は二句のまとまり**で、「首聯、頷聯、頸聯、尾聯」では計八句になるので、選択肢③も消えます。

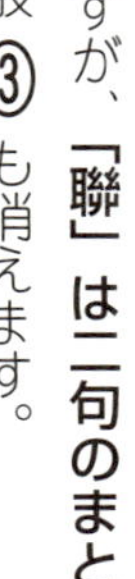

次に、押韻する字は「五言詩＝偶数句末、七言詩＝第一句末＋偶数句末」でした。確認すると、帰宅の「帰」、違反の「違」は問題なし。「磯」の熟語は「磯釣り」「荒磯」「磯丸水産」など訓読みのものしか思い出せないですが、部首じゃない方の「幾」に着目すれば、幾何学の「幾」なので、音読みは「磯」かなと推測できます。「磯」も「幾」も音読みできない場合は、**適当な部首を足して**「機」などにすれば、音読みを推測できます。

というわけで、「帰」「違」「磯」は韻を踏んでいるので、選択肢①の「第一、二、四句の末字で押韻している」に問題はありません。正解の一つは①。

選択肢の後半は、日本の漢文受容史の問題になっています。

共通テストは、漢文と日本の言語文化との関係を受験生に気づいてもらうことも問題の狙いにしています。センター漢文や試行調査で故事成語（「無用の用」「水魚の交わり」「太公望」「朝三暮四」）を取り上げたり、日本人の漢詩文（新井白石の漢文や佐藤一斎の漢詩）を取り上げたりしたのは、この狙いにもとづいています。

というわけで、日本漢詩文の歴史について大雑把に確認しておきましょう。

漢字・漢文がいつごろ日本に入ってきたのか、実は定説はありませんが、現在確認できる最も古い純漢文体の文章には、聖徳太子「十七条憲法」があります。

奈良時代に入り、『古事記』序文や『日本書紀』が純漢文体で書かれました。七五一年には**日本最古の漢詩集**『**懐風藻**』が編纂されます。なんと同じ奈良時代に成立した日本最古の歌集『万葉集』よりも少し前のことです。**平安時代**には、勅撰漢詩文集の『凌雲集』『文華秀麗集』『経国集』が編纂されるなど、**日本漢詩文は全盛期を迎えました**。

ところが、鎌倉時代以降、勢いを失います。このころは京都五山の禅僧たちが細々と漢詩文を作るに止まっていました。いわゆる五山文学です。

江戸時代に入り、幕府が朱子学を奨励したこともあって**漢詩文が勃興します**。藤原惺窩、林羅山、新井白石、荻生徂徠など、名だたる儒学者があらわれます。**江戸後期には、日本漢詩文は再び全盛期を迎えました**。日本各地に藩校が設立されて、士族中心ですが、漢文を読み書きする階層がぐっと幅を広げました。漢文の素養を広く日本人が身につけるのはこのときです。盛んに漢詩文が書かれました。

というわけで、選択肢④は「漢詩は日本人の創作活動の一つにはならなかった」、選択肢⑤は「日本人は江戸時代末期から漢詩を作るようになった」が誤り。『懐風藻』を知っていれば、一瞬で削れました。正解のもう一つは⑥。

さて、この時間はここまで。漢詩の問題はルールさえ知っていれば、あっさり解くことができる——納得していただけたでしょうか。がんばって覚えてくださいね！

最後の決戦「最終問題」

◎まずは最後の一文から

最終問題は、いろいろな問い方をしてきますが、ほとんどが**本文全体を読めているかどうかを試す問題**です。傍線部だけを見て解くような局地戦とは違うので、めんどくさいです。しかも選択肢がそれぞれ三行くらいあったりします。というわけで、戦術。

◎さかのぼり読み

最後の一文からさかのぼる形で読みます。ここまで、本文を読み進めながら問題を解いてきたはずです。最終問題に入ったところで、**いったん最後の数行を本気読みします**。だいたい抑揚（よくよう）・累加（るいか）、反語・二重否定、対句が使われているので、きっちり処理します。そこから文脈を確認するために、数文さかのぼって読みます。

ミッション 28 次の問いに答えよ。

制限時間 2分

次は、謝霊運（しゃれいうん）の五言詩である。名門貴族の出身でありながら、都で志を果たせなかった彼は、疲れた心を癒やすため故郷に帰り、自分が暮らす住居を建てた。これはその住居の様子を詠んだ詩の最後の四句である。

唯(ダ)開(キ)㆓蔣（しやう）(注1)生（せい）(ノ)径（みち）(ヲ)㆒　永(ク)懐（おも）(フ)㆓求（きう）(注2)羊（やう）(ノ)蹤（あと）(ヲ)㆒

賞(注3)心不㆑可㆑忘(ル)　妙(注4)善冀（こひねが）(ハクハ)能(ク)同（とも）(ニセンコトヲ)

（『文選』による）

（注）1　蔣生――漢の蔣詡（しょうく）のこと。自宅の庭に小道を作って友人たちを招いた。

2　求羊――求仲と羊仲のこと。二人は蔣詡の親友であった。

3　賞心――美しい風景をめでる心。

4　妙善――この上ない幸運。

問　作者がこの詩の結びに込めた心情はどのようなものか。その説明として最も適当なものを、次の①～⑤のうちから一つ選べ。

① 美しい風景も、漢の蔣生と求仲・羊仲のように、親しい仲間と一緒にながめると、さまざまな見方を教わることがあるので、立派な人格者である我が友人たちよ、どうか遠慮なく何でも言ってください。

② 美しい風景は、漢の蔣生と求仲・羊仲のように、親しい仲間と一緒にながめても、その評価は決して一致しないので、立派な人格者である我が友人たちよ、どうか私のことはそっとしておいてください。

③ 美しい風景は、漢の蔣生と求仲・羊仲のように、親しい仲間と一緒にながめてこそ、その苦心が報われるものなので、立派な人格者である我が友人たちよ、どうか我が家のことを皆に伝えてください。

④ 美しい風景は、漢の蔣生と求仲・羊仲のように、親しい仲間と一緒にながめてこそ、その楽しさがしみじみと味わえるものなので、立派な人格者である我が友人たちよ、どうか我が家においでください。

⑤ 美しい風景も、漢の蔣生と求仲・羊仲のように、親しい仲間と一緒にながめないと、永遠に称賛されることはないので、立派な人格者である我が友人たちよ、どうか我が家を時々思い出してください。

ヒント

選択肢がそれぞれ長くて驚くけど、一見して繰り返しが多いと気づけるはず。こういうときこそ、冷静に**コピペ探し**。結局、最後の「……してください」に着目するだけで、問題は解けます。

解説

センター最後の本試験です。**最後の一文からさかのぼれ**というスゴ技を思い出すまでもなく、そもそも最後の一文が傍線部になっていました。

注を踏まえて直訳すると、「美しい風景をめでる心は忘れられず、この上ない幸運〈=風景〉を共有したいと願う」です。美しい風景を友人と一緒に眺めたいらしい。

さかのぼると、「ただ蔣生の道を開き、長く求仲・羊仲のあとを思う」とあります。このままでは意味不明ですが、注を見れば、蔣生の道は彼が友人を招くために作った小道、求仲・羊仲がその友人だとわかります。作者は、小道を作って友人を招いた蔣生の故事を取り上げ、自分も友人を招いて美しい風景を一緒に眺めたいと表現したわけです。

前書きにも着目します。作者は故郷に帰ったとあるので、都の友人とは離れ離れです。彼らと風景を共有するには彼らを故郷に招くしかありません。

というわけで、正解は**ズバリ④**。友人を招くという蔣生の故事を踏まえた選択肢はこれしかありません。

次の問いに答えよ。

制限時間 5分

昔、漢ノ明(注1)徳馬后ニ無レシ子。顕(注2)宗取リ二他ノ人(じん)子ヲ一、命ジテ養ハシメテレ之ヲ曰ハク、「人子何ゾ必ズシモ親ラ生マン。但ダ恨ム二愛之不ルヲ一レ至ラ耳ト」。后遂ニ尽クシテレ心ヲ撫育シ、而シテ章帝モ亦タ恩(注3)性天至タリ。母子ノ慈孝、始終(注4)無シ二繊(せん)芥(かい)之間一。狸奴之事、適(たまたま)有リレ契(かな)フ焉。然ラバ則チ世之為リテ二人親ト一与(と)レ子、而有ルハ二不慈不孝ノ者一、豈ニ独リ愧ヅルノミナランヤ二于古人ニ一。亦タ愧(は)ヅル二此ノ異類ニ一已。

（程敏政(ていびんせい)『篁墩文集(こうとんぶんしゅう)』による）

（注）1　明徳馬后——後漢の第二代明帝（顕宗）の皇后。第三代章帝の養母。

2　顕宗取二他人子一、命養レ之——顕宗が他の妃(きさき)の子を引き取って、明徳馬后に養育を託したことをいう。

3　恩性天至——親に対する愛情が、自然にそなわっていること。

4　無二繊芥之間一——わずかな隔たりさえないこと。

問 この文章全体から読み取れる筆者の考えの説明として最も適当なものを、次の①〜⑤のうちから一つ選べ。 難易度★★☆☆

① 猫の親子でも家族の危機を乗り越え、たくましく生きている。悲嘆のあまり人間本来の姿を見失った親子も、古人が言うように互いの愛情によって立ち直ると信じたいものだ。

② 血のつながらない猫同士でさえ実の親子ほどに強く結ばれることがある。人でありながら互いに愛情を抱きあえない親子がいることは、古人はおろか猫の例にも及ばないほど嘆かわしいものだ。

③ 子猫たちとの心あたたまる交流によっても、ついに老猫の悲しみは癒やされることはなかった。我が子を思う親の愛情は、古人が示したように何にもたとえようがないほど深いものだ。

④ 老猫は子猫たちを憐(あわ)れんで献身的に養育し、子猫たちも心から老猫になつく。その一方で、古人のように素直になれず、愛情がすれ違う昨今の親子を見ると、誠にいたたまれなくなるものだ。

⑤ もらわれてきた子猫でさえ老猫に対して孝心を抱く。これに反して、成長しても肉親の愛情に恩義を感じない子がいることは、古人に顔向けできないほど恥ずかしいものだ。

ヒント

二〇一五年度のセンター本試験です。第一段落は5時間目に扱いました。子を失った猫にたまたまもらった子猫を与えたところ、本物の親子のようになったという内容でした。最後の二文を**本気読み**してください。

ミッション29 解答

正解は 

2

ポイントチェック

世之為(リテ)(二)人親(ト)与(レ)(と)子、而有(ルハ)(二)不慈不孝(ノ)者(一)、**豈**(二)**独**(リ)愧(ツルノミナランヤ)(二)于古人(一)。**亦**(タ)愧(はツル)(二)此(ノ)異類(ニ)(一)已。

反語形を発見。さっそく否定文に言いかえると、**累加形**が出てきます。

豈(二)**独**(リ)愧(ツルノミナランヤ)(二)于古人(一)。

↓

不(三)**独**(リ)愧(ツルノミナラ)(二)于古人(一)。

不(二)**独**(リ)――(ノミナラ)(一) ＝「**独り――のみならず**」〈――だけではない〉

解説

ラスト数行に累加・抑揚を見つけたら、本気で読め！

本文を訓読するだけでわかった気になり、直訳もせず、選択肢を見て解いてしまう人がいます。時間ばかりかかって、しかも当たりません。**主語や目的語を明確にしつつ、句形・副詞・「ならでは語」の訳し方を踏まえてきっちり訳すことが大事です**。それが**本気読み**です。

特に、ラスト数行に累加・抑揚がある場合、**それを解釈すれば**、**最終問題をズバリ法で解ける**ので、本腰を入れます。さて、句形を踏まえ、反語を処理して直訳すれば、「世の人の親と子となって、不慈（ふじ）・不孝の者がいるのは、ただ『古人』に対して愧（は）じるだけではない。そのうえこの『異類』に対しても愧じるのだ」です。

本文をさかのぼって確かめれば、「異類」は「貍奴」＝「猫」だとわかります。では、累加形の「**古人だけではなく猫にも愧じる**」を念頭に選択肢を吟味（ぎんみ）。

①×…古人が言うように互いの愛情によって立ち直ると信じたいものだ。×
↓「不慈・不孝の親子がいるが、古人だけではなく猫にも愧じる」から遠すぎる。

②…人でありながら互いに愛情を抱きあえない親子がいることは、古人はおろか猫の例にも及ばないほど嘆かわしいものだ。

⬇少し言いかえると「古人だけでなく猫にも及ばないほど嘆かわしい」。「古人だけでなく猫にも愧じる」の言いかえとして適当。**正解！**

③…我が子を思う親の愛情は……何にもたとえようがないほど深いものだ。

⬇「不慈・不孝の親子がいるが、古人だけではなく猫にも愧じる」から遠すぎる。

④…古人のように素直になれず、愛情がすれ違う昨今の親子を見ると…。

⬇「不慈・不孝の親子がいるが、古人だけではなく猫にも愧じる」から遠すぎる。

⑤…肉親の愛情に恩義を感じない子がいることは、古人に顔向けできないほど恥ずかしいものだ。

⬇近い。ただし「古人だけではなく猫にも…」の「猫にも」の部分がないので×。それに、子の不孝だけを取り上げて親の不慈を取り上げないのも×。

それでは、次も最終問題にチャレンジ。ラスボス狩りです。

唐ノ荊州ハ（注1）衣冠藪沢（そうたく）、毎歳解（注2）送スルモ挙人ヲ多ク不レ成サレ、名ヲ号シテ曰フ天荒解。劉蛻（りゅうぜい）（注3）舎人以テ荊解ヲ及（注4）（注5）第、号シテ為ス二破天荒一ト。

（孫光憲（そんこうけん）『北夢瑣言（ほくぼうさげん）』による）

（注）
1　衣冠藪沢——官吏がたくさんいる。
2　解送　挙人——官吏登用試験の地方試験に合格した者（挙人）を中央試験に送り出す。
3　舎人——官名。侍従。
4　荊解——荊州の地方試験合格者。
5　及第——官吏登用試験の中央試験に合格する。

問　次に掲げるのは、授業の中で課題文について話し合った生徒の会話である。これを読んで、後の（i）〜（ii）の問いに答えよ。

生徒A　この文章は、有名な故事成語になっているね。

生徒B　それって、［X］という意味になるんだっけ。

生徒C　そうそう。今は「一休和尚は破天荒な僧だった」という感じでよく使っているけどね。

生徒A　それだと、なんか一休和尚が仏像を枕に昼寝したり、僧なのに愛人作ったりしたみたいだ。

生徒B　実際したらしいよ。でも、この文章を読むと、もともとは［Y］という意味だったんだね。

(i)　［X］に入る最も適当なものを、次の①～⑤のうちから一つ選べ。　難易度★★★★☆

① 型破り　② 常識外れ　③ 大胆不敵　④ 世間離れ　⑤ 前代未聞

(ii)　［Y］に入る最も適当なものを、次の①～⑤のうちから一つ選べ。　難易度★★☆☆☆

① 最難関の官吏登用試験に合格する

② 地方出身者が中央に進出して成功する

③ 田舎者が都会で型破りな行動をする

④ 有名になるために風変わりな行動をする

⑤ 前人未踏の快挙を成し遂げる

ミッション30 解答 ➡ 正解は (i) 5 (ii) 5

ポイントチェック

共通テスト漢文とセンター漢文の大きな違いは、①**複数資料の比較**、②**生徒の発表資料や会話の読解**、③**漢文と日本文化の関係に関する問題**の三点です。

同じ主題の異なる文章を読んで相違点や矛盾点を指摘したり、今回のミッションのように生徒の会話を読んで問いに答えたり、あるいは、課題文として成語のもとになった故事や日本の漢詩文を読み、その知識を問われたりします。特に故事成語は、漢文と日本語の関係のわかりやすい事例なので、出題は続くと予想しています。

今回のミッションでは、成語「破天荒」のもとになった故事を課題文に、①現在よく使われている「破天荒」ともともとの「破天荒」の意味の相違点を読み取り、②生徒の会話形式の問題に答え、③ついでに「破天荒」の知識も問う、という共通テストの特徴を詰め込んだ簡単なオリジナル問題を用意しました。

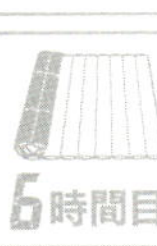

解説

(i)は故事成語の知識問題です。

「破天荒」は八割の人が誤用する言葉で、多くの人が「大胆な」「豪快な」「型破りな」「常識破りな」「世間離れした」といった意味で使っています。しかしいずれも誤りです。正しくは「前代未聞」「未曽有(みぞう)」「前人が成しえなかったことを成し遂げる」という意味になります。「彼女は放射能の発見という破天荒の功績を挙げた」が正しい使い方です。

正解は⑤「前代未聞」。残りの選択肢は全て典型的な誤用例です。

(ii)は読解問題です。

まず、**生徒の会話も課題文であり設問文である**――と強調しておきます。

神聖なる大学入試でいきなり不自然な生徒のやり取りが出てくるので、「いったい何を読まされているのか」とバカバカしい気分になりますが、出題している側は大マジメ。この問題で受験生が**会話の流れ**を的確に追えるかどうかを試しているのです。会話の流れを無視したら問題は解けません。バカにせず、会話をしっかり読みましょう。

はじめ、生徒たちは現在よく使われる「破天荒」の意味について話していました。

ところが、最後に生徒Bが「でも、この文章を読むと、もともとは Y という意味だったんだね」と言い出します。

それでは本文を確認。もちろんセオリーどおり、**最後の一文からさかのぼります**。

最後の一文は「侍従の劉蛻が荊州の地方試験合格者でありながら官吏登用試験に合格したので、『破天荒』と号した」です。それでは、なぜ「破天荒」なのか。

さかのぼると、「荊州は毎年、中央試験に人を送り出していたが、多く名を成さなかったので、『天荒解』と号した」とあります。「名を成さず」は、そのままでは意味不明ですが、少し考えれば、「成功しなかった」＝「中央試験に合格しなかった」と解釈できます。「〇〇県民は一次試験には合格できるけど、二次試験はダメ。あそこは『天荒』だ」と言われている感じです。ところが、劉蛻が見事合格したので、彼は「天荒を破る」＝「不毛の土地という悪評を破った」＝「前人未到の快挙を成し遂げた」と言われたわけです。

というわけで、正解は**ズバリ⑤**。確かに、現在よく使われている意味とは異なります。

以上、共通テストの最終問題では、故事成語の知識を問われたり、生徒の会話を読まされたり、複数の資料（今回は課題文と生徒の言葉）を比較させられたりします。でも、**本文全体を読めているかを試す点は同じ**。解き方はさほど変わりません。

最後の一文からさかのぼれ

好きな子から「日曜日、ヒマ?」と聞かれたとします。デートの誘いだと思って、「うん、ヒマ」と思わず答えそうになります。でも待って。「じゃあ、バイト代わって」とか「練習試合の応援に参加して」とか面倒なことを押しつけられるかもしれません。

言葉の意味は、結末を知るまでわからないのです。だから、

最後の一文からさかのぼれ！

みんなは普通に読み進めながら、**傍線部に出会うたびに問題を解き**、最終問題とエンカウントしたところで、後退しながら**問題を解くポイントを拾っていく**わけです。最終問題でポイントになるのは、**①抑揚・累加**、**②反語・二重否定**、**③対句**です。**本文ラスト数行**にそれらを見つけたら、**本気読み**してください。それでは、最後のミッション。

ミッション 31

次の問いに答えよ。

制限時間 5分

蓋居人上者甚難。苟不諳(注1)知艱難、遽授以権、妄意設施、下有受其害者矣。此造物之所以必先使困苦、諳知艱難、然後授之以権、則他日設施、下将有被其恵者矣。故造(注2)物之先困苦其人、非独如孟子(注3)増益其所不能之説、凡以為他日在其人之下者之利也。

(倪思『経鉏堂雑志』による)

(注)1 諳知――十分に知ること。
2 造物――造物者。万物を創造するもの。天地万物の支配者。
3 孟子増益其所不能之説――造物者は、後に為政者となる人物に、まず労苦を与えてその能力を増進させ、大任に耐えうるようにするという孟子の説。

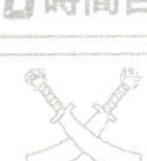

問　筆者の考え方を説明したものとして最も適当なものを、次の①〜⑤のうちから一つ選べ。

① 孟子（もうし）は逆境というものが人間を大きく成長させる効果を持っていることを論じたが、そこで議論を終わらせずに、一人一人の逆境の克服が社会全体に大きな利益をもたらすということまで考えなければならない。

② 孟子のように個人の成長だけで逆境の効果を論ずるのではなく、ある人間が逆境を克服した成果をいかに社会に還元したかというところまで論じなければ、人間が逆境に置かれることの意味を理解することはできない。

③ 国家の大任に当たる人物には、世の様々な苦難を味わう期間があるが、そうした経験は国家の利益に対する造物者の配慮によって与えられたものであり、孟子がいう個人の人間的成長とは無縁なものである。

④ 孟子は人の上に立つ者個人の成長という観点から逆境の効果を論じているが、人の上に立つ者が逆境を味わうことの意味は、治められる民衆の利益、不利益という観点からも論じられなければならない。

⑤ 国家を正しく導きうる人物となるためには、松柏（しょうはく）が霜や雪の中で強固に育つように、若いときに苦労を自分から引き受け、孟子がいうような人間的成長を遂げて、人々の期待に応えるようにならなければならない。

ミッション31 解答 ↓↓↓↓↓↓↓↓↓↓↓↓ 正解は 4

解説

本文の前半は省略してあります。それでも、最後の一文から読んでいけば、十分に答えは出ます。

最後の一文には「**非**[下]**独**如[中]孟子増[一]益其所[レ]不[レ]能之説[上]、凡以為[下]他日在[二]其人之下[一]者之利[上]也」とあって、**累加**「非独…」＝読「独り…のみにあらず」＝訳「…だけではない」が使われています。直訳は「できないことを増益するという孟子の説のようなものだけでなく、たいてい後日その人の下にある者の利益のためでもある」です。

よくわからないですね。

注をよく見てください。孟子の説とは、（造物者が）後の為政者に試練を与えて、大任に耐えられるようにその能力を増進させる、というものです。大学の講義に耐えられるように、神（文部科学省）がみんなに試練（共通テスト）を与えて、その能力を増進させるのと同じです。

しかし、造物者が後の為政者に試練を与える理由は孟子の説だけではないと筆者は主張します。その人〈＝為政者〉の下の民衆の利益のためでもあると言うのです。

なぜ、試練が民衆の利益になるのか。さかのぼって読み進めると、**対句**に出会います。

艱難（苦労）を知らずにいきなり権力を授与 ⬇ 下（人民）は害を受ける
艱難（苦労）を十分に知ってから権力を授与 ⬇ 下（人民）は恵をこうむる

苦労知らずの人間が人民の上に立てばろくなことが起きない、だから造物者は人民の利益のためにも為政者に苦労＝試練を与えるというわけです。これで準備完了。

選択肢チェック

②「孟子のように……論ずる**のではなく**」、③「孟子がいう……とは**無縁なもの**」は、累加を踏まえていないので不適。⑤は「苦労を**自分から引き受け**」で不適。苦労は「自分から引き受け」るのではなく造物者に与えられます。また累加も踏まえていません。

①は、累加を踏まえていますが、「一人一人の逆境の克服が**社会全体に大きな利益を**」で不適。「利益」とは為政者から民衆が受ける利益です。正解は④。「民衆の利益、不利益という観点からも…」とあり、**最後の一文の内容と一致します**。

最終問題は、**本文ラスト数行を本気読みすれば解けます**が、中には「**文章の展開**」をたずねるものもあります。その場合、

本文全体を俯瞰(ふかん)せよ！

最終問題にたどり着くころには、みんなは一度本文全体に目を通しています。「文章の展開」をたずねられた場合は、**本文の文字面を眺めながら**、「最初に○○と言って、次に□□と言ってから、最後に△△って結論してたな」と軽く振り返ってください。そのあと、選択肢を見ます。

答えが見えてこない場合は「**コピペ探し**」(⬇023ページ)です。

例えば、五択に見えても、①・③「李白(りはく)に加えて杜甫(とほ)も手本とすべきだという議論について」、②・⑤「唐の詩人のうちだれを手本とすべきかという議論について」、④「李白と杜甫とどちらを手本とすべきかという議論について」と実質三択になっていたりします。あとは「議論」に的を絞(しぼ)って本文を確認すれば、選択肢を一つか二つに絞れます。二つ残ったら、比較して答えを出します。

選択肢ばかり見るのではなく、本文を振り返ることが大事です。さあ、次でラスト！

「共通テスト漢文」そして伝説へ

◎ようこそ模擬戦へ

最後は実践演習です。実際に戦場に出て戦ってもらいます。

演習だからといって、弱い練習相手を出すと思ったら大間違いです。**本番よりもむしろ強力な敵を用意しました。** **呂布**（りょふ）並みです。ここまでの時間で身につけた武器・戦術を駆使（くし）して立ち向かってください。

主武器（メインウェポン）（**句形**）と副武器（サブウェポン）（**副詞**・「**ならでは語**」）は装備できていますか？　不安なら、巻末資料をもう一度確認してください。**熟語**で考えること、**主語・目的語**を補うこと、**反語・二重否定**を処理すること、**対句**を整理することを忘れないで。説明問題では**傍線部の前後**を見て、最終問題では**ラスト数行**を見て、ポイントを探してください。

制限時間は10分……と言いたいですが、20分で。さあ、鉛筆を握って。度胸のない人は心臓をたたいとけ。それでは、はじめ！

ミッション 32 次の問いに答えよ。

制限時間 20分

【文章Ⅰ】は「千日酒」の故事、【文章Ⅱ】は菅原道真の詩である。【文章Ⅰ】【文章Ⅱ】を読んで後の問い（問1〜7）に答えよ。なお設問の都合で返り点・送り仮名を省いたところがある。

【文章Ⅰ】

昔劉玄石於(イテ)二(注1)中山(ノ)酒家(ニ)一酤(かフ)レ酒(ヲ)。酒家与(フルニ)二千日酒(ヲ)一、忘(ル)レ言(フヲ)二其(ノ)(注2)節度(ヲ)一。帰(リテ)至(リ)レ家(ニ)大(イニ)酔(フ)。而(レドモ)家人不レ知(ラ)、以(A)為死也、権葬之。酒家計(リ)二千日(ノ)満(ツルヲ)一、(ア)乃憶(フニ)玄石前(ニ)来(リテ)酤(ヒ)レ酒(ヲ)、酔(ヒ)向(いま)醒(ムル)(イ)耳。往(キテ)視(ルニ)レ之(ヲ)、云(フ)二玄石亡(クナリテヨリこのかた)来三年、(1)已(ニ)葬(レリト)一。(2)於(イテ)レ是(ニ)開(ケバ)レ棺(ヲ)、酔(ヒ)始(メテ)醒(ムト)。俗(ニ)云(フ)、「玄石飲(ミ)レ酒(ヲ)、一酔千日(ト)。」

（張華(ちょうか)『博物志』による）

（注）1 中山——地名。 2 節度——ほどよさ。飲み過ぎないようにという忠告。

【文章Ⅱ】

千悶消亡ス千日ノ酔ヒ　百愁安慰ス[B]花ノ春

一生不レンバ見二(注3)三秋ノ月一ヲ　天下応無(注4)腸断人

（菅原道真『菅家文草』による）

（注）3　三秋――秋の三ケ月。　4　腸断――ひどく悲しむこと。

問1 傍線部(ア)「乃」、(イ)「耳」と同じ読み方をするものを、次の各群の①～⑤のうちから、それぞれ一つずつ選べ。

(ア) ① 凡　② 若　③ 即　④ 故　⑤ 遂

(イ) ① 也　② 爾　③ 哉　④ 矣　⑤ 焉

問2 傍線部(1)「已」、(2)「於是」のここでの読みとして最も適当なものを、次の各群の①～⑤のうちから、それぞれ一つずつ選べ。

(1) ① わづかに　② すでに　③ はたして　④ ただ　⑤ まさに

(2) ① ここにおいて　② これにおいて　③ これより　④ ここに　⑤ これに

問3 傍線部A「以為死也、権葬之」の書き下し文として最も適当なものを、次の①～⑤のうちから一つ選べ。

① 以て死を為し、之を葬らんことを権(はか)る
② 以て死を為(をさ)むるや、権(かり)に之を葬る
③ 以て死の為(ため)なり、之を葬らんことを権る
④ 以て死と為るや、権(けん)之を葬る
⑤ 以て死せりと為し、権に之を葬る

問4 空欄[B]に入る文字として最も適当なものを、次の①～⑤のうちから一つ選べ。

① 桃　② 落　③ 月　④ 百　⑤ 麗

問5　傍線部C「天下応無腸断人」の解釈として最も適当なものを、次の①～⑤のうちから一つ選べ。

① 天下から腸断の思いをする人をなくさなければならない。
② 天下には腸断の思いをする人はきっといないだろう。
③ 天下から腸断の思いをする人をなくす必要がある。
④ 天下に腸断の思いをする人がいてはならない。
⑤ 天下に腸断の思いをする人がいないはずがあろうか。

問6　【文章Ⅱ】の漢詩に関連した説明として最も適当なものを、次の①～⑥のうちから二つ選べ。

① この詩は七言律詩の形式であり、「春」「人」が韻を踏んでいる。
② この詩は七言絶句の形式であり、対句表現が印象的に使われている。
③ この詩は古体詩の七言詩であり、「酔」「春」「人」が韻を踏んでいる。
④ 日本人は古くから漢詩文に親しんでおり、『万葉集』と同じ時期に漢詩集も成立している。
⑤ 平安時代に漢詩文は盛んになり、鎌倉・室町時代には京都五山を中心に全盛期を迎えた。
⑥ 江戸時代に漢詩文は再び盛んになったが、明治時代に入ると、西洋化の影響で急速に廃れた。

問7 次に掲げるのは、授業の中で【文章Ⅰ】と【文章Ⅱ】について話し合った生徒の会話である。これを読んで、X に入る最も適当なものを、後の①～⑤のうちから一つ選べ。

生徒A 【文章Ⅱ】の「千日酔」は、【文章Ⅰ】の故事を踏まえたものらしいよ。

生徒B 【文章Ⅰ】はただの不思議な話なのに、【文章Ⅱ】では X と詠んでいるね。

生徒C 「千日酔」を調べると、初唐の詩人王績（おうせき）が「但だ千日酔（よ）はしめば／何ぞ両三春を惜（を）しまん」（「嘗春酒」）、同じ初唐の詩人劉希夷（りゅうきい）も「願はくは逢はん千日の酔ひ／緩（ゆる）むるを得ん百年の憂ひ」（「故園置酒」）と詠んでいたよ。【文章Ⅱ】の作者菅原道真は【文章Ⅰ】ではなく、これらの唐詩の句を踏まえたんだと思う。

① 千日酒が人の憂さを晴らして救いをもたらしてくれる

② 千日酒の酔いも、ひどい苦しみの前では消えるだけだ

③ 千日酒によって、腸断の悲しみから人々を救うべきだ

④ 千日酒は、春の花や秋の月を愛でるために必須の品だ

⑤ 千日酒さえあれば、秋月を見て悲しむこともないのに

ミッション 32 問1 解答 → 正解は (ア) 3 (イ) 2

解説

語彙問題では、知識がモノを言います。

(ア)「乃」の読みは「すなはち」。①「凡そ」、②「若し」「若」、③「即ち」、④「故に」「故らに」、⑤「遂に」で、正解は③。

(イ)「耳」の読みは「のみ」。①「也」「也」「也」、②「爾」「爾」「爾り」、③「哉」「哉」「哉」、④「矣」（置き字）、⑤「焉くんぞ」「焉」「焉」「焉」（置き字）で、正解は②。

ミッション 32 問2 解答 → 正解は (1) 2 (2) 1

解説

同じく語彙問題です。知識で瞬殺しましょう。

(1)「已」の読みは「すでに」です。正解は②。
(2)「於是」の読みは「ここにおいて」です。正解は①。

10分で満点をとるには、こうした序盤の問題を秒でこなして時間を稼ぎます。この程度の問題なら、なんぼあっても困りません。

ミッション 32 問3 解答

正解は

ポイントチェック

「以為」＝読「以て…と為す」「以為(おも)へらく」＝訳「…と思う」を思い出します。

解説

驚くことに、選択肢の中で「以て…と為す」と読んでいるのは、⑤のみです。訳すと、「(家人は)死んだと思い、彼(劉玄石)を仮に埋葬した」となって、文脈にも合います。正解は⑤。この手の問題も知識で瞬殺しましょう。

ミッション 32 問4 解答 ➡➡➡➡➡➡➡➡➡➡➡ 正解は 4

ポイントチェック

詩の空欄補充問題です。通常は偶数句末に空欄があって押韻で解くところですが、ここでは句の途中に空欄があります。ここで「**詩の問題はルールで解く　ルールで絞る**」を思い出しましょう。注意して見れば、第一句と第二句が対句だと気づけます。

千｜悶＝消亡｜千｜日酔

百｜愁＝安慰｜B｜花春

解説

対句の整理さえ終われば、あとは一目瞭然。「千悶―百愁」というヨコの対応と、「千悶―千日」というタテの対応を踏まえれば、第二句は「百愁―百花」という対応になると気づけます。正解は④「百」。

正解は 2

ポイントチェック

解釈問題です。傍線部を見つめてポイントを探します。

天下応無腸断人

ココ

ありました。再読文字「応」です。読「応に…すべし」＝訳「きっと…だろう」「…しなければならない」でしたね。

解説

「応」の訳を踏まえて傍線部を直訳します。このとき、意訳しないのがコツです。読みは「天下応に腸断の人無かるべし」で、直訳は「天下に腸断の人はきっといないだろう」「天下に腸断の人がいないようにしなければならない」です。

この直訳を念頭に選択肢を吟味します。傍線部全体をうまく直訳できなくとも、「応」の訳「きっと…だろう」「…しなければならない」は念頭に置きましょう。

①　天下から腸断の思いをする人をなくさ**なければならない**。←どんぴしゃ○
②　天下には腸断の思いをする人は**きっと**いない**だろう**。←どんぴしゃ○
~~③~~　天下から腸断の思いをする人をなくす**必要がある**。←ビミョー△
~~④~~　天下に腸断の思いをする人が**いてはならない**。
~~⑤~~　天下に腸断の思いをする人が**いないはずがあろうか**。

④・⑤は論外です。④は「有るべからず」の訳、⑤は「豈に無からんや」の訳です。③「なくす必要がある」は、①「なくさなければならない」と同じ意味ですが、「必要がある」は再読文字「須」＝読「須らく…べし」の訳なので、**ビミョー△**に分類しています。本命は「応」の訳を踏まえた①・②、大穴が③です。

ここで文脈の出番。直前の第三句を直訳すれば、「一生、秋の月を見なければ」です。続くのは「腸断の思いをする人をなくさなければならない」と「腸断の思いをする人はきっといないだろう」、どちらが自然？　そう。正解は②。

解説

【文章Ⅱ】の漢詩は、一句七字かつ四句なので、詩形は**七言絶句**です。「四句＝絶句、八句＝律詩、それ以外＝古詩（古体詩）」のルールを思い出しましょう。

というわけで、「七言律詩」とある選択肢①を消去。「古体詩」とある選択肢③も消去できます。仮に四句の古体詩（ないわけではない）だったとしても、青春の「春」、人間の「人」と、酔狂の「酔」とでは、どう見ても韻を踏んでいないので、自信をもって消せます。七言詩は、偶数句末に加えて第一句の末字も韻を踏むのが原則ですが、あくまで原則です。偶数句と第一句の末字を音読みして、どうも母音が似ていないなと感じたら、原則にこだわらず、この七言詩は第一句末で韻を踏んでいないと判断しましょう。

したがって正解の一つは②。絶句で、かつ対句が使われています。

選択肢の後半は日本の漢文受容史の確認問題になっています。みなさんは9時間目に学んだ内容を覚えていましたか。

日本人が**最古の漢詩集**『**懐風藻**』を編纂したのが**奈良時代**。『万葉集』と同じころ。続く**平安時代に全盛期を迎える**ものの、鎌倉時代以降は京都五山の禅僧がわずかに漢詩文を作る程度になる。そして**江戸時代に再び全盛期**を迎え、江戸後期には漢文が素養として広く日本人に定着した――でしたね。以上を踏まえて選択肢を吟味します。

まず「日本人は古くから漢詩文に親しんでおり、『万葉集』と同じ時期に漢詩集も成立している」とある④は正しい。奈良・平安といえば、かな文学のイメージが強いですが、天皇・貴族・文人らによって盛んに漢詩文が作られていました。

次に「平安時代に漢詩文は盛んになり、鎌倉・室町時代には京都五山を中心に全盛期を迎えた」とある⑤は誤り。前半は正しいですが、鎌倉・室町に全盛期を迎えたとある点が正しくないです。

最後に「江戸時代に漢詩文は再び盛んになったが、明治時代に入ると、西洋化の影響で急速に廃れた」とある⑥は誤り。**明治に入っても漢文は日本人の間に生き続け**、**夏目漱石**・**森鷗外ら文豪は見事な漢詩を作りました**。また法律など公式の文章は漢文訓読体で書かれ、民法が口語体になったのは二〇〇五年のこと。それまでは「権利ノ行使及ヒ義務ノ履行ハ信義ニ従ヒ誠実ニ之ヲ為スコトヲ要ス」などと書かれていました。

正解は②・④。明治時代は不意打ちでしたが、ズバリ法で④を選べたでしょう。

正解は **1**

ポイントチェック

さあ、最終問題（ラスボス）は会話形式問題です。

センター漢文では、ラスト数行を**本気読み**して、**①累加・抑揚**、**②反語・二重否定**、**③対句**に着目すれば、スムーズに解けました。

共通テストで増える会話形式問題では、それらに加えて**会話の流れ**にも着目します。

突然出てくる生徒の不自然なやり取りなんてマジメに読む気になれず、つい飛ばしたくなりますが、**生徒の会話も課題文であり設問文**。みなさんの議論する力を共通テストは試そうとしているのです。しっかり読みましょう。

生徒Aは**【文章Ⅱ】**の「千日の酔ひ」が**【文章Ⅰ】**の「千日酒」を踏まえたものだと指摘します。なんで生徒がそんなことを知っているのか、それは本当か、まさかウィキペディア情報じゃないだろうなとつっこみたくなりますが、あくまで設問文なので、つっこみ不要です。素直に受け入れます。

それに対して生徒Bは、「**【文章Ⅰ】**はただの不思議な話なのに、**【文章Ⅱ】**では……」と

言い出します。**【文章Ⅱ】**の「千日の酔ひ」は**【文章Ⅰ】**の「千日酒」とは異なる意味・文脈で使われているという指摘です。

このあと、生徒Cも情報を補足してくれるので、しっかり目を通しておきます。

解説

【文章Ⅱ】は「千悶消亡す千日の酔ひ／百愁安慰す百花の春（千の煩悶も千日酒があれば消え／百の憂愁も百花繚乱の春になれば慰められる）」と詠みます。生徒Cが調べてきた詩にも「千日酒に酔いさえすれば、春を惜しむこともないだろうに」（王績）、「千日酒に逢いたいものだ／百年の憂愁を緩めることができるだろうに」（劉希夷）とあって、いずれも憂愁を慰めてくれるものとして千日酒を取り上げています。

【文章Ⅰ】では、酒好きの劉玄石を三年間死んだように酔わせただけの「千日酒」が、漢詩では**ひどい憂いを晴らす切り札**として取り上げられているわけです。

あとは、この特徴を念頭に**ズバリ法**で解きます。正解は①「千日酒が人の憂さを晴らして救いをもたらしてくれる」。

生徒の会話も課題文であり設問文。おろそかにせず、しっかり読みましょう。

読み方

【文章Ⅰ】

昔劉玄石中山の酒家に於いて酒を酤ふ。酒家千日酒を与ふるに、其の節度を言ふを忘る。帰りて家に至り大いに酔ふ。而れども家人知らず、以て死せりと為し、権に之を葬る。酒家千日の満つるを計り、乃ち憶ふに玄石前に来りて酒を酤ひ、酔ひ向醒むるのみと。往きて之を視るに、玄石亡くなりてより来三年、已に葬れりと云ふ。是に於いて棺を開けば、酔ひ始めて醒む。俗に云ふ、「玄石酒を飲み、一酔千日」と。

【文章Ⅱ】

千悶消亡す千日の酔ひ　百愁安慰す百花の春
一生に三秋の月を見ずんば　天下応に腸断の人無かるべし

通釈

【文章Ⅰ】

昔むかし、劉玄石は中山の酒屋で酒を買った。酒屋は千日酒（一たび飲めば、千日＝およそ三年は醒めないという強い酒）を与えたけれど、飲み過ぎないよう忠告するのを忘れてしまった。（玄石は）帰宅して大いに酔った。ところが、家人はそうとは知らず、死んだと思い、仮埋葬した。酒屋は千日経ったころ、ふと玄石が前に酒を買い、その酔いもいま醒めただろうと思い出した。出かけて確認すると、玄石が死んでから三年経っており、とうに埋葬したという。そこで棺を開いたところ、酔いがちょうど醒めたところだった。これぞ俗に言う「玄石酒を飲む、一たび酔えば千日醒めず」である。

【文章Ⅱ】

千の煩悶も千日酒があれば消え、百の憂愁も百花繚乱の春になれば慰められるものだ。（人が）一生のうちに秋の月さえ見なければ、天下に腸断の思いをする人はきっといないだろう（それほどに秋の月は人を悲しませるのだ）。

以上で模擬戦も終了です。いかがでしたか?

全7問中、**3問が知識で瞬殺できる問題でした**。また、残り4問のうち、2問が詩に関する問題で、詩のルールや文学史の知識を駆使して解くものでした。詩が出題されると、このように知識で確実に取れる問題が増えます。さらに、残り2問のうち、解釈問題は知識でいきなり2択になりました。最終問題はさすがに時間をとられます。**【文章Ⅰ・Ⅱ】**に加えて生徒たちの会話も読まなければなりませんから。生徒が引用してきた漢詩にも驚きましたね。楽できません。ですから、**3問を瞬殺することで時間を作り出すわけです**。

知識を身につけて、着眼点さえわかれば、そんなものです。共通テスト漢文など、恐るるに足らず。

あとは、センター試験の過去問や試行調査の問題を相手に、自分の力がどれくらい通用するか試してみてください。

おわりに

お疲れさまでした！

10時間、たっぷりトレーニングをしてきました。達成感とともにここを読んでいるあなたは、すっかり関羽(かんう)並みの名将に生まれ変わっていることでしょう。

句形と副詞は受験漢文攻略の二本柱です。**しっかり頭に叩きこんでおいてください。**一緒に共通テストを受けるライバルたちは、句形の知識すらうろ覚えのまま、まして副詞に至ってはろくに暗記をすることもなく本番にのぞんでいます。そのせいで、選択肢を何度も何度も見て、かえって何が答えなのかわからなくなる、というワナにはまります（結局、時間を浪費して、タイムアップギリギリ、テキトーに選択肢を選んで、自爆します）。

句形と副詞の知識という二つの武器をしっかり装備したあなたは、知識を活かして数々の問題を瞬殺し、本気読みが必要な最終問題にじっくり取り組んで、**満点**をもぎとることでしょう。

さあ、これからもトレーニングを欠かさず、本番まで突っ走ってください！

「共通テスト漢文」では、句形が大事！　知らないとアレコレ迷って不正解を選んでしまう問題も、これさえ知っていれば瞬殺できる。メインの武器になるんだ。重要なものだけを厳選してあるから、しっかり覚えよう！

それ以外にも、「重要語」として「副詞」のほか「ならでは語」と「多訓多義語」「故事成語」も収録。「句形」に負けない強い武器となるぞ。これをマスターして、ライバルに差をつけろ！

チェック	句形	読み	訳
再読文字			
□ ❶	未レ―	**未（いま）だ―せず**	まだ―しない
□ ❷	将レ―／且レ―	**将（まさ）に―せんとす／且（まさ）に―せんとす**	―しようとしている
□ ❸	当レ―／応レ―	**当（まさ）に―すべし／応（まさ）に―すべし**	―しなければならない・―するだろう
□ ❹	須レ―	**須（すべか）らく―すべし**	―しなければならない・―する必要がある
□ ❺	宜レ―	**宜（よろ）しく―すべし**	―した方がよい
□ ❻	猶レ―	**猶（な）ほ―のごとし**	まるで―と同じだ・まるで―のようだ
□ ❼	盍レ―	**盍（なん）ぞ―せざる**	どうして―しないのか・―すればよいのに
二重否定			
□ ❽	無レ不二―一／莫レ不二―一	**―せざる（は）無（な）（莫（な））し**	―しないことはない＝必ず―する
□ ❾	非レ不二―一	**―せざるに非（あら）ず**	―しないわけではない＝―する
□ ❿	不レ可レ不二―一	**―せざるべからず**	―しないわけにはいかない
□ ⓫	不レ得レ不二―一	**―せざるを得ず**	―しないわけにはいかない
□ ⓬	未三嘗不二―一	**未（いま）だ嘗（かつ）て―せずんばあらず**	―しなかったことはない＝ずっと―してきた
□ ⓭	未三必不二―一	**未（いま）だ必（かなら）ずしも―せずんばあらず**	必ずしも―しないわけではない＝―する場合もある

分類	チェック	句形	読み	訳
二重否定	□ ⑭	不㆔敢不㆓―㆒	敢（あ）へて―せずんばあらず	―しないわけにはいかない＝必ず―する
	□ ⑮	不㆓―㆒不㆓…㆒	―せざれば…せず	―しなければ…しない
	□ ⑯	非㆓―㆒不㆓…㆒	―に非（あら）ざれば…せず	―でなければ…しない
部分否定	□ ⑰	不㆓必―㆒	必（かなら）ずしも―せず	必ずしも―するとは限らない・―する必要はない
	□ ⑱	不㆓常―㆒	常（つね）には―せず	いつも―するわけではない
	□ ⑲	不㆓復―㆒	復（ま）た―せず	二度と―しない
	□ ⑳	不㆓倶―㆒	倶（とも）には―せず	二人とも―することはない（一方だけ―する）
	□ ㉑	不㆓尽―㆒	尽（ことごと）くは―せず	すべて―するわけではない
	□ ㉒	不㆓甚―㆒	甚（はなは）だしくは―せず	それほど―ではない
	□ ㉓	不㆓重―㆒	重（かさ）ねては―せず	ふたたび―することはない
否定（その他）	□ ㉔	勿レ―	―する勿（な）かれ	―してはいけない（禁止）
	□ ㉕	不㆓敢―㆒	敢（あ）へて―せず	わざわざ―したりしない・―する勇気がない

分類	チェック	句形	読み	訳
否定（その他）	□	㉖ 敢不二―一（乎）	**敢**（あ）**へて**―せ**ざらんや**	―しないことなどあろうか（反語）＝―しないわけにはいかない
	□	㉗ 不二肯―一	**肯**（あ）**へて**―**せず**	進んで―する気にならない
	□	㉘ 不レ肯レ―	―するを**肯**（がへん）**ぜず**	―することに賛成しない
可能	□	㉙ 可レ―	―**すべし**	―できる・―した方がよい・―しなければならない
	□	㉚ 不レ可レ―	―**すべからず**	―できない・―してはいけない
	□	㉛ 能―	**能**（よ）**く**―す	―できる
	□	㉜ 不レ能レ―	―する**能**（あた）**はず**	―できない
受身	□	㉝ 見レ―／被レ―	―**せらる**	―される
	□	㉞ 為二―所一レ…	―の…する**所と為**（な）**る**	―に…される
使役	□	㉟ 使二―…一／令二―…一	―**をして**…せ**しむ**	―に…させる
	□	㊱ 命二―一…	―**に命**（めい）**じて**…せ**しむ**	―に命令して…させる

チェック	句形	読み	訳
使役			
□	37 遣二―一…	―を遣(つか)はして…せしむ	―を派遣して…させる
	※36・37の句形は、ほか「呼(よビテ)・詔(みことのりシテ)・召(めシテ)・説(とキテ)・勧(すすメテ)」など。文意で判断。		
疑問・反語			
□	38 何―(乎)	何(なん)ぞ―する(や)	なぜ―するのか(疑問)
□	39 何―(乎)	何(なん)ぞ―せん(や)	どうして―しようか(反語)=―しない
	何(なんゾ)=胡(なんゾ)・奚(なんゾ)　乎(や)=邪(や)・耶(や)・哉(や)・也(や)・与(や)・歟(や)		
□	40 安―(乎)	安(いづ)くにか―する(や)	どこで―するのか(疑問)
□	41 安―(乎)	安(いづ)くんぞ―せん(や)	どうして―しようか(反語)=―しない
	安=悪・焉・寧　※焉・寧は「いづくんぞ」or「なんぞ」。反語で用いる。		
□	42 豈―(乎)	豈(あ)に―する(や)	―ではなかろうか(推量)
□	43 豈―(乎)	豈(あ)に―せん(や)	どうして―しようか(反語)=―しない
	※何・安・豈は、反語かどうかの区別がポイント(区別の方法は091〜099ページ)。		
□	44 孰―(乎)	孰(いづ)れか―(や)	どちらが―(疑問・反語)
□	45 孰―(乎)	孰(たれ)か―(や)	誰が―(疑問・反語)

疑問・反語

チェック	句形	読み	訳
□ 46	誰―（乎）	**誰（たれ）か**―（**や**）	誰が―（疑問・反語）
□ 47	其―乎	**其（そ）れ**―**せんや**	どうして―しようか（反語）＝―しない
□ 48	何也	**何（なん）ぞや**	どうしてか
□ 49	幾何	**幾何（いくばく）ぞ**	どれくらいか（疑問）・たかが知れている（反語）
□ 50	何如・何若・何奈	**何如（いかん）・何若（いかん）・何奈（いかん）**	どのようか
□ 51	如何・若何・奈何	**如何（いかん）せん・若何（いかん）せん・奈何（いかん）せん**	どうしようか（疑問）・どうしようもない（反語）
□ 52	如何・若何・奈何	**如何（いかん）ぞ・若何（いかん）ぞ・奈何（いかん）ぞ**	どうして―しようか（反語）＝しない

※「いかんせん」は、目的語を間にはさむこともある。たとえば、「如㆓王不㆑好何㆒」の形をとる。「王不㆑好」が目的語で、「王の好まざるを如何せん」と読む。また、「如何（いかん）せん」と「如何（いかん）ぞ」は、位置で見分けられる。文末にあったら「如何せん」、文頭にあったら「如何ぞ」。

詠嘆

チェック	句形	読み	訳
□ 53	不㆓亦―㆒乎	**亦（ま）た**―なら**ずや**	なんと―ではないか
□ 54	豈不㆑―乎	**豈（あ）に**―なら**ずや**	なんと―ではないか（詠嘆）

チェック	句形	読み	訳
詠嘆			
□ 55	豈不レ―乎（参考）	豈(あ)に―せざらんや	どうして―しないことがあろうか（反語）＝する
	※54・55の判別は通常求めない。		
□ 56	豈非レ―乎	豈(あ)に―に非(あら)ずや	なんと―ではないか（詠嘆）
比況・比較			
□ 57	―如レ…／―若レ…	―は（こと）…のごとし	―はまるで…のようだ・―は…と同じだ
□ 58	不レ如レ―／不レ若レ―	―に如(し)かず／―に若(し)かず	―に及ばない・―した方がよい
□ 59	無レ如レ―／無レ若レ―	―に如(し)くは無(な)し／―に若(し)くは無(な)し	―に及ぶものはない・―がいちばんだ
□ 60	寧―	寧(むし)ろ―せん（せよ）	いっそ―の方がよい
□ 61	寧―勿レ…	寧(むし)ろ―するも…する勿(な)かれ	…するくらいなら―した方がよい
限定・累加			
□ 62	唯―（耳）	唯(た)だ―（のみ）	ただ―だけだ（限定）
	唯(ただ)＝惟(ただ)・只(ただ)・但(ただ)・直(ただ)・特(ただ)・徒(ただ)　耳(のみ)＝而已(のみ)・爾(のみ)		
□ 63	独―（耳）	独(ひと)り―（のみ）	ただ―だけだ（限定）
□ 64	不二唯―一	唯(た)だに―のみならず	―だけではない・―どころではない
□ 65	非二唯―一	唯(た)だに―のみにあらず	―だけではない・―どころではない

チェック	句形	読み	訳
限定・累加			
□ ⑥⑥	不ニ独—一	**独**（ひと）**り—のみならず**	—だけではない・—どころではない
□ ⑥⑦	非ニ独—一	**独**（ひと）**り—のみにあらず**	—だけではない・—どころではない
□ ⑥⑧	豈唯—	**豈**（あ）**に唯**（た）**だに—のみならんや**	どうして—だけということがあろうか（反語）＝—だけではない・—どころではない
□ ⑥⑨	豈独—／何独—	**豈**（あ）**に（何**（なん）**ぞ）独**（ひと）**り—のみならんや**	どうして—だけということがあろうか（反語）＝—だけではない・—どころではない
抑揚			
□ ⑦⓪	A猶（且）B、況C（乎）	A**すら猶**（な）**ほ（且**（か）**つ）**B、**況**（いはん）**やCをや**	AでさえBだ、ましてCならなおさらBだ
その他			
□ ⑦①	以レ—用言	**—を以**（もっ）**て**用言す	—によって用言する（方法・手段） —のせいで用言する（原因・理由） —を用言する（目的語の強調）
□ ⑦②	用言以レ—	用言する**に—を以**（もっ）**てす**	訳は⑦①と同じ
□ ⑦③	用言以用言	用言して**以**（もっ）**て**用言す	用言して用言する
□ ⑦④	以レ—為レ…	—を**以**（もっ）**て…と為**（な）**す**	—を…にする・—を…と見なす

チェック	句形	読み	訳
その他			
□ 75	以為―	以為へらく―と・以て―と為す	―と思う
□ 76	与レ―…	―と…す・―と与に…す	―と…する（with の「と」）
□ 77	―与レ…	―と…と	―と…と（and の「と」）
□ 78	欲レ―	―せんと欲す	―しようとする・―したいと思う

副詞

チェック	語句	読み	訳
□ 1	甚	甚(はなは)だ	非常に・とても
□ 2	太	太(はなは)だ	非常に・とても
□ 3	尤	尤(もつと)も	とりわけ・何よりも
□ 4	殊	殊(こと)に	とりわけ
□ 5	至	至(いた)つて	非常に・このうえなく
□ 6	皆	皆(みな)	すべて
□ 7	尽	尽(ことごと)く	すべて
□ 8	勝	勝(あ)げて	すべて
□ 9	具	具(つぶさ)に	すべて・くわしく
□ 10	一	一(いつ)に	みな・一様に・全く・専ら
□ 11	凡	凡(およ)そ	おおよそ・全て
□ 12	嘗	嘗(かつ)て	以前に
□ 13	曽	曽(かつ)て	以前に
□ 14	已	已(すで)に	もうーしている
□ 15	暫	暫(しばら)く	少しの間
□ 16	姑	姑(しばら)く	とりあえず

チェック	語句	読み	訳
□ 17	須臾	須臾(しゆゆ)にして	わずかの間
□ 18	遂	遂(つひ)に	そうして・そのまま
□ 19	竟	竟(つひ)に	結局
□ 20	終	終(つひ)に	最後には・最後まで
□ 21	卒	卒(つひ)に	最後には
□ 22	忽	忽(たちま)ち	いつのまにか
□ 23	卒	卒(には)かに	急に
□ 24	遽	遽(には)かに	急に
□ 25	徐	徐(おもむろ)に	静かに・ゆっくりと
□ 26	方	方(まさ)に	ちょうどーしているところ
□ 27	猶	猶(な)ほ	まだ・やはり
□ 28	尚	尚(な)ほ	そのうえ・まだ・やはり
□ 29	且	且(か)つ	そのうえ
□ 30	将	将(は)た	あるいは・それとも
□ 31	蓋	蓋(けだ)し	思うに
□ 32	果	果(は)たして	思った通り・実際に

チェック	語句	読み	訳
□ 33	其	其（そ）れ	そもそも・なんと
□ 34	夫	夫（そ）れ	そもそも
□ 35	抑	抑（そもそも）	しかしながら・あるいは
□ 36	愈	愈（いよいよ）	ますます
□ 37	益	益（ますます）	ますます
□ 38	偶	偶（たまたま）	偶然
□ 39	適	適（たまたま）	ちょうど
□ 40	会	会（たまたま）	ちょうど
□ 41	数	数（しばしば）	何度も
□ 42	交	交（こもごも）	かわるがわる
□ 43	固	固（もと）より	もともと・当然
□ 44	故	故（もと）より	もともと・前から
□ 45	素	素（もと）より	もともと・普段
□ 46	毎	毎（つね）に	いつも
□ 47	漸	漸（やうや）く	だんだんと
□ 48	稍	稍（やや）	少しばかり・だんだんと

チェック	語句	読み	訳
□ 49	絶	絶（た）えて	決して（―ない）
□ 50	殆	殆（ほとん）ど	もう少しで・あやうく
□ 51	幾	幾（ほとん）ど	もう少しで・あやうく
□ 52	或	或（あ）るいは	場合によっては
□ 53	反	反（かへ）つて	逆に
□ 54	誠	誠（まこと）に	本当に
□ 55	信	信（まこと）に	本当に
□ 56	善	善（よ）く	上手に
□ 57	妄	妄（みだ）りに	むやみに・いい加減に
□ 58	徒	徒（いたづ）らに	無駄に・意味もなく
□ 59	因	因（よ）りて	そこで
□ 60	故	故（ゆゑ）に	そこで
□ 61	故	故（ことさ）らに	わざと
□ 62	則	則（すなは）ち	ならば・なので
□ 63	乃	乃（すなは）ち	そこで・ようやく・なんと
□ 64	即	即（すなは）ち	すぐ・ほかでもなく

チェック	語句	読み	訳
□ 65	便	便(すなは)ち	すぐ・ほかでもなく
□ 66	輒	輒(すなは)ち	そのたびごとに
□ 67	又	又(また)	そのうえ
□ 68	亦	亦(ま)た	同じように・やはり
□ 69	復	復(ま)た	もう一度
□ 70	若	若(も)し	もし
□ 71	苟	苟(いや)しくも	もし・いいかげんに
□ 72	縦	縦(たと)ひ	たとえ―だとしても
□ 73	雖レ―ト	―と雖(いへど)も	けれども・としても
□ 74	自	自(みづか)ら	自分で・自分を
□ 75	自	自(おのづか)ら	自然と・勝手に
□ 76	親	親(みづか)ら	自分で
□ 77	相	相(あひ)	相互に・相手を
□ 78	願	願(ねが)はくは	―したい・―してほしい
□ 79	庶幾	庶幾(こひねが)はくは	―したい・―してほしい
□ 80	毎レ―	―する毎(ごと)に	―するたびに

チェック	語句	読み	訳
□ 81	未レ幾	未(いま)だ幾(いくばく)ならずして	まもなく
□ 82	無レ幾	幾(いくばく)も無(な)くして	まもなく
□ 83	於レ是	是(ここ)に於(お)いて	そこで
□ 84	是以	是(ここ)を以(もつ)て	そこで
□ 85	自レ是	是(これ)より	それから
□ 86	如レ是	是(か)くのごとし	このようだ
□ 87	然則	然(しか)らば則(すなは)ち	そうであるならば
□ 88	然後	然(しか)る後(のち)に	そののち
□ 89	然而	然(しか)り而(しかう)して	そして
□ 90	雖レ然	然(しか)りと雖(いへど)も	そうとはいっても
□ 91	不レ然	然(しか)らず	そうではない
□ 92	所謂	所謂(いはゆる)	世に言う
□ 93	所以	所以(ゆゑん)	理由・手段
□ 94	何為	何為(なんす)れぞ	どうして
□ 95	何以	何(なに)を以(もつ)て（か）	どうして・どうやって

ならでは語

チェック	語句	読み	訳
□ 96	君子	君子（くんし）	道徳的に立派な人物
□ 97	小人	小人（せうじん）	ちっぽけな人物
□ 98	匹夫	匹夫（ひつぷ）	つまらない人物
□ 99	丈夫	丈夫（ぢやうふ）	立派な男子
□ 100	大丈夫	大丈夫（だいぢやうふ）	立派な男子
□ 101	士	士（し）	優れた人材
□ 102	相	相（しやう）	宰相（さいしやう）
□ 103	臣	臣（しん）	臣下・わたし
□ 104	天子	天子（てんし）	皇帝（古代は周王など）
□ 105	左右	左右（さいう）	側近・そば
□ 106	上	上（しやう）	皇帝・王・諸侯
□ 107	下	下（しも）	下々・民衆・人民
□ 108	社稷	社稷（しやしよく）	国家
□ 109	京師	京師（けいし）	みやこ
□ 110	城	城（しろ）	まち
□ 111	布衣	布衣（ふい）	無官の人

チェック	語句	読み	訳
□ 112	百姓	百姓（ひやくせい）	人民
□ 113	人間	人間（じんかん）	人間世界・世間
□ 114	鬼	鬼（き）	祖霊・幽霊・物怪（もののけ）
□ 115	寡人	寡人（くわじん）	わたし（王・諸侯の自称）
□ 116	朕	朕（ちん）	わたし（皇帝の自称）
□ 117	余／予	余（よ）／予（よ）	わたし
□ 118	汝／若／女	汝（なんぢ）／若（なんぢ）／女（なんぢ）	あなた
□ 119	子	子（し）	あなた
□ 120	夫子	夫子（ふうし）	先生・あなた
□ 121	卿	卿（けい）	あなた
□ 122	客	客（かく）	旅人・客人
□ 123	学者	学者（がくしや）	学生
□ 124	書	書（しよ）	手紙・書物
□ 125	朝	朝（ちやう）	朝廷
□ 126	声	声（せい）	名声・音声
□ 127	裏	裏（うら）	内側

多訓多義語

チェック	語句	読み	訳
□ 128	与	与(あづか)る	関与する
□ 129	与	与(くみ)す	味方する
□ 130	与	与(とも)に	一緒に
□ 131	為	―と為(な)す	―と見なす
□ 132	為	―を為(な)す	―を行う
□ 133	為	―と為(な)る	―になる
□ 134	為	―たり	―である
□ 135	為	為(つく)る	作る（作為）
□ 136	為	為(をさ)む	治める・治す
□ 137	為	為(ため)に	―のために
□ 138	之	之(ゆ)く	行く
□ 139	已	已(や)む	中止する・辞める
□ 140	中	中(あ)つ	当てる（命中）
□ 141	中	中(あ)たる	当たる（命中）
□ 142	説	説(よろこ)ぶ	喜ぶ（喜悦）
□ 143	悪	悪(にく)む	憎悪する（憎悪）

チェック	語句	読み	訳
□ 144	疾	疾(にく)む	憎悪する（疾悪）
□ 145	疾	疾(やまひ)	疾病
□ 146	疾	疾(はや)し	速い（疾駆）
□ 147	道	道(い)ふ	言う（報道）
□ 148	道	道(みちび)く	導く
□ 149	致	致(いた)す	送る（送致）・招く（招致）
□ 150	去	去(さ)る	取り去る（除去）
□ 151	就	就(つ)く	近づく（去就）
□ 152	就	就(な)る・就(な)す	成る・成す（成就）
□ 153	待	待(ま)つ	扱う（待遇）
□ 154	遺	遺(のこ)す	残す（遺産）
□ 155	遺	遺(す)つ	捨てる（遺棄）
□ 156	遺	遺(わす)る	忘れる（遺失）
□ 157	遺	遺(おく)る	贈る（遺贈）
□ 158	事	事(つか)ふ	お仕えする
□ 159	事	事(こと)とす	専念する・従事する

チェック	語句	読み	訳
□ 160	作	作（な）す	する（動作）
□ 161	作	作（な）る	なる（作為）
□ 162	作	作（おこ）る	起こる（発作）
□ 163	発	発（ひら）く	開く（開発・発明）
□ 164	発	発（おこ）す・発（おこ）る	起こす・起こる（発起・発生）
□ 165	発	発（はつ）す	出す（出発・発射）
□ 166	負	負（そむ）く	裏切る（負反）
□ 167	負	負（たの）む	頼る（自負）
□ 168	過	過（す）ぐ	過ぎ去る（過去）
□ 169	過	過（す）ぐ	度を越す（超過）
□ 170	過	過（あやま）ち・過（あやま）つ	あやまち・失敗する（過失）
□ 171	過	過（よぎ）る	立ち寄る
□ 172	辞	辞（じ）す	ことわる（辞退）
□ 173	辞	辞（じ）す	辞める（辞職）
□ 174	辞	辞（じ）す	別れを告げる（辞去）
□ 175	謝	謝（しゃ）す	ことわる（謝絶）

チェック	語句	読み	訳
□ 176	謝	謝（しゃ）す	あやまる（陳謝）
□ 177	謝	謝（しゃ）す	礼を言う（感謝）
□ 178	謝	謝（しゃ）す	去る（代謝）
□ 179	望	望（のぞ）む	遠くを見る（眺望）
□ 180	造	造（いた）る	とどく（造詣）
□ 181	詣	詣（いた）る	とどく（造詣）
□ 182	見	見（まみ）ゆ	お目通りする（謁見）
□ 183	見	見（あらは）す・見（あらは）る	現す・現れる
□ 184	愛	愛（いつく）しむ	慈しむ（慈愛）
□ 185	愛	愛（を）しむ	惜しむ（惜愛）
□ 186	衆	衆（しゅう）	民衆
□ 187	衆	衆（おほ）し	多い
□ 188	寡	寡（すく）なし	少ない
□ 189	少	少（わか）し	若い
□ 190	対	対（こた）ふ	答える
□ 191	知	知（ち）たり	知事として治める

故事成語

チェック	語句	意味
□ 192	朝三暮四（ちょうさんぼし）	内容を改めないで口先だけでごまかすこと。
□ 193	呉越同舟（ごえつどうしゅう）	仲の悪いもの同士、敵味方が同じ場所に居合わせること。
□ 194	臥薪嘗胆（がしんしょうたん）	復讐のため、また目的達成のために、苦労すること。
□ 195	捲土重来（けんどちょうらい）	一度失敗したものが猛烈な勢いで盛り返すこと。
□ 196	明鏡止水（めいきょうしすい）	なんのわだかまりもない静かな心境。
□ 197	知音（ちいん）	親友。知人。恋人。
□ 198	断琴（だんきん）の交わり	親密な交友。
□ 199	刎頸（ふんけい）の交わり	親密な交友。
□ 200	水魚（すいぎょ）の交わり	親密な交友。
□ 201	管鮑（かんぽう）の交わり	親密な交友。
□ 202	鶏口牛後（けいこうぎゅうご）	大きな団体で人の尻につくよりも、小さな団体の頭になった方がよい。
□ 203	羊頭狗肉（ようとうくにく）	表面と内容が食い違うこと。
□ 204	烏合（うごう）の衆	まとまりのない群衆。

チェック	語句	意味
□ 205	馬耳東風（ばじとうふう）	人の意見や批評を聞き流すこと。
□ 206	塞翁（さいおう）が馬	人生の禍福は転々として予測できないこと。
□ 207	禍福（かふく）は糾（あざな）える縄のごとし	幸福と不幸は交互にやってくること。
□ 208	太公望（たいこうぼう）	釣り人。
□ 209	宋襄（そうじょう）の仁	無用の情け。
□ 210	背水（はいすい）の陣（じん）	一歩も退けない絶体絶命の立場で事にあたること。
□ 211	漁夫（ぎょふ）の利	両者が争っている隙につけいり、第三者が利益を得ること。
□ 212	無用の用	役に立たないとされるものが実は役に立っていること。
□ 213	糟糠（そうこう）の妻	長い間、貧しい生活をして苦労をともにしてきた妻。
□ 214	出藍（しゅつらん）の誉（ほま）れ	弟子が師よりも優れていること。
□ 215	株（しゅ）を守って兎（うさぎ）を待つ	古い習慣にこだわり、臨機応変に対応できないこと。また進歩がないこと。

チェック	語句	意味
□ 216	琴柱（ことじ）に膠（にかわ）す	物事にこだわって、臨機応変に対応できないこと。融通がきかないこと。
□ 217	船に刻みて剣を求む	古い習慣にこだわり、時勢に応じられないこと。
□ 218	推敲（すいこう）	詩や文章を作るときに、その表現をよく練ること。
□ 219	完璧（かんぺき）	①大事なことを全うする。②完全無欠なさま。
□ 220	杞憂（きゆう）	無用な心配。
□ 221	断腸（だんちょう）	強い悲しみ。
□ 222	杜撰（ずさん）	①典拠が不正確でデタラメな文章。②いいかげんなこと。
□ 223	逆鱗（げきりん）	目上の人の怒り。
□ 224	折檻（せっかん）	①厳しく意見すること。②強く責め叱ること。
□ 225	画餅（がべい）	実際の役に立たないもの。
□ 226	隗（かい）より始めよ	①遠大な計画も、手近なところから始めよ。②言い出したものから始めよ。
□ 227	琴瑟相和（きんしつあいわ）す	夫婦が仲睦まじいこと。

チェック	語句	意味
□ 228	偕老同穴（かいろうどうけつ）	夫婦が仲睦まじいこと。
□ 229	比翼連理（ひよくれんり）	夫婦が仲睦まじいこと。
□ 230	卵翼（らんよく）の恩（おん）	父母から大切に育てられた恩。